当代中国学术思想史丛书

编委会主任 谢伏瞻　总主编 赵剑英

# 当代中国近代社会史研究

## Contemporary Studies of Modern Chinese Social History

## (1949-2019)

李长莉 唐仕春 李俊领 吕文浩　著

中国社会科学出版社

**图书在版编目（CIP）数据**

当代中国近代社会史研究：1949—2019 / 李长莉等著. —北京：
中国社会科学出版社，2019.12
（当代中国学术思想史丛书）
ISBN 978 - 7 - 5203 - 5159 - 1

Ⅰ.①当…　Ⅱ.①李…　Ⅲ.①社会史—研究—中国—
近代　Ⅳ.①K250.7

中国版本图书馆 CIP 数据核字（2019）第 210212 号

出　版　人　赵剑英
责任编辑　耿晓明
责任校对　王佳玉
责任印制　戴　宽

出　　　版　中国社会科学出版社
社　　　址　北京鼓楼西大街甲 158 号
邮　　　编　100720
网　　　址　http://www.csspw.cn
发　行　部　010 - 84083685
门　市　部　010 - 84029450
经　　　销　新华书店及其他书店

印刷装订　北京君升印刷有限公司
版　　　次　2019 年 12 月第 1 版
印　　　次　2019 年 12 月第 1 次印刷

开　　　本　710×1000　1/16
印　　　张　47.75
字　　　数　735 千字
定　　　价　266.00 元

凡购买中国社会科学出版社图书，如有质量问题请与本社营销中心联系调换
电话：010 - 84083683

# 书写当代中国学术史，加快构建中国特色哲学社会科学

谢伏瞻<sup>*</sup>

在中华人民共和国成立 70 周年之际，中国社会科学出版社修订出版《当代中国学术思想史丛书》（以下简称《丛书》），对于推动我国当代学术史研究，加快构建中国特色哲学社会科学学科体系、学术体系、话语体系具有重要的意义。

党的十八大以来，以习近平同志为核心的党中央高度重视哲学社会科学。2016 年 5 月 17 日，习近平总书记主持召开哲学社会科学工作座谈会并发表重要讲话，明确提出加快构建中国特色哲学社会科学学科体系、学术体系、话语体系的重大论断和战略任务。这是一个极为重要的战略考量，关系我国哲学社会科学的长远发展，关系中国特色社会主义事业发展全局，是重大的学术任务，更是重大的政治任务。广大哲学社会科学工作者要以高度的政治自觉和学术自觉，以强烈的责任感、紧迫感和担当精神，在加快构建中国特色哲学社会科学"三大体系"上有过硬的举

---

\* 谢伏瞻：中国社会科学院院长、党组书记。

措、实质性进展和更大作为。《丛书》即为加快构建中国特色哲学社会科学"三大体系"的具体措施之一。

研究学术思想史是我国的优良传统之一。学术思想历来被视为探寻思想变革、社会走向的风向标。正如梁启超在《论中国学术思想变迁之大势》中所言，"学术思想与历史上之大势，其关系常密切。""学术思想之在一国，犹人之有精神也；而政事、法律、风俗，及历史上种种之现象，则其形质也。故欲觇其国文野强弱之程度如何，必于学术思想焉求之。"我国古代研究学术思想史注重"融合""会通"，对学术辨识与提炼能力有特殊要求，是专家之学，在这方面有大成就者如刘向、刘歆、朱熹、黄宗羲等皆为硕学通儒。近代以来，随着"西学东渐"，我国哲学社会科学各学科逐渐发展起来，学术思想史研究亦以梁启超的《中国近三百年学术史》为发轫，以章炳麟、钱穆等为代表的一批学者用现代学术视角"辨章学术、考镜源流"，开始将学术思想史研究与近现代哲学社会科学发展结合起来，形成了不少有影响的名品佳作。新中国成立以后，在马克思主义指导下，我国哲学社会科学不断发展，特别是改革开放以来，哲学社会科学的地位更加凸显，在研究工作的广度和深度上不断取得新突破。但是，我国当代学术思想史研究没有跟上哲学社会科学发展的步伐，呈现出"有数量缺质量、有专家缺大师"的状况，有分量的研究成果寥若晨星，公认的学术思想史大家屈指可数。新时代，我国哲学社会科学地位更加重要、任务更加繁重，有组织、有计划地开展学术思想史研究和出版工作，系统梳理我国当代哲学社会科学各学科学术思想的发展脉络，总结各学科积累的优秀成果，既是对学术研究传统的继承和发扬，弥补当代学术思想史研究的不足，也将在中国特色哲学社会科学"三大体系"建设中发挥独特而重要的作用。

中国社会科学院是党中央直接领导的哲学社会科学研究机构，在加快构建哲学社会科学"三大体系"建设中发挥着主力军作用。早在建院之初的1978年，胡乔木同志主持的《1978—1985年全国哲学社会科学发展规划纲要（初稿)》就提出了研究"中国经济思想史""中国政治思想史""中国教育思想史""中国伦理思想史"等近10种"学术思想史"的规划。"当代中国学术思想史"丛书初版于2009年，在新中国成立70周年之际，予以修订再版，充分体现出我院作为"国家队"的担当。《丛书》以新中国成立以来学术思想史演进中的脉络梳理与关键问题分析为主要内容，集中展现在中国共产党坚强领导下，创建、发展和繁荣哲学社会科学各学科学术思想史的历程，突出反映70年来哲学社会科学各领域的成就与经验，资辅当代、存鉴后人，具有较强的学术示范意义。

学术思想史研究为哲学社会科学学科体系建设提供了有力的支撑。学科体系是加快构建中国特色哲学社会科学的根本依托。经过几十年的发展，我国哲学社会科学已拥有20多个一级学科、400多个二级学科，学科体系已基本确立，但还不健全、不系统、不完善，离习近平总书记提出的基础学科健全扎实、重点学科优势突出、新兴学科和交叉学科创新发展、冷门学科代有传承的要求还有相当大的差距。学科体系建设的前提是对各学科做出科学准确的评估，翔实的学术思想史研究天然具备这一功能。《丛书》以"反映学科最新动态，准确把握学科前沿，引领学科发展方向"为宗旨，系统总结文学、历史学、语言学、美学、宗教学、法学等学科 70 年的学术发展历程。其中既有对基础学科、重点学科学术思想史的系统梳理，如《当代中国美学研究》《当代中国文艺学研究》等；又有对新兴学科、交叉学科和冷门学科学术思想史的开拓性研究，如《当代中国近代思想史研究》《当代中国边疆研究》《当代中国简帛学研究》等。从学术思想史的角度，系统评价各学科的发展，对于健全学科体系、优化学科布局，加快构建中国特色哲学社会科学学科体系无疑是大有裨益的。

学术思想史研究为哲学社会科学学术创新提供了坚实的基础。学术体系是加快构建中国特色哲学社会科学的核心。主要包括两个方面：一是思想、理念、原理、观点、理论、学说、知识、学术等；二是研究方法、材料和工具等。习近平总书记指出，理论的生命力在于创新。只有不断推进知识创新、理论创新、方法创新，才能着力打造"原版""新版"的哲学社会科学。学术创新是有前提的，正如总书记所深刻指出的，理论思维的起点决定着理论创新的结果，理论创新只能从问题开始。从某种意义上说，学术创新离不开学术思想史研究，只有通过坚实的学术思想史研究，把握学术演进的脉络、传统、流变，才能够提出新问题、新思想，形成新的学术方向，这是《丛书》为哲学社会科学学术创新作出的贡献之一。学术思想史的研究内容、研究方法、材料与工具自成体系，具有构建学术体系的各项特征。《丛书》通过对学术思想史研究的创新，为哲学社会科学学术创新提供了有益的尝试。

一是观点创新。中华人民共和国成立以来，随着马克思主义在哲学社会科学领域指导地位的确立，我国思想界发生了大规模、深层次的学术变革，70 年间中国学术已经形成了崭新格局。《丛书》紧扣"当代中国"这一主题，突破"当代人不写当代史"的思想束缚，独辟蹊径、勇于探索，聚焦中国特色哲学社会科学的发展道路、马克思主义指导下的中国学术发展、中国传统学术继承和外来学术思想借鉴，民族复兴在学术思想史上的反映等问题，从而产生一系列的观点创新。

二是研究范式创新。一个时代的主流思想和历史叙事，是由反映那个时代的精神的一系列概念和逻辑构成的。当代中国学术的源流、变化与当代中国政治、经济、文化、社会的变革密切相关。《丛书》把研究中国特色学术道路的起点、进程与方向作为自觉意识，贯穿于全丛书，注重学术思想史与中国学术道路的密切联系、学理化研究与中国现实问题的密切联系、个别问题研究与学术整体格局的密切联系、研究当代中国与启示中国未来的密切联系，开拓了学术诠释中国道路的新范式。

三是体例创新。《丛书》将专题形式和编年形式相互补充与融合，充分体现了学术创新的开放性，为开创学术思想史书写新范式探路。对于当代学术思想史研究，创新之路刚刚开始，随着《丛书》种类的增多，创新学术思想史研究的思路还会更多，更深入。

学术思想史研究为构建哲学社会科学话语体系提供了广阔的平台。话语体系是学术体系的反映、表达和传播方式，是有特定思想指向和价值取向的语言系统，是构成学科体系之网的纽结。习近平总书记指出，在解读中国实践、构建中国理论上，我们应该最有发言权。这就要求我们在构建话语体系时，要坚持中国立场、注重中国特色，用中国理论阐释中国实践，用中国实践升华中国理论，更加鲜明地展现中国思想，更加响亮地提出中国主张。要主动设置议题，勇于参与世界范围的"百家争鸣"。《丛书》定位于对当代中国学术思想的独家诠释，内容是原汁原味的中国学术，具有学术"走出去"、参与国际学术对话、扩大我国学术思想影响力、增强中华文化软实力的条件。《丛书》通过生动的叙述风格传播中国学术、中国文化，全面、集中、系统地反映我国当代学术的建构过程，让世界认识"学术中的中国""理论中的中国""哲学社会科学中的中国"。习近平总书记强调，把中国实践总结好，就有更强的能力为解决世界性问题提供思路和办法。《丛书》通过对当代中国学术思想史的描绘，让世界了解中国特色的学术发展之路，进而了解中国特色社会主义文化和中国特色社会主义道路。《丛书》中的《当代中国法学研究》《当代中国宗教学研究》《当代中国近代史研究》《当代中国近代社会史研究》等已经翻译成英文、德文等多种语言，分别在有关国家出版发行，为当代中国学术思想的国际化传播开拓了新路。

目前，《丛书》完成了出版计划的一部分，未来要继续作好《丛书》出版工作。关键是要坚持正确的政治方向、学术导向和价值取向。要提高政治站位，增强"四个意识"，坚定"四个自信"，做到"两个维护"，在思想上政治上行动上同以习近平同志为核心的党中央保持高度一致。要坚持马克思主义的指导地位，特别是用习近平新时代中国特色社会主义思想指导学术思想史研究和出版工作。要落实意识形态工作责任制，做到守土有责、守土负责、守土尽责。作好《丛书》出版工作必须坚持以质量为生命线。在任何时候都要坚持质量第一的方针，坚持"宁缺毋滥"的原则，多出精品力作。要把社会效益放在首位，实现社会效益和经济效益相统一。要严格遵守学术规范，秉承认真负责的治学态度，严肃对待学术研究，潜心研究，讲究学术诚信，拿出高质量的学术成果。

当今世界处于百年未有之大变局，中国特色社会主义进入新时代，这都对哲学社会科学提出了更高的要求，广大哲学社会科学工作者要积极响应习近平总书记和党中央号召，以习近平新时代中国特色社会主义思想为指导，努力提高政治站位，增强思想自觉，敢于担当，奋发有为，繁荣中国学术，发展中国理论，传播中国思想，加快构建中国特色哲学社会科学"三大体系"，为实现"两个一百年"奋斗目标，实现中华民族伟大复兴的中国梦作出应有的贡献。

是为序。

2019 年 10 月

# 目　　录

# 前　　言

　　本书是对中国史学界 2019 年之前研究中国近代社会史学术成果的综合评述。

　　"中国近代社会史"从学科谱系而言有两个序列：从横向而言是断代史"中国近代史"的一个分支领域；从纵向而言是"中国社会史"通史的断代史。"中国近代史"和"社会史"等名词概念，虽然在 20 世纪上半叶就已经出现，也有一些关于近代社会问题的研究，但"中国近代社会史"作为一个独立学科在史学界正式确立并得到学界认可，则始于 20 世纪 80 年代中期。因此，本书对"中国近代社会史"学术发展情况的回顾与综述，以 80 年代中期以后的三十余年为重点，对此前的相关学术源流只稍作追述。

　　社会史在中国史学界可以说是一个新兴学科。1986 年国内多家学术单位联合在天津举办了第一届全国性的"中国社会史研讨会"，标志着中国社会史的复兴。明清社会史和近代社会史是社会史兴起与发展的两支主力，因此这次会议也标志着中国近代社会史的复兴。迄今已三十余年，中国近代社会史从起步到兴旺发展，已经形成一个在中国近代史领域与政治史、经济史、思想文化史并立的重头学科，也是中国社会史领域一段最受关注、最为活跃、最为繁荣的断代社会史。无论横向从中国近代史领域，还是纵向从中国社会史领域来看，中国近代社会史都可说是一个具有一定代表性、较强创新性、富于多样性且发展迅猛的学科。因此，回顾与反省中国近代社会史的学术历程，不仅对这一学科本身的发展具有意义，对整个历史学的创新与发展也具有意义。

中国社会史兴起于改革开放后思想解放和史学创新时期,是从反省旧史学理论方法的缺陷与不足、力求借鉴新理论方法进行史学创新而起步的,因此业内学者对学科本身理论方法及学术发展状况,一直抱有强烈的反省意识。在迄今三十余年发展过程中,在不同时期、各个时段,都有学者撰写各类综述文章,从不同角度对社会史学科进行总结、回顾、反省、批评与展望。除了诸多对社会史整体及专题领域的综述之外,仅在不同时段对中国近代社会史作比较全面性、综合性的综述就有多篇,依时间顺序可列举如:虞和平、郭润涛《中国近代社会史研究述评》(《历史研究》1993年第1期);闵杰《20世纪80年代以来的中国近代社会史研究》(《近代史研究》1999年第4期);王印焕《近年来中国近代社会史研究概述》(《近代史研究》1999年第4期);蔡少卿、李良玉《50年来的中国近代社会史研究》(《近代史研究》1999年第5期);朱汉国、王印焕《近年来的中国近现代社会史研究》(《党史研究与教学》2002年第4期);行龙《二十年中国近代社会史研究之反思》(《近代史研究》2006年第1期);闵杰《20世纪90年代以来中国近代社会史研究述评》(《教学与研究》2006年第3期);王先明《新时期中国近代社会史研究评析》(《史学月刊》2008年第12期)等。还有对中国社会通史研究的全面系统综述著作,如常建华等《新时期中国社会史研究概述(1986—2000)》(天津古籍出版社2009年版),其中有闵杰撰写的专章《近代社会史研究》。此外,《近代史研究》杂志自2000—2010年连年刊载先后由张海鹏和虞和平主撰的1999—2008年度《中国近代史研究综述》中,都有中国近代社会史综述内容。此后2009—2018年的中国近代社会史综述,则有《河北学刊》连续刊载的中国近代社会史年度系列综述。除此之外,更多回顾中国社会通史的综述文章,其中近代社会史往往是重点内容。还有诸多中国近代社会史各专题的综述文章,更加集中、深入地梳理分析专题研究的状况。

这些综述评论总结了中国近代社会史各阶段的研究成果及学术动态,归纳揭示了阶段性研究特点和学术热点,剖析了利弊优劣,为业内学者了解研究动态、调整研究方向、寻找研究突破口多有帮助,为推动学科的深入与发展,起到了重要的引航与矫正作用。这些前人所做的各种全面性和专题性研究综述,是本书的重要参考与撰写基础。

本书的目的是对中国学术界关于中国近代社会史研究的学术状况作一全面性、综合性回顾与总结，冀以反省学科发展走过的历程，不同时期的学术状况与特点、流脉与走向、优势与缺失，以审视学科发展当前面临的问题，探索未来发展方向。本书内容以 20 世纪 80 年代中期中国近代社会史作为一个史学分支领域复兴以来至 2019 年三十余年间发展状况为主，对此前的学术源流稍作追述。还需说明的是，在中国近代社会史三十余年发展过程中，海外学者也有诸多研究成果被引进来，并产生了重要影响，且日益与国内研究相会合，因而是中国近代社会史学科发展过程中不容忽视的组成部分。但是，由于海外学者的研究与国内研究有着不同的学术背景、内在流脉、言说语境、话语系统与问题意识，欲对其系统梳理需另待专书，故本书只是在具体专题评述中，对曾产生过重要影响的海外学者研究成果稍有涉及，而不作专门的系统性梳理，此一工作留待后继。

本书内容分为以下两个部分。

第一部分为第一至三章，是对中国近代社会史学科的概述，包括学科理论方法、学科分支与流派、发展概况三部分，旨在对学科基本理论、研究方法、理论范式、学术流派、理论反省等学科建设的基本问题进行概括梳理，概括介绍学科发展各阶段的概况、特点与趋势，以使读者对中国近代社会史学科概貌及发展脉络有个粗略的了解。

第二部分为第四至十二章，是对中国近代社会史各主要领域的研究状况作分门别类的介绍与评述，具体分为人口婚姻与家庭研究、女性研究、社会群体研究、城市乡村与区域研究、社会问题研究、社会生活研究、社会风俗研究、休闲娱乐研究、宗教与民间信仰研究九个专题领域。各个大专题之内，或分门别类、或按时间顺序对研究成果进行梳理与评论。由于研究成果数量繁多，本书不能面面俱到，只能选择一些执笔者认为具有较强代表性、开拓性、创新性、趋向性的成果作重点介绍。如果读者还想作更详细的了解，可利用一些论著检索工具，扩展更宽的视野。

本书是对中国近代社会史学科发展历程的概述，但并非对各阶段研究成果的简单罗列。由于社会史学科本身就具有突出的理论方法、创新色彩，因而我们力求从理论方法和史学创新的角度来审视近代社会史的学术发展历程，注意从各阶段、各专题的学术发展进程中，寻找理论和方法创新的轨迹，探索学术发展的内在流脉，注意探寻各个阶段学术发展中的缺失与问题，清理不同阶段的发展瓶颈与突破口，以及各个阶段之间的延续与超越等，以求通过我们的这一梳理与反省，给同行同好特别是初寻门径的年轻同人提供一些参照与引导，使我们对中国近代社会史学科的认识能够有所深化，以推动学科的进一步发展与创新。

本书目标虽然是对中国近代社会史研究成果进行全面、综合性评述，但鉴于迄今积累的研究成果已相当丰硕，三十余年来已出版著作达上千部、发表论文达数千篇，对于数量如此庞大的研究成果，限于本书体量，我们只能在我们的视野范围内，选择一些我们认为具有一定代表性或具有某种特色的研究成果作简要评述。所以，从研究论题而言不可能面面俱到，从成果涵盖而言更不可能一一列举，更何况限于我们的水平、眼光和能力，这些因素都导致对研究成果的选择与评论必然会有所遗漏。好在当今网络学术信息发达，各种电子学术资源利用方便，对某一论题有兴趣的读者按图索骥，通过互联网不难作更系统、全面的追索。

还需说明的是，由于本书是由四位作者按章节分工合作撰写，虽然对于全书结构、内容及总体风格方面经过集体讨论并达成共识，但因各执笔者的视角、风格有所不同，因而各章节内容、结构、观点、行文等也不尽一致。另有少量重复引用成果，由于各章节体系梳理和评价角度不同，如对其意义有不同的评价，则予以保留。

# 第 一 章

# 学科理论与方法

　　社会史的一个突出学科特色就是具有与传统史学明显不同的研究视角与理论方法，甚至可以说，在 20 世纪 80 年代中期，正是由于一些史学研究者认识到传统史学研究视角及理论方法具有一定的缺陷并成为发展瓶颈，因而纷纷呼吁在出现"史学危机"的情况下，力求从新视角、运用新方法进行新探索，才开辟了社会史新领域，促使社会史兴起。而研究理论与方法的创新，也成为社会史与其他专史有所不同的一个重要特征。正因如此，理论方法的探索与建设，对于社会史发展而言具有重要意义。自 20世纪 80—90 年代社会史复兴时期，社会史理论方法就是学者聚焦并集中讨论的议题，此后迄今三十余年间，伴随社会史研究实践的不断拓展、深入与演变，对于社会史理论方法的探索与反省也一直持续，不断有学者发表文章，进行讨论，更多的学者则在研究实践中探索新的研究方法与理论路径。社会史研究者对理论方法的重视与敏感，成为推动社会史研究不断深入与创新的内在动力。在社会史理论方法的探索和讨论中，近代社会史学者是其中的一支主力，他们以中国近代史为基础的探索，成为社会史理论方法创新的重要根据与推进力量。

　　1986 年由南开大学、《历史研究》编辑部、天津人民出版社等联合发起并有多家研究单位参与举办的第一届"中国社会史研讨会"，主题就是如何开展社会史研究，集中讨论了社会史研究的内容与对象、理论与方法，以及社会史学科体系与定位等学科基本理论问题。因此可以说，中国社会史复兴的启动，就是从讨论社会史基本理论方法问题开始的。此后直至 90 年代，社会史理论方法问题一直受到学界的持续关注，陆续发表了多篇有关社会史理论方法的文章，如王家范《中国社会史学科建设刍议》（《历史研究》1989 年第 4 期），陈旭麓《略论中国近代社会史研究》（《华东师范大学学报》1989 年第 5 期），张静如《以社会史为基础深化党史研究》（《历史研究》1991 年第 1 期），蔡少卿《扩大视野，注重理论方法》（《历史研究》1993 年第 2 期），冯尔康《深化与拓宽》（《历史研究》1993 年第 2 期），周晓虹《试论社会史研究的若干理论问题》（《历史研究》1997 年第 3 期），朱志敏、孔祥宇《1990 年以来中国近现代社会史理论研究概述》（《党史研究与教学》1998 年第 3 期）等，后来还有常建华《新时期中国社会史理论争鸣及其演进（上、下）》（《河北学刊》2004 年第 1、3 期）对此前社会史理论方法问题的讨论作了综合评述。

在社会史复兴初期，学者对社会史理论方法问题的不断反省与讨论，凸显了社会史学科重视理论方法的学科特色，对这些社会史基本问题的认识也逐渐扩展与深入，对推动社会史研究和学科建设起到了重要作用。这一时期参与社会史理论问题讨论的学者中，过半数为中国近代史领域的学者，他们多以中国近代社会史为主要参照，因此他们的讨论反映了对中国近代社会史学科理论的思考，对中国近代社会史研究的推动作用也更为直接与明显。

进入 21 世纪以后，随着社会史研究走向成熟与深入，社会史理论方法问题的讨论不再像前期那样集中，但也一直受到业内学者的关注，该时期不再更多对社会史基本理论方法进行讨论，而转向伴随社会史研究出现的问题而有针对性的反省，以及对新理论方法的探索与创新，反映了社会史研究者对理论方法的重视、强烈的反省及创新精神。如最近的一次集中讨论是《近代史研究》2012 年第 4、5 期开辟的专栏"中国近代史研究中的'碎片化'问题笔谈"，在十几篇文章中有多篇出自近代社会史研究者，他们对中国近代社会史研究中"碎片化"问题发表看法，对这一问题反映的理论方法进行反省。社会史理论方法就是在这种伴随研究实践而持久不懈的反省、探索与矫正中，不断地拓展、丰富、深化、成熟。

社会史理论方法的一个突出特征是借鉴其他社会科学理论方法。在研究实践中研究者往往根据研究对象，在基本的史料阐释与历史叙事基础上，借鉴一种或多种社会科学理论方法进行综合性研究，因而显示出跨学科和交叉学科的特性。

与此相关的另一个社会史理论方法的特征，是吸收西方社会科学和史学理论方法，这与现代社会科学多源于西方，以及西方史学理论历史较长且较为成熟有关。中国史学界自社会史复兴至今，许多社会史研究者对西方史学理论方法及其动向保持关注，注意了解并吸收西方新的理论方法，这也成为促进中国社会史理论方法创新的一个动力。如法国年鉴学派提倡人民大众为历史主体，倡导进行政治、经济、社会、文化综合研究的"总体史"及"长时段"等，对中国社会史研究产生过一定影响。后来西方史学界的社会文化史（新文化史）、语言学转向、去西方中心观等史学理论与方法，以及后现代思潮、建构主义、解构主义等史学流派，也对中国社会史学界产生过一定影响。但总体而言，中国近代社会史学界在这三十余年来对理论方法的探索，主要还是立足于中国史学的内在创新要求，立足于中国社会变革的时代问题，立足于中国社会历史的本土性，在进行自主理论方法探索与创新的同时，有辨别、有选择地借鉴吸收西方史学理论方法，因而始终保持着比较自觉的本土性与自身特性。特别是 20 世纪 90 年代以后，伴随着大量西方社会科学及史学著作的翻译引进，中国学者与海外学者的交流日益频繁，研究成果也逐渐与海外同行形成呼应，中国社会史学者对西方理论方法的了解与吸收也更加理性，有些理论方法与西方史学渐趋合流，并从中孕育着本土理论创新的路径。

# 一　学科理论

一个学科的基本理论，即关于学科概念、研究对象、学科体系、研究方法等一系列基本问题所构成的理论体系，是一个学科得以成立并发展的基石，也是确立学科特性并与其他学科相区别的标志。

"社会史"作为史学的一个学科，最早出现于西方，关于社会史基本理论方法的认识也首先在西方史学界形成。20 世纪 20—30 年代，法国史学界出现了"年鉴学派"，一些具有批判意识的史学家于 1929 年创办了《经济社会史年鉴》（1946 年更名为《年鉴：经济、社会、文明》），批评旧史学专注政治事件和杰出人物的"上层历史"，而倡导包括社会下层的"总体史"，"社会史"这一概念由此受到关注。"年鉴学派"后在欧美史学界产生很大影响。但他们的所谓"社会史"，还是一种"总体史"，即相对于以往史家只专注于上层历史，而提倡将目光扩及包括社会下层的社会整体。这一"社会史"的概念，是一种涵盖一切的"整体史""综合史"的含义。后来随着史学的发展，研究领域进一步细化，开始分化出在政治史、经济史、文化史领域之外的社会领域为研究对象而作为一个专门史的"社会史"。但是，对于"社会史"的概念及理论方法，迄今在西方史学界还是众说纷纭、多有变化、没有一个公认的界定与定义。近几十年来，又有所谓"新社会史""社会文化史"乃至社会史的"文化转向""语言学转向"等说法出现，可谓变化多端、难有定论。

中国社会史虽然受到西方社会史理论方法一定的影响，但从作为一个学科来说，其兴起、衰落、复兴乃至对学科理论的讨论与界定，以及形成的认识等，还主要是在中国社会变迁的语境中，中国史学家主要针对中国社会发展所面临的挑战、遇到的问题所作出的回应，依循中国史学的内在发展理路、根据中国历史发展状况进行思考，在此基础上不断探讨、发展完善而逐渐建构起来的。虽然在此过程中不乏对西方理论方法的吸收与借鉴，但中国史学家的主流从未丧失主体性。正是在此基础上，经过几十年的不断探索与发展，形成了基于中国历史发展、基于中国史学内在反省的中国社会史学科理论。

中国近代社会史学科理论以社会史学科理论为前提。在 20 世纪 80 年代以前，关于中国社会史虽有一些研究，但还谈不上一个独立的学科，因而也没有对其学科理论进行集中讨论。20 世纪 80 年代中期，一些史学研究者应时势需求而呼吁开展社会史研究，中国社会史学科开始复兴，学者们首先面临的问题就是要厘清社会史学科概念、基本理论与方法、学科体系与定位等基本理论问题，在此基础上才可能进行有组织的、系统的中国社会史研究。因此，这些学科理论问题便成为社会史复兴之初，引起学者集中讨论的焦点问题。

20 世纪 70 年代末 80 年代初，中国结束"文化大革命"进入改革开放新时期，"现代化"取代"阶级斗争"成为时代主导追求，思想解放与文化启蒙运动相继兴起，史学界一些学者也开始思考史学回应时代进行创新的出路。在文化史、经济史先后出现研究热潮的同时，一些学者开始寻求推进社会史研究。1986 年，冯尔康、乔志强、王玉波等资深史学家几乎同时撰文倡导开展中国社会史的研究。① 1986 年 10 月，首届"中国社会史研讨会"召开，吸引了全国各地高校及研究机构关注中国社会史研究的学者参与。会议呼吁大力开展中国社会史研究，并以中国社会史学科概念、研究对象与范畴、理论与方法、社会史学科体系与定位等基本问题为主题展开集中讨论。会后，《历史研究》于 1987 年第 1 期集中刊发了会议讨论的五篇文章，包括本刊评论员《把历史的内容还给历史》、冯尔康《开展社会史研究》、陆震《关于社会史研究的学科对象问题》、宋德金《开拓研究领域促进史学繁荣》等，皆为围绕社会史学科基本理论问题的讨论。这次会议被视为中国社会史复兴的标志。此后中国社会史年会每两年举办一届，前几届年会虽然主题略有不同，但对社会史学科基本理论问题的讨论一直是关注的一个焦点。此后直至 20 世纪 90 年代，社会史学科基本理论问题一直受到学界的持续关注，随着讨论的深入，这些学科理论的内涵也日益丰富而清晰。在 21 世纪初，出现了一些集中反映这些理论探索成果的论著，如周积明、宋德金主编的《中国社会史论》（湖北教育出版社 2000 年版），汇集众多社会史学者论文，分社会史理论和方法、中国社会史的基本问题、阶段性问题、区域社会史的个案研究四编；还有冯尔康的《中国社会史概论》（高等教育出版社 2004 年版），从社会史研究历程角度探讨社会史学科建设的一系列理论问题，阐释社会史研究对象、特点、方法和功能，提出加强社会史史料学研究，并视为社会史研究的重要理论组成部分。

　　下面从学科概念、研究对象、学科体系、学科定位等方面对中国近代社会史学科理论作一综述。

---

　　① 　冯尔康：《开展社会史的研究》（《百科知识》1986 年第 1 期）；乔志强：《中国社会史研究的对象和方法》（《光明日报》1986 年 8 月 13 日）；王玉波：《为社会史正名》（《光明日报》1986 年 9 月 10 日）。参见行龙《二十年中国近代社会史研究之反思》，《近代史研究》2006 年第 1 期。

**（一）学科概念**

"中国近代社会史"是"中国近代史"大学科下的一个次级学科概念。"中国近代史"现在学界公认的时段为 1840 年鸦片战争至 1949 年中华人民共和国成立一百余年的历史。"中国近代史"的概念，自清末民初开始出现，直至 1949 年以后才形成体系比较完整的历史学科。20 世纪 50—80 年代，学界一般把这段历史以 1919 年五四运动为界分为两段，1919 年之前的 80 年为"旧民主主义革命阶段"，称"近代史"；1919 年之后的 30 年为"新民主主义革命阶段"，称"现代史"，高等院校分科教学即作此区分，合称为"中国近现代史"涵盖这一百余年。后随着时间推移，到 90 年代特别是进入 21 世纪以后，将这一百余年总称为"中国近代史"并逐渐被学界广泛接受，但同时分称"近代史"和"现代史"的说法还有沿用（如一些高校仍然分设两科，中国人民大学书报资料中心编印的《复印报刊资料》，仍然将《中国近代史》和《中国现代史》分册编印）。本书所称"中国近代社会史"，则取百年通史的时段，即主要指 1840—1949 年的社会状况及其变迁的历史。但是，由于社会史研究对象的社会变迁是缓慢的而且有较强的连续性，不像政治史以政治事件为节点而有较强的阶段性和明显的节奏性，因而在社会史研究实践中，涉及时间范围往往向前后有所延伸，向前可追溯至明清时期，向后可延展至 20 世纪 50 年代。因此，中国近代社会史的时限可有所延伸，凡主要内容是在中国近代百年间，皆可归入中国近代社会史范围。

"中国近代社会史"除了时段范围界定之外，还需对"社会史"范畴加以界定，但因研究者着眼的角度不同，如从研究对象、研究视角或社会性质等着眼，一直有不同说法。在 20 世纪早期，"社会史"这个名词伴随西方史学的学术概念被引入，开始被中国学术界使用，但对社会史学科概念界定的集中讨论，则是在 20 世纪 80 年代社会史复兴时期。关于中国近代社会史的相关研究在 20—30 年代也已出现，但是在 1949 年中华人民共和国成立以后，直至 80 年代中期以前的三十余年间，中国近代史学科下得到认可的专史分支学科有政治史、经济史、思想文化史等，并没有社会史这一独立的学科概念。这是由于这一时期的中国近代史学科，是在"革命史范式"下政治史为主流的体系。这一体系被概括为："一条线索"（阶级斗争）、"两个过程"（帝国主义和中国封建主义相结合，把中国变为半殖民地和殖民地的过程，也就是中国人民反抗帝国主义及其走狗的过程）、"三次高潮"（太平天国、义和团运动、辛亥革命）、"八大事件"（鸦片战争、太平天国、洋务运动、中法战争、中日甲午战争、戊戌变法、义和团运动、辛亥革命）。在这一阶级斗争为主导、革命史为主线的中国近代史学科体系下，社会史被认为不符合这一主流而被排除在外。此外，中华人民共和国成立后，原有的"社会学"被视为"资产阶级学科"而被取消，与此相关的"社会史"自然也受到牵连。70 年代末"文化大革命"结束，开始改革开放、思想解放运动，"现代化"取代"阶级斗争"成为社会变革、时代发展的主题，近代史学也开始改革创新，到 80 年代中期，伴随社会史复兴，中国近代社会史也作为一个新学科开始兴起，关于近代社会史概念的讨论也随着社会史学科概念的讨论而出现。

20 世纪 80—90 年代关于社会史学科概念定义有过集中讨论，大致可归纳为三种意见，即专史说、通史说、范式说。[1] 具体可作以下概括。

其一，"专史说"（或称"专门史"）。认为社会史是与政治史、经济史、文化史等专史相并立的一门专门史，是历史学的一个"分支学科"。此说主要着眼于研究对象，从史学研究领域划分而与其他专史学科相区别的角度。如乔志强等提出，社会史是一门专门史，与政治史、经济史、文化史等平行相邻。研究对象"不是包罗政治、经济、文化等在内的所有社会现象的历史，而是研究人类有史以来赖以生存并必然结成的社会本身的历史"。"通史应由政治史、经济史、文化史、社会史四部分构成。"[2]

其二，"通史说"（或称"总体史"）。认为社会史是涵盖政治、经济、文化等所有领域及其相互联系的大社会的"总体史"（或称"整体史""综合史"）。此说主要着眼于社会的性质，强调综合性、复合性、涵盖性，

---

① 参见常建华等编著《新时期中国社会史研究概述》（天津古籍出版社 2009 年版）；朱志敏、孔祥宇《1990 年以来中国近现代社会史理论研究概述》（《党史研究与教学》1998 年第 3 期）；行龙《二十年中国近代社会史研究之反思》（《近代史研究》2006 年第 1 期）；王先明《新时期中国近代社会史研究评述》（《史学月刊》2008 年第 12 期）。

② 乔志强：《中国近代社会史·导论》，人民出版社 1992 年版，第 2 页。

认为社会史不同于政治、经济、文化等相对独立的专史领域，而是涵盖所有领域及其相互联系，是广义的"社会"概念。此一理路起初在 20 世纪 80 年代时多称为"通史"，更多地沿袭传统的专史与通史的区分，90 年代后基本被"总体史"概念所取代，总体史的概念比通史概念更宽广。持此说者如陈旭麓认为，社会史涵盖所有领域，"通史总是社会史"①。张静如认为社会史是研究社会的全部历史，是一门综合性学科，是立于各类专史之上的学科，研究对象不限于社会下层。②

其三，"范式说"（或称"新视角"）。认为社会史是以社会为本位的新视角、新范式。此说意在强调这是一种与传统的以政治为中心的史学不同的新研究视角和方法，而非与其他专史并列的分支学科。如赵世瑜认为："社会史根本不是历史学中的一个分支，而是一种运用新方法、从新角度加以解释的新面孔史学。"③ 正是从这一意义上，有人也用"新史学"来指称社会史。

专史说、通史说、范式说这三种说法，分别从研究领域、社会性质和研究视角等不同的角度，基于社会史的一些不同特性，试图对社会史在已有历史学学科体系中进行学科界定和定位，都有一定的合理性。产生差异的原因主要在于，一是对"社会"的理解不同，二是对学科定位的理解不同。特别是在以往社会史在史学体系中没有独立地位的情况下，有的学者欲凸显其不同于其他分支学科的特性，如欲强调其广泛涵盖性而认为是一种"综合史"，欲强调其研究方法的独特性而认为是一种"新视角"。

在早期关于社会史学科概念问题的提出和争论，不仅对于推进社会史研究具有重要意义，而且对于推进社会史学科的确立与成熟也具有重要意义。到了 90 年代以后，伴随着社会史研究的快速发展，社会史作为与政治史、经济史、文化史并立的史学分支学科的概念界定和学科定位，日益被学界所认同。但因社会史研究领域的宽泛性及研究方法的独特性，与传统专门史只是依研究领域而划分学科有所不同，社会史的学科内涵呈现较

---

① 《陈旭麓文存》，上海人民出版社 1990 年版，第 183 页。
② 张静如：《以社会史为基础深化党史研究》，《历史研究》1991 年第 1 期。
③ 赵世瑜：《社会史研究呼唤理论》，《历史研究》1993 年第 2 期；《再论社会史的概念问题》，《历史研究》1999 年第 2 期。

为开放与多元的特性，对此学界也有了大致的共识。因此 90 年代以后，社会史研究者往往不再固执于社会史概念的某种界定限制，而是根据具体研究对象展开研究，以具体研究成果自行显示社会史的学科特征。关于社会史学科概念定义的争议和讨论也渐趋消失，从一定意义上说，这也正是社会史成为一个成熟学科的标志。

20 世纪 80—90 年代参与社会史学科概念理论讨论的以明清史学者和近代史学者为主，特别是后期近代史学者参与更多，他们对社会史理论的思考，大多以近代史为学术背景来考量。他们对于社会史概念理论的讨论，实际上也是对近代社会史理论概念的思考讨论。而明清与近代由于时代相继，也有较多相近性，因而这一讨论主要以明清至近代为学术背景，基本上与近代社会史讨论相重合。

具体到中国近代史领域，中国近代社会史学科概念的确立具有一些学科特点。中国近代史是 1949 年中华人民共和国成立后才正式形成的一个断代史学科。由于近代史时段与中国革命过程相重合，这一学科从成立时起就与古代史以朝代分期不同，而带有浓厚的意识形态色彩，承载着阐释中国革命道路、为现实政治服务的任务，遂形成以反帝反封建为中心的"革命史范式"。在此指导下形成的中国近代史学科概念，是以政治史为主体，学科领域的划分也是以重大政治事件和革命阶段为主线。如近代史前 80 年研究领域划分为鸦片战争、太平天国运动、第二次鸦片战争、洋务运动、甲午战争、戊戌变法、义和团运动、辛亥革命、五四运动等几个阶段，后 30 年分为北洋军阀时期、第一次国内革命战争、第二次国内革命战争、抗日战争、第三次国内革命战争等几个阶段。除政治史主体之外，虽还有经济史、思想文化史作为专门史分支学科，但分量很小，且往往以政治为中心，作为政治史的补充。这样形成的近代史学科体系，基本上是政治史独大、经济史和思想文化史为辅助两翼的"一主二辅"学科架构，在此一架构中，社会史相关内容被纳入政治史（如农民战争史内的秘密社会）或经济史（如资产阶级内的商人）、思想文化史（如移风易俗）领域中，作为附属性的内容，而没有独立的学科地位。

20 世纪 80 年代中期以后，伴随社会史的复兴，近代社会史研究也开始发展起来，特别是 90 年代以后，近代社会史研究发展迅速，成果日益增多且逐渐形成规模。与此同时，伴随着改革开放和思想解放运动，反思现代化思潮兴起，中国近代史研究中"革命史范式"日渐消退，政治史缩减，而"现代化范式"为越来越多的学者所接受，社会史成为阐释"现代化范式"的一个重要领域。由此近代社会史受到越来越多学者的关注，成果增多，影响日大，作为一个近代史分支学科的地位也日益得到学界的认可。到了90年代中期以后，近代社会史作为与政治史、经济史、思想文化史并立的分支学科的地位趋于固定化。

通过梳理以往学界的讨论，关于"中国近代社会史"学科概念的基本定义，虽然学者们对具体内涵的认识有所不同，但大致有了一定共识，可以作出这样比较宽泛的界定："中国近代社会史"以1840—1949年中国近代社会状况及其演变的历史为研究范围，是与政治史、经济史、思想文化史并立且有一定交叉的中国近代史分支学科。

社会史作为中国近代史一个分支学科的确立，对于中国近代史学科体系的重构具有重要意义。正是由于近代社会史分支学科的确立，打破了沿袭三十余年的"革命史范式"主导下政治史独大、经济史和思想文化史辅助的"一主二辅"学科架构，而形成政治史、社会史、经济史、思想文化史"四科并立"的中国近代史新学科架构。在一定意义上可以说，中国近代社会史学科的确立，也是中国近代史研究由意识形态化回归到正常学术范畴的契机。社会史的兴起带来了近代史学科的革新，使中国近代史学科的整体面貌为之改变。此前主导中国近代史三十余年的"革命史范式"下的政治史主体架构，因社会史兴起而被打破，社会史从社会近代化变革而非以往阶级斗争的角度观察历史，提供了一个不同于革命主线的新视角，从研究视角到理论方法，对中国近代史研究都形成根本性的冲击，成为中国近代史学创新的冲突口和生长点。因此，近代社会史的兴起，不仅是近代史学科体系中加入了一个新的分支学科、扩展了研究领域，而且也是对整个近代史学科体系的根本性革新。近代社会史分支学科的确立，伴随着政治（革命）史为主的旧学科体系的解体，近代社会史的发展壮大，促使近代史学科体系由政治事件（革命阶段）史转变为领域史，即形成政治史、社会史、经济史、思想文化史四大分支的基本框架，而且进入21世纪后，社会史的影响日益增大，研究其他问题的研究者，也往往加入社会史的视角，社会史与政治史、经济史、思想文化史等领域的相互交叉与渗透日益增强，使得中国近代史各领域的面貌也为之改变。

**（二）研究对象**

一门学科区别于其他学科的一个重要特征，是有特定的研究对象。关于近代社会史的研究对象，在 20 世纪 80 年代中期社会史开始复兴时期，就是一个集中讨论的问题，此后一直持续到 90 年代，学者们的看法由多样化争论而趋于稳定。

80 年代以前，中国历史研究中也有"社会"的概念，但一般仅限于"社会性质"和"社会发展阶段"等政治范畴，其研究对象主要以"阶级斗争推动社会发展""社会发展阶段论"等为内容。而中国近代史的研究对象，主要是对政治变动影响较大的政治事件和重要人物，即主要是上层的历史、少数人的历史，这种历史研究模式后被简称为"事件史"和"人物史"。关于"社会"的研究，多集中在"半殖民地半封建社会性质""资本主义社会因素"等政治性质的内容。而作为社会主体的人民大众，除了参与政治运动的特定群体作为"杰出人物"的背景和配角受到一时的、政治层面的关注之外，大多数民众的生存状况则很少受到关注，他们只是作为政治运动的背景而存在，是边缘、模糊、沉默、被忽视的大多数。即使是作为近代政治史补充的经济史和思想文化史，研究对象也主要是与政治变动相关度较高的重要人物及重要事件。

80 年代中期，一些史学者开始呼吁展开社会史研究，首先标举的就是改变这种以政治为重心而注重上层的历史研究模式，转而以民众为主体的社会作为研究对象，即研究对象由杰出人物转变为民众，由政治上层转变为社会，被形象地称为"目光下移"。这是提倡社会史研究的学者比较一致的看法，也成为社会史区别于以往旧史学的一个突出特征。由此，研究视角由"自上而下"看历史，转变为"自下而上"看历史。这种研究对象的转换，是对传统史学研究模式的颠覆，正是由于研究对象的这种颠覆性转换，使得社会史具有与传统史学全然不同的内容与结构，展现出焕然一新的面貌。

关于社会史研究对象，在 20 世纪 80—90 年代的讨论中，学者们一致的看法是，社会史就是要"目光下移"，民众与社会是社会史研究对象。但对这一研究对象的具体内涵和内容，学者们又因角度不同而有不同表述，后有学者归纳为以下六种意见。

第一，认为社会史研究历史上人们社会生活的运动体系。即以人们的群体生活与生活方式为研究对象，以社会组织、社会结构、人口社会、社会生活方式、物质与精神生活习俗为研究范畴，揭示其在历史上的发展变化及其在历史进程中的地位和作用。

第二，认为社会史应当是一种全面的历史。因为真正能够反映一个过去了的时代全部面貌的应该是通史，而通史总是社会史。史学研究应当注意人们在生产中形成的，与一定生产力发展程度相适应的生产关系的总和。因而，由此延伸出来的以经济活动为基础的种种人际关系都应成为社会史研究的对象。

第三，认为社会史的专门研究领域是社会，亦即不包含政治、经济、文化等在内的所有社会生活。此种观点认为，社会史的内容应当包括三个层次，即社会构成、社会生活、社会功能。近似的观点认为社会史的研究领域包括社会环境、社会构成、社会关系、社会意识、社会问题、社会变迁等方面。

第四，认为社会史应以社会为中心，从社会结构、社会功能的运行机制方面入手，广义的目标是再现人类社会过去的历史，狭义的目标是研究社会结构变迁时期普通人的经历，其中，必须对社会的日常生活给予较多的关注。

第五，认为社会史不是一个特定的史学领域，而是一种新的视角，新的路径，亦即一种"自下而上"地看历史的史学范式。

第六，认为社会史应当关注社会的宏观文化背景并对其作出价值取舍，以便真实地发掘、认识和再现历史上的人类社会生活。有人甚至提出，社会史研究应当以"人"为轴心，注意自觉地造就人，准确地把握人，真实地再现人，合理地批评人，强烈地感染人。还有人指出，社会史以"人"为核心，不是指某个具体的人，而是作为某个阶级、阶层或集团的整体意义的人。所谓注意"人"，就是注意不同历史背景下处于不同地位，从事不同职业，保持不同传统和风格，坚持不同道德标准和行为规范，追求不同理想的人的日常行为。①

上述归纳比较具体而详细，但也略显纷乱，简要言之，可归为广义与狭义两种。

第一种，认为社会史研究对象是社会整体，这是一种广义的范畴。

有学者指出，社会史研究的对象就是人类赖以生存并必然结成的社会本身的历史，具体而言，由社会构成、社会生活、社会功能三个部分组成。② 还有学者认为，所谓社会史是研究社会的历史，社会结构、社会过程和社会生活是它研究的主要对象。③ 与前说相比，增加了社会过程这一动态因素。有的学者对社会史研究对象定义得更加宽泛，如有的认为，社会史研究对象"是社会整体发展的全过程，其研究范围极为广泛"④。有的认为，社会史应该反映"一个过去了的时代的全部面貌"⑤。这些都是从广义角度将社会史研究对象定义为社会整体的观点。

第二种，认为社会史研究对象是以社会生活为中心的社会体系，这是一种比较狭义的范畴。

这种说法有不同的表述。比较有代表性的如冯尔康认为，"社会史是研究历史上人们社会生活的运动体系"，具体而言，社会史是"以人们的群体生活与生活方式为研究对象，以社会结构、社会组织、人口、社区、物质与精神生活习俗为研究范畴，揭示它本身在历史上的发展变化及其在历史进程中的作用和地位"⑥。还有学者认为："同日常社会生活与社会关系密切相关的社会现象、社会群体、社会组织、社会问题等，都属于社会史的研究范围。"⑦

"社会整体说"的研究对象涵盖比较宽泛，"社会生活说"更强调以人

---

① 蔡少卿、李良玉：《50 年来的中国近代社会史研究》，《近代史研究》1999 年第 5 期。这方面的综述文章还可参见行龙《二十年中国近代社会史研究之反思》（《近代史研究》2006 年第 1 期）、王先明《新时期中国近代社会史研究评析》（《史学月刊》2008 年第 12 期）等。

② 乔志强：《中国近代社会史·导论》，人民出版社 1992 年版，第 2 页。

③ 池子华：《中国近代社会史的理论视野》，《河北大学学报》1998 年第 1 期。

④ 张静如：《以社会史为基础深化党史研究》，《历史研究》1991 年第 1 期。

⑤ 陈旭麓：《略论中国近代社会史研究》，《华东师范大学学报》1989 年第 5 期。

⑥ 冯尔康等：《中国社会史研究概述》，天津教育出版社 1988 年版，第 2—3 页。

⑦ 王先明：《论社会史研究的对象》，《河北学刊》1990 年第 2 期。

的社会生活为重心，范畴比前说更狭窄一些。但两者共同点是研究重心下移，以社会和民众为重心，以人的社会群体生活为重心，这一取向是一致的。90年代以后，涵盖比较宽泛的"社会整体说"得到学界的基本认同，业内学者开始在"社会史"旗帜下，在与社会相关的广阔领域展开研究，关于社会史研究对象的争论也渐趋沉寂。但前期的这一讨论，对于打破以往关于"社会"的概念仅限于"社会性质"和"社会发展阶段"的旧思维束缚，推动社会史开辟民众与社会广阔的新研究领域起到了重要作用。

中国近代社会史作为中国社会史的断代史，其研究对象也与此基本一致，但基于中国近代史是更具变动性、处于社会急剧转型的特殊历史阶段，因而其研究对象应更多地关注"社会变迁"这一历史特征。在此我们可从更加综合性的意义上对于中国近代社会史研究对象作出定义："中国近代社会史"的研究对象，包括近代社会结构、社会关系、社会运动、社会现象、社会问题、社会生活、社会风俗、社会心态、社会意识等状况及其变迁过程与机制。

上述这些领域都是一些概括性的界定，若具体而言，每个概念又都包含着更多次级的更为具体的内容，并可依不同标准作不同的划分与界定。如"社会结构"中一个重要范畴是"社会阶层"，主要是依人的社会地位、职业、角色而区分，从社会地位可分为统治阶层与被统治阶层，依职业可分为官、士、农、工、商等阶层，如此等等。但在中国近代，伴随着社会转型，社会阶层也处于不断流动、分化重组、新旧交织的过程，这些社会阶层的内涵也随时代而有所变化。在阶层划分之下，还可分为更次一级的群体，如知识阶层即可分为士绅群体、新知识群体、知识女性群体、学生群体以及教师、学者、文人、报人、律师等职业群体。总之，社会史研究对象的丰富与复杂，与社会本身的丰富与复杂相对应。这一特征也使社会史研究的范围十分宽广，给研究创新与拓展提供了广阔空间。


### (三) 学科体系

在讨论研究对象的基础上，对社会史学科体系的认识也逐渐成形并不断深化。对研究对象及内容加以相应的逻辑关系和框架建构，进而形成学科体系，这是一门学科走向成熟的一个标志。

关于中国近代社会史的学科体系，既有理论讨论的自觉建构，也有研究实践的实际展示，在社会史初兴时期的 20 世纪 80—90 年代也有过集中讨论，从理路的不同而主要有以下三说①。

**1. 以社会学范畴为基本框架的"横向型"学科体系**

一些学者主要借鉴社会学理论方法，以结构性思维，从社会横断面的视角而建构社会史学科体系。较早提出学科体系建构的是乔志强，他于 1986 年 8 月在《光明日报》上发表《中国社会史研究的对象和方法》② 一文，初步勾勒出他关于中国近代社会史研究的理论模式，随后在他主编的《中国近代社会史》（人民出版社 1992 年版）一书中，基本完成了他的中国近代社会史理论体系。乔志强的理论体系有三个有机组成部分：

其一，社会构成：包括人口、婚姻、家庭等最基本的社会元素和细胞；

其二，社会生活：包括物质生活和精神生活以及错综复杂的社会诸关系，它们组成了社会的网络式的内容；

其三，社会职能：包括教育、教养、社会控制等。③

这一体系主要以社会学横向为基本架构，内容也比较庞杂，虽受到一些学者批评，但毕竟是第一次建构了中国近代社会史学科体系，并推出研究实践的成果。

陈旭麓在 1989 年发表《略论中国近代社会史研究》④ 一文，提出了中国近代社会史研究体系，认为主要有以下三个方面：

其一，社会结构：如家庭、家族、行会、会党等几层基本结构，以及在百年近代历史中的嬗变；

其二，社会生活：除直接关系和影响着多数人民生活的清代"四大

---

① 　这方面的综述文章可参见王先明《论社会史研究的对象》（《河北学刊》1990 年第 2 期），池子华《中国近代社会史的理论视野》（《河北大学学报》1998 年第 1 期），朱志敏、孔祥宇《1990 年以来中国近现代社会史理论研究概述》（《党史研究与教学》1998 年第 3 期）等。

② 　乔志强：《中国社会史研究的对象和方法》，《光明日报》1986 年 8 月 13 日。

③ 　乔志强：《中国近代社会史·导论》，人民出版社 1992 年版，第 10、13 页；乔志强、行龙：《从社会史到区域社会史》，《山西大学学报》1998 年第 3 期。

④ 　陈旭麓：《略论中国近代社会史研究》，《华东师范大学学报》1989 年第 5 期。

政"(赋税、漕粮、盐政、河工)外,更值得注意的是人们衣、食、住、行在一百余年间的变化;

其三,社会意识:不是从社会精英的意识,而是从民众的社会意识着手去研究近代社会历史。

这一体系加入了民众社会意识的维度,比前述体系拓宽了领域。同时,此说还体现了近代社会的变动和变迁的特点,强调近代百年来的嬗递变迁过程。他后来出版的《近代中国社会的新陈代谢》(上海人民出版社1992年版)一书,即是实践这一体系的研究成果。

另有学者从社会学知识背景出发,由社会结构和社会行为两方面构建社会史学科体系。

第一,社会结构:包括纵横两向结构。纵向社会结构由个体、群体和社会三个层面构成,包括人口、家庭、宗族、社区、社团、阶级、阶层、性别群体及秘密社会等亚文化群体或反文化群体。横向社会结构包括社会关系、社会制度、社会流动、社会分层、社会控制等。

第二,社会行为:包括内在的社会群体的价值观、人格结构、认知倾向、生活态度;外在表现包括社会舆论、日常生活方式、时尚和流行、经济或政治恐慌、流言和谣言、骚乱和暴乱以及社会运动等。

论者指出,对上述两部分的研究,都需涉及形态、功能、问题和变迁。社会变迁是社会结构和社会行为突发的、急剧的、演进的或缓慢的变化,是社会动态表现的一面。[①]

上述几种观点主要依据社会学知识框架,侧重从社会的横向来建构中国近代社会史学科体系,凸显了近代社会史主要借鉴社会学理论的学科特色。

**2. 以近代社会变迁为主线的"纵向型"体系建构**

与前述横向体系不同,这是一种偏重从历史变迁过程的纵向视角着眼而建构的学科体系,特别是中国近代处于社会转型的急剧变迁之中,这种纵向变迁的特征更为凸显。有些学者从这一角度出发,认为前述理路有过干"社会学化"之嫌,造成历史感的缺失,因而提出历史变迁为主线,以

---

① 周晓虹:《试论社会史研究的若干理论问题》,《历史研究》1997年第3期。

凸显历史学的学科特性。如王先明认为，前述横向型学科体系设计"弥漫着浓重的社会学的理论特色"，后果是"终究会造成史学特征的失落"。他认为："近代社会史的理论必须从总体上具有展示近代社会历史变迁及其内在规律的功能"，而上述体系"只注重了'近代历史上的社会'，而缺漏了'社会的近代历史'"，提出应当从二者双重基点上构建近代社会史的理论体系。他提出社会史学科框架构想：

第一，以1840年为起点，首先揭示传统中国社会结构、社会生活、社会意识、社会职能的历史特征，再现步入近代历史时期的立体社会背景。

第二，以1840—1900年为一历史阶段，以近代社会生活的动态演进为主线，揭示人们日常生活、生活方式的深刻变化，揭示由此而引起的社会关系、阶级关系、传统社会职能的失调等诸多变化，以及和社会生活相关的人口、流民、鸦片等重大社会问题。

第三，以1900—1919年为一历史阶段，主要揭示近代社会结构的形成过程，近代社会结构与社会生活发展的内在联系及其特征，揭示传统社会结构"转型"中社会职能的运作特点，新的弊端的产生及其防治等。[①]

此说以近代社会变革纵向过程为主线，突出强调近代社会变革的历时性、阶段性与关节点，更具历史学科的特性。

**3. 结合社会横向与历史纵向的综合说**

以上两说分别从近代社会的横向和纵向两种视角构建学科体系，但都有所缺失。前者注重社会状况的横断面，而对历史变革过程有所忽视，特别是对于中国近代而言，正处于社会急剧变革、传统社会向近代社会转型的变迁过程中，这种时代特征不可忽视。而后者则相反，偏重近代历史变迁过程的历史性、历时性，而对社会诸元素的内容及变迁不太清晰，容易忽略这些元素在变迁过程中的内在连续性，也难以摆脱政治阶段论的传统路径。

---

① 王先明：《论社会史研究的对象》，《河北学刊》1990年第2期；《中国近代社会史研究的理论思考——兼论历史学的社会学化》，《近代史研究》1993年第4期。

由于上述二说均有所偏颇，有学者尝试把横向与纵向相结合，提出力求兼顾二者而更为周全的学科体系构想。如朱汉国根据自己编撰《中国社会通史·民国卷》的经验，认为社会史必须从社会学视角研究构成社会的各种社会关系，考察社会在历史上的运行情况，揭示社会发展和变迁的过程及规律。他强调，社会史对社会变迁的研究，应该以考察社会结构以及由此带来的社会生活方式的变化为主。他通过对民国时期社会调控、社会问题、社会变迁等问题的研究具体论证了这些观点。①

池子华从横向与纵向相结合的角度，对中国近代社会史学科体系作了更为细致的表述，他认为将近代中国社会视为一个整体，由四大子系统构成，各个系统又有自己的组成要素，由此构成一个系统网络。其具体表述如下所述。

第一，社会过程。研究社会的纵向关系，其中最主要的是社会变迁。近代社会是一个扭曲变形的特殊的社会，这种特殊性表现在社会性质上，就是"半殖民地半封建社会"，这是近代社会的基本面貌，不了解这个扭曲过程，就无法把握近代社会跳动的脉搏，也不可能很好地重现近代社会生活。因此，可以把社会变迁（实即社会过程）视为中国近代社会史研究的纵向线索。社会变迁的形式表现在外力冲击与中国的回应上。外力冲击是指西方列强对中国的侵略；中国回应是指中国为抵御外国侵略所采取的应变方式，直接抗击是一个方面，而与中国近代社会史研究关系最密切的是社会改良和社会革命。社会改良又称社会进化，是社会的自我调节形式；社会革命则是用极端手段对整个社会进行改铸的重大历史变革。这两种形式及其与近代社会演进的互动关系，应是近代社会变迁研究的基本内容。

第二，社会结构。指支撑或维系社会整体的各组成部分之间的比较稳定的构成方式，或者说是组成社会的基本要素。构成社会的基本元素有人口、家庭、宗族、社区、民族、阶级阶层等六大元素。各元素之下包含诸多具体研究内容，如人口即要研究人口素质与社会的互动关系、人口分布的态势、人口的自然构成、社会构成、职业构成、人口迁移流

① 朱汉国：《关于社会史研究的若干问题》，《史学月刊》1998年第2期。

动，等等。

第三，社会生活。是在一定生产方式基础上人们结合起来的共同活动过程。社会生活主要分为物质生活和精神文化生活。物质生活侧重于衣、食、住、行的习惯和方式的研究；精神文化生活主要研究民间宗教信仰、岁时风俗、文化娱乐等。人际关系也是社会生活研究不可忽视的重要内容。人际关系是人和社会关系的核心，往往体现社会的风貌。人际关系按组成的纽带可以划分为血缘关系、地缘关系、业缘关系、趣缘关系、事缘关系等。

第四，社会问题及调节控制系统。中国近代社会是一个复杂多变的社会，社会问题显得特别突出。近代社会问题突出的有流民问题、娼妓问题、乞丐职业化问题、土匪问题、社会反抗现象、鸦片流毒、赌博、溺婴、械斗等，这些问题曾严重困扰着近代中国社会。如何解决这些社会问题，就需要社会加以调节与控制。

池子华认为，以上四大子系统的有机组合，构成了中国近代社会史的学科体系。① 其中第一项是从历史感的纵向视角，后面三项则是社会的横断面各领域，是横向视角。但此一体系，将横向与其他三项纵向并列，又有不甚协调及不易操作之感。在研究实践中，很难完全按照这种序列来进行社会史撰述。

上述三种学科体系的理路，都有一定的合理性。社会结构性的横向和历史的历时性的纵向，都是社会史不可缺少的观察维度，如何整合而构成一个完整的学科体系，是否能够建构这样一种被广泛认可的学科体系，迄今尚无定论。实则，近年来业内研究者越来越不再纠缠于追求建构一种"规整"的学科体系，而是更多地在吸取前人成果的基础上，根据自己的理解建构适合自己研究实践的研究体系，尤其是更多地投入到专题研究实践中。因而关于中国近代社会史学科体系出现多元化、多说并存、各行其是的局面。不过总体而言，近年来学者们多力求兼顾纵横两面，历史的纵向是史学的根本，而社会的横向则是学科特色，二者缺一不可。如有学者指出，20世纪90年代以后，社会史理论探讨更具开放性与多元化，更多

① 池子华：《中国近代社会史的理论视野》，《河北大学学报》1998年第1期。

的研究者认同社会史学科体系多元化的状态，社会史研究既需要借鉴社会学理论，也应保持历史学本身的学科特性，研究者可依据自己的理解进行多样化的研究实践，可为彼此补充。[1]

如果说对于一个学科而言，还是需要一定的学科体系概括以作为基本参照的话，则笔者基于前人对这方面的思考和探索成果，提出一种综合性的表述，即中国近代社会史是研究 1840—1949 年社会结构、社会关系、社会生活、社会意识、社会治理等领域变迁过程及其机制的一门学科。这一表述在强调近代社会历史变迁过程及其机制的基础上，区分各个门类所包含的具体内容，可归纳为以下五点。

第一，社会结构。包括个人、群体、社会、家庭、宗族、阶层、阶级、社团、村社、区域、城市、乡村、人口、社会流动等。

第二，社会关系。包括个群关系、阶级阶层关系、国家—社会—个人关系、社会互动、社会运动、社会认同等。

第三，社会生活。包括人们的物质生活、社会交往、文化生活、日常与非日常生活、风俗习尚、生态环境等。

第四，社会意识。包括人们的价值系统、宗教信仰、道德伦理、社会心态、民众观念、社会舆论、大众文化等。

第五，社会治理。包括社会管理制度、婚姻家庭制度、社会保障、礼制礼俗、法律、教化、社会问题、社会控制等。

上述五类的划分只是笔者管见，社会所涵盖的内容可谓包罗万象，观察的角度也难以划一，类目划分更是见仁见智，但大致而言，上述归纳基本上可以覆盖社会史的主要研究内容。这些类别是横向型分支领域，每个分支领域又结合历史变迁的纵向视角，即总体结构为大横向分类、各类以纵向变迁相结合的体系。这样的概括，大概有助于我们对中国近代社会史学科体系有一总体的把握，也便于我们在选择研究论题时作整体与专题关系的考量。

---

[1] 常建华：《跨世纪的中国社会史研究》，《中国社会历史评论》第八卷，商务印书馆 2007 年版。

## （四）学科定位

学科定位，即近代社会史与其他相关学科的关系，包括异同、特点、彼此相关性等。

社会史仍然属于历史学范畴，与其他史学分支学科或专史是什么关系，如何相互区别及界定？这一问题与社会史学科概念问题有重合，学者们在以往讨论中有所涉及。

在社会史兴起之前，中国史学科体系是以政治史为主，经济史和文化史为补充的"一主二辅"体系。古代史纵向是以朝代为断限的断代史，横向是以政治史为主体，以经济史和文化史为补充。中国近代史学科体系基本是在"革命史范式"下，以政治事件和革命阶段为主轴划分研究领域，此外有少量的经济史、思想文化史两门专史作为补充。社会史在很长时间里不被视为一个独立学科，有些少量社会史内容则被纳入政治史或经济、文化等专史之内。80年代中期以后，社会史复兴并快速发展，社会史与其他历史分支学科为何种关系，在历史学科中处于怎样的地位，也引起一些学者讨论。有学者综合80—90年代的相关讨论，归纳为六种看法。

第一，社会史是社会的历史，反映过去时代的全貌，因此，它应该是通史。

第二，社会史旨在再现人类社会过去的经历，它揭示人类社会的结构、功能及其运行机制，描述社会变迁时期普通人的经历。

第三，它是历史学的一门专史，与社会学、民俗学、民族学、人口学等学科有交叉的内容，因此具有边缘学科的性质。

第四，它作为历史学的一门专史，与经济史、政治史、文化史相并列，构成历史学的"3+1"格局。

第五，它是历史学的分支学科，在历史中有它的专门研究内容，因此，它是历史学的专史，但目标是面向整体史。

第六，社会史根本不是历史学的一个分支，而是一种运用新方法，从新角度加以解释的新面孔史学。[1]

---

[1]　蔡少卿、李良玉：《50年来的中国近代社会史研究》，《近代史研究》1999年第5期。

上述这些看法皆为从不同角度对社会史学科的定位,通史、整体史、专史、边缘学科、新方法等,这些表述反映了学者从不同视角对社会史与其他相关学科的区别及关系作出界说,多说并陈、语义各异,反映了社会史初兴时期探索的稚嫩。到90年代以后,社会史日趋发展成熟,学者对社会史学科定位的认识也逐渐趋同,社会史被视为在历史学之下的分支学科,与政治史、经济史、思想文化史并立。从断代史而言,中国近代史形成政治史、社会史、经济史、思想文化史四大分支并立的基本格局。但社会史与其他分支学科的关系,还有其特点。

近代社会史研究发展以后,逐渐形成一些与其他分支不同的学科特色,从研究对象、研究视角到研究方法都有一定的独特性,因而与政治史、经济史、思想文化史等其他专门史分支学科有所区别。同时,又由于社会史涵盖的宽泛性,因而研究对象又与其他一些分支学科有一定的重合或交叉,边界比较模糊。因而社会史不同于政治史、经济史、文化史等主要以研究领域划分而有较清晰的区分,而可说是一种涵盖宽泛、具有较多交叉性和综合性的学科。从这一点而言,社会史的学科区分,与传统以研究领域为单一标准的专门史学科划分有所不同,而更明显地带有研究视角和方法特色而与其他专史相区分的特征。特别是21世纪以来,社会史与其他专史渗透、交叉的趋势日益明显。

**1. 与政治史的关系**

政治史主要研究政治体制、政治制度、社会控制与管理、阶级关系、政治运动、政治思想、中外关系、政治事件、政治人物等,主要是从国家政权和统治的视角进行研究。而社会史主要关注的社会,是与国家政权相对应的领域,因而从研究领域而言,与政治史有一定的区分和相对性。但同时,许多社会现象、社会问题,又与国家、政府、政治有着紧密关系,是"国家与社会"互动关系,因而很难区分。如法律、社会制度、社会阶级、社会关系、社会运动、社会管理等,可以说是社会史与政治史的交叉领域。有些社会结构方面,如阶级阶层、社会运动等与政治史有交叉,社会治理领域里的法律、管理制度等方面与政治也有交叉。近些年研究政治史的学者在论著中,也多有借鉴和综合运用社会史的视角和方法进行综合性研究,这更是一种学科的交融了。甚至有些论著就是有意识地进行政治与社会的综合性研究，这样的成果就更加难以区分和进行学科归类了。

**2. 与经济史的关系**

社会史与经济史研究领域有交叉的部分，称为社会经济史。特别是社会结构方面的内容，如对商人阶层的研究，离不开商人的经营活动；对农民、工人的研究，离不开他们的生产活动。另如对区域社会的研究，经济是决定区域社会的主脉，要进行区域社会研究，离不开对区域经济活动的研究。又如生活方面的内容，如消费生活、生态环境等，与经济密切相关。因此，许多经济史学者称自己的研究属于"社会经济史"，两者的交叉与融合已是十分明显的趋势。

**3. 与文化史的关系**

社会史与文化史的研究领域也有交叉，如教育、风俗、宗教信仰、大众文化、社会意识、知识分子史等，只是社会史视角与文化史视角有所不同，或各有偏重，二者的区别主要在于视角和方法的差异，有时甚至横跨二者而难以分清归属。还有更偏于研究理论方法的交叉部分，称为"社会文化史"或"新文化史"，后发展为一个重要的交叉性学术流派，本书后面还有专章详述。

由上可见，社会史虽属与政治史、经济史、思想文化史并列的一个史学分支学科，但从研究领域和对象而言，又具有与其他分支学科不同的特性，即边界模糊。与其他分支研究对象和领域相对有一定独立性、界限比较清晰不同，社会史由于其涵盖广，研究对象和领域与其他分支领域有所重合或交叉，因而彼此区分界限不太清晰。如西方基督教在中国近代传播是一个重要社会现象，对这一现象可有多方面的观察。因其带有强烈的西方殖民色彩，西方教会势力往往借助侵略强权强行推进，包括强迫清政府订立附有传教条款的条约，强行进行传教活动，民教冲突形成的教案往往造成激烈的政治事件，因而属于政治史领域或中外关系史领域。从其关系到宗教信仰、传教、办学、译书办报等活动而言，又可属于文化史领域。而其涉及的民众信仰习俗、民教关系、教会事业、慈善医疗等，又可归于社会史领域。所以，有时只以研究领域和对象很难作出清晰的学科区分，只能是从研究论题是否主要针对社会问题而加以大致归类，有的则是跨领域的论题。即使如此，对相同的论题，不同的研究者可能也会有不同的归类。对此，我们只能采取开放与多元的态度。

# 二　研究方法

社会史作为一个新兴学科，与传统史学及其他专史学科的重要区别是研究视角的转换与研究方法的创新，在研究实践中体现为具体的研究方法有不同于传统史学及其他分支学科的新特点。

相对于学科理论来说，研究方法更具实践性、可操作性和多样性，对于实际的学术研究更具引导意义，因此也更受业内研究者的注意。关于社会史研究方法，20 世纪 80—90 年代社会史初兴时期曾有过比较集中的讨论，1999 年蔡少卿和李良玉曾撰文做过综合归纳，列为以下五种。

第一，社会史拥有历史学的根本特性，因此，历史学的某些基本的学术方法永远不会过时，比如重视史料。要大力挖掘、系统整理中国社会史资料，将散见于地方史志、文集笔记、逸文野史、戏剧小说、诗词歌赋、民族俚语、家谱族谱、墓志碑文以及社会考察和民俗调查中的资料收集整理出来。

第二，田野调查在社会史方法中应当大力提倡。在某些社会史课题中，尤其是在小社区研究中，通过实地调查可以增加对社区内部的各种社会关系和各种社会联系的了解，增加对当地宗教、宗族、风俗、基层组织和生活方式的直接感受，收集到极为丰富的民间文献，例如族谱、碑刻、书信、账本、契约、民间唱本、宗教书籍、日记、笔记等，并且可以听到大量关于族谱、村源、村际关系、区内关系和其他方面的种种故事或传说，从而有助于站在社区传统的本来立场上达到对它的文化理解。

第三，社会史必须注意消化吸收相关学科的学术方法，比如社会学、文化学、民俗学、民族学、心理学、地理学、哲学、宗教学、统计学甚至数学等。在途径方面，可以采取各学科的联合、课题整合和理论方法融合等办法，来形成多学科的综合优势。

第四，马克思主义理论是社会史研究不可忽视的方法。马克思主义对社会经济基础的重视，对阶级问题的重视，对社会形态问题的重视，对社会历史问题的整体的辩证的分析方法等，是中国学者研究中国近代社会史应当自觉遵循并灵活运用的基本方法之一。

第五，应当注意有机地吸收西方学术理论。中国的历史、国情、社情、民情与西方有很大差异。西方学术理论的范畴、概念、体系、方法是根据它们自身的历史、国情、社情、民情总结概括出来的。无论作为一种观察社会认识问题的方法，还是作为一种现代学术范式，它对我们都是有益的。但我们拿来分析本土时应有一些调整，亦即进行西方学术理论与我们的本土情况之间的对称性校正。①

上述列举的五种社会史研究方法，反映了社会史复兴时期学界的一些初步认识，虽然说法不一，有的说法也不够清晰，但反映了社会史研究方法的一些基本趋向。此后近十余年来，有关社会史研究方法的集中讨论逐渐减少，研究者更多地致力于研究实践以及对一些具体方法的专题讨论，这正反映了社会史研究方法走向成熟和深入，更注重向多元、纵深方向拓展。而研究方法的每一次开拓和创新，往往或引出一个新领域，或开拓一个新路径，有的甚至创出一片新局面。

这三十余年间，社会史研究方法一直是学界不断反省、探索的重心，众多研究者在研究实践中也不断探索、积累，研究方法日益多元、不断创新，改变了传统史学方法单一、框架类同、千文一面的老面孔，呈现出新路迭出、分支日增、多元发展、百花齐放、争奇斗艳、生机盎然的新局面。有些研究者主要沿着一些特定方法深入探索与实践，作出系列成果，研究方法也日益成熟，不断向纵深拓展，从而形成研究特色和专门领域。有些研究者善于吸收新的理论方法，开拓新研究领域或研究视角，形成一些研究热点，推动着研究创新。有的研究者则根据自己的研究对象，综合运用多种研究方法进行研究，凸显综合性、跨学科研究的优势。在三十余年间一些学者不断反省与讨论，众多研究者在研究实践中，形成了一些社会史研究中应用比较广泛、特色比较突出的研究方法，这些研究方法的特色及发展演变轨迹，也集中反映了近代社会史学科发展演变的一些特点，

① 蔡少卿、李良玉：《50 年来的中国近代社会史研究》，《近代史研究》1999 年第 5 期。

下面作一简要回顾与归纳。

### (一) 开掘民间史料

历史研究的依据和基础是历史遗留下来的资料,对史料的收集、考辨、解读与运用是历史学的基本方法,社会史作为史学分支,这一史学基本方法仍然是最主要的学科方法,只是收集利用史料的范围和解读的视角与传统史学相比而有较大不同。

史料遗存浩如烟海,每一专史或分支学科,因其研究对象和关注问题而选择利用的基本史料有所不同。以往以政治和上层为主要研究对象的历史研究,由于关注重心在社会上层,因而比较注重利用官方档案、文书以及精英人物的文字遗存等来自"上方"的史料,而社会史由于研究视角转向社会与民众,研究重心下移,因而更加注重反映社会"下方"的史料,即所谓"目光向下"。因此,社会史研究方法的创新首先表现在基本史料范围的开拓与转换,即大力开掘利用以往被忽视的民间史料。如近代报纸在传统史学研究中不受重视,认为只是记载当时的社会新闻、奇闻琐事、地方社情、家长里短、诉讼案件、商业广告、文艺小品等,很少记述重大政治事件关键点的内容,即使有所涉及,也往往是辗转消息、风闻传言、街谈巷议及臆测妄评之类,而多不是重大事件的实录和亲历者的真实记录,只能算是价值不太高的二手资料,因此其史料价值远不如档案之类的第一手资料。而从社会史研究角度来看,报纸上的这些内容却是最及时、直接、真实反映社会实态和民众生活的重要资料,即使是那些风闻传言、街谈巷议及臆测妄评之类,也是对民众心态和社会观念的曲折反映,因而具有史料价值。从社会史研究实践中可以看到,大量反映民间声音或出自民间的史料被纳入研究者利用的史料范围,甚至成为主体史料,除报刊之外,其他诸如方志、传记、日记、笔记、家谱族谱、书信、账本、契约、宗教书籍、歌词唱本、通俗小说等,甚至不再局限于文本史料,而扩大到碑刻、图像、照片、建筑、器物、戏曲、口述资料等非文本资料。一些传统史料如官方档案、文书、精英人物著述等资料,虽然仍在社会史资料范围,但研究者更多关注其中与社会和民众相关的内容,如司法诉讼档案中所反映的民间生活状况,官方档案中反映的灾荒、社会动乱等内容,人物日记、笔记中反映的社会生活等内容。

这一点在近代社会史领域表现更为明显。由于近代史距今时代较近，史料遗存数量庞大、种类繁多，民间资料更是蕴藏丰富、分布广泛，为近代社会史研究提供了相当丰富的史料储备。以往一些传统史学研究不屑一顾的民间记述，成为社会史研究者利用的主体史料。特别是进入 21 世纪以来，伴随着社会史研究的兴旺发展，反映中国近代社会与民众的大批史料被整理出版，尤其是随着电子网络化的发展，海内外多个历史资料网站及资料库开放，大批近代报刊、方志、族谱、笔记、日记、档案等被电子化，为社会史研究者提供了海量史料。这些记录历史上社会状况原生态、展示民众生活实态的鲜活资料，为中国近代社会史研究提供了宏富的史料资源，也极大地拓展了研究空间。这种基本研究史料的转换，对应着社会史研究内容的转换，使得社会史研究成果的面貌也与传统史学迥异。

**（二）借鉴社会科学理论方法**

历史学是一门以记述和解释历史为主旨的实证性与综合性学科，除了史料的收集、利用这一共同的史学方法之外，各分支学科还因研究对象与关注问题的不同而采取不同的具体研究方法。如政治史以历史事件和重要人物为主要研究对象，因而比较偏重于具体史实的考辨和记述。与此不同，社会史研究对象是包罗万象的社会，从这点而言，与其他社会科学的研究对象有所重合，因而需要借鉴其他社会科学理论与方法。这也是社会史研究方法的一个重要特色，是区别于其他史学分支的一个突出特征。

关于社会史的具体研究方法，从社会史复兴时期就是学者们集中讨论的一个问题。比较一致的看法是，社会史不能局限于文献考证、史实记述等传统史学研究方法，因为这些传统方法适合于以历史事件和历史人物为主要研究对象的传统史学领域，而社会史研究对象的结构性、宽泛性、复杂性、多样性、综合性，需要借鉴社会学、人类学、民俗学等其他社会科学理论方法。

如有学者认为，社会史研究方法主要有三点：一是历史调查法，这是主要方法，要掌握大量史料；二是计量法，能使研究设计、研究行为、研究结果更具科学性；三是相关学科渗透法，由于社会史是一门新兴的边缘交叉学科，与许多学科交错相接，互相渗透，所以"社会史借鉴于相邻学科的研究方法，或者说在研究方法上的互相渗透就成为必然的趋势"①。还有学者提出吸收借鉴西方社会史理论方法问题，认为应当正确理解并借鉴年鉴学派史学理论。指出，在西方，社会史是由法国年鉴学派开创的一个史学流派。20世纪70年代后期以来，年鉴学派受到中国学者的重视，年鉴学派的历史观念、方法，对中国学者是一种很好的参考。但是，应当指出，年鉴学派"总体史""全面的历史"等口号容易引起误会，我们似乎应当更多地从年鉴学派对兰克史学和实证主义史学的批判角度去理解它们。所谓"全面的历史""整体史"，是指抛弃传统政治史概念，全面关注经济、文化和人类社会生活等各个方面的内容，达到对历史的全面的总体性的认识。这更多地应当视为一种史学观念和方法。②

在各种社会科学中，社会学是与社会史最接近的一门学科，由于二者研究对象都是社会，而社会学学科发展较早，研究方法比较成熟，借鉴社会学的研究方法成为广大社会史学者的共识，也成为社会史研究借鉴的一种最主要的方法。对于借鉴社会学方法，学者们曾有过比较集中的讨论。如有学者指出，社会史是社会学与历史学的结合体，应采用社会学中的一些基本方法如人口论、结构论、功能论、模式论、分层论、流动论等。此外，由于社会的研究领域涉及人类社会生活的各个方面，因此还需要用其他各相应学科的理论方法，如城市社会学、经济社会学、社会学、政治文化论等。③ 还有从借鉴社会学理论层面阐说，认为可供借鉴的社会学理论主要有：结构理论、功能理论、冲突理论、分层理论、互动理论、角色理论、个案研究法、抽样法、统计调查法等。④

还有学者提出社会史应借鉴社会学的一些应用性研究方法，如社会学的概念和命题建构方法、研究对象的选择方法（如抽样调查法和个案调查法），可用于社会史的命题与研究对象的选择；社会学的访谈法、问卷法、

---

①　乔志强：《中国近代社会史·导论》，人民出版社1992年版，第22、31、32、33页。

②　蔡少卿、李良玉：《50年来的中国近代社会史研究》，《近代史研究》1999年第5期。

③　虞和平、郭润涛：《中国近代社会史研究述评》，《历史研究》1993年第1期；朱志敏、孔祥宇：《1990年以来中国近现代社会史理论研究概述》，《党史研究与教学》1998年第3期。

④　蔡少卿：《扩大视野注重理论方法》，《历史研究》1993年第2期。

社会测量法、民意测验法等问询手段可用于社会史资料的收集；社会学的定性尤其是别具特色的定量研究法，也可用于社会史的具体研究。但论者也指出，尽管社会史研究应该也必须向社会学借鉴各种行之有效的研究方法，但不应是简单的拷贝或复本，社会史有其不同于社会学的特殊性，对现代社会学的理论和方法的吸收，不应以抛弃历史学的传统理论和方法为前提。[1]

在 20 世纪 90 年代，一些近代社会史研究者较早借鉴一些社会学理论作出了比较成功的尝试。有评论指出，有些学者借鉴社会学结构功能理论，研究中国的社会结构、现代化或工业化历程、商会和行帮、商人、士绅、小农经济和社会变迁、人口流动（包括流民）、秘密社会以及妇女等各类社会史问题，取得了较好的研究成果。诸如池子华对近代中国流民的描述[2]，马敏对商会史的研究[3]，王先明对清末士绅阶层分化的分析[4]，张仲礼等人对近代城市化进程的考察[5]，也都能看到社会史学家对上述社会学理论在不同程度上的选择和运用。[6]

由于社会史主要借鉴社会学的理论方法，受到社会学的影响最大，因而社会史与社会学的关系也最为接近。但社会史主要是借鉴社会学的一些理论方法，而不是生搬硬套，因为毕竟历史的历时性是社会学所忽略的，因而还需根据中国历史的实态而加以借鉴和运用。与社会学注重建构理论框架不同的是，社会史更注重考察社会状况变迁及对其进行解释，因而在社会史论著中，借鉴社会学理论方法，不应只是反映在照搬一些社会学概念和名词，而更多地是运用社会学理论和原理进行具体的研究。纵观三十余年来的中国近代社会史研究，影响较大的社会学理论有结构论、分层论、功能论、冲突论、互动论、社会资本理论等，研究方法则有社会调查法、问卷法、访谈法、统计法、个案法等，社会史研究者往往根据研究需

---

① 周晓虹：《试论社会史研究的若干理论问题》，《历史研究》1997 年第 3 期。
② 池子华：《近代中国流民》，浙江人民出版社 1996 年版。
③ 马敏：《官商之间：社会巨变中的近代绅商》，天津人民出版社 1995 年版。
④ 王先明：《近代绅士—— 一个封建阶层的历史命运》，天津人民出版社 1997 年版。
⑤ 张仲礼主编：《近代上海城市研究》，上海人民出版社 1990 年版。
⑥ 周晓虹：《试论社会史研究的若干理论问题》，《历史研究》1997 年第 3 期。

要而选择运用。

　　社会史与人类学的关系也很密切,可以说仅次于社会学。人类学以人及群体的生存、生活和文化状态为研究对象,与社会史相通,因而对人类学理论方法的借鉴也是社会史学者广泛采取的研究路径。对中国近代社会史研究影响较大的人类学理论有文化多元论、文化模式论、弱势群体论、中心与边缘理论等,近年又有一些学者探索运用一些较新的理论,如身份理论、表演理论、文化建构理论、生态环境理论等。社会史学者借鉴较多的人类学研究方法有田野调查法、民族志方法、深入访谈法、移情法等。有些主要借鉴人类学方法进行研究的学者,后来形成"历史人类学"学派,具有更强的跨学科特色。

　　三十余年来业内学者的讨论及研究实践显示,社会史借鉴其他社会科学理论方法呈现越来越多、越来越开放、越来越综合、越来越灵活的趋向。研究者除了对社会学和人类学理论方法借鉴较为普遍之外,还往往根据研究对象和内容,选择借鉴其他一些相关学科的理论方法,如心理学、经济学、法律学、传播学、政治学等。具体如何借鉴及借鉴哪些具体方法,学者们往往各有选择及侧重,呈现多样化状态,有的是主要借鉴某一学科方法,有的则是借鉴多种学科方法进行综合性或跨学科研究。采用较多的具体研究方法,如统计法、社会(田野)调查法、个案分析法、微观研究法、心理分析法、语词分析法、移情法、口述访谈法等,借鉴较多的社会科学理论则有社会结构与功能理论、社会心理与行为理论、社会冲突与社会控制理论、文化建构理论等。社会史研究者借鉴这些社会科学理论方法进行具体研究,大大拓宽了研究领域,增强了研究深度,也成为社会史与其他传统史学领域不同的一个突出特征。这些借鉴其他社会科学理论方法的社会史研究成果,往往具有一些跨学科研究的色彩,这也成为史学创新与发展的一种新趋向。

　　社会史在借鉴社会学、人类学等社会科学理论方法进行研究的实践中,也出现了一些简单套用社会科学概念、名词或理论框架,因而使社会史的历史特色有所减弱的现象,对此学界也有一些反省与讨论。如有学者提出,在借鉴其他学科理论方法时应注意避免简单套用一些学科概念、名词等,而应创造性地实现多学科的综合。人文社会科学的各个学科在科学功能、科学规范和学术方法方面是有差异的，提倡多学科的互相借鉴、互相渗透，并非主张简单拼凑，甚至简单套用概念、术语，重要的是利用相关学科的范畴、概念和研究路径构建全新的解释体系去表达研究对象。①研究者比较一致的看法是，社会史研究须借鉴社会科学理论方法，但又不是简单套用一些其他学科的概念、名词，也非只是套用某种单一理论，只作此一理论的注脚，而应据研究对象和问题，综合借鉴运用相关学科的理论方法，研究社会史具体问题。

　　总之，社会史虽需借鉴其他社会科学理论方法，但与这些学科本身还是有较大差异，社会史作为历史学的分支领域，仍然具有史学学科的根本特性，即是一种着重考察历史发展与变迁过程的研究，是一种"历时性"、纵向性的经验性研究。与此相比，社会学则是一种"共时性"观察性研究，是对当下社会状况的研究，注重其横断面的结构状态。与历史学注重经验性研究不同，人类学则注重符号性研究。各个社会科学学科最主要的特征是对于当下社会现实的研究，是一种即时性、现存性的研究，研究对象真实存在，能够被当今人所看到和感知。而历史学研究对象则是已经过去了的历史，是已经消失的人与事物，因而首先需要还原历史，并以历史变迁的视角进行经验性研究。就中国近代社会史而言，其研究对象是与当今联系密切的刚刚过去的历史，因而与当今现实具有更多的联系和延续性，需更加注重与当今联系密切的社会变迁过程及机制的纵向性研究，加之遗存资料比较丰富，与现实社会有较多相似性，因而更需要借鉴在当今社会基础上发展起来的其他社会科学理论方法来进行近代社会史研究。中国近代社会史与其他社会科学相比，主要优势在于，由于研究对象与现实社会拉开了一定距离，研究者不再有现实利害关系的束缚因而比较超脱，能够掌握关于研究对象比较全面的资料，可以比较客观地从长时段视野中考察历史事物的演变过程，因而与其他社会科学相比，对事物的观察具有更加全面性、长远性、系统性、综合性及经验性优势。也正因如此，社会

①　参见王先明《中国近代社会史研究的理论思考——兼论历史学的社会学化》，《近代史研究》1993 年第 4 期；蔡少卿、李良玉《50 年来的中国近代社会史研究》，《近代史研究》1999 年第 5 期。

史具有更多跨学科、交叉学科、综合研究的特征。

### (三) 社会 (田野) 调查法

社会调查法是不少社会史研究者采用的一种方法，也是社会学和人类学最基本的方法，人类学称为"田野调查"。社会学的社会调查比较宽泛，主要运用问卷、访谈、采样、统计、归类分析等具体方法。人类学则偏重对异民族、早期文明族群及乡村等具体区域性的调查及体验，因而更强调亲身进入被调查的族群、乡村、社区之内，进行实地考察、资料收集、参与观察、亲身体验及深入访谈等，以收集最原始的资料，以及身临其境的体验与理解，进行真实的记录与解释。社会史研究对象与社会学和人类学重合，只是并非现实社会而是已经过去的成为历史的社会，无法直接参与观察和亲身体验，因此借鉴社会调查方法，更偏重于下到基层、深入民间收集历史资料，并体验感悟与现实社会相联系的历史情境，在此基础上运用一些分析方法进行资料处理与解读。

历史学的基本方法就是史料的搜集与分析，以往政治史的研究对象是社会上层，因而偏重于上层的文本资料，如官方档案、人物文字资料等，这些资料由于上层掌握文化话语权而相对比较集中。但社会史研究对象转向社会下层、民间社会与民众，而有关这些阶层的文本记录则并不完备，更多地存留在民间社会，有不少散落在民间的文本及非文本资料，且因以往不受历史学者重视而缺失收集与整理。因此，社会史研究首先需要借鉴运用社会调查方法，以补充收集有关民间社会的资料。

中国历史学者借鉴社会调查方法其实早就有了，如作为中国史学宗师的汉代司马迁撰写《史记》，就作了大量的实际调查、访问等。但这还不是近代学术意义上的社会调查。近代史学借鉴社会调查方法，在1949年前已有，如对太平天国的研究，对义和团运动的研究等，皆有学者进行实地调查，收集原始资料。80年代社会史复兴以后，首先是广东、福建的一些研究明清史学者与海外学者合作，借鉴人类学田野工作方法，对华南地区乡村开展田野调查，发表一批对华南乡村寺庙、宗族、村社、民间信仰等进行研究的成果，引起史学界关注，被称为"华南学派"。90年代以后，这批学者又提出"历史人类学"概念，研究领域也由华南扩大到其他地区，研究时段下延至近现代，仍然以社会调查、田野工作为学术特色。此外，山西大学社会史研究团队，以研究山西区域史为主攻方向，主要采用社会调查方法，师生分散到山西各地乡村，广泛收集民间遗存的文献、物品等，进行整理与研究。如他们的一个课题为研究 20 世纪 50—60 年代的"集体化时代"，就大量利用社会调查收集到的资料展开研究。上述学术团队的工作使社会调查这一方法形成规模、突出特色，并扩大了影响。90 年代以后，研究中国近代社会史的学者，越来越重视采用社会调查方法展开研究，社会调查成为中国近代社会史研究的一种相当普遍而重要的研究方法。与此同时，这些社会调查收集到的大量民间资料也陆续整理出版，为社会史及其他领域的研究提供了丰富的资料。

社会调查方法对社会史研究起到了极大的推动作用。首先是可以收集到原始、鲜活的资料，特别是藏于民间，甚至是活在民间生活中的活的民间资料，弥补了单纯文本史料的偏重上层、文字书面资料的偏狭，大大扩展和丰富了历史资料。特别对于以民间社会为主要研究对象的社会史而言，这类资料正是来自上层的文本资料所缺乏的，而更直接反映民间社会的最直接而鲜活的资料。其次是增强了研究者的现场感，更接近研究对象的原生态，体味社会环境和文化氛围，更接近研究对象的实际生活，更好地理解和体味他们的生活、感情，因而有助于更深入地解读史料、理解研究对象，增强历史记述的情境感。

### （四）个案研究与微观研究

以往历史研究也有对某一历史事件或某个历史人物的研究，但这并非社会史意义上的"个案研究"。"个案研究"的概念来自社会学，是社会学的一种基本方法，指对某一个体、群体或组织在较长时间里连续进行调查，广泛系统地收集有关资料，从而进行系统的分析、解释、推理的过程，以求发现其社会普遍性意义。人类学的"民族志"方法也与此相近，即以一个较小规模的社会群体作为研究单元进行全面、细致的微观研究，如某个族群、村落、群体，乃至某个家族、家庭或个人，对其作具体、微观而全面的深入观察与研究，以求细致而全面地考察其内部结构与内在机理，从中发现其特殊性与普遍性。实际上，"个案研究"法已广泛运用于其他许多学科领域，在不同的学科领域又有各自的特点。

社会史在20世纪80年代初兴时期，研究者较多关注一些宏观问题，除社会史理论方法，还有如社会性质、社会结构等比较宏观的问题。但随着研究的深入，社会史研究的对象开始具体化、分解化，研究者开始关注具体的社会事物或社会现象，因而需要进行具体、细致的观察与剖析，通过大量具体而微的研究，以了解构成社会整体的各个部分的内部结构与机理，在此之上才有可能对社会整体进行概括。如对乡村结构、宗族关系等的研究，首先需要对一些具有一定典型性的村庄、宗族个案进行剖析，在大量个案研究的基础上，才有可能对宏观的乡村结构得出切实的判断。因此，90年代以后，社会史研究从笼统走向深入，从宏观渐入微观，研究者关注的重心也开始从宏观建构向微观研究转向，表现为研究论题由宏大叙事转向个案研究。越来越多的研究者开始运用"个案研究"法，选取一些具有一定代表性的个案，进行具体、深入、细致的考察与剖析，以求探索其特殊性与普遍性的特点。具体个案研究需要微观而深入地考察、描述，或称之为"深描"。90年代以后，随着社会史研究领域的拓展和深入，"个案研究"取代"宏大叙事"成为社会史研究的主流。研究者往往选择一些个案作为研究论题，如对某一个城市、区域、乡村、群体、团体、宗族、家族、个人的个案研究。进入21世纪以来，个案研究已经成为近代社会史领域一个相当普遍的研究方法。这种个案研究法的盛行，促使近代社会史研究更加深入、丰富、具体化，回归本土，切近民间原生态。但这种方法的运用，又往往出现过于偏重微观记述，而缺少宏观联系；偏于个案的特殊性，而缺少特殊性与普遍性联系，因而价值减弱的缺陷，即所谓"碎片化"的弊病。对此不少学者进行反省，提倡应将微观研究与宏观研究相结合，这一探索的研究实践正在进行中。

## （五）社会心理分析——心态史

社会心理学是社会学与心理学的交叉学科，是对人们的社会心理与社会行为规律进行系统研究的科学。首先是西方史学研究者借鉴这一方法进行史学研究，称为"心态史"。80年代社会史复兴以后，中国学者也借鉴这一方法，对近代社会变迁中一些社会心理现象进行研究。有学者借鉴社

会心理理论，对近代历史上一些社会群体社会心理、心态进行分析，作出
一些具有开拓意义的研究成果。如马敏《中国近代商人心理结构初探》
（《中国社会科学》1986 年第 5 期）一文，运用社会心理结构理论，对商
人群体在近代社会经济变迁过程中社会心理结构的演变进行了探讨，这在
当时是一个新颖的角度。程歗《晚清乡土意识》（中国人民大学出版社
1990 年版）一书，对晚清社会变迁过程中反映出来的乡土意识及其表现进
行了比较深入的研究，这一研究从"乡土意识"概念到研究角度，都给人
耳目一新的感觉。乐正《近代上海人社会心态（1860—1910）》（上海人
民出版社 1991 年版）一书，对近代"上海人"这一生活在通商首埠的特
定人群，社会心态的演变及市民性格的形成进行了比较具体而深入的考察
分析，是区域社会心态史及城市市民性格史的开拓性研究。周晓虹《传统
与变迁——江浙农民的社会心理及其近代以来的嬗变》（生活·读书·新
知三联书店 1999 年版）一书，系统考察了近代以来江浙农民社会心理的
变迁，还对许多行为与现象尤其是有关现实问题提出了分析与评论，充分
显示了社会学与社会史跨学科研究的优势。这些成果都是在社会史领域较
早利用社会心理理论进行研究的比较成功的开拓性成果。

　　1998 年在苏州举办的第七届中国社会史年会，将"家庭、社区、大众
心态变迁"确定为会议主题，反映出运用社会心理理论进行研究的心态
史，已经受到学界的广泛关注与认同。此后运用社会心理学研究心态史的
成果增多，研究方法也更多样。如一些学者对于一些政治运动中体现出来
的一定社会群体的社会心理进行研究，从这一新角度对以往的政治"旧话
题"进行再考察，得出一些新的分析。如义和团运动是个旧话题，2000 年
赵泉民发表的《试析晚清新知识分子对义和团运动的心理》一文[①]，通过
考察知识分子对义和团运动的态度，揭示了晚清知识分子文化心态，作为
一群处于古今中西新旧多重文化之间的边际人，他们对于以下层农民为主
体的义和团运动呈现出复杂的心态：惧乱、崇外的敌视心理，中立裁判者
的心态，同情赞赏的态度。而造成诸种心态的背后质素是知识分子的历史

----

　　① 赵泉民：《试析晚清新知识分子对义和团运动的心理》，《华东师范大学学报》2000 年第 3
期。

心态和现实心态的耦合。这种文化心态，最终导致了他们与下层民众运动的隔离，对随后的辛亥革命也产生了较大的影响。还有郑永华《辛亥时期会党社会心态之变化》一文①，运用社会心理学的方法对辛亥革命时期会党的社会心态进行分析，尝试从另一侧面来把握会党在当时的表现及作用。这些运用社会心理重新研究政治旧话题的成果，突破了以往单纯从阶级斗争和政治集团视角研究政治运动的旧框架，为认识这些旧话题开拓了新角度和新层面。

这些借鉴社会心理分析进行心态史研究的尝试，使得史学研究深入人们的意识、心态层面，探索社会变迁与社会意识和人们心态之间的关系，不仅开辟了新研究领域，也将历史研究引向深入。

### （六）词语分析法——概念史

词语分析法是语言学的基本方法，即对某一个特定词语的构成、含义、使用、认知，以及词语的形成过程、文化意义、社会因素、使用环境、解读等进行分析的方法。20 世纪 80 年代以后，西方史学界首先出现"语言学转向"，即运用语言分析、语言建构等方法进行史学研究。90 年代以后，这一研究方法引入中国，一些学者也开始运用词语分析法进行近代社会史研究。如有学者对中国近代形成的一些新词语进行分析，特别对于一些从西方翻译过来或从日本借用过来而被广泛使用的新词语，或具有一定标志性意义的关键词，进行语言翻译学、传播学、语义学、文化建构等方面的分析，揭示这些新词语与社会文化变迁的相互关系。这些新词语往往是具有一定社会文化内涵的概念或观念，因此运用词语分析方法所作的研究又被称为"概念史"或"观念史"研究，属于社会史与文化史结合的一种研究方法。

运用词语分析方法进行研究的最有代表性的学者首推黄兴涛。他近十余年来发表了系列相关论著，专题研究论文如《近代中国新名词的思想史意义发微——兼谈对于"一般思想史"之认识》《清末民初新名词新概念的"现代性"问题——兼论"思想现代性"与现代"社会"概念的中国

---

① 郑永华：《辛亥时期会党社会心态之变化》，《清史研究》2000 年第 1 期。

认同》《晚清民初现代"文明"和"文化"概念的形成及其历史实践》
《新名词的政治文化史——康有为与日本新名词关系之研究》，还有研究专
著《"她"字的文化史：女性新代词的发明与认同研究》①。他在这些论著
中运用词语分析法，对一些近代史上重要名词的形成、传播、使用、意义
内涵及其演变进行专题研究，并从文化思想史角度进行深入分析，挖掘这
些名词内含的社会和文化意义，达到了相当的深度。如《清末民初新名词
新概念的"现代性"问题》一文，从把握"现代性"的内涵出发，提出
了"思想现代性"问题，以此为基础分析了清末民初大量涌现的新名词、
新概念的"现代性"历史特征和"现代思想平台"功能；并从考察一些特
殊的新名词新概念的词汇构成特点与价值认同的角度，具体揭示了传统与
现代之间复杂的历史关系。黄兴涛除了这些具体的专题名词研究之外，还
发表了《"话语"分析与中国近代思想文化史研究》和《概念史方法与中
国近代史研究》② 等文，对词语分析法进行了方法论的探讨。黄兴涛的这
些研究，开拓了词语分析法的新路径，运用社会史方法将文化思想史研究
推进到一个更深层次，可以说是社会史与文化史相结合进行深层研究的成
功实践。

　　运用词语分析方法进行研究的另一个范例是香港中文大学的金观涛和
刘青峰，他们领导的研究团队运用电子计算机的大数据和搜索功能，对
《新青年》《少年中国》《每月评论》等十余种近代史流行的时政杂志进行
词语统计分析，建立了1.2亿字的中文文献资料库"中国近现代思想史专
业数据库（1830—1930）"，以关键词如"权利""个人""公理""民主"
"社会""科学""经济"等政治术语的统计分析为基本素材，对这些近代
流行的重要观念术语进行研究。他们的研究成果汇集为《观念史研究：中

---

　　① 黄兴涛：《近代中国新名词的思想史意义发微——兼谈对于"一般思想史"之认识》，《开放时代》2003年第4期；《清末民初新名词新概念的"现代性"问题——兼论"思想现代性"与"现代社会"概念的中国认同》，《天津社会科学》2005年第4期；《晚清民初现代"文明"和"文化"概念的形成及其历史实践》，《近代史研究》2006年第6期；《新名词的政治文化史——康有为与日本新名词关系之研究》，黄兴涛主编《新史学》第3卷，中华书局2009年版；《"她"字的文化史：女性新代词的发明与认同研究》，福建教育出版社2009年版。
　　② 黄兴涛：《"话语"分析与中国近代思想文化史研究》，《历史研究》2007年第2期；《概念史方法与中国近代史研究》，《史学月刊》2012年第9期。

国现代重要政治术语的形成》① 一书，运用关键词语的统计分析，考察它们对应的西方现代政治观念在中国的引进、演变以及定型过程。书中运用了大量统计图表，还根据讨论的十大基本观念，整理出十余万字近一百个现代重要政治术语的意义演变词表。在这一统计研究基础上，提出与以往现代思想观念史不同的发展阶段说，认为中国当代政治观念的形成经历了三个阶段：第一阶段是 19 世纪中叶以后的洋务运动，特点是用中国原有的政治文化观念对西方现代观念的意义进行选择性吸收；第二阶段是从甲午战争后到新文化运动前的二十年（1895—1915），这是中国人以最开放的心态接收西方观念的一个时期；第三阶段是 1919 年以后的新文化运动，中国人对外来观念进行消化、整合和重构，从而产生了中国式的现代观念。这一研究最引人注目的是其借鉴电子技术和统计学的新颖研究方法，用电子数据库统计词语分析法进行思想观念史研究，突破了以往思想史研究以代表人物及其著作等有限文本为分析依据的局限，开启了以海量文本资料为基础、以关键词语为中心、以统计分析为依据的观念史研究新方法，使得研究结果变为可以验证的。该书既是思想文化史的一个创新成果，也是社会文化史视野下运用词语分析法进行观念史研究的代表性成果。

　　运用词语分析法进行的概念史或观念史研究，是社会史与文化史相结合的交叉研究路径，这一新路径的开拓，使社会观念研究从词语字面推进到深层研究，具有重要的方法论意义。

### （七）文化建构方法

　　"建构理论"是一种知识社会学理论，意指知识并非只是对客观事物的直接呈现，而是由人基于文化传统、生活经验、主观愿望、客观条件、语境心态等社会文化诸因素综合互动作用下"建构"起来的。此一理论被视为西方理论"语言学"转向的一个标志，或称为社会文化建构理论。这一理论后被一些西方史学家借鉴并引入历史研究，用于对某一社会文化现象的形成、内涵、结构、操作、效用、影响等是如何建构起来的进行研

---

① 金观涛、刘青峰：《观念史研究：中国现代重要政治术语的形成》，法律出版社 2009 年版。

究，可称为"文化建构"方法。如英国学者彼得·伯克所著《制造路易十四》①一书，不同于一般人物传记的传统写法，而是考察17世纪法国国王路易十四公众形象的制作、传播与接受的历史。作者旁征博引当时再现路易十四的媒体——油画、版画、雕刻、文学、纪念章、戏剧、芭蕾、歌剧等，全面论述了当时形象制造者如何推销路易十四，如何以意识形态、宣传广告、操纵民意来包装君主，清晰地呈现了权力与艺术的互动关系。该书堪称运用文化建构理论进行历史研究的典范之作。

进入21世纪后，中国史学界也开始借鉴这一理论，对近代一些社会文化现象进行建构性分析。如民国初建后，随着由共和政体取代帝制，国家礼仪制度也出现较大变化，一些研究者即运用文化建构理论分析新礼仪、新节日的形成及确立。再如"民族国家"是近代形成的一个重要政治观念和国民意识，有学者对这一观念如何建构的过程进行研究。对近代女性形象和角色的建构也是女性史研究的一个新角度。近年还有学者运用建构理论研究历史记忆。如2011年为纪念辛亥革命一百周年，有多位学者运用建构理论研究辛亥革命记忆，如双十节、辛亥革命纪念馆、孙中山形象、辛亥革命话语表述等。随着这种方法的运用日益广泛，"建构""语境""话语"等词汇，也日见频繁地出现在史学研究者论著中，多带有文化建构理论的意涵。

以上对中国社会史发展近三十余年来研究方法开拓性和创新性比较突出的七条路径作了简要梳理与分析，其中有因研究视角转换引起的史料范围的扩展和重心转移，有因研究对象转换带来的理论方法跨学科综合特征，也有与具体社会科学方法相结合而形成的特色研究路径，还有伴随理论方法创新而出现的新概念、新词汇群，以及对历史的新建构方式，可谓多姿多彩。这些路径的开拓，反映了社会史在研究方法上突破了传统史学的格局，呈现立体化、多层面的创新，正在形成具有自身学科特色的理论方法、概念工具和词汇系列，以是社会史学科走向成熟的标志，也使社会史学科与其他专史相比凸显其特色。同时，这些社会史研究方法也在向其他专史领域扩散和渗透，一些政治史、经济史、思想文化史等专史领域研

---

① ［英］彼得·伯克：《制造路易十四》，郝名玮译，商务印书馆2007年版。

究者，也开始吸收借鉴这些社会史研究方法，从而促进了史学研究的综合化，这也成为史学研究创新的一个动向。

社会史研究方法在不断探索创新的同时，也存在着一些缺陷与偏失，如碎片化、平面化、浅薄化、过度社会科学化、重复性研究过多、缺少独立理论创新等，这些已经成为社会史进一步发展的瓶颈，也已经引起学者们的关注，有了一些讨论，但还需在实践中加以矫正与超越，这是另一个更值得重视和讨论的问题，在此暂不赘述。

# 三　理论范式

社会史研究除了具体的研究方法具有特色之外，用以分析和解释历史的宏观理论模式、解释框架、认识范畴等理论范式及其演变与传统史学相比也有其特色。

"实证"是史学的经典研究方法，也是传统史学的主要研究方法。对于以重要事件和重要人物为主要研究对象的传统史学而言，对一些关键性和重要性的史实进行还原，就会对揭示历史真相、探索历史演变因果关系及发展脉络具有意义。与此相比，社会史研究则旨在通过考察一些普遍而具体的社会现象，探究社会内在结构及演变机制等深层问题。这些深层问题是无形的隐性存在，一些普遍性、典型性的社会现象是这些隐性问题的载体和符号，那些看似本身意义微弱的社会现象，可能蕴藏着深层结构的密码。因此，社会史研究需要从分析具体社会现象入手，目的则在于深入探究这些具体现象背后的内在逻辑与普遍意义，进而揭示其所反映的深层社会结构与意义内涵，这就需要进行一定的逻辑分析、理论概括与意义阐释。从一定意义上说，社会史比传统史学领域更加需要理论，需要用理论对具体社会现象及其内在联系进行分析与阐释。因此可以说，与传统史学注重实证相比，社会史更注重理论，这是社会史一个突出的学科特色。对此，社会史研究者也有一定的自觉，因此对于解释理论的探索一直是业内学者关注并经常讨论的一个方面，从"理论范式"层面进行反省及开拓应是一个有效途径。

本文所谓"理论范式"（或称"理论分析框架"），指在史学研究实践中，基于某种核心理论而形成的带有一定趋向性和导向性的中心理论、研究路径、认知范畴及分析框架，且形成一定的规模性影响。回顾中国近代社会史三十余年来的研究实践，相继形成了"现代化""本土现代性""社会与国家""社会治理"等影响比较大的"理论范式"，在不同阶段形成广受关注的热点，产生一定的导向性和规模性影响，成为许多研究成果或显或隐的主导路向和特征。

从三十余年的社会史研究实践可以看到，陆续出现的一些有较大影响的社会史理论范式或解释理论，有的在一定时期流行而形成主流，也有的发生一定的演变，或多种范式并存，或此消彼长，并呈现多元开放、日益深化的趋势。三十余年来影响比较大的理论范式有现代化范式、本土现代性、国家与社会、社会治理等。这些理论范式大多是借鉴源自西方的社会历史解释理论，但在研究实践过程中也有中国学者的一些基于本土的理解与建构。

### （一）"现代化"范式

中华人民共和国成立后至20世纪80年代的传统中国近代史学，以政治史为主体，以马克思主义阶级斗争学说为纲建构解释理论，依照阶级斗争推动社会发展理论而建构从封建社会向资本主义社会（在中国是半封建半殖民地社会），再向社会主义社会发展的马克思主义社会发展阶段论，以农民起义、资产阶级领导的旧民主主义革命，到无产阶级领导的新民主主义革命为主线，以反帝反封建革命斗争为主要内容解释近代历史发展过程。这种解释框架后来被概括为"革命史范式"。虽然这一概括并不严谨，但确也指出了其突出特征。

20世纪70年代末80年代初中国开始改革开放，出现思想解放运动，国家发展重心从以往的政治斗争转移到以发展经济为中心的现代化建设，这种时代转折促使一些史学工作者也开始反省中国现代化道路，思考近代以来中国现代化为何历经曲折而难以成功，其深层原因究竟为何？中国近代以来的社会状况与现代化究竟是怎样的关系？他们开始超越"革命史范式"的认识框架，从现代化的视角重新审视中国近代百余年的历史。首先是一些文化史研究者超越政治史主导的近代史格局,从传统文化与现代化的关系入手,探讨传统文化、西方文化与中国现代化变迁的关系,因而出现"文化热"。到 80 年代中期一部分史学研究者基于对偏重政治史而忽视社会角度的"革命史范式"的反省,感到这种太过单一的研究范式难以涵盖中国近代社会变迁的丰富内容,同时也力求矫正偏重精英文化而忽视社会深层结构的"文化研究"偏失,遂起而提倡研究作为中国现代化基础和土壤的社会深层结构,以求从中国社会的根本来深层探索中国社会与现代化的关系,社会史研究由此复兴。从这个意义上来说,社会史就是在超越"革命史范式"基础上,从反省现代化为起点而迈开脚步的,反省中国社会的现代化变迁也成为社会史研究复兴时期的主题。这样一种以现代化社会变迁为主线的历史书写和解释模式,后被学界称为"现代化范式",以与"革命史范式"相对应,这一解释理论的转变被称为由"革命史范式"向"现代化范式"的转换。虽然这一范式转换并不专指社会史研究领域,在经济史、思想文化史,甚至在政治史等领域都相继发生了这样的转向,成为 80 年代史学革新的一个重要趋向,但在这一史学范式转向过程中,社会史由于没有像其他传统学科一样受"革命史范式"旧有模式的束缚,而是直接从"现代化范式"起步,加之研究视角和理论方法的创新,因而成为促进、引领"现代化范式"形成发展的一个重要领域。

所谓"现代化范式",即认为从 17 世纪以后,首先从欧洲国家开始,伴随资产阶级革命和产业革命,进入以大机器生产和市场化为主要特征的资本主义社会,这一过程出现了由大机器生产和资本主义制度带来的工业化、市场化、城市化、理性化、政治民主化、文化世俗化等特征的现代化社会变迁过程,并伴随着欧美国家的殖民扩张向世界其他地区扩展,形成波及世界范围的资本主义浪潮,引领世界进入工业化时代,这一过程就是现代化过程。以这一现代化变迁为主线,并肯定现代化取代传统农业时代,为人类社会进步方向来解释历史变迁的理论模式,即称为"现代化范式"。

自 80 年代中期近代社会史开始起步以后,以"现代化范式"为主导,考察中国社会状况及其与现代化变迁的关系,分析中国传统社会文化因素与现代化的矛盾与冲突,探索中国社会现代化变迁的具体进程与特点,以及现代化曲折缓慢的原因与成败得失，特别是与西方相比的异同差距等，就成为主导社会史研究的问题意识。从这一意义上说，社会史自从80年代中期开始复兴，摆脱以往依附于政治史，而具有明确的学科意识，即是从"现代化范式"起步。虽然也有研究者是从以往农民战争进入秘密社会研究、从妇女解放话语进入婚姻性别史研究等，因而起初还带有某些革命史范式的痕迹，但自从研究者开始自觉地纳入社会史学科之内，多数学者即开始有意识地摆脱政治依附及革命史范式的藩篱，转向现代化社会变迁角度。"现代化范式"成为此后影响中国社会史研究二十余年的一种主流解释范式，时至今日，仍然是影响中国近代社会史研究相当重要的一种解释和书写范式（"现代化"亦称"近代化"）。

在"现代化范式"主导下，以现代化为主线对中国近代社会变迁的总体描述，乔志强和行龙在1998年曾撰文做过集中阐述，文中对中国社会近代化变迁的过程、特征和阶段分别作了如下表述。

第一，中国近代史即近代化过程（与现代化同义，这里指鸦片战争到"五四"时期的历史）。近代社会变迁的总趋向是"社会近代化"，具体表现为社会各方面的一体化，社会各个因素的社会化和社会的理性化。中国近代历史总体变迁的近代化过程，指整个社会历史系统，包括政治、经济、军事、外交、法律、文化以及社会本身各方面都有一个由传统向近代过渡和演化的过程。"社会近代化"需放在中国近代历史变迁的总体框架中进行考察，才能使社会构成、社会运行、社会功能由传统向近代的演变过程得到立体的体现。

第二，中国社会的近代化具有被动性、不平衡性、缓慢性、复合性四大特征。（1）被动性指这种变迁并不是社会内部矛盾运动的结果，而是在西方资本主义国家的威胁和侵略下，被迫中断自身历史的发展进程而移入资本主义。（2）不平衡性指中国社会的近代化过程大致存在着四种不同的类型，即沿海型、中部型、内地型、边缘型。"沿海型"以长江下游和珠江三角洲为典型，它是近代中国受外力冲击最早的地区，欧风美雨以此为前沿逐步传入内地。"中部型"以长江中游为代表，这类地区社会近代化较沿海为晚，但由于毗邻沿海，或由于交通地理条件的优越，也很快发展起来。"内地型"以华北为代表，其特点是闭塞性强，与外界联系较少，社会近代化起步较晚，发展程度也非常有限。"边缘型"以西南为代表，各方面的社会近代化变迁较上述三种类型均有明显差距。就总体而言，社会近代化的程度和速度存在着一个由沿海到腹地递减的态势。（3）缓慢性指中国近代化的发展速度是非常缓慢的，其发展水平是"低度的"。造成这种缓慢性特征的原因，除了国际、国内的环境限制外，从社会近代化的角度讲，中国近代缺乏一个组织和推动近代化进程的强有力的政府，缺乏一个相对稳定的社会环境乃是两个不可忽视的原因。（4）复合性指中国的近代化是在传统的自给自足的自然经济基础上展开的，同时又是在西方资本主义侵略下进行的。在这样一个特殊的社会近代化过程中，近代工业与传统农业并存；大规模的现代化工业与分散落后的家庭手工业并存；社会化的、开放式的生活方式与封闭停滞的传统生活方式并存；新式的利益集团与旧式的宗法组织并存；资本主义与封建主义文化并存，如此等等，形成了不同时代和不同性质的因素存于同一时代和同一事物的复合性。复合性的社会近代化特征使传统与近代化的关系表现为对立统一的两个方面。

第三，中国近代社会变迁的阶段，需要将纵向的变迁过程与社会近代化的横向发展过程结合起来予以考察。中国近代社会变迁的阶段分期，与中国近代通史的阶段分期有联系又有区别，近代的上下限相同，中国社会变迁的阶段性表现在近代趋向的进展程度上。中国近代社会变迁的趋向，从"社会近代化"即社会的紧密化、社会化的程度来看，大致可以分为三个阶段。（1）初始阶段——鸦片战争到中日甲午战争（1840—1894年）。（2）扩展阶段——中日甲午战争到辛亥革命（1895—1911年）。（3）深化阶段——辛亥革命到"五四"运动（1912—1919年）。这三个阶段不仅具有前后相继、步步深入的层次性，而且各自具有自身特征。大体而言，社会近代化的演进从内容上经过了由局部到全部的过渡，从变迁幅度上则经过了一个步步深入的过程，这种社会本身由传统向近代化演化的过程不仅是中国近代化过程的一部分，而且受到中国近代化发展进程的制约。①

以上表述基本代表了80—90年代社会史研究者依"现代化范式"对于中国社会近代化变迁的解释框架，业内学者在这一范式主导下，对于中

---

① 乔志强、行龙：《中国近代社会史研究中的几个问题》，《史林》1998年第3期。

国社会状况、传统与现代化的关系、现代化的曲折与不成功、与西方现代化相比的缺失等展开研究，作出了一批不同于"革命史范式"而令人耳目一新的研究成果，开启了中国近代社会史研究的新方向，奠定了中国近代社会史研究的基础。

以"现代化范式"研究中国近代社会史主要表现为以下理路：以西方现代化模式为标准，来衡量、评判中国近代社会状况，按照西方现代化元素和模型，对照查找中国近代社会的对应元素及发展状况，并以传统—现代、落后—进步、中国—西方的正负二元价值论进行评价。在这种解释框架下，中国近代史就是由中国传统社会向西方式现代化社会发展的过程，是有既定方向和目标、以西方为模板、单向发展的社会变迁过程。

"现代化范式"在80—90年代社会史复兴时期是主流解释理论，90年代后虽然在对其反省基础上又出现了其他解释理论，但"现代化范式"仍然具有广泛的影响，只是对其理解日益深化与多元。

### （二）"本土现代性"范式

80年代以后，西方反省现代化的后现代思潮兴起，以西方为中心的现代化单一模式受到质疑，出现多元文化观基础上的"现代性理论"。以往"现代化理论"是西方中心观下以西方模式为唯一标准的一元文化观，"现代性理论"则是在承认世界各国现代化总体趋势变迁中，一些体现现代化根本性质的特征具有一定的普遍性、共通性，在此前提下，现代化的具体形式则因各国各民族不同社会文化传统而有所不同，且彼此之间没有绝对的高下之别，这是一种承认多元文化观下的多元现代化理论。

这一思潮也与中国的发展有关。90年代以后，特别是进入21世纪，伴随着中国现代化发展，经济高速增长，社会转型加剧，越来越多的中外人士认为，中国走上了一条具有自身特色的发展道路，而且取得了举世注目的成就。由此也引发了中外人士对"西方中心观"下以西方模式为唯一现代化模式的"现代化范式"解释理论产生怀疑，承认"普遍现代性"基础上各国"多元现代化"的认识日益受到越来越多中外人士的认同。这种理论认为，现代化的一些基本原则和根本特征如工业化、市场化、城市化、理性化、民主化、世俗化等在世界各国有一定的共通性，即"现代性"具有一定的普遍性，但这些特征展现的形式、程度、结构等，则因各国国情不同，并无统一的固定模式，因而是多元的。因此各国应立足本土国情，探索适合本国本民族的现代化发展道路。美国研究中国历史的学者开始出现由"西方中心观"向"中国中心观"转向。美国学者柯文《中国中心观的兴起》一书，明确提出了这一新趋向，并提出去西方中心的"中国中心观"，主张从中国内部发现其自身的现代化变迁因素及变迁机制。① 这一观点在海内外史学界产生了广泛影响。

在中国社会变革的大环境下，国内社会史研究者对历史的思考也在加深。90年代以后，中国史学界在反省现代化思潮影响及内部反省的双重作用下，一些学者开始反省"现代化范式"下社会史研究出现的缺陷与偏颇。如在这种片面性的"现代化范式"解释理论下，一些研究往往忽视中国社会本身的特性，将西方现代化模式作为普世化的单一模式，用以简单类比和机械性评判中国社会文化的内在元素，遮蔽了中国社会现代化变迁的本土特点，具有简单化和"西方中心论"的弊病，使中国近代社会发展成为解释西方现代化模式的注脚。同时，将传统与现代、中国与西方截然分为二元对立结构，并将传统与中国、现代与西方画等号，加以正负价值判断，认为一切传统的、中国的东西都是落后的，应当否定、抛弃和被替代，而现代的和西方的东西则都是先进的，应当肯定、接受和发展，现代化过程即是以"西方现代"取代"中国传统"的过程，这一过程是不可逆转、普世性的。这种简单二元对立结构的认知方法，也导致对中国现代化发展内在因素的忽视，对中国发展道路特性的无视与否定。学者们在中国近代社会史研究实践中，随着对中国社会研究和认识的逐渐深入，也越来越意识到"现代化范式"的"单线式""目的论""单一模式""二元对立"的解释框架过于简单化与机械化，导致对中国近代社会变迁的认识产生一定的偏颇与缺失。

自20世纪90年代开始，特别是进入21世纪以后，随着中国近代社会

---

① 参见［美］柯文《在中国发现历史：中国中心观在美国的兴起》，林同奇译，中华书局1989年版。

史研究的发展与深入，一些研究者在研究实践中逐渐认识到，由于中国是具有五千年文明历史的古国，具有长远深厚的文化传统、根深蒂固的民族特性及历史积淀的国情，与西方文明有很大不同，因而完全套用以西方现代化为标准的"现代化范式"来分析评判中国近代社会变迁，往往相当隔膜并有诸多不适，中国近代实际发展道路也与西方国家乃至其他后发国家有许多不同，有自身的传统与国情，因而难以用西方模式为标准进行分析评判，由此开始对"西方中心观"下的"现代化范式"进行反省与矫正，一些学者也开始有意识地在研究实践中，逐渐走出"现代化范式"的藩篱，力求立足中国国情，由本土立场出发进行研究，深入研究中国社会文化实态，立足本土社会文化资源，考察中国社会近代变迁过程中本土资源的作用，分析外来因素与本土因素互动产生的交融与变异，探寻中国现代化道路的本土特色及内在机制。

　　由此，民间社会研究、区域史研究等受到重视，研究者更多地注意去探索中国近代社会本身的状况及演变机制，特别是注重探索传统与现代的连续性，传统因素发生创造性转化的形态与机制，以寻求中国本土现代化经验的地方性与普遍性的统一。如90年代以来多位学者对中国商人组织近代演变的研究，揭示了明清时期发展起来的中国商人行会、会馆等商人组织，是以血缘、乡缘等传统纽带联结起来的民间组织，在近代对外贸易与大市场发展中延续并扩大了原有组织化功能，在近代工商业及市场化发展过程中发挥了相当重要的作用，同时伴随社会变革而向以业缘为主的近代商会组织转化，同时血缘、乡缘等传统因素仍然在其中发挥着重要作用，这也成为中国近代商人的一个显著特征，这一特征的效应甚至一直延续至今。这样的研究突破了"现代化范式"下"传统与现代"二元对立的固有模式，而是从传统中挖掘与现代化相延续并适应转化的因素，是"本土现代性"理论的较早探索。

　　这种立足中国本土而探索中国社会现代化变迁的理论解释范式，称为"本土现代性"的新理论范式。这种新解释范式实际上是对"现代化范式"反省基础上认识深化而作出修正的产物，是对"现代化范式"的深化与超越。"本土现代性"范式的主要理路，是以世界现代化的一些普遍特征，如工业化、市场化、理性化、城市化、民主化、世俗化等为基本指标,依中国本土实际探索有本土特色的表现形式及其结构,以及由此形成的中国特色现代化道路。其主要认识思路,是注意传统与现代的连续性,注重传统内在的与现代化元素相契合或可以创造性转化的元素及形式。如关于会馆、行会等民间组织与近代化市民社会的关系,中国政治变革中民主与集权的关系,经济变革中传统经济形式及商业传统与现代化的关系,传统文化中与现代化相适应或可转化的元素等,都是受到较多关注并持续探索的论题。

"本土现代性"解释范式虽然在中国近代史其他研究领域也有广泛影响,但在近代社会史领域出现较早,运用也最为广泛而深入。进入 21 世纪以后,有越来越多的研究者,以这种超越"现代化范式"、立足于中国本土社会实际进行研究,注意发掘本土传统与现代化的连续性,这样的研究已经相当普遍,也有一些很好的成果。但总体而言,这一新范式还在探索与形成之中,还没有形成一些比较成形的有效解释中国现代化道路特性的理论。但随着这一路径的探索,可以预期,经过一定的积累会出现一些理论创新。

### (三)"国家与社会"范式

"国家与社会"理论是一个政治社会学理论,是围绕基于公共权力的国家干预与基于个人权利的社会自治之间的冲突、均衡和界限而产生的一系列理论建构和价值取向。国家与社会的关系也是市民社会理论的核心,它所关注的是如何划分"公共领域"与"私人领域"的合理界限,以及国家与社会之间如何保持适度平衡和确立一种建设性互动关系。

20 世纪 80 年代以后,西方史学界开始引入"国家与社会"理论,美国学者较早在中国近代社会研究中运用这一理论。90 年代以后,伴随中国社会从计划经济向市场经济过渡,国家与社会之间的关系出现诸多新的问题,引起人们的关注,这一理论遂被引入国内,成为理论界讨论的热点。由于这一现实问题与中国近代社会变迁有一定的延续与同构关系,因而90 年代以后也被中国近代社会史学者借鉴引用,特别是进入 21 世纪后,越来越多的研究者借鉴这一理论来考察分析中国近代社会变迁的诸多问题,这一理论的影响日益扩大,成为中国近代社会史领域的一个流行理论。

"国家与社会"理论实际上是在前述"现代化范式"和"本土现代性"解释理论之下的一个次层级的分析理论,其意为在承认普遍现代性前提之下,探讨在中国影响现代化进程的两大因素——国家与社会之间是如何互动及效应怎样,这其实也是回答中国本土现代性如何实现的问题,揭示中国现代化道路有何特色的问题。在中国近代社会史领域运用"国家与社会"理论,主要集中在市民社会、公共领域、国家与社会权力关系等论题,主要运用于城市史、区域社会史、社会生活、民间组织、救灾慈善、法律等研究领域。

### 1. "市民社会"理论

"国家与社会"理论较早在中国近代社会史学界产生影响的是关于"市民社会"(亦称"公民社会")的讨论。20 世纪 90 年代至 21 世纪初,中国近代史学界发起了一场中国近代是否存在市民社会的讨论。2004 年闵杰曾在一文中对这场讨论做过综合评述①,下面即其要点。

最早引入市民社会理论的是政治学界和社会学界。1992 年邓正来、景跃进发表《建构中国的市民社会》② 一文,虽然探讨的是中国当前形成市民社会的可能性,但文中一些重要观点,如市民社会在有条件的国家具有普遍性,在不同的文化背景和国别,市民社会的含义、构成、作用和性质会有所不同,引起了历史学界的兴趣,历史学者是作为对这篇文章的回应而参加近代中国市民社会讨论的。他们想要探索的是,中国历史上是否曾经出现过如同西欧那样的市民社会,尤其是在"西学东渐"之后,有没有可能受西方的影响培育出自己的市民社会。在此之前,研究中国历史的美国学者已经进行了这方面的讨论,为中国学者所注意。

在早期讨论中,几乎所有的论者都是用西方的定义展开对于中国市民社会的论述。他们认为,构成市民社会的要素有三:(1)以市场经济为基础;(2)以契约关系为中轴;(3)以尊重和保护社会成员的基本权利为前提。但是对于中国历史上是否存在市民社会有不同看法。夏维中提出,

---

① 闵杰:《20 世纪 80 年代以来的中国近代社会史研究》,《近代史研究》2004 年第 2 期。

② 邓正来、景跃进:《建构中国的市民社会》,《中国社会科学季刊》总第 1 期(创刊号),1992 年 11 月。

市民社会始终只是欧洲或者西方的一个社会、政治概念，中国历史上没有产生过市民社会，其原因为：（1）中国历史上从来不存在严格意义上的市民阶级；（2）以高度集权为基础的大一统国家是构建市民社会的强大障碍；（3）中国是一个农业国家，不具备形成市民社会的基本条件。① 萧功秦不否认中国近代出现过市民社会，但强调它遇到严重阻力而难以发育成长。他认为，中国近代以前只有民间社会，而并没有真正意义上的市民社会（尽管传统的民间社会在一定程度上也具有相对的自主性的特点）。中国近代的市民社会是在 19 世纪中期以后，在近代的工商业和租界文化的发展和近代社会变革的推动下，从传统社会结构中逐渐蜕变出来的。但是这个市民社会极其微弱，备受压抑，始终处于萌芽状态。②

　　上述文章严格说来只是运用市民社会理论对中国近代史发表的感想和推理，但对史学界具有启发意义。最早在近代社会史研究专著中对中国近代市民社会进行表述的是马敏和朱英，他们在 1993 年出版的合著《传统与近代的二重变奏——晚清苏州商会研究》（巴蜀书社）一书的前言中指出："从我们对晚清苏州商会的研究可以看到，晚清商会组织已经把自己的影响力渗透到城市生活的各个领域。以商会为核心，众多民间社团组织纵横交错，从而形成一个官府以外的在野城市权力网络，控制了相当一部分市政建设权、司法审理权、民政管理权、公益事业管理权、社会治安权以及工商、文教、卫生等许多方面的管理权。如果不拘泥于字面意义的话，我们完全可以将此在野城市权力网络称为'公民社会'（或许'民间社会'更为恰当）的雏形。"正是基于对商会研究的成果，作为对否认中国近代存在市民社会论点的回应，1994 年朱英发表《关于中国市民社会问题的几点商榷意见》③一文，明确肯定近代中国存在市民社会，并且提出中国市民社会的三个基本特征。第一，市民社会是脱离国家直接控制和干预的社会自治领域，拥有相当程度的独立性和自主性。第二，市民社会内部主要靠契约规则，而不是靠传统的血缘、乡缘等亲情关系维持。第三，

---

①　夏维中：《市民社会：中国近期难圆的梦》，《中国社会科学季刊》1993 年第 4 卷。
②　萧功秦：《市民社会与中国现代化的三重障碍》，《中国社会科学季刊》1993 年第 4 卷。
③　朱英：《关于中国市民社会问题的几点商榷意见》，《中国社会科学季刊》1994 年春季卷。

自愿和民主的原则，是市民社会的另一重要特征。但问题在于，这三个特征是作者依据商会的特点总结出来的，是否能够代表中国市民社会的特征，值得斟酌。但重要的是，在这篇文章中朱英开始用"国家与社会"二元结构来阐释中国近代史，这既是他的最早尝试，也是其他学者赞同引进市民社会理论的主要依据。此后马敏和朱英分别在论著中对他们的上述观点作了研究论证。①

但反对中国有市民社会的学者也提出了有力反驳。杨念群发表文章对中国市民社会论者的一些论据提出质疑，他指出，"市民社会"论者往往把具有前现代市民社会特征的组织形式如行会、同乡会馆、宗族门第、社区社团和诸如拜神社、惜字会、抚恤组织、秘密团体等，均视为独立于国家领域之外的机构。实际上它们可能只是"国家权威的社会设计"的表现形式，至少也是传统乡村基层组织的复制与放大。"市民社会"论者所举出的中国存在公域的许多实例，如出现了夜巡人、救火队、善堂救济组织等，大多可能只是旧有"社会"基层组织的变形与延伸而已。②

90年代前期这场关于中国近代是否存在市民社会的争论最终并未分出高下、得出结论，学者们在讨论中逐渐感到，对于这一源自西方的"市民社会"概念的理解，如果固执于西方模式，则与中国社会隔阂太多，难以类比，应当更多地从本土社会实际状况出发，从"国家与社会"这一大的框架下，对市民社会的一些元素及其结构关系进行更深入的研究，而不是执着于按照西方标准判定中国社会究竟有无市民社会。在这种共识之下，关于市民社会之有无的争论渐趋消解，相关讨论汇入"国家与社会"的理论体系中。正如闵杰所指出，这场讨论带给学术界的冲击，不仅仅限于市民社会在中国是有还是没有的问题，而在于用"国家与社会"这种新的角度来审视近代中国，对人们更深入地认识中国社会具有启发意义。

后来有学者对"市民社会"理论进行反省，认为90年代初从西方传

---

① 马敏：《官商之间：社会剧变中的近代绅商》，天津人民出版社1995年版；朱英：《转型时期的社会与国家——以近代中国商会为主体的历史透视》，华中师范大学出版社1997年版。

② 杨念群：《近代中国研究中的"市民社会"——方法与限度》，《二十一世纪》1995年12月号，总第32期。

入的"市民社会理论"，对于认识、诠释和评判中国历史与现实提供了新视角。但该理论并没有完成中国本土化的过程，存在着四个方面的问题：一是核心概念包容性太强、界定不清；二是在实际研究中以西方历史为坐标标注中国历史与现实而忽视中国发展的特殊性；三是该理论在中国的研究时空和研究层面过于狭窄、学术成果片面；四是中国论者所提出的国家与社会关系的"良性互动说"缺乏历史和现实依据。① 这一批评指出了"市民社会理论"的一些基本缺陷。进入21世纪以后，伴随学界对"市民社会理论"缺陷的反省，这种理论在中国近代社会史研究中的影响减弱，学者们更多地从"国家与社会"关系视角，对一些相关问题进行更为实证性的研究。

### 2. "公共领域"理论

在中国近代社会史学界，继"市民社会理论"之后而流行的"国家与社会"系统理论的另一个分析理论是"公共领域"理论。这一理论最初是由德国社会学家哈贝马斯提出的，他分析了18世纪法国、英国和德国社会中出现的俱乐部、咖啡馆、沙龙、杂志和报纸等，认为这些是公众自由交往、讨论公共问题并形成公众舆论的公共领域，以对抗武断的、压迫性的国家权力，从而维护总体利益和公共福祉。这种介于国家与社会之间的"公共领域"，是资产阶级民主政治的基本条件，公共领域的出现被作为近代社会形态——市民社会形成的标志，也被视为社会现代化的一个重要元素。②

公共领域理论提出后在各社会科学领域产生了广泛影响，在90年代被引入中国近代社会史学界，一些研究者认为这一理论所指现象在中国社会也有一定的对应性，因而运用这一理论分析中国近代社会，讨论中国近代社会的公共领域、公共空间、市民社会等问题。美国学者较早运用这一理论研究中国近代社会。如罗威廉（William T. Rowe）《汉口：一个中国城市的商业和社会（1796—1889）》③ 和《汉口：一个中国城市的冲突和

---

① 陈仲元：《反思中国市民社会理论研究》，《学海》2005年第5期。
② 〔德〕尤尔根·哈贝马斯：《公共领域的结构转型》，曹卫东等译，学林出版社2004年版。
③ 〔美〕罗威廉：《汉口：一个中国城市的商业和社会（1796—1889）》，江溶、鲁西奇译，中国人民大学出版社2005年版。

社区（1796—1895）》① 两部研究汉口的著作，考察了近代城市汉口，由于商业贸易高度发达，移民人口聚居，形成活跃的商业行会组织，城市空间和公用事业大为发展，这些标志着"公共领域"的兴起，由此反驳了马克斯·韦伯认为中国没有形成一个成熟的城市共同体的论断。魏菲德和黄宗智等美国学者也对市民社会和公共领域理论做过讨论。②

中国旅美学者王笛较早运用公共领域概念进行研究，他在对长江上游地区公共领域发展状况进行考察后指出，20 世纪初期，长江上游地区公共领域的发展主要表现在两个方面：一是传统领域的演变；二是新领域的产生。大多数商会和公立学堂属于前者，几乎全部公共协会和其他社会经济组织都属于后者。公共领域的发展已初步为市民社会的形成奠定了基础，尽管这个基础的规模和深度都是很有限的。在各主要城市，商会、各种社团、新学校、各种文化教育组织等，都在这个社会中积极活动。③ 王笛后来运用公共领域理论研究下层民众，他的《街头文化：成都公共空间、下层民众与地方政治，1870—1930》④ 一书，考察了成都街头文化与公共空间形成的关系。他的另一本书《茶馆：成都的公共生活和微观世界，1900—1950》⑤，探讨茶馆作为城市公共空间，其中市民公共生活状况与政治参与的关系。

进入 21 世纪以后，越来越多的学者运用公共领域理论研究中国近代史上的相关问题，如研究近代城市形成的商业、社区、公园、娱乐场所等"公共空间"，研究行会、商会、学会、民间组织等"公共领域"，研究城市商业生活及大众娱乐生活的"公共生活"，研究报刊、集会、演讲等"公共舆论"等。这些因研究对象的差异而出现的"公共空间""公共生活""公共舆论"等概念，虽然各研究者运用的名词、含义、

① ［美］罗威廉：《汉口：一个中国城市的冲突和社区（1796—1895）》，鲁西奇、罗杜芳译，中国人民大学出版社 2008 年版。

② 参见黄宗智主编《中国研究的范式问题讨论》，社会科学文献出版社 2003 年版。

③ 王笛：《晚清长江上游地区公共领域的发展》，《历史研究》1996 年第 1 期；《跨出封闭的世界——长江上游区域社会研究，1644—1911》，中华书局 2001 年版。

④ 王笛后来运用公共领域理论研究下层民众，他的《街头文化：成都公共空间、下层民众与地方政治，1870—1930》，李德英、谢继华译，中国人民大学出版社 2006 年版。

⑤ 王笛：《茶馆：成都的公共生活和微观世界，1900—1950》，社会科学文献出版社 2010 年版。

内容、形态及意义有所不同，但都是由"公共领域"理论衍生出来的系列相关概念。这些概念虽然仍具有作为政治社会学意义的"公共领域"的基本含义，但在多数研究者的具体使用中，已经更加贴近中国本土历史的实际状况，并力求探索中国近代史上民间社会各种"公共性"的具体形态及特性。虽然研究者对中国近代社会的公共领域、公共空间、市民社会等具体内涵的认知和界定有所不同，但"公共领域"理论被越来越多的研究者运用，表明这些学者认为运用这一理论认识和分析中国近代社会具有一定的有效性。这一理论至今仍然是中国近代社会史领域中被广泛运用的一个热门理论。

**3."国家与社会互动"理论**

上述"市民社会"理论和"公共领域"理论，都是讨论"国家与社会"关系的概念及分析理论，但由于其概念界定性相对固化，容易引起源自西方的概念内涵与中国本土实际情况的隔阂，因而近年来一些学者更倾向于用涵盖更为宽泛的"国家与社会"理论进行表述，而且注重国家与社会的互动关系。如较早运用"市民社会"概念研究商会的朱英，在2006年发表文章认为，使用"市民社会"或"公共领域"概念，不如使用"社会与国家"概念更为稳妥和合适。因为市民社会理论太过庞杂，又源于西方，不管怎样兼顾中国的具体国情，总难免被批评为"舶来品"，甚至被指责为带有明显的某种价值取向和丧失研究主体性、创造性。另外，许多中国学者往往不像西方学者那样严格区分"市民社会"和"公共领域"，而是将两者混为一谈，在概念上又引发一些不必要的争议。而"社会与国家"概念所涵盖的内容更为宽泛，"市民社会"和"公共领域"都可以纳入其中。①

进入21世纪以后，越来越多的学者运用"国家与社会"理论研究中国民间社会的各种问题，有些学者不仅限于用"国家与社会"二元框架进行分析，而且特别关注国家与社会的互动关系，注意考察在社会问题和社会现象中反映出来的二者的冲突与协调、矛盾与妥协、对立与调适、对抗与让步、区分与融合等互动关系。如不少学者在研究民间社会和民间组织

---

① 朱英：《近代中国的"社会与国家"：研究回顾与思考》，《江苏社会科学》2006年第4期。

问题时，关注行会、会馆、学会等民间组织与国家的互动，民间习惯法与国家法律的冲突与协调等，注意将这些问题放在国家与社会之间的互动关系中进行考察。由此，近年来对于民间社会和民间组织的研究，成为一个很受关注的热点领域。

由"市民社会"理论，到"公共领域"理论，再到"国家与社会互动"理论，这些理论在中国近代社会史研究中的运用，反映了业内学者在引入借鉴西方"国家与社会"理论过程中，随着对中国社会历史实际的考察不断深入，对这一理论诸元素的理解和运用，也不断有所深化和修正，因此在研究实践中，这几种分析理论既有相互交织，也有逐步深化，反映了学界在借鉴这一理论来研究中国社会史实践中，注意进行适应性和灵活性的改造，由此反映了学界理论水平和理论创新能力的提升。

### （四）"社会治理"范式

在"社会与国家"理论框架下，深入思考社会与国家的权力互动关系，最终指向的是社会效果。而如果从社会效果着眼观察的话，则不只是国家与社会的权力关系发生作用，而是还有其他多种因素参与下综合作用的结果。考察何种因素参与社会、以怎样的方式综合发生作用，以及形成了怎样的社会效果，由此探索如何取得最佳的社会效果，形成良治社会，概括这一过程的一个理论概念就是"社会治理"。

"社会治理"也是一个政治社会学概念，是在多元现代性观念基础上，深入探索不同社会良性发展的理论路向。进入 21 世纪以后，中国经济和社会急剧转型引起社会结构及利益格局变动，社会矛盾增多，社会问题丛生，对政府治理能力形成严峻挑战。如何调整改善治理方式进行有效的社会治理，以保障国家稳定与发展，成为社会学、政治学及理论界关注的问题，一些相关的西方理论也被介绍进来，直至 2013 年，"国家治理体系和治理能力的现代化"被确立为国家深化改革的总目标。理论界及现实中"社会治理"问题的凸显，也引起中国近代社会史研究者的关注。大致从 2005 年以后，一些研究者开始从"社会治理"视角选择切入点，将"社会治理""社会管理""社会控制""社会秩序"等相关系列概念作为研究论题或中心问题，形成以"社会治理"为中心的新理论框架和研究范式。

近十年来，从"社会治理"视角研究中国近代社会史的成果逐渐增多，渐成规模，开始形成引起关注的新研究路向。2016年黄超《近二十年来国内近代中国社会治理研究发展概述》① 一文，从社会治理模式研究、人物治理思想研究、制度治理变化三个方面，对近代中国社会治理的研究成果作了综述。但其选择研究成果范围比较宽泛，对"社会治理"的界定也比较简略，从社会史学科角度的总结评述还不够清晰与全面。由于"社会治理"范式的研究是近十年来新兴的趋向，对其研究成果还缺乏比较全面、清晰的清理与评述，故本文稍作详述。

研究论著的论题，集中反映其研究的中心问题，笔者利用多个期刊、书籍网络数据库，以"社会治理""管理""控制""秩序"等关键词检索中国近代史论著，搜到标题中有这些关键词的论著几十篇（部），多为2005年以后出现的成果，尤以近年比较集中，而在20世纪90年代以前几乎没有，反映了"社会治理"研究是近十年来兴起的新趋向。此外还有更多成果虽然标题中没有这些关键词，但实际内容属于这一范畴或与此相关，这类成果数量更多，难以统计。下面以检索标题中有这些关键词的研究成果为主体作一梳理与分析，应能反映"社会治理"研究的主流状况。综观这些研究成果，比较集中在乡村治理、城市治理、制度治理、问题治理几个领域，下面分别简要评述。

### 1. 乡村治理

中国近代社会以农村为主体，八成以上人口在农村，县治下的乡村是中国的基层社会，也是社会结构的基盘。在以往"现代化"范式下，注重代表现代化标志、走在现代化先头的城市。后来寻求"本土现代性"对此有所矫正，回归本土与乡村，有了区域与乡村研究的兴起。"社会与国家"理论关注重心又回到城市。但要追究国家与社会力量对中国社会整体发生作用的实际效果，又必须首先回到中国社会的主体——乡村，覆盖绝大多数人口的广大农村，才是检验社会治理效能的主要承载体。考察中国近代国家治理、社会自治，也必须从中国社会的主体——乡村开始，因为这里是中国本土传统社会治理的原生形态，是社会治理近代化变革的基础和基点，也是决定社会

---

① 黄超：《近二十年来国内近代中国社会治理研究发展概述》，《现代交际》2016年第10期。

治理成效的主体领域。因此,"乡村治理"受到研究者的集中关注。

中国近代乡村治理模式变迁过程中,既有传统的延续,也有近代的变革,体现为来自上方的国家权力与乡村内在力量的交互作用,这是乡村治理变迁的主轴,也是研究的重心。有一些从长时段、宏观史角度对中国近代以来乡村治理问题的研究,如张健《中国社会历史变迁中的乡村治理研究》一书,以国家治权、乡村精英和农民三种乡村力量为分析框架,考察了从中国古代至改革开放各时代,国家在乡村的权力配置方式、乡村精英的权威基础以及农民的行动逻辑对乡村社会政治稳定和经济的影响,对于传统与近代乡村治理模式与绩效分别作了分析。① 还有马欣荣《中国近现代乡村治理结构研究》的专论②,也从近代以来至改革开放的长时段考察,围绕"政治"和民间"自治"两种主要力量的相互控制和利用,以乡村治理组织各主体的转变为线索展开分析,认为乡村治理的总体发展趋势是:政府从弱小逐渐走向强大,农民自治组织与经济联合体不断增强,宗族组织由强转弱,乡村精英组织从传统的单一乡绅知识精英发展到多种形式的新乡村精英。此外还有对乡村治理模式历史演变的研究,③ 对近代农村基层社会治理体制变化的研究等。④

更多成果是对某一具体历史时期或具体个案作的比较深入的专题研究。如任吉东《多元性与一体化:近代华北乡村社会治理》一书,通过对近代河北宝坻县和获鹿县的乡村治理进行深入研究及比较,探讨了传统乡村社会治理向近代转型起点的原型状态。还指出近代国家政权建设对乡村的改造出现一体化趋势,但在国家一体化行政体系完成后,乡村治理由于乡村内生秩序不同而呈现多元性形态。这一研究揭示了近代华北乡村治理多元性内核与一体化模式并存并行的实态。⑤ 任吉东还对近代获鹿县新式

---

① 张健:《中国社会历史变迁中的乡村治理研究》,中国农业出版社2012年版。

② 马欣荣:《中国近现代乡村治理结构研究》,博士学位论文,西北农林科技大学,2012年。

③ 汪荣:《我国乡村治理模式的历史演进及其发展路径浅探》,《理论月刊》2013年第7期。

④ 明琪:《近代农村基层社会治理的发展——我国农村基层社会治理体制的比较研究之二》,《乡镇论坛》2014年第10期。

⑤ 任吉东:《多元性与一体化:近代华北乡村社会治理》,天津社会科学院出版社2007年版。

学堂与乡村治理的关系作了个案分析。① 刘琼从传统的接续与现代性的生发角度对英租威海卫乡村治理作了个案研究。②

在近代中国各种政治力量中，中共对乡村治理最为重视并取得较大成效，且影响深远，因此受到研究者关注。抗日战争时期中共在一些根据地进行土地改革及乡村改革，是中共农村政策及乡村治理的早期探索，为中共对农村的改造与治理积累了最初经验。有多篇专题论文分别对中共在一些抗日根据地的乡村治理情况作了研究，如《抗日战争与乡村社会治理模式的变迁——以华中抗日根据地为中心》③《抗战时期晋察冀边区的民生问题与乡村治理》④《山东根据地的村政改造》⑤《革命中的乡村——土地改革运动与华北乡村权力变迁》⑥。

还有对参与乡村治理的一些重要元素作专题研究。如乡绅是乡村精英、乡民自治的支柱，也是官府与乡民之间的纽带，是国家对乡村治理的主要依靠力量，因此乡绅在近代乡村治理中的状况及变化也是一个研究重点。这方面的研究成果有杨银权的《清朝陕西地方社会治理视野下的士绅研究》一书，指出清代陕西乡绅参与地方社会治理的主要形式是官绅合作，许多士绅在地方官员的委托下参与了地方社会大型公共工程，如桥梁水利、书院学校、庙宇城池的兴建等。⑦ 还有李巨澜《近代乡绅劣化的成因——以苏北为个案的研究》一文⑧，认为民国时期，在全国范围内普遍出现了传统乡绅阶层劣化的现象，这是传统社会控制结构失衡之后的特殊产物，该文对近代苏北乡绅劣化的成因作了分析。农会是清末以后出现的

---

① 任吉东：《锲入与磨合：新式学堂与乡村治理——以近代直隶获鹿县为例》，《中国农史》2008 年第 1 期。

② 刘琼：《英租威海卫乡村治理：传统的接续与现代性的生发》，博士学位论文，山东大学，2014 年。

③ 杨丹伟：《抗日战争与乡村社会治理模式的变迁——以华中抗日根据地为中心》，《青岛大学师范学院学报》2005 年第 3 期。

④ 夏松涛：《抗战时期晋察冀边区的民生问题与乡村治理》，《晋阳学刊》2013 年第 3 期。

⑤ 宋传伟：《山东根据地的村政改造》，硕士学位论文，山东大学，2008 年。

⑥ 李里锋：《革命中的乡村——土地改革运动与华北乡村权力变迁》，《广东社会科学》2013 年第 3 期。

⑦ 杨银权：《清朝陕西地方社会治理视野下的士绅研究》，中国社会科学出版社 2016 年版。

⑧ 李巨澜：《近代乡绅劣化的成因——以苏北为个案的研究》，《学海》2007 年第 5 期。

新型农民组织，成为乡村治理中的一种新元素，有对农会在乡村治理中的活动及作用作专题研究。如胡明、盛邦跃《乡村动员与乡村控制——对民国江苏农会考察》一文①，指出宗族、保甲是近代之前中国乡村中主要的组织形态，其管理人员都来自乡村本身，国家通过这些组织实现对乡村的控制和对乡村资源的动员。清末之后宗族、保甲制度松弛，清政府在实行新政中试图在乡村中建立"开通智识、改良种植、联合社会"的农会组织，一直延续到民国时期，但是在乡村中，农会并没能有效地发挥其改革农业、实现联合乡村社会的功能。唐元平《清末广东农会与县域治理——以香山为例》一文②，指出在清政府推行"新政"背景下成立的香山县各级农会，不可避免地卷入了旧有的社会体系之中，与旧有利益群体发生种种纠纷，实质上是香山土绅与顺德籍沙田业主双方争夺地方控制权。乡规民约是传统乡村自治的一种形式，体现了在国家政权县以下乡村依靠自身文化习俗力量进行乡民自治，这一传统在近代有延续也有演变，仍然发挥着一定作用。这方面的研究成果有《明清时期乡约运行机制研究》③《清末民初桂北地区乡规民约研究》④，还有对乡村社会契约规范与秩序的研究。⑤

　　"乡村治理"是有关"社会治理"研究中成果数量较多且最具本土特色的领域，关于近代乡村治理中各种新旧元素的参与、纠葛、兴衰、替代与演变，国家力量与乡村自身力量的互动、消长、重构与演化，有一些比较深入的研究，提出了一些本土解释，揭示了中国近代乡村治理的实态。

### 2. 城市治理

　　城市化、工商化是社会现代化的主要特征，城市也是中国社会现代化的火车头和桥头堡，中国社会现代化变革首先是从城市开始的，城市治理也是社会治理近代转型的重要标志，因此也是一个研究比较集中的领域，

---

① 胡明、盛邦跃：《乡村动员与乡村控制——对民国江苏农会考察》，《农业考古》2010年第1期。
② 唐元平：《清末广东农会与县域治理——以香山为例》，《南方农村》2013年第3期。
③ 马馨：《明清时期乡约运行机制研究》，博士学位论文，南开大学，2014年。
④ 李亚乐：《清末民初桂北地区乡规民约研究》，硕士学位论文，广西师范大学，2013年。
⑤ 梁聪：《清代清水江下游村寨社会的契约规范与秩序——以锦屏文斗苗寨契约文书为中心的研究》，博士学位论文，西南政法大学，2007年。

研究者的关注重点,从以往"社会与国家"范式下注重"市民社会",转向从城市治理视角对综合因素共同作用的研究。

城市治理首先反映在政府对城市的管理,市政建设与管理是主要形式。关于近代城市市政史,已经有了不少研究成果,如张忠《哈尔滨早期市政近代化研究(1898—1931)》①、喻婷《近代武汉城市规划制度研究》②等,2012年刘志琴《近三十年中国近现代市政史研究综述》③一文曾做过总结与评述,在此不再赘述。

有一些从城市治理角度对政府力量与某些城市社会群体之间的管理治理与被管理治理互动关系的研究成果。对城市民间组织、社团在城市社会治理中地位与作用的研究,如《近代上海社团发展及其社会管理意义研究》④《近代上海非政府组织的社会经济协调作用——以近代经济群体为中心》⑤《明清以来自然灾害与民间组织应对——以福州救火会为论述中心》⑥。有对不同经济阶层冲突治理的研究,如《近代上海劳资争议治理对策初探(1927—1937)》⑦《近代上海经济社会功能群体与社会控制》⑧。有对城市治安管理及下层社会控制的研究,如《近代市制与广州城市治安管理的近代化》⑨《民国时期统治者对城市下层社会的社会调控——以山东为例》⑩。有对城市摊贩治理的研究,如《二十世纪初的游动摊贩与中国城市社会生

---

① 张忠:《哈尔滨早期市政近代化研究(1898—1931)》,博士学位论文,吉林大学,2011年。

② 喻婷:《近代武汉城市规划制度研究》,硕士学位论文,武汉理工大学,2011年。

③ 刘志琴:《近三十年中国近现代市政史研究综述》,《河北大学学报》2012年第3期。

④ 郭彦军:《近代上海社团发展及其社会管理意义研究》,博士学位论文,中共中央党校,2013年。

⑤ 樊卫国:《近代上海非政府组织的社会经济协调作用——以近代经济群体为中心》,载《上海经济研究》2007年第11期。

⑥ 徐文彬:《明清以来自然灾害与民间组织应对——以福州救火会为论述中心》,博士学位论文,复旦大学,2013年。

⑦ 王明贵:《近代上海劳资争议治理对策初探(1927—1937)》,载《黑龙江史志》2009年第9期。

⑧ 樊卫国:《近代上海经济社会功能群体与社会控制》,《上海经济研究》2001年第10期。

⑨ 雷绍宇:《近代市制与广州城市治安管理的近代化》,《黑龙江史志》2008年第20期。

⑩ 郭谦:《民国时期统治者对城市下层社会的社会调控——以山东为例》,博士学位论文,山东大学,2007年。

活——以武汉、上海为中心的考察》①《近代上海摊贩治理述论》②。还有对公共娱乐场所管理的研究，如《民国地方政府对文化娱乐场所的管理——以汉口民众乐园为中心（1919—1949）》③。

这些围绕城市治理的专题研究，或是对某一城市管理与治理的综合性研究，或是对某一特定城市群体参与城市治理中作用的研究，或是政府权力与社会群体之间治理与被治理关系的研究，从不同角度揭示了近代城市治理的实态与复杂关系。

**3. 制度治理**

国家对社会的管理与治理主要通过制度实施，制度制定得是否合理，是否切合社会实际，且是否能依时势变化而作出相应改革与调整，并保证有效地实施，这是决定社会治理优劣的根本。中国近代，社会、政治变动急剧，特别是清末以后，政治制度发生根本性变化，随之社会管理治理制度也发生很大变化，对近代社会产生了很大影响，这些社会治理制度变化状况及效能如何，是一个研究比较集中的问题。

农村是社会主体，国家对广大农村地区的基层管理制度是国家治理的基本制度，这方面的研究集中在对"县制"这一国家对乡村基层社会治理制度的研究。如胡恒《皇权不下县？清代县辖政区与基层社会治理》④ 一书，围绕明清之际基层社会治理模式转型这一核心问题，由清代州县佐杂官的分辖及在此基础上形成的县辖政区为切入点，以顺天府、广东、四川、江南、福建、甘肃、新疆等区域为个案，探讨了清代县辖政区的渊源、类型、空间分布及其与基层行政、法律实践、市镇管理、钱粮征收、州县置废、地区开发的复杂关系，力图从中国本土行政实践中寻找到清末以来县以下区划的历史渊源，对在学术界影响较大的"皇权不下县"等相关理论假说作了反思。此外还有《社会控制与秩序重建：抗战时期贵州

---

① 胡俊修、姚伟钧：《二十世纪初的游动摊贩与中国城市社会生活——以武汉、上海为中心的考察》，《学术月刊》2008 年第 11 期。

② 魏晓锴：《近代上海摊贩治理述论》，《江西社会科学》2014 年第 12 期。

③ 胡俊修、钟爱平：《民国地方政府对文化娱乐场所的管理——以汉口民众乐园为中心（1919—1949）》，《湖北行政学院学报》2011 年第 6 期。

④ 胡恒：《皇权不下县？清代县辖政区与基层社会治理》，北京师范大学出版社 2015 年版。

"新县制"研究》①《民国时期湖北的新县制研究（1939—1949年）》②，对民国以后实行县制改革对乡村基层社会治理的影响作了研究。

社会治理制度近代化转型首先从城市管理开始。对于城市治理制度的研究，自清末开始实行地方自治制度，以往主要从政治运动及政治制度史角度研究，后来在社会史视角下，开始从市政管理制度角度进行研究，如市政建设、市民生活管理等。对于地方自治制度的综合性研究成果较多，在此不必列举，有一些对重要的城市治理制度的专题研究成果，如近代警察制度是国家对城市为中心的社会治理的主要制度，这方面的研究成果有丁芮《管理北京：北洋政府时期京师警察厅研究》③、孟庆超《中国警制近代化研究——以法文化为视角》④、彭雪芹《1927—1937年河南警政研究》⑤。

除了对城市、乡村治理制度变化的研究，还有一些对公共事务的管理制度研究。如郭飞平、段金生《制衡与牵制：南京国民政府治理边疆的政治策略——以边疆行政区域的新规划为中心》⑥一文，考察了南京国民政府的边疆区划制度改革，分别将甘肃分设宁夏、青海，内蒙古地区分设察哈尔、热河、绥远三省，西康亦设省，客观上消解了边疆地方实力派的压力，起到了制衡与牵制作用，有利于推动中央政府对边疆的社会控制，提高边疆各省区的行政效率，并通过空间管理的重新布局抵御外国势力的干涉。但由于国民政府对边疆控制的有限性及谋划不周全，一些边疆地区新的行政区域规划，反而加剧了边疆地区的社会矛盾。此外还有对具体公共事业管理制度的研究，如《民国政府佛教管理政策研究（1912—1949）》⑦《中国近代铁路事业

---

① 李波：《社会控制与秩序重建：抗战时期贵州"新县制"研究》，硕士学位论文，贵州大学，2016年。

② 汪巧红：《民国时期湖北的新县制研究（1939—1949年）》，博士学位论文，华中师范大学，2007年。

③ 丁芮：《管理北京：北洋政府时期京师警察厅研究》，山西人民出版社2013年版。

④ 孟庆超：《中国警制近代化研究——以法文化为视角》，博士学位论文，中国政法大学，2004年。

⑤ 彭雪芹：《1927—1937年河南警政研究》，硕士学位论文，河南大学，2006年。

⑥ 郭飞平、段金生：《制衡与牵制：南京国民政府治理边疆的政治策略——以边疆行政区域的新规划为中心》，《云南行政学院学报》2011年第1期。

⑦ 刘思辰：《民国政府佛教管理政策研究（1912—1949）》，硕士学位论文，四川师范大学，2013年。

管理的研究——政治层面的分析（1879—1937）》① 等。

这些关于近代国家管理、社会治理制度的研究，涉及乡村基层管理制度的县制、城市管理制度及公共事务管理制度，主要反映的是国家对社会管理制度性变化，这也是社会治理现代化转型的根本，这方面的研究还有待进一步拓展。

#### 4. 问题治理

社会生活复杂多样且变化万端，特别是在中国近代百余年间，政治剧烈变动，社会急剧转型，各种社会元素碰撞、冲突、交会、消长，地域、阶层、人群之间差别变异，激生种种社会问题，社会管理制度难以完全规范，成为社会治理的难点，有时问题发展严重，威胁到社会稳定与国家安全，因此对社会问题的治理一直是社会治理的一个重要方面，也是研究比较集中的一个领域。

关于近代社会问题治理的研究成果，唐仕春作了比较全面的综述，重点对灾害与救济、慈善、医疗卫生及禁毒、盗匪、赌博等社会问题的治理的研究作了集中评述。② 其所列举的大多数成果虽然并未在标题中明确标明"治理"等词汇，但内容中基本都包括社会问题的状况及治理两个方面，其中有些在标题中明确标明"治理"的代表性成果，反映了研究者具有明确的社会问题治理的思路及研究路径。如鸦片烟毒泛滥是鸦片战争以后贯穿中国近代百年、祸害各阶层民众、导致国弱民穷的一个巨大社会祸患，是近代长期存在的一个严重社会问题，因而自晚清至民国，历届政府及社会力量都一直致力于治理烟毒、禁毒，采取的治理方式多有变化，效果也不同。同时，毒品在当今中国社会也是一个严重的社会问题，需要借鉴历史上的治理经验。因此对近代治理烟毒、禁毒的研究一直是一个受到关注的领域，已经取得了不少研究成果，王玥、赵留记《1997 年以来的中国禁毒史研究》③ 一文，对 2010 年前这方面的研究状况做过综述。这些成

---

① 息圃：《中国近代铁路事业管理的研究——政治层面的分析（1879—1937）》，《中国经济史研究》1991 年第 2 期。

② 参见李长莉、唐仕春、李俊领、吕文浩《当代中国近代社会史研究》，中国社会科学出版社 2017 年版，唐仕春执笔第七章"近代社会问题与社会治理研究"。

③ 王玥、赵留记：《1997 年以来的中国禁毒史研究》，《河北学刊》2010 年第 1 期。

果中肖红松可以说是明确从"社会治理"视角深入研究近代烟毒治理问题的一位代表者，他先后出版了两本明标"治理烟毒"核心概念的研究专著，一本是《近代河北烟毒与治理研究》①，系统论述了近代河北烟毒泛滥实态和历届政府及社会力量治理烟毒活动，总结分析了百年来河北治理烟毒的曲折历程及其经验教训。其后他又进一步对华北抗日根据地、解放区时期中共政权的治理烟毒作了深入的专题研究，出版了《中共政权治理烟毒问题研究：以1937—1949年华北乡村为中心》② 一书，分析了中共治理烟毒的理念、举措、效果。还指出中共烟毒治理政策与具体实践之间既有一致，也有差异，梳理了中共受诸多因素制约而不断调整政策、不断克服障碍走向成功的过程，并透过治理烟毒活动分析中共革命政权与乡村社会如何互动、如何影响革命进程的基本问题。肖红松的研究使近代禁毒史这一延续几十年的老问题的研究，从早期反帝斗争话语，经过社会史的社会问题话语，推进到了社会治理这一层面，在理论分析及现实借鉴方面都达到了相当的深度。

除了禁毒问题的研究之外，对于其他社会问题也有一些明确从社会治理视角的研究。如对赌博治理的研究，涂文学《近代中国社会控制系统与赌博之禁》③ 一文，从权力之禁，家庭、宗族及村社之禁，社会组织、团体之禁、舆论之禁等方面，对近代中国的禁赌状况作了考察。其认为由于近代中国社会控制系统已经残缺和衰朽，对于赌博的防范和治理收效甚微，呈现明禁实弛、越禁越滥的状况。并指出禁止赌博除了文化价值系统的调适外，更主要取决于社会控制系统和整个社会运行机制是否健全和完善。此外还有《南京国民政府时期娼妓治理问题研究（1927—1937）》④ 等。

上述梳理的"社会治理"范式下的研究状况，主要是以社会治理、管

---

① 肖红松：《近代河北烟毒与治理研究》，人民出版社2008年版。
② 肖红松：《中共政权治理烟毒问题研究：以1937—1949年华北乡村为中心》，人民出版社2013年版。
③ 涂文学：《近代中国社会控制系统与赌博之禁》，《社会学研究》1997年第4期。
④ 吕振：《南京国民政府时期娼妓治理问题研究（1927—1937）》，硕士学位论文，山东大学，2013年。

理、控制等为论题中心词的成果，此外还有更多虽然在标题中没有这类词汇，但内容属于或涉及这一范畴的研究成果，其数量更多，不胜枚举。但仅从上述的粗略梳理，已经可以看到近十余年来"社会治理"这一新路向的发展趋向，特别是近年来这一论题日益受到关注。如 2009 年召开的第三届"中国近代社会史国际学术研讨会"，主题即为"近代中国社会流动、社会控制与文化传播"，2010 年出版"中国近代社会史研究集刊"第四辑《近代中国社会流动与社会控制》①，"社会控制"作为大型近代社会史学科会议的主题词，也可视为"社会治理"范式进入学科主流受到集中关注、开始形成规模性影响的一个标志。随着近年来研究成果日益增多，"社会治理"的概念与意识被越来越多的研究者运用到研究实践和论著内容当中，可以说形成了一定规模性影响及趋向性，且至今仍在不断发展与深化之中。如 2017 年 8 月召开的第七届"中国近代社会史国际学术研讨会"，主题为"地方文献、区域社会与国家治理"，在设置的多场次分组会主题中，有"文化治理""都市治理""政府治理""基层治理""地方社会治理""边疆治理"等多个涉及"治理"的专题，可见"治理"是提交会议的百余篇论文比较集中的论题。

"社会治理"范式下的研究与"社会与国家"范式相比，从三个方面有所深化：一是关注点从社会与国家的权力互动关系，转向这些互动作用对社会发生的实际效能与效果；二是从社会与国家二元互动关系，扩展为更加多元、多层、细化、复杂因素综合作用关系及其对社会生活的实际影响；三是不再以"传统与现代"二元对立价值观评判参与社会治理的社会因素，而是以无分传统与现代、既有传统也有现代的现实多元因素的综合作用，来分析社会治理的效果与能力，即从价值评判转向综合效能评估。

### （五）对理论范式的反省

从上述考察可见，中国近代社会史复兴三十余年来，相继出现了具有较大影响的"现代化""本土现代性""社会与国家""社会治理"四个研究范式，先后相续，交会转换，推动着中国近代社会史研究不断走向新的

---

① 欧阳恩良主编：《近代中国社会流动与社会控制》，社会科学文献出版社 2010 年版。

高度与深度。

这些理论范式都是源自西方的社会理论，一般引入史学界的路径，大多是首先在西方史学界产生影响，出现运用这些社会理论的史学研究成果，进而影响到中国史学界，特别是在社会史领域较多引进与借鉴。西方社会是最早开始现代化的原生现代化社会，是最早出现现代化问题并寻求应对调整的，西方理论就是在寻求回应这些问题的需求下发展的，因此社会学及其理论比较成熟。而中国作为后发型现代化国家，在面对一些与西方社会曾经发生过相类似的问题时，借鉴西方理论来寻求解决之道，应当说是一种十分自然而有效的途径。中国近代社会史学者引进、借鉴这些西方社会学理论，其主流也是从中国近代社会实际出发，面对中国近代相似的问题，力求适应本土实际，因而在借鉴过程中，有一定的适应性选择、调整与改变。其主要是借鉴这些理论的原理、思路与基本方法，针对中国近代社会实际问题进行研究实践。社会史作为史学，仍然是以实证、史实为主体，与社会学注重逻辑推理不同，同时中国近代社会史研究的出发点和问题意识，也与社会学不同，借鉴这些社会理论只是作为分析、解释史实的理论参照，与社会学注重理论建构有区别。中国近代社会发展道路不同于西方，一些源于西方的社会理论，与中国近代国情也不尽相同。因而，中国近代社会史研究者在借鉴这些社会理论时，注意进行一定程度的"过滤"或"转化"，大多是以研究的具体问题为中心，借鉴这些社会理论的基本原理，用以研究中国近代社会史的具体问题，有时是综合运用多种理论来研究某一个具体问题。这也体现了中国近代社会史的历史学学科特性。这些社会理论的借鉴和运用，使中国近代社会史研究更加深入，问题得到提升，更利于超越历史表面现象而揭示近代社会变迁的本质。这些理论与范式的借鉴，大大推动了中国近代社会史研究的发展，并形成区别于政治史、经济史、文化史而具有的重要学科特色。

本文所列举的四个影响较大的研究范式的形成与重心转换的契机，大致为三方面。一是中国社会转型和时代变动的现实刺激，社会现实问题对史学知识与史学理论需求的呼唤，许多理论范式的核心理论，就是中国社会现实提出的理论挑战或前沿问题，反映了近代社会史与中国社会现实具有紧密联系的学科特性。二是中国近代社会史学科内部学术发展与不断深化的内在逻辑所引导。三是中国近代社会史具有借鉴运用社会科学理论方法的学科特性，因此业内研究者一直具有较强的理论反省意识，对于相关的新理论方法比较敏感，乐于借鉴运用，使学科具有较强的内在生命力和理论更新能力，这些研究范式的核心理论基本是引入借鉴社会科学理论，或加以改造而形成的。

中国近代社会史研究从改革开放反省现代化起步，从西方模式回归本土而产生"本土现代性"范式。对本土社会实证、微观研究出现"碎片化"弊端，以"社会与国家"理论的概括与解释则提供了新的理路，将中国社会本土现代性元素的认识提升到理论解释的层次。"社会治理"范式则使研究触角伸至社会多种元素（超越传统与现代的对立）综合作用对社会治理的实际效能。这几个研究范式之间前后相续、步步深化，使我们对中国近代社会变革的认识一步步推向接近实际和本质。

需要说明的是，此处所归纳的这些理论范式，并非指对中国近代社会史学科所有研究领域全面覆盖、一统天下的独占状态，实际上在任何时期大量研究成果还是依循史学最基本的实证方法作基础性研究，因为作为研究对象的中国近代社会实在是包罗万象、丰富复杂，有太多被历史湮没的社会史实值得还原与重述，这些大量的基础性研究，也是进行理论概括与认识提升的材料和基石。这些所谓研究范式，只是指一些研究者在研究实践中或显或隐、自觉或不自觉地采用了某种研究路向、理论框架或分析方式，形成了某种有一定共性的趋向与特征，而新的研究范式形成，往往是旧研究范式的深化与演化，使我们对历史的认识得以步步趋进深层与本质，得出一些深入解释历史演进的理性认知。除了这些在中国近代社会史领域影响较大的理论范式之外，还有一些被研究者运用于具体研究的社会理论，如社会冲突与社会控制理论、民族国家理论等。这些理论范式出现有先后，影响有大小，有的只适用于某类专题研究，有的研究者综合运用，更多的是多元并存，相互补充。

这些研究范式的相续与转换，也并非是彼此的绝对断裂、否定与替代。实际上，新范式往往是从旧范式中孕育生长出来的，而且都处于变化之中，彼此有交错、互渗甚至并存，虽有超越与深化，但界限可能并不清晰，更何况许多研究是多种理论并存、多种范式并用。对这些研究范式的

"强行"区分与归纳，只是出于便于分析的无奈。而从学科发展的总体来看，随着学科的成熟发展、研究领域的日益扩展、成果的不断增多，理论方法与研究范式呈现日益多元化的趋向。如在学科复兴早期，"现代化范式"的影响相当普遍，成为多数研究者的主要分析理论，而到后期，往往研究者依研究对象与关注问题不同而采取不同的研究路径，或运用多种理论进行综合研究，因而呈现研究范式多元并行的状态。如现在研究实践中可以看到"社会与国家"与"社会治理"范式并存并相互渗透。本文对这些研究范式进行概括与分析，只是希望从学科理论方法层面，更清楚地认识学科发展的内在逻辑，以便我们有意识地改进研究理论与方法，以不断提升学科的理论创新力。

回顾中国近代社会史学科三十余年来的发展，虽然在研究实践中随着"理论范式"的步步推进而使研究走向深入，但仍然面临缺乏回应现实理论问题及解释"中国道路"本质属性的理论创新难题，这仍然需要业内研究者从"理论范式"层面作出新的开拓。展望学科研究范式的进一步发展，也已经出现一些新的趋向。从"社会治理"研究范式为基点来看，有两个新的发展趋向：一个是当今的全球化趋势及全球史兴起，促使我们开阔视野，需将中国近代"社会治理"放到全球视野和坐标中予以观察，更多地进行国际比较、世界各国不同社会元素及治理方式的比较，特别是中国近代社会本身就对世界开放，在社会治理中有世界多种元素的作用，在这种世界坐标中可能更能凸显中国近代社会治理的本质特性。第二个新趋向是社会建设与发展的眼光，即研究中国近代社会治理的重心不应只停留在如何适应当时社会状况、维持社会力量的协调、消弭矛盾与冲突、整治社会问题等，而应加强"社会建设与发展"的纵向维度，以建设可持续发展的良治社会为目标，以探索近代以来中国社会治理的成败经验及良性机制为旨归。这方面已经开始出现探索性成果，如宣朝庆最近发表《论近代以来社会建设的民间范式》①一文，指出中国近代当国家力量衰弱而使国家陷于危亡之际，民间力量的发展壮大，成为国家、社会、文化生存的重要基础。此文从社会建设的新视角，对近代民间范式的作用提出了新的

---

① 宣朝庆：《论近代以来社会建设的民间范式》，《史学月刊》2017 年第 6 期。

认识。

从"社会治理"研究范式着眼,展望中国近代社会史学科发展,在全球化坐标视野下,向社会建设与发展维度方向拓展,可能会推动我们对中国近代社会治理与发展得到更深入的认识,为当今中国建设可持续发展的良治社会与善治社会,提出一些有益的历史启示和理论阐释。由此可能会形成新的研究范式,引领学科在理论创新上取得新突破。

自20世纪后半叶,伴随着人类社会发展变化,人文社会科学的发展,各学科之间的交叉、融合,学科界限日渐模糊,各学科之间相互借鉴理论方法已十分普遍,在学科交叉之间也不断出现新学科。社会史作为以综合而复杂的社会变迁为研究对象的学科,不断追踪吸收其他社会科学的新理论方法,使得这一学科具有较强的开放性,也促进了学科的创新性。

当然在借鉴这些社会理论的研究实践中,也存在着一些套用理论框架和名词术语,而与中国近代社会史实际有所脱节的现象,对此学界也有所反省,这些需要研究者自觉地在研究实践中加以警惕,注意克服。

# 四 对社会史理论方法的反省

关于社会史研究方法的讨论,在20世纪80—90年代比较集中,此后伴随社会史研究的发展与深入,也时常可以听到对社会史研究方法的反省和批评声音。在中国近代社会史兴起发展的三十余年间,受到较多反省与批评的缺失主要有社会科学化、碎片化等。

## (一)对社会科学化的反省

近代社会史自80年代中期复兴以后,许多研究者借鉴社会学等社会科学方法进行研究,在十几年间,取得了初期一批成果,借鉴社会学等社会科学方法,成为近代社会史的一个突出特征。如乔志强主编的第一本中国近代社会史通史著作《中国近代社会史》,其框架就是由社会结构组成,这是一种社会学横向的基本框架。这一框架虽然使共时性的社会各层面得到较全面的展现,但从总体结构而言,历史的历时性、作为中国近代社会突出特征的近代社会的变迁过程难以呈现。其他许多借鉴社会学方法的论著，也往往有此缺陷。因而，有学者对此一现象提出批评。

如王先明指出，就中国近代社会史学科体系而言，基本上还局限于"三板块的结构"（即社会构成、社会生活、社会功能或"社会意识"）体系之中。这其实是一个典型的社会学的知识框架，与历史学旨在揭示纵向变迁及其内在动因的主旨并不完全相符。历史学的价值和意义在这种"社会学化"理论体系中根本无法凸显，导致社会史变为"社会学"的"历史投影"。"三板块"结构的近代社会史，实际上是分别从不同角度叙述的近代人口史、婚姻史、家庭史、衣食住行史以及灾荒史、教养史等。"三板块"之间以及"三板块"所叙具体内容之间，缺少了体现学科理论体系中最主要的一种内存关联。这等于是从三个侧面表现的历史的社会，而不是"社会的历史"。他认为，单纯的"社会学化"只能失落历史学本身的学科特征，使之远离史学而趋近于历史社会学。而近代社会史的学科本位只能是历史学而不能是社会学，如果在学科渗透中失落了史学特征，那么社会史就会日渐失去其独立存在的学科意义。他进而指出，中国近代社会史的理论构建不能依循"社会学化"的单一偏向发展，应该在保持历史学的学科本位基础上进行社会史的理论创建。作为"动态性"很强的近代社会史，必须从社会变迁运动的历史过程上着眼来构建自己的理论体系。①

还有学者对于引入社会学理论方法进行研究中的生硬化、肤浅化作了反省，指出，近代社会史研究中一些新研究方法的引用，由于是探索性、尝试性运用，因此还存在生硬、游离的缺陷，有的只是搬用一些词句以为装饰，思想见解并无新意。历史学研究"历时态"，社会学则强调"共时态"。随着社会学理论、概念、方法的引入，旧的史学因而"失范"，且缺乏对新的引入物的科学吸纳、整合，以建构属于自己的理论体系，如滥用社会学的概念与词句，用社会学的理论架构来套社会史的框架，这样，纵向型的社会历史成为横向型的历史上的社会，社会史陷入社会学的阴影之

---

① 王先明：《中国近代社会史研究的理论思考——兼论历史学的社会学化》，《近代史研究》1993 年第 4 期；《新时期中国近代社会史研究评析》，《史学月刊》2008 年第 12 期。

中不能自拔，社会史正远离史学而成为历史社会学。<sup>①</sup> 这种批评揭示了社会史研究过于社会学化而使历史学特性减弱的倾向，是对社会史学科特色的忧虑与反省。

历史学借鉴社会科学方法进行历史研究，确实大大充实了史学研究方法，弥补了历史学的一些不足，特别是对社会史研究起到了极大的推动作用。但也出现了生硬模仿与简单套用的现象，结构、内容、叙述方式社会科学化，而使社会史出现社会科学化，这就消解了史学自身的基本特性。

过于社会科学化主要表现为两种现象。

其一，生硬搬用社会科学名词概念，在历史学论著行文中，充斥着其他学科的名词、概念，因而与历史叙述不相协调；或是过多罗列统计图表而缺乏分析，与历史叙述行文不能融为一体。实则，多数名词、概念来自西方，且具有其学科本身特性与内涵，与中国历史上的实际事物并不能完全对应与吻合，因而往往使人感到两不相干、相距甚远。

其二，机械套用社会科学理论框架，历史的解释功能减弱，理论不是来自历史研究，历史事实成为某一社会科学理论框架的填充物。而这些理论框架又往往来自西方，因而，中国历史便成为西方某一理论的注脚，而与中国历史实际隔膜。

以上两种现象从硬件和软件套用，使历史学与社会科学方法之间本末倒置，社会科学反客为主，成为主导。

历史学本质上是一门人文学科，是后人认识、记述与反省历史的学科，是人这一主体与历史不断对话、不断认识的过程。其主要形式是对历史的记述，需要真实、生动，接近于历史实际原貌，有人物，有事件，有活动，有话语。与社会学等社会科学比较抽象、分解式有所不同。社会史研究过于社会科学化导致结构平面化而缺乏纵向历时性、历史感，内容讨于抽象、枯燥，表格、数据尤斥社会科学学科词语，见不到人与事的鲜活记述，使得社会史的历史学科特性减弱。

近年来，社会史研究中过于社会科学化的弊病日益引起业内学者的反

---

① 苏全有、李凤华：《对中国近代社会史研究的反思》，《南华大学学报》2004 年第 3 期。

省与批评，识者呼吁回归历史学主体性，无论从内容还是形式上，都应注意保持和发挥历史学的主体性，借鉴其他社会科学方法，只是为我所用，作为更好地认识历史的认知工具，如此才能真正从历史研究中，探索由历史研究中，从与其他社会科学所不同的角度，得出与其他社会科学不同的认知，也才具有历史学的独特价值。

**（二）对"碎片化"的反省**

由于社会史以社会现象为主要研究对象，而社会现象往往是具体而微的，因而微观研究、个案研究、具体研究成为社会史研究者群相采用的研究方法，这也成为对"宏大叙事"为主的传统史学方法的一种矫正与补充。但过于集中在个案与微观研究，又出现所谓"碎片化"现象，意指研究问题细小琐碎，且缺乏整体关联性与普遍意义内涵，因而缺乏意义与价值。自20世纪90年代以来，随着社会史研究成果大量涌现，"碎片化"现象也日益严重，尤其是越来越多的年轻研究者进入这个新兴领域，纷纷选择具体而微的专题作为初入学术的门径，群相跟进，势成风气，使得这种"碎片化"倾向有愈演愈烈之势，并蔓延到政治史、经济史、文化史等诸领域。这一现象引起一些学者的忧虑，感到史学研究的学术价值和社会功能将被这种"碎片化"渐行消解，甚至会导致史学学科空洞化、边缘化的危险。"碎片化"倾向在新兴的社会史、社会文化史等领域表现最为突出，引起学界重视和警醒，由此出现越来越多对"碎片化"现象的批评与反省。

2012年下半年，《近代史研究》（第4、5期）邀请了十几位学者针对中国近代史研究中的"碎片化"问题发表笔谈，在学术界引起关注。由于有数位社会史研究领域的专家参与笔谈，社会史领域的"碎片化"问题成为一个讨论重心。这组笔谈相关论点综合归纳如下。

一种观点认为，"碎片化"就形式而言，对学术研究的深化有一定的正面意义。有学者指出，史料本有断裂和片段的特性，则史学是一门以"碎片"为基础的学问。到目前为止，中国学者研究的"碎片"不是多了，而是还远远不够，因此不必担忧"碎片化"，对此要保持一种"了解之同情"。有学者认为，即使断裂的零碎片段，也可能反映出整体，需要探讨的是怎样从断裂的片段看到整体的形态和意义。有学者指出，中国史学研究出现"区域转向"后，各种微观研究大受青睐，但由于研究单位和对象发生变化，从整体上似乎缺乏一以贯之的宏大气势，故又常被讥为有趋于"碎片化"的危险。

一种观点认为，"碎片化"现象从重视微观研究层面而言，对学术发展有一定的深化作用，但也伴有严重缺陷及负面性。有的学者分析了微观研究、"碎片化"与社会史及社会文化史等新兴史学的伴生关系，指出微观研究有益于研究的深入，但要避免"碎片化"。有的学者指出，要重视细节，拒绝"碎片化"。

还有学者强调"碎片化"的负面性。有学者认为，一个真正的历史学者及其作品，会遵守历史研究的基本规则，基本不存在所谓"碎片化"现象，一些论著出现"碎片化"特征，与作者自身的意识、能力、史德低下有关。有学者指出，"碎片化"问题虽有其学术发展的内在原因，但却很难经得起严格的学术考究和深层次的学术反思。

一些学者提出矫正"碎片化"的种种路径：有的主张力求理论概括与强化问题意识，多作中观研究强化联系观点，多作综合性研究，"微观实证"与"宏观联系"相结合；有的认为，应尝试摒弃"区域"与"整体"二元对立的刻板模式，转从"政治合法性"与"政治治理能力"的角度去观察和理解中国历史演变的轨迹和特征；有的提出，应回归"总体史"，需把握三个方面的内容：一是要有鲜明的问题意识；二是重视"长时段"；三是以历史学为本位的多学科交叉。

汲取借鉴这些社会科学理论方法为社会史研究注入了强劲的生命力和解释力，成为推动社会史学科发展的重要动力。而一些新理论方法的不断汲取和引入，也为社会史研究带来了不断创新的原动力。因而，借鉴社会学等理论方法既是社会史的重要学科特色，也是学科发展的重要动力，还是引领社会史学科发展创新的主要动力。引入的社会科学新理论方法，也往往成为社会史论题创新的生长点。

李长莉专门针对社会史、社会文化史等新兴史学的"碎片化"问题作了反省讨论。[①]其指出"碎片化"由微观研究衍生而来，而微观研究与新

---

[①] 李长莉：《"碎片化"：新兴史学与方法论困境》，《近代史研究》2012年第5期。

兴的社会史有一定的伴生关系。微观研究的盛行始于 20 世纪 80 年代后的史学转向。当时随着改革开放，社会重心由政治运动转向现代化建设，史学界也开始由此前聚焦于革命与政治等宏大主题及"宏大叙事"，转向探究中国社会演变的实态及其根源，由此出现了微观研究的趋向。特别是一些研究者致力于探究中国社会的内部结构、文化形态及其演变机制，以求清理中国社会内部走向现代化的社会基础与文化资源，由此社会史、社会文化史相继兴起，成为新兴史学领域。其主要特征是研究重心"下移"，由以往偏重上层的政治事件与人物，转向下层的社会、民众及民间文化。由于这些研究对象都是具体而弥散式存在，要予以把握与分析，需要具体、客观、实证、细致地观察和研究，因而偏向小论题、个案化、深度描述的微观研究盛行，这是新兴史学研究对象转换引起研究方法的自然转变，因而微观研究与社会史、社会文化史等新兴史学有一定的伴生关系。同时，社会史、社会文化史等新史学分支领域的兴起及相伴而生的微观研究盛行，也是史学研究分工细化、趋向深入的学术内部发展的自然要求。西方史学界在此稍前的六七十年代也出现了社会史和新文化史兴起及微观研究盛行的趋向，虽然其产生与中国的社会情境有所不同，但也反映了这种史学学术内部深化的自然流脉。① 因而微观研究的兴起具有一定的合理性与推进学术深入的功能。

中国的新兴史学是因应时代需求而兴起，即回答中国社会的内在结构与文化形态等深层次问题，其微观研究的方法也是为了更有效地承担这一功能。因而所谓微观研究，本应是在这种历史关怀和宏观视野下进行具体化、精细化的探究，求得由具体而见一般的效果。但这种理论上的宏微相济，在研究实践中却不易把握。这是因为社会如汪洋大海，文化又千差万别，民众更是个个不同，社会文化事象都是具体而分散的个别存在，欲对其了解与把握，也必须具体而细微地观察与分析。这种微观研究发展开来，导向研究问题趋于细小，研究方法偏重"深描"，走向极端便出现脱离整体关联性的"碎片化"偏向，研究题目零星琐碎、七零八落，缺乏内

---

① 　对于中西社会文化史形成发展的异同李长莉曾做过比较，参见李长莉《交叉视角与中学范式——中国"社会文化史"的反思与展望》，《学术月刊》2010 年第 4 期。

在与外在的关联性，成为游离于历史意义之外的碎片、尘埃，因而失去了历史价值。特别是中国近代距今较近，印刷及报刊发达，社会与文化的遗留史料浩如烟海，给研究者从中寻找小题目提供了广阔空间，因而在近代社会与文化史领域"碎片化"倾向更为突出。需要指出的是，西方在新史学及微观研究流行之下，也出现了"碎片化"趋向，引起学界批评，可见这是新兴史学的一种内生偏向。[①]

社会史研究的"碎片化"现象主要表现为以下三种症状。

**1. 论题小而微，缺乏大关怀与大问题**

历史学是钩沉积淀历史记忆的学科，历史研究的价值在于对以往历史经过一定的科学研究，提供具有一定历史价值并给人们以启迪的历史知识与智慧，而并非事无巨细地全盘复原。因而对于以往浩瀚纷繁的历史现象，需要进行一定的选择、梳理、分析、概括与解释，以说明历史发展主流及时代重要问题。特别是社会与文化的表现形态是具体事象，大多与历史主题的直接关联度低，而且内容包罗万象，情况千差万别，加之近代遗存史料的海量，这就需要治史者在选择研究题目时，须有历史关怀、时代眼光、整体观念与问题意识，如此才能选择具有历史价值的论题。有的研究者仅仅出于"填空补漏"或猎奇而一味选择边角细小的研究题目，使论题只是特殊、个别、具体、边缘的个案，而缺乏普遍性与一般性意义，成为脱离社会变迁与时代主题、游离于历史主体与主流之外的边角碎屑，因而缺乏历史价值。

**2. 论题细碎而零散，缺乏大联系与大序列**

历史学以记述并阐释以往社会演变的过程、因缘及其机制为己任，因而治史者的研究论题皆应与这一主题有一定的关联性。社会与文化作为历史变迁的重要方面，虽然是弥散式存在，表面上是大量分散的具体事象，但实际上有一定的内在有机联系，具有一定的整体性与序列性。些社会文化事象虽然具体而微，但如果置于这种整体性与序列性的关联中，即具有整体之单元或链条之环节的意义，因而具有历史价值。这

---

① 参见［法］弗朗索瓦·多斯《碎片化的历史学》，马胜利译，北京大学出版社2008年版，第252页。

就需要研究者在选择论题时，需注意与历史主题及普遍性问题的关联性，或与其他相关元素的横向关联，或与相类事象的纵向序列关联，在这种联系之中的小论题才具有意义。而有的研究者缺乏这种联系观点与整体思维，选择的论题只是某种零散、孤立的社会现象，成为游离于历史逻辑之外的孤立零散的碎屑，因而缺乏普遍意义与价值关联，丧失了历史价值。

### 3. 论题小而平面化，缺乏大理论与大阐释

社会史、社会文化史旨在通过一些普遍而具体的社会文化事象，探究社会的内在结构与文化形态等深层问题。这些深层问题是无形的隐性存在，一些普遍性、典型性的社会文化事象是这些隐性问题的载体和符号，那些看似本身意义微弱的社会文化事象，可能蕴藏着深层结构的密码。因此，社会与文化史研究需要从分析具体社会文化事象入手，深入探究这些具体事象背后的内在逻辑与普遍意义，进而揭示其所反映的深层社会结构与文化形态内涵，这就需要进行一定的逻辑分析、理论概括与阐释。如果所作论题仅止于对某种具体事象的实态描述，一味追求平面化的"深描"与"细述"，即使十分清晰地还原了事物的原貌，其意义仍然微弱，如果没有宏观意义的阐释，揭示其"何以如此"的深层根源及逻辑关系，则只是缺乏意义关联的历史碎片。

上述缺乏问题意识、缺乏联系观点、缺乏理论阐释等症状，导致这类社会与文化论题的内容细微琐碎、平面干瘪，缺乏普遍性、意义内涵与历史价值，造成"碎片化"现象。综观这些症状的成因，反映出研究对象的弥散性与研究方法的不适应所造成的方法论困境。而上述症状皆指向了一种传统"微观实证"的研究方法，沿用这一方法作为研究社会与文化史问题主要而终极的研究方法，就会导致研究论题意义微弱甚至缺乏意义，这正是造成"碎片化"的根本症结所在，也反映了社会史、社会文化史等新兴史学方法论困境。

"微观实证"是研究历史学的一种传统经典方法，特别是以往以政治事件与精英人物为中心的历史研究，即使是一些看似微小的细节，由于其在政治主题的链条中具有某种关键或环节意义，通过"微观实证"对其真相的考证与"还原"，就具有历史价值。但是社会史研究对象转向弥散式

存在的社会与民众，任何单一、具体而表象的社会文化事象所包含的"单位意义"，与政治事件和精英人物对于社会影响力的"单位意义"相比都要微弱得多，因此如果只是对这单一而具体的社会文化事象进行具体而细微的实证描述，单纯地"还原真相"，其意义相当微弱。可见，在政治史等"显性历史"领域里作为主要研究方法的"微观实证"研究法，转而用于以探索社会结构、文化形态等内在而深层的"隐性历史"为目标的社会史、社会文化史等领域，其效用便有很大局限。在这些领域，通过微观实证而"还原真相"只是研究的起始与基础，而不是全部，更不是终结，因而以"还原真相"为务的"微观实证"研究法，不能单独作为新兴史学的主要研究方法。要突破社会史沿袭传统"微观实证"研究法所形成的困境，须探索适用于这些领域新研究对象的新研究方法，这是将社会史引向健康发展，矫正"碎片化"偏向的根本途径。

社会史与社会文化史等新兴史学的研究对象，不同于以往传统史学所面对的具体显性的事件与人物，而是具体事象背后的隐性、无形、抽象的社会结构与文化形态，这种研究对象的区别，决定了二者的研究方法也应有所不同。适用于前者的主要为"实证"方法，而后者则需要在具体实证研究基础上，还要加以一定的抽象"建构"，才能描述和展现这些隐性历史领域。所谓"建构"，就是实证研究基础上的理论提升和逻辑概括，"建构"应当是新兴史学的一个重要方法论特征，只有具体实证而没有在此之上的"建构"，不是完整意义上的社会与文化史研究。所以，新兴史学必须引入"建构"方法，以"实证"与"建构"结合、基于实证的"建构"为主要方法，才能趋近研究的对象与目标，也因而从方法论上矫正"碎片化"的弊病。具体而言，这种"实证"与"建构"结合可有以下几种路径。

### 1. "微观实证"与"宏观联系"相结合

社会与文化史研究需从具体的社会文化事象入手，因而需要一定的微观研究。但不能满足于只是沿用"微观实证"，止步于对细微现象的简单还原，而必须与"宏观联系"这一"建构性"维度相结合。首先，选择研究题目需要从具有历史意义的大问题出发，选择与历史主题相关，并具有一定普遍性、典型性的社会文化事象，题目虽小，但与历史大问题有一定的关联性或同构性,这样做的微观研究才有大的价值。其次,在进行研究时,需要有宏观联系的观点,注意考察此一事象与上下、左右、前后、内外、纵横等各种因素的联系,特别是与大问题的联系,注意考察此一事象在这些联系当中的机能与作用。最后,在描述具体事象之时,注意从大问题着眼而对其内涵意义进行深入剖析,以揭示小问题的内在、深层、背后的大意义。如此才能使微观研究能够以小见大、由微知著,成为阐释大问题的关节点,从而使得微观研究具有宏观意义。

## 2. 强化联系观点,多作综合性研究

任何社会文化事象都不是孤立存在的,都是处于多种多维的联系之中,具体而分散的社会文化事象,就因这种联系而具有意义,而这种联系需要以"建构思维"来加以把握和展现。一些具有普遍性、典型性的事象,大多与当时的时代主题相联系,甚至自身就是时代主题的内在或深层因素。因而研究这些社会文化事象时,应注意从其与时代主题的联系之中去把握与分析,进行综合性研究。如国家与社会的关系、政府与民间的关系、上层与下层的关系、政治变动与民间社会的关系等。综合性可以是多方面的,或以一个主要问题为中心,综合多角度、多样化的社会文化事象进行研究,或对某一事象从社会、文化、政治、经济诸多层面进行综合研究。综合研究就是把一种事象放在多种联系之中,进行网状研究、辐射性研究或序列性研究,从而使得小问题形成一定的"意义群""意义丛"或"意义链",因而具有大的意义。

## 3. 强化问题意识,多作中观研究

所谓"中观",是指介乎于宏观与微观之间,既具有比较清晰的独立意义边界,又具有相对完整的制度或符号体系,能够构成基本社会意义的单元,这也是一种"建构性"界定。类如:一些具体的社会制度及其运作如家庭制度、家族制度、婚姻制度、养老制度、村社制度、慈善救济制度等;民间社会的基本元素如民间组织、会馆制度、互助体制、等级秩序等;民间社会的一些普遍状态如生活方式、风俗习惯、信仰系统等;一些隐性无形的中观领域如市民社会、公共领域、共同体、社会网络、话语体系、权力结构、文化建构、社会舆论、民众组织机制、社会动员机制、信息传播机制等。这些中观问题往往是以多种事象组成有形或无形的相对独

立的意义群，代表一种具有相对独立意义的社会意象。这些"中观领域"
是构成社会和文化的基本单元，是连接社会与民众、国家与社会、个人与
社会的纽带及中介，是民间社会的基石，是构成社会肌体的细胞，蕴藏着
社会肌体的生存密码。古往今来，许多社会变动的关键问题及症结所在，
往往就在于这些中观问题，尤其是作为中国现代化起步的近代史时段，这
是亟须加强研究的领域。

### 4. 加强"建构性"思维，力求理论概括与提升

社会与文化史研究涵盖两个领域：一是具体社会文化事象所体现的表
象世界，可用"实证"方法进行展现；二是深层结构与形态所体现的意义
隐性世界，需要"建构"方法进行展现。二者互为表里，前者是后者的表
现形式，后者是前者的本质内涵。只是对表象世界的单纯描述，而没有对
隐性世界的"建构"思维、理论分析与意义阐释，不能称为完整或深入的
社会与文化史研究。所谓理论分析与意义阐释，首先需要对历史现象进行
逻辑梳理与提炼概括，形成一定的概念与意义体系。由于新兴史学的研究
对象与社会学、文化人类学等学科有较大的重合性，因而需要借鉴这些学
科的一些理论方法，加以综合运用。事实上，这些学科有些概念工具和理
论模型就来源于历史研究。如德国学者哈贝马斯通过对 18 世纪法国、英
国和德国等社会生活的考察，提出解释欧洲近代民主化演变的"公共领
域"理论，成为超越学科而具有广泛影响力的经典社会理论。虽然由于中
国社会及其近代化道路与西方有所不同，这些理论直接用来解释中国情形
有所隔膜，但仍不乏有一定的理论启发意义。我们要在汲取中西已有理论
的基础上，提出有效解释本土社会演变的理论，形成具有一定普遍意义的
地方性知识。中国社会与文化史学的任务，就在于提出深刻阐释中国社会
文化本质及其演变机制的理论，首先是要形成对分析中国社会与文化具有
解释力的概念工具与中层理论，这是现在最为欠缺的。这就需要我们在研
究中增强"建构"思维和理论分析，增强多学科理论素养，致力于理论概
括与意义建构，如此才能作出超越学科而具有普遍知识价值的理论创新
成果。

上述适应社会史、社会文化史等新兴史学并矫正"碎片化"的研究路
径和方法，实则已经有不少业内学者沿着这些路径进行着探索和实践，也

取得了一些颇有建树的研究成果。但还有相当多的研究者尚陷于"实证"方法论困境，而缺乏"建构"思维及方法论创新的自觉，"碎片化"的广泛存在就是明证。因而需要不断探索适于新兴史学的研究方法，以推进社会史与社会文化史的深入发展。

# 第 二 章

# 新学科与学术流派

中国近代社会史研究者在研究实践中，一般是选择一个方向或领域，根据研究对象而选择借鉴一种或多种其他社会科学理论方法。有些研究者主要选择一个特定领域或方向进行开拓研究，形成新专门史。有些学者主要借鉴应用某种社会科学理论方法，或从某种新视角对某种特定对象展开研究，从研究方法、对象、视角等形成一定的特色，引起学界注目，被视为新学科或新的学术流派。这些开拓探索形成一定学术特色的新专史、新学科流派，有的持续发展，产生了规模性影响，甚至还形成一定规模的研究团队及研究基地，持续开展具有学术特色的研究活动，作出系列研究成果，在学术界产生较大影响。

自20世纪80年代中期迄今三十余年间，在中国近代社会史领域影响较大的新专史学科有"城市史""区域史"等，新兴交叉学科有"历史人类学""社会文化史"等，都形成了比较突出的学术特色，取得了系列研究成果。这些学术分支或学术流派各有特色，同时又有所交叉，甚至边界并不太清晰，因此划分不必过于绝对，只可从突出特色及大致趋势上略作区分。

## 一　学科分支

中国近代社会史发展早期，首先是一些传统史学与社会史相关的研究领域获得发展，形成一批早期发展的专门史，如从农民革命史延伸而来的秘密社会史、从妇女解放史延伸而来的女性史、从思想文化史延伸而来的知识分子史、从资产阶级研究延伸而来的商人研究、从地方史延伸而来的区域史等。这些由旧开新的专门史后来又不断吸收借鉴新的理论方法，开拓新方向、新领域，日渐发展成为更具社会史特色并不断出现新角度、不断深入开掘和多元发展、不断出现新面貌的专门史。如从社会史视角发展的区域史研究，与传统革命史框架下的地方史研究就有很大区别，且日益凸显新的学科特色。

还有一些以往传统史学忽视的领域，经研究者开拓探索，发展成长为更具新特色、新面貌的新兴专门史，如风俗史、城市史、乡村史等。尤其是 20 世纪 90 年代以来，随着中国近代社会史持续兴旺、深入发展，新理论方法不断引入，使研究领域日益细化，分支日益增多，出现更多专史分支，或形成新学科丛。

纵观中国近代社会史三十余年来发展出现的新学科、新专史、新分支，按系列大致可举出以下一些专史。

地域系列：城市史、区域史、小城镇史、乡村史、社区街道史等；

社会结构系列：家庭家族史、商人史、工人史、店员史、企业史、（士绅）知识分子史、教师史、学生史、官僚史、人口史、民间组织史、社会群体史、边缘群体史、秘密社会史等；

社会生活系列：生活史（日常生活史）、衣食住行史、交通史、休闲娱乐史等；

社会习俗系列：风俗史、（流行）风尚史、发式史、缠足史、陋俗史等；

人生系列：个人史、身体史、性别史（女性史）、青年史、儿童史、婚姻史等；

社会保障系列：慈善史、灾荒史、生态史、环境史、医疗社会史、卫生史等；

社会问题系列：流（游）民史、禁毒史、吸烟史、赌博史、犯罪史等；

大众文化系列：报刊史、戏剧史、电影史、公园史、茶馆史、体育史等；

社会治理系列：法律社会史、城市管理史、警察史、社会运动史、教化史等；

社会文化系列：宗教社会史、民间信仰史、礼俗礼制史、节日史、概念史、观念史、记忆史、心态史、口述史、表象史、图像史、学校史、教科书史等。

上述这些专史领域，虽然起步有早有晚，规模有大有小，但都已经有了一些研究成果，有些获得较大发展，取得了引人注目的业绩，下面将对这些专史研究分别作综述。由于社会史涵盖面广阔而丰富，社会生活的各个方面都有可开掘的空间，因此还有更多的分支领域正在探索和形成之中。本章只对一些有较突出特色并影响较大的学科分支稍作介绍。

### （一）城市史

以城市为研究对象的广义城市史早就有了，在社会史未形成独立学科之前，在革命史范式下即有对城市相关问题的研究，但多为具体城市范围内的政治、经济史，如城市革命斗争事件与活动史、城市中的阶级史等。80 年代中期以后，城市史开始转向社会学视角下的城市社会史研究。

城市史研究中的城市，一般指都城、省会或有重要区域地位的较大规模的城市，起初偏重近代以来发展较快、近代化特征比较明显、在全国影响比较大的城市，如近代较早开放的通商口岸城市等。20 世纪 90 年代至 21 世纪最初十年，城市史研究主要集中在上海、天津、北京、武汉、成都、广州、重庆等重要城市。

城市史研究较早、成就最大的是上海史研究。上海作为中国近代史上最早开放的通商口岸之一，又迅速崛起为中外贸易中心，成为中国近代工商贸易发展最快、规模最大、影响最大的城市，上海城市史研究成为中外研究中国城市史学界的热点。上海社会科学院历史研究所较早开始有计划、成规模地开展上海城市史研究，后来上海师范大学中国近代社会研究中心、华东师范大学上海史研究中心等继之而起。上海这几家研究单位各有侧重，或分或合，共同开展上海城市史系列研究，出版了熊月之主编以近代为重点的十五卷本《上海通史》，后又以熊月之为首组织出版"上海城市社会生活史丛书"系列，已经出版涉及上海城市生活诸多领域的专题研究著作二十余部。

他们还与美国、欧洲、日本、澳大利亚、中国台湾等海外研究者建立长久的学术联系和合作，使上海城市史发展成为热门学科。

除了上海城市史之外，天津社会科学院历史所也较早开展天津城市史研究，编写出版《近代天津城市史》，创刊《城市史研究》刊物等。四川大学成立城市史研究中心，以何一民为首组织展开全国性的城市史研究，近年更注重研究边疆城市史，弥补了这一薄弱领域。

2012年，以熊月之为首的一批城市史研究者组织成立全国性的"中国城市史研究会"，以天津社会科学院历史所主办的《城市史研究》杂志作为会刊，并于2013年在重庆举办首届中国城市史研讨会。专史研究学会的成立及展开系列活动，标志着中国城市史研究进入跨域合作、全国性规模化发展的新阶段。

近年来，政府开始推进城镇化改革和新农村建设，城市史研究也在全国各地遍地开花，各省各地城市都配合国家城镇化发展而计划、组织编写当地城市史。可以预期，在未来十年，会有一大批各地城市史著作问世。由于许多城市都是近代以后发展起来的，因此这些城市史也会以近代以来城市史发展历程作为主要内容，由此也可预期，中国近代城市史研究也会随之迎来新一波发展高潮。

**（二）区域史**

中国近代社会史兴起初期主要研究方式是沿袭近代史传统，主要形式是覆盖全国性的专门通史（如中国近代社会史等）、专题史（如风俗史、灾荒史等）或个案史（如某一社会组织、某一村庄、某一城市史等）三种形式。通史为宏观而失之于笼统，专题史专注某一社会事象而失之于与社会环境及其他社会事象缺乏关联，个案史则偏重对某一具体而较小特殊个案研究，失之于普遍性与代表性薄弱。特别是中国地域广阔，且东南西北各地域之间差别巨大，并因地域、自然环境和历史文化而形成各具特点的社会结构、风土人情、文化特色。所以，随着研究的深入，到20世纪90年代以后，一些学者开始以某一行政区域或文化同一性形成的区域为单位展开研究，即"区域史"。一般以自然环境、行政区划、文化传统等形成的省、地区、江河流域等具有一定同一性的区域为研究单位。

　　区域史研究兴起后发展很快，这从每两年一次的中国社会史年会的主题中便可以反映出来。1994年西安第五届会议主题为"地域社会与传统中国"；1996年重庆第六届会议议题之一是"区域社会比较研究"；1998年苏州第七届研讨会主题为"家庭、社区、大众心态变迁"；2002年上海会议主题为"国家、地方民众互动与社会变迁"；2004年厦门会议主题为"仪式、习俗与社会变迁"。而有关的中小型会议也不断召开，如中山大学历史系与香港科技大学人文学部等单位组成"华南地域研究会"，以研究华南地区为主，举办了多次学术讨论会。山西大学中国社会史研究中心围绕山西区域社会研究亦召开了"山西区域社会史学术讨论会"，与中国人民大学清史研究所联合举办了"区域社会比较研究中青年学者学术讨论会"。从这些会议的主题不难看出区域社会史在社会史研究中的突出地位。①

　　关于促使区域社会史兴起的原因，有学者指出有以下几个因素：第一，改革开放以后区域社会发展的现实需要，经济、社会、文化的发展成为区域发展的目标；第二，中国社会史研究的发展，要求在空间上从整体的社会史向区域社会史转向，寻求全方位、立体的、整体的地方社会史，以深化社会史的研究；第三，西方史学思潮的影响，尤其是黄宗智、杜赞奇等关于近代华北的研究、施坚雅研究中国市场的区域分析理论、柯文的"中国中心观"等思想都无疑促进了区域社会史的研究；第四，社会史与社会学、人类学、民俗学等社会科学的对话与交流。②

　　区域史研究的兴起发展以行龙为首的山西大学社会史研究中心最具典型意义。这一团队主要研究方向为山西区域社会史，他们由山西的水文化研究，进一步拓展到近些年开展"集体化时代"研究，已经取得了系列研究成果。他们的特点是发动大批教师和学生深入山西各地村镇乡间，广泛搜集民间的各种历史遗文、遗物、遗迹，包括基层村社和生产队的档案、账本、手册、会议记录、各种文件、手写材料、信件、便条等，以及家庭收存的信件、证件、各种文字资料、照片等，直至家庭农户废弃的旧农

---

① 行龙：《二十年中国近代社会史研究之反思》，《近代史研究》2006年第1期。

② 同上。

具、家具、生活用具等，无所不包，几乎所有过去年代遗留下来的文字资料和物品，他们都以珍视历史的眼光而搜罗收存，并进一步整理、研究。在当今城镇化急速推进及旧乡村遗迹快速消失的情境下，他们的工作具有抢救史料性质，其意义与价值已经逐渐彰显出来。如今他们经过多年的积累，已经成为享誉海内外学界的区域史资料中心和研究中心。他们进行的"集体化时代"研究，也开创了中国近代社会史向1949年后延伸，从而与当代史相衔接的新路向。也有一些其他地方的区域史研究作出了引人注目的成果，如华南研究、湖湘文化研究、华北区域研究、江南小城镇研究等。

### （三）历史人类学

社会史研究对象的广阔性及研究方法的综合性，形成了易于与其他学科相交叉、相结合进行跨学科研究的特性，一些社会史研究者主要借鉴某种社会科学理论方法，或从不同学科交叉的视角开辟新的研究路径，形成一些具有跨学科特色的新兴交叉学科。同时，随着社会史影响扩大，一些相邻学科也借鉴社会史方法扩展原有研究，因此在社会史研究发展过程中，也出现了一些跨学科的新流派，如经济社会史、政治社会史等。历史人类学就是一个较早形成学科特色并产生较大影响的新兴交叉学科。

历史人类学即主要借鉴人类学理论方法进行史学研究的一种史学研究方法及学术流派。

历史学与人类学相结合的交叉学科，作为一个学术流派最早在20世纪60—70年代在西方学术界出现，80年代后中国史学界也出现，对于其定义和界定迄今尚无公认一致的说法。[1]

---

[1]　各说可参见［法］安德烈·比尔吉埃尔《历史人类学》（勒高夫等主编：《新史学》，上海译文出版社1989年版）；符太浩《历史人类学刍议》（《思想战线》2003年第1期）；朱和双《试论法国年鉴学派的历史人类学研究》（《史学理论研究》2003年第4期）；赵世瑜《历史人类学：在学科与非学科之间》（《历史研究》2004年第4期）；黄应贵《历史与文化——对于"历史人类学"之我见》（《历史人类学学刊》第2卷第2期，2004年10月）；桑兵《从眼光向下回到历史现场——社会学人类学对近代中国史学的影响》（《中国社会科学》2005年第1期）；周秋良、胡鸿保《历史人类学：史学还是人类学？》（《求索》2010年第2期）等。

2006 年有学者从对比历史学与人类学的互补性角度对历史人类学作出定义，指出历史学强调时间与过程，人类学注重空间与结构；历史学研究的地域范围可大可小，人类学一般研究较小的区域单元；历史学讲究史料的分析、考辨、排比与校释，人类学实现参与体验，从田野中直接获得研究材料；历史学对实证有较大偏重，人类学则更关注理论进展。把二者的研究方式和特点结合起来的研究，大体上都可以视作历史人类学的研究。[①]

历史人类学有分别以历史学和人类学为本位的两大支脉，历史学本位的历史人类学，如果作一比较笼统而简要的定义，则大致可以表述为：历史人类学是吸收人类学的田野调查、参与观察、现场体验、口述访谈等方法，借鉴人类学的族群村社范畴、文明类型、文化习俗等理论进行的历史研究，是社会史领域的一种研究方法或流派。

中国史学界较早提倡并实践历史人类学的是华南地区中山大学陈春声、刘志伟及厦门大学郑振满等一批学者，他们在 20 世纪 80 年代就开始与海外学者柯大卫等共同开展广东、福建等地乡村社会历史调查。他们将人类学方法引入历史研究，主要运用人类学田野调查方法，带领学生一起下到村落，考察庙宇、宗祠、集市、家族、家庭等乡村空间历史遗存，搜集碑刻、家谱、族谱、账本、唱本等民间资料，通过走访老人、口述访谈等口头资料，回到历史现场，搜寻"活的历史"、立体的历史。在族群与区域文化、家庭与宗族、民间信仰与宗教文化、传统乡村社会等研究领域，取得了显著成绩。他们这种不同于以往主要以解读文献资料的传统史学方法而形成鲜明特色。虽然他们集中研究的是明清史，但有些研究也下延至近代，更重要的是，这种走进田野、回到历史现场的方法，标示的历史人类学方法，对近代历史学研究也产生了广泛影响。到 90 年代以后，田野调查成为越来越多近代社会史研究者采取的方法。

关于历史人类学的特色，逐渐取得某些共识，即主要借鉴人类学田野调查方法，与史学文献解读相结合。实际上，进行田野调查及发掘民间文献等方法并非新创。有学者追溯历史人类学的学术渊源，指出它是历史学

---

① 黄国信、温春来、吴滔：《历史人类学与近代区域社会史研究》，《近代史研究》2006 年第 5 期。

和人类学在各自发展的路径上，发现自己的不足与对方的长处，互相向对方借鉴而形成的学术结合。从历史学者的角度来看，排比、编年、考据等是基本的文献研究手段，此外，发掘利用民间文献也是早就有的研究方法。例如敦煌学、徽学以及中国社会经济史研究，都极为重视发掘民间文献，这与今天历史人类学的研究手段在形式与内容上都有一致性。又如实地调查，其渊源至少可上溯至西汉时期，伟大的历史学家司马迁就曾游历大江南北，访察史迹，《史记》中的许多内容，便有明显的口碑史料与实地考察痕迹。20世纪上半叶，当国内人文社会科学基本上与国际学术同步发展之际，顾颉刚等人更是努力把调查工作引入历史学的学科体系中，他们所开展的诸多调查，目前正被学界整理成大部头的丛书公开出版。[①] 20世纪六七十年代，开展村史、厂史、家史等研究，也同样重视社会调查和下层历史。这一研究取向，虽存在着强烈的意识形态色彩，但其打破历史研究中的帝王将相倾向的目的仍然值得关注。总之，历史人类学是在对学术传统继承、扬弃与发展的基础上形成的，较上述社会调查与文献搜集工作，历史人类学田野调查的目的之一当然也是为了获取文献、口碑等研究资料，倾听民间的历史表达。但除此之外，打通精英历史与民众历史、获取对被研究者文化的深层体验与疏离认识、获取历史现场感，以真正读懂文献、强调保持民间文献的原有脉络而不是简单搜集等，或许可视为近年来中国历史人类学实践的新特色。这一点可以从中山大学历史人类学中心对贵州清水江流域文献的搜集整理中体现出来，该中心并非简单地到当地收购文献，而是同当地档案馆等单位的工作人员合作，为他们提供资金与设备援助，并培训、指导他们进行搜集工作，要求搜集上来的每一件契约、族谱、碑刻等文献，都必须严格登记是在某县、某镇（乡）、某村、某户家庭（某处）搜集的，然后原件留在档案馆，该中心只需要复印件。这样，文献的脉络就基本被保存下来了，因为地点、人物清楚，研究者既容易了解文献之间的关联，也有足够的线索回到文献产生的现场，进行田

---

[①]　参见李文海、夏明方、黄兴涛主编《民国时期社会调查丛编》，福建教育出版社2005年版。

野体验与调查。①

关于历史人类学方法对于历史学的作用与意义，有学者也曾做过总结与评述，可归纳为三个方面。

其一，可以获取更丰富鲜活的民间资料，并获得现场感与文化体验来深入体会及解读这些资料。如陈春声指出，田野调查的一个基础性目的是搜集极为丰富的民间文献，可以听到大量的有关族源、开村、村际关系、社区内部关系等内容的传说和故事，亦即收集到在图书馆、档案馆中难以读到听到的文献。他还认为，田野调查可以让学者们努力从乡民的情感和立场出发去理解所见所闻的种种事件和现象，常常会有一种只可意会的文化体验，而这种体验又往往能带来新的学术思想的灵感。② 郑振满指出，历史学家吸纳人类学家的研究方法去做田野调查，目的是获得一种文化体验，并透过这种体验去捕捉解读文献时所产生的灵感，去培养对历史过程的洞察力和问题意识。文献中有些东西，不进入田野，我们根本没有办法读懂，去田野是为了获取历史现场感。正是这种现场感，可以帮助我们重新解读历史文献。③

其二，有助于获取认识态度上的疏离感。几十年以前，年鉴学派的历史学家就开始警告同行，要小心历史学者自己参与历史创造。但迄今中国史学者参与创造历史的现象仍屡见不鲜。比如我们对晚清政府的判析，比如我们对近代革命运动的研究，都常常有这类感觉。这是因为，我们没有与历史产生疏离感，我们对它付诸了太多的感情，我们很难跳出自己的先入为主的感情来解读历史。相反，人类学研究他者、研究异文化，从来就与研究对象有一种地理与族群上的疏离感，正是这种疏离感，使人类学具有了观察者而不是活动者的优势。历史学家要更好地理解本国历史，为了去除传统史学中的中心意志，跳出文化本位主义，很有必要借助人类学者

① 黄向春：《社会、文化与国家——郑振满教授访谈录》，《中国社会历史评论》第5辑，商务印书馆2007年版；黄国信、温春来、吴滔：《历史人类学与近代区域社会史研究》，《近代史研究》2006年第5期。

② 陈春声：《中国社会史研究必须重视田野调查》，《历史研究》1993年第2期。

③ 黄向春：《社会、文化与国家——郑振满教授访谈录》，《中国社会历史评论》第5辑，商务印书馆2007年版。

的这种疏离感。

其三,可以透过区域的整体去理解历史发展的脉络。进入田野,可以让历史学者直接获取经验事实,并且从一个较小地理单元的经验事实出发,去理解中国社会的深层结构与内在脉络。在这里,我们可以向人类学家学习,在一个较小的地理单元,或者称为区域的范围内,获取其整个文化的方方面面,把握其整体,揭示其历史性,从而把握住其历史发展的内在脉络,最后将其与整个中国传统社会的深层结构联系起来。所谓田野对于历史学家而言,目的是更好地解读文献,回答历史学本位的问题的真义正在于此。与解决地方性知识建构过程的人类学任务不同,历史学的本位问题或者说历史学的任务是解构整个中国文化的建构过程。①

由于早期提倡并实践历史人类学的学者以广东和福建等华南地区学者为主(后来也有北京师范大学的赵世瑜、江西师范大学的梁鸿生等参与),早期也主要是对华南地区进行田野研究,因此被业内称为"华南学派"。在 20 世纪 80—90 年代,这些学者如陈春声关于潮州地方动乱和民间信仰的研究、刘志伟和柯大卫关于珠江三角洲宗族的研究、郑振满关于莆田的研究、赵世瑜关于华北地区寺庙的研究都明确地显示出历史人类学的特色,引起学术界关注,并形成影响。2001 年中山大学历史系与人类学系联合组建历史人类学研究中心,2003 年创办《历史人类学学刊》,这是中国第一份历史人类学的学术杂志。2010 年又组建香港中文大学—中山大学历史人类学研究中心,目标是建成具有国际一流水平的人文社会科学粤港合作机构及拓展国际合作的平台。其中多名历史学者形成史学研究团队,并联合香港高校、厦门大学及其他地方学者,组织开展一系列研究项目,举办定期学术讲座及国际性学术研讨会、组成以中国不同地区为对象的研究团队、合作培养研究生和主办高级研修班等。他们在各地广泛收集整理民间历史资料而建成资料中心,定期编辑出版《历史人类学学刊》,发表团队最新成果,形成颇具影响的历史人类学研究基地。他们的研究地域也走出华南而向华中、华北等地区扩展,研究时段由明清向近现代甚至当代拓

---

① 陈春声:《中国社会史研究必须重视田野调查》,《历史研究》1993 年第 2 期;黄国信、温春来、吴滔:《历史人类学与近代区域社会史研究》,《近代史研究》2006 年第 5 期。

展，形成在学术界影响日益扩大的历史人类学派。

　　20世纪90年代以后，以社会调查、历史人类学方法进行近代社会史研究的学者在全国各地也日益增多，使这一学派的影响日益扩大，形成扩及全国性的一大史学流派。实际上，更多学者在研究实践中，是将田野调查作为研究方法之一，与其他理论方法结合而作综合性研究。这类研究可以说并不属于严格意义上的历史人类学学派，而只是受到这一学派的影响。但田野调查作为一种研究方法被广泛地运用于历史研究，大大丰富和拓展了历史研究的资料及解读，对于新时期推动史学创新具有重要意义。

# 二　社会文化史的兴起与发展

　　从1986年社会史研究开始复兴以来，有一支特殊的分支领域的学者群体始终参与其中，但他们在此前一个很长的时期内是以文化史学者的身份出现的，此后则是以社会史学者和文化史学者的双重身份活跃在这两个不同的领域。他们不满足于文化史、思想史的精英化、文本化取向，试图借助于社会史领域的知识来呈现更加立体、更加丰富、更加动态的符合历史实际的图景；他们也不满足于社会史所描述的客观的社会结构与社会生活，希望能借助于思想史、文化史的向度使社会史研究的文化意蕴更加丰厚，从而增添一股灵动之气。1988年，这群学者中的一位提出了结合社会史和文化史的设想；1990年，这群学者中的另一位在社会史学会的双年会上明确地提出了"社会文化史"的概念；1998年，这群学者中的四位合作出版了三大卷中国近代社会文化史的奠基性之作《近代中国社会文化变迁录》。此后的十余年，社会文化史吸引了越来越多的学者尤其是年轻学者的参与，发表了不少风格多元而又各具特色的学术论著，从起初不被人理解、不被人重视的史学边缘领域，一跃而居于史学殿堂的前沿。另有一部分长期致力于社会史研究的学者，他们将一部分精力用于社会文化问题的探讨，也做出了一些值得关注的研究成果。另外还有大量的具有社会文化双重意蕴的研究成果，和社会文化史的旨趣是完全一致的，但长期以来并未被纳入社会文化史的学术脉络里予以总结。我们认为，为更全面实现社会文化史的学术总结和进一步的学术整合，以明确优势和不足所在，这部分内容也是应该加以考虑的。

本节首先回顾社会文化史在过去三十年的发展历程，然后分别从理论方法探索和实证研究成果两个方面举例评析社会文化史研究所取得的主要成就，最后对社会文化史的主要贡献、存在的问题做一些分析，并试着展望一下未来的发展前景。当然，理论方法的探索和实证研究的进展在研究实践中是交互作用、交错上升的，理论方法的革新往往是研究实践的先导，而研究成果的积累又为理论方法的总结、提炼提供了可资借鉴的依据。将其分为两部分只是为了叙述的方便而已。

## （一）发展历程

### 1. 兴起奠基期

20 世纪 80 年代国内学术理论界最引人注目的议题之一是文化研究的复兴，其中包括文化史、文化理论、文化建设与展望等一系列有关文化的重大课题。"文化热"曾是当时学术理论界的公共议题，绵延几乎整个 80 年代。在这个思潮的影响下，史学领域里文化史的研究机构纷纷设立，部分研究人员投入相关课题的探索与研究，参与人数之众、发表成果之多、社会影响之大，都是空前的。80 年代的文化史研究，比较注重对传统文化与现代化关系的探讨，这也是改革开放时代的现代化事业给史学界提出的新课题。稍后于文化史的复兴，从 20 世纪 80 年代中期开始，社会史也蔚然兴起，逐渐成为史学界开拓空间最为广阔，在理论方法上最有活力的新兴研究领域。从 1986 年第一届社会史学术讨论会在南开大学举办以来，社会史的双年会至今还在坚持进行，90 年代以来的会议几乎每次参与者都达到百人之众，二十多年来积累的研究成果几乎难以计数。

社会史研究在研究内容上侧重社会结构、社会生活、社会问题、社会保障等方面，在研究视角上则强调贴近社会下层看历史，揭示国家政权与民间社会之间的互动。文化史研究虽然涵盖物质、精神和制度三个方面的内容，不过历来其研究重心都放在思想观念、社会思潮、文化成就等精神层面，对其社会根源和社会影响的研究一向比较薄弱。如何使文化史研究避免流于空疏的学理分析，更加符合历史的实际内容？一些文化史研究者敏锐地捕捉到社会史研究潮流带来的新气息，看到将文化史、社会史的研究内容和研究方法结合起来，互相补充、共同深化具有广阔的学术前景。于是，社会文化史作为一个新兴的研究领域被提出来了。

1988 年，中国社会科学院近代史研究所文化史研究室主任刘志琴发表了《复兴社会史三议》《社会史的复兴与史学变革——兼论社会史和文化史的共生共荣》两篇论文①，比较明确地提出了将社会史和文化史结合起来的研究路向。这两篇论文具有论纲性质，追溯了社会史和文化史在中国近代以来血脉相连的历史发展过程，并且认为目前的社会史复兴，以文化史为先导，而文化史的发展必须要在社会史领域内深入。她写道："文化史的发展必将召唤社会史的复兴，从社会史领域探索民族文化心理的形成、发展和改造，这是观念变革最难触动的深层结构，也是文化史研究进一步深化的总趋势。"② 观念变革和生活方式密切相关，探索它们之间的互动关系，揭示中国文化演变的历史过程和未来趋向，是 20 世纪 80 年代改革开放给史学界提出的重要时代课题，也为后来兴起的社会文化史研究确立了最基本的主题。虽然刘志琴 1988 年发表的这两篇文章没有明确提出"社会文化史"的学科概念，但因其对于社会文化史主题的界定和研究路向的指明，对此后二十余年国内社会文化史研究具有深远的影响，所以不妨将 1988 年作为国内社会文化史研究最初形成阶段的标志。

1990 年在第三届中国社会史年会上，时为中国社会科学院近代史研究所文化史研究室青年研究人员的李长莉明确提出了"社会文化史"的学科概念，并对其研究内容、理论方法以及研究意义等作了比较完整与明确的界说。③ 她认为社会文化是"最丰富、最直接地体现人类文化的社会性、复合性的层面。它既是抽象的，不是附着于某种物质性实体；又是具体

① 史薇（刘志琴）：《复兴社会史三议》，《天津社会科学》1988 年第 1 期；刘志琴：《社会史的复兴与史学变革——兼论社会史和文化史的共生共荣》，《史学理论》1988 年第 3 期。
② 梁景和主编：《中国社会文化史的理论与实践》，社会科学文献出版社 2010 年版，第 77 页。
③ 李长莉：《社会文化史：历史研究的新角度》，赵清主编：《社会问题的历史考察》，成都出版社 1992 年版。

的，是通过诸多具体现象构成和反映的"①。在研究对象上，社会文化史和社会史是重合的，都研究丰富多彩、繁复庞杂的人类历史上的整体社会生活。只有在研究角度和研究方法上，才能显示出两者的不同。社会史更注重社会结构和运动的客观性，主要运用社会学的理论和方法，对研究对象作分解和精确化的揭示；而社会文化史则主要研究历史上人们的社会生活方式与思想观念之间的相互关系，特别注意揭示隐蔽在人们社会行为背后的精神因素。在研究方法上社会文化史主要运用文化学和文化人类学的理论和方法，更注重社会现象各元素之间的联系以及隐藏其后的精神因素。

可以看出，社会文化史从 20 世纪 80 年代末 90 年代初刚被提出时，其内容综合性、方法多元性和边界模糊性的特点就已经很明显地显露出来。从研究内容看，凡属社会文化交织领域的历史现象，都可以归入社会文化史的范畴，传统史学领域的新闻传播史、教育史、风俗史、社会心态史、社会观念史等的一部分内容都可以算作社会文化史的专史研究。单纯强调内容综合性的社会文化史研究，虽然在研究领域方面得到了拓展，但难以突出理论方法和研究视角的创新。社会文化史研究的真正突破在于研究视角和研究方法上的创新，通过研究体现出社会与文化的互动关系。在研究方法上，除了传统的史学方法以外，社会学、人类学等人文社会科学的理论方法在社会文化史研究中都可以尝试着加以运用。社会文化史和它所依托的社会史和文化史两个母学科之间其实并没有清晰的边界，只是侧重点有所不同而已。

从社会与文化相结合的视角考察一些历史论题，并不是新兴的"社会文化史"首创。以往在一些比较成熟的社会风俗史和社会生活史研究中，研究者往往并不满足于简单地描述现象，而是力图对蕴含于其中的文化因素加以提炼；在一些比较成熟的思想文化史研究中，研究者也往往将思想观念的社会根源以及社会化过程予以揭示，从而提高了研究成果的学术价值。这种研究虽然并未冠以"社会文化史"的名目，也完全可以视为社会文化史的研究成果。远的不说，就拿 20 世纪 80 年代的情况来说，当时从

---

① 梁景和主编：《中国社会文化史的理论与实践》，社会科学文献出版社 2010 年版，第 25 页。

事近代社会风俗史的严昌洪，他所做的研究也可以说是一种社会文化史的研究。其研究成果后来集结为《西俗东渐记——中国近代社会风俗的演变》[①] 和《中国近代社会风俗史》[②] 二书，产生了比较大的社会影响。李长莉于 1989 年关于洋务知识分子的博士论文，完成于在理论方法上倡导社会文化史之前，但她注意到了洋务知识分子产生的社会背景、他们的新社会角色、思想观念的更新与矛盾以及他们所面临的外部社会困境，并剖析了这种处境所养成的文化心态和矛盾人格，也应该说是具备了若干社会文化史的意蕴。[③]

　　尽管如此，提出"社会文化史"作为一种新的学科方向仍然是有重要意义的。它可以使研究者开始有意识地运用社会文化史交叉学科的视角进行研究，从这个方向来开展实证研究，并进行理论方法探索与争鸣，形成更为鲜明的学术特色。

　　在"社会文化史"的学科概念酝酿和提出的过程中，在刘志琴主持下，中国社会科学院近代史研究所文化史研究室成立了以"中国近代社会文化史"为研究方向的研究团队，从一手资料入手进行艰苦的学术攻关。1998 年初课题组出版了由刘志琴主编，李长莉、闵杰、罗检秋执笔编著的三卷本《近代中国社会文化变迁录》[④]。这套书共 140 多万字，是综合性、基础性、开拓性的近代社会文化通史著作，对 1840—1921 年八十余年间社会生活、风俗习尚、大众文化、社会思潮等进行了系统梳理，描绘了这一时期整体社会文化面貌变迁轨迹。在体例上，这套书以具有标志性的事件或现象为线索，但并不局限于事件本身的记述，而是延伸到与事件有关的社会文化现象的前前后后。在挖掘基础史料和揭示近代社会文化基本面貌两点上，这套书具有较高的学术价值，对于国内的社会文化史研究具有重要的推动作用。直到今天，从事社会文化史的不少学者还将这套书作为案头必备读物，不时地从中寻找新研究课题的线索。这套书的出版，距离

---

　　① 严昌洪：《西俗东渐记——中国近代社会风俗的演变》，湖南出版社 1991 年版。

　　② 严昌洪：《中国近代社会风俗史》，浙江人民出版社 1992 年版。

　　③ 李长莉：《先觉者的悲剧：洋务知识分子研究》，学林出版社 1992 年版。

　　④ 李长莉、闵杰、罗检秋：《近代中国社会文化变迁录》（三卷本），浙江人民出版社 1998 年版。

1988 年刘志琴倡导结合社会史和文化史的研究路向恰好十年时间，这十年时间可以称为社会文化史的兴起与奠基时期。

### 2. 兴盛发展期

三卷本《近代中国社会文化变迁录》条目繁多，内容庞杂，许多具体内容难以充分展开，对于专题研究积累薄弱的领域能够进行如此大规模的通史撰述，已经是难能可贵的了。在此之后，三位主要执笔人转入专题研究，为社会文化史典范性成果的探索做出了艰苦的努力。他们的主要代表性著作有：李长莉的《晚清上海社会的变迁——生活与伦理的近代化》①、《中国人的生活方式：从传统到近代》②；闵杰的《影像辛亥》《论清末彩票》③；罗检秋：《文化新潮中的人伦礼俗（1895—1923）》④。另外，后来加入这个研究团队的左玉河也将社会文化史作为一个重要的学术领域加以研究，代表性的研究成果有：《评民初历法上的二元社会》⑤《拧在世界时钟的发条上：南京国民政府的废除旧历运动》⑥《学理讨论，还是生存抗争：1929 年中医存废之争评析》⑦。

1998 年《近代中国社会文化变迁录》出版之时，首都师范大学历史学院的梁景和在博士论文基础上也出版了《近代中国陋俗文化嬗变研究》⑧。此书从婚姻、家庭、妇女、性伦四个方面比较全面地论述了近代陋俗文化的形态、特征以及变革思潮。梁景和在此后的社会文化史研究中大体上遵循了婚姻、家庭、妇女、性伦四方面的框架，只是在某些研究中增

---

① 李长莉：《晚清上海社会的变迁——生活与伦理的近代化》，天津人民出版社 2002 年版，修订版改题《晚清上海：风尚与观念的变迁》，天津人民出版社 2010 年版。

② 李长莉：《中国人的生活方式：从传统到近代》，四川人民出版社 2008 年版。

③ 闵杰：《影像辛亥》（两卷本），福建教育出版社 2011 年版；《论清末彩票》，《近代史研究》2000 年第 4 期。

④ 罗检秋：《文化新潮中的人伦礼俗（1895—1923）》，中国社会科学出版社 2013 年版。

⑤ 左玉河：《评民初历法上的二元社会》，《近代史研究》2002 年第 3 期。

⑥ 左玉河：《拧在世界时钟的发条上：南京国民政府的废除旧历运动》，《中国学术》第 21 辑，商务印书馆 2006 年版。

⑦ 左玉河：《学理讨论，还是生存抗争：1929 年中医存废之争评析》，《南京大学学报》2004 年第 5 期。

⑧ 梁景和：《近代中国陋俗文化嬗变研究》，首都师范大学出版社 1998 年版，2009 年出版增订本。

加了"娱乐"部分。作为此书后续研究的，还有梁景和的《五四时期社会文化嬗变研究》①和梁景和等著的《现代中国社会文化嬗变研究（1919—1949）——以婚姻·家庭·妇女·性伦·娱乐为中心》②。梁景和对社会文化史的界定和李长莉的界定大体相似，他认为："社会文化史是研究社会生活与其内在观念形态之间相互关系的历史。一个社会的人们为什么要这样生活，是什么样的思想观念决定的；一个社会人们的生活变化引起了哪些思想观念的变化；由于新思想观念的影响使一个社会人们的生活发生了哪些变化——这一切都是社会文化史要研究的问题。"③在认定社会文化史主要研究社会生活与思想观念之间的互动关系上，梁景和和李长莉具有共识，不过在个人的具体研究实践中，李长莉比较侧重生活变化如何引起思想观念变化，梁景和则侧重新思想观念如何影响了人们的生活变化。

梁景和积极探讨社会文化史的理论和方法，比较有代表性的论文有：《关于社会文化史的几个问题》《社会生活：社会文化史研究的一个重要概念》《社会文化史的几对概念》④与《生活质量：社会文化史研究的新维度》⑤等。梁景和主编的《中国社会文化史的理论与实践》《中国社会文化史的理论与实践续编》⑥分别汇集了 1988 至 2009 年和 2010 至 2014 年国内社会文化史有代表性的理论论述、研究成果评介以及会议纪要与综述。

梁景和还比较重视汇集国内社会文化史学者的最新研究成果，先后主编出版有四辑《社会生活探索》，分别于 2009 年、2010 年、2012 年、2013 年由首都师范大学出版社出版。

二十余年来，梁景和一直将社会文化史作为主攻方向，集中于民国时期及新中国时期的社会文化史研究，培养了不少研究人才，产生了一些有

---

① 梁景和：《五四时期社会文化嬗变研究》，人民出版社 2010 年版。

② 梁景和等：《现代中国社会文化嬗变研究（1919—1949）——以婚姻·家庭·妇女·性伦·娱乐为中心》，社会科学文献出版社 2013 年版。

③ 梁景和：《关于社会文化史的几个问题》，《山西师大学报》2010 年第 1 期。

④ 以上三文收入梁景和等著《现代中国社会文化嬗变研究（1919—1949）——以婚姻·家庭·妇女·性伦·娱乐为中心》，社会科学文献出版社 2013 年版。

⑤ 梁景和等：《生活质量：社会文化史研究的新维度》，《近代史研究》2014 年第 4 期。

⑥ 梁景和主编：《中国社会文化史的理论与实践》，社会科学文献出版社 2010 年版；《中国社会文化史的理论与实践续编》，社会科学文献出版社 2015 年版。

价值的研究成果，代表性著作有余华林的《女性的"重塑"：民国城市妇女婚姻问题研究》① 和黄东的《塑造顺民——华北日伪的"国家认同"建构》② 等。

在举办学术会议以推动社会文化史研究方面，中国社会科学院近代史研究所文化史研究室/社会史研究中心和首都师范大学历史学院中国近现代社会文化史研究中心贡献较大。1992 年和 2001 年，中国社会科学院近代史研究所文化史研究室先后举办了"社会文化史学术研讨会"（与中国社会科学院社会学研究所《社会学研究》编辑部合办）和"近代中国社会生活与观念变迁学术研讨会"，对社会文化史研究起到了倡导作用。从2005 年起，每隔两年，中国社会科学院近代史研究所社会史研究中心就主办一次大型的近代社会史国际学术讨论会，至 2017 年已有七次，其中有不少内容是社会文化史方面的。这七次近代社会史国际学术讨论会，每次会议都出版有论文集。首都师范大学历史学院中国近现代社会文化史研究中心从 2010 年起，每两年举办一次小规模的社会文化史国际学术讨论会，至 2017 年已举办四届，每次会议出版有论文集。2013 年还举办了首届青年学者社会文化史学术讨论会，也出版有论文集。

无论是从实证研究成果、理论方法探讨上来看，还是从组织学术活动与出版相关研究成果来看，中国社会科学院近代史研究所文化史研究室/社会史研究中心和首都师范大学历史学院中国近现代社会文化史研究中心都可以说是推动社会文化史研究的重要机构。

此外，中国人民大学清史研究所黄兴涛的新名词研究、概念史研究，杨念群的新社会史研究、医疗社会史研究，南京大学历史系陈蕴茜、李忠恭侧重于历史记忆的政治文化史研究，以中山大学和厦门大学历史系为主的华南区域历史研究，华中师范大学中国近代史研究所严昌洪、马敏、朱英等的社会风俗史研究和城市文化史研究，湖北大学中国思想文化史研究所周积明、郭莹等的湖北区域社会文化史研究，山西大学行龙、韩晓莉③

---

① 余华林：《女性的"重塑"：民国城市妇女婚姻问题研究》，商务印书馆 2009 年版。
② 黄东：《塑造顺民——华北日伪的"国家认同"建构》，社会科学文献出版社 2013 年版。
③ 韩晓莉已于 2014 年 9 月调入首都师范大学。

等的山西区域社会文化史研究，上海社会科学院历史研究所熊月之团队以及华东师范大学历史系、上海师范大学历史系等进行的上海城市史研究中，也有颇多社会文化史的成果，还有南开大学的社会史研究团队、苏州大学的城镇研究团队等，也都产生了若干具有社会文化史特色的研究成果。除了这些从事社会文化史研究人数较多、具有较为鲜明特色的研究基地以外，还有大量分散在各地大学与科研机构的学者，人数难以确切统计。这些为数众多的学者所开展的具有社会文化史色彩的研究，未必都标明"社会文化史"旗号，但其研究视角确实兼有社会生活和思想观念两个方面并且对两者的互动提出了各有特色的阐释。

厦门大学的刘永华也是认同"社会文化史"的学者，不过，他的学术路径和本土独立发展的社会文化史有所差异。他于2011年主编了一本《中国社会文化史读本》，选编了中国社会文化史研究有代表性的论文二十一篇，作者包括内地学者八名、港台学者四名、日本学者三名、欧美学者六名。这些论文在时段上主要集中于明清时期，在地区上多集中于中国南方，在作者构成上多集中于海外学者，所选内地学者的学术倾向基本上较能与国际学术界接轨甚至与海外学者长期保持密切的学术合作关系。编者声明如此选择并非出自个人研究偏好，也不意味着只有明清和中国南方才是社会文化史分析的有效研究范围，而是大体反映了目前研究界的现状。从这本书所选择的论文和编者的按语来看，他认为社会文化史研究的论题包括国家认同、神明信仰、宗教仪式、历史记忆，以及对时间、空间的认知和想象，对气味、景观的感知，对社会空间的营造，对书籍的阅读，对身体的建构，乃至信息的传播与交流、社会性别的表述、习俗的承传、现代性的体验、物质文化及地方戏曲。他认为对以上这些范围的内容都可以进行社会文化史分析。所谓"社会文化史分析"，指的就是"结合社会史分析和文化史诠释"，唯有如此才有可能将其分析的力度发挥到极致。他进一步指出："社会文化史不同于社会史、文化史的地方，就在于这种方法强调在具体的研究实践中应结合社会史分析和文化史诠释。也就是说，在分析社会现象时，不能忽视相关人群对这些现象的理解或这些现象之于当事人的意义，唯有如此，社会史分析才不致死板、僵硬；在诠释文化现象时，不能忽视这些现象背后的社会关系和权力关系，唯有如此，文化史诠释才不致空泛、玄虚。"① 从具体论题的选择上，受国际学术潮流影响较深的刘永华和本土味较浓厚的学者有相当多的差异，但是双方对于社会文化史基本特征的界定却如出一辙。社会文化史本来就是开放的、不断发展的，刘永华主编的《中国社会文化史读本》的出版，在某种意义上，可以用来检验社会文化史融入国际学术界的程度。

另一个反映社会史影响扩及于思想史领域的例子是华东师范大学的许纪霖。他本以研究思想史和知识分子问题见长，但受到社会史成为史学主流的影响，他试图转变研究方向，以社会史的角度来研究中国的知识精英，探讨知识分子社会史的可能路径。他发挥个人特长，在近代中国的公共领域以及知识人社会等问题上颇多建树，同时带领一批青年学者研究了1895—1949 年近代中国知识分子的公共交往。② 许纪霖的知识分子社会史研究，是在他为华东师范大学历史系的博士生和硕士生开设新社会文化史课程的过程中逐渐具体化为研究实践的。他坦言曾带领学生"系统研习国内外新社会文化史的基本理论、核心理念、研究方法和经典著作"③，也可以说是具有比较明确和自觉的社会文化史学科意识。

从 1998 年以来，社会文化史作为一个新的研究方向，吸引了越来越多研究者的加入，有关的研究成果不断增多，以社会文化史为主题或重要内容的学术会议也举办了十几次，这些都使得社会文化史成为近代史研究领域中一个引人注目的研究热点。1998 年至今，可以称为社会文化史的兴盛发展期。这一时期，中国本土萌发的社会文化史茁壮成长，取得了不少有分量的研究成果；同时西方新文化史的研究成果开始规模化、整体性地引入国内，不少学者受其启发，结合中国社会文化的实际情况，也做出了另具风格的研究成果。社会文化史的兴盛发展期在某种意义上来说，是上

---

① 刘永华主编：《中国社会文化史读本》，北京大学出版社 2011 年版，第 527 页。

② 许纪霖：《近代中国的公共领域：形态、功能与自我理解——以上海为例》，《史林》2003年第 2 期；许纪霖：《精英的社会史如何可能——从社会史角度研究近代中国的知识人社会》，山西大学中国社会史研究中心编：《中国社会史研究的理论与方法》，北京大学出版社 2011 年版；许纪霖等：《近代中国知识分子的公共交往（1895—1949）》，上海人民出版社 2008 年版。

③ 许纪霖：《精英的社会史如何可能——从社会史角度研究近代中国的知识人社会》，山西大学中国社会史研究中心编：《中国社会史研究的理论与方法》，北京大学出版社 2011 年版，第13 页。

述这两种学术取向的会合期。近些年来兴起的历史记忆研究、概念语词研究等就是后者较为显著的例子。从出版物来说，除了上述刘永华主编的《中国社会文化史读本》以外，杨念群主编的《空间·记忆·社会转型——"新社会史"研究论文精选集》①，孙江总主编的浙江人民出版社出版的"新社会史"丛刊四辑，黄兴涛、杨念群、夏明方、孙江、黄东兰、王奇生等主编中华书局出版的"新史学"丛刊七辑所刊发的不少论文在研究旨趣上受到西方新文化史较为明显的影响。

### （二）理论与方法探索

### 1. 初创与探索

从 1988 年刘志琴呼吁结合社会史和文化史的研究路向开始，到 1998 年三卷本《近代中国社会文化变迁录》出版之前，除了上述刘志琴、李长莉的提倡与大致界定范围以外，十年间社会文化史的理论方法探讨比较少。值得一提的是，1992 年 10 月 30 日中国社会科学院近代史研究所文化史研究室联合中国社会科学院社会学研究所《社会学研究》编辑部主办的"社会文化史学术研讨会"。这次会议具有跨学科的特点，研究历史学、社会学和文化问题的四十余位学者，围绕社会文化史的特点和研究方法以及学科建设等问题进行了广泛的讨论，提出了许多富有建设性的思想。② 尽管当时可资参考的具体研究成果不多，但学者们对于社会文化史研究路向的意义、特点以及研究方法等诸多问题，提出的意见仍然是比较理性和稳健的。这对于以后社会文化史的健康发展具有一定的导向作用。如有学者提出社会文化史研究的主要内容是上层文化和下层文化的互动，精英文化的社会化过程，以及大众文化和社会生活中的文化意识等。这种意见，对于社会文化史既深入社会领域同时又注重对社会现象作出文化解释的特色，把握得相当准确。对于社会文化史这种学术特色的追求和坚持，会使得这门新生的研究方向从一开始就注重对社会文化问题的整体把握，避免

---

① 杨念群主编：《空间·记忆·社会转型——"新社会史"研究论文精选集》，上海人民出版社 2001 年版。

② 李长莉：《社会文化史：一门新生学科——"社会文化史研讨会"纪要》，《社会学研究》1993 年第 1 期。

了盲目猎奇、鸡零狗碎的流弊。

刘志琴为三卷本《近代中国社会文化变迁录》而写的长篇代序《青史有待垦天荒》是一篇比较重要的社会文化史文献，它是中国社会科学院近代史研究所文化史研究室研究团队十年探索经验的总结。刘志琴明确提出，"社会文化史是以大众文化、生活方式和社会风尚的变迁为研究对象"①，并对社会生活史和社会文化史的区别与联系作了比较清晰的论述。她认为："复原前人生活的本来面貌，是社会生活史的基本要求，但是对社会生活的研究又不能停留在这一步。社会文化史要求把生活放在一定的社会现象和文化现象中来考察，通过生活方式的变迁认识民族文化心理和社会意识的发展历程"②，"所以一部优秀的社会生活史必定是社会文化史；一部优秀的社会文化史必然要对社会生活作出具体翔实的文化和社会的阐释。这是从不同方位对同一课题的描述和解析，也是社会文化史和社会生活史的联系和区别"③。鉴于中国文化具有伦理本位和生活伦理化的特点，刘志琴将其提炼概括为"世俗理性"，试图以此来揭示精英文化社会化的过程和特点。她还结合《近代中国社会文化变迁录》的具体材料，论述社会经济生活的变动对一般人的思想观念转换乃至于精英的系统思想表述带来的巨大冲击作用，这是以往只局限于从思想文化领域讨论启蒙思想所看不到的。她认为生活在社会下层的民众从生活境遇的变化中，自发地改变自己的行为和观念，对社会规范具有一定的破坏性；这种自发的、群体性的趋向，容易引发社会风气的变化，从而又推动知识分子对社会问题的思考，提出某些理论见解。这种将从社会下层无序的变化和文化精英们有序的思考和撰述结合起来的研究路向，生动地揭示了思想观念从生活实践中萌发、流播到知识分子的整理、思考、提炼的动态过程。

2001年7月，中国社会科学院近代史研究所文化史研究室主办的"近代中国社会生活与观念变迁学术研讨会"是又一个学术界比较集中讨论社

---

①　李长莉：《近代中国社会文化变迁录》（第1卷），浙江人民出版社1998年版，"青史有待垦天荒（代序）"，第2页。
②　同上书，第7页。
③　同上书，第9页。

会文化史理论、方法与发展趋向的会议，与会学者讨论的焦点主要集中在社会文化史是一门独立的交叉学科，还是一种独特的研究视角？两种看法各有其主张者，各有其理由，很难形成一致的意见。也有人认为讨论这个问题短期内未必会有一致的意见，可以考虑先做一些具体研究，把地理、人物、人口迁徙、文化、经济、语言等弄清楚，然后提出自己在研究实践中需要解决的问题；不必要讨论一时不能达成一致意见的概念问题来束缚自己的手脚，"只需有一个大致的研究范围和研究方向就够了"。在这次会议上较有共识的是：社会文化史必须把社会生活现象和思想观念结合起来进行研究，既可以对文化现象作社会史的考察，也可以对社会现象进行文化的阐释；社会文化史研究应关注上层与下层的相互沟通和流动，它不能取代思想史的研究，但对于传统的那种从这种观念到那种观念的线性思想史，将会起到改进作用，使思想得以形成和发挥作用的"上下左右前后的关联"因素得到更加充分的揭示。[①]

2002 年李长莉的《晚清上海社会的变迁——生活与伦理的近代化》是较早出版的成熟的社会文化史专题研究著作。她在这本书里表示自己是明确地、自觉地采用社会文化史的视角，研究上海开口通商至中日甲午战争前五十余年间民众生活方式的变动如何逐渐引起社会伦理观念的转变，而社会伦理观念的转变又如何以其约束和规范的力量来改变民众的生活方式。她认为在民众的生活世界里，生活方式是外在的、显性的客观世界，社会伦理则是沉积在民众意识观念中比较稳定的行为规范和价值观念，属于内在的、隐性的主观世界；两者之间的相互作用将会改变社会的整体面貌。生活方式原分属于社会史的领域，社会伦理观念原分属于思想文化史的领域，这本书以社会文化史的视角，将二者结合起来，"以社会史的方法来解读文化观念的变迁"[②]。在 2007 年出版的《中国人的生活方式：从传统到近代》一书中，李长莉又提出了"公共生活领域"的概念，用以概括近代工业化发轫以来出现的物质生活的市场化、社会生活的公共化和文

---

① 左日非：《"近代中国社会生活与观念变迁"学术研讨会综述》，《近代史研究》2002 年第 2 期。

② 李长莉：《晚清上海社会的变迁——生活与伦理的近代化》，天津人民出版社 2002 年版，第 8 页。

化生活的大众化等纷繁复杂的社会现象；她认为，"正是这种公共生活领域的形成与扩展，使人们的生活状态和相互关系发生了极大改变，成为现代公民社会的生活基础"。① 一门学科或一个研究方向的发展成熟，与是否提出了较为成熟的概念和研究命题密切相关，李长莉对于生活方式与社会伦理关系的探讨，对于"公共生活领域"的论述，是社会文化史理论方法探索的重要收获。

### 2. 深化与拓展

随着 20 世纪 80 年代末 90 年代初以来时代的发展变化以及研究成果和心得经验的积累，学者们对于社会文化史的研究范围和研究方法的论述，都有所深化、有所拓展。下面对最近约十年来学者们所取得的一些新的认识略作述评。

致力于知识分子社会史研究的许纪霖，在近代中国的公共领域以及知识人社会等问题上有深入的探讨。他认为知识分子延续了中国古代士大夫的清议传统，借助于报纸、学会、学校等近代化的基础建制以及集会和通电等新形式，形成凝聚知识分子的社会文化网络，即"知识人社会"，对于公共舆论产生了重要的影响。其作用在 19 世纪中期至 20 世纪 20 年代末期政治不稳定的时代尤其显著，在 20 世纪三四十年代国民党控制了全国舆论后受到很大的摧残。② 许纪霖对于哈贝马斯"公共领域"理论这一基于欧洲经验提出的"理想类型"与中国经验的关系，做了相当深入的分析；对于"知识人社会"赖以形成的社会文化条件及其中国特色等都有具体的展开。这是对于社会文化史的中层理论建构具有重要意义的贡献。

李长莉在研究实践中主要做的是作为一种研究视角和研究方法的社会文化史，这种研究路向社会文化史特色更为突出，但她对于社会文化史的界定采取了一种包容的态度，认为各种社会文化交织领域的历史也可以算作广义上的社会文化史。她在 2004 年发表的一篇文章中说："依笔者之

---

① 李长莉：《中国人的生活方式：从传统到近代》，四川人民出版社 2008 年版，第 4 页。

② 许纪霖：《近代中国的公共领域：形态、功能与自我理解——以上海为例》，《史林》2003 年第 2 期；许纪霖：《精英的社会史如何可能——从社会史角度研究近代中国的知识人社会》，山西大学中国社会史研究中心编：《中国社会史研究的理论与方法》，北京大学出版社 2011 年版；许纪霖等：《近代中国知识分子的公共交往（1895—1949）》，上海人民出版社 2008 年版。

见，社会文化史的定义可有广义和狭义两种表述。广义而言，主要指其研究范围，即社会文化史是研究以往社会发展过程中各种社会文化交织领域的历史。狭义而言，主要指其研究视角或研究方法，即社会文化史是研究以往社会发展过程中社会生活与思想观念相互关系的历史，是用社会史的方法来研究历史上的文化问题，或用文化的视角来研究历史上的社会问题的历史研究视角。"①

从 20 世纪 80 年代末 90 年代初兴起以来，国内社会文化史学者的主流意见是，社会文化史强调社会与文化的双向互动，无论是揭示文化现象背后的社会因素或精英文化的社会化过程，还是对社会现象进行文化的阐释，都可以归入社会文化史的范畴。也就是说"社会的文化史"和"文化的社会史"两种倾向兼而有之，不过从研究实践和理论论述而言，"社会的文化史"发展比较充分，而"文化的社会史"则相对比较薄弱。一向钟情于文化史的黄兴涛在 2007 年发表文章，认为自己 2001 年在"近代中国社会生活与观念变迁学术研讨会"上的发言"表达了对'社会文化史'研究取向的热烈认同"，而彼时尚未明确意识到和强调"文化的社会史"这一重要的取向。经过对若干中国近代新名词的社会化过程深入研究以后，他意识到"文化的社会史"这一研究取向更关注思想观念、文化价值的社会化过程，很可能更能体现文化史研究的特色。在他看来，"揭示文化与社会的互动史，的确是目前文化史和社会史研究走向深化的重要途径。它有助于社会史研究者更加重视思想文化的向度，避免简单僵硬的政治经济解释和缺乏灵智的结构分析，增强思想的穿透力和精神的感受力；同时也可使文化史研究者尽可能免除空洞化和表面化"。② 他以近代同乡观念为例，说明对于一种思想观念的研究，必须要考察它在社会上的载体、传播渠道以及发挥作用的方式。

李长莉在 2010 年发表的论文，将社会文化史的研究领域列举为：社会生活（日常生活、生活方式）、习俗风尚、礼仪信仰、大众文化（大众传播、公共舆论）、民众意识（社会观念）、社会心理（心态）、集体记

---

① 李长莉：《社会文化史的兴起》，《天津师范大学学报》（社会科学版）2003 年第 4 期。

② 黄兴涛：《文化史研究的省思》，《史学研究》2007 年第 3 期。

忆、社会语言(公共话语、知识)、文化建构与想象、公共领域(公共空间)、休闲(娱乐)文化、身体文化、物质文化、区域社会文化等。其中不少类别是早期提倡社会文化史时没有考虑到的,反映了近年来吸收新文化史观念后国内学术界的进展。对于社会文化史的地位和作用,她认为"社会文化交叉视角"不只适用于"社会文化史"的专属研究领域,完全可以走出社会文化交织领域,深入政治、经济等专史领域,作为一种新史学范式对以往专史乃至通史中盛行的单一视角的史学范式提供有益的补充。在同一篇论文中,她还提出为迎接社会转型提出的时代任务,将"社会治理"与"文化统合"两大课题作为社会文化史研究的中心问题,以社会文化史的研究为这两大课题提供一些基于历史经验的理论,从而参与时代理论创新与推动社会进步。在研究手段上,她特别强调充分利用史料数据化与网络化带来的便利,也要重视在文字史料之外的大量图画、照片、影像等图像资料。[①]

罗检秋在 2011 年发表论文认为,作为一种研究视角的社会文化史,当然可以从社会语境、人际网络、文化蕴含等方面研究历史上的政治事件、经济现象、英雄传奇等;但社会文化史的使命不止于仅仅作为一种研究视角,而是有其特定的研究领域和论题。他结合自己的研究体会,提出了四个有待深化和加强的论题:(1)不同群体的社会生活;(2)社会视野中的精英文化;(3)士庶文化的交融与歧异;(4)精神生活的正负面关系。[②] 从这四个方面来看,他希望推进的社会文化史不仅是下层人民的历史,而且包含了精英文化以及精英文化与大众文化的复杂互动。

刘志琴在 2014 年发表的论文中称:"社会文化史以生活方式、社会风俗和民间文化为研究对象。其研究的内容与社会史、民俗史和文化史有交叉,不同的是它不是个别的单个研究,而是对这三者进行统合考察,对生活现象做出文化解析和社会考察;从一事一物的发展和上层与下层的互动中,引出深度的阐释与思考。似文化史,可不是精英文化史;似社会史,

---

① 李长莉:《交叉视角与史学范式——中国"社会文化史"的反思与展望》,《学术月刊》2010 年第 4 期。

② 罗检秋:《从"新史学"到社会文化史》,《史学史研究》2011 年第 4 期。

但并非单纯描述社会现象；有思想史内涵，却迥异于传统的观念史。简而言之，可称之为富有思想性的社会生活史。"① 称社会文化史为生活方式、社会风俗和民间文化三者的统合研究，以及将其概括为"富有思想性的社会生活史"，反映了刘志琴在社会文化史学科定位和研究方法上认识的新提升。

梁景和在2014年发表文章，提出将在社会学、心理学、经济学和医学等领域已经广泛使用的概念"生活质量"引入历史学领域，强调如果从史学角度来研究生活质量，将会开辟出社会文化史研究的新维度。生活质量具有客观的物质生活条件的内容，也有涵括生活满意度和主观幸福感等主观层面的内容。梁文对于史学中"生活质量"研究设想了三个梯度的内容，又提出了六个方面的研究方法，尽管都是宏观的粗线条勾勒和举例式的说明，但其探索之勇敢仍给人留下了深刻的印象。② 笔者认为，社会史、文化史的资料和成果已经相当丰硕，将它们整合在"生活质量"这一主题之下，对于物质生活、生活方式、价值观念以及主观感受等多个层面的内容加以综合性的呈现和分析，将为社会文化史从局部的专题研究走向整合思考提供一条途径，同时也会促使人们在接受新鲜的、易于感受的描述性事实之余，思考更为深刻的哲理问题；在史学研究领域中，似乎不必刻意追求其他社会科学领域中研究生活质量时所习见的量化的指标体系，因为遗存史料恐怕难以提供面面俱到的量化数据。在社会文化史领域研究历史上不同人群和个体的生活质量问题，反映了目前中国社会注重群体和个体的生存状态、改善生活条件、提高生活满意度和增强主观幸福感的客观需求。这也表明社会文化史学者具有与时俱进、刷新学术课题、参与时代变革的敏感性。

以上这些新认识的取得，大多与学者们个人研究实践的积累有关，并非凭空立论；另一方面也与西方新文化史理论方法的引进与刺激有关，而对较为成熟的西方理论方法的进入，中国社会文化史学者必须提出自己的见解。

---

① 刘志琴：《从本土资源建树社会文化史理论》，《近代史研究》2014年第4期。
② 梁景和：《生活质量：社会文化史研究的新维度》，《近代史研究》2014年第4期。

### 3. 如何对待西方新文化史

从 1999 年起，到现在近二十年间，国内史学界引介了大量西方新文化史的理论著作和实证研究成果。西方新文化史的理论与实践和文化研究、人类学思潮有密切的关系，无论是理论体系、概念工具，还是研究方法，都比较成熟、规范，也产生了一批在国际上有较大影响的著作。国内学者借鉴西方新文化史理论方法进行一些具体问题的研究，在理论表述上呈现出更为多种多样的论述。

如在使用"社会生活""生活方式"还是"日常生活"概念上，学者们就有不同的看法。长期以来，中国学者受马克思主义影响，普遍使用社会生活、生活方式的概念，社会文化史学者也不例外。李长莉在《晚清上海社会的变迁——生活与伦理的近代化》和《中国人的生活方式：从传统到近代》二书里，对"社会生活""生活方式"有比较深入的论述；梁景和对此也有专文论述。① 不过，专长于社会史的常建华则表达了不同的意见。他吸收了匈牙利哲学家奥尔格·卢卡奇、法国学者昂利·列斐伏尔以及中国学者衣俊卿等人的意见，更加倾向于以"日常生活"来取代中国学者最为常用的"社会生活"；他还批评"中国社会文化史研究借鉴人类学的理论与方法，在生活与文化的研究层面并未有效展开，心态史研究没有太多的进展"，其原因在于对新文化史理论吸收不足、学术理念转换迟钝。他呼吁在西方新文化史的观照下将日常生活史作为社会文化史研究的基础，"现在的中国社会文化史或许到了需要突破自身的时候，即引入'新文化史'的理念，进一步调整研究策略，将文化作为能动的因素，把个人作为历史的主体，探讨他们在日常生活或长时段里对历史进程的影响"。② 对"日常生活"概念的接纳，意味着与国际学术界的习惯用语和学术风气保持更为密切的关系。看来，这不仅是名词概念之争，背后实际上蕴含着研究路径的差异。

国内学者在 20 世纪 80 年代末 90 年代初提倡社会文化史的时候，对西

① 梁景和：《社会生活：社会文化史研究中的一个重要概念》，《河北学刊》2009 年第 3 期。

② 常建华：《日常生活与社会文化史——"新文化史"观照下的中国社会文化史研究》，《史学理论研究》2012 年第 1 期。

方已流行十余年的新文化史几乎毫无所知，他们倡导社会文化史完全是基于中国社会自身的变动和学术课题刷新的内在需求，因而在研究课题和研究方法上与西方新文化史既遥相呼应又迥然异趣。如何既吸收西方新文化史之优长，又避免简单照搬之流弊，使中国的社会文化史能在坚持自身发展道路上健康成长？这是国内学者必须回答的问题。

　　黄兴涛坦言自己关于"她"字文化史的研究在一定程度上受到西方新文化史的影响[①]，但他认为对于新文化史应该采取"借鉴和反省的双重态度"，不应一味高唱赞歌。他理想中的文化史，"固然可以置重'叙述'，但也不应简单排斥'论析'，更不应限制分析工具"，其根本旨趣，"或在于更为多样生动的叙史方式，更为广泛灵活的材料使用，更为自觉的意义寻求和反思精神，更为浓烈的语言兴致……还有对于展示'过程'高度看重，对于曾经存在的各种可能性尽量'呈现'，等等。而归根结底，其基础不外是对于文化'主动性'作用的极度重视，以及从文化和社会互动的角度透视、把握、反思各种范围历史的空前自觉"。[②] 他还明确指出"现代化"或"现代性"这两个概念仍是分析清末民国时期特定历史的有效工具，作为一种分析方法仍有可以改进、发展的必要和空间。他所谓的"改进、发展"就是上述对于新文化史的吸取和借鉴。在某些方面，他对新文化史是相当欣赏的，对国内关于新文化史的若干误解也有辨析。如他认为那种以为新文化史只该关注微观问题的看法仅是皮相之见，"与其说新文化史的旨趣在乎揭示微观现象，不如说其志在洞悉微观问题背后的意义更符合事实"[③]。他熟悉中西方学术界对于新文化史某些极端化偏向的批评，在自己的研究实践中执着地坚守传统史学的几个特征：求真、适度的因果追寻（尽量摆脱"目的论"的诱惑）以及以古鉴今的信念。他进一步说，新文化史完全可以和民国文化史研究的旧传统相通，如陈寅恪以诗证史和晚年熔心智、心态、语言文字与性别史于一炉的独特努力等，都和新文化

---

　　① 黄兴涛：《"她"字的文化史——女性新代词的发明与认同研究》，福建教育出版社2009年版，第210页。

　　② 同上书，第153页。

　　③ 同上书，第210页。

史的诸多表象不谋而合。① 在 2009 年发表的一篇文章中，黄兴涛充满自信地认为，在中国史学界几十年文化史和社会史研究的丰厚实践之后，再加上对于西方新文化史的规模性、整体性引进，已经逐渐具备了较为充分的学术条件，"可以更为从容、理性地对之加以选择。比如，在精英与大众、区域与整体、中心与边缘、宏大叙事与微观深描，历史文本的真实性与'文学性'，乃至现代性观念和后现代思想等等之间，我们的研究未尝不可努力从方法上，去更为自觉地寻找某种合适的平衡点，而不至于一定要走到非此即彼、无法融合的偏颇境地"。②

李长莉在 2010 年发表的论文中比较了国内的社会文化史和西方新文化史研究。她认为两者的区别主要有以下几点。（1）由于两者产生与发展的社会背景不同、文化传统有别、面对的时代课题不同、问题意识不同，因而关注的重心也各有侧重。中国学者更重视群体研究以及个人行为与社会变动之间的关联，而西方学者更强调"个人的自由"和"个人对历史的主体作用"，因而盛行微观史和个人史。（2）从学术范式的开拓及理论创新路径而言，西方学者更强调新文化史对于社会史的"反叛"与"替代"，而中国学者更强调对原有范式的补充、并存和交融，强调交叉学科视角的普遍意义。（3）新文化史属于西方"后现代"的文化流派，而中国的社会文化史则属于现代化的文化潮流。对于新文化史沉迷于微观史、个人史以至于出现碎片化的倾向，刻意突出文化的作用，以及解构"宏大叙事"、突出特殊个性、关注边缘领域的趋向，李长莉表达了不能认同的态度。③

罗检秋于 2011 年发表论文，指出中国学者在借鉴西方新文化史成果时需要"谨慎对待"某些倾向，其中包括：（1）"一切历史都是文化史"的泛文化观念；（2）侧重叙事的碎片化倾向；（3）某些论题未必切合中

---

① 黄兴涛：《"她"字的文化史——女性新代词的发明与认同研究》，福建教育出版社 2009 年版，第 210—211 页。

② 黄兴涛：《文化史研究的再出发》（本文是中华书局 2009 年出版的《新史学》第 3 卷序言）。

③ 李长莉：《交叉视角与史学范式——中国"社会文化史"的反思与展望》，《学术月刊》2010 年第 4 期。

国文化史的实际。相较于后现代语境中的新文化史，他认为清末梁启超所提倡的科学化的、蕴含价值评判的、不忽视精英文化的新史学，对于中国的社会文化史更具有借鉴价值。①

张俊峰在 2013 年发表论文，比较了西方新文化史、台湾的新文化史研究和大陆的社会文化史研究的区别，也指出中国大陆社会文化史的主流并未像西方那样与社会史分庭抗礼，有时候甚至是作为社会史的一个分支学科或分支领域的面目出现的；在学术旨趣和定位上，甚至可以将社会文化史视为中国文化史研究者的一次"社会史转向"，与西方新文化史的"文化转向"是大有出入的。②

总体上来看，中国社会文化史学界的主流意见是，在现代化史观的基点上吸收新文化史的理论方法，使史学论题更加宽广，方法、视角更为新颖，叙述方式更为多样化；对新文化史忽视精英文化和宏大叙事，出现一定程度的碎片化和泛文化倾向，国内学者大都表示不能接受。在立足本土历史文化经验和现实社会问题的基础上，发展出自己的问题意识，在理论方法上借鉴而不是照搬新文化史的理论方法，这就是目前国内主流学者对待新文化史的基本态度。

### 4. 建立本土解释系统的探索

早在 2001 年的"近代中国社会生活与观念变迁学术研讨会"上，学者们就纷纷呼吁依据中国社会文化的实际来建构自己的中国社会文化史，建立自己的解释系统。社会文化史在中国的兴起，有其深厚的文化传统资源，也有中国当代改革开放实践提出的新课题，并非自西方移植而来，所以完全有条件依据中国社会文化的实际来建构一种与西方新文化史不尽相同的社会文化史。国内社会文化史学者在对西方新文化史提出理性分析态度以外，依据中国社会文化实际提出了新的研究路向和研究课题，可以视作社会文化史本土化理论方法建设的重要收获。

---

① 罗检秋：《从"新史学"到社会文化史》，《史学史研究》2011 年第 4 期。

② 张俊峰：《也谈社会史与新文化史的关系——新文化史及其在中国的发展》，《史林》2013 年第 2 期。

在社会文化史本土化理论的建设上，特别值得一提的是刘志琴关于中国文化中礼俗互动的研究。从 1987 年发表《礼——中国传统文化模式探析》[①] 开始，二十余年来，刘志琴对礼俗互动问题作了很多论述，其中比较有代表性的文章还有《从社会史领域考察中国文化的个性》《礼俗文化的再研究——回应文化研究的新思潮》《礼俗互动是中国思想史的本土特色》《从本土资源建树社会文化史理论》[②] 等。这里以最晚出的《从本土资源建树社会文化史理论》一文为依据，简要介绍一下刘志琴关于礼俗互动问题的见解。刘志琴认为，礼俗均本于生活，因有生活才有规范生活的礼，所以俗先于礼，礼本于俗，它们分处于国家和民间的不同层次；俗上升为典章制度和道德准则形态的礼之后，就具有规范化的功能和强制性的力量，要求对俗进行教化和整合，"所以礼虽然起源于俗，却高踞于俗之上，成为国家制度和意识形态的主流，其涵盖面之广，几乎成为中国文化的同义语，而在西方思想史中根本找不到与'礼'相似的语词，这是有别于西方，从中国社会土壤中形成的特有概念，理应成为本土社会文化史的重要概念"。在中国特有的礼治秩序之下，衣食住行、百姓日用无不具有伦理的意义，有的已经成为政治伦理的符号，从礼俗互动的视角可以考察中国的国情和民性，这种生活方式在世界上也属独一无二。

创建社会文化史的中国解释系统，既需要深厚的理论功底，也需要许多扎实的实证研究积累，难度比较大，但我们相信在未来的若干年里，这项具有重大学术理论意义的课题会逐渐取得一些新的收获。

**（三）多样化的实证研究成果**

1998 年以前，社会文化史基本停留在少数学者比较分散性的研究上，实证研究成果很少。1998 年后经过长期的积聚能量，研究成果开始

---

① 刘志琴：《礼——中国传统文化模式探析》，《天津社会科学》1987 年第 6 期。

② 刘志琴：《从社会史领域考察中国文化的个性》，《传统文化与现代化》1993 年第 5 期；《礼俗文化的再研究——回应文化研究的新思潮》，《史学理论研究》2005 年第 1 期；《礼俗互动是中国思想史的本土特色》，《东方论坛》2008 年第 3 期；《从本土资源建树社会文化史理论》，《近代史研究》2014 年第 4 期。

大量出现，其中尤以广义上的社会文化史（即研究社会文化交织领域）成果为多。但社会文化史特色更加突出的，主要是那些明确地、自觉地以社会文化交叉视角进行研究的成果，也就是所谓狭义的社会文化史。如前所述，社会文化史的研究边界不很清晰，在一般人们所认知的社会生活史、城市史、妇女史、风俗史、文化史、思想史、革命史等领域广泛存在，以研究内容为专题来做梳理如此分散而庞杂的研究成果，几乎是难以完成的任务。不过，如果以理论方法是否具有社会文化史意涵来看，则是比较明晰的。笔者认为，当今中国学术界社会文化史的研究路径主要是本土崛起的一脉和较多借鉴西方新文化史的一派，两者各自分途发展，在某些地方又相互借鉴；当然也有一部分青年学者热衷于西方新文化史的路径，并刻意撇清与本土社会文化史的关系。如果从对社会文化史的界定和特色的阐释来看，本土社会文化史和西方新文化史并无本质差异，风格的些许差异不妨碍两者的共存共荣，完全可以各自发展并相互借鉴。

　　本土社会文化史研究比较有代表性的研究，大部分来自中国社会科学院近代史研究所文化史研究室/社会史研究中心和首都师范大学历史学院中国近现代社会文化史研究中心的各位学者。以下对其代表性实证研究作品的内容、方法和特色试做评析。

　　在中国社会科学院近代史研究所文化史研究室/社会史研究中心研究团队中，李长莉的研究成果比较丰硕，社会文化史学科意识比较明确，而且比较注重从具体的研究对象中提炼出具有普遍意义的概念和命题。她在研究路径上比较注重探讨社会生活的变动如何影响新的社会观念的生成。

　　以她的《晚清上海社会的变迁——生活与伦理的近代化》①一书来说，这本书以晚清上海为个案，探讨从上海开口通商至中日甲午战争前后五十余年间社会生活领域出现的若干新风尚（如洋货流行、尊卑失序、享乐崇奢、妇女走上社会以及男女交往等）如何使近代化的新观念萌生（如发展工商、社会平等、消闲消费合理、男女平等以及自主择偶等）。作者认为，

---

① 李长莉：《晚清上海社会的变迁——生活与伦理的近代化》，天津人民出版社2002年版。

近代伦理观念发生变迁的根本动力来源于近代化生活方式的引进与发展，在思想资源上则多借重于有别于儒家教化伦理的民间生活伦理，西方的富强榜样在这个时期只是起到了参照和借鉴的作用，并不是判断问题的首要标准。作者还指出："中国近代伦理观念的各个组成部分，虽然都具有世界普遍性的近代取向，但同时都具有从中国内部产生、适应中国现实需要而形成的不同于西方的自己的特性。这些特性对于以后中国近代化社会变迁具有深远影响。特别是'全体生存'基础上的'民富国强'观念，可以说是贯穿着中国近代化直至现代化过程的一条主线，就是在这种观念的引导下，中国走上了直至今天的独特的现代化道路，这一过程中的所有大的跳跃和曲折，也几乎都与这一主线有着某种关系，因而给我们留下了深沉的历史思考课题。"① 本书为"观念源于生活"这一社会文化史路径作了具体的阐释，并对中国近代社会伦理观念的衍生机制和特性做出了深入的分析和揭示，充分体现了社会文化史所具有的思想深度。

李长莉的《中国人的生活方式：从传统到近代》② 一书，研究论题和范围都有所扩展。这本书是对晚清至清末民初二三十年间中国人生活方式的近代化变迁的系统研究，从生活空间、生活日用、交通通信、衣服装饰、休闲方式以及文化生活等方面入手，讨论社会生活内容的变化如何引起生活方式以及文化观念和价值理念的变化。作者认为，这一时期中国人生活方式变迁的轨迹是："经过19世纪末后半叶以通商城市为中心的初变、渐变和局部变化，到20世纪初清末民初以全国城市为中心的制度化、系列化、急剧化、普遍化的变化，中国人的生活方式由传统城乡一体化的小农家庭村社形态，演变为近代城市市场化、社会化、大众化'公共生活领域'为主导、以乡村传统生活为主体的城乡二元结构形态，标志着中国人的生活方式从传统农业生活方式向早期近代工商业化生活方式的转变。"③ 其演变机制可以概括为：社会生态变化产生新生活方式→制度变革导致生活方式系列性转变→与社会文化形成互动效应。作者还重视生活方

① 李长莉：《晚清上海：风尚与观念的变迁》，天津人民出版社2010年版，第404页。
② 李长莉：《中国人的生活方式：从传统到近代》，四川人民出版社2008年版。
③ 同上书，第694页。

式变迁所引起的社会文化效应：（1）浓重的殖民性"西洋化"色彩造成崇洋心理阴影；（2）新生活方式与传统的联系与并立是近代社会文化的底色；（3）生活方式的演变成为文化观念近代变革的突破口和民众启蒙的最有效方式。生活方式是中国社会文化史的核心概念之一，对其在近代历史上的演变过程做出系统全面的梳理和理论上的总结，使许多具体的个案研究能够在长时段的历史演变和宏观的理论架构里得到准确的定位，对于社会文化史的进一步健康发展具有重要的学术意义。

左玉河的社会文化史研究比较善于提取在历史上产生了广泛影响的焦点事件或社会运动，对与其相关的多个层面的互动以及社会文化意蕴加以揭示。因选题本身具有广泛的影响力和多重意蕴，遗留的材料又比较充分而完整，所以往往能以小见大，讲出一个个精彩的故事来。他写的关于民国废历运动的两篇论文和关于1929年废止中医案引起的风波就是鲜明的例子。

历法是安排民众经济、文化生活节奏的重要时间制度安排，民初革故鼎新的一项重要举措就是废除旧历，采行世界通行的公历。在这个转变过程中，社会上层和下层民众之间发生了哪些冲突，它们又是怎样调和的？左玉河的《评民初历法上的"二元社会"》① 一文依据报刊、地方志等材料，比较详细地梳理了这段多方角力又互相渗透、曲折而复杂的历史过程。对政府颁行新历并禁止民众过旧历年引起民间社会重大反弹之后不得不采取默认、宽容态度，甚至军政界也开始过旧历年，以及新历年在旧历年占据社会主流地位的形势下逐渐扩大影响等一系列事实，都有翔实的叙述。从这项研究中，作者反思政府在移风易俗过程中应充当何种地位，扮演何种角色的问题。《拧在世界时钟的发条上：南京国民政府的废除旧历运动》② 不仅在研究时段上是《评民初历法上的"二元社会"》的续篇，而且在资料的丰富性和认识的深入程度上都有新的进展。南京国民政府在推行新历、废除旧历问题上采取的措施更为激进和暴烈，引起的社会反弹

① 左玉河：《评民初历法上的"二元社会"》，《近代史研究》2002年第3期。
② 左玉河：《拧在世界时钟的发条上：南京国民政府的废除旧历运动》，《中国学术》第21辑，商务印书馆2006年版。

也更为巨大，作者不仅对历史过程的梳理相当细致，而且对其文化内涵有比较深入的分析。他认为南京国民政府在废除旧历运动上存在认识上的误区和举措上的失当。官方将新历和旧历对立起来，没有充分认识到旧历暗含的社会生活节奏安排上的合理性和岁时节令所蕴藏的丰富文化内涵，对其仍具有生命力缺乏应有的估计，仅以不科学、不准确视之，所以才会导致许多过激的举措。这篇论文对于旧历与中国传统社会经济生活的密切关系，旧历与中国传统岁时节令中的文化蕴含有比较充分的认识，避免了传统与现代二元对立的观点，反映了社会文化史研究的思想认识水平不断走向深化。

社会文化史要使选题不流于细碎，选择与社会文化乃至政治局势多方面事物有联系的焦点事件作为切入点是一个很好的途径。左玉河《学理讨论，还是生存抗争：1929 年中医存废之争评析》[①] 就是如此。作者以 1929 年 3 月开始中医界抗争第一届中央卫生委员会会议上通过的几个废止中医的议案为切入点，追溯清末以来西医对于中医的打压过程，详细叙述和分析这次中西医之争中各种势力的较量并揭示其文化内涵。他认为，中西医之争，从学理层面进而扩展到文化层面甚至卷入政治派系之争，是解剖知识、文化与社会之间互动的典型标本；这次抗争经各方角力，从表面上看中医获得了重大胜利，实则其生存危机依然如旧，西医界及政府的歧视和打击政策并未根本改变，中医从此被迫走上了科学化的自我革新之路，但这对于中医来说，却未必是它的真正出路。这篇论文牵涉多个层面的事实，有一定的复杂度和纵深度可供解析，是社会文化史目前学术积累不够深厚的时候较为恰当的题目选择。

如上所述，刘志琴在倡导社会文化史以及构建本土社会文化史理论方面有重要贡献，在实证研究方面，她也有一些较为突出的作品，如《从药品、食品到毒品——鸦片的社会学研究》[②] 一文。这篇论文回答了为什么鸦片在世界各地均有生产和销售，却独独在 19 世纪的中国成为公害这一

①　左玉河：《学理讨论，还是生存抗争：1929 年中医存废之争评析》，《南京大学学报》2004 年第 5 期。

②　刘志琴：《从药品、食品到毒品——鸦片的社会学研究》，《社会科学论坛》2010 年第 19 期。

重大社会问题。作者认为，鸦片由生饮、煮食到吸其烟气，使用方式的变化，促使其从药品、食品，一变而为毒品，是在中国本土完成的；从饮食改变为吸食以后，才迅速诱人上瘾，烟馆的普及更使得鸦片已从少数权贵享用的奢侈品变成大众嗜好的消费品。她认为，以往我们将焦点放在进口鸦片上，将种族主义的义愤、爱国主义的声讨，都指向外国侵略者；殊不知，在第二次鸦片战争后李鸿章提出以土烟抵制洋药的主张，中国本土鸦片产量急剧上升，自产自销才是毒染中华的第一推手，揭示自害更甚于他害的现象，这是深入认识近代中国沉沦的重要因素。这篇论文从饮食到吸食方式的变化说到鸦片在中国各地区各阶层的风行，从官方提倡广种鸦片抵制洋药并增加政府财政收入说到后来禁烟禁种的困难重重，把生活方式和政治决策勾连起来，从而解答了影响中国社会走向的重大社会问题，凸显了社会文化史角度的新颖之处和处理重大题材的能力。

最近二十多年来，罗检秋的学术研究一直在学术史和社会文化史之间交错进行，时而学术史、时而社会文化史给他带来了独有的风格。他以学术史的角度切入社会文化史，注重揭示传统礼俗的连续性以及士人文化与大众文化之间的离合。《文化新潮中的人伦礼俗（1895—1923）》[①] 一书最能代表他的社会文化史研究。这本书研究的主题是从戊戌到甲午大约30年间中国传统的人伦礼俗，在传统礼学变革思想和外来西学以及社会生活领域的变动等诸多因素综合影响之下所发生的种种变化。涉及的领域包括清末礼学与精英思想的变动，清末民初社交、休闲和节日礼俗的变动，孝道、贞节观念的新陈代谢，雅俗难辨的信仰世界等；另外，这本书独具特色的是将大众娱乐文化中的近代京剧置于社会文化史的视野中予以考察，对其商业化、社会性别蕴含以及与西潮的融合与分离等问题都做出了富有特色的研究。作者注重中国传统德行思想的连续性，将清代礼学思潮中关于改良礼俗的呼声视作五四新文化运动的重要渊源，对新文化运动的阐释则侧重其改造、延续传统德行的努力。书名中富有传统色彩的字眼"人伦礼俗"与"文化新潮"相对照，形成强烈的反差，将传统德行的内在价值与适应时代要求的种种变革融合在一起，隐约地提示了本书的学术路径和

---

① 罗检秋：《文化新潮中的人伦礼俗（1895—1923）》，中国社会科学出版社2013年版。

学术旨趣。在精英文化与大众文化的关系上，本书侧重挖掘两者交融与互动的方面，并倡导"走近大众的文化史"。

首都师范大学历史学院中国近现代社会文化史研究中心近年来在推动社会文化史方面做了许多工作，他们的实证研究作品以学术带头人梁景和及余华林的研究最有代表性。在研究论题上，他们都比较注重分析新观念对社会生活影响的力度。

梁景和的《近代中国陋俗文化嬗变研究》① 从选题上看，带有比较明显的 20 世纪 80 年代文化批判的风格，比较注重研究传统文化与现代化的关系。作者将陋俗文化界定为在特定时期内体现于风俗惯制上的并为传统人伦文化所认同的文化糟粕，不为传统人伦所认同的糟粕并不在研究范围之内。陋俗文化在历史上是由诸多相互联系的客观因素多方制约才形成的，作为历史的产物其本身具有一定的合理性，只是因为在某些特征上被过分强调而转化为文化糟粕。在传统社会走向近代社会的过程中，生活方式和价值观念都已经发生变化的时候，陋俗文化就必然面临着被批判和否定的命运。这本书从女性、婚姻、家庭、性伦四个方面叙述陋俗文化的内容、特点以及它们随着近代社会变化所发生的嬗变。作者并没有满足于对陋俗文化现象本身的简单罗列，而是注重从社会生活与观念形态之间的关系去着力发掘其文化蕴含，这就使得这项研究具有社会文化史的基本特色了。作者把知识分子对于陋俗文化的批判作为他们精神进化的一个重要环节加以考察，并揭示出习俗演变与观念变革之间的复杂互动关系，对于陋俗文化演变的规律及其在近代社会变迁过程中的重要作用，也给予了充分而深刻的揭示。

梁景和的《五四时期社会文化嬗变研究》② 延续了上一本著作的主题，但在社会文化史研究学科意识的明确性上有进一步的发展。五四时期是中国社会文化发生重要变化的历史时期，这本书从女性、婚姻、家庭、性伦四个方面论述新文化人所提出的种种新主张，和保守人士围绕社会文化变革诸多具体问题发生的思想大论战以及五四时期社会生活领域所发生的变

---

① 梁景和：《近代中国陋俗文化嬗变研究》，首都师范大学出版社 1998 年版。
② 梁景和：《五四时期社会文化嬗变研究》，人民出版社 2010 年版。

化。作者对社会文化以及社会文化史有清晰的界定，所以主要着眼于分析外在的社会生活与其内在的观念意识之间的关系，具体说来，主要是四种情况：（1）社会生活变化引起观念意识的变化；（2）观念意识变化引起社会生活的变化；（3）社会生活变化但观念意识未变；（4）观念意识变化但社会生活未变。这种细致的区分是很有价值的。从本书的研究来看，似乎在观念意识上用力较多，而在社会生活变化上相对薄弱，仅限于少数个案的举例。本书将五四时期社会文化嬗变提升到思想文化的高度，认为其核心内容是从讲求权威、等级、尊卑、亲疏和主奴的人伦文化转变为看重和强调个体价值，确定个体人身地位，从而获得个体间相对平等和自由的个性文化。这本书对于社会生活方面变化的研究虽稍显单薄，但也提示了一些重要线索，有助于开启后来者的许多研究门径。

余华林的《女性的"重塑"：民国城市妇女婚姻问题研究》①一书明确地、自觉地采取社会文化史的取向来研究民国时期城市妇女的婚姻问题，主要讨论了恋爱、结婚、离婚、纳妾四个方面的内容，对于非婚同居、恋爱悲剧、性爱自由、职业妇女的双重负担、妇女主动离婚以及新式女性的变相为妾等新式婚姻现象，都做出了内容充实、角度新颖的研究。这本书还告诉我们，妇女解放运动在给一部分妇女带来解放的同时，又使另一部分妇女陷入新的社会困境，在肯定妇女解放运动的积极作用时应当对那些被牺牲的女性予以特别关注。本书对观念史的呈现注重在实际讨论中、在具体表述中，甚至在大规模的论战中加以动态地把握；而且特别注重新观念在社会生活中所起到的实际作用。对于观念史和社会史两种材料和视角，本书能够加以平衡地处理，使得两者都比较丰满，在社会文化史研究上是一本比较成功的著作。

比较注重吸取西方新文化史方法，并运用于实证研究的中年学者有黄兴涛、杨念群及陈蕴茜等。黄兴涛比较突出的社会文化史研究成果集中在新名词或概念史方面；杨念群在新社会史和医疗社会史方面颇为努力，其最引人注意的是理论上对于现代性的反思与批判；陈蕴茜则是善于结合政治史和文化史，以过去不为人重视的边角材料来分析政治权力渗透于社会

---

① 余华林：《女性的"重塑"：民国城市妇女婚姻问题研究》，商务印书馆 2009 年版。

生活领域的途径。

黄兴涛的社会文化史研究最有代表性的是关于"她"一字和"黄色"一词在近代中国的生成、论争以及社会化过程的分析。虽然仅是一字一词的发明和流传，但其中所包含的社会因素和文化因素却相当复杂，将其层层解析出来，就是一部部精彩的社会文化史作品。《"她"字的文化史——女性新代词的发明与认同研究》① 以翔实的材料梳理了女性第三人称新代词"她"字发明、论争直至稳定下来广泛使用的曲折而复杂的历史过程。作者特别注意挖掘"她"字发明这一"文化史事件"背后的社会因素，如社会性别考虑、社会化认同以及符号文化效应。"她"字虽仅是一个字，但意义非凡，它被引进到汉语世界，无论就其产生过程的曲折性还是就其所带来的新颖的表现力而言，都有着非常丰富的社会文化内涵，堪称20世纪中国文化史上的重大事件。作者从社会史维度对这一文化史议题所做的丰富开掘和展示，充分体现了社会文化史中的"文化的社会史"这一路径的魅力。黄兴涛、陈鹏的《近代中国"黄色"词义变异考析》② 一文是对"黄色"一词在近代中国所发生的具有转折意义的变化所做的梳理和分析。黄色本为中国人长期珍重，近代以来又被格外赋予其民族象征意义并被声称应"保护其纯洁"，但随着西方带有贬义色彩的"黄色新闻""黄色工会"等概念的传入，在20世纪40年代中后期中国社会整体颓废氛围中竟缩小涵括范围，沦落为淫秽色情的代名词。这篇论文考察了黄色由尊贵嬗变为低俗的历史过程，注重分析其相关的中西文化与社会因缘，从社会与文化的交叉视角对一个新名词的产生、演变与定格做出了有深度的阐释。

杨念群的社会文化史研究涉及思想史、妇女史、医疗社会史等领域，有多部作品发表后即引起广泛的关注。他曾提出过社会理论反思色彩的"新社会史"概念，也编过他心目中的"新社会史"论文集。他的研究往往和占据国内学术界主流的现代化范式形成鲜明的对比，比较注重解构现

---

① 黄兴涛：《"她"字的文化史——女性新代词的发明与认同研究》，福建教育出版社2009年版。

② 黄兴涛、陈鹏：《近代中国"黄色"词义变异考析》，原载《历史研究》2010年第6期。

代性。这里以《从科学话语到国家控制——对女子缠足由"美"变"丑"的多元历史进程分析》① 为例略做介绍。作者受西方妇女史研究的启发，注重发掘清末以降反缠足运动中男权对于女性个人权利和选择生活方式的遮蔽，在一定程度上使缠足女性发出了声音，传达了她们对于缠足的实际感受。对缠足女性的审美感和主动参与的一面、对缠足女性恐惧反缠足运动降低社会地位、对缠足女性放脚后行动艰难的具体感受等前人颇为忽略的面向，他都有较为充分的揭示。在作者看来，反缠足运动的第一波是西医传教士所宣示的医疗卫生观念使缠足从传统的美观沦为丑陋，第二波是维新知识分子将缠足视为强国保种的障碍，第三波是清末新政至民国时期政府以行政和法治措施强力取缔缠足。他认为，从科学话语到国家控制，只是男性权力支配方式的不同表现，女性自身并没有摆脱男权支配的阴影，在这个大前提的笼罩下，女性自我选择的自主意识只能从缝隙中萌生出来。这项研究带有比较鲜明的后现代色彩，发表后曾引起过不少争议，但这种引入新的研究视角的尝试确实揭示了过去研究中忽视妇女自身感受的面向，仍然具有重要的参考价值。

陈蕴茜的社会文化史研究注重发掘政治符号在社会生活中的广泛渗透及其对于塑造民众历史记忆的重要作用。她最有代表性的著作是《崇拜与记忆：孙中山符号的建构与传播》② 一书。这本书主要探讨的是国民党为了达到以党治国的目的，在仪式政治和社会生活领域所广泛推行的一系列神化孙中山的措施以及效果，包括各种数目繁多的纪念日和纪念仪式，中山陵、中山纪念堂、中山公园等空间政治符号建构，以及在校园塑像、课本、各级中山学校、中山图书馆与中山民众教育馆等教育空间推行孙中山崇拜等。孙中山符号在仪式政治和社会生活领域的广泛运用，对于塑造民众的历史记忆，增强民众对国民党党治国家的认同具有重要的意义。在理论方法上，本书广泛借鉴了人类学的符号象征理论和历史记忆理论；在史料运用上，本书所搜集的资料丰富而多元，包括档案、政府报告、报刊、

---

① 杨念群：《从科学话语到国家控制——对女子缠足由"美"变"丑"的多元历史进程分析》，《北京档案史料》2001 年第 4 期。

② 陈蕴茜：《崇拜与记忆：孙中山符号的建构与传播》，南京大学出版社 2009 年版。

文集、课本、地方志、文史资料、回忆录、研究著作、图片、漫画和实物等。

中年一辈学术骨干受到新文化史的某些影响，颇能开拓社会文化史新境的也不乏其人，但因这些学者的主要研究领域不是社会文化史，也未具有明确的社会文化史学科方向意识，研究成果也比较分散，所以在社会文化史领域尚未引起足够的重视。这些比较分散的社会文化史成果有一部分是具有比较高的学术价值的，理应将其纳入社会文化史的学术脉络加以积累。这里仅举一例。王奇生的《新文化是如何"运动"起来的——以〈新青年〉为视点》① 就是一篇有社会文化史意味的论文。新文化运动早已成为思想文化史精耕细作的一块熟地，如今要找到一个被人未曾研究过的议题已经很难了，但从社会文化史角度出发却能够开拓出新的题目，甚至得出颠覆性的结论。作者跳出了依据《新青年》文本阐发其思想意蕴的既存套路，从思想演变与社会变迁的互动关系入手，特别注重揭示《新青年》主办者如何通过运用诸多文化传播策略来引起社会大众舆论的关注，使一个几乎难以为继的"普通刊物"一跃而为"一代名刊"。作者还指出，后来研究者所称道不衰的"科学"和"民主"两面大旗其实在《新青年》中并不居于重要地位，在当时最有影响并取得重要成绩的实为白话文运动。作者特别重视发掘《新青年》主办者、编辑群体实际社会处境的变化，他们对于文化传播策略的运用，以及读者的接受情况等方面的材料，使历史本来的实际运动轨迹能够呈现出来。

一门学科，一个研究方向能否持续发展，青年学者的研究动向是不可不予以重视的。在社会文化史领域，青年学者一方面延续了老师辈（主要是中年学者）的学术取向，另一方面也因更多地吸取了最新学术潮流（主要是新文化史）的影响而有所发展。除了上文介绍本土社会文化史取向时已经提到的余华林以外，李忠恭、韩晓莉、瞿骏、张仲民、湛晓白是几个比较突出的例子。

李忠恭关于中山陵作为现代政治符号产生过程的研究和上述陈蕴茜的

---

① 王奇生：《新文化是如何"运动"起来的——以〈新青年〉为视点》，《近代史研究》2007 年第 1 期。

研究在论题上、路径上颇多相似，可以相互补充。《中山陵：一个现代政治符号的诞生》[1] 注重从政治文化史中的符号、仪式、纪念物等出发，探讨政治权力的建构及其对于社会生活领域的影响。这本书主要论述孙中山逝世后国民党内部整合和权力重组后，以建筑中山陵为中心，如何在丧葬仪式和陵墓建筑以及奉安大典中充分展示其"党治国家"的政治文化内涵。

韩晓莉深受20世纪90年代以来区域社会史转向的影响，她着力探讨区域社会文化与国家权力的关系。她的《被改造的民间戏曲：以20世纪山西秧歌小戏为中心的社会史考察》[2] 是区域社会史研究在社会文化史方面有代表性的研究著作。山西秧歌小戏是一种起源于民间、创作于民间、发展于民间但长期以来却不被官方认同的乡村艺术形式，这种深深扎根于民间的娱乐形式蕴含着丰富的乡村社会价值观念。作者从秧歌小戏入手，呈现了与儒家正统教化不同的、丰富多彩的民间社会观念与社会生活样态；同时又详细地考察了抗战以来不断增强的国家政治权力对秧歌小戏的改造，直至20世纪80年代国家放松控制后秧歌小戏出现民间复兴这一曲折的历史过程。这本书从文化的层面切入，考察国家政权对乡村社会的控制以及乡村社会的应对，探寻政治在地方社会的发展路径、所体现出来的强大支配力以及它的限度，是从文化视角研究地方社会变迁史的成功之作。

瞿骏的社会文化史研究受到近年来引进的西方新文化史的强烈影响，在选题上都可以看出明显的模仿痕迹，如《革命与生意：以辛亥革命时期的上海为例》[3] 一文。"革命"与"生意"，自然让人联想到新文化史学者达恩顿名著的另一命题"启蒙运动的生意"，这项研究的选题确实受到后者的重要启发。辛亥革命史从传统政治史角度可以开拓的研究空间已经相当狭小，但从社会文化史角度却能揭示出新的面向。这篇论文研究的是辛亥革命后数年间因革命而起或与革命有关的商业活动，和革命历程、伟人

---

①　李忠恭：《中山陵：一个现代政治符号的诞生》，社会科学文献出版社2009年版。

②　韩晓莉：《被改造的民间戏曲：以20世纪山西秧歌小戏为中心的社会史考察》，北京大学出版社2012年版。

③　瞿骏：《革命与生意：以辛亥革命时期的上海为例》，《史林》2008年第3期。

形象塑造之间的互动关系，以及民众对于含有革命符号的商业产品的接受和反应情况。作者发现，革命给商业带来了新的商机，商人们遵循在商言商的逻辑，利用革命符号盈利，同时也将革命的观念向城市大众散布；这种经由城市消费空间来呈现和转化的革命形象是辛亥革命历史记忆的组成部分，对于后来党国体制下革命形象的建构起到了铺垫作用；革命与生意之间的复杂互动关系进一步拉大了城市与乡村之间对于革命的想象距离，使城乡之间的分隔更为鲜明。

张仲民是青年学者中较早热心介绍西方新文化史的，其多篇评述性文章对国内学者认识新文化史的源流、脉络以及特征发挥了重要作用，至今仍为人称道。他的社会文化史实证研究成果集中在书籍史、阅读史方面，代表作是《出版与文化政治：晚清的"卫生"书籍研究》①。这本书借鉴西方书籍史和阅读史的理论方法研究晚清时期有关生理卫生和生殖医学的书籍出版与传播，由此探讨人们生理卫生观念、生殖观念乃至性观念的变化，以及新型阅读文化背景下人们的集体心态如何受到塑造等问题。这本书挖掘了大量资料，特别是有关"卫生"书籍的书目和广告词，由广告词的诉求来分析当时公共舆论中流行的强种强国话语的影响力。这本书的另一个附带性的贡献是比较详细地介绍了西方书籍史和阅读史研究的现状，以及晚清阅读史的研究现状和可以继续开拓的空间。

湛晓白的《时间的社会文化史——近代中国时间制度与观念变迁研究》② 一书的选题在社会文化史领域具有开创性。近代中国时间制度与观念变迁是一个不甚引人注目实则具有广泛深入影响的社会文化史问题。晚清民国以来逐渐确立的阳历、公元纪年、星期制、标准时等诸多新的时间制度，起到了规定中国近代社会生活基本节奏的主要作用。工厂、学校、交通运输、政府部门等的基本作息莫不受到新的时间制度的重塑，由此也带来了中国人对于时间新的具有现代性色彩的感受。这本书由制度、形

---

① 张仲民：《出版与文化政治：晚清的"卫生"书籍研究》，上海书店出版社2009年版。
② 湛晓白：《时间的社会文化史——近代中国时间制度与观念变迁研究》，社会科学文献出版社2013年版。

态、观念三个独立的板块构成，多层次地、立体地呈现近代中国时间制度和时间观念的变迁以及它们给社会生活带来的变化。在研究方法上，作者采取的是社会文化史为主、思想史为辅的研究视角，社会文化史取其便于综合物质生活、社会习俗和思想观念的长处，思想史取其善于深入辨析思想观念的长处。这本书的史料相当丰富而多元，既有报纸杂志、文集日记，也有各种历书、广告、教科书、宣传手册和笔记小说等，尤其是对诗歌、小说等文学史料的广泛应用，使人顿生耳目一新之感，这也体现了社会文化史在史料运用上不拘一格的开拓精神。

从上述社会文化史代表性作品来看，社会文化史确实已经极大地开拓了史学研究的领域，甚至在一些传统史学已经精耕细作的领域又得出了不同于以往的观点，或提出了一些新的研究课题。在论题上、在方法上、在资料上，都可以看到社会文化史多姿多彩的样貌。对于一个新兴的研究领域来说，多样化的开端尽管有时给人以眼花缭乱、无从捉摸之感，但未尝不是一件好事，因为多元分途发展，各自完善，也许会孕育出几个相对比较成熟的学术流派。

有必要指出的是，尽管社会文化史作为一个新兴交叉学科或新的研究视角，还不很成熟，但这并不影响当前在这一领域取得较为成功的作品。因为有时只是一个研究视角的转换就可以综合大量的既有研究成果，或利用人们久已习焉不察的资料，在某些具体问题上仍然可以取得新颖而深入的认识。2009 年五四运动 90 周年之际，黄兴涛曾提出从社会文化史角度研究五四时期的思路。他认为，关于五四时期青年群体的存在状态、活动方式、社会心态等问题的多层次整合研究，至今仍很不足，甚至可以说尚未真正展开，而五四时期恰恰是"青年"作为一个社会群体的作用格外凸显的年代："因此，如果我们能自觉地从社会文化史的视角，将当时的青年群体、青年活动和社会上的'青年'话语结合起来进行多维的深度研讨，相信一定能有助于理解和认知五四时期许多历史问题，特别是那些涉及青年的历史问题。"[1] 我们所列举的这些较为突出的作品，选题初看颇为

---

[1]　黄兴涛：《"概念史"视野与五四研究》，《中国社会科学报》2009 年 4 月 16 日；《文化史的追寻：以近世中国为视域》，中国人民大学出版社 2011 年版，第 54 页。

新颖，似乎是另起炉灶，"从零做起"，实则大量借鉴和综合了以往中国近代史研究的丰厚积累，从各种新的角度提出问题并予以解答。

社会文化史学者，从老一辈的刘志琴到中年一辈的梁景和、李长莉、左玉河、王奇生、黄兴涛、杨念群、罗检秋、陈蕴茜，再到青年一辈的李忠恭、余华林、张仲民、韩晓莉、湛晓白，大都对于新的理论方法保持着开放而敏感的态度，而且勇于将新的理论方法投入自己的研究实践之中。他们的研究成果，或为转换视角对传统研究领域提出新的认识，或提出了新的研究课题，都显示出社会文化史的勃勃生机和美好前景。但毋庸讳言，这些研究者只有一部分有自觉的、明确的社会文化史意识，另外的一部分则是别有怀抱，只是暗合了社会文化史的旨趣而已。如果能将这些多样的论题和方法整合起来，在社会文化史的旗帜下一起切磋成长，共同进步，臻于完善，则社会文化史将会获得更迅捷的发展。

**（四）主要贡献、局限性和未来发展前景**

从20世纪80年代末90年代初社会文化史在国内兴起到2018年，不过三十年左右的光阴。在这不长的时间内，老中青三代学者锐意进取，既立足于中国本土社会文化的实际情况进行实证研究和理论思考，又以理性分析的态度吸取西方新文化史的优长，做出了一些令人耳目一新的新课题的研究，取得了丰硕的研究成绩，逐步使社会文化史在学术界获得承认、肯定和相当程度的兴盛发展。过去的三十年，如果放在一个更长的时段来看，也许就是社会文化史的开局阶段。回顾以往是为了更好地开始新的出发，这里对三十年来社会文化史的主要贡献、存在的问题做一些分析，并试着展望一下未来发展前景。

三十年来社会文化史的主要贡献表现以下三个方面。

第一，以社会文化交叉视角补充、深化了传统史学分支学科研究的薄弱环节，提出了一些新的研究课题。以往传统的学科划分首先依据的是在研究领域上有比较明确的范围，而社会文化史则与此不同，它没有特别明晰的边界，在研究范围上依托于社会史和文化史，主要集中在两者的交叉地带，甚至可以将社会文化的触角伸向政治、经济等领域。它的主要创新点是在传统学科起初不屑顾及或无力顾及的薄弱环节，以社会文化交叉视角打开一片新的天地。从这个意义上来说，它尽管在形式上显得边界不清晰，但确实有其明确的研究重点所在，并非漫无边际，无从把握，它的独到之处也不是其他传统学科能够取代的。另外，它不能也不必取代政治史、经济史、思想史、文化史、社会史的研究，但它的交叉视角所打开的新视野所体现的是一种史学分支学科之间相互交融、相互深化的综合化趋势，并在许多具体问题上补充了传统学科的不足之处，甚至对传统学科的某些结论加以颠覆。从上节我们所举的实证研究作品中不难看出这一点。社会文化史的存在价值首先在于此。以传统划分学科的标准来说，它大概不是一个"学科"，至多能算是一个"准学科"。但是从学术发展的规律来说，有一个比较明确的旗号来积累研究成果，有几个可以依托的学术领域提供知识上的训练和支援，对于社会文化史的长远发展是大有益处的。

第二，参与推动中国近代史研究超越"革命史范式"和"现代化范式"，探索构建具有本土社会文化特色的现代性发展模式与发展道路。"革命史范式"是 20 世纪 80 年代之前中国近代史领域占据主导地位的解释系统，80 年代后受到"现代化范式"的强劲挑战，目前这两种解释范式已经取得并立为二的地位。社会文化史兴起以来，先后受到这两种解释系统的强烈影响，至今余音犹存，不过随着对本土社会文化因素的不断发掘和认识上的不断深化，超越革命主导、超越传统与现代二分的，具有本土社会文化特色的中国现代性发展模式已经在社会文化史研究成果中不断增多。社会文化史贴近社会下层，注重中国文化特色在实际历史进程中的作用，使得它承担这项使命具有天然的优势。

第二，深入民间社会挖掘民族文化资源，为探索中国社会文化转型和中国独特发展道路提供文化资源上的支持。正如社会文化史的代表人物之一李长莉所说："社会文化史的关注重心从政治舞台走向民间社会，正是走向这个民族文化宝库去挖掘内在社会文化资源，以探索中华民族走向现代化独特发展道路的根源，寻求在全球化冲击下民族生存与复兴之路，寻求人类和平共生之路。当今中国正面临社会转型的困惑与阵痛，急需适应我国发展的本土社会发展理论，社会文化史关注民间社会、挖掘本土社会文化资源的研究路向，可能就是一个有效的途径。这是社会文化史的主要理论意义。"①

对于一个刚刚兴起发展的新兴交叉学科或研究视角来说，二十八年的时间还远远不足以进行更加细致深入的建设工作。中国社会文化史还很年轻，在核心概念的提出上、在实证研究成果的积累上、在探寻自己的解释系统上、在基本文献资料的整理出版上、在理论方法运用的稳定性上，都还有很多路要走。作为一个年轻的学科方向，社会文化史在发展的过程中还有这样那样的局限性，主要表现在以下四个方面。

第一，社会文化史倡导吸取社会学、人类学等人文社会科学的理论和方法进行具体问题的研究，但由于过去几十年间学科分割、各自训练的学术训练体系的制约以及跨学科交流渠道的不太畅通，能够准确、熟练运用其他学科理论和方法的学者还不是很多，导致一些研究成果不是单纯沿用传统史学方法，就是生硬套用其他学科的理论和方法。

第二，由于现行学术评价体系重研究、轻资料的导向，导致目前社会文化史还缺乏一套可供学术界利用的大型基本文献资料丛刊，使得从业者不得不各自独立地一头扎进浩瀚无边的近代史资料海洋，钩稽大量的零散资料。

第三，在研究课题上比较偏重覆盖人口极小部分的"社会文化变迁"的一面，而且往往将"变"迁的原因很大程度上归结于西方的影响，对于更大多数人口中社会文化"不变"的一面、社会文化变迁中传统因素的延续性以及"变"与"不变"双方互动产生合力推动历史进程等更为复杂的面向，既有研究显得比较单薄。"社会文化变迁"当然是比较引人注目，而且某种程度上是代表社会发展潮流的侧面，从"变迁"更容易把握时代发展的最前沿，这在研究开始的初期阶段是非常合理也非常必要的，不过随着研究的不断深入发展，这种被某些学者讥为"完全是以夷变夏的历史"② 有必要做出调整，才能避免过于偏重某一个方面的流弊。

第四，缺乏对核心概念和解释体系的系统研究。社会文化史必须要有

① 李长莉：《中国社会文化史研究·25 年反省与进路》，《安徽史学》2015 年第 1 期。
② 茅海建：《中国近代政治史面对的挑战及其思考》，《依然如旧的月色》，生活·读书·新知三联书店 2014 年版，第 30 页。

自己的一套核心概念，以及从这些核心概念出发来系统研究其在中国近代的基本发展脉络、特点的研究成果，还需要有联系了政治经济发展趋向而同时又具有自己特色的解释系统。这些成果目前在社会文化史学界还只是零星地出现。这导致社会文化史的很多研究成果对于政治史解释框架有高度依赖性，甚至是为政治史的结论提供证据或证明。

以上所述的这些局限性，都是一个新兴学科方向发展初期自然而然的，不能完全避免的现象，值得引起重视，但似乎不必过多地忧虑。"长江后浪推前浪"，相信随着学术环境的不断改善，以及新一代学者的逐渐成长和学术积累的不断丰厚，这些问题都将一一化解。可以预期的是，随着青年一代学者的参与度逐渐加深，他们相对较为广泛的知识素养、较为良好的跨学科训练以及对西方新文化史成果较为系统深入的摄取，都将对未来的社会文化史研究产生积极的影响。过去二三十年间取得的成绩是主要的，下一代的学者将在前人奠定的基石上继续前行。

# 第 三 章

# 近代社会史研究历程概述

　　"中国近代史"一词早在20世纪二三十年代就已出现，也有一些相关研究论著，但作为一个正式、独立的历史学科体系，应当是1949年后确立的。"社会史"的一些元素，早在20世纪初梁启超提出"新史学"时就有涉及，到20—30年代"社会史"也成为一个学术术语，但在中华人民共和国成立后被作为"资产阶级学术"而取消，直至80年代中后期才开始复兴。"中国近代社会史"也伴随社会史的复兴而兴起，并发展为一个史学分支学科，迄今已走过了三十余年历程。

　　学术研究是一个长期延续、不断积累的发展过程，为了便于回顾学术史的发展脉络，比较分析发展的阶段性特点，了解把握学科发展动态和趋向，需要进行一定的阶段划分，以进行比较和分析。回顾"中国近代社会史"的学术源流及其发展，如果从20世纪初近代"新史学"萌生算起，至今已经一百余年，可以1986年为界分为前后两个阶段。自20世纪初至1986年前的八十余年，可以说是中国近代社会史研究附属阶段，"中国近代社会史"没有形成独立学科，虽然有一些相关的零散研究，但附属于通史、清史、政治史，以及社会学、政治学等，不能算一个独立学科，故可称为附属时期。1986年全国性的首届中国社会史研讨会召开，被学界公认为社会史学科复兴的标志，"中国近代社会史"作为一个独立学科也伴随社会史复兴而兴起，迄今三十余年，持续发展，日臻成熟，可称为学科独立发展时期。本书对附属阶段学术源流稍作追溯，重点梳理1986年迄今三十余年间中国近代社会史学科独立发展的历程。

对于 1986 年以后中国近代社会史研究发展状况，在各个时段都有业内学者做过一些回顾与评介。如闵杰对 1986—2000 年间的研究状况做过比较详细的梳理评介。[①] 王先明对 1986—2008 年的中国近代社会史研究状况作了综合性评介，并将这二十余年发展过程分为学科复兴（1986—1990年）、体系建构（1991—2000 年）和稳步发展（2001—2008 年）三个阶段，分述了各阶段的特点。[②] 这些回顾与评介为我们了解相应时期中国近代社会史学科的发展提供了很好的引导。

本书站在 2018 年这个时间点，对中国近代社会史学术发展历程试作长时段、综合性的回顾，"中国近代社会史"的学术源流及其发展可分为两个时期：20 世纪初至 1985 年，可称为中国近代社会史研究的附属时期；1986 年以后迄今三十余年，可称为中国近代社会史的独立发展时期。为便于比较不同阶段的发展特点，将后一时期大致以约十年为期分为三个阶段：1986—1995 年为兴起探索期；1996—2004 年为发展开拓期；2005—2018 年为成熟深化期。下面对"中国近代社会史"学术发展走过的各个阶段基本状况、特点及研究动态分别作一概括介绍，重点对 1986 年迄今三十余年间的学科发展状况进行梳理。

# 一　附属时期（20 世纪初至 1985 年）

这一时期是中国近代社会史成为独立学科之前，附属于中国近代通史、清史、政治史等其他专史及社会学、政治学等学科的发展时期。可以 1949 年中华人民共和国成立为界，划分为前后两个阶段。虽然两个阶段有不小差异，但近代社会史都没有独立学科地位，而是依附于其他相关学科，没有作为独立学科的知识体系及学科特征，研究成果也有限。据冯小

---

① 闵杰：《近代社会史研究》，见常建华等编著《新时期中国社会史研究概述》，天津古籍出版社 2009 年版。

② 王先明：《新时期中国近代社会史研究评析》，《史学月刊》2008 年第 12 期。

康主编《中国社会史研究概述》① 统计，1900—1986 年八十多年间，中国学术界发表的中国近代社会史论文仅 233 篇，平均每年不到 3 篇，而且多附属于通史或政治史，因此可将这一时期统称为附属时期。但 1949 年前后又各有特点，下面作一分述。

### （一） 20 世纪初至 1949 年

"历史"指已经过去了的事情，对于国家和社会而言，至少过去了二三十年后，方可归入"历史"范畴。对于 1840 年发生的鸦片战争及此后发生的一系列重大事件，如太平天国、第二次鸦片战争、甲午战争、戊戌变法、义和团运动、八国联军侵华、辛亥革命等，在事件发生当时及此后不久便有官方及私人的记述，但这些往往重在纪实，还缺少长时段观察的历史观照和评判，因而只能算是历史记录，还不能算正规的历史研究。但随着时间推移，经过几十年后，作为后世人以历史眼光对相隔一段时间的历史进行记述并评判其历史意义，渐可归入史书。

中国素有为前朝写史的传统，史书也多以朝代为分期，因此在清亡后即出现了清史著作。在这些清史著述中，清代多被看作一个整体，鸦片战争通常被看作道光年间的重大事件，而非清史的前后分野或"近代史"的开端。但是，20 世纪初梁启超提倡"新史学"，引入并建立新的史学学术体系，西方以古代史、近代史等时代作为历史分期标准的史观，开始被中国史学界接受，因而自清末民初也开始出现"近代史""近世史"等分期概念。"新史学"还注重从现实问题出发，提倡重视近代史及当代史研究。因此，在清末与清亡不久的论著中，开始出现以鸦片战争作为中国"近世""近代"历史的开端。到了三四十年代，随着国内政治变动，国共合作及破裂、抗日战争等重大变动的刺激，如何认识中国现实及未来出路问题摆在人们面前，需要了解历史，确定中国社会性质，史学研究重心遂开始后移，鸦片战争以后的历史逐渐受到重视，并作为"近代史"逐渐从清史中独立出来，成为与朝代史不同的凸显社会性质和时代特征的新历史分期和学术概念。这一时期即出版了多部书名为《中国近代史》的著作，如

① 冯尔康主编：《中国社会史研究概述》，天津人民出版社 1988 年版，第 449—458 页。

李鼎声《中国近代史》（上海光明书局 1934 年版、1948 年版）、陈恭禄
《中国近代史》（商务印书馆 1935 年版）、蒋廷黻《中国近代史》（艺文研
究会 1938 年版）、武波《中国近代史》（重庆读书出版社 1947 年版）、范
文澜《中国近代史》（冀中新华书店 1947 年版，华北新华书店 1948 年版）
等。这些书名皆为《中国近代史》的著作，都以鸦片战争作为中国“近
代史”的开端，下限则依各个作者的理解或所处时间，或止于清末，或
止于民国时期，并无共同认定的明确年限，往往据作者写作的时间而随
之后移。①

　　上述这些中国近代史通史性著作，都是以重大历史事件和重要人物
为主要内容，有关社会的内容只是附属性的零散记述。但除此之外，这
一时期还有一些对近代史重大事件的专题研究，有的涉及社会史内容较
多。如这一时期出现了一批集中研究太平天国史、秘密社会史的著述，
有王钟麒《太平天国革命史》（商务印书馆 1931 年版），简又文《太平
天国杂记》（商务印书馆 1935 年版）和《太平天国广西首义史》（商务
印书馆 1944 年版），郭廷以《太平天国历法考订》（商务印书馆 1937 年
版），罗尔纲《太平天国史纲》（商务印书馆 1937 年版）和《太平天国
史丛考》（正中书局 1943 年版）等。这些著作虽然主要也是从政治史角
度所作的政治事件史研究，但其中有些社会方面的内容，如太平天国风
俗及制度等。

　　这一时期史学界与社会史关系最密切、影响最大的一桩学术公案是
1927—1937 年发生的“中国社会史论战”。这一论战虽然主要是讨论对于
中国古代历史及社会性质的认识，但最后归结点在于认识中国近代直至当
时社会的性质，并以此为基础而确认中国革命的对象、任务、性质及目标
等当时急迫的政治问题。正因如此，参加这场讨论的不仅有史学家，还有
很多社会学家、经济学家、思想家，甚至政治人物纷纷发表文章，参与讨
论。因此这一论战的影响远远超出史学界，受到知识界广泛关注，甚至影
响到政界，也对中国近代史分期及学术体系的建构产生了深远影响，同时

_____

①　参见钞晓鸿、郑振满《二十世纪的清史研究》，《历史研究》2003 年第 3 期。

成为马克思主义史学体系的奠基和开端。①

对于这场"中国社会史论战"的意义及影响，后来的学者有过不少评论，直至近年还有学者做过比较深入的讨论。何刚《"革命"与"学术"的双重变奏——中国社会史论战研究80年》② 一文，对这场论战的社会意义作了探讨，指出20世纪30年代史学界发生的"中国社会史论战"，是史学家运用唯物史观解释中国社会性质及发展形态的一场讨论，虽然主要是针对中国古代社会性质及发展阶段，但其落脚点是对近代以来直至当时社会性质的看法，以及对中国社会发展及革命方向的认识。有的提出当时的中国是"资本社会"，主流认识是"半殖民地半封建社会"。1928年中共"六大"即持此观点，并提出当时中国革命的任务是反帝反封建的新民主主义革命阶段。这场社会史论战不仅对于当时中国史学界、文化学术界产生了重大影响，而且对社会观念、社会思潮及政治势力消长，对于此后中国革命和社会的走向也产生了很大影响，其意义远远超出了史学范围。同时，也可以说是中国唯物史观社会史形成，对此后近半个世纪的中国史学产生了深远影响。

另有陈峰《走向跨学科之路——20世纪30年代中国社会史论战的方法论意义》③ 一文，从史学学术及研究方法层面，对此次论战的意义及影响作了探讨。其指出，历史学转向社会科学寻求认知工具和研究技术，与社会科学整合是实现现代转型的一条基本途径。发生于1927—1937年的中国社会史论战是这一过程中的重要一环。由于社会史论战并不是一场只限于史学领域的论战，参加者的身份十分复杂，职业历史学者并非主力，社会科学领域的学者，像经济学家、社会学家、文学家等广泛参与了这场讨论。从这个角度来说，社会史论战已不只是一场局限于史学领域的论战，而成为波及极广的社会科学论战。众多社会科学学者蜂拥而入史学园地，给中国历史学引进了社会科学的方法论工具，丰

---

① 参见钞晓鸿、郑振满《二十世纪的清史研究》，《历史研究》2003年第3期。
② 何刚：《"革命"与"学术"的双重变奏——中国社会史论战研究80年》，《党史研究与教学》2011年第2期。
③ 陈峰：《走向跨学科之路——20世纪30年代中国社会史论战的方法论意义》，《史学理论研究》2011年第1期。

富了史学研究的手段和模式。论战对史学社会科学化的促动集中体现在上古史和经济史两个领域。上古史主要应用了人类学、社会学的方法，经济史则跨越了经济学、社会学、统计学等门类。论战促成了历史学与社会科学的大面积结合，丰富和刷新了史学研究的方法，契合了现代史学发展的潮流。

这场社会史论战既开启了历史学吸收其他社会科学理论方法而成为近代学术意义上的历史学转向，也开启了中国社会史研究。在这一时期，虽然"社会史"这个名词已经在史学讨论中占有一席之地，也有的学者以此为方向而从事一些具体的社会问题研究，但人们对于"社会史"的理解大多还比较粗略、笼统，与通史、政治史、经济史等学科界限也不清晰，甚至在不少人的意识里，社会史就是涵盖所有领域的整体史，或宏观认识社会总体问题的总体史。特别是近代史研究由于距离时间较近，与当时政治联系紧密，研究成果还不多，还未形成比较成熟的独立的史学学科，现有成果也往往以政治史为主，而社会史内容一般附属于政治史，如前述对于太平天国的研究等。

**（二）1949—1976 年**

1949 年中华人民共和国成立以后，马克思主义史学成为史学主流和主导，特别是中国近代史研究，具有较浓重的政治和意识形态色彩，形成以反帝反封建和阶级斗争为主线的"革命史观"，在此指导下形成"革命史范式"的近代史学科体系，"中国近代史"也开始形成一个独立的专史学科和研究领域。起初学界将 1840 年鸦片战争至 1949 年中华人民共和国成立分为两个时期：1840 年至 1919 年五四运动，是资产阶级领导的旧民主主义革命时期，称为"近代史"；五四运动以后直至 1949 年中华人民共和国成立，为无产阶级领导的新民主主义革命时期，称为"现代史"。二者合称为"中国近现代史"。90 年代以后，学界大多认同以"中国近代史"之名涵盖这两个时期，共计 110 年。

中华人民共和国成立后，中国近代史研究受到高度重视，在中华人民共和国成立之初就组建了专门研究这段历史的研究所（即今中国社会科学院近代史研究所前身中国科学院第三所），调集组织史学工作者进行集中研究。在各高等院校历史系也陆续设立中国近代史、现代史课程，编写教科书等。随后研究论著开始逐渐增多，中国近代史学科体系也逐渐形成。

这时期形成的中国近代史学科体系是在革命史观主导下，以阶级斗争、反帝反封建的革命进程为主线，以政治运动、革命阶段分期。比较典型的表述是"两个过程""三次高潮""八大事件"。"两个过程"即毛泽东在《中国革命和中国共产党》一文中指出的："帝国主义和中国封建主义相结合，把中国变为半殖民地和殖民地的过程，也就是中国人民反抗帝国主义及其走狗的过程。"① "三次高潮"即胡绳1954年提出鸦片战争至五四运动期间有三次高潮。"三次高潮"为太平天国、义和团运动、辛亥革命。② "八大事件"指近代史上重要的政治事件及运动：鸦片战争、太平天国、洋务运动、中法战争、中日甲午战争、戊戌变法、义和团运动、辛亥革命。五四运动以后的"新民主主义革命"时期，则按革命运动的发展阶段划分，以国共斗争为主线，分为第一次国内革命战争、第二次国内革命战争、抗日战争、第三次国内革命战争等几个阶段。研究领域的划分也是按照这些政治事件和政治运动作为标志，由此形成"革命史范式"的近代史学术体系。

在十年"文化大革命"时期，中国近代史研究在"政治挂帅"下，被作为替现实政治服务的工具，基本丧失了独立学术研究的空间，"革命史范式"被扩张成教条，大多数史学书写被这些教条所主导，基本失去了学术品格，只有少数力求保持学术性的研究，生存空间也十分有限。

在中华人民共和国成立直至"文化大革命"结束后的70年代末，这三十多年间，中国近代史研究基本是按照反帝反封建"革命史范式"这一学术体系进行研究和书写。这一研究范式一直延续到改革开放初期。不仅诸多教科书和论著是按此体系写作的，学者们的研究领域和论题也基本是按照这一框架而进行的。

---

① 毛泽东：《中国革命和中国共产党》，《毛泽东选集》第2卷，人民出版社1952年版，第626页。

② 胡绳：《中国近代历史的分期问题》，《历史研究》1954年第1期。

在中华人民共和国成立后的史学学术体系中，此前已有一定学术积累的"社会史"这一学科概念，被认为"不讲阶级斗争"，作为"资产阶级学术"而受到批判和清除，不仅社会史学科没有了，甚至连"社会史"这一名词也很少出现（民国时期已有的"社会学"这一学科，也遭到被清除的命运）。以"两个过程""三次高潮""八大事件"为主线的中国近代史体系中，没有"社会史"的容身之地，一些社会史内容被纳入社会性质、阶级斗争、革命运动等中。在以革命主线进行研究的论著成果中，偶尔可以看到穿插或附着一些社会内容。如在反映农民革命运动的太平天国和义和团运动研究中，有关于下层民众的风俗、信仰、团体等内容，由此三四十年代即出现的"秘密社会史"研究得以延续并有所发展，出版了一些农民革命史框架下的秘密社会史研究论著，如 1950 年至 1976 年间出版的专著有：《太平天国前后广西的反清运动》（谢兴尧，生活·读书·新知三联书店 1950 年版）、《上海小刀会起义》（方诗铭，上海人民出版社 1965 年版）等。[1] 又如在革命话语下的妇女解放运动研究中，有关于妇女史的一些内容，太平天国妇女生活、义和团运动中的妇女组织红灯照、辛亥革命中的女杰秋瑾研究等。在关于资产阶级的研究中，有关于商人阶层的研究。但这些社会内容，基本上是在"革命史范式"下而附属于革命史叙事。

## （三）1977—1985 年

上述状况一直延续到"文化大革命"结束后改革开放初期。"文化大革命"结束以后，中国社会开始进入改革开放新时期，在随即出现的思想解放运动中，史学研究者也开始矫正政治工具化的史学偏失，力求去除过度政治化之弊，回归学术理性的态度，回归学术轨道，从反省中国现代化道路的立场，开始重新反省中国近代史，独立学术意义上的近代史研究才真正开始展开。但由于学术研究有一定的惯性，原来的学术体系和研究者知识结构有一定延续性，因此最初的研究仍然集中在政治史领域。同时，由于政治史领域也存在回归学术、拨乱反正问题，许多以往被意识形态化

---

[1] 蔡少卿、李良玉：《50 年来的中国近代社会史研究》，《近代史研究》1999 年第 5 期。

所扭曲的政治史问题，也需要反思和重新研究，因而政治史（主要是政治事件史）仍然是史家关注的重点。如对洋务运动、辛亥革命及民族资产阶级的客观研究与重新评价，都成为吸引学者研究的热点问题，而在这些研究成果中，与政治史视角有所不同的经济、文化、社会等因素的研究开始增多，成为社会史复兴的前奏。

同时，追求现代化和思想解放也带来近代史研究的新突破，史学研究范式也发生了变化。一些学者开始超越长期主导中国近代史研究的"革命史范式"，以反省现代化视角考察中国近代史，研究成果日益增多，形成"现代化范式"，与"革命史范式"并存并行。在70年代末80年代初，由反省中国现代化为新视角的中国近代史研究，首先由思想解放与新启蒙思潮兴起，以反省中国现代化迟缓原因为目标，寻找思想观念深层原因的文化史率先成为热点，也成为现代化史学范式的突破口，形成"文化热"，后来又由于现代化与经济的密切关系，经济史也随之引起重视，文化史和经济史成为与政治史并立的史学分支。起初社会史并未同时受到重视，仍然处于附属于政治史等领域的地位。

例如在改革开放后1979年中国社会科学院近代史研究所创办的学术期刊《近代史研究》，是中国近代史最权威的专业研究刊物，在每年末期附刊登载前一年国内发表中国近代史论文著作目录为索引，分类原则就是按照革命史体系，按重要历史事件顺序排列为主，辅以若干专题。如该刊创刊第一年1979年第2期刊载的1978年论文目录分类为：总论、鸦片战争、太平天国、中法战争—中日战争—戊戌变法、义和团运动—日俄战争、辛亥革命、五四运动—第一次国内革命战争时期、第二次国内革命战争时期、抗日战争时期、第三次国内革命战争时期，后面列专题：经济、文化、边疆与少数民族、中外关系、传记与回忆录。从这一目录分类可以看到，前面占大部分的论文是按革命进程、政治事件即"革命主线"分类的，均属于政治史范畴。后面少量专题，经济史和文化史可为专门史，其他也大致可归入政治史范畴。这一目录分类是根据论文内容作的分类，也是研究成果自然形成的近代史学科体系的真实反映。此后这一分类框架一直延续到1991年，只是其中有些细目因研究成果数量的增减而略有调整（如后来增加了洋务运动、戊戌维新、北洋军阀等）。可见这一时期以政治事件、革命进程为中心的政治史，仍然是近代史研究论著最集中的论题，也是研究成果最多最集中的领域。只是经济史和文化史也已列为专门史，处于补充性地位。在这一分类体系中，仍然没有"社会史"的专史分类，有关社会的内容仍然只是附属于政治史及经济和文化等分类之中。

从革命史开出社会史方向的首先是一些原属革命史框架下的研究领域，如与农民革命相联系的秘密社会史，1984年10月在上海召开了第一届中国会党史讨论会，讨论了会党的起源、性质、地位、作用等问题，会后出版了会议论文集《会党史研究》（学林出版社1987年版）。[①] 这次会议可以说是第一次社会史专题的讨论会。

总之，在中华人民共和国成立后"中国近代史"成为独立学科领域，直至"文化大革命"结束改革开放初期，这三十多年间，近代社会史研究没有独立发展的空间，只是附属于革命史、政治史及后来的经济史等领域而有所延续和发展。有一些有关社会史内容的研究成果，但多附属于政治史主题，如太平天国社会状况、附属于农民革命的秘密社会研究、附属于阶级斗争的阶级阶层研究、附属于资产阶级的商人研究、附属于经济史的工商和城市研究、附属于妇女解放运动史的女性研究，等等。

这一状况直到80年代中期以后，才有所改观。在文化史和经济史相继复兴以后，在反省中国现代化的观照下，许多相关领域的研究走向深入，必然涉及社会深层问题。如从经济角度而言，涉及社会结构、城乡问题、家庭问题、消费问题、生活问题、人口流民问题等；从思想文化角度而言，涉及大众文化、社会思潮、社会舆论、宗教信仰、风俗习尚、民众心理等；即使是政治史角度，也涉及阶级和阶层、下层社会、社会运动、社会组织等；这些都属于社会的范畴。因此一些学者开始向社会领域拓展，并开始呼吁提倡开展社会史研究，社会史研究应势而起，开始复兴。

---

① 蔡少卿、李良玉：《50年来的中国近代社会史研究》，《近代史研究》1999年第5期。

# 二　独立发展时期（1986—2018 年）

## （一）兴起—探索期（1986—1995 年）

### 1. 发展概况

1986 年，首届中国社会史学术研讨会在天津举办，各地高校和科研机构中一些较早开始进行社会史研究的学者聚集一堂，讨论并呼吁开展社会史研究，由此标志着中国社会史复兴。同时，中国近代社会史作为其中一支，也开始随之兴起。发起并参与首次社会史会议的学者有两大主力，一是以明清史学者为代表的古代社会史研究者，二是以近代社会史相关领域如秘密社会、地方近代史等学者为代表的近代社会史研究者。并且，全国社会史学界包括以明清史为重心的古代社会史和近代社会史开始以独立学科的姿态成为史学界引人注目的学术队伍。并且，每两年召开一次全国社会史学术会议，由各地社会史研究团队的高校轮流举办，至 2014 年已经连续举办了十五届。在最初十年间举办的五次会议，主题多为社会史研究的理论方法、基本问题等，成为倡导社会史研究、聚合研究队伍、提出研究方向、交流研究成果、培育研究人才的平台。每次会后都将会议论文选编出版，集中展示社会史领域最新研究成果，对社会史学术发展起到了推动作用。与此同时，各地陆续形成一些社会史研究团队或机构，各有专攻方向和特色。如侧重明清社会史的南开大学历史系、以中山大学和厦门大学为中心的华南学派，主攻中国近代社会史的则有南京大学历史系、山西大学历史系、四川大学历史系、中国社会科学院近代史研究所文化史研究室等。此后中国近代社会史步入了快速兴起与发展的轨道。

近代社会史在 80 年代中后期开始兴起，具有国内外学术背景。正如闵杰后来回顾指出：从国内学术背景而言，社会史研究的启动，与近代史领域里的思想解放潮流密切相关。70 年代末开始的对洋务运动的重新探讨，80 年代初开始的对辛亥革命的全面肯定，对民族资产阶级研究的正面展开，对一个个重大事件和阶级关系的重新解释，标志着中国近代史研究走向学术理性化。于是，一些学者对若干重大理论问题如近代中国的社会性质开始了再探讨，一些学者开始关注政治以外的社会，眼光向下，发掘出很多过去不屑一顾的民间及生活等课题。1986年的第一次中国社会史会议的召开是史学这一变革的必然。从国外学术背景而言，80年代改革开放后，国外文化学术大批涌入，新的学术观点影响不断扩大。学术界了解到，20世纪50年代以来（正值中国受政治史框架束缚的初期），国外史学研究的重点已从单纯的政治史转移到经济、社会、文化、思想和心理等各门专史。欧美史学界在以政治史为主线的模式受到挑战以后，经济史是首先获得承认的新领域，而发展最迅速、成绩最明显的是社会史。1980年以来的中国近代史学科的发展也与此类似。最先挑战政治史（其实是政治事件史）一统天下局面的正是经济史，在整个80年代，中国近代经济史研究硕果累累，成绩斐然，随后便是社会史研究的开展。直至90年代以后，经济史和社会史研究大有两翼齐飞之势，标志着中国学术界已经打破自我封闭的状态，开始与世界潮流会合。①

　　在中国近代社会史的初兴时期，作为排头兵的是原来研究农民战争和秘密社会的学者，他们首先沿着这一通道转入社会史领域，提供了最早一批社会史研究成果。近代社会史作为新学科标举以后，吸引了研究者陆续进入，研究领域不断扩展，研究成果逐渐增多，学科的影响也日益扩大。但在中国近代史学科体系中取得一席之地还经历了一段历程。

　　例如，中国近代史权威专业学术期刊《近代史研究》直至1991年附刊论文目录（刊于1992年第5期）分类中，才第一次将"社会史"作为一个独立的专史门类，与前述政治史各专题及经济史、文化史等专史并列。虽然这期的"社会史"门类只列出12篇论文，与其他政治史各专题下数十篇的论文数量相差悬殊，但"社会史"作为一个独立专史门类而首次单独列出，对于中国近代社会史学科建设仍具有重要意义，标志着"社会史"终于在近代史体系中得到独立的学科地位，得到中国近代史权威学术刊物的正式认可，成为与经济史、文化史并列的近代史分支学科。

————————

① 闵杰：《20世纪80年代以来的中国近代社会史研究》，《近代史研究》2004年第2期。

也表明编目者在收集汇编各学术刊物论文过程中，感到不再适合归类入政治专题之内的社会史论文数量日渐增多，社会史学科的特征日益明显，因而认为有必要单独列出一个门类，与其他门类并列。也就是说，这标志着在中国近代史学术领域，社会史研究成果形成了一定规模，具有了一定的学科特征，因而作为一个独立的分支学科正式得到承认。但是，直至1996年，《近代史研究》附刊历年论文目录的分类体系，一直是以政治史为主体，即在总论之后，仍然以鸦片战争、太平天国、义和团运动、辛亥革命、第一次国内革命战争等重大事件和革命运动列为13个左右专题，在此之后才排列政治、军事、社会、经济、思想文化、中外关系、人物等专题为补充，共计分为20余个专题门类。也就是说，政治史仍然是中国近代史体系的主体部分，社会史与经济、思想文化等仍然是辅助、补充的"小学科"。只是在1991年以前，社会史连这种辅助性"小学科"的地位都没有，而在此之后，则开始获得了与经济史和思想文化史同等并列的"小学科"地位，在整个学科分类中占1/20。尽管如此，社会史作为独立学科出现在中国近代史体系内和学术界视野之中，仍然标志着这一新兴学科的成长与发展。自1991年以后，《近代史研究》附刊每年论著目录中"社会史"门类收入的篇目数量持续增多。

1986年以前，有关中国近代史上一些社会问题和社会现象的研究，大多是附属于政治史范畴，在政治革命史大框架下，以政治眼光来看，研究分析也立足于政治方面的意义与价值。自1986年倡导社会史研究之后，研究者的社会史学科意识大大增强，开始逐渐摆脱附属政治史的视角，而着意从社会史的视角进行研究，社会史研究领域日渐拓宽，研究论著的社会史特色也日益增强，具有社会史特色的研究成果逐年增多。在1986年开始倡导社会史研究之后的约十年间，中国近代社会史的研究论文逐年增多。据闵杰收集整理的一份"中国近代社会史论著目录"，1987—1995年每年国内出版中国近代社会史论著数量如下①：

---

① 常建华等编著：《新时期中国社会史研究概述》，天津古籍出版社2009年版，第399—407、766—823页。

表 3 – 1　　　　　1987—1995 年度发表中国近代社会史论著数量统计

| 年份 | 论文（篇） | 著作（部） |
|---|---|---|
| 1987 | 19 | 8 |
| 1988 | 46 | 10 |
| 1989 | 59 | 23 |
| 1990 | 46 | 25 |
| 1991 | 59 | 24 |
| 1992 | 75 | 28 |
| 1993 | 93 | 22 |
| 1994 | 86 | 20 |
| 1995 | 89 | 19 |
| 合计 | 572 | 179 |

从上述统计可见，在开始倡导社会史研究初期的 1987 年，中国近代社会史论文有 19 篇，著作 8 部。而且这些成果主要是以往研究的延续与积累，总体上仍是附属于综合史或政治史等大门类的延续性成果。此后，论著数量持续增多，特别是反映研究论题变化更为敏感的专题论文数量更是连年持续增多，到五年之后的 1991 年，发表论文已近 60 篇，到后期的 1993—1995 年，每年发表论文都达到 80—90 篇，比 1987 年增加近 4 倍。这一统计是据比较狭义的社会史范围，由于论文数量浩繁和书籍出版不规范等原因，可能收集得并不齐全，但依同一标准逐年进行统计，还是可以看出论著数量持续增多的基本发展趋向。

除了这一统计数据之外，《近代史研究》每年附刊国内发表论著目录，也可作为一种统计依据。自 1991 年论文目录中开始单独设立社会史门类（著作目录在 1991—1992 两年开始有“地方史和社会史”合列一类，至 1993 年以后才将社会史单独列出），但收录范围比前述闵杰所列目录略窄，如把基督教归入中外关系类，民间信仰归入文化类，因而收录论文数量相对较少。据该刊目录 1991—1995 年论著数量统计如下：

表 3 - 2　　　　**1991—1995 年度发表中国近代社会史论著数量统计**

| 年份 | 论文（篇） | 著作（部） |
|---|---|---|
| 1991 | 12 | 28（地方史、社会史） |
| 1992 | 28 | 23（地方史、社会史） |
| 1993 | 22 | 4 |
| 1994 | 44 | 6 |
| 1995 | 52 | 9 |
| 合计 | 158 | 70 |

　　虽然这一统计因收录范围较窄而绝对数量较少，但每年都是依同一标准选择，仍然反映了这数年间论文数量持续增长的基本趋向。研究专著方面，1991 年和 1992 年所列"地方史、社会史"著作 20 余部，但多数为地方革命史，如《福建革命史》《日本侵占旅大四十年史》之类，并不属社会史范围，1993 年后才单列社会史著作。

　　研究论文是最快捷反映研究动态的载体。由上述这两项统计可以看到，"中国近代社会史"论文从起步开始仅十几篇，经过最初的十年时间，论文数量呈现持续递增趋势，反映了这一学科开始兴起并日渐发展的态势。

　　中国近代社会史初兴十年，研究成果虽然可说是"小成规模"，但还要放到中国近代史学科体系中对其所占分量、所处地位进行评估。在此，据《近代史研究》附刊历年论文目录，自 1991 年单独列出"社会史"门类以后，对历年社会史发表论文数量与其他门类论文数量作一排比对照。除综合性的"人物"和专题特殊的"边疆少数民族"两类之外，将该论文目录中总论、政治（分 13 个左右专题）、军事、社会、经济、思想文化、中外关系（华侨）七大门类历年论文数量排比如下：

表 3 - 3　　　　**1991—1995 年度发表中国近代社会史论文分类统计**

| 年份 | 总论 | 政治（各专题） | 军事 | 社会 | 经济 | 思想文化 | 中外关系（华侨） | 合计 |
|---|---|---|---|---|---|---|---|---|
| 1991 | 48 | 860 |  | 12 | 70 | 50 | 29 | 1069 |
| 1992 | 17 | 660 | 7 | 28 | 77 | 35 | 40 | 864 |

续表

| 年份 | 总论 | 政治<br>（各专题） | 军事 | 社会 | 经济 | 思想文化 | 中外关系<br>（华侨） | 合计 |
|---|---|---|---|---|---|---|---|---|
| 1993 | 27 | 755 | 10 | 22 | 67 | 40 | 27 | 948 |
| 1994 | 21 | 680 | 15 | 44 | 75 | 75 | 63 | 973 |
| 1995 | 55 | 1480 | 22 | 52 | 100 | 125 | 98 | 1932 |
| 合计 | 168 | 4435 | 54 | 158 | 389 | 325 | 257 | 5786 |

上述统计数字虽收录门类区分可能并不十分准确，但能够反映大致的状况。由这一统计可见，社会史自独立设立门类的第一年仅列 12 篇，以后逐年增多，第五年增至 52 篇。在各门类排序中，政治类一直高居首位，每年都在 600 篇以上，其他门类皆相距甚远。其原因一是由于这一时期多数研究者仍然在革命史框架内进行研究；二是目录分类仍然沿用"鸦片战争、太平天国、戊戌维新、义和团运动、辛亥革命、第一次国内革命战争、抗日战争"等政治运动专题，因此一些与此相关的经济、社会、思想文化等论文也被囊括在内。1995 年政治类论文猛增至 1480 篇，比前一年增加一倍多，主要是由于前几年有的并未包括抗日战争论文（有几年由新创刊的《抗日战争》杂志附刊这类目录，后又归入《近代史研究》附刊目录），而当年正值纪念抗日战争胜利五十周年，因此抗战方面的论文集中发表，导致论文数量陡增。但除了这类例外因素之外，政治类论文数量仍一直高居榜首，这是明显事实，也印证了这一时期政治史仍然是近代史研究主导和主体的地位。

从 1991—1995 年这五年间论文合计数量来看各门类的排序，从多到少依次为：政治、经济、思想文化、中外关系、总论、社会、军事。除了政治类高居首位的独大地位之外，在其他小门类的排序中，社会史也是远在经济、思想文化、中外关系等门类之后，在七类排序中处于后位，与经济和思想文化专史相比，论文数量要少一倍多。由此可见，虽然这十年间社会史论文逐年有所增长，但在中国近代史学科体系内，还只是论文数量排后位的小门类。

**2. 研究动态**

在中国近代社会史开始兴起的第一个十年里，研究成果从少到多，逐渐形成独立发展的新兴学科。那么,这些成果集中在哪些方面?有哪些问题、哪些领域受到较多关注?也就是说,这个新兴学科是从哪些研究领域开始起步?起步阶段的研究状况如何?

专题研究论文是最及时反映研究者研究动态的成果形式,论文的论题是研究中心内容的概括,可以反映研究者关注的主要问题。因此我们可以历年发表论文所涉及的论题及其论文数量的变化作为一个指标,通过比较各时段各类论题发表论文数量多少的变化,观察分析各论题受到关注和研究程度的变化,以此作为追踪考察研究动态变化的一个途径。在此,对中国近代社会史论文题目所涉及的问题归纳出 20 个论题,据前述闵杰所编列的论文目录,1987—1995 年中国近代社会史共 570 篇论文,按各论题论文数量多少(不依著作数量)排序如下:

表 3 - 4　　　　　**1987—1995 年度发表中国近代社会史论著分类统计**

| 论题 | 论文(篇) | 著作(部) |
| --- | --- | --- |
| 1. 基督教与教案 | 58 | 7 |
| 2. 城市社会 | 51 | 23 |
| 3. 秘密社会 | 48 | 33 |
| 4. 禁吸鸦片 | 36 | 1 |
| 5. 风俗习尚与民间信仰 | 35 | 8 |
| 6. 商人及行会商会 | 34 | 8 |
| 7. 社团 | 34 | 3 |
| 8. 总论及综合史 | 32 | 15 |
| 9. 妇女(儿童) | 32 | 15 |
| 10. 人口 | 32 | 1 |
| 11. 灾荒救济与慈善医疗 | 29 | 4 |
| 12. 华侨与外侨 | 27 | 24 |
| 13. 移民与游民 | 22 | 2 |
| 14. 社会观念与心态 | 20 | 3 |
| 15. 知识阶层 | 18 | 5 |
| 16. 婚姻家庭及家族 | 18 | 2 |
| 17. 社会性质 | 15 | |
| 18. 生活与休闲娱乐 | 10 | 6 |
| 19. 社会控制与基层社会 | 10 | 4 |
| 20. 区域与乡村社会 | 9 | 12 |

以上所列 20 个论题，是这一时期发表论文涉及问题的概括归纳，这些论题可以说都是近代社会史的基本和基础问题。由上述各论题论文数量排列可见，这些社会史基本问题都开始有人探索，而且各论题论文数量相差不大，多者 50 篇左右，大多数论题都在 20—30 篇，少者也有近 10 篇。这种状况反映在这一初兴时期，中国近代社会史基础和基本问题都已经开始探索，但还没有形成比较突出的集中讨论的热点。

从上述排列也可以看到，有一些论题论文数量相对较多，表明在近代社会史刚兴起的前十年间，这些论题受到较多关注。排列前三位论文数量 50 篇左右的论题为基督教与教案、城市社会、秘密社会（如果也考虑著作因素的话，则秘密社会论著总数排第一）。这些论题的研究论文数量排在前列，表明这些问题是这一时期研究关注的焦点。这三个论题都是从以往政治史中延伸出来的，以往列于政治史范畴或与政治关系比较密切，因而有一定研究积累，较早作出成果。基督教由反帝话语延伸出来，秘密社会由农民革命话语延伸出来，都有比较长期的积累，因而研究成果集中。城市社会研究既与资本主义话语有关，也与现代化有关，是持续受到关注的论题。也正因如此，这类论文许多还不是从社会问题的视角，而是带有一定的政治史话语印迹。但也有的研究开始从现代化和社会问题角度，如城市社会论题，也开始出现现代化范式下的研究思路。因为城市化是现代化的一个突出特征，因而城市社会作为近代社会史的具有标志意义的论题，引起研究者关注。

论文数量居第 4—10 位的论题，数量都是三十余篇，有禁吸鸦片、风俗习尚与民间信仰、商人及行会商会、社团、总论与综合史、妇女（儿童）、人口等，这些属于社会史范畴。这些论题虽然有的也是从政治史、经济史延伸而来，有的书写还带有一些革命史话语印迹，但多数已经以现代化范式论述，特别是意识形态意味已比较淡薄。如有关妇女的论题，多采用妇女解放的现代化话语，而不再局限于妇女运动的政治论述。人口和移民及游民皆属社会基本问题，这两部分如果合起来达 54 篇，位居前列，表明这一社会基本问题受到关注。此外，商业行会和社团都属于民间组织范畴，两者加起来为 68 篇，居于首位，可见社会组织这一基本社会问题也受到关注。这些社会史基本、基础论题受到研究者关注，反映了在近代社会史研究起步阶段，一些基础性研究、社会基本问题和基本状况的研究是研究的起点。灾荒救济与慈善医疗的论文数量居中，这是以往革命史话语下比较忽视的社会史新领域，也更为凸显社会史以社会为本的学科视角。

从这一时期论文内容来看，许多论文还比较笼统、肤浅，有的还摆脱不了革命史话语，有的只是简单套用现代化范式，有的论题过于笼统宽泛，有的只是琐细问题的简单描述，比较成熟的社会史专题论文还是少数，比较深入并成系列的专题研究更不多见，显示了这一新兴学科初生的稚嫩，也正反映了近代社会史处于初起探索阶段的特点。但是，对于近代社会史学科发展具有重要意义的是，已经有不少研究者开始有意识地从社会史的视角、运用社会史的研究方法进行研究和探索，显示了这一新兴学科独立发展、探索新领域和新路径的态势。

研究专著是要经过长期至少数年的积累而成的具有一定系统性的成果。据上述统计，这十年间每年都有一二十部社会史领域的专著问世。起初主要是沿袭革命史体系作为附属性的社会史成果，如秘密社会、妇女运动、华侨史等。1987 年出版的蔡少卿《中国近代会党史研究》① 一书，系统梳理了 18 世纪 60 年代至民国时期近两百年会党演变的过程，并对会党和中国民主革命关系问题作了讨论，为从社会史的角度研究中国革命开辟了新领域。这些可以说是沿着农民战争—秘密社会这一革命史与社会史交叉的通道，被归入社会史领域而成为先驱成果。《近代史研究》附书目1993 年第一次单独列出社会史著作门类，仅列出四部著作皆为秘密社会史，如周育民、邵雍《中国帮会史》②，沈寂等《中国秘密社会》③ 等。

另外一个相似情况是妇女史研究。闵杰指出，在 80 年代中期以前，妇女史主要是在革命史范式下的妇女解放运动史，研究集中在太平天国、义和团、辛亥革命等革命运动中的妇女。到 80 年代后期，有多部专著问

---

① 蔡少卿：《中国近代会党史研究》，中华书局 1987 年版；中国人民大学出版社 2009 年增订版。
② 周育民、邵雍：《中国帮会史》，上海人民出版社 1993 年版。
③ 沈寂等：《中国秘密社会》，上海书店出版社 1993 年版。

世，但几乎全部是妇女运动史。1988 年出版的刘巨才《中国近代妇女运动史》①，是中华人民共和国成立以来第一部中国近代妇女运动史研究专著，它在妇女运动史的历史分期上，打破了中国近代政治史与其他各个专史的主从关系，按照妇女运动自身的规律，以戊戌维新作为近代中国妇女运动的起点，这一分期标准为以后其他一些论著所采用。此时，在人们的头脑中，除了妇女运动史以及重大政治事件中女子的表现之外，似乎没有多少其他的女性问题可以研究。80 年代中后期，妇女史研究逐步摆脱妇女运动的影响，这时一个比较集中的研究对象是民国初年的妇女参政问题，出现了一批研究成果。进入 90 年代以后，妇女史研究领域拓宽，突出表现在关于妇女生活的研究专著的出现。1990 年吕美颐、郑永福合著的《中国近代妇女生活》② 出版。这是中国大陆第一部近代妇女生活史方面的专著。该书从妇女的放足、婚嫁、宗教信仰、服饰、城市妇女、农村妇女等方面，论述了妇女的生活情景，并且力图用计量的方式展现这些实况，例如近代农村妇女的结婚年龄、夫妇年龄差数、农村婴儿成活率、农村妇女日间劳动量等。稍后出版与此类似的学术专著是罗苏文的《女性与近代中国社会》③，该书考察了在中国从农业文明向工商业社会转化之际，大都市、小城镇和乡村各类女性群体的变化。④

秘密社会史和妇女史从政治史领域向社会史领域长入，表明社会史与以往政治史研究有一定的相通性，特别是在近代社会史初兴时期，起到了从政治史转向社会史的连接通道作用，成为近代社会史最初研究成果的生成路径。此后，随着这些问题进入社会史领域发展，社会史研究视角和理论方法日益增强，社会史学科特色也日益明显，并开拓了更为广阔的研究空间。

一个史学分支学科趋向成熟的重要标志，是出现专史通史性著作。中国近代社会史研究自 80 年代中期以后，经过数年的积累，到 1992 年同时出版了两本具有社会史学科意识的中国近代社会史通史性著作：一是乔志

① 刘巨才：《中国近代妇女运动史》，中国妇女出版社 1988 年版。
② 吕美颐、郑永福：《中国近代妇女生活》，河南人民出版社 1990 年版。
③ 罗苏文：《女性与近代中国社会》，上海人民出版社 1996 年版。
④ 闵杰：《20 世纪 80 年代以来的中国近代社会史研究》，《近代史研究》2004 年第 2 期。

强主编的《中国近代社会史》①，二是陈旭麓的《近代中国社会的新陈代谢》②。前者以横向的社会构成、社会生活、社会功能为框架建构了一种近代社会史体系；后者则以纵向、历史变迁阶段为框架建构了另一种近代社会史体系。这两本书分别代表了横向与纵向两种中国近代社会史学科体系构想。这两本中国近代社会通史性著作的出版，堪称这一新兴学科的奠基之作，标志着中国近代社会史学科的确立，这也是中国近代社会史领域第一代史学家为学科作出的开拓性和奠基性贡献。特别是乔志强主编的《中国近代社会史》一书，是明确标明"中国近代社会史"的第一部专门通史著作，也是中国社会史的第一部断代史著作，被公认为中国近代社会史学科走向成熟的标志性成果。但此书所述时段，仍然沿袭从鸦片战争至五四运动的狭义"近代史"划分，没有包括 1919 年之后的内容，因而还只能说是小通史。

这一时期中国近代社会史研究成果除了通史性著作之外，还有一些分领域专史性著作，除前述秘密社会史和妇女史专史著作之外，还有如严昌洪《西俗东渐记——中国近代社会风俗的演变》③ 和《中国近代社会风俗史》④，是近代社会风俗史的奠基之作。自 80 年代中期开始至 90 年代，天津人民出版社、浙江人民出版社先后出版"社会史丛书"共计几十种，其中近代社会史方面著作占了相当数量。

中国近代史权威性专业学术期刊《近代史研究》附刊论著目录，1991年首次单独列出"社会史"门类，以及 1992 年《中国近代社会史》专门通史著作的出版，这两个在 90 年代初不约而同出现的现象，在一定意义上可以说标志着这一时期在中国近代史学科体系内，近代社会史作为一个独立学科而确立，得到了学术界的认可。

80 年代中期社会史复兴以后的十年间，近代社会史研究的成绩除了研究成果持续增长以外，还表现在其他方面。例如自 1986 年第一届中国社会史研讨会举办以后，每两年一次持续举办系列会议，围绕一些学科

---

① 乔志强主编：《中国近代社会史》，人民出版社 1992 年版。
② 陈旭麓：《近代中国社会的新陈代谢》，上海人民出版社 1992 年版。
③ 严昌洪：《西俗东渐记——中国近代社会风俗的演变》，湖南出版社 1991 年版。
④ 严昌洪：《中国近代社会风俗史》，浙江人民出版社 1992 年版。

发展的重要问题进行专题研讨，并出版了系列会议论文集，推动了中国近代社会史研究。各地高校陆续开设中国近代社会史课程，开始招收中国近代社会史方向的研究生，使中国近代社会史有了人才培养机制，研究队伍得到持续充实。《近代史研究》《历史研究》《史学月刊》《史林》等有影响的专业学术期刊发表中国近代社会史方面的论文逐渐增多，标志着这一新兴学科的成果进入中国近代史主流学术阵地。在各地还形成一些各具特色、有研究团队的中国近代社会史研究基地，如南京大学的秘密社会史研究、山西大学的近代乡村史及区域史研究、中国社会科学院近代史研究所文化史研究室的近代社会文化史研究、上海社会科学院历史研究所的上海城市史研究等。在各地高等院校及研究机构，也有越来越多的中青年研究者进入中国近代社会史研究领域，研究队伍不断扩大。

总之，从 80 年代中期到 90 年代中期，经过约十年的发展，中国近代社会史研究成为中国近代史学界异军突起的一个新兴领域而引人注目。这一新兴学科从无到有、从小到大，在快速发展中走向成熟，逐渐在中国近代史学科体系内占有了一席之地，在 90 年代初已经成为一个独立的分支学科而得到学界认可。中国近代社会史研究以其新颖的研究视角与方法，在以往被忽视的民间社会领域大力开拓，凸显了鲜明的学科特色，不仅成为中国近代史体系内一个新的分支学科，也成为中国近代史学术创新的一个生长点，成为推动中国近代史学创新的一个重要路径。正是这一初兴阶段的探索与开创，推动中国近代社会史研究在第二个十年进入大力开拓、繁荣发展时期。

### （二）发展—开拓期（1996—2004 年）

#### 1. 发展概况

中国近代社会史研究进入第二个十年，有一些标志性事件，反映了学科发展进入了更为成熟的新阶段。首先，1996 年出版了龚书铎主编的自先秦至民国八卷本《中国社会通史》（山西教育出版社），以社会结构、社会运行、社会变迁为主要内容。这是第一套由断代社会史组合而成的中国社会通史著作，其中史革新主编的《中国社会通史·晚清卷》和朱汉国主

编的《中国社会通史·民国卷》,作为中国社会通史的断代史,共同构成
了晚清与民国百余年的中国近代社会通史。因此,这也是继乔志强主编只
是前半段近代社会史之后,第一部完整的自 1840—1949 年百余年的中国
近代社会通史。其次,从研究论文方面,据闵杰统计,自 1996 年以后,
每年发表中国近代社会史学术论文都超过百篇,并持续增长,所以他把
1996 年作为中国近代社会史研究进入新发展时期的一个节点。①

此外,关于近代社会史学科地位的变化,还有一个具有一定标志性意
义的事。作为中国近代史权威专业期刊《近代史研究》附刊的论著目录,
自 1997 年目录开始,废止了此前以政治事件和革命运动等 13 个专题领
头、分为 20 余专题门类的以政治史为主体的分类体系,而改为以研究领
域分为八大门类:(1)总论;(2)政治(后来加上法律);(3)军事;
(4)经济;(5)社会;(6)思想文化;(7)中外关系;(8)人物。政治
类内容也大大缩减,原来一些附属于政治类的其他专题内容,被划归入各
相应专题领域之内。自此以后这八大门类的分类法成为常态,一直延续下
来。这一目录分类结构的变化,反映了中国近代史学科体系的变化,标志
着以往政治独大、政治与其他分支学科为主辅关系的学科结构,一变为政
治与其他领域平行并列的学科结构。这一变化是中国近代史研究状况的真
实反映,也是学术发展的自然结果,对于中国近代史学科体系变化意义重
大。如果将总论和人物视为综合性门类,将军事也归入政治类的话,即形
成了政治、经济、社会、思想文化、中外关系五大领域并立的基本格局,
这五大领域即成为此后迄今中国近代史领域划分和学科体系的基本框架。
社会史成为中国近代史学科体系五大领域之一,其学科地位与以前相比也
得到大幅提升。

在中国近代社会史研究进入第二个十年的起始点,完整的中国近代社
会通史出版,学术论文持续超过百篇,在中国近代史学科体系格局中确立
为五大领域之一,这三件事可以视为中国近代社会史学科地位上升、开始
进入兴旺发展新阶段的标志。

在 1996—2004 年近十年间,中国近代社会史论著数量继续增多。据

---

① 常建华等编著:《新时期中国社会史研究概述》,天津古籍出版社 2009 年版,第 327 页。

闵杰编列的论著目录，1996—2000 年（闵杰所编目录到 2000 年止）五年间每年出版的近代社会史论著数量统计如下：

表 3 - 5　　　　　1996—2000 年度发表中国近代社会史论著数量统计

| 年份 | 论文（篇） | 著作（部） |
|---|---|---|
| 1996 | 159 | 35 |
| 1997 | 118 | 32 |
| 1998 | 165 | 28 |
| 1999 | 136 | 38 |
| 2000 | 192 | 49 |
| 合计 | 770 | 182 |

注：据常建华等编著《新时期中国社会史研究概述》"论文著作索引"统计。

由这一统计可以看到，自 1996 年以后，每年发表论文超过百篇，每年出版著作 30 部左右，反映了近代社会史研究稳定发展的状态。

另外还有《近代史研究》附刊 1996—2004 年论著目录，这一目录收入范围与闵杰目录有所不同，将综合性社会史论著放入总论类，基督教与教案放入中外关系类，民间信仰放入文化类，这三类都不列入社会史门类内，而少数民族社会史放入社会史类，但数量不多，这样社会史门类收录的范围比较窄，数量也相应比上述统计数量少。据这一目录统计社会史类论著数量为：

表 3 - 6　　　　　1996—2004 年度发表中国近代社会史论著数量统计

| 年份 | 论文（篇） | 著作（部） |
|---|---|---|
| 1996 | 82 | 8 |
| 1997 | 72 | 19 |
| 1998 | 86 | 35 |
| 1999 | 155 | 27 |
| 2000 | 160 | 38 |
| 2001 | 143 | 93 |

| 年份 | 论文（篇） | 著作（部） |
|------|-----------|-----------|
| 2002 | 212 | 89 |
| 2003 | 235 | 74 |
| 2004 | 241 | 102 |
| 合计 | 1386 | 485 |

　　据这份范围较窄的社会史论著目录统计，在1996—2004年这九年间，论文数量由起初每年七八十篇，三年后增长到超过百篇，又三年后增至超过200篇。出版著作也由早期的十部左右，到后期的百部左右。这份目录虽然收录的论著具体数量与闵杰目录有所不同，但据这两项目录统计得出的结论是一致的，即在此近十年间近代社会史论著数量呈现持续增长态势，反映了这一时期近代社会史研究持续稳步发展，到了后期达到年发表论文超过200篇，出版著作约百部，表明近代社会史研究已经发展到一定的规模，成为一个成规模的学科。第二个十年间论著数量持续增长状况，反映了这一时期是中国近代社会史学科持续稳步发展时期。

　　为了评估这一阶段近代社会史研究成果在中国近代史学科体系中所占分量、所处地位，我们再延续前面所做的一项工作，依据《近代史研究》附刊论文目录，将这一阶段历年社会史发表论文数量与其他门类论文数量作一排比对照。自1997年后，这一目录编排废除了以政治事件专题分类，形成总论（后加专题，2001年后"边疆少数民族"并入）、政治（后加法律）、军事、社会、经济、思想文化、中外关系（华侨）、人物八大分类的基本格局。下面将除了综合性的"人物"类之外，其他七大门类论文数量按年排比如下：

表3-7　　**1996—2004年度发表中国近代社会史论文分类统计**

| 年份 | 总论与专题 | 政治与法律 | 军事 | 社会 | 经济 | 思想文化 | 中外关系（华侨） | 合计 |
|------|-----------|-----------|------|------|------|---------|-----------------|------|
| 1996 | 20 | 910 | 19 | 82 | 105 | 125 | 105 | 1366 |
| 1997 | 14 | 545 | 160 | 72 | 210 | 165 | 315 | 1481 |

| 年份 | 总论与专题 | 政治与法律 | 军事 | 社会 | 经济 | 思想文化 | 中外关系（华侨） | 合计 |
|---|---|---|---|---|---|---|---|---|
| 1998 | 20 | 383 | 90 | 86 | 162 | 270 | 290 | 1301 |
| 1999 | 36 | 271 | 83 | 155 | 78 | 301 | 267 | 1191 |
| 2000 | 32 | 238 | 59 | 160 | 157 | 266 | 508 | 1420 |
| 合计 | 122 | 2347 | 411 | 555 | 712 | 1127 | 1485 | 6759 |
| 2001 | 141 | 235 | 79 | 143 | 164 | 361 | 338 | 1461 |
| 2002 | 169 | 187 | 53 | 212 | 176 | 344 | 323 | 1464 |
| 2003 | 199 | 219 | 52 | 235 | 201 | 412 | 280 | 1598 |
| 2004 | 131 | 278 | 92 | 241 | 208 | 402 | 406 | 1758 |
| 合计 | 640 | 919 | 276 | 831 | 749 | 1519 | 1347 | 6281 |
| 九年总计 | 762 | 3266 | 687 | 1386 | 1461 | 2646 | 2832 | 13040 |

由上述统计，按两个阶段分别合计数量多少排序，1996—2000 年前五年的排序为：政治与法律 2000 余篇居首位，中外关系（华侨）、思想文化两大类都超过 1000 篇，其次为经济、社会、军事、总论与专题。社会类 555 篇，在思想文化和经济专题之后，排第五，居后位。

2001—2004 年后四年排序为：思想文化、中外关系（华侨），超过千篇，居于前列，其次政治与法律、社会、经济、总论与专题。与前五年相比，最大的变化是政治与法律排序由第 1 位后退到第 3 位，社会类则超过经济由第 5 位升为第 4 位。这一位序消长的变化，反映了政治与法律独大格局的改变，以政治事件为主体的政治门类比重下降，此前长期延续的政治史独大，政治为主、其他专史为辅的格局彻底改变，政治下降为与其他门类分量并列的专史门类。社会史则分量有所增长，成果形成规模，成为与政治、经济、思想文化、中外关系并立的中国近代史"五大专史"之一，且其分量有增长趋势。这一状态反映了中国近代社会史研究快速发展，已经由一个初起的小学科，发展成为与其他专史学科并立的大学科。

## 2. 研究动态

中国近代社会史研究进入第二个十年，成果数量大幅增长，反映了学科持续强劲发展的态势。为了进一步了解这一阶段研究动向及变化，在此通过对这一时期论文论题统计与比较，来观察这些论著研究问题的分布比重和集中点与前段相比发生了哪些变化，由此来看这一时期研究者集中关注的论题有何变化，亦即研究重心在哪些方面。下面将 1996—2004 年分为前后两个时段进行统计分析。1996—2000 年前五年论著研究论题的变化，依前述所列 20 个论题加一个新论题，据闵杰所编论著目录所列论文数量多少（不依著作数量）排序如下：

表 3 - 8　　1996—2000 年度发表中国近代社会史论著分类统计

| 论题 | 论文（篇） | 著作（部） |
| --- | --- | --- |
| 1. 城市社会 | 86 | 26 |
| 2. 基督教与教案 | 76 | 19 |
| 3. 吸毒、禁毒 | 54 | 11 |
| 4. 生活、休闲与大众文化 | 47 | 16 |
| 5. 区域与乡村社会 | 45 | 15 |
| 6. 灾荒、慈善、医疗 | 44 | 3 |
| 7. 风俗习尚与民间信仰 | 42 | 7 |
| 8. 妇女（儿童） | 41 | 2 |
| 9. 婚姻家庭及家族 | 41 | |
| 10. 移民与游民 | 37 | 5 |
| 11. 人口 | 36 | 1 |
| 12. 商人及行会商会 | 35 | 3 |
| 13. 秘密社会与下层组织 | 34 | 14 |
| 14. 华侨与外侨 | 34 | 4 |
| 15. 总论与综合史 | 22 | 7 |
| 16. 社团 | 22 | 2 |
| 17. 社会控制与基层社会 | 21 | 4 |
| 18. 市民社会与公共领域 | 16 | 2 |
| 19. 社会性质 | 14 | |
| 20. 社会观念与心态 | 12 | 7 |
| 21. 知识阶层 | 9 | 10 |

　　上述五年间各论题论文数量排比情况，与前十年相比，已经有所变化。城市史数量增多，排为第一，如果将这一时期出现的"市民社会与公共领域"论题也归入城市，则数量更多。城市化是近代化的一个重要标志，是中国近代社会变迁的一个重要现象，对于社会结构的近代转型具有根本性的意义，对社会变革具有多方面的重要影响。现代化是启动近代社会史兴起的理论范式，城市化是现代化的主要标志，作为近代社会史的重头领域，从第一个十年初兴阶段就受到较多关注，进入第二个十年前期仍然是最受关注的热门领域。与政治史农民革命关系最密切的"秘密社会与下层组织"论题由前十年的第3位，后移到第13位，退出前列，反映其关注度有所下降。

　　后四年2001—2004年的情况，因闵杰所收目录到2000年为止，现利用《近代史研究》附刊论著目录进行统计，其收录范围与前者略有不同，基督教与教案放入中外关系类，民间信仰放入文化类，不列入社会史类。此外，有关商人的一些论题，两种目录是否收入社会类，也稍有差异。除此之外，这两种目录收录范围大致相近，故仍可作为比较对照的参数。2001—2004年的成果状况，据《近代史研究》附刊论著目录，以论题论文数量多少排序如下：

表3-9　　　　　2001—2004年度发表中国近代社会史论著分类统计

| 论题 | 论文（篇） | 著作（部） |
|---|---|---|
| 1. 商人及行会商会 | 109 | 24 |
| 2. 区域与乡村社会 | 95 | 23 |
| 3. 灾荒、慈善、医疗、生态 | 92 | 12 |
| 4. 妇女（儿童） | 79 | 17 |
| 5. 知识阶层 | 77 | 32 |
| 6. 城市社会 | 77 | 9 |
| 7. 婚姻家庭及宗族 | 60 | 11 |
| 8. 秘密社会与下层组织 | 37 | 33 |
| 9. 风俗习尚 | 31 | 25 |
| 10. 社会控制与基层社会 | 31 | 12 |
| 11. 移民与流民 | 31 | 8 |
| 12. 吸毒、禁毒 | 22 | 7 |
| 13. 社团 | 18 | 5 |

续表

| 论题 | 论文（篇） | 著作（部） |
|---|---|---|
| 14. 华侨与外侨 | 15 | 18 |
| 15. 生活、休闲、大众文化 | 14 | 16 |
| 16. 总论、综合史、社会结构 | 13 | 15 |
| 17. 人口 | 8 | 5 |
| 18. 社会观念与心态 | 4 | 6 |
| 19. 社会性质 | 5 | |
| 20. 市民社会与公共领域 | 3 | 1 |

由上述前后两阶段组成的 1996—2004 年论著各论题数量统计，虽然因收录标准不尽一致，统计数字并不十分精确，但由论题的排序情况大致可以反映出一些趋向性问题。与前十年论题情况相比较，可以看到除各论题论文数量都有持续增加之外，各论题数量对比排序亦即受关注度高低升降也有一些变化，反映出研究者关注和集中讨论论题、研究重心有所转移，在一定程度上反映了第二个十年间研究动态及其特点。

第一，前后两个十年相比，有一些论题论文数量位序前后变化较大，有升有降，政治延伸论题论文数量排序由高降低，社会民生论题论文数量则由低升高，一些民间、民生、社会问题，特别是与现实社会问题关系密切的论题受关注度明显上升。这种升降变动表明这些论题受关注程度有较大的变化，反映了社会史研究重心由政治中心向社会民生的转移，反映了社会史研究动态的发展趋向。

前十年论文数量排在前位的一些政治史延伸的"社会"论题，是受较多关注的重点论题，后十年排序下降到后位，受关注度明显下降。如原来排列第 3 位的秘密社会，是由农民革命衍生的论题，在后十年位序明显下降。前十年排列第 4 位的"禁吸鸦片"，也是由反对帝国主义侵略的政治话语衍生而来，在第二个十年期的后阶段降至第 12 位。表明这些由政治史衍生而来的旧论题，在近代社会史研究视野下受关注度在二十年间明显下降。这些政治相关度较高的旧论题受关注度下降，一方面反映了这些论题在旧框架下的"政治史话语"可资探索的空间已趋狭小，对研究者的吸引力渐小。另一方面，也反映了这些在旧框架下受到重视的旧论题，由于研究视角由政治史向社会史转换之下，其重要程度下降，因而受关注度也下降，研究者更多地把关注点转移到新视角下，更多关注社会主体性的论题。

与此相对应的是，一些民间、民生、社会问题，特别是与现实社会问题关系密切的论题受关注度上升。一些社会民生论题，在前十年排列后位，在第二个十年期间则排位有较大幅度持续上升。上升幅度最大的当属"区域与乡村社会"，由前十年排在最后的第 20 位，在后十年的前五年期上升至第 5 位，后五年期甚至升至第 2 位。"区域与乡村社会"是中国社会的基本主体，20 世纪 90 年代以后"三农"问题日益突出，这一论题由位居最后而跃居前列，反映了这一社会主体及现实相关问题升至研究者关注的重心。另外，前十年排序偏后第 11 位的"灾荒救济与慈善医疗"，在第二个十年前五年期升至第 6 位，后五年期跃升至第 3 位。这一论题与社会保障和民生相关，这正是 20 世纪 90 年代以后中国社会深化改革的一个重要问题。此外，"婚姻家庭及家族"论题由前十年位居偏后的第 16 位，后十年上升到第 9 位、第 7 位，反映了这一社会基层结构论题的关注度上升。这几个明显受关注上升的论题，都是近代民间社会和社会基本结构的论题，也是 20 世纪 90 年代以后社会转型和深化改革中受到关注的现实热点问题，这些论题受关注度上升，既反映了近代社会史研究向社会主体回归的学科发展趋向，也反映了近代社会史研究与现实社会问题具有密切相关度，这一领域的研究者具有较强的现实社会关怀，这也正是近代社会史的一个突出学科特性。

上述对一些论题位序前后升降变化的分析，虽然论文数量统计不一定准确，但反映出的大概趋势与业内学者的一般感受是相符的，即在近代社会史兴起后的二十年间，政治延伸及"革命话语"论题的关注度渐趋下降，而与民生、民间、社会问题、民众生活及现实社会问题相关的论题的关注度上升。这种升降变化表明研究者关注重心的转移，亦即近代社会史研究方向的转向。

第二，排列前位即研究集中的论题由政治史延伸论题转移到社会史主体论题，反映了研究重心由政治中心回归到社会主体和本位，标志着近代社会史学科作为独立领域的确立。

在第二个十年里，前五年间论文数量排列前三位的是城市社会、基督教与教案、吸毒与禁毒，论文数量达到 50—80 篇，表明这三个论题是这期间研究最集中的论题。与第一个十年论文数量排前三位的基督教与教案、城市社会、秘密社会已经有所不同。但这三个论题也是前十年排列前位的论题，表明这三个由政治史延伸的论题，仍然是最受关注的论题。在后十年的后期四年论题论文数量排序中，列于前三位、达 90 篇至百余篇的论题依次为：商人及行会商会、区域与乡村社会、灾荒救济与慈善医疗。这三个社会重心问题排到了前三位，成为最受关注的论题。这三个论题在 1986—1995 年第一个十年间，论文数量都列于后位；在 1996—2000 年，向上升至中位；到 2001—2004 年则跃居前三位。在第二个十年间，受关注程度完成了从低至中、从中到高的二级跳，这三个以往不被看重的论题，一跃成为社会史研究的重头和热门论题。商人及行会商会是近代工商社会、民间组织的代表，是现代化变迁的标志性领域，区域与乡村社会是近代中国社会的主体和基础领域，灾荒救济与慈善医疗是近代社会保障和社会治理的重要体现，这三个领域都是民间社会的重要部分，是社会民生的基本问题，这些论题成为近代社会史研究的重心，标志着社会史独立学科领域的确立，也表明近代社会史学科以民间社会为主体的学科独立性得到确立。这反映了近代社会史研究已经彻底摆脱了政治史、革命史的藩篱，而形成以社会史为主体的研究格局，从"以政治为中心"回归到"以社会为本位"，形成了社会史独立的研究领域和学科主体，标志着社会史学科走向独立成熟。

第三，后十年期出现一些新的热点论题，反映一些新趋向和新动态。如"区域与乡村社会"和"市民社会与公共领域"，一个是研究领域的拓展，与现实密切的论题吸引研究者集中关注，也是社会改革现实问题激发的热点；另一个是理论方法的拓新，反映了社会史注重理论方法的特点，也是新理论传播触发的热点。

首先看"区域与乡村社会"。如前所述，对比前十年与后十年的论文数量变化，由前十年排列最后位，后十年排位上升，后几年排列第二，二十年间论文数量增长幅度最大。而且后期这一论题的研究著作也达 23 部之多，居于前列，可见成为研究者关注的一个重心。这个论题在以往政治史、革命史范式下，由于相关性较弱，一直不受重视，资料整理积累等也很欠缺。到后十年受关注度大幅上升，有两方面原因。一是从社会史学术内在发展逻辑上看，区域与乡村社会是社会基本结构和基本问题，随着社会史研究向社会本位的回归，这一基本问题自然受到关注和重视，又由于以往被忽视而积累甚少，可开拓的空间较大，自然吸引研究者在这一领域开拓研究。二是受到现实社会改革需求的呼唤。20 世纪 90 年代以后，直至进入 21 世纪，中国社会改革由城市向农村推进，农业、农村、农民即所谓"三农"问题受到社会上下关注，成为政府和社会舆论广为关注和讨论的热门问题。而农村状况及其相关问题，都是由历史演进、积累积淀而来，由此对于近代历史上农村问题的历史经验产生现实需要，社会史学者受到现实需求的感召，起而回应这种现实改革需求。正是在上述内因和外因的综合作用下，一些研究者眼光转向这一领域进行开拓与开掘，形成了"区域史"和"乡村史"两个热门领域。这是因现实需要而激发研究者关注，形成集中研究的热点，也是社会史研究触及社会主体、基本结构，走向深入的反映，是研究领域的扩展。这一新热门论题的出现，反映了中国近代社会史与现实社会改革关系密切的学科特性。

在后十年的前期，还出现了一个新论题——"市民社会与公共领域"。这个论题在第一个十年期内没有，在第二个十年期前五年间一度形成热点，有 16 篇论文和 2 部著作。这个论题的出现，是社会史研究受到新理论影响的结果。这一时期德国思想家哈贝马斯"公共领域"理论在中国理论界传播，形成理论热点，一些社会史研究者也借鉴这一理论研究中国近代社会变迁，引入新概念，提出了这一新论题。这一论题提出后，即引起关注并出现比较集中的讨论，一时成为一个引人注目的新论题。这一论题不同于其他论题以研究对象和研究领域而区分界定，而是以新研究视角和研究概念而界定，虽然从研究领域而言可归属于"城市社会"，但这一论题又与实际空间的城市范畴有所不同，而是以"现代性与公共性"为意义内涵，并且具有特殊的研究视角和研究方法的意义。这一由新理论触发的新论题，反映了社会史研究重视理论方法创新的学科特性。但这一论题在经过一段集中讨论之后，论文数量又有所下降，在 2001—2004 年热度下降，仅有 3 篇论文，排列末位。表明这个一度形成热点受到一定关注的新论题，经过一段集中讨论后，趋于沉寂。这反映出外来新理论引入初期，经过一段初期的关注、借鉴之后，与中国本土社会的考察解释出现"水土不服"的状况。

"公共领域"这一以新的研究视角而出现的新论题，反映了社会史研究方法的新开拓，在理论和研究方法上都是具有一定的创新意义。这个新论题一度受到关注，也反映了社会史研究者的理论关怀，社会史更需要理论阐释的学科特点。由于社会史研究对象的宽泛性、复杂性、多样性、具体性，如果没有理论的统御，则容易流于碎片化。这一热点，正是社会史研究者需要理论的反映。但其一度热而后冷，也反映了这一外来理论，虽然一时受到关注，但与本土社会实际有水土不服现象，还期待着本土理论创新。从后续发展来看，这一论题经过一段时期的沉淀，在近十年又受到较多关注，与初期重视概念的运用相比，后期的研究者更注重在更深层次上将这一理论与中国本土社会变迁相结合，并出现了一批借鉴"公共领域"理论深入研究中国近代社会变迁的成功论著，反映了吸收、消化外来理论方法的深入探索。

上述研究论题变化的三个趋向，反映了近代社会史学科发展的两个共通特点。

一是具有较强的问题意识和现实关怀。许多研究者从现实问题出发，追寻历史源流而选择新论题，由此使社会史研究日益脱离政治话语诠释的旧套路，而转向以社会问题为中心，回归社会史学科本位。

二是具有较强的理论方法探索意识。由于社会史中许多新开拓的领域没有现成的旧套路，又由于社会史研究对象是纷繁复杂的社会问题和社会现象，只有运用一定的理论方法才能展开有效的归纳、分析和研究，所以研究者注意吸收社会科学理论方法，探索理论方法的创新。

问题意识和理论探索，形成近代社会史学科发展的两个突出特点，也成为引领近代社会史不断发展走向深入的动力。

## （三）成熟—深化期（2005—2018 年）

### 1. 发展概况

2005 年 8 月，由中国社会科学院近代史研究所社会史研究中心①、

---

①　该"社会史研究中心"于 2005 年 8 月正式成立，由近代史研究所文化史研究室和经济史研究室联合组成。

青岛大学、中山大学、首都师范大学、山东大学、山西大学、苏州大学、贵州师范大学等联合在青岛举办"首届中国近代社会史国际学术研讨会"。这是第一次以"中国近代社会史"为题的大型国际学术会议，吸引了来自全国各地大学和科研机构及美国、日本、中国港台地区百余位在这一领域研究有成的学者参加，围绕中国近代社会史相关论题展开研讨交流。这次会议可说是中国近代社会史研究者的第一次大聚会，会议的成功召开，反映了"中国近代社会史"这一新兴学科在史学界已经具有了相当的感召力，也已经形成了一支初具规模的研究队伍，并以一个独立学科的姿态登上了中国近代史领域学术横向交流和国际交流的舞台，这可以说是这一新兴学科独立成熟的一个标志。此后由中国社会科学院近代史研究所社会史研究中心牵头，联合各地高校，每两年举办一届"中国近代社会史"大型国际学术研讨会，至2015年9月已经连续举办了六届，形成了中国近代社会史研究者定期交流的一个平台。中国近代社会史大型系列学术年会的定期召开，形成学科领域定期交流的学术平台，标志着中国近代社会史进入成熟发展阶段。2005—2018年，中国近代社会史研究进入第三个十年，也是这一新兴学科进入成熟、深化时期。

2005年中国近代社会史进入成熟发展期的另一个标志性指标，是《近代史研究》附刊论著目录2005年"社会史"门类发表论文超过300篇，此后有目录统计的九年间，除个别年头外，每年发表论文都在300篇以上，后四年更超过400篇、500篇。有统计的前四年每年出版著作也都在80—90部。社会史发表论著数量达到较大规模，也标志着这一学科走向成熟。

2005—2013年据《近代史研究》附刊论著目录统计，每年发表论著数量如下（2010年缺目录，2011年后论著目录改为电子版，只有论文目录而不再注录著作）[①]：

---

[①]　2011—2013年《近代史研究》附刊论文目录改为电子版《中国近代史论文目录》，2011—2012年为李然编，2013年为李然、武文娟整理。见"近代中国网"，http://www.jds.cass.cn。2014年后无。

表 3 - 10　　　　2005—2013 年度发表中国近代社会史论著数量统计

| 年份 | 论文（篇） | 著作（部） |
|---|---|---|
| 2005 | 310 | 93 |
| 2006 | 267 | 80 |
| 2007 | 352 | 86 |
| 2008 | 375 | 85 |
| 2009 | 443 | |
| 2011 | 529 | |
| 2012 | 427 | |
| 2013 | 541 | |
| 合计 | 3244 | 344 |

从上述统计可见，2005 年以来近十年间中国近代社会史论文数量不仅年均超过 300 篇，而且呈持续增长态势，已形成比较稳定的较大规模。

评估社会史学科发展规模及学科地位的另一个指标，是社会史论文数量与中国近代史其他专史门类的论文数量作对比，可以反映社会史在整个中国近代史学科内所占分量与受关注度。现据《近代史研究》附刊历年发表论文目录，将 2005—2013 年间除综合性的"人物"类之外其他七个门类，即总论与专题（政治事件专题）、政治与法律、军事、社会、经济、思想文化、中外关系等各门类发表论文数量作一统计对比。为便于对这一时期前后阶段进行对比参照，将这一时期有目录可以统计的八年（缺 2010 年）目录分为前后各四年，按所列七个门类论文数量进行统计排比如下：

表 3 - 11　　　　2005—2013 年度发表中国近代社会史论文分类统计

第一阶段：2005—2008 年（篇）

| 年份 | 总论与专题 | 政治与法律 | 军事 | 社会 | 经济 | 思想文化 | 中外关系 | 合计 |
|---|---|---|---|---|---|---|---|---|
| 2005 | 200 | 275 | 88 | 310 | 217 | 502 | 340 | 1933 |
| 2006 | 194 | 282 | 103 | 267 | 236 | 499 | 262 | 1843 |
| 2007 | 158 | 342 | 77 | 352 | 224 | 510 | 292 | 1955 |
| 2008 | 140 | 303 | 106 | 375 | 231 | 539 | 247 | 1941 |
| 合计 | 692 | 1202 | 374 | 1304 | 908 | 2050 | 1141 | 7671 |

| 年份 | 第二阶段：2009—2013 年（篇） | | | | | | | |
|---|---|---|---|---|---|---|---|---|
| | 总论与专题 | 政治与法律 | 军事 | 社会 | 经济 | 思想文化 | 中外关系 | 合计 |
| 2009 | 162 | 310 | 71 | 443 | 335 | 567 | 203 | 2091 |
| 2011 | 257 | 620 | 147 | 529 | 369 | 860 | 234 | 3016 |
| 2012 | 213 | 389 | 105 | 427 | 323 | 813 | 231 | 2501 |
| 2013 | 115 | 343 | 145 | 541 | 291 | 739 | 206 | 2380 |
| 合计 | 747 | 1662 | 468 | 1940 | 1318 | 2979 | 874 | 9988 |

注：2011 年为辛亥革命一百周年，有关辛亥革命论文大部分收入总论与专题门类，少量收入政治门类，故 2011 年此二门类论文数量增加较多。

表 3 - 12　　**2005—2013 年度发表中国近代社会史论文综合统计**

| | 2005—2013 年综合统计（篇） | | | | | | |
|---|---|---|---|---|---|---|---|
| | 总论与专题 | 政治与法律 | 军事 | 社会 | 经济 | 思想文化 | 中外关系 |
| 八年总计 | 1439 | 2864 | 842 | 3244 | 2226 | 5029 | 2015 |
| 八年年均 | 180 | 358 | 105 | 405 | 278 | 629 | 252 |

据以上统计，2005—2008 年即前四年发表论文按合计数量多少排序为：思想文化超过 2000 篇；社会 1300 余篇；政治与法律 1200 余篇；中外关系 1100 余篇。其他千篇以下为经济、总论与专题、军事。

2009—2013 年即后四年按合计数量多少排序为：思想文化近 3000 篇；社会近 2000 篇；政治与法律 1600 余篇；经济 1300 余篇，其他千篇以下为中外关系、总论与专题、军事。

2005—2013 年八年总计数量多少排序为：思想文化 5000 余篇；社会 3200 余篇；政治与法律 2800 余篇；经济 2200 余篇；中外关系 2000 余篇；总论与专题 1400 余篇；军事 800 余篇。

八年间年均发表论文数量多少排序为：思想文化 600 余篇；社会 400 余篇；政治与法律 350 余篇；经济近 280 篇；中外关系 252 篇；总论与专题 180 篇；军事 100 余篇。

　　由上可见，各门类论文数量的后四年数量排序、八年总计数量排序及年均数量排序相同，由多至少的排序为：思想文化、社会、政治与法律、经济、中外关系形成中国近代史五大门类的基本格局，而"社会史"在近十年已经成为论文发表数量仅次于思想文化史的第二大门类。如果将军事与政治法律门类合并计算的话，其数量也仅比"社会史"门类略多。

　　另外，中国近代史学科论文总数量在这八年间呈平缓增长状态，除2011年因辛亥革命百年纪念论文数量增至3000篇之外，其他历年大致由1900篇增至2000篇以上，一般在1900—2500篇。但其间各门类论文数量的增减情况则有所不同。下面将2005年至2013年（其中2010年无目录统计，2011年因纪念辛亥革命一百周年各类论文数量均有不同程度增长，不属常态，故不作统计）可资统计的七年间，各门类论文数量增减情况作一示意图如下：

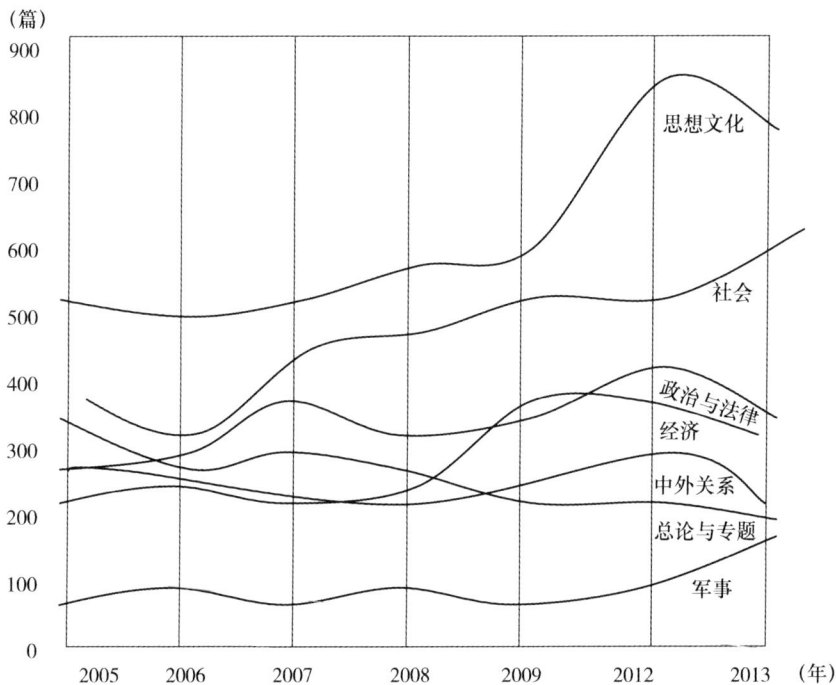

图3-1　2005—2013年各门类论文数量增减状况示意

从图 3 - 1 中各门类论文数量增减曲线变化的对比，可以比较直观地看到这七年间各门类论文数量增减状况的一些差异。这七个门类论文数量从低向高可分为以下三个档次。

第一是低位档，包括总论与专题、军事两类，论文数量都在 210 篇以下浮动；第二是中位档，包括政治与法律、经济、中外关系三类，论文数量都在 200—400 篇浮动。上述两档五个门类论文数量增减曲线有两个共同特点：一是七年间增减曲线的浮动程度都比较平缓，表明每年论文数量增减变化幅度不大；二是这五个门类的论文增减曲线都没有呈现明显的、定向性的、持续性的增长或减少趋向。这两个共同点反映出，这五个门类在这七年间呈现平缓稳定的发展状态。

第三档即高位档，包括思想文化和社会两个门类，思想文化类一直数量最多，高居首位，七年间每年论文数量都在 500 篇以上，2012 年继2011 年猛增至 860 篇之后，仍然达到 800 余篇，应当仍是 2011 年纪念辛亥革命的后续效应所致，故 2013 年又有所回落。相比较而言，后期居于第二位的社会类论文数量，与其他类相比七年间浮动度最大，在 260—540篇之间浮动，且后期一直呈大幅上升态势，在 2006 年与处于中档的政治、经济、中外关系的曲线接近，但自 2006 年后，便呈明显的持续上升态势，2013 年突破 500 篇，达到 540 篇，反映了社会史类论文数量后数年间比较明显的持续增长趋势。

虽然这一表格所依据的论文数量和分类统计并不十分精确，而且单纯的论文数量统计数字，也并不能十分确切地反映各门类实际研究状况，但这种概率化的统计分析，还是可以反映一种大致状况和总体趋势。这一表格也表明，2007 年后中国近代史论文数量的总体格局，呈现出思想文化和社会类稳居前列，政治、经济、中外关系居中，总论专题及军事补充居后的基本格局。如果将后两类中专题和军事部分也归入政治大类，总论部分分散到其他各相关门类中，则中国近代史学科近年论文数量的总体格局，形成了思想文化、社会、政治与法律（与社会类并列）、经济、中外关系五大领域或五大分支学科并立的总体格局。这一表格分析与前面数字统计分析的结论相同。

从上述分析可以看到，中国近代社会史新兴学科经过三十余年的发展，在整个中国近代史学科格局中，从无到有，从小到大，在近数年论文数量稳居前列，已经成为中国近代史学科总体格局中位居前列的大型学科，并已奠定了一个独立成熟学科的坚实基础。其数年来保持明显持续增长的态势，反映了这一新兴学科正处于兴旺繁荣发展状态，而且与其他"老"学科的平稳发展相比，今后还有更大的发展空间与上升趋势。

### 2. 研究动态

在 2005—2018 年最近十余年，中国近代社会史发展进入成熟与深化期，论文数量持续增长，2009 年后每年发表论文达到 400 篇以上，这些论文的论题集中在哪些问题，我们也可作一考察，以此追踪最近十余年间研究重心及与此前阶段相比有何变化。为便于分析比较，现将《近代史研究》附刊论著目录的 2005—2013 年共九年间分为前四年和后五年两个阶段，将论文涉及各论题的数量作以下统计。

2005—2008 年据《近代史研究》附刊论著目录（其中无"基督教"类，有"少数民族"类，但因与前面统计无可比性，故不计），以论题论文数量多少排序。

表 3 - 13　　　**2005—2008 年度发表中国近代社会史论著分类统计**

| 论题 | 论文（篇） | 著作（部） |
| --- | --- | --- |
| 1. 灾荒、慈善、医疗、生态 | 169 | 24 |
| 2. 区域与乡村社会 | 134 | 29 |
| 3. 知识阶层 | 132 | 28 |
| 4. 城市社会 | 113 | 13 |
| 5. 商人及行会商会 | 108 | 15 |
| 6. 妇女（儿童） | 106 | 15 |
| 7. 华侨与外侨 | 85 | 6 |
| 8. 婚姻家庭与宗族 | 67 | 11 |
| 9. 生活、休闲娱乐、大众文化 | 60 | 19 |
| 10. 风俗习尚、民间信仰 | 37 | 26 |
| 11. 移民与流民 | 35 | 12 |
| 12. 秘密社会 | 33 | 13 |
| 13. 社会控制与底层社会 | 33 | 3 |

| 论题 | 论文（篇） | 著作（部） |
|---|---|---|
| 14. 社团 | 26 | 3 |
| 15. 总论、综合史、社会结构 | 21 | 20 |
| 16. 市民社会与公共领域 | 21 | 1 |
| 17. 人口 | 15 | 4 |
| 18. 社会观念与心态 | 15 | 3 |
| 19. 吸毒、禁毒 | 14 | 2 |
| 20. 社会性质 | 1 | 1 |

　　由以上统计可见，2005—2008 年四年间发表论文居于前列的论题仍然是第一"灾荒、慈善、医疗、生态"，169 篇；第二"区域与乡村社会"，134 篇；第三"知识阶层"，132 篇；第四"城市社会"，113 篇，如果加上后面相近的论题"市民社会与公共领域"21 篇，则共为 134 篇。与此前 2001—2004 年论文论题排序对比，可以看到，不仅多数论题的论文数量都有所增多，而且论文多少排序也有一些变化。在 2001—2004 年四年间位序排列为：第一"商人及行会商会"；第二"区域与乡村社会"，第三"灾荒、慈善、医疗、生态"。2005—2008 年四年间则原居于第三位的"灾荒、慈善、医疗、生态"论题，上升至第一位，论文数量最多，大概与 2003 年"非典"疫情而相关论题引起人们更多关注的后续效应有关，但也反映了这一论题成为关注热点的动态。虽然单纯以论文数量并不能准确反映论题的关注程度，但也可作一个参考指标。"灾荒、慈善、医疗、生态"和"区域与乡村社会"两个论题论文数量居于前列，表明这两个民间基层社会的论题，一直是持续的热点论题，反映了社会史研究的重心下移至民间社会特别是基层社会的趋向。

　　据 2010—2013 年《近代史研究》附刊论著目录（2010 年以后目录改为网络版，且只有论文目录，不再列专著目录），这四年间各论题发表论文数量多少排序如下：

表 3-14　　**2010—2013 年度发表中国近代社会史论文分类统计**

| 论题 | 篇数 |
| --- | --- |
| 1. 灾荒、慈善、医疗、生态 | 254 |
| 2. 知识阶层 | 240（+官僚 5） |
| 3. 区域与乡村社会 | 222 |
| 4. 城市社会 | 170 |
| 5. 妇女（儿童） | 167 |
| 6. 社会控制与底层社会 | 102 |
| 7. 商人及行会商会 | 101 |
| 8. 生活、休闲娱乐、大众文化 | 88 |
| 9. 华侨与外侨 | 88 |
| 10. 社团 | 77 |
| 11. 婚姻家庭与宗族 | 75 |
| 12. 风俗习尚、民间信仰 | 72 |
| 13. 移民与流民 | 33 |
| 14. 社会观念与心态 | 31 |
| 15. 秘密社会 | 27 |
| 16. 吸毒、禁毒 | 23 |
| 17. 总论、综合史、社会结构 | 21 |
| 18. 市民社会与公共空间 | 17 |
| 19. 人口 | 16 |
| 20. 社会性质 | 6 |

这一时期论文数量排前列的论题依次为：第一，灾荒、慈善、医疗、生态，254 篇；第二，知识阶层（官僚），245 篇；第三，区域与乡村社会，222 篇。这三个论题也是此前 2005—2008 年四年间排列前三的论题，与其相比论文数量都有增加，排序先后稍有变化，但这三个论题在这两段时期共八年间，一直位居前三，反映了在此长时间里，这三个论题是一直受到长期持续关注的热门论题。如前所述，"灾荒、慈善、医疗、生态"和"区域与乡村社会"两个论题，都是民间社会和基层社会领域，成为十多年来社会史关注的重点领域，反映了近代社会史已经形成了以民间社会

和基层社会为主体的稳定的学科格局。知识阶层（包括官僚阶层）是社会的精英群体和理性力量，代表着社会认知水平，也是社会变革的领导和关键群体。知识阶层持续受到关注，反映了研究者对这批社会精英在近代社会变革中的状态，他们与社会变革的关系给予关注。官僚公职人员也属广义的知识阶层，应属政治精英和社会管理层，以往对其从政治史意义上的社会功能关注较多，而对其社会史意义上的生存状况等少有注意。而这一时期出现了几篇对官僚公职人员阶层生存状况的社会分析，也是对一般社会性知识阶层关注向管理层精英的延伸，反映了对社会精英层社会考察的深化。

由上述近十年间论文论题情况的排比可以看到，在2005—2008年论文数量排列前面的论题依次为：

表 3 - 15　　　　　2005—2008年度发表中国近代社会史论文分类统计

| 论题 | 论文（篇） | 专著（部） |
| --- | --- | --- |
| 1. 灾荒、慈善、医疗、生态 | 169 | 24 |
| 2. 区域与乡村社会 | 134 | 29 |
| 3. 知识阶层 | 132 | 28 |
| 4. 城市社会 | 113 | 13 |
| 5. 商人及行会商会 | 108 | 15 |
| 6. 妇女（儿童） | 106 | 15 |
| 7. 华侨与外侨 | 85 | 6 |
| 8. 婚姻家庭与宗族 | 67 | 11 |
| 9. 生活、休闲娱乐、大众文化 | 60 | 19 |

2009—2013年论文数量排列前面的论题依次为：

表 3 - 16　　　　　2009—2013年度发表中国近代社会史论文分类统计

| 论题 | 论文（篇） |
| --- | --- |
| 1. 灾荒、慈善、医疗、生态 | 254 |
| 2. 知识阶层 | 240（＋官僚5） |

| 论题 | 论文（篇） |
| --- | --- |
| 3. 区域与乡村社会 | 222 |
| 4. 城市社会 | 170 |
| 5. 妇女（儿童） | 167 |
| 6. 社会控制与底层社会 | 102 |
| 7. 商人及行会商会 | 101 |
| 8. 生活、休闲娱乐、大众文化 | 88 |
| 9. 华侨与外侨 | 88 |
| 10. 社团 | 77 |
| 11. 婚姻家庭与宗族 | 75 |
| 12. 风俗习尚、民间信仰 | 72 |

这些论题都是关于民间社会、基层社会状况的基本问题，灾荒、慈善、生态是民众生存问题，区域、城市、乡村是民众生存空间，知识阶层、妇女、商人、底层社会是重要社会阶层，生活休闲和大众文化、风俗信仰是民众生活文化，家庭、社团是社会组织，这些都是社会主体和常态论题。而以往带有革命史痕迹的秘密社会、吸禁毒等论题已经居后位。在前十年排前列的最热门论题"秘密社会"，在最近四年间数量少至仅27篇，而在2013年中甚至一篇也没有。这反映了近代社会史研究已经形成以社会常态问题和基本问题为重心的学术格局，是中国近代社会史学科已形成独立、完整研究体系，学科本位化、独立化的反映。

# 三　三十余年发展总体趋势与瓶颈

中国近代社会史研究从20世纪二三十年代开始发轫，中华人民共和国成立后三十多年间附属于政治史而有一定发展，到1986年以后作为一个独立分支学科开始复兴，至2018年已走过三十余年历程，在整个中国近代史大学科里，可说是一个新兴分支学科。回望这三十余年，这一新兴学科从无到有，从小到大，从弱小边缘的小学科，到兴旺发展、研究成果数量位居前列的大学科，从上述对三十余年间发展分阶段的回顾中，可以看到这一新兴学科各发展阶段的特点。下面再通过对三十余年来中国近代社会史研究成果的统计分析①，对学科发展历程作一长时段、综合性的回顾，以考察学科发展总体趋势，并对面临的发展瓶颈、挑战及其如何回应提出一些思考。

**（一）论著成果数量持续快速增长**

自 1986 年至今三十余年间，中国近代社会史研究论著成果的数量，呈现长期持续大幅增长的发展态势。

下面将有论著目录可统计的 1987—2013 年（缺 2010 年）二十七年间每年度发表论文数量统计作一排列，以观察其总体趋势。

根据闵杰收集整理的《中国近代社会史论著目录（1987—2000年）》②，在此十四年间每年发表中国近代社会史论著数量统计如下（见表 3 - 17）：

表 3 - 17　　　**1987—2000 年度发表中国近代社会史论著数量统计**

| 年　份 | 论文（篇） | 著作（部） | 年　份 | 论文（篇） | 著作（部） |
|---|---|---|---|---|---|
| 1987 | 19 | 8 | 1995 | 89 | 19 |
| 1988 | 46 | 10 | 1996 | 159 | 35 |
| 1989 | 59 | 23 | 1997 | 118 | 32 |
| 1990 | 46 | 25 | 1998 | 165 | 28 |
| 1991 | 59 | 24 | 1999 | 136 | 38 |
| 1992 | 75 | 28 | 2000 | 192 | 49 |
| 1993 | 93 | 22 | 合计 | 1342 | 361 |
| 1994 | 86 | 20 | | | |

---

① 主要依据闵杰《中国近代社会史论著目录（1987—2000 年）》（见常建华等编著《新时期中国社会史研究概述》）、《近代史研究》每年末期附刊上年度"国内论著目录"（1991—2013 年）两种目录进行统计。《近代史研究》无 2010 年度论著目录，2011 年后改为网络版，且仅有论文目录而无著作目录，2014 年后无目录，故未作统计。

② 闵杰：《中国近代社会史论著目录（1987—2000 年）》，见常建华等编著《新时期中国社会史研究概述》"论文著作索引"。

上述 1987—2000 年共十四年间成果数量统计，反映了中国近代社会史兴起前期研究成果逐年持续增长的情况。

除了这一统计之外，作为中国近代史研究的权威学术期刊《近代史研究》，自创刊起便在每年末期（后为第 5 期）附刊上一年度国内发表论著目录，也可作为一种统计依据。该刊自 1991 年度论文目录中才首次开始单独设立社会史门类（著作目录在 1991 年、1992 年开始有"地方史和社会史"合列一类，至 1993 年以后才将社会史单独列出），但收录范围比前述闵杰所收目录略窄，如把基督教归入中外关系类，把民间信仰归入文化类，因而收录论著数量相对较少。据该刊目录，1991—2013 年（2010 年缺）每年国内发表中国近代社会史论著数量统计如下（见表 3-18）：

表 3-18　　　　1991—2013 年度发表中国近代社会史论著数量统计

| 年 份 | 论文（篇） | 著作（部） | 年 份 | 论文（篇） | 著作（部） |
|---|---|---|---|---|---|
| 1991 | 12 | 28（地方史\社会史） | 2003 | 235 | 74 |
| 1992 | 28 | 23（地方史\社会史） | 2004 | 241 | 102 |
| 1993 | 22 | 4 | 2005 | 310 | 93 |
| 1994 | 44 | 6 | 2006 | 267 | 80 |
| 1995 | 52 | 9 | 2007 | 352 | 86 |
| 1996 | 82 | 8 | 2008 | 375 | 85 |
| 1997 | 72 | 19 | 2009 | 443 | （以下缺） |
| 1998 | 86 | 35 | 2010 | （缺） | |
| 1999 | 155 | 27 | 2011 | 529 | |
| 2000 | 160 | 38 | 2012 | 427 | |
| 2001 | 143 | 93 | 2013 | 541 | |
| 2002 | 212 | 89 | 合 计 | 4788 | 899 |

由上面两种目录统计可以看到，虽然这两种目录因收录范围宽窄不同，而具体数量显示有些差异，前者因收录范围较宽而数量较多，后者因收录范围较窄而数量较少，但都反映了中国近代社会史论著数量呈现持续增长的发展趋势。每年发表论文数量基本上是每十年上一个台阶，第一个

十年为每年几十篇，第二个十年每年超过 100 篇，第三个十年每年超过
300 篇，最近的 2013 年则超过 500 篇，可以说每年发表论文数量是以较大
幅度持续且加速增长。

从上述二十七年间不同时段年均发表论文数量也可以反映这一态势。
将这 27 年按每 4—5 年为一个时间段，分为六个时间段，将每个时间段年
均发表论文数量进行对比。依闵杰所列收录范围较宽的论著目录，1987—
2000 年各时间段年均发表论著数量如下（见表 3－19）：

表 3－19　　　　　　1987—2000 年各时段年均发表论著数量

| 时　间　段 | 年均发表论文（篇） | 年均出版著作（部） |
|---|---|---|
| 1987—1990 年（四年） | 43 | 17 |
| 1991—1995 年（五年） | 80 | 23 |
| 1996—2000 年（五年） | 154 | 36 |

依《近代史研究》附刊收录范围较窄的论著目录，1991—2013 年各
时间段年均发表论著数量如下（见表 3－20）：

表 3－20　　　　　　1991—2013 年各时段年均发表论著数量

| 时　间　段 | 年均发表论文（篇） | 年均出版著作（部） |
|---|---|---|
| 1991—1995 年（五年） | 31 | 14 |
| 1996—2000 年（五年） | 111 | 25 |
| 2001—2004 年（四年） | 208 | 89 |
| 2005—2008 年（四年） | 326 | 86 |
| 2009—2013 年（四年）（2010 年缺） | 485 | 缺 |

从上述 1987 年至 2013 年间 4—5 年时间段年均发表论著数量列表对
比，也可以看到这种阶梯式增长态势，六个时间段排比论文数量：40＋、
80（30＋）、100＋、200＋、300＋、500－。六个时间段对应六个梯次，
步步增长，最后四年年均论文数量比最初四年年均论文量增长 10 倍多。
这两种收录范围宽窄略有不同的目录，都反映了相同的趋势，即中国近代

社会史复兴以来，年均发表论文数量及出版著作数量，呈持续大幅递增态势，且越到后期越加速增长。

上述无论是从 1987 年以来逐年论文数量，还是从各时段的年均论文数量，都表明这期间中国近代社会史论著数量呈长期持续大幅增长的发展态势。

### (二) 由边缘"小学科"发展为热门"大学科"

三十余年间，中国近代社会史论著数量与中国近代史其他分支学科的对比显示，已从一个初期论著数量少而处于附属性、边缘性的弱小分支学科，发展成为论著数量位居前列的大分支学科。

如前所述，《近代史研究》附刊年度论文目录，在 1991 年之前，所分门类都是以政治史专题为主，如鸦片战争、太平天国、中法战争、洋务运动、中日战争、戊戌变法、义和团运动、辛亥革命、北洋军阀、五四运动、第一次国内革命战争时期、第二次国内革命战争时期、抗日战争时期、第三次国内革命战争时期等 13 个专题，再以经济史、文化史、中外关系、人物等作为补充门类。社会史未列为独立门类，相关内容附于各专题之内。自 1991 年论文目录才开始首次单独设立社会史门类（著作目录在 1991—1992 年两年开始将"地方史和社会史"合列一类，至 1993 年以后才将社会史单独列出），与经济史、文化史、中外关系等并列。此举标志着"近代社会史"作为一个独立分支得到学术权威刊物的认可。该刊目录自 1991 年开始"社会史"单独分列门类，至 2013 年（2010 年缺），共计 22 年。其间自 1997 年目录开始，废止了此前以政治事件和革命运动等前述 13 个专题领头，以经济、文化、社会等专题为补充的分类模式，而改为以研究领域分为八大门类：总论、政治（后来加上法律）、军事、经济、社会、思想文化、中外关系、人物。政治类内容也大大缩减，原来一些附属于政治类的其他专题内容，被划归入各相应专题门类之内。自此以后这八大门类的分类法成为常态，一直延续至终。为了便于相互比较，现将 1992—2013 年以每四年为单位，分为五个时间段，将除了"人物"以外的七个门类每个时间段发表论文数量统计如下（见表 3-21）：

表 3 - 21　　　　　1992—2013 年各门类各时段论文数量统计

| 门类＼时间段＼论文篇数 | 1992—1995 年 | 1997—2000 年 | 2001—2004 年 | 2005—2008 年 | 2009—2013 年（2010 年缺） |
|---|---|---|---|---|---|
| 政治法律 | 3575 | 1437 | 919 | 1202 | 1662 |
| 经济 | 319 | 607 | 749 | 908 | 1318 |
| 思想文化 | 275 | 1002 | 1519 | 2050 | 2979 |
| 中外关系 | 228 | 1380 | 1347 | 1141 | 874 |
| 社会 | 146 | 473 | 831 | 1304 | 1940 |
| 总论 | 120 | 391 | 640 | 692 | 747 |
| 军事 | 54 | 103 | 276 | 374 | 468 |

再将上述统计数据按各时间段各门类论文数量多少排序如下（见表 3 - 22）：

表 3 - 22　　　　　1992—2013 年各时段各门类论文数量排序

| | 第一位 | 第二位 | 第三位 | 第四位 | 第五位 | 第六位 | 第七位 |
|---|---|---|---|---|---|---|---|
| 1992—1995 年 | 政治法律 | 经济 | 思想文化 | 中外关系 | 社会 | 总论 | 军事 |
| 论文篇数 | 3575 | 319 | 275 | 228 | 146 | 120 | 54 |
| 1997—2000 年 | 政治法律 | 中外关系 | 思想文化 | 经济 | 社会 | 总论 | 军事 |
| 论文篇数 | 1437 | 1380 | 1002 | 607 | 473 | 391 | 103 |
| 2001—2004 年 | 思想文化 | 中外关系 | 政治法律 | 社会 | 经济 | 总论 | 军事 |
| 论文篇数 | 1519 | 1347 | 919 | 831 | 749 | 640 | 276 |
| 2005—2008 年 | 思想文化 | 社会 | 政治法律 | 中外关系 | 经济 | 总论 | 军事 |
| 论文篇数 | 2050 | 1304 | 1202 | 1141 | 908 | 692 | 374 |
| 2009—2013 年（2010 年缺） | 思想文化 | 社会 | 政治法律 | 经济 | 中外关系 | 总论 | 军事 |
| 论文篇数 | 2979 | 1940 | 1662 | 1318 | 874 | 747 | 468 |

将这五个时间段七个门类论文数量增减情况用坐标图显示，可能会更具直观效果（见图 3 - 2）。

论文数量

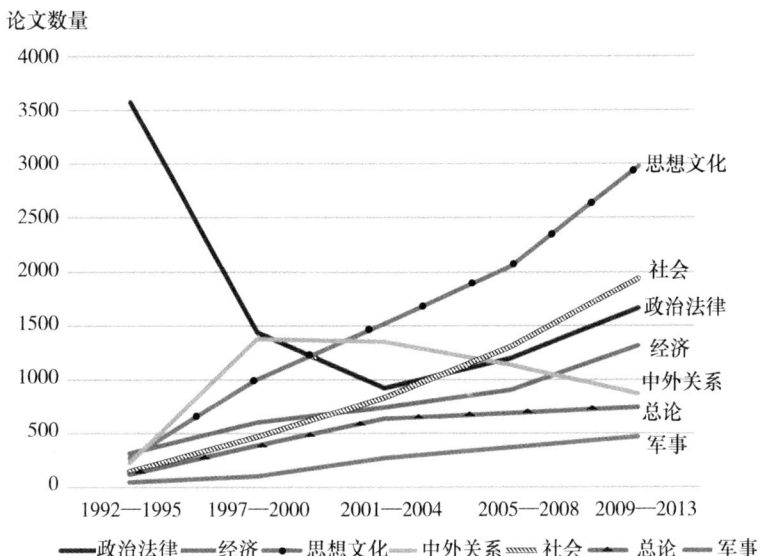

图 3－2    各时间段七门类论文数量增减示意

由这一坐标示意图可以比较直观地看到各门类在此二十余年间论文数量增减变化情况，政治门类从起初遥居高位而下降幅度最大（1997 年后政治类目录不再以专题编排，有的专题后并入总论门类中），虽后期又有小幅回升，但已降至第三位；中外关系门类第 1—2 时间段上升后平缓下降；军事和总论始终在低位小幅上升；持续大幅增长的是思想文化和社会两类。虽然论文数量统计及所画图示并不十分精确，但反映了各门类论文数量增减的大致状况。各门类论文数量在最后一个时间段形成的高低排序为：第一位思想文化，第二位社会，为高档位；中档为政治法律和经济；低档位为中外关系、总论和军事。

从这一图示中可以看到，社会史论文数量由 1992 年时处于低位，此后持续大幅增长，经过二十年，到最后时间段已经跃居第二位，反映了近代社会史发展总体走高的态势。20 世纪 90 年代以后，中国近代史学界也形成了新的一般分类法，把中国近代史分为政治、社会、经济、思想文化、中外关系五大门类，如按此分类，将军事并入政治法律后，其论文总数略高于社会。即便如此，社会史也仍是一个"大门类"，已经成为中国近代史五大门类之一。可见，中国近代社会史经过近三十余年持续快速发展，已经从一个弱小的新兴边缘学科，发展成为中国近代史的重要分支学科，为五大门类之一。

**（三）关注重心由政治话语向社会本位回归**

三十余年间中国近代社会史不仅论著数量持续增多，由研究论文的论题所反映的关注重心也发生了转移，总体趋势是由政治话语延伸论题转向社会论题，标志着研究重心由政治附属向社会本位的回归。下面对各时间段论文论题的变化情况作一统计分析。

近代社会史从复兴初期论文论题涉及面就比较广，有关近代社会的一些基本问题都有涉及。下面将初兴期 1987—1995 年的论文论题归纳为 20 个，按各论题论文数量多少排序如下（见表 3 - 23）：

表 3 - 23　　　　　　　**1987—1995 年各论题论文数量排序**

| 位序 | 论题 | 论文篇数 | 位序 | 论题 | 论文篇数 |
|---|---|---|---|---|---|
| 1 | 基督教与教案 | 58 | 8 | 灾荒救济与慈善医疗 | 29 |
| 2 | 城市社会 | 50 | 9 | 华侨与外侨 | 27 |
| 3 | 秘密社会 | 48 | 10 | 移民与游民 | 22 |
| 4 | 禁吸鸦片 | 36 | 11 | 社会观念与心态 | 20 |
| 5 | 风俗习尚与民间信仰 | 35 | 12 | 知识阶层 | 18 |
| 6 | 商人及行会商会 | 34 | 12 | 婚姻、家庭与家族 | 18 |
| 6 | 社团 | 34 | 13 | 社会性质 | 15 |
| 7 | 总论及综合史 | 32 | 14 | 生活与休闲娱乐 | 10 |
| 7 | 妇女（儿童） | 32 | 14 | 社会控制与基层社会 | 10 |
| 7 | 人口 | 32 | 15 | 区域与乡村社会 | 9 |

上述这 20 个论题，是对初兴十年论文论题的归纳，各论题都有一定数量的论文，都是一些社会基本问题，涵盖面比较广，涉及的社会基本问题可归纳为以下七个方面：

1. 社会阶层和群体：知识阶层、商人、妇女（儿童）、华侨与外侨；
2. 社会结构：城市社会、区域与乡村社会、人口；

3. 社会组织：婚姻、家庭与家族，商人及行会商会，社团；

4. 基层社会与社会控制：社会控制与基层社会、秘密社会、移民与游民；

5. 社会生活与民众文化：风俗习尚与民间信仰、基督教与教案、生活与休闲娱乐；

6. 社会问题与社会保障：禁吸鸦片、灾荒救济与慈善医疗；

7. 社会观念与理论：社会性质、社会观念与心态。

这七个方面基本涵盖了社会的主要方面，表明近代社会史研究从初起阶段，就涉及广泛的基本社会问题。这些论题后来基本延续下来，但各论题论文数量及排序有所变化，反映了各个时期各论题所受关注度有所转移。下面是前述排序约二十年后的最近四年 2009—2013 年（2010 年缺）论题论文数量排序情况（见表 3 - 24）：

表 3 - 24　　　　2009—2013 年（2010 年缺）各论题论文数量排序

| 位序 | 论　题 | 论文篇数 | 位序 | 论　题 | 论文篇数 |
|---|---|---|---|---|---|
| 1 | 灾荒、慈善、医疗、生态 | 254 | 10 | 婚姻、家庭与家族 | 75 |
| 2 | 知识阶层（官僚） | 245 | 11 | 风俗习尚与民间信仰 | 72 |
| 3 | 区域与乡村社会 | 222 | 12 | 移民与流民 | 33 |
| 4 | 城市社会 | 170 | 13 | 社会观念与心态 | 31 |
| 5 | 妇女（儿童） | 167 | 14 | 秘密社会 | 27 |
| 6 | 社会控制与底层社会 | 102 | 15 | 吸毒与禁毒 | 23 |
| 7 | 商人及行会商会 | 101 | 16 | 总论、综合史、社会结构 | 21 |
| 8 | 生活、休闲娱乐、大众文化 | 88 | 17 | 市民社会与公共空间 | 17 |
| 8 | 华侨与外侨 | 88 | 18 | 人口 | 16 |
| 9 | 社团 | 77 | 19 | 社会性质 | 6 |

将前后相隔约二十年的两个论题论文数量排序相比较，可以看到一些论题的前后顺序有升降变化，反映了它们受关注程度的增减状况。有些在早期处于前列的论题，到后期已经退居后位，表明这些论题的关注度下降。如在早期排在前面第 3 位"秘密社会"、第 4 位"禁吸鸦片"

这两个论题，到后期则降到第 15、16 位，反映了这两个早期受关注的由
农民战争和反帝话语延伸出来的论题，到后期关注度已经下降。与此相
应的是，一些早期排在后面的论题，到后期则升到前列，如早期排在最
后两位的第 19 位"社会控制与基层社会"、第 20 位"区域与乡村社
会"，到后期则升至第 6、3 位，已位居前列，反映了这些社会基层和民
间社会基本问题早期受关注不多，到后期则成为受集中关注的热点论题。
有的论题实际内容和内涵有所变化，因而有些微调，如"禁吸鸦片"这
一论题由早期重在反对外国侵略，到后期重在治理社会问题，因而论题
多转用"禁吸毒"。又如"城市社会"由早期重在城市阶级话语，后期
则重在城市生活等。这些变化都反映了三十余年间研究者关注重心有所
转移。

　　如果对三十余年来各时段居于前列的论题进行排序比较，更能凸显这
种关注重心转移的轨迹。各时段位居前三位的论题列表如下（见表 3 - 25，
由于基督教论题后期不在收录范围，故未列）：

表 3 - 25　　　　　**各时段论文数量位居前三位的论题排序**

| 时　段 | 第一位 | 第二位 | 第三位 |
|---|---|---|---|
| 1987—1995 年 | 城市社会 | 秘密社会 | 禁吸鸦片 |
| 1996—2000 年 | 城市社会 | 禁吸鸦片 | 生活、休闲与大众文化 |
| 2001—2004 年 | 商人及行会商会 | 区域与乡村社会 | 灾荒、慈善、医疗、生态 |
| 2005—2008 年 | 灾荒、慈善、医疗、生态 | 区域与乡村社会 | 知识阶层 |
| 2009—2013 年 | 灾荒、慈善、医疗、生态 | 知识阶层 | 区域与乡村社会 |

　　由这一列表可以看到，论文数量居前三位的论题，早期是由阶级话语
延伸的城市社会、农民战争话语延伸的秘密社会、反帝话语延伸的禁吸鸦
片。这些论题都有较多的政治话语痕迹，反映了近代社会史初兴时期，刚
刚由附属政治领域走出，关注重心和研究主题仍然带有附属政治的印迹，
与政治关系紧密的论题处于关注重心。而后来一些社会基本问题的关注度
逐渐上升，到后期的十年，居于前三位的论题是社会保障范畴的"灾荒、
慈善、医疗、生态"，社会精英阶层范畴的"知识阶层"，社会基础结构范

畴的"区域与乡村社会"，这些都是社会基本、基础问题，反映了近代社会史已经确立了以社会为主体、为本位的学科独立性。

三十余年来研究重心变化的总体趋势，反映在论文数量集中、居于前列的论题，由起初的秘密社会、禁吸鸦片等革命和反帝政治话语延伸论题，逐渐转向救灾慈善、区域与乡村社会等一般民生社会论题，反映了社会史研究重心向民间、民生转变的趋向。热点论题的变化也反映出，由早期与革命话语相关的特殊问题、非常态社会问题，如秘密社会、禁吸鸦片，转向社会常态问题和基本问题，如社会保障、区域乡村等。这反映了社会主体问题回归关注中心，即近代社会史学科回归社会本位的特征。

重点论题的转换，反映了研究重心和关注重心的转移，这是中国近代社会史学科回归社会本位的学术规律发展的必然结果。同时，这些论题也是当今中国社会改革所面临的基本问题，因此这种关注重心的转移，也是社会史研究对现实问题的回应。这种主题转移，反映了社会史发展趋向。

### （四）形成研究重镇及成规模的研究队伍

三十余年来，中国近代社会史吸引了越来越多的研究者，有了成规模的研究队伍，形成了多个研究重镇和研究团队，并有了常规化的学术交流平台，这也成为成熟学科的另一个重要标志。

首先，在全国高校和研究机构已经形成了一批有长期积累、初具规模、各具特色的研究基地。主要有：

中国社会科学院近代史研究所社会史研究中心，主要研究方向：近代社会史、社会文化史、社会生活史。

南开大学社会史研究中心，主要研究方向：社会史、区域史、生活史。

中山大学历史人类学研究中心、厦门大学历史系，主要研究方向：历史人类学、区域史（以华南为主）。

上海团队：上海市社会科学院历史研究所、上海师范大学中国近代社会研究中心、华东师范大学上海史研究中心等，主要研究方向：上海史、城市及城镇史。

山西大学社会史研究中心，主要研究方向：山西及华北区域社会史。

华中师范大学中国近代史研究所，主要研究方向：经济社会史、风俗史。

湖北大学中国思想文化研究所，主要研究方向：文化史、社会文化史。

中国人民大学清史研究所，主要研究方向：灾荒史、文化史、社会文化史。

首都师范大学社会文化史研究中心，主要研究方向：社会文化史、女性与婚姻家庭史。

天津市社会科学院历史研究所，主要研究方向：天津城市史。

四川大学城市史研究中心，主要研究方向：城市史。

上述这些研究基地，有的起于较早期的 20 世纪 80—90 年代，有的是 21 世纪开始成长的，都已经有较长期积累、已作出系列成果并产生一定影响。这些"老牌"研究基地，都有一定规模的研究团队，有较集中的研究方向，形成了一定的学术特色，经常举办相关学术会议，组织出版系列研究论著，有的还出版具有学科特点的系列学术刊物，如中国社会科学院近代史研究所社会史研究中心自 2006 年以来连续出版"中国近代社会史研究集刊"，已出版七辑；天津社会科学院历史研究所创刊《城市史研究》集刊，原为年刊，后改为季刊；上海社会科学院历史研究所出版了系列丛书；近年首都师范大学社会文化史研究中心出版了系列书刊等。

除了这些较大的研究基地之外，近十余年来，在全国各地高校也陆续成立了一些有关近代社会史或区域史的研究中心，一些地方省市社会科学院历史研究所，也将区域—地方社会史（近现代是重要内容）作为研究重点。可以说，现在近代社会史研究基地已经在全国呈现遍地开花、齐头并进的发展之势。可以预期，今后若干年，中国近代社会史研究会随之而有更大扩展，研究成果会有更多增长。

这些遍布全国多地的研究基地，各有特色和主攻方向，形成中国近代社会史学科的基本研究团队和研究重镇，此外还有更多分散在全国各地高等院校和研究机构的研究者，共同组成了人员数量可观、领域广阔多样、各有专长、互相补充的中国近代社会史研究队伍，这也是近十年来研究成果大幅增长的人才基础。

其次，形成学科内部定期、稳定、成系列的学术交流平台。

随着近代社会史研究的持续发展，研究基地增多，研究队伍日益扩大，研究者之间也需要一定的相互交流和研讨论辩的园地，以沟通学术信息，促进学术发展和深入。因此，自社会史研究复兴以后，以上述研究基地为重心的有关单位，即陆续举办了不同专题和不同规模的学术会议，联络聚集相关研究者，围绕一些社会史问题进行交流研讨，形成一些学术交流平台。尤其是近十余年来，随着社会史研究的发展成熟，研究经费的增加，各地举办的学术会议也日益增多，特别是一些大型、系列性学术会议，形成了学科同行定期进行学术交流的平台。

如自 1986 年后由中国社会史学会主办的每两年一届的全国性"中国社会史学术年会"，中国近代社会史就是其中的重要分支，同行学者借此定期交流，至 2016 年已经举办了十七届。此外，自 2005 年后由中国社会科学院近代史研究所社会史研究中心联合各高校主办的每两年一届"中国近代社会史国际学术年会"，至 2017 年已经举办了七届，每次参会人员都有百人左右，来自包括中国台湾在内的全国各高校和科研机构，也有来自日本、韩国、澳大利亚等海外学者，形成中国近代社会史学科海内外研究者定期交流的一个平台。各次会议的主题分别为：

第一届，2005 年（青岛），主题：近代中国的城市·乡村·民间文化；

第二届，2007 年（乌鲁木齐），主题：晚清以降的经济与社会；

第三届，2009 年（贵阳），主题：近代中国的社会流动、社会控制与文化传播；

第四届，2011 年（苏州），主题：近代中国的社会保障与区域社会；

第五届，2013 年（襄阳），主题：社会文化与近代中国社会转型；

第六届，2015 年（保定），主题：华北城乡与近代区域社会；

第七届，2017 年（杭州），主题：地方文献、区域社会与国家治理。

这些主题各有侧重，都是中国近代社会史领域一些重要且已有一定研究积累的论题。通过举办系列会议，提供业内学者定期性、经常性交流平台，聚集了海内外相关研究者进行集中研讨交流，推动了这些专题研究的深入。

上述各次会议后都编选参会论文结集出版，形成"中国近代社会史研究集刊"系列，至今已经出版八辑：

第一辑《近代中国的城市与乡村》（社会科学文献出版社 2006 年版）；

第二辑《近代中国社会与民间文化》（社会科学文献出版社 2007 年版）；

第三辑《晚清以降的经济与社会》（社会科学文献出版社 2008 年版）；

第四辑《近代中国社会流动与社会控制》（社会科学文献出版社 2010 年版）；

第五辑《近代中国社会与文化流变》（社会科学文献出版社 2010 年版）；

第六辑《近代中国社会保障与区域社会》（社会科学文献出版社 2013 年版）；

第七辑《社会文化与近代中国社会转型》（中国社会科学出版社 2016 年版）；

第八辑《华北城乡与近代区域社会》（中国社会科学出版社 2018 年版）。

"中国近代社会史研究集刊"八辑的连续出版，集中展现了中国近代社会史各时段的最新研究成果，记录了中国近代社会史研究的发展足迹，也成为海内外中国近代社会史学术交流渠道，对推动中国近代社会史研究起到了一定作用。这种定期持续的学术交流和成果批量推出，也是中国近代社会史学科成熟发展的一个标志，对聚集学科队伍、推动和引领学科持续发展发挥了作用。

## （五）趋势、瓶颈与挑战

由以上用成果统计分析方法对中国近代社会史三十余年研究状况作的综合考察，可以看到研究成果积累已经相当丰厚，仅据以上论著目录统计，二十余年间发表论文已达约 5000 篇，出版著作逾千部。三十余年间学科发展趋势主要有以下几点。

第一，研究成果的数量呈现长期、持续、大幅、加速增长的发展态势。

第二，在中国近代史大学科领域内，社会史从一个初期论著数量少而处于附属性、边缘性的弱小分支学科，发展成为论著数量位居前列的大分支学科。

第三，研究重心由政治话语延伸论题转为社会主体论题，完成了向社会本位的回归，而且涵盖领域相当广阔。

第四，在全国形成多个研究重镇、研究团队，并形成颇具规模的研究队伍，有常规化学术交流机制与平台。

上述这些趋势和特征，标志着中国近代社会史已经发展为一个成熟学科，而且已经具有了比较丰厚的研究积累。已有研究成果涉及领域相当广阔，研究论题涵盖面广，且仍在向更广、更细扩展，以致今天的研究生作论文似乎已经很难找到无人涉及的论题了。但"社会"本身的涵盖面广阔庞杂，又似乎有着无限的扩展空间。近年，学科论文以每年约500篇、研究著作以每年近百部的速度持续增长，并且呈现仍会增速的发展态势，学科发展似乎仍处于欣欣向荣、蓬勃成长的兴旺状态。然而，反省学科的已有成绩及现状，也会发现还存在着一些明显的缺陷与不足，主要表现为以下几点。

第一，同质化：许多研究成果从选题、主旨、思路、方法、框架、文风，甚至结论，多有雷同，同质性个案研究太多，只是具体论述内容的载体略有不同。因此有不少属于重复性研究，对于学术创新和深入推进价值不大。

第二，碎片化：许多研究论题日趋细化、碎化，或为缺乏社会意义与历史价值的细枝末节，或为缺乏社会历史联系的零散碎片，难以形成系统化、条理化的社会史研究成果链。

第三，平面化：许多研究成果仅止于对某种社会现象的具体描述、机械式还原，只运用历史学实证方法描述、还原社会现象的原貌，满足于"讲故事"，而没有社会理论的解释与剖析，缺乏"讲道理"的层面，使研究成果缺乏深度。

上述缺陷与不足，造成在一定时段内学科成果数量增多而整体水平未见明显提升，已经形成学科进一步发展的瓶颈，对此近年来学界已经多有批评与改进的呼吁，但迄今似乎尚未见有明显改观。而当我们站在今天审视学科的已有成绩及现状，我们不得不面对一些新的挑战。

第一，在研究成果数量大增的同时，单一研究成果平均阅读量和受关注度减少，许多论文的命运是"发表后即湮没"，只具有成果数量统计上的意义。这是否意味着研究成果的价值含量分散化或单一研究成果的知识价值含量降低？在信息爆炸和知识更新加速的当今时代，这种知识生产的价值何在？如何体现？

第二，当今中国正处于剧烈的社会转型期，面临着诸多社会疑难问题，许多问题是近代社会转型的延续，因而对近代社会史研究提出更高的现实需求。但学科研究成果对现实需求的回应则十分乏力，多数研究成果因与现实需求脱节而遭冷落，在应对现实问题的知识创新和理论创新的贡献上严重不足，并未凸显这一学科的特殊优势，学科的生命力和存在感薄弱。

面对上述知识价值与现实需求的双重挑战，中国近代社会史学科的回应力显然十分微弱，这种挑战与前述缺陷共同构成制约学科发展的瓶颈。

反省三十余年来学科的发展，研究成果已经达到数千篇的规模，涵盖领域相当广阔，说明这一学科已达到一定的体量，形成了一定规模，但作为衡量学科的成熟度应当有两个维度，不仅要数量之多，还要有质量之高。而衡量一个人文社会学科质量高低的标准是什么？笔者认为可有两个：一是本学科提出的理论，不但在学科内部具有普遍解释力和认可度，而且对其他学科也具有广泛的影响力和认可度，如当今经济学和社会学的一些理论；二是作为人文社会学科，其是否具有生命力和存在价值，还在于其对人类面临的现实或永恒问题是否具有有效的回应，特别是在知识爆炸的当今时代尤其如此。与此对照，中国近代社会史已有成果显然还未达到这样的质量高度。从这个意义上看，学科三十余年已有成绩只可说是草创阶段，只是打开了场子、摊开了摊子、搭起了架子、奠定了地基，还不能说达到了成熟程度，而是面临着在数量优势基础上提升质量、再上台阶的急迫任务。

如何回应上述挑战？中国近代社会史未来应向什么方向寻求发展与突破？在此提出几点思考。

第一，从学术内在发展脉络、提升学术质量方面，首先，研究论题应避免填空式、零碎化，避免简单同质化和碎片化的个案研究，超越"分头挖坑、遍地栽树"的拓荒式研究模式，而要充分梳理以往研究成果链条的各个环节，从寻找学术链的缺环和薄弱环节入手，使论题的研究成果与前人成果形成系统、充分的知识链，并发掘知识链条关键环节的独特价值，由此促使中国近代社会史形成比较系统、充分、立体、多元的知识体系。其次，避免平面化叙述，跨越纯实证性研究，而在充分的实证研究成果基础上致力于更加深入、概括性的理论解释与归纳，在"讲故事"基础上增强"讲道理"的深度，寻求对中国近代社会变革各方面问题提出不同层次的解释理论。最后，在学科理论、研究范式和研究方法上有更多创新与突破，形成多元开放、适应多层面研究中国近代社会变迁历程的研究范式和学术流派。

第二，从回应现实挑战、增强学科生命力方面，中国近代社会史作为与当今社会转型变革联系紧密的学科，研究者不应回避时代责任，在一只眼瞄准学术内在发展的同时，另一只眼还要瞄准现实需求。从面临的现实社会问题着眼选择论题，从学科的独特角度，力求对中国近代社会转型和发展道路提出多层面的解释理论，并能得到学科内外的认可，为解决当今中国乃至人类发展面临的问题，提出本学科的有效知识和本土理论，特别是对当今困扰国内外思考者的"中国道路"这一难题，充分发挥本学科的优势，提出充分系统的知识阐述与坚实可信的理论解释。

中青年一代，是当今及未来承担学科的主力，与老一代学者相比，在知识结构、技术能力、理论视野、学术素养等诸方面都具有优势，并有当今互联网大数据、资料海量、知识共享等有利条件，展望未来，他们站在前辈学者的肩上进一步开拓、提升，一定会作出更多创新性、突破性、高质量的研究成果，将中国近代社会史学科提升到更高层次。

# 第 四 章

# 近代人口、家庭与婚姻研究

社会由人组成，人口是社会结构的基础。家庭是人们生活的基本单位，中国社会也以家族为基本组织形式和社会生活重心。婚姻是组成家庭的重要方式。本章对近代人口、婚姻与家庭等方面的研究成果进行梳理。

## 一　人　口

人口史作为近代社会史的重要领域备受学者关注。在 20 世纪八九十年代，随着近代社会史研究的勃兴，中国近代人口史研究得到长足发展，已有数篇综述涉及中国近代人口史研究。[①] 本书在借鉴上述成果的基础上，对近代人口史的研究成果展开评述。

---

[①] 南开大学历史系中国社会史研究室：《中国社会史研究综述》，《历史研究》1987 年第 1 期；虞和平、郭润涛：《中国近代社会史研究述评》，《历史研究》1993 年第 1 期；张海鹏：《1998 年的中国近代史研究概况》，《近代史研究》2000 年第 1 期；张海鹏：《2000 年中国近代史研究学术动态概述》，《近代史研究》2002 年第 1 期；朱汉国、王印焕：《近年来的中国近现代社会史研究》，《党史研究与教学》2002 年第 4 期；钞晓鸿、郑振满，《二十世纪的清史研究》，《历史研究》2003 年第 3 期；闵杰，《20 世纪 80 年代以来的中国近代社会史研究》，《近代史研究》2004 年第 2 期；闵杰：《20 世纪 90 年代以来中国近代社会史研究述评》，《教学与研究》2006 年第 3 期；郭玉峰：《历史人口学：近年来中国微观人口史研究述评》，《历史教学》2007 年第 10 期。诸如上述《中国近代社会史研究述评》等总综述或者《1998 年的中国近代史研究概况》等年度综述，通常对不同领域的研究成果进行分析，为省文，以下部分涉及前人所撰学术综述时主要列举相关专题的综述。

**（一）研究历程**

中国对人口的记载与研究源远流长，清末人口统计成为新政之一，自此对近代人口进行调查、统计与分析的成果日多。清末民初的人口研究成果多为对当时人口的分析，只有少数是从历史的角度进行讨论。

1911 年，明水在《国风报》上撰文介绍了美国人洛克希禄和日本人根岸佶对中国历史上人口的研究。① 明水指出，中国的人口问题关乎中国前途，应关注中国人口问题并予以研究。

陈长蘅致力于中国人口问题的研究，1918 年出版了《中国人口论》，这是第一本运用统计图表和比较研究的方法探讨中国人口问题的专著。20 世纪 20 年代，他又发表《中国近百八十余年人口增加之徐速及今后之调剂方法》一文，指出，中国人口除乾隆六年至乾隆五十八年共五十二年之间增加甚速外，咸同之后增加缓慢。② 1920 年，顾孟余发表《人口问题，社会问题的锁钥》一文讨论了人口问题与社会问题的关系。他认为，中国的人口超过中国经济能力，带来一系列社会问题，为了解决人口问题，应禁止早婚、禁止纳妾，打破一切造成人满的宗教伦理风俗，传播人口学说和各派限制人口的方法，提高人民的生活程度，提高科学美术的教育，施行有统系的恤贫律，施行各种保护工人的政策。③ 华企云讨论了中国人口过度与饥荒问题，④ 20 世纪三四十年代，罗尔纲也提出了太平天国之前的"人口压迫"问题。⑤

1949 年直至"文化大革命"结束，中国大陆的近代人口史研究几乎陷于停顿。直到 70 年代末 80 年代初才出现了一些近代人口史方面的文章，大多是关于人口思想的。即使是研究人口思想，也零星不成系统，大

---

① 明水：《中国人口问题》，《国风报》1911 年第 5、9 期。

② 参见陈长蘅《中国人口论》，商务印书馆 1918 年版；陈长蘅《中国近百八十余年人口增加之徐速及今后之调剂方法》，《东方杂志》1926 年第 24 卷第 18 号。

③ 顾孟余：《人口问题，社会问题的锁钥》，《新青年》1920 年第 7 卷第 4 期。

④ 华企云：《论中国人口过度与饥荒问题》，《钱业月报》1929 年第 9 卷第 12 期。

⑤ 罗尔纲：《太平天国史纲》，商务印书馆 1937 年版；《太平天国革命前的人口压迫问题》，《中国社会经济史集刊》1949 年第 8 卷第 1 期。

多是评述一些近代著名思想家如薛福成、严复、梁启超有关人口的论述。关于人口实际状况的论述比较少见，仅有《旧中国的人口状况》等。《旧中国的人口状况》发表于1977年，主要根据旧中国的某些政府统计资料和个人论著中的资料汇编而成。① 另外，李义俊考察了1912年到1978年我国人口重心的变化情况，缪振鹏等讨论了半殖民地半封建时期人口问题。②

随着改革开放后社会变革加速，人口过剩、农民离村、城市人口膨胀、流民等现实问题凸显，学者希望追溯历史，为现实问题寻找可资借鉴的历史经验，于是人口史研究从20世纪80年代中期开始受到学者关注，逐渐成为近代史研究中的一个热点。1986—1990年的"七五"期间，有数个关于中国近代人口史的课题被国家社会科学基金批准立项，表明近代人口研究受到重视。

到20世纪80年代末90年代初，出现了一批人口史方面的研究论文，如行龙的《略论中国近代的人口城市化问题》和《人口问题与近代社会》，朱国宏的《中国人口的国际迁移之历史考察》，宫玉松的《中国近代人口城市化研究》，陈映芳的《旧中国移民流及其与劳动市场之关系》等。③

美国学者何炳棣于20世纪50年代在美国出版了英文专著《1368—1953年中国人口研究》，这一标志性成果长期以来对西方的中国史研究产生了重要影响，常常成为相关研究的论述依据，但由于中美学术交流的阻隔与迟滞，这一成果至80年代末才在中国大陆翻译出版。该专著的显著特色是从人口资料的考辨、人口登记的制度变迁来探讨历史上的人口，进

---

① 人口资料室：《旧中国的人口状况》，《人口研究》1977年第1期。

② 李义俊：《我国的人口重心及其移动轨迹》，《人口研究》1983年第1期。缪振鹏、王守稼：《试论半殖民地半封建时期中国人口问题》，《中国社会经济史研究》1982年第2期。

③ 行龙：《略论中国近代的人口城市化问题》，《近代史研究》1989年第1期；朱国宏：《中国人口的国际迁移之历史考察》，《历史研究》1989年第6期；宫玉松：《中国近代人口城市化研究》，《中国人口科学》1989年第6期；陈映芳：《旧中国移民流及其与劳动市场之关系》，《社会科学》1990年第2期；行龙：《人口因素与中国近代化》，《上海社会科学院学术季刊》1991年第4期。

而对人口变迁的主要原因进行考察与分析。①

　　90 年代之后，大陆相继出版了一批近代人口史专著。行龙的《人口问题与近代社会》1992 年出版，姜涛的《中国近代人口史》1993 年出版，孙艳魁的《苦难的人流——抗战时期的难民》1994 年出版。1996 年出版了韩光辉的《北京历史人口地理》和池子华的《中国近代流民》。曹树基的《中国移民史》第 6 卷（清、民国时期）1997 年出版。姜涛的《人口与历史：中国传统人口结构研究》1998 年出版。2001 年葛剑雄主编，曹树基所著《中国人口史》第五卷（清时期）和侯杨方所著《中国人口史》第六卷（1910—1953）出版。另外，赵文林、谢淑君合著的《中国人口史》和王育民的《中国人口史》也有部分章节涉及近代人口。②

　　上述论著推动研究领域进一步扩展，在人口数量、人口结构、人口流动等方面取得重要进展。这些综合性学术专著共同推动人口史研究达到一个高峰，此后整体超越这个高峰有相当大的难度。其中一些专家也改变了研究方向和领域，此后数年高水平近代人口史著作渐少。只是在抗日战争时期人口史等相对专门领域出版了一些专著，如卞修跃的《抗日战争时期中国人口损失问题研究》和程朝云的《抗日战争时期人口内迁研究》等。③

　　近代人口史的研究主要围绕人口统计、人口结构和人口流动等专题展开。

---

① ［美］何炳棣：《1368—1953 年中国人口研究》，葛剑雄译，上海古籍出版社 1989 年版。
② 行龙：《人口问题与近代社会》，人民出版社 1992 年版；姜涛：《中国近代人口史》，浙江人民出版社 1993 年版；姜涛：《人口与历史：中国传统人口结构研究》，人民出版社 1998 年版；孙艳魁：《苦难的人流——抗战时期的难民》，广西师范大学出版社 1994 年版；李中清、郭松义：《清代皇族人口行为和社会环境》，北京大学出版社 1994 年版；韩光辉：《北京历史人口地理》，北京大学出版社 1996 年版；池子华：《中国近代流民》，浙江人民出版社 1996 年版；曹树基：《中国移民史》第 6 卷（清、民国时期），福建人民出版社 1997 年版；葛剑雄主编，曹树基著：《中国人口史》第五卷（清时期），侯杨方：《中国人口史》第六卷（1910—1953），复旦大学出版社 2001 年版；赵文林、谢淑君：《中国人口史》，人民出版社 1988 年版；王育民：《中国人口史》，江苏人民出版社 1995 年版。
③ 卞修跃：《抗日战争时期中国人口损失问题研究》，华龄出版社 2012 年版；程朝云：《抗日战争时期人口内迁研究》，中国社会科学出版社 2013 年版。

### （二）人口统计

人口的数量是人口研究的基础，而中国近代前期缺乏科学意义上的统计，后期已有的一些人口统计也缺乏系统，且不太精确，因此，人口研究的第一步是尽可能对近代中国的人口数量有个比较准确的数字概念。学者在各自的研究论著中，依据不同的资料和不同的界定，对近代中国的人口数量作出各种估计，各自成说，互有歧异，在所难免。人口统计除了各种具体的数字外，还包括人口的增长速度，近代中国是否存在人口过剩，人口对社会发展是否构成压力等基本问题。

人口统计的准确与否，首先在于所依据的资料是否可靠。于是学者展开了对近代人口调查材料的研究。清末宣统年间和民国初年（1912 年）两次人口调查，在中国人口调查中占有重要地位。对这两次人口调查，特别对清宣统年间的人口调查的真实可靠性，学术界不少人持否定态度。

清末的调查，注重户数、总人口数、总人口性别比、学龄儿童数比重及壮丁数的比重。民国初年的人口调查则是对人口特征的全面调查，包括户数、总人口数、分年龄组分性别人口数、出生率、死亡率等。米红、李树茁指出：这两次调查尽管有不完整处和缺欠，但它们在当时的历史条件下，最大限度地反映了清末民初的人口状况，特别是户数和人口数资料有比较高的利用价值。[1] 侯杨方认为米文在采用的资料、运用的方法、论证的逻辑上，都存在着较为明显的错误。该文既没有证明宣统年间与1912年这两次人口调查的可信度如何，也没能够通过正确、合理的方法估计出20 世纪初的中国人口数量。[2]

宣统年间人口调查的可信度深受质疑，何炳棣在《1368—1953 年中国人口研究》中对宣统年间人口调查持完全否定态度，认为此人口数字是"自欺欺人的"，完全不可信。[3] 侯杨方对清宣统年间的人口调查背景、过程、结果作了详细考察后认为·这次人口调查在中国历史上是极具特色的，它包括

① 米红、李树茁：《清末民初的两次户口调查》，《历史研究》1997 年第 1 期。
② 侯杨方：《宣统年间的人口调查》，《历史研究》1998 年第 6 期。
③ 何炳棣：《1368—1953 年中国人口研究》，葛剑雄译，上海古籍出版社 1989 年版。

的空间范围最大（1953 年以前），除西藏外清朝版图内的所有人口都在调查范围之内；也是 1953 年以前最精确、全面的人口统计之一。①

　　民国时期的人口统计数量大，来源复杂，良莠不齐，引用者无所适从，亟须对此进行梳理。侯杨方选择 1912—1948 年的几次最重要的人口普查，就其制度规定、统计过程、统计数字的来源做了考察。他认为：1936 年的全国选举区户口统计是一次十分重要的人口普查，虽然没有达到现代人口普查所要求的标准时点，但全国大部分地区在时间上达到了大致的统一，而且它所包括的空间范围是宣统人口普查之后、1953 年人口普查之前最大的。其他的几次统计虽然没有准确的全国性数字，但由于各地县市的统计局注明了统计数字的时间与来源，也具有相当的准确性。因此，既不应不加辨别地将民国时期的任何一次人口统计视为真实的数字随意引用，更不该因为这些统计数字彼此矛盾而根本否定民国时期有相对准确的人口统计。②

　　在 20 世纪 80 年代前中期，清代人口研究的重点之一是人口数量的推算问题。或从丁、口的比例出发，以人丁数来推算人口数，或从户、口的比例来推算人口数，还有从某一人口数或人丁户数进行推算与上溯、注意选择某一增长率。但推算中，如何选择具体比例与增长率则存在差异。有人强调清代"丁"的复杂性、对其数量的可靠性表示怀疑。③

　　曹树基所著《中国人口史》第五卷（清时期）通过对大量户口资料的考订，全面复原了清代各省分府人口数据。对太平天国战争、西部回民战争及光绪初年北方大旱所造成的各地人口损失，作了详细的论述。对光绪十九年城市人口的数量，作出了与前人不同的估计。④

　　侯杨方所著《中国人口史》第六卷（1910—1953）对中国人口的各项

　　①　侯杨方：《宣统年间的人口调查》，《历史研究》1998 年第 6 期。
　　②　侯杨方：《民国时期全国人口统计数字的来源》，《历史研究》2000 年第 4 期。
　　③　周源和：《清代人口研究》，《中国社会科学》1982 年第 2 期；高王凌：《关于〈清代人口研究〉的几点质疑》，《中国社会科学》1982 年第 4 期；程贤敏：《论清代人口增长率及"过剩"问题》，《中国史研究》1982 年第 3 期；吴慧：《清代人口的计量问题》，《中国社会经济史研究》1988 年第 1 期；潘喆、陈桦：《论清代的人丁》，《中国经济史研究》1987 年第 1 期。
　　④　葛剑雄主编，曹树基著：《中国人口史》第五卷（清时期），复旦大学出版社 2001 年版。

主要指标，包括人口数量、年龄、性别、婚姻、家庭、生育、死亡、人口分布、迁移、职业、素质和生活水平，以及人口与经济、社会等方面的相互关系，进行了研究。该书认为，中国人口模式的转变发生于 20 世纪上半期。随着现代公共卫生与医疗技术、现代交通工具由西方引入中国，并逐渐从城市到乡村、从沿海向内陆的普及和传播，中国发生了流行病转变与人口转变，死亡率渐趋下降，从此开始摆脱高出生率、高死亡率的人口模式，成为中国人口进入高速增长时期的直接和主要的原因。

姜涛的《中国近代人口史》，考察了近代人口数量的增减变化；近代人口地理分布的变动，特别是近代人口的迁移运动；近代人口结构的发展演变。对各省人口数据进行了整理和讨论；澄清了长久以来历史学界的错误，太平天国战争导致的人口死亡并不像以前认为的那么多；指出省级人口的准确与否实有赖于府级数据是否准确；对户部历年"民数清册"的整理，给后人带来了许多便利。[①] 王育民的《中国人口史》考察了太平天国战争导致的人口死亡问题，搜集苏、浙、皖三省有关县份的战前、战后人口数，归纳出各区人口死亡的百分比，求出各区战后人口的死亡数，使结论接近真实。[②] 卞修跃的《抗日战争时期中国人口损失问题研究》对战时和战后中国抗战人口损失进行综合估计分析后指出，抗战时期中国人口损失超过 5000 万。[③] 韩光辉的《北京历史人口地理》，在一定程度上形成了对何炳棣研究成果及方法上的超越：区域性的户口调查制度有其特殊性，城市人口可以作为精确的定量研究。[④]

关于人口增长原因，一般认为是由于山区开发、土地垦殖、美洲新作物的引入种植，也包括清朝实施滋生人丁永不加赋、摊丁入亩等政策。但对后一原因，有学者则提出，摊丁入亩期间恰是清代人口增长最慢时期，强调玉米、番薯种植及山区开发对人口增长的推动作用。李中清对西南的人口研究发现，从康熙至道光年间，该地区人口增长的主要原因是经济机

①　姜涛：《中国近代人口史》，浙江人民出版社 1993 年版。
②　王育民：《中国人口史》，江苏人民出版社 1995 年版。
③　卞修跃：《抗日战争时期中国人口损失问题研究》，华龄出版社 2012 年版。
④　韩光辉：《北京历史人口地理》，北京大学出版社 1996 年版。

会的增加,不是农业耕作的变化和耕地的扩大。①

　　人口压力与农村经济的关系一直是中外学者高度关注的问题。行龙指出:中国近代人口虽然增长十分缓慢,但是相对人口过剩却有增无已,人口过剩直接阻碍中国资本主义的发展。② 他认为,近代华北农村经济在严重的人口压力的驱动下,不断出现技术型农作物增长较快、农户经营方式中亦农亦商、以副补农等现象,这些都是农业经济发展的表征。③ 汪润元、勾利军认为近代中国农村"过剩人口"的主要表现是人口与耕地比例失调。④

　　近代中国人口过剩几成定论,基本的依据是人口对耕地的压力。不过,也有不同的看法。对于清代前期人口迅速增长、人口压力出现,阻碍了社会经济发展等观点,一些学者也以华南、江南为例提出商榷与反驳。⑤ 章有义选择中国近代若干个有代表性的年份,对当时的耕地和人口数量作了估计,认为在1812—1949年的137年间,中国平均人口增长率不仅远远低于1741年以来的增长率,而且低于当时世界各国人口增长率,基本否定了人口压力是近代中国贫穷落后的主要原因这一成说。⑥

## (三) 人口结构

　　城市人口是人口结构的重要方面。关于城市人口的研究较多,一则是

———————————

　　① ［美］李中清:《清代中国西南的粮食生产》,秦树才、林文勋译,《史学集刊》2010年第4期。

　　② 行龙:《人口因素与中国近代化》,《上海社会科学院学术季刊》1991年第4期。

　　③ 行龙:《近代华北农村人口消长及其流动——兼论黄宗智"没有发展的增长"说》,《历史研究》2000年第4期。

　　④ 汪润元、勾利军:《试论近代以来中国农村中人口对生产力的压迫》,《人口研究》1991年第1期。

　　⑤ 方地:《清代丁税对人口作用我见——兼论清代人口大增长原因》,《中山大学学报》1986年第2期;李中清:《明清时期中国西南的经济发展和人口增长》,《清史论丛》第5辑;刘志伟、陈春声:《应重视传统农业发展的社会空间》,《中国经济史研究》1994年第1期;李伯重:《"最低生存水准"与"人口压力"质疑——对明清社会经济史研究中两个基本概念的再思考》,《中国社会经济史研究》1996年第1期;李伯重:《清代前中期江南人口的低速增长及其原因》,《清史研究》1996年第2期。

　　⑥ 章有义:《近代中国人口和耕地的再估计》,《中国经济史研究》1991年第1期。

因为近代城市史研究繁荣的带动，二则是受到 20 世纪 90 年代以后中国城市人口快速增长引起社会问题的现实促动。行龙认为中国近代人口城市化走了一条畸形发展的道路，并带有浓厚的殖民地色彩，这必然带来一系列严重的城市人口问题，如失业人口数量庞大，畸形的人口职业结构、男女人口比例失调以及物价腾涨、地价高昂、交通拥挤、住房紧张、治安混乱等问题。① 张庆军指出，在人口城市化过程中，民国时期都市人口的结构呈现出以下特点：性别比例偏高；青壮年人口占较大比例；已婚率普遍低于乡村；四民之末的商业和工商业就业人数占据了绝对优势；教育程度有所提高，文盲人数也呈减少的趋势。②

何一民、沈毅、徐曰彪、王均分别考察了成都、大连、香港、北京的人口情况。③ 何一民认为，近代成都人口的增长以移民为主要原因和特征。清中叶以后，成都人口呈持续增长状态，民国以后，成都城市人口则出现大落大起的曲线发展。④ 张利民考察了近代华北城镇人口的剧增及其等级与系统，认为城镇人口的性别比例严重失调，年龄结构呈菱形，青壮年多，老幼者少。⑤ 王庆成研究了晚清直隶、山东一些州县村镇的规模、家庭构成、村民受教育程度以及性别比例等问题。他认为，晚清时期，不少镇人口不多，只是乡间自然村落的一种名称。村镇的户均人口多在五人左右，入学者只占人口的百分之一二。穷民、残疾、节孝等弱势人群占相当比重，老年人口偏低。性别比例严重失调，男性人数远远超过女性。就人口年龄分布而言，基本属稳定型人口类型。⑥ 李金铮指出，20 世纪二三十年代河北定县农村男性对女性的过高性比例，导致男性的早婚和迟婚，一

---

① 行龙：《略论中国近代的人口城市化问题》，《近代史研究》1989 年第 1 期。
② 张庆军：《民国时期都市人口结构分析》，《民国档案》1992 年第 1 期。
③ 何一民：《近代成都城市人口发展述论》，《近代史研究》1993 年第 1 期；沈毅：《近代大连城市人口略论》，《社会科学辑刊》1993 年第 2 期；徐曰彪：《近代香港人口试析（1841—1941）》，《近代史研究》1993 年第 3 期；王均：《1908 年北京内外城的人口与统计》，《历史档案》1997 年第 3 期。
④ 何一民：《近代成都城市人口发展述论》，《近代史研究》1993 年第 1 期。
⑤ 张利民：《近代华北城市人口发展及其不平衡性》，《近代史研究》1998 年第 1 期。
⑥ 王庆成：《晚清华北村镇人口》，《历史研究》2002 年第 6 期。

部分男性被剥夺了结婚的权利。①

虞和平认为，民国时期人口增长超过耕地的增长，但未对社会造成重大压力，重要原因是人力资源的开发利用。主要表现为：教育程度较清末普及，提高了人口素质，从而增强了就业能力；以向东北移民、农村向城市移民、抗战时期向后方移民为代表的三种大规模人口迁移，使内地与边远地区、城市与农村劳动力供需和人口素质的不平衡状况得到缓解；妇女就业程度的提高，使这一人口资源得到发掘。② 曾凡的《人力资本与上海近代化（1843—1949）》一书对上海近代人力资本优势及其形成，人力资本水平与工资收入、社会阶层和职业流动的相关性，人力资本与上海近代发展速度等进行分析和研究，进而阐释了人力资本的实现、配置和维护问题。③

除了从宏观上研究人口结构，也有一些学者利用宗谱、户口册等资料对近代人口进行微观分析。如彭希哲、侯杨方对澄江范氏家族，余新忠对苏州彭氏家族，洪璞对汾湖柳氏家族的人口状况进行研究，取得了一些成果。④ 彭希哲、侯杨方根据《澄江范氏家谱》等资料进行研究，指出人口变动主要是依靠外部的力量——自然环境、社会经济环境的恶化与改善引起的死亡率的升降来进行人口调节，他也认为在人口压力较为严重的时期，不同阶层的人们通过推迟男子的婚龄、保持独身以及婚内节育来应付环境的挑战。此外还有刘翠溶分析了明清时期家族人口与社会经济变迁，美国学者李中清等研究了清代皇室人口。

### （四）人口流动

人口的流动主要有移民、流民等形式。

---

① 李金铮：《二三十年代冀中农村性别比例失衡的实证分析——以定县为例》，《社会学研究》1998 年第 5 期。

② 虞和平：《略论民国时期的人力资源开发》，《历史研究》1998 年第 2 期。

③ 曾凡：《人力资本与上海近代化（1843—1949）》，上海人民出版社 2012 年版。

④ 彭希哲、侯杨方：《1370—1900 年江南地区人口变动与社会变迁——以江阴范氏家族为个案的研究》，《中国人口科学》1996 年第 3 期；侯杨方：《明清江南地区两个家族人口的生育控制》，《中国人口科学》1998 年第 4 期；余新忠：《从苏州〈彭氏宗谱〉管窥明清江南人口状况——兼论谱牒与人口史研究》，《铁道师院学报》1997 年第 2 期；洪璞：《清代江南家族人口的数量分析——以汾湖柳氏为例》，《东南文化》2000 年第 11 期。

对移民问题的研究专著较早的有李德滨、石方的《黑龙江移民概要》①和路遇的《清代和民国山东移民东北史略》。② 李德滨、石方对近代以来黑龙江的移民分阶段作了地理分布、迁徙状况的分析，还对日伪统治时期的国内移民与日本移民作了概述。1997 年出版了葛剑雄主编、曹树基所著的《中国移民史》（清、民国时期），论述了清代至 20 世纪 40 年代发生在中国境内的移民，对一些大的移民运动，说明其起因、迁移对象、迁移时间、迁入地、迁出地、迁移路线及方向、定居过程和产生的影响，并尽可能作了定量分析。③ 该书对移民数量的分析和估测，对移民的社会、宗族和产业结构的分析和评价等都做出了较大的学术贡献。之后关于中国移民史的论著在整体上，甚至某些议题都没有超越《中国移民史》。有关专著还有朱国宏的《中国的海外移民——一项国际迁移的历史研究》，④ 安介生的《山西移民史》⑤ 等。

移民的研究除了一些宏观的论述，还以东北、西北、华东、西南等区域为范围进行细致分析。

东北移民研究大体上分为两个方面，日俄向东北移民和关内的"闯关东"，主要围绕移民过程、移民原因、移民的影响等问题展开。

季淑芬指出，在"九一八"事变至抗战胜利前的十几年间，日本向中国东北的移民活动，具有缓解日本国内社会阶级矛盾的紧迫性、移民的军备性、移民输出的强制性和移民宣传的欺骗性等特点。⑥ 高乐才认为，由于日本经济匮乏、经营不善、自然社会条件的差异以及中国人民和东北当局的抵制与反对等原因，1905—1931 年日本向中国东北的试点移民活动遭到了彻底的失败。⑦ 赵风彩指出，20 世纪初叶，日俄两国都大批向中国东北移民；关内自发的移民队伍起到了巩固边防，促进东北

① 李德滨、石方：《黑龙江移民概要》，黑龙江人民出版社 1987 年版。
② 路遇：《清代和民国山东移民东北史略》，上海社会科学院出版社 1987 年版。
③ 曹树基：《中国移民史》第 6 卷（清、民国时期），福建人民出版社 1997 年版。
④ 朱国宏：《中国的海外移民——一项国际迁移的历史研究》，复旦大学出版社 1994 年版。
⑤ 安介生：《山西移民史》，山西人民出版社 1999 年版。
⑥ 季淑芬：《试论日本帝国主义向中国东北的移民》，《北方文物》1995 年第 3 期。
⑦ 高乐才：《日本向中国东北地区"试点"移民及其失败》，《东北师大学报》1997 年第 6期。

经济文化迅速发展，使中国的人口分布更趋合理等作用。① 朱玉湘、刘培平总结了"九一八"事变前后东北移民的特点。"九一八"事变前，关内向东北的移民有组织、有计划、数量大、范围广，居住性移民增多，农业移民呈上升的趋势；而事变之后，移民数量忽高忽低，流动性增强，居住性减少，带有很大的强制性。"七七"事变之后日伪大量使用战俘作劳工。② 张利民指出，"闯关东"的移民，多是华北地区的农民，他们到东北的原因，固然有政府移民实边政策及东北自然经济吸引力的影响，而更大的驱动力则是华北自然经济环境的不断恶化与社会秩序的动荡不安。③ 周春英认为，近代关内移民大规模迁居东北，具有以下的突出特征：从移民的流动过程看，经历了由非法到合法，由自由发展到政府有组织进行的过程；从路线看，水路多于陆路；从流向看，在东北的地理分布呈现出由南到北逐步深入的趋势；从移民的职业流向看，以农业移民为主，其次为劳务移民和经营工商业者。移民的性别以男性为主，呈现单一性，年龄构成比较低。④

抗战时期人口流动问题是学者关注的一个重点。何一民指出，抗战初期，随着人口西进和政治、经济重心向西南转移，西南城市出现大发展。这不仅对支持抗战取得胜利、维持人民的基本生活起了巨大的作用，而且也在一定程度上改变了中国生产力布局的不合理状况，改变了这些城市的性质和功能。⑤ 唐润明分析了抗战时期重庆人口的变迁。他指出，1943—1945 年，受战争的直接影响，重庆人口猛增，这在促进重庆城市发展与社会经济进步的同时，也给整个重庆社会带来了许多意想不到的困难。⑥ 张根福指出，抗日战争时期浙江省人口有的迁移至外省，有的在省内迁移。

① 赵凤彩：《二十世纪初叶东北移民浅析》，《人口学刊》1988 年第 1 期。

② 朱玉湘、刘培平：《论"九·一八"事变后东北地区的关内移民》，《近代史研究》1992 年第 3 期。

③ 张利民：《"闯关东"移民潮简析》，《中国社会经济史研究》1998 年第 2 期。

④ 周春英：《近代东北三省关内移民动态的分析》，《中国边疆史地研究》2004 年第 2 期。

⑤ 何一民：《抗战时期人口"西进运动"与西南城市的发展》，《社会科学研究》1996 年第 3 期。

⑥ 唐润明：《抗战时期重庆的人口变迁及影响》，《重庆师院学报》（哲学社会科学版）1998 年第 3 期。

迁往省外的人口从战争初期开始就有大规模的回迁现象，迁移人口中最后转化为移民的只是少数。他还对抗日战争时期浙江迁移人口结构作了分析。[1] 程朝云在 2000 年前后研究了抗日战争初期的人口迁移，后来其专著《抗日战争时期人口内迁研究》则向后延伸到战争的中后期，并将问题集中于战地人口向大后方的内迁。对于知识分子奔赴陕甘宁边区这一特殊的人口迁徙运动，她也作了较为系统的探讨。[2] 抗战时期的难民形成了一个前所未有的巨大群体。孙艳魁的《苦难的人流——抗战时期的难民》一书，对抗战时期难民的状况、特征予以分析，并详述了各界对难民群体的救济政策及其善后工作。[3]

关于城市移民问题，卢汉龙通过对上海 438 人的调查，分析了 1949 年前上海移民的来沪原因、动机、来上海前后身份的变化、生活方式等问题，认为上海中下层市民很多来自移民甚至难民，这是导致上海人精明慎微、察言观色、利己本分和随遇而安性格的基本原因之一。[4]

除了移民、难民、流民、离村农民等也与人口流动有关。流民与离村农民不是同一概念，但也并无重大差别。近代农民的离村问题，二三十年代中外学者已予以关注。关于农民离村人数激增的原因，大体包括人口压力、农业危机、苛捐杂税、战乱灾荒、工农比较利益的驱动等。人多地少、灾祸频仍的地区，靠近都市、市场发达、交通便利的地区，农民离土率较高；落后闭塞地区的离土率较低。各个因素在不同文章中所处地位有时不同，甚至还有不同看法。如王文昌不同意用人口压力来解释 20 世纪 30 年代前期农民离村的原因，而彭南生则认为人口压力是近代中国农民离村的主要原因。一些论著通过分析离村者的数量、年龄、性别、去向、职业和阶级成分，探讨农民离村对传统社会向现代变迁的推动。一些论著列举了农民离村行为带来的住房紧张、交通拥挤、供求失衡、治安混乱等社

① 张根福：《抗日战争时期浙江省的人口迁移与地域分布》，《历史研究》2000 年第 4 期；张根福：《抗战时期迁移人口的结构分析——浙江省个案研究》，《史学月刊》2003 年第 2 期。

② 程朝云：《抗日战争时期人口内迁研究》，中国社会科学出版社 2013 年版。

③ 孙艳魁：《苦难的人流——抗战时期的难民》，广西师范大学出版社 1994 年版。

④ 卢汉龙：《上海解放前移民特征研究》，《上海社会科学院学术季刊》1995 年第 1 期。

会问题。①

池子华、王印焕等对流民或农民离村研究较为全面,其他论著关注的主要问题和论证模式与之大体相似。池子华、王印焕研究的地域范围和侧重点有所不同。池子华撰有《中国近代流民》《中国流民史:近代卷》和《流民问题与社会控制》等以近代流民为研究对象的论著。对流民现象发生的原因、流民的空间和职业流向、流民对近代中国社会所产生的影响、流民的生存方式、流民问题的社会控制等问题进行了较为全面的考察。②王印焕撰写了《1911—1937年冀鲁豫农民离村问题研究》等论著,讨论的问题包括冀鲁豫农民离村的成因,农民离村后的地域流向及职业分布,离村农民的生活状况,农民离村与社会变迁,社会各界对农民离村问题的疏导与治理等。③

除了农村人口向城市流动外,城市人口的流出,也在研究者的视野之内。邵燕婷在对19世纪60年代上海流民离沪情况作了考察后指出:1860年前后上海涌入了100万流民,在1865—1870年,有80万—90万流民离开了上海。正是这种城乡之间强劲的推力和拉力,造成了上海现代化初期人口的剧烈变动。④周育民考察了在上海的游民阶层,研究了他们的就业、组织、活动特点及与会馆的关系。⑤

① 王文昌:《20世纪30年代前期农民离村问题》,《历史研究》1993年第2期;鲁西奇:《中国近代农民离土现象浅析——以1912—1937年间为中心》,《中国经济史研究》1995年第3期;周中建:《二三十年代苏南农民离村问题研究》,《古今农业》1999年第4期;彭南生:《也论近代农民离村原因——兼与王文昌同志商榷》,《历史研究》1999年第6期;朱汉国、王印焕:《民国时期华北农民的离村与社会变动》,《史学月刊》2001年第1期;李凤琴:《20世纪二三十年代中国北方十省农民离村问题研究——以华北地区山东、山西、河南、河北为重点》,《中国历史地理论丛》2004年第2辑。
② 池子华:《中国近代流民》,浙江人民出版社1996年版;池子华:《中国流民史:近代卷》,安徽人民出版社2001年版;池子华:《流民问题与社会控制》,合肥工业大学出版社2013年版。
③ 王印焕:《1911—1937年冀鲁豫农民离村问题研究》,中国社会出版社2004年版。
④ 邵燕婷:《19世纪60年代上海流民离沪原因探析》,《华东师范大学学报》2002年第2期。
⑤ 周育民:《开埠初期上海游民阶层研究》,《近代史研究》1992年第5期。

# 二　家庭、家族

家庭、家族关系在各种社会关系中居主导地位，各种社会关系常常受家庭、家族关系的制约和影响；家庭、家族是人生的出发点和归宿，家庭、家族利益制约着其成员的各种活动。因此，研究中国家庭、家族史，对认识中国社会具有重要意义。① 有关近代家族研究的评述文章已刊发数篇。② 本书在借鉴上述成果的基础上，对该领域研究成果进行重新梳理。

## （一）研究历程

中国学界对中国家庭、家族展开成规模研究始于 20 世纪二三十年代。

19 世纪后期至 20 世纪初期，中国社会生活各个领域都发生了巨大变化。社会的巨大变革，要求对一切传统的社会现象、社会制度，特别是那些能体现传统社会特点、制约整个社会生活的社会现象、社会制度，重新进行审视，而家庭、家族制度首先受到冲击。近代推动社会变革的一些重大社会政治、文化运动，往往对传统家庭、家族制度进行批评和否定，甚至把变革传统的家庭、家族制度，看作是变革传统社会的一个重要条件和内容。20 世纪初在新史学思潮影响下，史学界的视野拓宽了，不再局限于帝王将相的活动和政治权力争夺史，而是扩展到对社会生活各个领域包括婚姻家庭历史进行研究。社会学、民族学、人类学、民俗学传入中国，社

---

① 学界对宗族与家族概念尚有不同看法，二者既有重叠之处，也有相异之处，本书关于家族的研究综述也包含了对宗族的研究成果。

② 郑振满：《中国家族史研究：历史学与人类学的不同视野》，《厦门大学学报》1991 年第 4 期；王玉波：《启动・中断・复兴——中国家庭、家族史研究述评》，《历史研究》1993 年第 2 期；常建华：《二十世纪的中国宗族研究》，《历史研究》1999 年第 5 期；毛立平：《百年来清代婚姻家庭史研究述评》《安徽师范大学学报》2002 年第 1 期；余华林：《近 20 年来中国近代家庭史研究评析》，《中州学刊》2005 年第 2 期；肖守库、耿茹：《近 20 年来中国近代婚姻史研究述评》，《河北北方学院学报》2006 年第 3 期；常建华：《近十年晚清民国以来宗族研究综述》，《安徽史学》2009 年第 3 期；潘大礼：《三十年来民国婚姻家庭史研究述评》，《湖北师范学院学报》（哲学社会科学版）2011 年第 1 期。

会科学领域的学者不仅自己重视研究家庭、家族等问题，他们关注的问题也对史学界带来直接影响。正是社会和家庭大变动的客观因素，与学术界特别是史学界大变动的主体因素相结合，使家庭、家族史的科学研究，得以启动和奠基。

20 世纪 20 年代，中国学术界关于中国家庭、家族史的专门论著不多，有些散见于刊物中，如吕思勉的《中国宗族制度小史》，潘光旦的《中国家谱学略史》等。① 30—40 年代，家庭、家族史研究有了一个较大的发展。一批有关殷商、秦汉、魏晋南北朝、唐宋等时期的家庭、家族的论著，相继发表、出版，还有总论家族制度的，如陶希圣的《婚姻与家族》，雷海宗的《中国之宗族制度》，高达观的《中国家族社会之演变》等。②

30 年代出现了一些研究近代家庭、家族问题的论著。郎擎霄的数篇文章研究了近代以来南方的宗族械斗。③ 刘兴唐通过考察河南的血族分析了近代血族的衰颓，研究了清代福建宗族的祠庙和财产、械斗后指出血族对于弱小族人的保护和对政府以及官僚的对抗。④ 潘光旦重视优生学和人才学，并将之引入宗族研究，所著《明清两代嘉兴的望族》，通过对嘉兴望族血系分图、血缘网络图，世泽流衍图的制作，统计出每个血系的世泽流衍到 8.3 世，嘉兴的望族平均能维持二百余年，认为世家大族兴废盛衰的关键在于遗传、教育这些祖宗的力量以及移徙、婚姻、夭寿的状况。⑤

1949 年后，随着马克思主义理论指导地位的确立，探讨社会形态、社会性质成为史学研究时尚。50 年代历史学界对家庭、家族的研究还有一定学术性。60 年代，在批判"族权"以肃清封建主义影响、制止宗族活动

---

① 吕思勉：《中国宗族制度小史》，中山书局 1929 年版；潘光旦：《中国家谱学略史》，《东方杂志》1929 年第 26 卷第 1 期。

② 陶希圣：《婚姻与家族》，商务印书馆 1934 年版；高达观：《中国家族社会之演变》，正中书局 1944 年版；雷海宗：《中国之宗族制度》，《社会科学》1937 年第 2 卷第 4 期。

③ 郎擎霄：《中国南方械斗之原因及其组织》，《东方杂志》1933 年第 30 卷第 19 期；郎擎霄：《清代粤东械斗史实》，《岭南学报》1935 年第 4 卷第 2 期；郎擎霄：《近三百年来中国南部之民间械斗》，《建国月刊》1936 年第 14 卷第 3—5 期。

④ 刘兴唐：《河南的血族组织》，《文化批判》1936 年第 3 卷第 3 期；刘兴唐：《福建的血族组织》，《食货》1936 年第 4 卷第 8 期。

⑤ 潘光旦：《明清两代嘉兴的望族》，商务印书馆 1947 年版。

的刺激下，历史研究片面强调阶级斗争，严重影响了家庭、家族研究的学术性。也有的学者从学术上关注家庭、家族问题，如傅衣凌从族权的角度探讨了中国封建社会发展长期迟滞问题。① 左云鹏分析了祠堂和祭田相结合、族权的发展、政权和族权的结合。② 邱汉生结合一些宋至清的族规家训论述宗法思想问题。③

但综观上述 20 世纪 20—70 年代有关中国家庭、家族的研究论著，基本上是以中国古代家庭、家族史为主要内容，而不是以"近代"作为论述的范围。

"文化大革命"期间，家庭、家族研究陷入停顿状态。"文化大革命"结束之后，家庭、家族研究成为社会史研究的重要领域，取得一系列成果。

80 年代初，叶显恩、谭棣华对广东及徽州等地宗族展开研究，王玉波分析了近代革命史中对封建家长制的批判，之后他展开了家庭史的研究。80 年代中期，郑振满开始研究福建的家族、唐力行对徽州宗族展开研究，钱杭探讨了中国古代的宗法制度。90 年代前期，陈支平、郑振满、邓伟志、傅建成、冯尔康、常建华等纷纷推出家庭、家族史方面的专著。这些成果虽然多数是以明清时期为主要内容，但也有的涉及近代。

陈支平的《近 500 年来福建的家族社会与文化》从家族制度的形成、家族的内部管理及运行、家族与封建官府的对抗依存关系、家族的扩张与分裂、家族的祖先祭祀、宗教信仰、家族的规范教育、文化娱乐，直至家族的建筑形式等各个角度，全面展示了福建社会文化变迁的生动画卷。④

郑振满的《明清福建家族组织与社会变迁》考察了家庭结构的周期性变化，从家族成员之间的相互关系与行为准则出发，将家族组织分为继承式、依附式与合同式三种基本类型，提出了中国传统社会的演变趋势是：

---

① 傅衣凌：《论乡族势力对于中国封建经济的干涉——中国封建社会长期迟滞的一个探索》，《厦门大学学报》1961 年第 3 期。

② 左云鹏：《祠堂族长族权的形成及其作用试说》，《历史研究》1964 年第 5—6 期。

③ 邱汉生：《批判"家训""宗规"里反映的地主哲学和宗法思想》，《历史教学》1964 年第 4 期。

④ 陈支平：《近 500 年来福建的家族社会与文化》，上海三联书店 1991 年版。

宗法伦理的庶民化、基层社会的自治化以及财产关系的共有化，体现了社会意识形态的"泛家族主义"倾向。①

冯尔康等学者对宗族用力甚多，完成《中国宗族社会》和《18世纪以来中国家族的现代转向》等著作。冯尔康主要论述了18世纪至20世纪末300年以来，中国家族从传统社会向现代社会转型期间的衍化过程中，其观念文化方面所发生的潜移默化的变化，其家族形态和组织形式演变的轨迹。他提出：近现代家族的政治功能极大地衰退，其社会功能则充分显示出来，家族与政治分离、与政府分离，是20世纪以来家族长存于现代社会的重要原因。②

常建华所撰《宗族志》系统地论述了中国宗族制度的基本内容，分析了风俗习惯与宗族制度、宗族制度的规则与实际运作、宗族内部规范和外部政策法令、宗族与政治、宗族制度与思想文化。在宗族祭祖制度、宗族结构、族谱的形态及演变、族学、国家与宗族的关系方面进行的研究，改变了以往研究的薄弱状况。③

唐力行所著《商人与文化的双重变奏——徽商与宗族社会的历史考察》和《徽州宗族社会》等书，主要探讨了宗族文化、宗法制度对徽商及徽州社会的影响。④

林济的《长江中游宗族社会及其变迁：黄州个案研究（明清—1949年）》探讨了明清长江中游宗族社会的宗族组织结构，尤其着力于研究长江中游宗族社会的近代变化。⑤

程维荣《中国近代宗族制度》主要介绍了近代宗族制度的渊源与社会

---

① 郑振满：《明清福建家族组织与社会变迁》，湖南教育出版社1992年版。

② 冯尔康：《清人的宗族社会生活》，《清人社会生活》第五章，天津人民出版社1990年版；冯尔康：《清代宗族制的特点》，《社会科学战线》1990年第3期；冯尔康等：《中国宗族社会》，浙江人民出版社1994年版；冯尔康：《18世纪以来中国家族的现代转向》，上海人民出版社2005年版。

③ 常建华：《宗族志》，上海人民出版社1998年版。

④ 唐力行：《商人与文化的双重变奏——徽商与宗族社会的历史考察》，华中理工大学出版社1997年版；唐力行：《徽州宗族社会》，安徽人民出版社2005年版。

⑤ 林济：《长江中游宗族社会及其变迁：黄州个案研究（明清—1949年）》，中国社会科学出版社1999年版。

环境、近代宗族与婚姻家庭制度、近代族谱与族规、近代少数民族宗族制度、晚清至民国宗族社会的变化、国民党时期宗族制度的延续与变革、革命根据地宗族制度的瓦解等内容。①

邓伟志的《近代中国家庭的变革》着重考察了太平天国运动对封建婚姻家庭制度的冲击，戊戌变法运动时期康有为等人的家庭改革思想和性观念，辛亥革命时期的家庭革命理论，以及五四运动、新民主主义革命中的家庭状况。② 傅建成的《社会的缩影——民国时期华北农村家庭研究》则主要是对家庭变化的实际形态如家庭结构、家庭关系、家庭功能、家庭物质生活等进行探讨。③ 岳庆平的《家庭变迁》探讨了近代家庭观念的变迁。④

王利华、张国刚主编的《中国家庭史》共五册，其中第四册（明清时期）由余新忠撰写，第五册（民国时期）为郑全红所撰，该书考察了近代家庭规模、家庭生活、家庭伦理，家庭与社会的关系等，是家庭史研究的集大成者。⑤

80 年代前期发表的研究成果，形成家庭、家族研究的一个高潮。研究的基本特征是把宗族制度作为族权看待，多通论宗族制度的主要内容如祠堂、族长、族田、族谱，注重族权同政权的结合，认为族权起着维护封建统治的作用，是中国封建社会长期延续的重要原因。这时也有研究者看到政权和族权矛盾的一面。80 年代后期，家庭、家族研究进入新时期，主要表现在一些学者对已有的家庭、家族研究观点提出商榷，加强了断代、专题、区域和个案研究。该时期家庭、家族研究的基本特征是，把家庭、家族制度作为社会制度看待，在其与政治的关系上更多地注意二者的互动关系，家庭、家族研究的视野扩展到旧有家庭、家族几大要素之外，看到了家庭、家族制度与商品经济和谐的一面，注意到家庭、家族制度的历史变

① 程维荣：《中国近代宗族制度》，学林出版社 2008 年版。
② 邓伟志：《近代中国家庭的变革》，上海人民出版社 1994 年版。
③ 傅建成：《社会的缩影——民国时期华北农村家庭研究》，西北大学出版社 1994 年版。
④ 岳庆平：《家庭变迁》，民主与建设出版社 1997 年版。
⑤ 余新忠：《中国家庭史（明清时期）》；郑全红：《中国家庭史（民国时期）》，广东人民出版社 2007 年版。

迁及对中国社会的适应性和其多方面发展的可能性。进入 21 世纪后的家庭、家族史研究朝更加精细化的方向发展，家庭、家族与地方社会的关系引起较大关注。

近代家庭、家族史研究，主要围绕着家庭观念，家庭规模、结构、功能，家庭物质生活水平，家族教育与文化，家庭、家族内部关系，家庭、家族与国家、地方社会的关系等方面展开。

### (二) 家庭观念、家庭关系与家庭生活

20 世纪 80 年代后期至 90 年代中期，近代婚姻家庭观念变革的研究中较多关注批判传统婚姻家庭制度的危害、呼吁妇女解放等方面，这一时期的研究多在革命史、政治史的框架中阐释家庭观念的变革。后来的一些研究注意将婚姻家庭变革与社会制度变迁、民主进程发展、时代观念交替联系起来。

吕美颐讨论了 20 世纪初资产阶级崭新的婚姻家庭观，将婚姻家庭问题纳入近代资产阶级整体改革运动中进行考察。[1] 徐建生分析了近代较有影响力的家庭改革观。[2] 有的研究者清理了各个时期家庭观念的变化和各种改革思潮，如邓伟志的《近代中国家庭的变革》和岳庆平的《家庭变迁》等。这些论著历述了太平天国对封建家庭的改造，戊戌变法时期康有为、梁启超、谭嗣同的家庭观，辛亥革命时期的"家庭革命"论、"毁家论"和女权运动，五四时期的家庭改制观和家庭研究热潮，社会史论战、土地改革和中华人民共和国成立后家庭观念的变迁。其基本论证思路是排列、归纳出各思潮对传统家庭、家族制度及其习俗的揭露与批判，以及在此基础上对新式家庭的憧憬与设想，从中看出近代国人传统家庭、家族的淡化和新式家庭观念的形成。[3] 这些论著将家庭、家族观念的转变与社会制度的变革、民主思想

---

① 吕美颐：《二十世纪初中国资产阶级的婚姻家庭观》，《史学月刊》1987 年第 6 期。

② 徐建生：《近代中国婚姻家庭变革思潮述论》，《近代史研究》1991 年第 3 期。

③ 邓伟志：《近代中国家庭的变革》，上海人民出版社 1994 年版；岳庆平：《家庭变迁》，民主与建设出版社 1997 年版；梁景和：《论清末的家庭革命》，《史学月刊》1994 年第 1 期；陈振江：《清末民初婚姻家庭变革运动的趋向》，《南开大学学报》1997 年第 4 期；冯尔康：《18 世纪以来中国家族的现代转向》，上海人民出版社 2005 年版。

的发展联系起来，力图揭示其深刻的社会根源和历史根源。

家庭、家族观念的变迁并不等同于家庭、家族实际发生的演变。一些学者对家庭、家族实际发生的演变进行了研究。家庭关系包括父子关系、婆媳关系、夫妻关系、兄弟关系等，对家庭的结构和规模都有相当的影响，是家庭史研究中不可忽略的环节。

冯尔康揭示了清代夫妻间的不平等和清人对父权的神化。① 乔志强主编的《中国近代社会史》指出，中国近代的家庭关系明显表现出重男轻女、嫡庶有序、夫权与神权紧密结合等特点。② 陈蕴茜认为，民国时期城市家庭中人格对等的夫妻关系逐步取代等级尊卑的父子、夫妻关系成为家庭关系的主轴，家庭中长辈权威逐渐旁落。③ 徐永志指出，晚清父子、夫妻、兄弟、婆媳、妯娌、妻妾等家庭关系都不同程度地出现了冲破男尊女卑、长幼有序的封建关系而趋于相对自由平等的现象。④ 郑全红认为，民国时期家庭关系的趋势总体上表现为父权、夫权观念变迁，由主从关系向平等关系过渡，上一代权威减弱，下一代自我中心强化。家庭生活的男性中心逐渐位移，女性地位不断得到提高。⑤ 一些学者注意到了近代家庭关系的变化，这些变化始于何时？李伯重的研究颇有启发，他讨论了明清江南农家妇女劳动问题，认为"男耕女织"这一农家劳动安排方式，虽然出现很早，但是一直到清代中期，才在江南发展成为一种支配性的模式，实现从"夫妇并作"到"男耕女织"的转变。⑥

家庭生活主要包括人情交往、孩子的生养与教育、家庭娱乐以及疾病与医疗等。余新忠的《中国家庭史（明清时期）》对此有较为全面的探讨，其中对妇女的交往空间，疾病的应对方式、医生的选择与看病方式，

---

① 冯尔康：《清代的家庭结构及其人际关系》，《文史知识》1987 年第 11 期。

② 乔志强主编：《中国近代社会史》，人民出版社 1992 年版。

③ 陈蕴茜：《论民国时期城市家庭制度的变迁》，《近代史研究》1997 年第 2 期。

④ 徐永志：《略论晚清家庭的变动》，《历史教学》1998 年第 1 期。

⑤ 郑全红：《中国家庭史（民国时期）》，广东人民出版社 2007 年版；郑全红：《论民国时期家庭关系的变化》，《中州学刊》2008 年第 6 期。

⑥ 李伯重：《从"夫妇并作"到"男耕女织"——明清江南农家妇女劳动问题探讨之一》，《中国经济史研究》1996 年第 3 期。

疾病的护理等进行了颇有新意的分析。① 刘是今指出了民国时期农家生活的变化,但就其深度和广度而言,这些变化比较微弱,中国的整个农村仍是相当的保守和落后,传统的生活方式、生产方式和伦理观念仍是农村社会的主流。② 吕美颐认为,民事习惯在稳定近代家庭方面起着特殊作用。主要表现在承嗣方面的控制功能,家庭财产的分配与保护功能,对老幼孤残的赡养、抚育功能,以及通过调节家庭与社会各种关系,实现家庭自律及家庭间互助互利的功能。③

黄海妍的《在城市与乡村之间:清代以来广州合族祠研究》一书讨论了自明清之际到20世纪中期,广州城中合族祠的建立与运作、地方政府屡禁合族祠与合族祠的应对、民国时期广州合族祠的转型、民国时期合族祠的运作与活动、民国时期合族祠的利益争夺与纠纷。④

关于家族生活的空间,杨国安认为,明清鄂东南地区以宗祠—支祠—家祠为层级的祠堂建筑格局与家族聚居区—自然村落—单个家庭的聚落形态相对应,其中与自然村落相关联的支祠是构成所在村落的公共空间,并成为族人祭祀、娱乐、教育、生产等公共生活的核心,维系着清代以来鄂东南地区以家族为特征的民间秩序。⑤

"耶稣家庭"运动也受到学者的关注。1927年发端的以山东泰安马庄为中心的"耶稣家庭"运动,到40年代末扩展至七八个省,到1952年以后消失。陶飞亚认为,这些耶稣家庭把宗教与世俗生活结合起来,在团体中废除私有财产和血缘家庭,大家共同劳动,过平均主义的集体生活,是一场在基督教教义指导下持续了近三十年的中国基督教乌托邦运动。⑥

---

① 余新忠:《中国家庭史(明清时期)》,广东人民出版社2007年版。
② 刘是今:《论民国时期农村家庭制度的变迁》,《青海社会科学》2003年第4期。
③ 吕美颐:《近代中国民事习惯在稳定家庭方面的社会功能》,《郑州大学学报》(哲学社会科学版)1997年第1期。
④ 黄海妍:《在城市与乡村之间:清代以来广州合族祠研究》,生活·读书·新知三联书店2008年版。
⑤ 杨国安:《空间与秩序:明清以来鄂东南地区村落、祠堂与家族社会》,《中国社会历史评论》第9卷,天津古籍出版社2008年版。
⑥ 陶飞亚:《耶稣家庭与中国的基督教乌托邦》,《历史研究》2002年第1期。

**（三）家庭、家族的结构、规模与功能**

家庭史领域内，近代中国家庭规模的变化吸引了众多学者的关注。一些学者也热衷讨论近代中国家庭规模的变化趋势。近代中国家庭规模是否变小了的结论应建立在与近代之前的比较基础上。那么明清时期、近代或民国时期家庭规模有多大呢？

许檀利用山东宁海州王梦泉的《咸丰十一年九月被难大小男子妇女节义纪实》中的资料指出，该地家庭平均 6.05 人。[①] 王跃生的《十八世纪中国婚姻家庭研究：建立在 1781—1791 年个案基础上的分析》通过对两千余件档案资料进行单独分析和汇总归纳，指出清代家庭平均 4.5 人上下。[②] 余新忠综合分析许檀、王跃生、周绍泉、栾成显、江太新、乔志强等学者的成果，并结合巴县档案等资料认为，明清时期家庭规模基本在 5 口上下。[③]

乔志强主编的《中国近代社会史》认为，五六口之家是近代中国家庭的主体，但出现了由大变小的趋向，且有地域的不平衡性。[④] 邓伟志的《近代中国家庭的变革》认为，20 世纪 20—30 年代中国多数家庭是 3—6 人的规模，同时有少数规模庞大的家庭，有的 20 多人，甚至多达 65 人。[⑤] 陈蕴茜利用 20—30 年代的调查材料指出，当时中国城市的家庭平均人口是 4—5 人。[⑥]

现在绝大多数研究者基本认同近代家庭规模逐渐缩小，家庭类型逐渐向核心家庭过渡，呈现小型化、核心化的趋势。持此论者的分歧在于对家庭规模的确切大小以及当时家庭的主导类型有不同看法。不少学者都指出了中国家庭规模的变化。如姜涛认为，近代的家庭规模呈递降趋势。[⑦] 陈

①　许檀：《清代山东的家庭规模和结构》，《清史研究通讯》1987 年第 4 期。

②　王跃生：《十八世纪中国婚姻家庭研究：建立在 1781—1791 年个案基础上的分析》，法律出版社 2000 年版。

③　余新忠：《中国家庭史（明清时期）》，广东人民出版社 2007 年版。

④　乔志强主编：《中国近代社会史》，人民出版社 1992 年版。

⑤　邓伟志：《近代中国家庭的变革》，上海人民出版社 1994 年版。

⑥　陈蕴茜：《论民国时期城市家庭制度的变迁》，《近代史研究》1997 年第 2 期。

⑦　姜涛：《中国近代婚姻与家庭结构》，《社会科学院研究生学报》1994 年第 4 期。

蕴茜、郑全红等学者认为民国时期中国家庭规模趋于小型化。[1] 其实正如王跃生在《社会变革与婚姻家庭变动：20 世纪 30—90 年代的冀南农村》中所言，中国大多数历史时期，家庭人口规模在五口的水平上徘徊。[2] 对比明清与民国时期的家庭规模，似乎难以看到变小的趋势。

　　家庭规模与家庭结构密切相关。家庭规模大，可以称为大家庭，反之称为小家庭。学界往往根据家庭亲属间的代际层次将家庭结构分为核心家庭、主干家庭和联合家庭。核心家庭是由夫妻与未婚子女组成的家庭，主干家庭是指由夫妻和一对已婚子女所组成的家庭，联合家庭包括父母与多对已婚子女共同生活。研究家庭规模的学者通常也讨论家庭结构，关注的重点也相似，即家庭结构以核心家庭（小家庭）为主还是以主干家庭、联合家庭（大家庭）为主。

　　李景汉等依据定县调查认为，农村的家庭组织以数代同堂的大家庭为主。费孝通等观察到的江村居民采取了与北方相反的做法。90 年代，才有越来越多的学者认为小家庭是中国传统社会主流家庭。

　　许檀指出，咸丰十一年（1861）山东宁海州核心家庭户数比例约为 36%，主干家庭户数比例约为 29%，联合家庭户数比例约为 33%。[3] 徐泓研究《古今图书集成·明伦会典·闺媛典》后认为，核心家庭比例约为 48%，主干家庭比例约为 48%。[4] 唐力行利用族谱对明清时期徽州方氏四个家族支派进行研究后指出，核心家庭比例约为 65%，主干单核心家庭比例约为 22%。徽州在明代后期形成小家庭大宗族格局。[5] 张研将家庭分为个体家庭、直系家庭、家族家庭，其中个体家庭是清代基本的家庭组织形式。[6] 王跃生指出，在 18 世纪中后期的中国社会，核心家庭所占比例超过 50%，直系家庭约为 30%，复合家庭不足 10%，小家庭已成为当时社会

　　① 陈蕴茜：《论民国时期城市家庭制度的变迁》，《近代史研究》1997 年第 2 期；郑全红：《中国家庭史（民国时期）》，广东人民出版社 2007 年版。

　　② 王跃生：《社会变革与婚姻家庭变动：20 世纪 30—90 年代的冀南农村》，生活·读书·新知三联书店 2006 年版。

　　③ 许檀：《清代山东的家庭规模和结构》，《清史研究通讯》1987 年第 4 期。

　　④ 徐泓：《明代家庭的权力结构及其成员间的关系》，《辅仁历史学报》1993 年第 5 期。

　　⑤ 唐力行：《明清徽州的家庭与宗族结构》，《历史研究》1991 年第 1 期。

　　⑥ 张研：《清代家庭结构与基本功能》，《清史研究》1996 年第 3 期。

的主流家庭形态。① 余新忠依据嘉庆十一年（1806）巴县档案统计出该地核心家庭户数比例约为53%，主干家庭户数比例约为31%，联合家庭户数比例约为16%。他认为，大小家庭的比例大致相当，综合来分析，大家庭更体现了当时社会的主流取向和时代特征。② 认为家庭主导类型是核心家庭的还有张静如、刘志强、傅建成等。现有的研究成果多依据某地的某类资料，这些个案能说明一些问题，但要整体上做出判断却还需要分布地域更广、更多的个案。

也有学者提出要注意各类家庭的变化。冯尔康将古代的家庭分为核心家庭、直系家庭、联合家庭、家族家庭、残缺家庭，并指出各种家庭并非固定不变，而是在不断的转化之中。③ 郑振满《明清福建家族组织与社会变迁》指出，由于分家析产制的盛行，可能导致家庭结构的周期性变化，因此要对家庭进行动态分析。④ 邓伟志认为，中国近代家庭变革的走向，就是家庭功能逐渐地由多到少，家庭规模逐渐地由大到小，家庭结构逐渐地由紧到松。⑤

学者对近代家庭、家族的变与不变没有太大的分歧，通常认为有些变化，但变化不大。对变化的原因比较强调外在因素。

杨婉蓉认为，民国时期农村的宗族制度受到经济发展、政治变革和社会革命的冲击，而呈现出逐渐衰落的趋势；由于这一时期宗族制度的经济基础并未被动摇，国民政府无力也无意于摧毁宗族制度，加之宗族制度本身发展的惯性，使得民国时期宗族在缓慢衰落。⑥ 廖雅琴认为，南方宗族组织在近代早期的大变局下发生了一些变化，这些变化由于打上了近代化的烙印，不同于以往改朝换代或战乱过程中的宗族反应。宗族组织在近代早期虽受到打击，但其势力仍然强大，一些宗族的某些新变化正表明了其

① 王跃生：《十八世纪中后期的中国家庭结构》，《中国社会科学》2000年第2期。
② 余新忠：《中国家庭史（明清时期）》，广东人民出版社2007年版。
③ 冯尔康：《清代的家庭结构及其人际关系》，《文史知识》1987年第11期。
④ 郑振满：《明清福建家族组织与社会变迁》，湖南教育出版社1992年版。
⑤ 邓伟志：《近代中国家庭的变革》，上海人民出版社1994年版。
⑥ 杨婉蓉：《试论民国时期农村宗族的变迁》，《广东社会科学》2002年第2期。

惊人的适应力。① 于秀萍认为,在河北宗族的建设上,明清与晚清到民初并没有大的断层,而多表现为一脉相承。从清代到民国,农村宗族的变迁是缓慢的,它的迅速衰落不是制度的废除,很大程度上也不是新思想的宣传,而是外在的冲击。② 唐力行认为,辛亥革命后社会转型的速度大大加快,传统宗族组织的三个要素族谱、祠堂和族田发生变化,中国宗族组织的消亡是革命的结果,不是自然变迁的结果。③

由于对一些地区的宗族研究已取得了较多的学术成果,一些学者尝试进行不同地区宗族的比较研究。叶显恩认为作为传统宗法制传承典型的徽州宗族组织,其主要功能在于谋求并维护本宗族的社会地位及特权;而珠江三角洲的宗族组织则因明代中后期商业化的发展而转向发挥经济功能,无论是宗族的普遍化还是宗族族产的多样化等方面,都显示出宗族的经济功能是商业行为,而不是徽州的道义经济。④ 唐力行比较了苏州与徽州的家族—宗族结构,苏徽两地间的家族移徙与互动等。⑤

### (四) 族产

族产尤其是其中的族田等不仅是维系家族的纽带,也往往对国家经济和地方社会产生一定影响。

李文治、张研等分别撰写了以族产为主题的专著,主要围绕族产的来源、数量、管理和用途等几个方面进行分析。李文治、江太新从封建土地所有关系的角度研究宗法宗族制及其功能与作用,认为土地关系的变化是宗族宗法制发展变化的根源。⑥ 张研的专著《清代族田与基层社会结构》

---

① 廖雅琴:《中国近代早期南方宗族变迁》,《学术论坛》2005 年第 8 期。

② 于秀萍:《晚清民国以来的河北宗族述略——以河北宗族族谱为中心》,《中国社会历史评论》第 9 卷,天津古籍出版社 2008 年版。

③ 唐力行:《20 世纪上半叶中国宗族组织的态势——以徽州宗族为对象的历史考察》,《上海师范大学学报》2005 年第 1 期。

④ 叶显恩:《徽州和珠江三角洲的宗法制比较研究》,《中国经济史研究》1996 年第 4 期。

⑤ 唐力行:《苏州与徽州——16—20 世纪两地互动与社会变迁的比较研究》,商务印书馆 2007 年版。

⑥ 李文治:《中国封建社会土地关系与宗法宗族制》,《历史研究》1989 年第 5 期;李文治、江太新:《中国宗法宗族制和族田义庄》,社会科学文献出版社 2000 年版。

论述了清代族田的历史渊源、发展概况、管理与经营、土地增殖与租入分配，族田与社会结构，清朝对宗族、族田的态度及做法。①

广东、安徽、江苏、福建、江西等地族产较为发达，相关地域的研究成果也多。谭棣华的《清代珠江三角洲的沙田》一书指出，族田随着宗法制的发展而不断膨胀，族田的发展又强化了宗法制度并成为珠江三角洲宗族力量强大的重要标志。清代珠江三角洲的族田或由族人在现有田亩中割充、捐赠，或通过经营族产收入，或摊派认股积聚银两、抽收置产费等来购买。② 刘淼论述了清代徽州歙县棠樾鲍氏、唐模许氏祠产的设置、来源、祠产结构与地权形态、租佃关系、地权分配。③ 王日根探讨了清代福建义田，比较了明清福建与江南义田的设置者、不同的发展趋向和设置目的。④ 许华安认为，清代江西族产来源具有大众性、平民性、普遍贫弱的特点，族产的管理、经营也有一定的民主性和功能性。⑤ 冯尔康讨论了清朝苏南义庄的性质与族田的关系，把义庄放在宗族制度中探讨。范金民指出，乾隆、道光以及太平天国运动之后是苏州义庄发展的三个阶段；义田设置方向向下层宗族转移，义庄地址向城镇转移，是清代苏州义庄的新特征。⑥ 张翔凤通过对近代苏州碑刻中有关史料的研究，论述了宗族保障基金的来源及其运作，指出宗族保障基金主要由官宦和乡绅捐助，其主要方式是设立义庄，义庄为宗族保障提供了最重要的基金，义庄的管理则充分利用了政府力量和传统的宗族血缘纽带。⑦

---

① 张研：《清代族田与基层社会结构》，中国人民大学出版社 1991 年版。

② 谭棣华：《清代珠江三角洲的沙田》，广东人民出版社 1993 年版。

③ 刘淼：《清代徽州祠产土地关系——以徽州歙县棠樾鲍氏、唐模许氏为中心》，《中国经济史研究》1991 年第 1 期。

④ 王日根：《论明清福建家族内义田的发展及其社会背景》，《中国社会经济史研究》1990 年第 3 期；王日根：《清代福建义田与乡治》，《中国社会经济史研究》1991 年第 2 期；王日根·《明清福建与江南义田的比较研究》，《史林》1996 年第 2 期等。以上文章收入王日根《明清民间社会的秩序》，岳麓书社 2003 年版。

⑤ 许华安：《试析清代江西宗族的结构与功能特点》，《中国社会经济史研究》1993 年第 1 期；许华安：《清代江西宗族族产初探》，《中国社会经济史研究》1994 年第 1 期。

⑥ 冯尔康：《论清朝苏南义庄的性质与族田的关系》，《中华文史论丛》1980 年第 3 期；范金民：《清代苏州宗族义田的发展》，《中国史研究》1995 年第 3 期。

⑦ 张翔凤：《近代苏州碑刻中的乡绅自治与宗族保障》，《史林》2003 年第 4 期。

有学者对族产复杂性进行解析。张佩国指出，族产的不甚明确的权属关系，是与"差序格局"的家族伦理密切相关的。家族伦理既是一种道德观念，又是一种多元的族群关系网络，族产与家产在族人财产观念上的相对化，也是族群关系结构中"公""私"相对化的具体表现。族只是家的扩大，只要族群关系的基本结构不改变，族产的性质就脱不出家族共财制之窠臼。① 林济认为，近代南北方乡村财产继承习俗，反映了以宗祧继嗣为基础的宗族社会财产继承制度特点，但中国乡村财产继承制度并不是某种高度一致的宗祧继嗣观念的简单展开，受各地的社会经济及历史文化的影响，特别是各地的宗族关系严重影响财产继承习俗；同时财产继承习俗也影响乡村宗族关系的变化。②

家族与地方经济之间的互动关系也受到关注。20 世纪 80 年代初，一些学者倾向认为家族制度阻碍了经济发展。如叶显恩和谭棣华等指出，宗族势力对广东佛山等地经济的控制与干预，使城市经济结构凝固、僵化，严重阻碍了技术的传播与改良革新，在某些方面还对佛山经济起到摧残、破坏的作用。③ 后来上述看法发生改变。叶显恩、韦庆远认为，在珠江三角洲宗族制与商业化有相互依存关系，二者是互相适应的。④ 郑振满探讨了闽北的乡族共有经济。⑤ 唐力行指出，明清徽商善于借助宗族势力，建立商业垄断，展开商业竞争，控制从商伙计，徽商资本又反过来强化了宗族势力。⑥ 刘志伟从沙湾何族族产的建立和沙田开发过程入手，考察宗族在沙田开发中所扮演的角色，以及沙田开发对宗族形态的影响，认为沙田

① 张佩国：《近代江南乡族族产分配与家庭伦理》，《江苏社会科学》2002 年第 2 期。
② 林济：《近代长江中下游家族财产习俗制度述论》，《中国社会经济史研究》2001 年第 1 期；林济：《近代乡村财产继承习俗与南北方宗族社会》，《中国农史》2003 年第 3 期。
③ 叶显恩、谭棣华：《封建宗法势力对佛山经济的控制及其产生的影响》，《学术研究》1982 年第 6 期。
④ 叶显恩、韦庆远：《从族谱看珠江的宗族伦理与宗族制的特点》，《学术研究》1997 年第 12 期。
⑤ 郑振满：《试论闽北乡族地主经济的形态与结构》，《中国社会经济史研究》1985 年第 4 期；《明清闽北乡族地主经济的发展》，《明清福建社会与乡村》，厦门大学出版社1987 年版；《明以后闽北乡族土地的所有权形态》，《平准学刊》第 5 辑，光明日报出版社 1989 年版。
⑥ 唐力行：《论徽商与封建宗族势力》，《历史研究》1986 年第 2 期。

的大规模开发为宗族势力的发展创造了相当有利的独特条件。① 罗一星认为，清代佛山商品经济的迅速繁荣和侨寓人士大量移入，造成土著社会组织的动荡，佛山宗族组织发生了明显变化，主要表现在宗子制度的废止、宗产形态的变更、价值观念的演进和宗族组织的解体上。②

### （五）家庭、家族的教育与教化

对子孙的教育、教化，关系到后代继承人的素质，以及家庭、家族的未来命运，历来受到家庭、家族的重视，也是学者关注与研究的一个问题。

修纂家谱、族谱是明清时期民间通行的对后代进行家族教育、传承家族意识的一种重要方式。冯尔康论述了清代族谱的修纂、体例、史料价值以及利用的注意事项。③ 刘志伟通过宗族对祖先谱系重构、宗族与沙田开发的典型分析，提示宗族组织及其功能之所以实现的文化形式、地域文化的形成过程，探讨宗族文化的内在意义。他指出，编造宗族的历史和谱系，是沙湾何族的重要价值资源。④ 陈支平的《福建族谱》深入分析了福建族谱修纂的历程、种类与格式、修纂与管理、族谱家法、序跋题词的装饰炫耀、祖先的寻觅与塑造、渊源的追溯与合流、异姓的联系与合谱、神明的崇拜与创造、客家族谱等问题。⑤ 梁洪生指出，江西清末民初的谱牒中反映出社会新思潮对修谱者的影响。⑥ 陈琪、胡筱艳以光绪二十三年祁门竹源陈氏宗谱文书为例，考察了清末徽州民间纂修宗谱的整个过程，包括徽州民间纂修宗谱的缘起、纂修组织结构、各项制度规定、宗谱管理、纂修谱例及付梓规定等。⑦ 李甜认为，明清皖南旌德方氏通过编撰家史，将地方名人方元荡奉为始迁祖，巩固了地方精英对方氏宗族的支持，得到

① 刘志伟：《宗族与沙田开发》，《中国农史》1992年第4期。

② 罗一星：《明清佛山经济发展与社会变迁》，广东人民出版社1994年版。

③ 冯尔康：《清史谱牒资料及其利用》，《南开史学》1984年第1期。

④ 刘志伟：《祖先谱系的重构及其意义》，《中国社会经济史研究》1992年第4期。

⑤ 陈支平：《福建族谱》，福建人民出版社1996年版。

⑥ 梁洪生：《辛亥前后江西谱论与社会变迁——读谱笔记三则》，《中国社会历史评论》第2卷，天津古籍出版社2000年版。

⑦ 陈琪、胡筱艳：《清末徽州民间宗谱纂修活动研究——以光绪二十三年祁门竹源陈氏宗谱文书为例》，《安徽史学》2006年第6期。

地方社会的认可，其家史还被官方志书采纳，这些都使方氏在地方社会主导权的竞争中赢得了优势地位。①

传统基础教育是家庭、家族自行进行的。丁钢主编的《近世中国经济生活与宗族教育》主要论述了明清时期晋商、徽商、闽粤商、江浙商的宗族教育问题。② 吴霓探讨了明清南方地区家族教育中普及性教育和科举入仕教育，以及家族教育的经费等问题。③ 清末学制改革，将以前私学化的基础教育，改为社会化的教育，旧式族学也开始发生转型。韩凝春将学制变革以前的旧式族学与变革中的江浙族学作了勾勒和比较。④ 林济指出，国民政府时期，两湖地区的新族学实施近代教育，发展到相当规模和水平。新族学集合了城乡近代宗族精英，其中新乡绅在新族学及其校董会中扮演了特别重要的角色；新族学及其校董会成为乡村宗族新的中心，宗族旧的祭祀功能在一定程度上让位于教育功能。新乡绅推动了宗族制度的改良，促进了乡村宗族变迁。⑤ 李平亮考察南昌熊氏家族后认为，晚清民国时期，一些地方精英为维持家族发展，获取新的社会权势，通过师承关系，将"新学"与家族的发展连成一体，创办新式学校，进行社会实践。这一策略不仅为其家族成员进入地方政治机构创造了条件，还形成了以学校为中心的政治权力网络，对地方社会的政治局势和权力结构产生了深刻的影响。⑥ 徐茂明等人指出，明清以来苏州文化世族在科举制废除前重在考取功名，步入仕途，凭借国家权力维系其家族利益、社会声望与文化优势；在科举制废除之后，文化世族则转入实业、科学、技术等领域，借以获取更多的产业优势与生活条件。⑦

宗族文化的变迁也引起学者的注意。朱英认为中国商人宗族在近代出

① 李甜：《"方德让家"：从旌德方氏看明清皖南宗族的家史编纂》，《安徽史学》2014 年第 3 期。
② 丁钢主编：《近世中国经济生活与宗族教育》，上海教育出版社 1996 年版。
③ 吴霓：《明清南方地区家族教育考察》，《中国史研究》1997 年第 3 期。
④ 韩凝春：《清末民初学制变革中的江浙族学》，《天津师大学报》1996 年第 4 期。
⑤ 林济：《国民政府时期的两湖新族学与乡村宗族》，《近代史研究》2004 年第 2 期。
⑥ 李平亮：《近代中国的新学、宗族与地方政治——以南昌熊氏家族为中心》，《中国社会历史评论》第 8 卷，天津古籍出版社 2007 年版。
⑦ 徐茂明等：《明清以来苏州文化世族与社会变迁》，中国社会科学出版社 2011 年版。

现了由大变小以及封闭性日趋削弱、开放流动性日渐显现，旧的功能不断弱化、新的功能日益明显等过去所没有的新发展趋向。商人宗族文化在形式、内涵及其影响等许多方面，也相应发生了比较显著的变化。① 阮云星对近世福建义序黄氏进行考察后指出，虽然族产和乡绅的能动性对宗族的组织化具有决定性的功能作用，但父系的观念系谱和以此为基础的宗族乡村日常生活和文化传承是近世宗族存续的文化前提和社会基础。②

傅建成研究了民国时期华北农村家庭的宗教信仰，认为祖先崇拜和神祇敬奉依然在人们日常文化生活中占有重要的地位，这种强烈的宗教信仰，恰是民国时期华北农村家庭生产与生活缺乏保障状况的反映，同时也体现出农家在无保障的社会环境中希求稳定的意向。③ 刘淼考察清代徽州的"会"与"会祭"后指出，以祭祀和信仰为基础而组合的"会"，意味着宗族生活开始出现分化。④ 张先清注意到廉溪中游的家族婚姻圈是天主教在基层社会传播开来的重要途径；在一定地域社会中，一些传统家族组织又是反对天主教传播的主导力量之一。⑤

### （六）家庭、家族与国家、地方社会

国家、地方社会与家族的关系主要有以下观点：政权与族权互相支持，政府防范家族，家族势力与官府统治权力彼此消长，政府、党派、战争对家族的冲击，政府、党派与家族之间互相利用与博弈。

政权与族权的关系是一个重要问题，长期以来众多研究者认为政权与族权互相支持，把族权作为维护封建统治的工具来看待，如左云鹏认为，清朝设立族正标志族权与政权直接结合。常建华认为清代不存在族权一贯

① 朱英：《论近代商人宗族与宗族文化的发展演变》，《天津社会科学》1999 年第 6 期。
② 阮云星：《宗族风土的地域与心性：近世福建义序黄氏的历史人类学考察》，《中国社会历史评论》第 9 卷，天津古籍出版社 2008 年版。
③ 傅建成：《论民国时期华北农村家庭的宗教信仰》，《历史教学》1995 年第 2 期。
④ 刘淼：《清代祁门善和里程氏宗族的"会"组织》，《文物研究》第八辑，黄山书社 1993 年版；《清代徽州的"会"与"会祭"》，《江淮论坛》1995 年第 4 期。
⑤ 张先清：《区域信仰的变迁：廉溪中游的汉人宗族与天主教的传播》，"中研院"史语所《古今论衡》2003 年第 9 期；张先清：《在族权与神权之间：晚清乡族势力与基督宗教在华传播》，章开沅、马敏主编：《基督教与中国文化丛刊》第 6 辑，湖北教育出版社 2004 年版。

得到政权支持而不断壮大，并在后期完全和政权结合在一起的过程。常建华认为，19 世纪闽台地区的族正制与治理械斗而变异的联庄制度结合在一起，共同维护基层社会的秩序。清朝族正制既监控宗族又防止族正借官府权威而控制宗族，并使宗族进一步组织化。[①] 陈支平指出，清代后期民间规避赋税的行为日趋激烈，不仅有一半的贫民参加，更有许多地主、乡绅等乡族势力从中推波助澜。民间抗粮与官府统治权力彼此消长，当国家政权统治比较稳固的时候，乡族势力能够相对地约束自己和配合政府的统治；而当国家政权社会控制能力下降的时候，乡族势力就能更多地操纵地方事务并且侵蚀国家政权的权益。[②]

有学者研究了政府、党派、战争对家族的冲击与改造。美国学者杜赞奇的《文化、权力与国家——1900—1942 年的华北农村》以"国家政权建设"和"权力的文化网络"为核心概念，探讨了国家政权建设过程中，华北乡村社会"保护型经纪"无奈逐渐淡出前台，"赢利型经纪"则日益走向前台，这个过程也是宗族组织遭到破坏的过程。[③] 傅建成指出，近代以来特别是进入 20 世纪后，随着中国经济、政治和文化诸多方面的剧烈变迁，宗族这一地方势力，越来越明显地呈现出无可奈何花落去的态势。在宗族走向败落的复杂因素中，中共领导的革命对宗族的冲击是至关重要的。[④] 张侃考察了 1929—1934 年闽西赣南的中国共产党早期基层政权建设，揭示了中央苏区时期基层社会组织从血缘性宗族转化为有极大国家主义色彩的政治性单位。[⑤] 杜香芹指出，抗战爆发后福建省府内迁，为了解

---

① 常建华：《清代族正制度考论》，《社会科学辑刊》1989 年第 5 期；《清代族正问题的若干辨析》，《清史研究通讯》1990 年第 1 期；《试论清朝推行孝治的宗族制政策》，《明清史论集》第二集，天津古籍出版社 1991 年版；《近代闽台族正制考述》，《中国社会经济史研究》2006 年第 1 期。

② 陈支平：《清末民间抗粮与乡族势力》，《厦门大学学报》2006 年第 1 期。

③ 〔美〕杜赞奇：《文化、权力与国家——1900—1942 年的华北农村》，王福明译，江苏人民出版社 1994 年版。

④ 傅建成：《新民主主义革命时期中共宗族政策、行为分析》，《历史教学》2001 年第 11 期。

⑤ 张侃：《从宗族到国家：中国共产党早期的基层政权建设——以 1929—1934 年的闽西赣南为中心的考察》，《福建论坛》2002 年第 5 期。

决粮食紧张、财政困难，进行学田改革，引起了宗族内部新旧士绅之间、政府与宗族之间激烈的地权之争。① 罗艳春考察了 20 世纪三四十年代江西省万载县农村宗族族董会制度建设的历程，作为体制外民间自治团体的族董会，既是地方行政的有效渠道，同时也是国家基层控制的对象之一。族董会在沿用传统宗族结构框架的同时，也成为回流的新乡绅进行宗族重建的工具。② 黄琨认为，在 1927—1929 年中共发动暴动时，阶级意识并没有深入乡村社会，中共暴动在相当程度上利用了宗族因素，其中宗族组织一直扮演着重要角色，既有有限结合的一面，也有设置人为壁垒的一面。③

　　有学者从下层人民家庭功能讨论革命的动因。刘志强、姚玉萍指出，北洋政府时期工人、农民、人力车夫、教师家庭的共同状况是入不敷出，无法维持正常生存；支出结构畸形，食品费用比重过大；食品结构畸形，主食比例过大，家庭成员缺少正常的营养条件，而这正是他们要求革命的原因。④

　　朱勇的《清代宗族法研究》从法律角度揭示了国家与宗族的关系，系统分析了清代宗族法的内容、制定与执行及其与国家法律的关系，探讨了江南宗族法的功能。费成康主编的《中国的家法族规》论述了家法族规的演变、制定、范围、奖惩特性、历史作用和研究意义。⑤ 冯尔康论述了族规所反映的清人祠堂和祭祀生活。⑥ 胡中生梳理光绪年间黟县宏村汪氏族内店屋互控案后指出，在族内民事纠纷的解决中，凭族理说是一套重要的道义程序，而全族谊则是必须遵循的道义原则，它体现了地方社会与官方

　　① 杜香芹：《论国家、宗族与乡绅的关系——以抗战时期闽中学田案为考察对象》，《福建省社会主义学院学报》2004 年第 1 期。
　　② 罗艳春：《二十世纪三四十年代国民党政府的地方控制与宗族——以江西万载县的族董会制度为中心》，肖唐镖主编，《当代中国农村宗族与乡村治理——跨学科的研究与对话》第 2 辑，中国社会科学出版社 2008 年版。
　　③ 黄琨：《中共暴动中的宗族组织（1927—1929）》，《史学月刊》2005 年第 8 期。
　　④ 刘志强、姚玉萍：《北洋政府时期下层人民家庭功能及其革命动因的考察》，《近代史研究》1991 年第 5 期。
　　⑤ 朱勇：《清代宗族法研究》，湖南教育出版社 1987 年版；朱勇：《清代江南宗族法的经济职能》，《中国经济史研究》1987 年第 4 期；朱勇：《论清代江南宗族法的社会作用》，《学术界》1988 年第 4 期；费成康主编：《中国的家法族规》，上海社会科学院出版社 1998 年版。
　　⑥ 冯尔康：《族规所反映的清人祠堂和祭祀生活》，《清王朝的建立、阶层及其他》，天津人民出版社 1994 年版。

之间的一种良性互动。①

家族常常利用各种社会、文化资源在地方社会竞争中获得有利地位。郭娟娟、张喜琴以榆次常氏家族为例指出，19 世纪末 20 世纪初，晋商家族商业破产，社会地位整体下降，而重视读书科举教育的家族成员转型为新精英阶层。② 家族在地方冲突与秩序维护中扮演了重要角色。一些学者探讨了宗族械斗的由来与发展、械斗类型、械斗原因及其社会影响等问题。

# 三 婚姻

婚姻，是男女两性组成家庭的重要方式，也是社会生活的基本内容之一。学界对中国婚姻史的研究始于民国时期。20 世纪二三十年代，北京大学法学专业出身的陈顾远先生就开始将婚姻史纳入其研究视野，于 1925 年与 1936 年经商务印书馆分别出版了《中国古代婚姻史》与《中国婚姻史》，③ 探讨了古代的妾制、中国女子对婚姻问题的态度、离婚制度、多妻

---

① 胡中生：《凭族理说与全族谊：宗族内部民事纠纷的解决之道——以清光绪年间黟县宏村汪氏店屋互控案为例》，《济南大学学报》2005 年第 6 期。

② 郭娟娟、张喜琴：《清代晋商家族代际流动分析——以山西榆次常氏为中心的考察》，《安徽史学》2014 年第 4 期。

③ 按：《中国古代婚姻史》共分九章，其章目分别为婚姻的观察、婚姻的形式、婚姻的制限、婚姻的停止、婚姻的组织、婚姻的仪注、婚姻的影响、婚姻的关系、婚姻的救济。《中国婚姻史》共分为六章，其章目分别为婚姻范围、婚姻人数、婚姻方法、婚姻成立、婚姻效力与婚姻消灭。陈顾远先生认为，婚姻为社会现象，同时又为法律现象，社会学家及法学家均重视对此问题的探讨。他在《中国古代婚姻史》的序言中提出研究必须注意研究对象的历史演变。"要研究社会学，当然要研究社会上各种普通的和特殊的现象，而社会上这些现象决不自今日起，大都是经过数千百年递次因变的结果。所以想用社会学的研究解决现有的问题，倘不明白这题的起源和历史，便难寻处他的演进的原理和自身存在的所以然，也就无从下手了。那么研究现时中国的婚姻问题当然是要依样办的。"（《中国古代婚姻史》序，第 1 页）在该序言中，他以婚姻为例概括了社会问题研究应注重的三个方面："即拿婚姻作例说，一种是婚姻的制度，就是指着当代所通行的，也是古书所记出的婚姻上的原则，如同婚姻的程序仪注等等都是。一种是婚姻的现象，就是指着一地所特有的，也就是古书上所认为婚姻的例外的，如同男女不待媒而奔，夫妻因兵荒相弃等等都是。一种是婚姻的理想，就是指着当代人对于婚姻的主张，也就是古书上所载出的婚姻救济方法，如同《周礼》上的媒氏，《管子》上的合独等等都是。"（《中国古代婚姻史》序，第 4 页）

制的起源、七出与再嫁等问题。这两种著作名为"婚姻史"，实际是对中国历代婚姻的法律史与社会学相结合的研究，或者可以称之为婚姻法史。就其学术地位而言，这两部书可称是婚姻史领域的拓荒之作。1949年至1985年，由于种种原因，大陆学界相关的研究十分稀少。1986年至今，学界对近代中国婚姻的研究不断收获新的成果。①

**（一）婚姻观**

中华人民共和国成立到20世纪80年代中期，学界对中国婚姻史的讨论较少，鲜有学者关注近代中国婚姻的情况。社会史复兴之后，学界开始关注这一问题。

**1. 从1986年到1995年，学界着重讨论近代的婚姻观**

清末民初，一些新知识人受西方进化论、天赋人权等学说的影响，提出了新的婚姻家庭观。徐永志较早注意到清末政治社会变革对婚姻观变迁的推动。他分析了戊戌变法思潮与辛亥革命对新知识人婚姻观的影响，认为戊戌变法思潮中新知识人的婚姻观主要表现在三个方面：一是揭露和抨击封建婚姻及其理论基础；二是热情介绍西方的婚制婚俗；三是提出婚姻改良的方案。辛亥革命前夕，资产阶级革命派提出了"婚姻自由"的口号。不过，当时封建婚姻仍是社会的主要婚姻方式。②

吕美颐认为，当时资产阶级和小资产阶级的知识分子的新婚姻观主要表现在两方面：一是去除"礼法婚姻"，建立"法制婚姻"；二是鼓吹"家庭革命"，推动"人道进化"。其内容主要是要求婚姻自由，反对买卖婚姻，为女性争取财产权等。她分析称，20世纪初资产阶级关于婚姻与家庭方面的论述具有其鲜明的时代特色：一是把批判旧的婚姻家庭制度同批判君主专制制度结合在一起；二是把争得个人（特别是妇女）的解放，同担负起社会责任、反对帝国主义侵略、挽救国家的危亡紧密结合在一起，

---

① 学界已有相关回顾，如王印焕《近年来中国近代社会史研究概述》，《近代史研究》1999年第4期；肖守库、耿茹《近20年来中国近代婚姻史研究述评》，《河北北方学院学报》2006年第3期；潘大礼《三十年来民国婚姻家庭史研究述评》，《湖北师范学院学报》（哲学社会科学版）2011年第1期。

② 徐永志：《清末政治社会变革对婚姻观变迁的推动》，《河北学刊》1987年第1期。

三是在羡慕西方的婚姻家庭制度的同时，还看到资本主义国家婚姻家庭方面的弊端。她还特别指出，20世纪初资产阶级提出的婚姻家庭观具有明显的时代和阶级的局限性。[①]

徐建生考察了辛亥革命前后的婚姻家庭变革思潮，认为近代最具有影响力的三个阶级的婚姻家庭观，即资产阶级民主自由观念和人道主义的婚姻自由、小家庭主张，小资产阶级无政府主义的废婚毁家主义，以及社会主义思潮中民主主义的婚姻家庭革命主张。其分析称，这一时期的婚姻家庭变革思潮集中在长江中下游的东南省区和留学日本、法国的中国人中间，思潮的主体由戊戌时少数"通人"转向受到酝酿之中的资产阶级新文化影响的青年和女子，其代表性的人物有秋瑾、金天翮、刘师培、何震、张静江、李石曾和胡汉民等人。这时期的婚姻变革思潮包括三个层次，即婚姻自由、废除婚姻和婚姻革命，显示出总体缓慢和不平衡的特征。[②]

蒋美华认为，辛亥革命前夕的新式知识分子群体形成了水平不等的婚姻家庭新观念，主要有婚姻自由和家庭变革思想、废婚和毁家论。其中，婚姻自由和家庭变革观念适应了社会生活近代化的要求，在思潮中占有大部分比重，影响颇为深远。废婚和毁家论当时只在国外少数知识分子中流传，消极作用十分明显。随着中国社会向近代化迈进，辛亥革命前夕适应时代的婚姻家庭新观念逐步发展为革命意义上的婚姻家庭新观念。[③]

**2. 自1996年起，学界对近代婚姻观念进行了更为深入的讨论**

（1）近代新知识人的婚姻观。清末有人提出了废除婚姻的主张，民国时期人们对是否要保留婚姻的问题又进行了热烈讨论。梁景和梳理了1920年由上海《民国日报》副刊《觉悟》"废除婚姻制度"专栏掀起的一场史无前例的"废婚"大论战。他分析说，废除婚制不仅仅是一个观念问题，更是一个现实生活问题，是一个社会实践问题。废婚派所阐述的观点的确有些是偏激、不正确的。然而，"废婚"主张作为一种哲学思考，作为一

---

① 吕美颐：《二十世纪初中国资产阶级的婚姻家庭观》，《史学月刊》1987年第6期。
② 徐建生：《近代中国婚姻家庭变革思潮述论》，《近代史研究》1991年第3期。
③ 蒋美华：《辛亥革命前夕婚姻家庭新观念》，《山西大学学报》（哲学社会科学版）1995年第4期。

种人的解放学说，具有理论上的深意与启示。① 与此相应的民国时期单身不婚的生活现象同样值得关注。

五四时期新式知识分子对婚姻自由观念进行了更深入的探索。陈文联认为，这时期的新式知识分子对婚姻自由的本质与内涵、伦理价值与实现途径等方面进行了建构，形成了一种颇有影响力的社会思潮。这一时期的婚姻变革思想将婚姻自由和社会革命联系起来，在深度和广度上较之以往都大大前进了一步。②

（2）近代少数民族的婚姻观。丁立平发现，近代纳西族的婚姻观念在经过外来文化冲击后表现出难得的理性。也就是说，近代纳西族的婚姻普遍是通过对家族经济状况、家庭社会背景、健康状况的综合考察平衡后，经由父母之命、媒妁之言而缔结的。丁氏将这种婚姻称为"理性婚姻"，认为其带有显著的民族传统，不完全等同于封建包办婚姻，主要表现有二：一是婚姻虽不自由，恋爱却很自由；二是虽以男权为中心，但妇女承担家庭主要劳动之外，可以在社会上抛头露面，开店经商，掌握家庭经济，享有一定的权利。③ "理性婚姻"作为一种新的概念是否成立尚可商榷，不过作者注意到的近代纳西族婚姻观可以作为近代中国婚姻观嬗变的一个独特案例，对于考察同时期汉族婚姻观的变迁而言是一个有意义的参照物。

（3）近代新旧婚姻观念冲突等因素引发的社会问题。其一，城市中的婚姻问题。朱丹彤考察了抗战时期重庆婚姻生活中存在的离婚、重婚、同居、弃婴、堕胎等问题。其认为，导致战时重庆婚姻及家庭关系混乱与破裂的原因大致有如下几种：经济困难，战火的阻隔，生活质量的下降以及社会、政府的无力应对。④ 张伟探讨了 20 世纪二三十年代上海的离婚情况，并认为近代上海城市居民在离婚这类事件上持有较为开明的态度。他

① 梁景和：《二十年代关于"废婚"的论战》，《光明日报》1998 年 8 月 14 日。
② 陈文联：《论五四时期探求"婚姻自由"的社会思潮》，《江汉论坛》2003 年第 6 期。
③ 丁立平：《从一个民族的近代婚姻看理性婚姻的意义》，《云南民族学院学报》（哲学社会科学版）2001 年第 1 期。
④ 朱丹彤：《抗战时期重庆的婚姻问题初探》，《西南师范大学学报》（人文社会科学版）2004 年第 5 期。

进而论称，近代中国城市家庭的婚姻确有一种从封建婚姻向现代婚姻的转变，近代上海城市家庭婚姻的转变事实上在 20 世纪初期的 30 年内就已经完成了。[①] 此外，李钊注意到五四时期《大公报》刊登的婚诉通告中有一部分离婚案是由女性主动提出来的，由此推论这一时期的妇女有了选择幸福和摆脱痛苦的权利，而不再仅仅是男性的附庸。[②]

其二，农村婚姻中的问题。童养媳是近代农村婚姻中的常见现象。温文芳认为，由于早定亲、早婚已成为习俗，再加上下层社会普遍的贫穷，清朝末年童养媳已经成为一种农村中相当普遍的现象。童养媳作为家庭一个劳动力被支配使用，也作为夫家的私有财产，无任何自由。童养媳的婚姻生活质量低下，不过是"一场没有欢乐的演出"[③]。近代童养媳问题确值得细致讨论。清末童养媳的家庭地位与婚姻生活是否如作者所言，还需要再做进一步的研究。

民国时期农村婚姻论财也是普遍现象。高石钢认为，民国时期中国农村婚姻论财的现象有加剧之势，由此带来了种种危害：一是促使农家更加贫困化；二是引起家庭不和，纠纷四起；三是造成婚嫁失时者数量增多。[④]

### 3. 2006 年至今，学界对近代婚姻观的讨论趋于细致化、微观化

近代婚姻观的变迁无疑具有地域、民族等维度上的差别与不平衡性。学界在勾勒这一变迁的总体图景时注意到清末民初珠江三角洲自梳女的婚姻观。自梳女是生活在珠江三角洲地区的一个没有婚姻生活的特殊女性群体。李淑蘋、龚慧华分析称，这群女性虽然选择了不要婚姻的生活，但衍生出一些变异的婚姻现象，比如极端的贞操观、特殊的家庭观等。不过，这些观念与近代知识女性要求恋爱自由、婚姻自由的文明的婚姻观念还有很大的差距。[⑤] 王栋亮、梁景和提出，清末民初的一些知识青年自主择偶，

---

① 张伟：《近代上海离婚状况比较》，《社会科学》2000 年第 12 期。
② 李钊：《试论五四运动后中国的女性与婚姻家庭》，《牡丹江师范学院学报》(哲学社会科学版) 2003 年第 5 期。
③ 温文芳：《晚清童养媳的婚姻状况及其盛行的原因》，《甘肃行政学院学报》2005 年第 2 期。
④ 高石钢：《民国时期农村婚姻论财规则初探》，《社会科学战线》1999 年第 5 期。
⑤ 李淑蘋、龚慧华：《浅析清末民初珠江三角洲自梳女的婚姻观》，《贵州社会科学》2009 年第 10 期。

注重"学堂知己"的婚恋方式，其婚礼既体现男女平等精神，又兼顾家族颜面。这种现象成为五四时期婚姻变革的滥觞与基点。①

不同于过去单纯讨论近代婚姻观的变迁，学界开始关注其与实际的婚姻生活的联系。王印焕注意到，民国时期京津两市的青年男女视婚姻自由为躬身实践的目标，但在实际生活中，家长在缔结婚姻中的决定权以及不容毁约的传统习俗都是横跨在婚姻自由实施途径中的巨大障碍。婚姻自由所能普及的范围，只可达于舆论与法规层面，在社会现实中还经常遭遇到重重困难。以婚姻自由为核心的婚俗变革在冲突与磨砺中艰难演进。② 朱汉国以离婚诉讼案为切入点，考察了民国时期婚姻观念的演进，认为民国年间频仍的离婚诉讼案充分体现了自主婚姻已从观念、文本走进了人们的日常婚姻生活。其间，女性诉讼案的频出，以及重婚诉讼、反虐待诉讼则深刻反映了男女平等、一夫一妻等观念在民众婚姻中的影响。但离婚诉讼案件的判决结果，又无奈地告知人们，新婚姻观念与现实生活仍有落差。③ 邓红、刘海霞认为，20世纪二三十年代"新女性"的婚姻家庭观念的变化反映了时代的进步与局限：一方面，她们面对现实多了一份冷静与理智，利用现有条件尽量使理想与社会相调和，在一定程度上推动了女子解放的渐进；另一方面，当时传统伦理道德、价值观念依然占据主导地位，新女性们也在强大的文化守旧势力下和自身的矛盾中艰难挣扎。④ 郑永福、陈可猛注意到20世纪二三十年代有人开始关注婚前健康调查和婚检等问题，认为"这些现象大都在清末民初已经萌发，但在二三十年代则表现突出，在社会中反响强烈，这是中国婚姻制度在现代化的轨道上前进的体现"⑤。

---

①　工栋亮、梁景和：《"学堂知己结婚姻"：五四时期婚姻变革的滥觞与基点》，《河北学刊》2016年第2期。

②　王印焕：《试论民国时期京津两市婚姻自由的实施进度》，《北京社会科学》2006年第6期。

③　朱汉国：《从离婚诉讼案看民国时期婚姻观念的演进》，《河北学刊》2013年第6期。

④　邓红、刘海霞：《觉醒：民国"新女性"婚姻家庭观之嬗变——以二十世纪二三十年代对城市女性的调查展开》，《河北大学学报》（哲学社会科学版）2007年第2期。

⑤　郑永福、陈可猛：《20世纪二三十年代中国城市中婚姻发展的新趋向》，《浙江学刊》2011年第1期。

由于婚姻观念的变化，近代女性对婚姻家庭生活提出了更多的要求，而当这些要求不能被满足时，又引发了更多的社会问题。张洪阳、艾晶运用民国初期的司法统计资料，分析称民国初年女性婚姻家庭观念发生了一定的变化，但也就此诱发了更多的女性犯罪。由这一时期的犯罪统计可以看出，已婚女性和寡妇之所以成为女性犯罪的主体，与其婚姻处境有着必然的联系，实为其解决经济压力和摆脱不幸婚姻的一种无奈选择。①

针对学界讨论近代中国婚姻观与实际生活关联远远不足的情况，余华林从观念史的角度提出了新的研究思路。他提出，在婚姻史及妇女史研究中应充分重视观念史的探索，不仅要关注观念本身的呈现过程及其内涵的层次性，而且要关注观念的社会化问题及其对社会生活的实际影响。他分析称，近代的许多"新"思潮和"新"观念，就其社会存在的最终样态而言，实不可简单地被归类为新或旧，多数都是不新不旧、亦新亦旧、新旧杂糅的。这个杂糅的结果是各种观念或思潮不断冲突与融合，逐渐互动而成。而目前的民国婚姻观念史研究在这方面常常显得有些力不从心，未来的相关研究应揭示民国时期妇女婚姻问题中的两大方面：一是此时的各种新式婚恋思潮如何通过各种论争呈现出丰富多彩的时代内容，又如何与旧式传统观念发生激烈碰撞，形成新旧杂糅的特殊观念形态；二是新旧观念及杂糅后的特殊观念形态究竟如何作用于妇女的实际婚姻生活。② 这一看法实际上批评了过去学界在讨论近代婚姻观变迁时浅尝辄止的现象，也为未来相关研究的深入提供了有用的思路。

## (二) 婚姻礼俗

婚姻礼俗是近代婚姻生活的重要内容之一。20 世纪 80 年代，学界对此问题开始进行研究，但自 90 年代中期才给予广泛的关注。

### 1. 1986 年到 1995 年，仅有少数学者关注近代婚姻礼俗问题

徐永志分析清末新出现的"文明结婚"时说，它虽然带有一定程度的

---

① 张洪阳、艾晶：《民初女性被告人的婚姻家庭状况分析——基于 1914—1919 年司法统计的考察》，《学术论坛》2010 年第 10 期。

② 余华林：《婚姻问题的观念史之新探索——民国妇女婚姻问题研究漫谈》，《中华女子学院学报》2011 年第 3 期。

崇洋倾向，但在当时的社会条件下，多少具有移风易俗和开拓人们视野的社会作用。相比之下，传统的婚姻"六礼"存在着愚昧、落后、迷信的一面，也没有个性自由的因素。他还注意到，婚姻中出现了过分华丽、追求享受的时尚。其认为，清末民初婚姻的演变一方面服从于近代社会过渡性总体运动；另一方面又受制于传统婚姻本身发展规律，从而显示出继承与择取、新旧冲突而又由旧趋新的总体性特征。[①] 行龙也撰文分析了清末民初婚姻生活中的新潮，将其特点概括为"去土求洋"，还特别指出买卖婚姻风气盛行是清末民初婚姻生活中一个值得注意的新动向。[②] 另外，姜涛从人口的角度考察了中国近代婚姻与家庭结构。他认为，清代人口结婚率高于民国时期，近代人口的家庭规模呈递降趋势，家族人口的平均世代间隔为 30—35 年。[③]

**2. 1996 年到 2005 年，学界广泛关注近代婚姻礼俗及其嬗变**

（1）近代婚姻的总体讨论。学界从整体上论述了清末民初婚俗变迁的特点与意义。罗检秋认为，民初婚俗变革受政治、文化环境的影响很大，政治环境的进步或保守与风俗习惯的变革有着重要的关系。民国初年的婚俗礼仪、婚姻观念都发生了新旧婚俗的剧烈冲突，这些冲突虽然包含着民族传统与西方风俗习惯的差异和矛盾，但实质上主要是中国旧文化与近代新文化的尖锐对立。[④] 梁景时认为，清末民初对婚姻陋俗的深刻揭露和批判，使当时的婚姻习俗发生了显著变化，主要表现为结婚、离婚自由的出现，婚姻法规和契约的颁行，结婚礼仪和服饰的改变以及婚姻介绍方式的更新。虽然这种变化在其践履过程中因处于初始阶段而缺乏普遍性，但它既是维新变法时期"前识者"婚俗观演变的继续和拓展，也是五四时期婚姻文化变革的基础和必要环节。[⑤] 苏全有认为，近代中国婚姻在西方文化影响下发生了转型，主要表现为：一是从男尊女卑到男女平等；二是从传统婚俗到西洋婚礼；三是从父母之命、媒妁之言到自由恋爱；四是从变态

---

① 徐永志：《清末民初婚姻变化初探》，《中州学刊》1988 年第 2 期。
② 行龙：《清末民初婚姻生活中的新潮》，《近代史研究》1991 年第 3 期。
③ 姜涛：《中国近代婚姻与家庭结构》，《中国社会科学院研究生院学报》1994 年第 4 期。
④ 罗检秋：《民国初年的婚俗变革》，《妇女研究论丛》1996 年第 1 期。
⑤ 梁景时：《清末民初婚俗的演变述论》，《山西师大学报》（社会科学版）1999 年第 1 期。

的贞操观到平等的性道德。①

（2）近代婚俗的外来影响。由于西方文明的影响，近代中国婚俗出现了文明结婚、集团结婚的新景象。左玉河考察了晚清民国时期婚俗的整体变迁历程，认为民国时期的婚俗较之晚清时期出现了以下四方面的显著差异：一是婚姻观念发生了转变，人们不仅提出"婚姻自由"的口号，而且提出"废除婚制""婚姻革命"的主张；二是婚姻制度发生重大变化，纳妾制受到猛烈批判，一夫一妻制逐渐成为主要的婚姻制度和家庭制度；三是婚姻日益自由，包办婚姻逐渐减少，自主婚姻增多，离婚更加自由，离婚案件增多；四是婚礼趋向简化，形成了一股新式婚礼取代旧式婚礼的大趋势。这些变化因为各种因素的制约而呈现出不平衡性和"新旧并呈、中西杂糅、多元发展"的特征。②

还有学者考察了区域社会的婚俗。

其一，华南社会的婚俗。宋立中注意到清末民初以上海为中心的江南地区的婚俗表现出某些与传统社会迥异的时代风气，其主要表现在婚姻媒介的转换、择偶标准的更新、婚姻礼仪的文明化、离婚再婚禁律被废除等方面。他认为，清末民初江南婚姻礼俗嬗变的原因如下：一是政治变革的推动；二是进步思潮的传播；三是女性主体意识的觉醒；四是江南地域经济的发达。③ 王儒年对近代上海婚事习俗进行了考察，认为其虽在形式上有很强的洋化色彩，本质上却是一种个人价值的追求，反映当时人们对传统道德规范的叛逆，对中国"天人感应"理念的否定。④ 杨秋认为，清末民初广州婚俗的改革呈现一种多样化的趋势，当地有很多濡染过新思想的人都乐于接受"文明婚礼"。广州婚俗的改革日见成效，这对整个珠三角的改革起了有力的推动作用，并且对偏远地区也起了一个示范作用。⑤ 冯

---

① 苏全有：《欧风东渐与近代中国婚姻转型》，《韩山师范学院学报》2001 年第 4 期。

② 左玉河：《由"文明结婚"到"集团婚礼"——从婚姻仪式看民国婚俗的变化》，薛君度、刘志琴主编：《近代中国社会生活与观念变迁》，中国社会科学出版社 2001 年版，第 196—238 页。

③ 宋立中：《清末民初江南婚姻礼俗嬗变探因》，《浙江社会科学》2004 年第 2 期。

④ 王儒年：《上海近代婚事习俗变迁的背后》，《连云港师范高等专科学校学报》2002 年第 3 期。

⑤ 杨秋：《清末民初广州的"文明结婚"习俗探析》，《广西社会科学》2004 年第 8 期。

之余初步考察了近代福建婚俗文化的变化，认为这种变化不仅体现在婚礼形式的改良，而且包括婚姻价值观的深刻变革。①

其二，华东社会的婚俗。王青考察了从民国成立到全面抗战前山东婚俗的变化，认为变化的动因在于革命运动的推进、经济发展的驱动以及文化教育的作用，变化的意义是在一定程度上促进了社会进步，丰富了人民的文化生活，并为日后旧礼俗的彻底变革奠定了某种基础，但这一变迁又是极为有限的，远远落后于一些发达省份。②

其三，华西社会的婚俗。毛文君、赵可考察了近代四川婚姻礼俗的变化及其特征。他们认为，这种变化具体表现为：青年男女婚姻自主观念增强，婚礼删繁就简和新式婚礼开始出现，婚姻禁忌有所松动；新旧婚俗的交相激荡，呈现中西新旧同时并存的混合性特征，城乡婚俗演变日益趋于不平衡。他们还注意到，近代四川愈演愈烈的奢华厚嫁风气造成多种负面影响，使传统婚俗中的买卖婚姻、童养媳等陋习在新的社会条件之下呈反弹之势，制约了新式婚俗影响和改造中国旧式婚俗的成效。③ 冯静、陆铭宁概括了民国时期四川社会婚姻礼俗变化的六大现象和三大特点。其中，六大现象为新式婚礼地区扩大，青年男女婚姻自主观念增强，婚礼形式趋于简化、便捷，涉外婚姻开始出现，离婚已是平常事，婚姻禁忌有所松动；三大特点即呈现出城乡不平衡局面，新旧中西同时并存的混合性特征，部分川民仍保持着畸形的婚姻观。④ 李丕祺认为，清末民初甘肃省婚姻的习惯主要有四：婚姻预约，同姓相婚，早婚及年龄不相当之婚姻，孀妇改嫁容易。⑤ 秦燕、岳珑《走出封闭——陕北妇女的婚姻与生育（1900—1949年）》一书将清末民国时期陕西妇女的婚姻与生育放在当地区域文化发展演变的大背景下进行考察。作者

---

① 冯之余：《略论近代福建婚俗的变迁》，《福建论坛》（人文社会科学版）2015年第4期。

② 王青：《民国后抗战前山东婚丧礼俗的嬗变》，《山东师范大学学报》（人文社会科学版）1999年第6期。

③ 毛文君、赵可：《近代四川婚姻礼俗变动趋势及特征述略》，《成都大学学报》（社会科学版）2003年第1期。

④ 冯静、陆铭宁：《略论民国时期四川社会婚姻礼俗的变化》，《西昌学院学报》2005年第1期。

⑤ 李丕祺：《清末民初甘肃省婚姻习惯评析》，《西北第二民族学院学报》2005年第4期。

在民间进行了大量的口述史料访谈，细致论述了陕甘宁边区时期陕北新旧婚姻礼俗、观念之间的碰撞与汇流，同时对边区新女性的婚姻和生育做了较为全面的论述。①

（3）婚礼与伦理及政治的关系。严昌洪运用民俗学与历史学相结合的方法，探讨了中国旧式婚礼所折射的妇女地位问题。他认为"父母之命"和"结二姓之好"的议婚过程，折射出女子无个人意志可言；"广家族，繁子孙"的婚姻目的，折射出妇女无个人幸福可言；各种禁忌与厌胜仪式，折射出对妇女的歧视；"跪茶"之礼与"拜梓"之俗，折射出妇女无独立人格可言；"闹房"陋习与"验贞"恶俗，折射出对妇女的侮辱；"踩门槛"与"抢新房"中的对抗，折射出妇女对不平等地位的抗争；而旧式婚礼的改良与"文明婚礼"的出现，折射出近代妇女地位的有限提高。他还分析说，折射出妇女地位低下的近代旧式婚礼之所以存在具有多重原因：一是传统妇女观的根深蒂固；二是礼制与民俗的因循传袭；三是中国近代社会经济、政治、文化教育诸方面变革的迟缓与不彻底。② 还有学者撰文讨论了民国时期的集团结婚，其认为集团结婚仪式具有隆重、热烈、简朴、文明的特点，受到民众欢迎。这种婚礼的出现是当时社会、经济、政治、思想、文化各种因素综合作用的结果，主要在于"新生活运动"的推动。囿于其阶级属性，南京国民政府不可能真正动员群众参与改革，加之旧风俗的顽固性，南京国民政府对实行集团结婚的婚仪改革较为认真，也取得了一定成效，但并不彻底。③

学者们对近代出现的新婚俗给予充分肯定，但对于传统婚俗却持过度否定的立场。传统婚俗固然有束缚人身自由的一面，但若将其打上保守、落后的"封建陋俗"的标签，则不免扭曲了其本来面目。比如，对传统婚俗中体现的"男尊女卑"的不平等问题也有更多视角。甚至有研究表明，在传统的华北乡村社会中，女性在家庭中居主导地位的现象十分普遍，而

---

① 秦燕、岳珑：《走出封闭——陕北妇女的婚姻与生育（1900—1949 年）》，陕西人民出版社 1997 年版。

② 严昌洪：《旧式婚礼所折射的妇女地位问题》，《中南民族大学学报》（人文社会科学版）2003 年第 1 期。

③ 谢世诚、伍野春、华国良：《民国时期的集团结婚》，《民国档案》1996 年第 2 期。

婚俗中的"男尊女卑"正是对这种日常的两性关系的调节。① 这需要重新考虑"男尊女卑"在观念层面与实际生活层面，以及地区之间的差异。再如，传统婚俗中的"父母之命"体现的是将儿女婚姻作为家庭大事而非个人大事的观念，这取决于当时泛伦理化的文化传统，并不意味着儿女在婚姻中没有任何自由可言。从家庭的角度而言，传统的婚恋观念与近代从西方输入的恋爱自由、婚姻自由的观念并非全然对立。对近代中国婚俗的学理讨论应自觉放弃贴标签的做法，积极探索传统婚俗中可贵的闪光点。这需要研究者更全面、更深入地认识与理解中国的礼俗社会及其在不同时段与地域上的差异，应警惕单纯依靠文本分析获取某种概念化的印象。

**3. 2006 年至 2018 年，近代社会史学界集中讨论近代婚俗**

其一，来华传教士对婚俗变革的影响。王海鹏探讨了近代基督教会与传教士参与中国婚俗变迁的场景与作用。他论称，一方面，传教士批判中国近代婚姻旧俗，主要是反对早婚和包办婚姻，提倡婚姻自主；反对纳妾和随意去妻，提倡一夫一妻制。另一方面，基督教会对华人教徒的婚姻按照教义进行了严格的约束与管理。传教士为中国婚姻观念与风俗的西化打开了一个缺口，通过大力宣传和身体力行的示范作用，提升了女性在婚姻与家庭中的地位。在传教士的影响下，传统的婚姻习俗逐渐向文明婚姻转变成为历史的发展趋势。② 赵秀丽考察了天主教创办的天津《益世报》对婚姻家庭的主张，认为该报有关婚姻家庭的论述不仅表达了天主教的婚姻原则，而且也是信奉天主教的中国传统知识分子传统文化情结的展露，从而在一定程度上展示了近代中国社会性别关系变迁的历史轨迹。③ 她还分析说，《益世报》既反对激进的妇女运动，又不满于传统的性别关系，试图在传统到现代的转变中探索一条以男女平等为基础兼具男女合理分工的妇女运动之路，重塑近代社会性别关系和婚姻家庭伦理。④

---

① 参考李霞《娘家与婆家：华北农村妇女的生活空间和后台权力》，社会科学文献出版社2010年版。

② 王海鹏：《近代来华传教士与中国婚姻风俗的嬗变》，《天府新论》2006年第4期。

③ 赵秀丽：《调适与应对：天主教婚姻家庭伦理在华处境研究——以天津〈益世报〉为中心的考察（1915—1937）》，宗教文化出版社2017年版，第248页。

④ 同上书，第251—252页。

其二，近代东北地区的婚俗。刘娟娟认为，近代东北地区的婚俗文化呈现自身的地方特色和民族特征，即民族性、地方性、集团性、承继性、变异性。其产生既有传统民俗心理的作用，又受经济条件的制约，同时还受到社会政治及文化氛围的影响。[1] 张岩岩注意到，清末民初东北婚俗的变迁过程中，由新旧婚姻观念冲突造成的亲子之间、夫妻之间的摩擦给家庭带来矛盾的同时，也给社会带来不安定因素。[2] 聂翔雁概括了清末民初东北地区满族婚俗的特征，[3] 刘春玲、汪澎澜考察了民国时期东北地区婚姻习俗的嬗变，认为虽然民国时期东北仍然保留着许多的婚俗传统，但是这些新婚俗的出现为东北进一步的风俗变革奠定了基础。[4]

其三，近代察哈尔地区的婚俗。李茹认为近代察哈尔地区移民社会的汉族婚俗的变化主要表现为"婚礼力趋简约"，"婚龄趋向合理"，"自由化及合法化因素开始在婚姻中出现"；婚礼中原有的一些迷信内容失去神秘色彩，改以俗信的形式存在，寄托着人们对美好生活的向往和追求。[5] 阎晓雪、周俊红分析了清末民初张家口婚俗的特点：一是盲婚哑嫁（以父母包办婚姻为主，结婚当事人婚前不得见面）；二是存在占卜等封建迷信；三是铺张浪费以炫耀财富；四是出现由旧趋新的变化。[6]

其四，近代江淮地区的婚姻习俗。董笑寒注意到，晚清江浙地区的婚嫁奢靡现象甚为泛滥，具体表现为社会中上层阶级举办婚礼花费甚巨，因而助长了婚嫁论财的风气。由此产生了男家无力聘娶致使抢亲等类犯罪频发，女家无力置备妆奁而溺女成风，以及适龄男女婚嫁失时等社会问题。[7]

① 刘娟娟：《近代东北地区婚俗考略》，《大连民族学院学报》2006年第4期。
② 张岩岩：《清末民初东北婚俗变迁述略》，《辽宁师范大学学报》（社会科学版）2010年第4期。
③ 聂翔雁：《清末民初东北地区满族婚俗特征》，《白城师范学院学报》2008年第2期。
④ 刘春玲、汪澎澜：《民国时期东北地区婚姻习俗的嬗变》，《白城师范学院学报》2007年第1期。
⑤ 李茹：《近代察哈尔地区移民社会的汉族婚俗》，《黑龙江史志》2011年第9期。
⑥ 阎晓雪、周俊红：《清末民初张家口婚俗探研》，《河北北方学院学报》（社会科学版）2008年第2期。
⑦ 董笑寒：《晚清江浙地区侈婚现象研究》，《西北人学学报》（哲学社会科学版）2013年第2期。

陈蕊认为，近代淮北女性婚姻仍以传统形式为主，妇女们不仅要承受与其他地区女性相同的民间"合法权力"的束缚，还要承受淮北特有的"非法权力"的蹂躏。在双重摧残下，女性婚姻陷入包办婚、"抢婚"等重重困境。这一困境的形成，并非传统意义上所谓的男权盛行所致，而是各种权力失控的结果。①

其五，西南少数民族地区的婚姻习俗。沈乾芳在《社会变革时期的彝族婚姻形态研究（1368—1949 年）》一书中论及民国时期彝族的婚姻制度。其勾勒出这一时期彝族的婚姻网络结构，特别说明彝族孝妇烈女贞节不断涌现的景象。该书还分析了造成这种境况的原因：一是儒学在彝区的深入传播；二是改流后彝族地区风俗习惯的变迁。由于维护传统婚姻特点的家族制度、习惯法、宗教力量等因素的存在，彝族传统的婚姻特点得以延续下来。② 周相卿、刘嘉宝注意到，民国时期贵州雷公山地区苗族聚居地方的婚姻习惯沿袭着过去的传统，其主要表现为：婚姻缔结以自由结婚和父母包办婚姻两种形式，保持着同宗不婚、神定等禁忌，存在"不落夫家"制度和"还娘头"制度，离婚主要是采用民间调解方式等。③ 何一民、赵淑亮分析认为，清代民国时期的藏族居民保持着一夫一妻、一夫多妻、一妻多夫等多种婚姻家庭形态。尽管其中保留较多的、落后的婚姻形式残余，但也有一些与其地域特征相适应的合理因素。④

另外，有学者考察了近代陕西农村，民国时期河南、湖南地区婚俗的变革，着重梳理其新旧婚礼、婚姻观念并存，迷信色彩逐渐淡化的变迁景象。⑤

---

① 陈蕊：《双重的摧残：近代淮北女性婚姻困境的形成》，《南京大学学报》2013 年第 6 期。

② 沈乾芳：《社会变革时期的彝族婚姻形态研究（1368—1949 年）》，民族出版社 2011 年版。

③ 周相卿、刘嘉宝：《民国时期雷公山地区的苗族婚姻习惯法制度》，《贵州师范大学学报》（社会科学版）2014 年第 3 期。

④ 何一民、赵淑亮：《清代民国时期西藏地区多种婚姻家庭形态论析》，《贵州民族研究》2014 年第 8 期。

⑤ 王亚茹：《近代陕西农村地区婚俗研究》，《文史月刊》2012 年第 7 期；张艾平：《浅议民国时期河南婚俗的变革》，《洛阳工业高等专科学校学报》2006 年第 4 期；刘荣军：《民国时期湖南婚姻的变迁》，《黑龙江史志》2009 年第 12 期。

### (三) 婚姻问题与女性解放

近代中国婚姻问题与女性解放息息相关,呈现复杂多变的局面。学界重新认识了太平天国的妇女解放问题。廖胜、王晓南认为,太平天国允许寡妇改嫁,且付诸一定的社会实践,在客观上对解放妇女起了一定的推动作用,但它只是广西客家妇女、壮族妇女再婚习俗在太平天国内一种理所当然的延续,并不能将其视为太平天国解放妇女的一大措施。相反,洪秀全和太平天国主张的妇女观仍是封建妇女贞节观。① 韦界儒借助广西少数民族地区现存的碑文石刻档案,发现民国时期该少数民族地区的妇女不但深受反动政权的统治,而且饱受封建族权的歧视和夫权的压迫。这主要表现在如下方面:一是丈夫随意买卖妻子,而妻子浑然不知;二是丈夫随意向妻子提出退婚,却还可拿妻子改嫁的聘礼钱。出现此种情况的原因在于:该地区少数民族妇女长期受封建"男尊女卑"观念的毒害,在家庭中长期处于弱势地位,未能享受到民国婚姻法规定的女性权利及其保障。②

清末民初女性的解放尚在初始阶段,既有当事人困苦不堪的一面,也有个性觉醒、男女双重解放的一面。艾晶发现,清末民初女性为寻求在不良婚姻家庭中的解放采取了种种无奈甚至极端的举措。她分析说,清末民初女性获得了一定的地位和权利,意识到自身在婚姻家庭中地位的不平等并进行了一定的抗争。自杀、与人通奸或潜逃成为女性消极反抗的内容,虽然也有部分女性通过离婚或控诉的形式来摆脱不幸的命运,但多数未能如愿,甚至有的女性选择杀人的方式以求得解脱。③ 梁景和、廖熹晨从观念演进的角度论称,清末民初时期婚姻文化发生了明显的变化,并发展成为 20 世纪婚姻文化变革的第一次高潮。这一变革,是在"习俗救国"口号的感召下进行的。进步知识分子主张的新式婚姻观以及婚姻文化的变

---

① 廖胜、王晓南:《太平天国寡妇再嫁问题辨析——兼论寡妇再嫁不能作为太平天国解放妇女之论据》,《史学月刊》2004 年第 7 期。

② 韦界儒:《民国时期广西少数民族地区不平等婚姻关系的档案印证》,《档案管理》2012 年第 1 期。

③ 艾晶:《无奈的抗争:清末民初女性对不良婚姻家庭的反抗》,《中华女子学院学报》2008 年第 4 期。

革，具有女性身体和精神解放的意义，亦蕴含男女平等、男女两性双重解放的意义（即人的解放的意义），深刻体现了中国传统"人伦文化"向"个性主义"文化的转变。①

近代城市女性的婚姻并没有展示多少女性解放的幸福。城市女性在婚姻家庭中的地位与当时法律赋予女性的权利并不相称。张宁、王印焕分析称，民国时期北京婚姻家庭中的夫妻平等关系没有完全确立。传统社会中的男尊女卑、妇女无经济地位现象还相当严重，典妻、卖妻、停妻再娶等现象仍然大量存在。同时，城市下层民众中的姘靠现象层出不穷，部分妇女也不惜以改嫁再婚作为谋生的依靠。这一时期婚姻家庭中夫妻关系的变革呈现出新旧并存、传统与近代相互交融的特征。②余华林以社会媒体上对郑振埙事件中应否离婚以及如何救济旧式妻子问题的争论为中心，讨论了离婚与女性解放的关联，认为尽管离婚自由论是作为解放妇女的思想武器而出现的，但离婚自由对于民国女性而言，不仅仅是得到了解放的权力，也带来了新的伤害和新的社会问题。③在《女性的"重塑"：民国城市妇女婚姻问题研究》一书中，余华林重点考察了民国时期新式婚姻观念与社会现实之间的互动关系，精心选取民国时期所出现的一些备受时论注目的新式婚姻观念，如恋爱自由、女性独立、一夫一妻等观念，通过对其反复论争过程的细致论述，揭示这些新观念社会形态的具体"呈现"过程和实际"生成"状态，分析了民国城市妇女婚姻观念与婚姻行为变化背后的文化焦虑与价值冲突。④雷家琼发现，在20世纪二三十年代的城市社会，许多接受过婚姻自由理念的女性选择以逃婚的形式来争取婚姻自主权。但由于家庭和社会的普遍不理解，以及法律的实际支持不足，逃婚女性逃离家庭后往往陷入困厄境地，备尝

---

① 梁景和、廖熹晨：《女性与男性的双重解放——论清末民初婚姻文化的变革》，《史学月刊》2012年第4期。

② 张宁、王印焕：《民国时期北京婚姻家庭中妇女的地位》，《北京社会科学》2008年第6期。

③ 余华林：《民初知识青年离弃旧式妻子现象之论争——以郑振埙事件为中心》，《社会科学辑刊》2012年第6期。

④ 余华林：《女性的"重塑"：民国城市妇女婚姻问题研究》，商务印书馆2009年版。

艰辛。①

　　近代的男女同居与跨族群婚姻问题现象进入了学界的视野。王锦霞依据 1938 年至 1943 年《大公报》中的同居声明，探讨了这一时期男女同居的非主流婚姻形式。她认为，尽管民国时期没有一条法律涉及同居，但同居已经是被当局默认和被社会默许的事实。其原因在于：自然经济的逐步解体以及商品经济的迅速发展，婚姻法律的变革，妇女解放运动和新婚姻观念的传播。② 这或许是某种形式的男女在婚姻与性别上的双重解放。余华林讨论了民国时期非婚同居现象背后的性爱观念问题。他分析说，"五四"以后恋爱概念中"灵"（爱情）与"肉"（性欲）的关系问题逐渐受到重视。随着人们对恋爱自由中肉欲因素的强调，传统的性神秘、性禁锢观念和旧的性道德也随之被悄然打破，从而使得民国时期的非婚同居现象一度盛行。这种现象体现了"现代性爱问题在民国社会所处的两难境地"③。他进一步论称，要想使广大妇女从非婚的同居生活中得到幸福，就需要社会完全打破旧式伦理道德观念，建立起全新的男女平等、破除贞操观念的道德体系。熊月之发现，近代上海的跨族群婚姻事实上很多而法律上很少，既发生交流而又掩饰交流的现象，认为跨族群婚姻存在着实际的需要，而多年来形成的种族偏见、文化沙文主义限制、阻碍了这种交流。④

　　中共领导的革命事业、妇女解放与婚姻自由问题，引起学界的深入关注。岳谦厚、罗佳以晋西北（晋绥）高等法院 25 宗离婚案为中心，考察了抗日根据地时期的女性离婚问题。其分析称，中共中央于 1943 年修正过去"激进"的婚姻变革路线，将妇女关注的重点由婚姻问题转向生产建设，以缓解根据地两性之间日益紧张的矛盾。这种策略性的政策转变引起法院对离婚案件处理方式的变化，造成不同时期的性质相同或相近之案件

　　① 雷家琼：《艰难的抗争：五四后十年间逃婚女性的生存困境》，《社会科学战线》2011 年第 12 期。

　　② 王锦霞：《同居：民国年间出现的非主流婚姻形式——以 1938 年—1943 年〈大公报〉中的同居声明为例》，《沧桑》2011 年第 1 期。

　　③ 余华林：《现代性爱观念与民国时期的非婚同居问题》，《首都师范大学学报》（社会科学版）2009 年第 1 期。

　　④ 熊月之：《近代上海跨种族婚姻与混血儿问题》，《上海大学学报》（社会科学版）2010 年第 4 期。

的审理结果迥然相异，并不能真正保障婚姻自由。<sup>①</sup> 有学者注意到，抗战时期，陕甘宁边区政府颁布了一系列新婚姻法规与政策，提高了妇女在婚姻家庭中的地位，而频发的家庭纠纷与离婚案件亦造成根据地社会秩序的混乱，使得中共在根据地婚姻管理上不得不立足于法制与现实的平衡之中。<sup>②</sup> 有学者认为，抗战时期的陕甘宁边区政府既要遵循"婚姻自由"原则，又要保护抗日军人利益，故对抗属婚姻做出严格限定；同时依据"拥军优抗"政策，从法律实践、现实关怀及政治建构等多方面塑造出抗属生产建家、甘愿为革命丈夫无私奉献的模范形象，以此缓解抗属家庭矛盾与调节军政关系，取得良好社会效应。<sup>③</sup>

胡永恒也注意到，陕甘宁边区的离婚法令体现了对婚姻自由、男女平等的追求，但局限于落后的社会现实而在实施中遭遇了困境。对此，边区政府在立法、司法、宣传等方面采取了多种补救措施。在离婚问题上，边区政府还面临着革命需求与个人权利之间的价值冲突，并在实践中对前者有所偏向。<sup>④</sup>

黄文治以鄂豫皖苏区为中心讨论了 1922 年到 1932 年中共政权治下的妇女解放、婚姻自由与阶级革命问题。他分析了中共妇女解放事业的微观动员机制及其两难困境，即中共为动员妇女全身心投入革命洪流，承续了中国近代以来的妇女解放事业，同时又扭转了妇女解放的方向。其结果是：一方面，对妇女冲破传统权力结构有益，给妇女群体带来了些许解放，而解放出来的妇女，也确实充满了革命的积极性；另一方面，其中享有某种程度的性解放的婚姻自由实践，往往又会带来性散漫。当各种性散漫问题得不到有效遏制及解决时，反过来就会销蚀革命热情及阶级革命实践的推展，同时也会影响苏维埃政权的威信及其政权秩序建构实践。因

---

① 岳谦厚、罗佳：《抗日根据地时期的女性离婚问题——以晋西北（晋绥）高等法院 25 宗离婚案为中心的考察》，《安徽史学》2010 年第 1 期。

② 杜清娥、岳谦厚：《太行抗日根据地女性婚姻家庭待遇及其冲突》，《安徽史学》2016 年第 3 期。

③ 岳谦厚、王亚莉：《陕甘宁边区的抗属形象及其模范塑造》，《山西大学学报》（哲学社会科学版）2016 年第 5 期。

④ 胡永恒：《陕甘宁边区的离婚法实践》，《史学集刊》2011 年第 1 期。

此，在革命过程中，中共地方党也三令五申要以阶级革命为准，妇女的婚姻自由必须置放在阶级革命及政权利益这个整体框架中定夺才有意义。①可以说，其摆脱了以往从意识形态及理论出发进行简单的验证式研究的套路，某种程度上采用了以女性主义为主的多元历史视角，得出了如下结论："反思这种'解放'，有时候并不一定意味着真实而自主性的自由，或许也在背离'解放'的革命初衷。"② 此结论客观上呼应了黄金麟的观点："我们很难找到客观的标准来权衡身体的解放。被丈夫和家庭牵着鼻子走，或许不是件令人欣喜的事，但被国家所操控和调动，成为国家竞存的条件和筹码，这个境遇也好不到哪里，生存在1930年代的中国，这个两难不是幻想，而是真实。"③

曹文娟注意到，民国北平救济院对贫困和失足妇女的救济从传统的官媒择配和善堂择配逐渐发展为"悬像择配"。这一制度貌似尊重妇女的意愿，符合当时新生活运动移风易俗的要求，但实际上请领人需要缴纳膳食费和慈善捐，仍带有买卖婚姻的性质，而择配的妇女在婚姻上仍旧依附于男性。④

### （四）婚姻制度与法律问题

自1996年以来，学界在近代婚姻制度与法律变迁上主要讨论了如下问题。

#### 1. 近代婚姻制度与法律的变革历程

肖爱树较为系统地考察了20世纪中国婚姻制度变革的历程，认为中国婚姻制度在20世纪发生根本性变革的主要标志是传统婚姻制度的渐次废除和当代婚姻制度的逐步确立。这一历程具有五个特征：（1）婚姻缔结由父母包办走向当事人自由自主；（2）婚姻形式由传统一夫一妻制走向真

---

① 黄文治：《"娜拉走后怎样"：妇女解放、婚姻自由及阶级革命——以鄂豫皖苏区为中心的历史考察（1922—1932）》，《开放时代》2013年第4期。
② 同上。
③ 黄金麟：《政体与身体》，联经出版事业股份有限公司2005年版，第278页。
④ 曹文娟：《民国北平救济院收容妇女"悬像择配"之考察——以1935年北平市社会局档案为中心》，《历史教学》2015年第3期。

正一夫一妻制；（3）夫妻地位由男尊女卑走向男女平等；（4）夫妻财产制由夫妻一体主义走向夫妻别体主义；（5）婚姻解除由夫权离婚主义走向自由离婚主义。不过，中国目前婚姻状况还比较落后，彻底的改造要寄希望于社会生产力的发展，寄希望于整个社会由家庭本位向个人本位的过渡。①

中国婚姻法的近代化经历了曲折的进程。王新宇《民国时期婚姻法近代化研究》一书认为，如果以男女平等、婚姻自由和一夫一妻制作为衡量尺度，单以法律文本而言，民国婚姻法似乎达到了这一标准。但法律近代化，不只是法律制度的确立和法律条文的设计与表述，因为法律规定和社会事实的不对称性，给了司法实践很大的操作空间。婚姻法的近代化，也应该把司法和社会主体的行为与意识作为衡量因素。他进一步分析了婚姻法近代化的表象与实质，发现了立法原则与司法实践之间的多种游离现象。即使是近代化的民国婚姻法还存在着"暗护妾制""巧饰夫之财产权"的男女不平等现象，司法部门还存在诸如"七岁童婚姻有效"之类的怪异的司法解释。考察过这些游离现象的原因与历史背景之后，他建议：我们在实行法治现代化、不断移植现代法治原则的同时，也应当尊重与我国国情相伴生的社会存在，妥善协调法律与习惯的关系，尊重我们的文化，也尊重我们的习惯法。②

中共革命深刻改变了传统的婚姻制度。吴小卫、杨双双认为，中央苏区的婚姻立法是实现中国婚姻家庭制度彻底变革的开端，它充分体现了婚姻自由、男女平等、保护妇女利益等反封建的内容。这一改革促进了妇女解放运动的发展，使解放了的苏区妇女在参战支前、扩红和经济建设方面成为一支伟大的革命力量。③ 对于中共革命变革传统婚姻制度的策略及其中的矛盾，朱晓东从法学的角度试图解决如下问题：（1）革命的阶段性胜利是如何体现在身体，尤其是女人的身体上的？（2）结婚和离婚条件在不

① 肖爱树：《20世纪中国婚姻制度研究》，知识产权出版社2005年版，第334页。
② 参见王新宇《民国时期婚姻法近代化研究》，中国法制出版社2006年版，第226—245页。
③ 吴小卫、杨双双：《中央苏区婚姻制度改革与妇女解放》，《南昌大学学报》（哲学社会科学版）1998年第1期。

同阶段的相异和相通。不同阶段的法学家对婚姻基础的言说隐含了怎样的一种话语策略？（3）妇女解放运动这一策略在不同阶段的背景是什么？它给妇女带来了哪些影响？革命真的关心妇女的解放吗？（4）革命如何关注性及快感？他认为，从1930年到1950年中共在妇女问题上要处理两个三角关系：一个是党—妇女—农民的关系，另一个是革命—性—生育的关系。前者的背后是权力、身体与自我之间的关系，而后者的背后是策略、生命与治理的关系。[1] 当时中共领导的妇女解放事业从属于其革命事业。这种分析有助于深入认识中共革命时期婚姻制度与妇女解放运动的复杂性与多面性。其对于革命与性的关注，似有填补空白的价值。学界在分析近代中国婚姻制度变革时，似乎忽视了一个前提，即民国时期婚姻制度变革的目标乃是移植西方主流文明的婚姻制度。这种移植造成的"南橘北枳"现象更值得深思。

岳谦厚、张婧分析了中国共产党在抗日根据地及解放区对家庭财产制度的根本性改造。他们认为，这一改造更多照顾了女性在婚姻关系解体时的财产权，为女性重新建立了一种平等且具有权益保障的新型的合理的家庭财产分配制度，从而使男女平权的妇女解放思想植根于中共治理下的广大乡村社会。不过，在社会制度未曾发生彻底变化的情势下，男女婚姻家庭财产平等权并不会完全实现。[2]

### 2. 近代婚姻时尚与婚姻制度变迁

民国时期城市婚姻的变迁景象十分引人注目。随着社会风气的开化，新型婚恋观的扩散，城市中父母主婚权逐渐下移，部分青年在不同程度上获得婚姻的自主权，新式文明婚礼与婚制也得到传播。陈蕴茜、叶青认为，"这些虽属零星事件，尚不是普遍现象，但却说明部分青年的婚姻自决意识正逐步觉醒，正开创婚恋自由的社会新风，对都市婚姻制度变革起到了先锋作用"[3]。他们还分析说，民国城市婚姻制度的变迁是在宏观社会

---

① 朱晓东：《通过婚姻的治理——1930年—1950年革命时期的婚姻和妇女解放法令中的策略与身体》，《北大法律评论》2001年第2期。

② 岳谦厚、张婧：《抗日根据地及解放区女性婚姻关系解体时的财产权》，《中共党史研究》2015年第3期。

③ 陈蕴茜、叶青：《论民国时期城市婚姻的变迁》，《近代史研究》1998年第6期。

变迁的背景下发轫的，是长期历史积淀形成的传统婚姻制度在新的历史条件下的变革和发展，但由于传统社会结构及文化体系仍然存在，这一变迁过程充满了新与旧、理想与现实的痛苦和矛盾。[①]

王歌雅梳理了近代中国婚姻立法经历了由传统到现代、由家族本位向个人本位过渡与转化的历程，还考察了婚俗改革经历了关注域外婚俗、审视国人婚俗、转变婚俗观念与改革婚姻行为的历程。其认为中国近代婚姻立法与婚俗改革，在中国婚姻立法史和婚俗改革史上具有承上启下的作用，不仅凸显中西婚姻法制观念和婚俗文化的碰撞，而且体现中国传统婚姻法律文化在近代的传承和嬗变，还深刻涉及近代婚姻立法与婚俗改革的伦理内涵和伦理价值。[②]

### 3. 近代婚姻的司法问题

近代婚姻的法律问题引起了学界的深入讨论。无论是晚清婚姻案件的司法问题，还是民国婚姻法的近代化问题，都有学者撰写专著进行讨论。赵娓妮《审断与矜恤：以晚清南部县婚姻类案件为中心》一书挖掘、运用四川省南部县自清嘉庆至宣统时期的 611 宗涉及婚姻关系的案件资料，着重分析包含"细故"与"重情"的"悔婚""买休卖休"与"奸情"等三种类型的婚姻案件，发现知县对案件审断采取了明显"从轻处断"的方式，并由此认为，律例虽是州县案件裁断的基本依据，但既非唯一依据，亦非效力等级最高的依据。虽然地方官在裁断问题上拥有不可忽视的相对"灵活性"，但绝非可以"灵活"到毫无限制的程度，驱使裁断者以"从轻"作为基本取向的内在力量来自裁断者的价值关怀。[③] 该书立论严谨，有力质疑了美国学者黄宗智关于晚清州县严格依照律例判案的观点。

艾晶、黄小彤据北洋政府时期大理院的离婚判例档案，考察了民初女性离婚的困境。其注意到，1915 年民国政府制定的民法草案赋予妇女较多的离婚自主权，但当一些女性将其付诸实施时，却出现了举证困难、

---

① 陈蕴茜、叶青：《论民国时期城市婚姻的变迁》，《近代史研究》1998 年第 6 期。

② 王歌雅：《中国近代的婚姻立法与婚俗改革》，法律出版社 2011 年版。

③ 赵娓妮：《审断与矜恤：以晚清南部县婚姻类案件为中心》，法律出版社 2013 年版。

生活费用与子女问题等困难，这令她们困苦不堪。①　而且，民国的法律虽然确立了女性在离婚上的自主权，但当时的社会远远没有做好让她们充分享用这项权利的准备。对于大部分的平民女性来说，离婚所带来的痛苦仍然令她们难以适从，这种现象的根源在于她们在经济上未能自立。②

　　杜正贞、王云婷运用新发现的浙江龙泉司法档案考察了民国时期的招赘婚书与招赘婚诉讼。其认为，民国时期关于招赘婚的法律解释逐步走向完备，但新发现的龙泉司法档案显示，虽然法律历经变革，但民间招赘婚的形式和内容几乎没有改变。面对婚书契约与法律之间的矛盾，地方司法机关针对不同的情况灵活处理，国民政府也通过判例和司法解释补充和修正法律，以回应社会实际的法律需求。③　李晓婧依据江宁县司法诉讼档案分析称，纳妾在没有举行结婚仪式的情况下不构成重婚罪，但可能构成通奸罪，而这成为妻子提出离婚诉讼请求的理由之一。④

### （五）婚姻研究的阶段性特征与不足

　　1986 年至今的近代中国婚姻史研究，大致可分成三个阶段。1986 年到 1995 年，这一时期学界对近代中国婚姻变迁的讨论还处在初始阶段。相关研究成果为数不多，侧重于从宏观上概论婚姻观与婚姻礼俗的变化及其动因、特点、作用与局限。这些研究无疑丰富了人们对近代中国社会的认识，为将来的深入研究奠定了良好的基础。不过，其在研究路数上仍明显带有革命史叙事的痕迹，甚至在话语上也沿袭了革命史。对传统婚姻礼俗多持否定态度，甚至认为其中有不少"迷信"内容。

　　1996 年到 2005 年学界对近代中国婚姻的讨论具有明显的进步，在观

　　①　艾晶：《离婚的权利与离婚的难局：民国女性离婚状况的探究》，《新疆社会科学》2006 年第 6 期。

　　②　艾晶、黄小彤：《民国时期城市女性离婚的难局——以提出判决离婚的平民女性为例》，《海南大学学报》（人文社会科学版）2007 年第 3 期。

　　③　杜正贞、王云婷：《民国的招赘婚书与招赘婚诉讼——以龙泉司法档案为中心的研究》，《政法论坛》2014 年第 3 期。

　　④　李晓婧：《从法律的视角审视南京国民政府时期的纳妾行为——以江宁县司法诉讼档案为考察中心》，《民国档案》2013 年第 4 期。

察视野上更为开阔，在话语表达上基本避开了革命史的叙事框架与话语体系，并尝试从社会史的角度进行讨论。不过，此时期的研究还存在一定的局限。总体而言，相关研究成果并不算丰富，仅有肖爱树的一部专著，其余均为论文。讨论侧重于概论，整体上缺少精深的专题性研究，也未见精彩的个性化叙事。在研究对象上，重城市轻农村，重汉族轻少数民族，重沿海轻内地的现象仍比较明显。

相关研究呈现出明显的碎片化倾向。一些研究者虽自觉超越了革命史的叙事框架与话语体系，但没有找到新的宏大叙事框架，即使是有意运用现代化的研究范式，似乎未得其神髓。或者说，一些研究者缺少对近代中国历史变迁的整体性认识与把握，尚未形成区别于政治史的社会史研究意识。在讨论近代婚姻时就事论事，比如讨论近代城乡婚姻中的不良问题，仅对其进行归纳分类，再概括这些问题产生的原因。这样的研究给人千篇一律的印象，却呈现不出作者解读这些历史现象的历史智慧。更有部分研究者过于相信报纸资料，缺少细致的史料比对，结果是结论大而无当，难以服人。

2006 年至今的近代婚姻史研究较之过去具有显著的进步，在新史料的发掘、新视角的运用和新观点的提出方面都有可圈可点之处。其中赵娓妮、王新宇等人的专著用功较多，论证充分，确有超越前人之处，让人眼前一亮。有学者尝试运用女性主义的视角重新审视中共革命事业中的婚姻自由问题，在一定程度上揭示了这一历史问题的新面相。学者们普遍注意到近代婚姻观念的变迁与实际生活并不一致，甚至带来了意想不到的困苦。相关研究改变了过去单纯梳理婚姻观念变迁的片面性。

这一时期学界对近代婚姻的研究存在一些需要注意的问题。其一，研究仍以归纳为主，缺少生动的历史叙事和有血有肉的历史人物。其二，研究仍存在民族、地域、阶层等维度的不平衡性。其三，视野有待于进一步开阔。比如近代婚姻变迁与佛教、道教的关系，民国时期童养媳的问题等，都值得进一步讨论。后两项都比较容易克服，而第一项却成了老大难问题。

严格说来，对近代婚姻特征的归纳无所谓思想创造的贡献。时贤严肃地指出，"近人治史，好用归纳或附会式比较，所论看似有理，其实相当危险"，"治史不宜归纳，本是常识通则，而今似乎成了高难问题"①。讨论近代中国的婚姻嬗变，需要在叙事中揭示人的内心世界。有贡献的做法不是去归纳所谓"特点"，而应该将更多的精力放在揭示婚姻中的政治、社会、文化、经济和人的活动的"机制"上。当然，要达到这样的境界，就需要"回到历史现场"，倾听当事人或见证者的声音，留存他们对当时历史的个人记忆。在他们个人的声音、记忆与文本中，婚姻文化才是一种活生生的存在。其实，学界在寻找民国时期大众婚恋的"声音"上已经做了很多有益的工作，史料方面有李小江主编的口述史料《让女人自己说话》以及众多的近代人物日记等。即使是李霞《娘家与婆家：华北农村妇女的生活空间和后台权力》这样的人类学著作对于理解近代华北农村婚姻亦有裨益。

---

① 桑兵：《中国近现代史的贯通与滞碍》，《近代史研究》2010 年第 2 期。

# 第 五 章

# 近代女性研究

随着近代中国女性主体性的觉醒及其社会影响力的增强，民国时期学界开始关注中国女性的历史。此时期有关女性史的著作首推陈东原的《中国妇女生活史》。其后有谈社英著《中国妇女运动通史》、梁占梅著《中国妇女奋斗史话》等研究成果问世。今人乔素玲对民国时期学界讨论女性史的论著已作较为细致的梳理。[①] 对于民国时期妇女运动与女性史研究，时人谈社英痛陈心声，一则希望将来真正实现男女平等，在"革命新中国"不再出现所谓"妇女运动"；二则希望将来的学界以 1936 年"竞选国民大会代表"为起点，续写其所著《中国妇女运动通史》。[②]

中华人民共和国成立以来的七十年间，学界对近代中国女性史的研究成果可谓蔚为大观。已有学者对此研究成果做了不同程度的回顾与评论。[③]

---

① 乔素玲：《教育与女性：近代中国女子教育与知识女性觉醒（1840—1921）》，天津古籍出版社 2005 年版，第 1—3 页。

② 谈社英：《中国妇女运动通史》，妇女共鸣社 1936 年版，第 297 页。

③ 尹美英：《清末民初妇女运动研究述评》，《青岛大学师范学院学报》1997 年第 3 期；陈永祥、罗素敏：《20 世纪 90 年代以来的近代中国妇女史研究综述》，《中华女子学院山东分院学报》2003 年第 2 期；周蕾：《近五年中国近代妇女史研究综述》，《妇女研究论丛》2004 年第 3 期；陈晓芳：《1980 年以来的中国近代女子教育研究综述》，《安徽广播电视大学学报》2007 年第 1 期；芦晓莲：《近年来太平天国妇女史研究综述》，《黑河学刊》2007 年第 3 期；黄江华、郭毅牛，《建国以来太平天国妇女史研究综述》，《中华女子学院山东分院学报》2009 年第 1 期；廖胜、王晓南：《辛亥革命以来太平天国妇女社会生活——天国妇女问题百年学术研究综述之三》，《绵阳师范学院学报》2011 年第 6 期；张丽：《民国妇女生活研究综评》，《太原师范学院学报》（社会科学版）2011 年第 6 期；郑雯：《近百年来俞正燮"解放妇女"思想研究成果综述》，《船山学刊》2013 年第 1 期；郑永福、吕美颐：《60 年来的中国近代妇女史研究》，《近代中国妇女与社会》，大象出版社 2013 年版，第 257—293 页；段红英：《苏区妇女教育研究综述》，《乐山师范学院学报》2014 年第 1 期。

其中,郑永福、吕美颐《60 年来的中国近代妇女史研究》一文用功甚多,较为系统地综述了 1949—2009 年的近代中国女性史研究。① 本书在已有综述的基础上,对 1949—2009 年的相关研究论著做了简要回顾,着重梳理了 2009 年至今社会史视野下的近代中国女性史研究状况。

# 一　理论、方法与视角

在 1996 年之前,大陆学界对近代中国女性史的研究在总体上从属于革命史,很少有意识建构自身的研究理论,也较少借鉴海外的女性史研究的理论、方法与视角。自 1996 年至今,相关研究经过了三十余年的探索,已经取得了较为丰富的成果。

## (一) 1996 年至 2005 年

对近代中国女性史研究理论的思考,始于学界对过去相关研究存在的问题的反思。桑兵《近代中国女性史研究散论》一文中较早注意到,能否细致而准确地把握传统社会中两性关系的实际情形,避免先入为主的种种成见,是学界需要重新审视的基本问题。他说,中国传统社会对两性关系的认识和规范,既有对女性歧视践踏、约束压抑的一面,又有阴阳和谐、顺应自然的一面。由于中国社会的特殊情形,"不同社会阶层之间作为理想化两性关系的规范虽然接近或吻合,但实际的女性角色地位却相距甚远……一般来说,基层社会对于女性的约束和控制,较上层社会要宽松"。今人不熟悉当时的真实情形,容易误将今人对于当时两性关系的记载、描

---

① 按:该文共分四个部分:第一部分为"关于中国近代妇女运动与妇女解放思想",主要回顾以下专题:(1) 中国近代妇女运动的分期与特点;(2) 关于妇女解放思想;(3) 不缠足、兴女学、创报刊、结团体;(4) 女子参政运动;(5) 国共两党与妇女运动。第二部分为"关于近代妇女生活",主要回顾以下专题:(1) 民族民主革命中的妇女;(2) 不同阶层妇女的生活;(3) 婚姻与家庭;(4) 妇女与宗教;(5) 与妇女生活相关的其他问题。第三部分为"关于近代妇女人物的研究",主要回顾关于那拉氏、慈禧太后、秋瑾、向警予、宋庆龄等人物的研究。第四部分为"关于近代妇女史研究的几个问题",主要讨论关于妇女史研究的理论、方法和值得注意的几个问题。

绘和批判与现实画等号，忽视了其中夹杂着作者特殊的主观感情成分。更甚者，将西方以个性自由为前提的妇女解放观念视为文明，而以中国纲常伦理主导下的女性观视为野蛮，进而把一切改变妇女形象地位的行为与反封建相联系，结果失之毫厘，谬之千里。①

他进而分析说，近代以来，以个性解放为中心的西方意识所带来的一切变化，总不免以付出巨大牺牲为代价，到头来常有得不偿失之憾。作为学术研究，更重要的是揭示这种复杂性本身。刻意寻求一种新的解释框架，在带给人们新的刺激的同时，不可避免地产生新的约束与局限。"以打破男性中心史观为己任的女性学研究，在进入中国社会时，恐怕只有根本摆脱两性对立的狭隘眼界，才能真正找到女性在社会中的适当位置，产生比'补赎史学'意义更大的学术成就。"② 因此，他强调要注意区分今日的女性观与昨日的女性观，男性的女性观与女性的女性观，上流的女性观与下层的女性观，本土的女性观与外来的女性观，尽可能避免研究中的主观性与片面性。

建立中国特色的本土妇女史研究，并使之成为一门学科，这逐渐成为学界自觉的理论探索。杜芳琴提出了中国本土的女性主义妇女史的概念，颇有代表性。她认为女性主义妇女史是以妇女研究为学术背景的妇女史研究，是由一批具有自觉的女性意识的妇女史学者进行的。他们运用马克思主义唯物史观指导研究，在用阶级分析方法的同时引入性别视角，强调用女性的眼光看历史，发掘历史上被漠视、埋没的女性活动与经验。这些研究体现了女性主义妇女史的特点。一是将历史上的女性作为研究主体对象，不再作为男性的陪衬和男性活动的背景；将女性视为历史的主体创造者，不再看作全然被动或无足轻重。二是在运用唯物史观观察、阐释历史时，同时引入性别视角和社会性别理论，探索、阐释历史上性别关系和性别结构及女性在其中的生存状态、生活、情感、心态等，公正评价妇女在历史上的贡献。③

---

① 桑兵：《近代中国女性史研究散论》，《近代史研究》1996 年第 3 期。

② 同上。

③ 杜芳琴：《妇女史研究女性意识的"缺席"与"在场"》，《妇女研究论丛》1996 年第 4 期。

在《中国妇女史：从研究走向学科化》一文中，杜芳琴进一步诠释了如何在本土化与学科化的双重努力中实现中国妇女史研究理论建构的路径与体系。① 她认为，面对 21 世纪妇女学蓬勃发展的全球景观，今天的妇女史应是妇女学和历史学的交叉，而不能只是传统史学甚至社会史中的一个分支。在这个基础上，建立本学科的理论框架和基本方法，以实现包括史学知识的重建、历史研究模式的变革和将知识传承纳入机制化的目标。简言之，即中国妇女史研究的学科化、本土化与主流化。目前，本土化的妇女史学科发展与理论方法困境的突破还面临着四个困惑：一是急于超越性别，回归中立客观的人的大历史，还是需要相当长的时期；二是天人合一的阴阳和谐，还是人为的等级中的合和；三是单一的地位分析，还是引入和创造更多的概念范畴；四是继续坚守实证主义，还是运用多种新方法。应当说，杜芳琴为中国妇女史研究理论的本土化与学科化进行了富有成效的探索。

高世瑜对 20 世纪 90 年代中期之前的中国妇女史研究进行了分类，特别强调新妇女史的理论建设意义。她说，妇女史可以分为两类：一是妇女群体生活与活动的历史；二是从女性性别立场与视角去观察和编纂的历史，可以称之为"女性主义史"。目前我们的妇女史研究所从事的多半属于上述的第一种妇女史。另外，一些学者在研究和撰写中国妇女史时尝试以新的角度和方法讨论问题，并借鉴国外一些新的社会科学理论与方法，提出许多新的见解，正在努力建构一门新的学科，它包含着一种新的史观与方法。最终目的是建立起两性平等的历史观，写出以男女两性为主体的更为完整、更为科学的历史，而不是以女性史观取代传统男性史观，撰写以女性偏见代替男性偏见的"女性主义史"②。可以说，这是一种呼之欲出的新女性史。

高世瑜解释说，目前这种新女性史虽然还不成熟，但和西方的"女性主义史"有很大差别。前者的兴起是伴随着女性学这门新学科的崛起和历

---

① 杜芳琴：《中国妇女史：从研究走向学科化》，《山西师大学报》（社会科学版）2002 年第 3 期。

② 高世瑜：《妇女史研究三议》，《妇女研究论丛》1997 年第 3 期。

史学在新时期开拓新领域的需要，与妇女运动、女权运动的关系较为间接，更偏重于学术。相反，后者从一开始政治色彩就很浓，作为女权运动的一个斗争武器。她认为，我们的妇女史研究从一开始就超越了"女性视角"和"女性史观"，避免单纯从狭隘的女性性别角度看问题和以偏激态度对待以男性为主体的传统史学。鉴于当时还没有本土的妇女史研究理论，她建议相关的理论体系建构可以从几方面汲取资源：一是运用马克思主义的唯物史观，二是借鉴国外的社会学、社会史、女性学、女性史等有关理论；三是撷取中国传统思想文化中的科学成分，而最重要的是要实事求是与具体问题的分析。此外，她提示研究者应注意三个问题：一是注意中国历史上妇女地位、作用的两重性；二是性别与阶段、等级的交叉及妇女群体的差异性；三是中国传统思想文化特点对妇女与两性关系的影响。[1]

世纪之交，学界在中国妇女史研究理论上的建构还比较薄弱。刘志琴认为其原因在于已有的中国妇女史研究存在三个误区：一是以革命史代替妇女史的误区虽然有所改变，但未得到真正的清理和调整；二是以精英史取代妇女的大众史，眼界褊狭，难以把握妇女史的全部信息；三是以观念史代替妇女的社会史，忽视经济、政治、生活方式和社会时尚对不同阶层妇女的影响。[2] 这一分析切中肯綮，为此后的妇女史研究开拓了视野。

为凸显女性史研究的理论价值与学科意义，刘文明将大陆受西方女性主义启迪的妇女史研究称为"新妇女史"[3]。他认为，新妇女史"是一门在开放中吸收相关学科理论与方法而植根于中国土壤的新兴学科"，其特点在于四个不同方面：其一，它因具有女性主义与新社会史的因素而不同于传统妇女史；其二，它因没有西方女性主义那种强烈政治倾向而不同于西方女性主义妇女史；其三，它因注入了女性自觉意识与社会性别概念，而不同于新社会史；其四，它因涵盖了性别史在内，而不同于狭义的妇女史。将女性主义理论应用于历史研究，"是历史研究中一种自觉的性别意识，一种理论视角与方法，而不是要试图以此来颠覆整个中国数千年来构

① 高世瑜：《妇女史研究三议》，《妇女研究论丛》1997 年第 3 期。
② 刘志琴：《中国妇女史研究在理论上何以薄弱？》，《北京日报》1999 年 7 月 7 日。
③ 刘文明：《"新妇女史"在中国大陆的兴起》，《史学理论研究》2003 年第 1 期。

建起来的历史学体系，尤其是新中国成立以来在男女平等思想指导下取得的史学成就"①。可以说，"新妇女史"的提出，标志着1996—2005年大陆学界在中国妇女史研究理论上迈上了新台阶，有力推进了中国妇女史研究理论的本土化与学科化。

随着中国妇女史研究理论的探索，学界在近代中国女性史的一些问题上进行了深入考察，使近代妇女生活史研究提升到一个新的水平。

### （二）2006年至今

中国女性史研究理论是社会史、女性学与伦理学等学科共同关注的问题，也是制约近代中国女性史研究的关键因素之一。为深入进行相关理论的探讨，《中华女子学院学报》编辑部于2010年主办了"我们如何作妇女史研究——理论、方法、史料和其他"研讨会。在会上，杜芳琴以中国古代史为例，讨论了华夏族父权制概念与社会性别概念的问题。畅引婷分析了知识女性与性别知识建构的关系。她认为，知识是有性别的，性别也是需要被知识化的，其具体表现在三个方面：一是记录、总结有关妇女的"经验"；二是阐释、建构有关性别的"理论"；三是传播、实践有关性别的"知识"。刘秀丽从中国本土历史文化的语境出发，提出了中国文化传统的三个层面，即精英传统、平民男性传统与平民女性传统，建议妇女史研究要从超越理性至上论、突破文字传统、肯定自然与情感的价值等三个方面着手。当时与会者普遍认识到，目前妇女史还处于学术界的边缘位置，其中一个很重要的原因在于没有形成自身的理论体系，理论研究相对处于滞后状态。②

为使中国妇女解放与发展理论的研究能够放在更为广阔的国际视野下思考，2012年12月学界在中华女子学院主办的"中国特色妇女解放与发展道路学术研讨会"上探讨了海外妇女解放的理论成果，并进行了本土化的思考。肖巍指出，中国需要马克思主义妇女理论，而且需要根据现实不断发展

---

① 刘文明：《"新妇女史"在中国大陆的兴起》，《史学理论研究》2003年第1期。

② 张艳玲：《我们如何作妇女史研究——"理论、方法、史料和其他"研讨会综述》，《中华女子学院学报》2011年第1期。

它，因此我们应该以开放性的态度去学习和借鉴国外学者的一些研究，要注重交流和对话。她结合美国当代女性主义政治学家南希·弗雷泽的三维公正观展开分析，提出在女性主义政治哲学框架内构建公正平等的社会制度与和谐社会的理想及途径。魏开琼从方法论角度考察了社会主义和女权主义的关系，分析了马克思主义、女权主义经典作品中对资本主义和父权制的批评，以及近十五年中女权主义批判再次转向资本主义这一显著特点。胡玲基于广西壮族自治区性别研究的现状，借鉴国外马克思主义、女权主义观点，对马克思主义与女权主义的关系做了批判性的反思。[①]

马克思主义妇女理论对近代中国共产党的妇女理论探索产生了深远影响。杨端茹认为，以李大钊为代表的早期中国共产党人把马克思主义妇女理论引入中国，他们成为马克思主义妇女理论中国化的奠基者；毛泽东使中国化的马克思主义妇女理论体系得以形成，他是马克思主义妇女理论中国化的开创者；改革开放以来，马克思主义妇女理论在指导中国妇女工作的过程中逐渐形成了中国特色社会主义妇女理论。[②]

在考察民主革命时期中共妇女运动的问题上，学界注意摆脱革命史的理论框架，积极采用新的分析视角。张文灿提出，对此问题的研究可以尝试从"解放妇女"到"让女人自己说话"的视角转换。她认为，马克思主义妇女观指导下的中共妇女运动研究，把妇女解放视为与阶级、社会解放具有同构性的历史命题；借鉴西方现代女性主义理论的研究者，质疑了中共民主革命的男权中心倾向，试图说明性别问题被阶级革命的宏大叙事遮蔽了。二者看似对立，却分享了同一个立场，即妇女是"被解放"的客体，研究者是妇女的代言人。"让女人自己说话"采用了口述史学与妇女史相结合的研究方法，站在历史当事人的立场，凸显性别与阶级、民族等身份标识在中国革命进程中的错综复杂关系。但无论何种研究视角及方法，都应当立足于中国的实际，应当从那一时期中国的实际出发，把国家民族、阶级革命的视角和女性主义的视角相结合，再现亚洲后现代化国家

---

① 王向梅：《妇女理论与妇女运动的跨学科思考——"中国特色妇女解放与发展道路学术研讨会"综述》，《妇女研究论丛》2013 年第 2 期。

② 杨端茹：《马克思主义妇女理论的中国化进程》，《探索》2013 年第 1 期。

的女性解放历程的真实图景。同时，研究者也要对传统的马克思主义妇女观进行反思，保留其合理内核，并与其他理论分析工具整合，需要借鉴社会学、政治学、口述史学等多学科研究方法，使研究中国女性问题具有更强的现实指向性和可操作性。①

借鉴西方的性别视角讨论近代中国女性问题，特别需要注意在当时中国的具体历史环境下进行本土化的诠释。张文灿提出，20 世纪初中国女性解放运动是由男性主导，建立在两性共谋而不是性别对抗基础上的，把女性解放纳入构建现代民族国家的社会运动。这一方面为女性借助于男性的启蒙和支持，进入社会公共空间、争取各种权益提供了正当性，从而推动了男女平等、女性独立等女性解放运动在中国的迅速推进。另一方面，男性正是借助于民族国家话语的优势，压制并在一定程度上消解了女性追求性别平等权利的努力，从而形成了基于权力资源争权的两性冲突。在当时的社会环境下，只有借助于民族国家的旗帜，女性才有可能进入社会公共领域。以国家本位为诉求的女性解放路径，在逻辑和实践上都存在着以国家话语和国家整体利益遮蔽女权话语和女性利益的可能性。实际上，当时的少数女性先觉对上述困境已经有所警惕和反思。她们认识到女权主要由男性提倡，将永远无法摆脱依附于男性的命运。这是有别于西方近代女权运动的女性解放运动实践，需要在中国情境中进行本土化的阐释与反思。②

近年来，学界尤其注重运用性别视角探讨近代中国女性及其相关问题。性别视角是近代中国社会史研究的一个十分重要的分析角度，这一角度虽从西方学界舶来，但已经过本土化的改造。陈雁《性别与战争：上海1932—1945》一书从性别角度重新审视中日战争对于中国社会尤其是对中国女性的影响，试图呈现出当时上海妇女对于战争的体验、记忆，对"民族国家"的历史和话语的感受。③ 张念《性别政治与国家：论中国妇女解放》一书，深刻呈现出中国妇女解放过程中的种种矛盾与悖论，在理论视

---

① 张文灿：《从"解放妇女"到"让女人自己说话"——对民主革命时期中共妇女运动的研究视角及方法之梳理》，《中国政法大学学报》2013 年第 4 期。

② 张文灿：《两性的共谋与冲突——社会性别视角下 20 世纪初中国女性解放运动的本土化阐释》，《首都师范大学学报》（社会科学版）2011 年第 5 期。

③ 陈雁：《性别与战争：上海 1932—1945》，社会科学文献出版社 2014 年版。

野中铺展中国妇女走向自由的曲折历程，主要讨论了"国家理论中的性别问题"、女性解放的道德与政治冲突、革命政治与性别伦理、性别平等与政治正当性、自由的性别实践等问题。[①] 从性别的视角看，近代中国社会呈现一种新颖的面相，这有助于相关研究走出"革命史"与"现代化史"的解释框架与话语体系。

余华林检讨了 21 世纪以来中国本土的近代妇女史研究，认为这一研究在新社会史、新文化史、社会性别史等新兴研究领域、研究方法的推动下，呈现出前所未有的蓬勃发展之势，妇女史/社会性别史也开始逐步得到主流学界的关注与认同。不过，现今的妇女史研究仍处在西方理论的笼罩之下，对于中国本土语境的内在特质多语焉不详。因此，今后的相关研究应注重中国本土的问题意识与理论架构。[②]

可以说，目前大陆学界在近代中国女性史理论的探讨上积极与国际对话，努力建构有助于促进当代中国妇女解放与发展的新的解释框架。即使是借鉴西方的社会性别理论，学界也注意对其进行本土化的改造，避免食洋不化的局限，由此深化对近代中国女性解放史多种面相及其特质的认识。

## 二　妇女运动与女性解放

20 世纪 80 年代兴起的近代中国女性史的实证研究，以妇女运动与妇女参政为首要主题。

### （一）1986 年至 1995 年的妇女运动与妇女参政研究

1987 年 9 月，河南大学历史系组织召开了"中国近代妇女运动史学术讨论会"，主要议题包括近代农民运动中的妇女问题，近代资产阶级与妇

---

① 张念：《性别政治与国家：论中国妇女解放》，商务印书馆 2014 年版。

② 余华林：《新世纪以来中国本土近代妇女史研究检视》，《山西师大学报》（社会科学版）2015 年第 2 期。

女解放，近代妇女解放的历史与当代的妇女解放等。与会学者讨论了历史
上的妇女问题，近代妇女解放运动的性质、分期和特点，近代资产阶级民
主革命时期的妇女解放运动与无产阶级领导的妇女解放运动的异同，历史
上的妇女解放运动与现实社会妇女状态的联系等问题。他们认为中国近代
妇女解放运动具有如下特点：一是"独立"的女权运动不发达；二是注重
义务，忽视权利；三是素质及自我意识较差；四是运动发展不平衡；五是
运动不彻底性和反复性。① 这次会议在一定意义上代表了当时学界讨论近
代中国妇女运动的主要角度、基本立场与主流观点。

这十年间有数部研究近代中国妇女运动史的著作问世，其中刘巨才著
《中国近代妇女运动史》（下文简称刘著）② 与吕美颐、郑永福著《中国妇
女运动（1840—1921）》（下文简称吕著）③ 较为典型。刘著的新意一是用
一定篇幅介绍了工农劳动妇女的反抗斗争，二是打破了中国近代史传统分
期的框架，按照妇女运动本身的特殊规律和实际情况分期。吕著概括出近
代中国妇女运动的如下特点：其一，始终和反帝反封建的政治斗争紧密相
连；其二，具有超前性；其三，历史造成了中国妇女解放运动的复杂性艰
巨性。④ 进而预言，只有当生产力高度发展，家务劳动、人本身的再生产
实现社会化，社会上人们普遍承认家务劳动和人类自身的再生产是一种社
会劳动时，妇女解放的问题才有可能从根本上解决。⑤ 此外，吕著特别提
到，撰写一部像样的中国近代妇女运动史，"起码要具备两个条件：一是
对中国历史特别是中国近代史有比较深入的研究；二是在妇女问题方面有
较高的理论素养"⑥。如果"把近代妇女问题硬套在通史的框架上去叙述，
也很难写出一部好的妇运史"⑦。应当说，吕著的分析与提示确有其独特的
见地。

---

① 常英：《中国近代妇女运动史学术讨论会综述》，《史学月刊》1988 年第 1 期。
② 刘巨才：《中国近代妇女运动史》，中国妇女出版社 1989 年版。
③ 吕美颐、郑永福：《中国妇女运动（1840—1921）》，河南人民出版社 1990 年版。
④ 同上书，第 12—14 页。
⑤ 同上书，第 17 页。
⑥ 同上书，第 387 页。
⑦ 同上。

学界集中讨论了辛亥革命时期的妇女运动。行龙考察了辛亥革命前夕的妇女运动，其主要包括"兴女学，派留学"，"办女报，结团体"，"争女权，谋自立"等内容。他认为，这些活动和范围主要限于一部分女知识分子中。另外，当时的妇女运动主要限于沿江沿海的大城市，尚未波及广大内地，尤其是比较偏僻的农村社会。① 李兰萍认为，辛亥革命时期妇女的参政斗争是近代中国妇女觉醒的重要表现，也是民主革命的一个重要组成部分，其出现具有深刻的历史原因，而其失败是由于资产阶级革命的历史缺陷造成的。② 赵宗颇与周亚平分别论述了辛亥革命期间的妇女爱国活动与参政运动。③ 还有一些学者论及该问题，其结论较为相似。在宏观性论述近代中国妇女运动之外，有学者从女性人物的角度对该问题进行考察。赵文静讨论了秋瑾与中国近代妇女运动的关系。其认为，"秋瑾作为中国近代妇女运动的先驱，她不仅把妇女被压迫的悲惨命运同封建制度联系在一起，而且提出妇女要争取独立的经济地位，参加社会革命运动，这是秋瑾的思想中最可贵的一面，并在中国妇女解放的历史上留下了闪光的一页"④。此外，张莲波考察了 20 世纪初的妇女团体及其革命活动、社会活动等内容。⑤ 这些讨论主要从政治的角度充分肯定其在中国妇女解放史的积极意义，分析其产生的原因与存在的局限性，具有明显的政治史的叙事框架与话语特色。

学界从不同角度讨论近代"男女平等"思想的问题。李国彤较早提出，男女平等思想的萌芽出现于晚明时期，但在近代西方天赋人权学说及自由、平等思想传入中国之前，仍没有形成完整的男女平等的理论。⑥ 饶任坤认为，太平天国提出的"男女平等"口号只是宗教的教条，而非政治

① 行龙.《辛亥革命前夕的妇女运动》,《山西大学学报》1988 年第 3 期。
② 李兰萍：《略论辛亥革命时期的妇女参政斗争》,《广东社会科学》1988 年第 2 期。
③ 赵宗颇：《论辛亥革命期间的妇女爱国活动》,《上海师范大学学报》1990 年第 4 期；周亚平：《论辛亥革命时期的妇女参政运动》,《历史档案》1993 年第 2 期。
④ 赵文静：《秋瑾与中国近代妇女运动》,《烟台大学学报》(哲学社会科学版) 1994 年第 3期。
⑤ 张莲波：《二十世纪初的妇女团体》,《史学月刊》1991 年第 2 期。
⑥ 李国彤：《近代前夜妇女解放思想的萌动及其影响》, 北京大学中外妇女研究中心编《北京大学妇女问题第三届国际研讨会论文集》, 1994 年。

口号。① 孟新安认为，男女平等思想产生于戊戌时期。② 夏晓虹指出，西学东渐的一个极其可观的思想成果是平等观念的阐扬，它形成于戊戌变法前后，"迨到二十世纪初，已越来越多地被'男女平权'，尤其是'女权'的说法所置换"③。可见，学界在近代妇女解放思想形成的时间等问题的认识上略有差异。徐辉琪从思想文化的角度透视了辛亥革命时期妇女的觉醒及其冲击封建礼教的历史场景，认为"它是伴随着资产阶级革命运动的兴起而出现的一场以妇女为主体的颇有声势的谋求自身解放运动"④。在这次运动中，先进妇女对待中西文化的基本态度是既反对封建礼教，又不完全迷信西方学说。

### (二) 1996 年至 2005 年的近代女性解放研究

这一时期对女性解放的讨论集中于女性解放的心态与意识、女权思想及实践、性别关系与近代女性观的变迁四个专题。

#### 1. 女性解放的心态与意识

蒋美华考察了辛亥革命时期知识妇女群的解放心态，认为她们的心态已超越了传统女性的既定模式，代表了当时妇女的最高心理水准。在革命浪潮的激荡下，辛亥知识女性已开始借用西方的"天赋人权"理论为妇女解放运动摇旗呐喊，突破了狭隘的个人主义，注重走"合群"之路，体现了前所未有的开放性与战斗性，她们的心态亦显示出一定的成熟性。当然，限于当时的历史条件，辛亥妇女群的解放心态亦存在多层次性和不稳定性等总体缺憾。⑤ 王如青对比了"五四"时期知识分子的两种妇女解放观，认为这一时期妇女解放理论出现了以陈独秀、李大钊等为代表的"阶级解放"论和以胡适、周作人等为代表的"个体觉醒"论。前者看重妇女

---

① 饶任坤:《太平天国妇女问题再探》,《学术月刊》1990 年第 6 期。

② 孟新安:《中国近代男女平等思想刍论》,《江汉论坛》1994 年第 12 期。

③ 夏晓虹:《从男女平等到女权意识——晚清的妇女思潮》,《北京大学学报》(哲学社会科学版) 1995 年第 4 期。

④ 徐辉琪:《辛亥革命时期妇女的觉醒与对封建礼教的冲击》,《近代史研究》1994 年第 4 期。

⑤ 蒋美华:《略论辛亥革命时期知识妇女群的解放心态》,《江海学刊》1998 年第 6 期。

的整体解放，后者则更加关注女性的个体自觉。两者在妇女理论研究上都具有开创意义，但又都潜藏着某种偏颇与局限。这两种妇女观构成的理论格局影响至今。① 吴效马认为"五四"时期妇女解放思潮具有如下特点：一是其核心精神——以娜拉为样板的"超于贤妻良母的人生观"，既不同于戊戌时期的"新贤妻良母"，也不同于辛亥革命时期以苏菲亚为楷模的"女国民"；二是其中心环节——女性人格的重塑，有异于戊戌时期不缠足、兴女学的倡导和辛亥革命时期对女性政治参与的呼吁；三是其现实影响——远远超过前戊戌时期与辛亥革命时期的妇女解放思潮。与西方近代女权主义比较，这一思潮又有着浓厚的中国特色：首先，它不仅与"人的发现"同步发展，而且是"人的发现"之重要环节；其次，其中心环节是女性人格独立与个性解放，而非女性参政问题。②

## 2. 女权的理论及其实践

学界对近代女权的思想及其实践进行了深入的考察。何黎萍认为，戊戌时期维新派的男女平等思想还不成熟，存在思想与理论中的自我矛盾。20世纪初，在西方女权思想的影响下，中国才出现了"妇女解放思想的重大飞跃"③。熊月之对此有不同的看法。他认为，晚清上海是女权主义理论丰富、女权主义实践相当突出的地方。从19世纪70年代起，上海报刊就开始运用近代科学知识，批判传统的男尊女卑观念，宣传男女平等。到19世纪90年代，几乎所有进步思想家在这方面都有表现。其中，金天翮的名著《女界钟》代表了晚清女权主义思想的最高水平。而五四时期关于女权主义的议题在晚清思想界大多讨论过。因此，深入研究晚清上海女权主义的实践与理论，可以更深入地认识五四时期的女性解放思潮。④ 五四时期的《新青年》虽然不是妇女刊物，但曾对妇女解放起过重要作用。张晓丽指出，《新青年》的女权思想集近代妇女解放理论之大成，对中国妇女思想启蒙发挥了重要作用，"它表现的锋芒与锐气，不但当时使社会震惊，

---

① 于加青.《"阶级的解放"与"个体的觉醒"——"五四"时期知识分子的两种妇女解放观刍议》，《河北大学学报》2000年第5期。

② 吴效马：《五四时期妇女解放思潮的特点》，《浙江学刊》2001年第4期。

③ 何黎萍：《论中国近代女权思想的形成》，《中国人民大学学报》1997年第3期。

④ 熊月之：《晚清上海：女权主义实践与理论》，《学术月刊》2003年第11期。

即使在今日也颇有启发意义"①。

女权的一项重要内容是财产权。何黎萍梳理了中国妇女争取财产权和继承权的斗争历程。② 张佩国考察了近代江南乡村妇女的"财产权"。他认为,近代江南乡村妇女对家庭生计有着重要的贡献,但家产的男系传承原则使她们基本上没有财产权可言。在家庭结构健全的场合,妇女根本就无权获得家产份额。寡妇相对而言有一定的家产处置权,但那仅仅是代儿孙监管而已;在寡妇无子的情况下,还要将家产捐给族里。出嫁女获赠"奁田",娘家有随时收回的权力。因此,妇女的所谓"财产权"是残缺的。③

### 3. 近代性别关系的变迁

女性解放与两性关系的变迁密不可分。侯杰、秦方以吕碧城与近代女子教育思想和实践为例,分析了近代社会性别关系的变动。他们认为,近代知识女性吕碧城的女子教育思想和女权观念是和谐统一的。在男性社会精英的帮助和支持下,吕碧城在天津兴办女子教育实践活动取得了很大成功,教育思想日益成熟,并产生了一定的社会影响。这可以说"是以男权为统治的近代社会面对时代变化而作出的一种反应",从中可见近代两性关系的变化。④ 李细珠以民初女子参政权案为例,从性别冲突的角度分析了当时的性别冲突与政治民主化的限度。他认为,民初女子参政权案是男性权势对女性政治诉求的整体压抑与排斥,体现了鲜明的性别歧视面相。女子参政权运动的失败,不能简单地归咎于以袁世凯为代表的封建专制势力的阻碍与破坏,以孙中山为首的革命党人在思想认识上也有非常明显的局限性,他们也不能超越自己所处的时代。女性从整体上被排除在政权体制之外,这无疑是民初政治民主化的严重制限。⑤

### 4. 近代女性观的变迁

夏晓虹《晚清文人妇女观》一书上编论述了近代妇女生活、思想在西

---

① 张晓丽:《〈新青年〉的女权思想及其影响》,《史学月刊》1998 年第 4 期。

② 何黎萍:《中国妇女争取财产权和继承权的斗争历程》,《北京社会科学》1998 年第 4 期。

③ 张佩国:《近代江南乡村妇女的"财产权"》,《史学月刊》2002 年第 1 期。

④ 侯杰、秦方:《近代社会性别关系的变动——以吕碧城与近代女子教育思想和实践为例》,《天津师范大学学报》(社会科学版)2003 年第 6 期。

⑤ 李细珠:《性别冲突与民初政治民主化的限度——以民初女子参政权案为例》,《历史研究》2005 年第 4 期。

学东渐的背景下出现的诸多新因素，晚清的妇女观开始出现与传统背离的若干倾向，下编讨论了林纾和蔡元培的女性观。该书在勾勒晚清妇女生活之新因素（如不缠足，兴办女学堂、女报、女子团体等）的同时，指出其背后是平等观念、女权意识等西方观念的东渐与落实。在叙事中，注意到旧势力、旧观念与新因素之间的消长，区分出革新派中的激进派和温和派，从而避免了梳理简单化的倾向。① 梁景时、梁景和分析了近代女性陋俗文化观的变革。他们认为，这种变革包括两个方面：一是中国传统女性文化观念糟粕在近代的变化主要体现为近代国人对封建社会妇女陋俗文化观的批判与否定，直至部分被抛弃；二是进步文明的女性文化观被传播和高扬，以致在国人心目中得到某种程度的确认。他们还指出，"近代女性文化观的变革，其不同内容在近代不同时期的反映并非齐头并进、同步展开的，而是不断地深化，呈现出一种递进的状态"，这也说明了女子解放是由低级向高级的渐次发展过程。②

近代人对贤妻良母的多次争论深刻反映了当时女性观的嬗变。贤妻良母曾是传统中国女性的理想形象。这种理想女性标准的确立有着特殊的文化背景和文化内涵。吕美颐在追溯传统"贤妻良母"观的基础上，分析了戊戌时期、五四时期与抗战时期人们争论"贤妻良母"的长短得失。其认为：（1）近代人们对贤妻良母问题反复争论涉及的妇女解放的实质问题，即女性归宿——固守家庭还是回归社会。（2）关于贤妻良母的论争既是一个重大的理论问题，又是一个实践性很强的问题。（3）近代人们在讨论贤妻良母主义时，表面分歧在于：贤妻良母是对女性全部角色的要求，还是对其家庭角色的要求；是站在男女平等的立场上提出对女性的要求，还是站在男权社会的立场上片面地对女性的要求；贤与良究竟以什么尺度为衡量标准。但没有注意到贤妻良母"本身早已是一个落后于时代的概念"③。

此外，李小江等主编的《性别与中国》（生活·读书·新知三联书店1994年版），冯尔康、常建华所著《清人社会生活》（天津人民出版社

---

① 夏晓虹：《晚清文人妇女观》，作家出版社1995年版。
② 梁景时、梁景和：《近代女性陋俗文化观的变革》，《江汉论坛》1994年第9期。
③ 吕美颐：《评中国近代关于贤妻良母主义的论争》，《天津社会科学》1995年第5期。

1990 年版）、乔志强主编的《中国近代社会史》（人民出版社 1992 年版）、
严昌洪著《西俗东渐记——中国近代社会风俗的演变》（湖南出版社 1991
年版）等著作都在不同程度上讨论了近代妇女生活的一些专题。

### （三）2006 年至 2018 年的女性解放思想及其运动研究

近代女性解放思想与解放运动是一个十分复杂的问题，学界在此领域
进行了更为细致的研究，而且发现了诸多过去很少涉及的新问题。

其一，近代中国女性解放思想，是学界持续关注的重要问题。张莲波
对近代中国妇女解放思想的历程进行了宏观考察，将其划分为如下阶段：
明清时期妇女解放思想的萌芽，近代妇女解放思想的启蒙，戊戌维新时期
妇女解放思想的兴起，辛亥革命时期妇女解放思想的发展。他提出，妇女
解放就是要使妇女重新回到"人"的位置上来。为了使妇女成为"人"，
近代妇女解放思想的发展过程是与中国人向西方学习，逐步地从表层向深
层拓展相一致的。另外，近代妇女解放思想始终同资产阶级民主主义革命
交融在一起，并且与先进思想家的社会政治思想相一致。近代妇女解放思
想注重妇女社会性的解放，而忽视了由于性别差异而带来的特殊性。妇女
的解放是比阶级的解放更为深刻的革命，要经历更为艰辛的奋斗过程。[①]

近代众多男性精英思考女性解放的可能性路径，并进行了理论探索。
李志对李达的女性解放理论做了如下概括：女性问题在于女性劳动方式的
改变，因而解决该问题的关键在于劳动方式的变革，而资本主义生产方式
的出现为此提供了可能性。肇始于西方的女性解放运动，将这一可能性变
成现实。由英法等国和俄国所开创的两条迥异的女性解放道路，为中国近
现代的女性解放运动的开展指明了道路与方向。[②] 女性的身体解放是女性
解放的重要内容，也是五四时期学人关注的问题之一。陈宁注意到，启蒙
思想将性欲看作女性"为人"的基本欲求和现代人格的具体体现，被赋予
正面意义；贞操的内涵被注入了男女共守、爱情至上的新意。女性在一定

---

① 张莲波：《中国近代妇女解放思想历程（1840—1921）》，河南大学出版社 2006 年版。
② 李志：《女性解放的可能性及其现实道路——李达女性解放理论的再思考》，《山东社会科
学》2013 年第 9 期。

程度上拥有了满足自身欲望的主体选择权。但这是一种有限度的承认，而不是无限度的放权。从晚清时期到五四时期，女性身体从父权与夫权管控下的家族私有财产逐渐被国权接管——国家利益、民族利益和阶级利益成为衡量女性身体价值的首要标准。这种"接管"一直努力将女性之躯纳入新的话语秩序，而且在某种程度上延续了封建男权文化对女性身体的认知。[①]

其二，女性解放对于社会的意义。女性解放对近代中国社会产生了深刻影响。杨剑利著《女性与近代中国社会》一书展现出一幅社会近代化大潮流中的中国女性生活的多维图景。通过对女性在社会习俗、教育、婚姻家庭、经济生活、法律和政治等方面所扮演的社会角色之变化的描述，揭示了近代女性解放与社会发展、女性近代化与社会近代化互动的辩证关系。其论称，由于传统的思想伦理道德的束缚，近代女性仍生活在等级制度、男尊女卑的阴影中，具有浓厚的传统性；另外，在社会变革对妇女提出"解放"的呼声中，近代女性的自我意识、主体意识及群体意识开始复苏。近代女性既体现古代女性的生存生活状态，又预示着现代女性的发展方向，体现一种从传统向现代转变的过渡性特征。[②] 此外，还有学者考察了南京国民政府的新生活运动促进总会妇女指导委员会对于女性解放的作用。[③]

其三，学界对民国时期中共领导的妇女解放运动进行了深入讨论。一些学者概论了民国时期中共领导的妇女解放运动，以张文灿《解放的限界：中国共产党的妇女运动（1921—1949）》一书为代表。该书采用文献研究与口述历史相结合的方法，打破了过去宏大历史叙事所形塑的刻板的妇女印象，呈现了中国近代社会转型过程中的妇女群体生活变迁及个体生命体验的多重面相。其认为，民主革命时期，中国共产党领导的妇女运动始终与现代民族国家的建构相伴而行，由此导致了性别与阶级、民族解放运动之间的复杂关系。一方面，妇女通过参加革命，在阶级、民族解放的

---

① 陈宁：《近代女性身体之欲的思想发现》，《河南师范大学学报》（哲学社会科学版）2013年第4期。

② 杨剑利：《女性与近代中国社会》，中国社会出版社2007年版。

③ 夏蓉：《妇女指导委员会与抗日战争》，人民出版社2010年版。

旗帜下与男性结为盟友，挣脱传统的角色规范，在公共领域获得人生价值与解放的愉悦；另一方面，以阶级、民族利益为底色的妇女运动，在借重、整合妇女力量的同时，也规定了妇女追求两性平等的界限，从而使阶级、民族解放与性别解放之间产生了内在的张力。[1] 该书在研究视角上，既不同于过去的"革命史"，也不同于西方的女性主义，而是立足于当时中共革命的实际，尝试进行从"解放妇女"到"让女人自己说话"的视角转换，为研究中国共产党的妇女运动提供了多样化、差异性的视角。前已提及，此不赘言。张文灿还考察了新民主主义革命时期中国共产党妇女解放运动的政策及效果，认为中国共产党把妇女解放运动置于阶级和社会解放的大目标之下，把两性及各群体的利益看作革命主导下的一个系统，努力协调平衡二者的关系。但这种做法实际降低了对妇女性别解放的关注程度，造成妇女性别解放和阶级、社会解放的内在张力。其由此揭示根据地的妇女性别解放和社会解放并不完全是良性互动的问题。[2] 王微认为，抗战时期华北各地的妇救会在乡村工作的实践过程中，遇到了革命与传统、革命与性别的多种冲突。经过不断的探索与调试，结果是革命让位于传统，性别让位于革命。被妇救会动员起来的乡村妇女的生活空间和社会角色发生了诸多改变，但这些变化并非根本性的，而且深刻受制于战争、传统以及革命自身。[3] 另外，吴云峰认为，华中根据地通过反对家庭暴力和虐待、鼓励妇女参加劳动、确立妇女财产权等方式，在一定程度上提高了妇女的家庭地位。但由于革命整体利益和传统习俗的制约，妇女家庭地位提高改善的过程中伴随着革命、权利与习俗之间的矛盾与冲突。[4]

学界进一步讨论了苏区中共妇女解放与早期中共妇女运动领袖人物。其一，苏区的妇女运动。张雪英梳理了 20 世纪二三十年代赣南、闽西苏

---

[1]　张文灿：《解放的限界：中国共产党的妇女运动（1921—1949）》，中国政法大学出版社2013 年版。

[2]　张文灿：《妇女性别解放与阶级、社会解放的互动——新民主主义革命时期中国共产党妇女解放运动的政策及效果》，《首都师范大学学报》（社会科学版）2010 年第 6 期。

[3]　王微：《传统、革命与性别视域下的华北妇救会》，《中共党史研究》2015 年第 2 期。

[4]　吴云峰：《革命、权利与习俗：华中根据地妇女的家庭地位考察》，《福建论坛》（人文社会科学版）2016 年第 1 期。

区妇女在中国共产党的领导下，投身于民族解放和阶级解放运动，从而赢得社会对女性价值承认和尊重的历程。① 该书着重解决了如下问题：中央苏区妇女的精神风貌、生活方式、社会地位如何？她们在这个时期的政治、经济、文化活动上有何特点？她们给当地社会带来了什么影响？不过，其局限在于"全书缺乏深入的个案分析，难以从细微之处观察妇女群体内部的差异性，进而无法'深描'妇女生活的丰富面貌，结果无力把握妇女在实际生活中存在的理念和现实之间的和谐与冲突"②。民国乡村妇女对中共领导的苏维埃革命存在着不同方向的选择。汤水清注意到，苏维埃运动时期，中央苏区乡村妇女存在两种明显差异的选择：一是主动追求婚姻自由、积极参与革命，甚至送子送郎当红军；二是躲避"解放"、消极应付革命，阻止亲人参加红军。产生这种差异性选择的原因主要在于战争环境、党在政策上的某些偏差、传统社会心理与社会习俗的影响等因素。③ 其二，早期中共妇女运动领袖的观念。张素玲指出，在早期中共领导的妇女运动中，一些领导人仍然受到某些陈腐的性别观念的影响。由于革命斗争的需要，该妇女运动没有深入触及根深蒂固的男权文化，也未能进一步有力推动性别文化的进步。④

值得注意的是，学界对中共革命与具有婚外性关系的亚群体——"破鞋"的讨论，是近年来中共妇女史研究的一个亮点。张志永依据档案、报刊等文献资料，集中讨论华北抗日根据地的"破鞋"群体，探讨她们与中共妇女运动耦合与背离的过程。其认为，中共在抗战初期从实际情况出发，正确处理道德问题与民族革命的关系，团结、利用婚外性关系群体在很短的时期内打开了抗日斗争局面；同时，中共迅速对这个群体进行了教育和改造，为长期抗战奠定了基础。与此相适应，婚外性关系群体也发生分化，多数人转化为坚定的革命群众乃至党员干部，而少数人则被革命浪潮所淘汰。这些充

---

① 张雪英：《中央苏区妇女运动史》，中国社会科学出版社 2009 年版。

② 张侃：《回归与超越：评〈中央苏区妇女运动史〉》，《党史研究与教学》2010 年第 2 期。

③ 汤水清：《乡村妇女在苏维埃革命中的差异性选择——以中央苏区为中心的考察》，《中共党史研究》2012 年第 11 期。

④ 张素玲：《革命与限制：中国共产党早期妇女领袖（1921—1927）》，河南大学出版社2011 年版。

分体现了中共善于进行政治动员的娴熟能力及其妇女政策的灵活性和正确性。[1] 张志永还从女性群体的立场考察了这一群体，认为她们在抗战初期动员妇女等方面发挥了一定的积极作用，但其政治立场摇摆不定，常常败坏社会风气，乃至沦为日本侵华工具。经过 1940 年后华北根据地妇女运动的改造，"破鞋"群体大部分转化成为党员干部和抗日群众，减少和防范了性乱的发展、蔓延，但尚不能从根本上解决性乱问题。[2] 这些讨论表明，抗战时期乡村妇女群体内部存在着明显的差异性，并非像学界过去认识的她们是一个受"政权、族权、神权、夫权"束缚而亟待被解放的同质化整体。抗战胜利后，部分地方的中共乡村干部仍存在性乱的问题。徐进发现，1947 年至1948 年土改整党之际，村干部的"男女关系"问题是大量存在的。他认为，这类问题不能简单以干部腐化论之，而是非婚性行为固有并长期存在的现象，这与当地的男女比例失调有一定关联。在此次土改整党过程中，村干部的"男女关系"问题被严重高估，熟识当地情况的干部对这一问题做出了相对温和的解读，并被中共决策者所接受。[3]

还有一些学者讨论了近代非画报类的期刊与女性解放的关系。王成注意到，民国上海的《永安月刊》注重以女性为题材的报道，体现出婚姻和家庭变革与多种"救国"主张相关联的社会改造意识。[4] 赵叶珠、韩银环通过考察 1915—1925 年间的《妇女杂志》，认为"五四"之前该杂志的涉外文章以传播先进实用科学知识为主，"五四"初期的涉外文章开始介绍各国妇女解放运动和妇女研究新思潮，"五四"中后期的涉外文章则重在推介妇女解放思想与理论并深入探讨妇女问题。而五四运动后的《妇女杂志》大量刊载外国妇女解放运动的理论和实践，为中国妇女了解国外妇女运动提供了一条重要的途径。[5]

---

[1]　张志永：《华北抗日根据地妇女运动与婚外性关系》，《抗日战争研究》2009 年第 1 期。

[2]　张志永：《从边缘到主流：抗战时期华北农村妇女特殊亚群体的演化》，《史林》2010 年第 1 期。

[3]　徐进：《革命与性：晋察冀根据地村干部"男女关系"问题的由来》，《史学月刊》2011年第 10 期。

[4]　王成：《从〈永安月刊〉看海上女性生活（1939—1949）》，《兰州学刊》2012 年第 6 期。

[5]　赵叶珠、韩银环：《外国思潮对"五四"前后妇女解放运动的影响——对〈妇女杂志〉(1915—1925 年）的文献计量学分析》，《云南民族大学学报》（哲学社会科学版）2012 年第 4 期。

# 三　女性生活及其社会角色

近代中国女性的活动既包括密切关联政治的解放运动与参政斗争，也包含不同于政治活动的社会生活。学界对近代女性的社会生活、权利意识与犯罪活动、女性的社会形象与角色以及女性与社会的互动等问题进行了越来越细致的讨论。

## （一）女性生活

女性生活一直是近代中国女性史研究的重要问题。20世纪80年代，学界在继续讨论近代妇女解放运动的同时，开始关注近代女性生活。郑永福、吕美颐《近代中国妇女生活》一书十分引人注目。该书视野开阔，以宏观与微观、定量分析与定性分析相结合的方式，多角度、多层次地描绘了近代妇女生活的缠足、婚嫁、服饰、信仰、娱乐与职业等方面的变迁。两位作者将此书视为其所著《中国妇女运动（1840—1921）》一书的姊妹篇。他们在讨论近代妇女运动时，深切感觉到应该深入了解妇女运动的前提与基础，即妇女的日常生活。因此，他们着重从"生活方式"的角度对其进行审视。在《近代中国妇女生活》一书前言中，他们慎重考虑了"生活方式"的概念问题，认为生活方式"是一个相当广泛的概念，它包括人们对衣食住行、劳动工作、休息娱乐、社会交往、待人接物等物质生活和精神生活的人生观、价值观、道德观、审美观以及与这些观念相适应的行为方式"。尽管在社会学、历史学、民俗学及行为科学中，生活方式有特定的含义，人们对它的理解见仁见智，但可以说"它是特定历史阶段的人们在一定的物质生活条件下和一定的价值观念支配下，为满足自身的物质要求和精神要求所采取的行为模式和生活习惯"[1]。可以说，"生活方式"是分析社会生活的一个十分重要的概念。由于在国内学界较早且充分运用了"生活方式"的分析视角，《近代中国妇女生活》一书在近代女性

---

[1]　郑永福、吕美颐：《近代中国妇女生活》，河南人民出版社1993年版，前言，第3页。

生活史研究上具有开拓性意义,有学者称赞说:"(该书)是近年来妇女史研究中难得的好书。"[1]

2006年至今,学界对近代女性生活中的交往、生育、自杀、生计等问题进行了深入讨论。

其一,近代女性的社会交往。魏中林、花宏艳认为,晚清女诗人的文学与交际网络除了以血缘与亲缘为主的家族网络之外,还不断拓展出以报刊为平台的媒介传播网络、以学校为核心的私谊网络和以社团为载体的社会网络。凭借这些现代交际网络,她们不断地寻求身份认同,应对政治变迁,传播自我形象。[2] 赵凤玲讨论了五四时期社会媒体上关于男女社交公开的论争,认为这场争论在一定程度上打破了传统礼教的束缚,女性可以和男性一样享有社交权利。但当时整个社会氛围对女性的日常社交还是形成了一定的限制,能够走到时代前列的女性毕竟还是少数。[3]

其二,关于近代女性生育。张晓艳、王俊斌以山西省保德县百人口述调查资料为中心,考察了民国时期晋西北妇女的生育状况,认为当时该地区妇女的生育状况极为落后,其主要体现在早婚盛行、高出生率与高死亡率并存、不注重产妇的健康等方面;出现这种情况的主要原因在于传统伦理道德的影响、保守的生育习俗与当地落后的社会经济条件。[4] 杨剑利从生育观念的角度讨论了民国时期乡土妇女在生育方面存在的种种不幸。[5]

其三,近代女性的自杀问题。李书源、杨晓军以1912—1921年间《盛京时报》刊载的女性自杀案例为中心,解读了民国初年东北地区女性的自杀现象,认为该现象呈现自杀年龄年轻化、自杀方式多样化等特征,这种现象发生的个人原因在于人际冲突、生存与生活压力、纲常名教引起

---

① 胡俊:《一部颇具特色的妇女史专著——评〈近代中国妇女生活〉》,《妇女研究论丛》1994年第3期。

② 魏中林、花宏艳:《晚清女诗人交际网络的近代拓展》,《暨南学报》(哲学社会科学版)2011年第2期。

③ 赵凤玲:《文化社会学视角下的近代女性社交公开的论争》,《江汉论坛》2013年第11期。

④ 张晓艳、王俊斌:《民国时期晋西北妇女生育状况概述——以保德县百人口述调查资料为中心》,《兰州学刊》2009年第2期。

⑤ 杨剑利:《观念传承与生育阵痛:民国乡土妇女生育探微》,《江汉论坛》2010年第6期。

的殉情及受虐等问题，而其社会原因在于民初东北地区发展的迟滞与女性社会地位的低下。[①] 杨齐福、汪炜炜考察了民国时期社会各界普遍关注的惠安女集体自杀现象，认为这种现象难以防控的主要原因在于性别的职业流动与两性关系的失衡，传统的婚姻制度与特殊的社会习俗，尤其是普遍存在的"金兰盟"[②]。

其四，弱势女性群体的生计与处境。赵赟考察了近代苏北佣妇在上海的规模与处境，认为她们处在社会的底层，备受歧视；江南"文明人"为了自身利益或自身认同的确立，突出他们与这个阶层的区别，因而使对苏北佣妇应有的同情与帮助被歧视与偏见所取代，由此强化他们的优越感。[③] 池子华、吕晓玲注意到，近代长三角地区的打工妹群体虽然来自四面八方，籍贯构成复杂而多元，不同行业也呈现截然不同的特点，但以长三角本区域人为主体，显示出打工妹空间运动鲜明的区域内部流动的特征。[④] 郭卫东考察了民国时期广州瞽姬的生活遭遇，注意到 20 世纪 30 年代部分盲女虽然退出"瞽姬"行当，但由于官方的善后安置举措失当，她们的生计仍然没有着落，甚至更等而下之。[⑤] 孙丽萍、宋丽莉、张舒主要依据口述史料，呈现 20 世纪三四十年代山西女性的生存状况，认为她们不仅亲历了心灵与肉体的双重苦难，而且许多人的人生轨迹因此转变。[⑥] 艾晶认为，清末民初的一些女性意识到在婚姻家庭中的不平等地位，并进行了一定的抗争。[⑦] 张秀丽以民国时期的北京为时空范围，从城市化的视角考察

---

① 李书源、杨晓军：《民国初年东北地区女性自杀现象解读——以 1912—1921 年间〈盛京时报〉刊载的 578 例女性自杀案例为中心》，《吉林大学社会科学学报》2009 年第 5 期。

② 杨齐福、汪炜炜：《民国时期惠安女集体自杀现象之探究》，《福建论坛》（人文社会科学版）2009 年第 7 期。

③ 赵赟：《近代苏北佣妇在上海的规模与处境》，《史学月刊》2010 年第 8 期。

④ 池子华、吕晓玲：《近代长三角地区打工妹群体籍贯构成研究》，《苏州大学学报》（哲学社会科学版）2011 年第 6 期。

⑤ 郭卫东：《瞽姬的命运：民国年间广州世风丕变的一个缩影》，《广东社会科学》2011 年第 1 期。

⑥ 孙丽萍、宋丽莉、张舒：《口述生命的轨迹——20 世纪三四十年代山西女性生存状况调查研究》，《山西大学学报》（哲学社会科学版）2010 年第 6 期。

⑦ 艾晶：《屈辱与反抗：清末民初女性婚姻家庭矛盾解析》，《沈阳师范大学学报》（社会科学版）2015 年第 4 期。

了北京婢女构成、婢女买卖、婢女的日常生活、婢女的情感与婚姻、政府禁婢法令、婢女救助与安置、婢女解放运动等问题，展现这一时期北京婢女问题的多重面相，揭示其在社会转型和城市现代化过程中从传统走向现代的场景及困境。作者认为，婢女与蓄婢家庭不断发生矛盾和冲突。民国政府和社会对婢女的救助虽未彻底解决婢女问题，但在一定程度上促进了婢女的解放。只有真正废除封建等级制度及其产生的社会根源，才能实现婢女解放的终极目标。①

此外，吴小玮注意到，民国时期广州政府则率先掀起了禁革女子束胸的"天乳运动"，有力遏制了束胸之风，促进了"健康美"的审美观念的传播。运动中尚有性别话语、国族精神和政党意图的交织纷呈，可见民国时期女性解放的多面性。②

### （二）新女性的社会形象与角色

学界对女学生的角色、形象与观念的讨论，成为2006年来近代中国女性史研究的一个亮点。张莉认为，晚清知识分子对民族国家的发现和对妇女问题的发现是女学生出现必不可少的条件。他们关于现代意义上的新妇女形象的理想逐渐在女学生身上落实，其关于民族国家的设想也是在女学生从历史地表浮现并进入历史舞台的过程中逐步变成现实。③宋少鹏从社会性别的角度考察了五四运动时期的女学生，认为她们以国民意识和国民责任为号召，以"女学生"的身份参与到民族主义和民主主义的运动之中，体现了女学生的主体性和能动性，自身也成为推动政治发展进程的主体。④周东华不同意学术界关于近代教会女生政治意识的惯常看法，即她们不爱国。他提出，近代江南教会女生之"爱国"有"负责任之爱国"与"理性爱国"两种，前者凸显国民品性，后者赞扬知识水准。相比之下，

---

① 张秀丽：《民国北京婢女问题研究》，北京师范大学出版社2016年版。
② 吴小玮：《民国时期"天乳运动"探析》，《贵州文史丛刊》2015年第1期。
③ 张莉：《女学生：民族国家视域下的新妇女想象》，《南开学报》（哲学社会科学版）2012年第2期。
④ 宋少鹏：《赋予五四运动以社会性别：女学生的主体性和能动性》，《华南师范大学学报》（社会科学版）2009年第6期。

近代江南教会女生更相信"理性爱国"的有效性。① 民国时期女学生在社会传媒中的形象不断被建构。曾越注意到，从民初到 20 世纪 40 年代，大众媒体绘画图像通过视觉符号置换，建构了一条女学生从清纯少女走向摩登女郎的衍化路径，在视觉上营造出女学生物欲渐强而内涵渐弱、"分利"色彩渐浓而"生利"意义渐淡的形象特征。图像形象的"沦陷"将女学生的进步意义消解殆尽，从一个侧面反映近代女学生以及女性解放的现实困境与社会文明发展的艰难曲折。②

学界对近代其他新女性形象的讨论也较为深入。杨联芬讨论了五四新女性在身份认同上处于新伦理与旧角色相矛盾之困境的问题。其分析认为，五四新文化运动使女性处于社会道德变革的涡流中心，她们因文化身份而分属意识形态的"新"与"旧"两端。作为新文化共同体的一员，新女性认同正义伦理，肯定个人权利，追求恋爱自由；但作为女性，她们的性别认同与关怀伦理心理，却使之往往对"旧"的一方充满同情而在权利问题上做出妥协。新女性身份认同的困境，体现了"五四"正义伦理的道德局限。③ 赵凤玲考察了 20 世纪二三十年代中国沿海一些大都市的新女性、摩登女郎，认为她们以特有的女性身体形象，既诠释了新式女性思想解放、身体解放在社会中所扮演的与传统女性不一样的角色，又说明在消费文化盛行的时期，女性的身体形象也被打上了商品的符号。这一方面显示出新式女性独立的人格得到社会承认，另一方面也说明女性的身体形象在社会中所扮演的角色仍摆脱不了被欣赏、被阅读的歧视地位。④ 冯剑侠讨论了民国时期女记者的出现及其形象的建构，认为女记者的职业性质对传统性别规范的挑战引发了男性文人对重新定义性别角色的担忧和焦虑，而她们采取"去性别化"的话语策略，强调自身的职业素养和社会功能，则是为了建构起性别中立的职业认同。女记者们的"中性化"和"职业化"究竟是对这一"男性的视角"的纠偏还是强化，仍是一个值得继续反

① 周东华：《民国初年江南教会女生集体记忆中的国族认同》，《学术月刊》2010 年第 3 期。
② 曾越：《民国时期女学生的形象困境》，《社会科学家》2014 年第 5 期。
③ 杨联芬：《新伦理与旧角色：五四新女性身份认同的困境》，《中国社会科学》2010 年第 5 期。
④ 赵凤玲：《西方文化映照下的都市新式女性的身体形象》，《江汉论坛》2009 年第 8 期。

思和探寻的问题。①

近代图像、书刊等有关女性的文本越来越多地进入历史学家的研究视野。侯杰、王凤认为，近代杨柳青年画为研究中国女性生活的变迁提供了珍贵的视觉文本，其不仅呈现了中国女性从传统到现代的生活变迁及其性别关系、权力关系调整的进程，女性主体身份与社会角色不断被重新定义的轨迹，还体现了民族主义话语及男性知识分子对年画创作者乃至社会的期待。② 夏晓虹解读了晚清时期的《女诫》白话注解、中外女杰传、女报传记、明治"妇人立志"读物和女报中的乐歌、"汉侠女儿""女国民"与女虚无党等文本，进而分析当时的知识精英如何借助各种文本，将"国民常识"播植于女界的实践，构筑"中国新女国民"的理想境界。其对女性形象的重塑，蕴含着文化精英对于未来国家、未来新民的多重想象，其间不乏矛盾。吊诡的是，晚清女子的国民常识因国家民族而被发现，也因为国家民族而被遮蔽。③

有学者对宋庆龄、康同璧与胡彬夏等近代女性人物的身份建构进行了更为细致的讨论。刘俊凤通过对宋庆龄"私人书信"的分析，试图从一个侧面展示"一个更加真实、丰满的传统与现代交织的宋庆龄"，认为"她的生活历程不仅诠释了 20 世纪中国女性自我解放的路径，也成为中国女性追求现代生活方式的典范"④。张朋认为，康同璧成年后自觉参与并领导了清末民初的妇女解放运动，成为当时新女性的代表，从而在一个动态的过程中不断"生产"自我的社会身份。⑤ 此外，张朋还分析了清末民初女报人胡彬夏的办报活动与身份认同，认为其主持的《妇女杂志》前后基调的变化反映出胡彬夏在自我身份塑造与社会舆论认可之间寻求平衡，进而

---

① 冯剑侠：《"无冕皇后"还是"交际花"：民国女记者的媒介形象与自我认同》，《妇女研究论丛》2012 年第 6 期。

② 侯杰、王凤：《从传统到近代：民间年画与中国女性生活——以杨柳青年画为中心的考察》，《妇女研究论丛》2016 年第 5 期。

③ 夏晓虹：《晚清女子国民常识的建构》，北京大学出版社 2016 年版。

④ 刘俊凤：《宋庆龄女性角色的生活史解读——基于宋庆龄"私人书信"的审视》，《陕西师范大学学报》（哲学社会科学版）2012 年第 2 期。

⑤ 张朋：《近代女性社会主体身份的自我建构——以康同璧为个案研究》，《淮北煤炭师范学院学报》（哲学社会科学版）2009 年第 6 期。

避免社会身份"焦虑感"的努力。①

此外，李颖以三门塘碑刻为中心，讨论了清至民国清水江流域侗族妇女参与公益事务的范围和方式。②

### （三）女性权利与违法犯罪

近代女性社会地位上升的一个重要标志是女性权利的确立。向仁富着力探讨了20世纪20年代至30年代中期广东妇女的权利问题。他认为，当时广东妇女积极争取受教育权、经济平等权、参政权等权利，但她们争取来的权利同实际权利相比较还存在相当大的差距。在此争取过程中，国共两党扮演了重要角色，以至于广东妇女争取权利的运动有相当突出的男性特色，也有很强的从属于民族民主战争的工具性价值。③ 财产权是女性权利中的核心部分之一。郑全红在《民国时期女子财产继承权变迁研究：传统向现代的嬗变》一书中较为系统地考察了民国时期女子财产继承权变迁的脉络，透视了民国时期法律制度变革在女性社会地位方面的价值取向。④ 王新宇认为，女子财产继承权是近代法律变革的一项重要内容，也是一种性别权利的突破。但女子财产继承权体现的只是一种权利能力，而不是行为能力，甚至在债务继承时家境贫寒之女反受继承权之害。近代关于女性权利的立法实则利弊各半，原因在于这项法律变革基于一场政治运动，而不是社会变迁的结果。⑤ 徐静莉分析称，民初女性在婚姻与继承方面的权利"仅仅停留在文本上"，大理院在涉及女性权利的婚姻、继承案件的司法裁判中既有对传统的妥协，也有顺应潮流的灵活与变通。⑥

---

① 张朋：《从兴女权到改良家庭——清末民初女报人胡彬夏办报活动与身份认同》，《阜阳师范学院学报》（社会科学版）2012年第2期。

② 李颖：《清至民国清水江流域侗族妇女公益事务探微——以三门塘碑刻为中心》，《贵州大学学报》（社会科学版）2015年第6期。

③ 向仁富：《近代广东妇女权利研究：以20世纪20—30年代中期的情形为例》，知识产权出版社2013年版。

④ 郑全红：《民国时期女子财产继承权变迁研究：传统向现代的嬗变》，法律出版社2013年版。

⑤ 王新宇：《近代女子财产继承权的解读与反思》，《政法论坛》2011年第6期。

⑥ 徐静莉：《立法与司法的"变奏"——民初女性权利演变的特性——以婚姻、继承中的女性权利为中心》，《学术论坛》2010年第5期。

　　谢开键、肖耀依据民国时期贵州省天柱县妇女买卖土地的文书，分析妇女在土地买卖过程中扮演的卖主、买主、凭中等角色，认为当时该地区的女性虽然拥有了较大的财产支配权利，但依然缺少争取法律保护的主动权益诉求，其权利和地位仍受到各种或隐或现的历史文化因素的制约。[①] 张启龙、徐哲通过考察清末广州南城高第街房地产交易的契约文书，发现以寡母（寡妻）为主的一些女性参与了买卖过程，她们在家庭大宗交易中发挥了重要作用，具有较高的社会地位。[②] 此外，海日古丽·牙合甫探讨了近代维吾尔妇女在喀什贸易事业中的地位。[③]

　　寡妇、妾与婢女是民国时期的女性弱势群体。曹婷婷注意到，晚清江浙地区存在妇人改嫁携去妆奁的习惯，但也有因此争讼的案例。寡妇享有的财产权并不稳固，对于夫家财产并没有擅自处分的权力，受到族人的监督。[④] 李刚认为，南京国民政府在立法上虽确立男女平等原则，而法律条文对妾制并无禁止性规定，因此终无法根除"妾"之风在中国社会广泛存在的事实。[⑤] 张晓霞、顾东明依据清末民初《申报》的寻婢广告，认为婢女在当时社会中的地位十分低下，经常出现逃跑的情况，但她们已经产生了脱离依附男性的传统而自立的觉醒意识。[⑥]

　　小田、张帆认为平民的地位更宜在日常生活世界中进行确认，而这种地位可称为"日常地位"。以民国时期苏州轿妇为案例的考察表明，在影响日常地位的诸多变量中，所谓声望是特定共同体中体现"妇道"的村妇名声；所谓财富是村妇兼任多种劳作而获得的家庭收入；所谓特权主要是

---

① 谢开键、肖耀：《民国时期农村妇女的权利和地位——以天柱土地买卖文书中的女性为中心》，《贵州大学学报》（社会科学版）2012 年第 6 期。

② 张启龙、徐哲：《被动的主动：清末广州高第街妇女权利与地位研究——以契约文书为例》，《妇女研究论丛》2015 年第 2 期。

③ 海日古丽·牙合甫：《近代维吾尔女性在喀什噶尔商贸事业中的地位》，《兰台世界》2015 年第 11 期。

④ 曹婷婷：《晚清江浙乡村寡妇财产纠纷问题试探》，《历史档案》2010 年第 3 期。

⑤ 李刚：《南京国民政府时期"妾"的法律地位与司法裁判》，《山东社会科学》2010 年第 4 期。

⑥ 张晓霞、顾东明：《晚清婢女的社会地位及生活状况——以〈申报〉1899—1903 年寻婢广告为中心考察》，《牡丹江师范学院学报》（哲学社会科学版）2010 年第 6 期。

在家庭关系中村妇决定自身权利、义务的主体资格（或称为人格），其决定着村妇的日常地位。①

近代女性犯罪是学界相对陌生的社会现象。艾晶在此问题上用力甚多，揭示了清末民初女性犯罪的特点、官方与民间的应对措施。她依据民初司法统计和案例资料，分析认为民国初年女性犯罪的动机多因为经济因素。女性犯罪人多为处在经济底层的人们，在无法解决自身的困难时，只有铤而走险。② 艾晶还集中考察了清末民初官方对女犯的宽宥与监禁。她注意到，清末民初女性犯罪的数量和类型都有所增多，但统治者在加强控制的同时，也对犯罪女性进行了一定的宽宥处理。清末的法律修订减轻了对女性犯罪的惩罚。③ 但在实际执行中，清末监狱对女犯的看管也存在很多问题，其中最严重的是虐待与勒索。加之当时大部分监狱的生活条件极其恶劣，部分女犯因而愤恨自杀。④ 近代民间家法族规对出现性越轨的女性实施一定的制约和惩治，这让她们苦不堪言。艾晶认为，近代虽有部分家法族规对性越轨女性的惩罚有所减轻，但未能真正去除女性的性禁锢；在民国时期女性解放的思潮中，女性虽在一定程度上摆脱了传统贞操观念的束缚，但也付出了惨重代价，最明显的表现是这一时期女性性犯罪案件的数量和类型都出现一定的增长趋势。⑤

### （四）女性对社会变迁的影响

近代社会变迁促进了女性的觉醒，而女性觉醒反过来又影响了社会变迁。罗苏文著《女性与近代中国社会》一书从社会性别的角度，讨论了如下问题：女性群体在近代中国文明演进过程中呈现怎样的变化趋向，这种变化作为一个中间环节与近代以前的女性相比有什么不同，对当代中国女

---

① 小田、张帆：《论平民女性的日常地位——基于民国时期苏州轿妇案例的研究》，《北京社会科学》2015 年第 2 期。

② 艾晶：《民初女性犯罪的经济化趋势研究》，《西南大学学报》（社会科学版）2012 年第 5 期。

③ 艾晶：《包容与赦宥：清末民初对女性犯罪的宽宥研究（1901—1919）》，《史林》2009 年第 1 期。

④ 艾晶：《清末女犯监禁情况考述》，《清史研究》2011 年第 4 期。

⑤ 艾晶：《论近代家法族规对女性性越轨的制约》，《求索》2012 年第 3 期。

性群体的发展产生何种制约。其进而寻找近代女性群体变化与不同区域社会变迁之间的内在联系,揭示女性群体变化影响社会变迁的动力机制。其认为,女性在近代中国社会中的变化主要是迈出了从女人到人的第一步。[①]吕美颐分析了近代妇女运动对社会变迁的推动作用,认为妇女运动的直接成果与间接成果一般表现为两个方面,"一是女性的社会地位得到某种程度的改善与提高,两性关系的错位逐步得到纠正,性别群体利益不断得到调整。二是妇女运动对整个社会产生了强大冲击波,对人们的价值观念、行为准则和生活方式发生着重大影响,使人们逐步接受某些新事物,产生某种新共识",推动了"正向"社会变迁。妇女运动的影响往往从局部展开,由点向面扩散,从量变发展到质变。这是一个社会重新整合的过程,也是社会变迁的历史过程。[②]

相对于前述学者概论女性与社会变迁的关系,夏晓虹从个案的角度对其进行了深入剖析。她通过分析惠兴、胡仿兰与秋瑾之死及其引发的社会风潮这三个个案,分层解读晚清女性解放与民间社会力量崛起之间的关系。第一个层面是女性解放的展开。第二个层面是报刊舆论的形成。晚清时期的民间报纸已经拥有独立的言论空间,成为可以和官方抗衡的一种社会势力,具有较强的监督功能。第三个层面是民间社会的力量。民间社团能够在地方发挥巨大的影响力,成为推动官方改革、制衡官府权威的一种不可忽视的社会力量。其通过与官府抗衡,实现了一定程度的社会公平。[③] 马军细致考察了1948年的上海舞潮案,认为这一起女子集体暴力事件是民主意识对抗极权专制的政治事件,也是一场无预谋、无组织、无纪律的极端行为,并且从头至尾掺杂着令人啼笑皆非的闹剧色彩。案件结束后,其中一些骨干或被动或主动地都向进步组织靠拢,因而使该案有了一个最好的结局。[④]

此外,范若兰考察了近代中国女性人口的国际迁移情况。其认为,近

---

① 罗苏文:《女性与近代中国社会》,上海人民出版社1996年版。

② 吕美颐:《论中国近代妇女运动对社会变迁的推动作用》,《郑州大学学报》1999年第4期。

③ 夏晓虹:《晚清女性与近代中国》,北京大学出版社2004年版。

④ 马军:《1948年:上海舞潮案——对一起民国女性集体暴力抗议事件的研究》,上海古籍出版社2005年版。

代以来中国女性国际迁移的总规模应在 230 万人左右，主要流向东南亚地区，流向美洲、欧洲、澳洲和非洲的女性移民很少。这种国际迁移可分为三种类型，即依附迁移型、主动迁移型和被动迁移型。[1]

### （五）社会传媒与女性生活

图像比文字更能直观地反映社会现象，一些学者从画报等图像资料透视近代社会传媒与近代女性的关联，颇有新意。秦方以晚清时期天津的几份画报为例，探讨了近代女学视觉展现的议题。其认为，观者对于女学的凝视，不仅限于男性对女性的性别凝视，也有社会阶层和身份认同的差异，甚或也会成为中外权力关系的表现方式。而画图中存在的"内外有别"的空间，使得近代女学和传统社会性别规范仍然存在千丝万缕的联系。[2] 田梅英、张云英分析了《点石斋画报》与晚清女性角色变迁的关系，认为这一时期社会急遽变化，男外女内的性别角色分工开始松动，沪上女性因得风气之先，率先迈开了由家庭到社会的步伐。女性社会角色的变迁，既是社会变动的有机组成部分，又是社会发展的动力元素。[3] 陈艳考察了《北洋画报》，认为自 20 世纪 30 年代起，较之以前的名媛闺秀，越来越多的普通城市女性出现在该画报封面上，她们的穿着打扮乃至生活方式都生动诠释了从"时尚"到"流行"的日常大众文化的变迁。其中普通职业的封面女郎不仅反映社会转型时期天津女子职业传统与现代纠缠的复杂面貌，也显示出现代城市职业女性在社会与家庭之间的现实处境。[4] 她还注意到，《北洋画报》封面自 20 世纪 30 年代起转向对爱国女学生及女运动员的热衷，她们作为"新女性"的代表，显示《北洋画报》在政治意识形态和时代审美趣味变动下的积极选择。不过，这些女学生形象表面的现代化并不能消解其意识形态上的保守性。《北洋画报》对"新女性"的

① 范若兰：《近代中国女性人口的国际迁移（1860—1949 年）》，《海交史研究》2002 年第 1 期。
② 秦方：《晚清女学的视觉呈现——以天津画报为中心的考察》，《近代史研究》2013 年第 1 期。
③ 田梅英、张云英：《〈点石斋画报〉与晚清女性角色的变迁》，《山东女子学院学报》2013 年第 3 期。
④ 陈艳：《普通女性的公众化——1930 年代〈北洋画报〉封面女郎研究》，《徐州师范大学学报》（哲学社会科学版）2012 年第 4 期。

表述具有调和现代与传统的特殊功能。① 韩红星也分析了《北洋画报》，认为近代女性角色从身体、社会、观念等方面都接受了新的解构与重塑，新时代的女性则在与传统角色的博弈中寻求自己的新定位，但她们无法完全抛弃一些固有的伦理观念，因而融入一个新旧并存、传统与现代共立的角色重塑过程。相较于传统女性而言，她们已经被时代赋予新的使命与新的角色。② 姚霏借助晚清上海画报和图册所刊载的大量女性与城市空间的图像，勾勒出女性的活动空间和她们在生产、消费领域的身份特征。针对图像在历史研究上的运用，她指出，尽管图像史料的运用仍处在探索阶段，即使西方历史学界也不曾实践出一套行之有效的分析、解读图像的手段，但不应因噎废食。③

不只是社会传媒的图像可以反映出近代女性生活的独特面相，歌谣和竹枝词也是值得女性史研究关注的对象。有学者提出，要积极拓宽近代女性研究的史料范围。小田主张进行史学与艺术的跨学科对话，运用近代歌谣讨论近代女性的生活。在具体运用时，一方面需要从歌谣中析出相关元素，解构原有歌谣，滤化艺术情感，抽象民众观念，进行"去艺术化"处理；另一方面，依据歌谣的内容和歌谣的存在环境及其存在方式对其进行时代性确认。④ 另外，潘大礼尝试从竹枝词透视近代女性的日常生活。⑤

# 四　女性教育、职业与就业

近代女性教育、职业与就业是反映其社会地位与生活状态的重要指

---

① 陈艳：《"新女性"的代表：从爱国女学生到女运动员——20世纪30年代〈北洋画报〉封面研究》，《广西社会科学》2009年第12期。

② 韩红星：《中国近代女性角色的重塑——来自〈北洋画报〉的记录》，《妇女研究论丛》2011年第4期。

③ 姚霏：《从图像看晚清上海女性与城市空间——兼论图像学在历史研究中的运用》，《上海师范大学学报》（哲学社会科学版）2012年第4期。

④ 小田：《近代歌谣：村妇生活的凭据——以江南为例》，《江苏社会科学》2011年第4期。

⑤ 潘大礼：《近代女性日常生活的变迁：以湖北"竹枝词"为中心》，《三峡大学学报》（人文社会科学版）2012年第5期。

标，也是社会史与女性史研究的核心内容之一。20 世纪 80 年代至今，学界在该领域收获了丰富的研究成果。

## （一）女性教育研究

### 1. 1986 年至 1995 年的近代女性教育研究

近代女子教育的大规模兴起是过去不曾有过的新现象，引起了社会的广泛关注。张莲波考察了近代女子教育思潮的变迁历程。他认为，近代女子教育思潮从戊戌时期的"贤母良妻"主义演变为辛亥革命时期的"女国民"，再发展到五四时期"男女平等"的教育。经过三次大的社会变革，完成了女子教育近代化的探索。[1] 黄新宪、梁景和揭示了中国女子教育近代化及女子教育体制建立的脉络与特点。[2] 崔运武认为，近代教会女子教育分为两个阶段：一是教会女校发展的初期阶段（1844—1860），此阶段学校数量少、程度低，学生以贫民之女为主；二是教会女校的扩张时期（1860 年至 20 世纪 20 年代），此阶段逐渐形成从小学到大学规格齐全的教育体系，学校招生向富家之女倾斜。教会女子教育在"提倡男女教育平等"、促进女性解放方面发挥了一定作用，但这"不是教会集团的初衷"。[3]

近代中国女子留学是女性解放与社会转型的重要内容之一，比男子留学具有更丰富的内涵。孙石月认为，近代中国女子留学不仅具有救亡图存、强国富民的政治意蕴，"还有着中国妇女从封建牢笼中挣脱出来走向世界和近代化的特殊意义"[4]。海外留学的女性是中西文化的过渡人和边际人，也是中国社会从传统向现代化递嬗过程中新兴力量兴起的标志。宋瑞芝指出，戊戌时期、辛亥时期与五四时期的妇女解放运动逐步拓展，从而

---

[1]　张莲波：《中国近代女子教育思潮述评》，《河南大学学报》（社会科学版）1995 年第 4 期。

[2]　黄新宪：《中国近现代女子教育》，福建教育出版社 1992 年版；梁景和：《近代中国女学演变的历史考察》，《辽宁师范大学学报》1993 年第 6 期。

[3]　崔运武：《近代中国教会女子教育浅析》，《史学月刊》1988 年第 2 期。

[4]　孙石月：《中国近代女子留学史》，中国和平出版社 1995 年版。

揭开了中国妇女真正觉醒时代的帷幕。①

### 2. 1996 年至 2005 年的近代女性教育研究

学界对近代女性教育进行了更为细致的讨论，尤为关注教会学校对女性启蒙的影响。王奇生分析了教会女子高等教育的历史演变与特点，认为教会女子大学开创了中国女子高等教育的先河，并在这一领域"始终处于领先地位"。无论在创办时间、女学生人数、女生在全部学生中所占比例方面，教会女子大学都远远超过同期的其他中国大学，因而"在第一代中国知识女性的成长过程中扮演了十分重要的母体角色"②。赵容从区域社会的角度分析了教会女校对福建女性的启蒙教育意义，认为福建教会女学从数量、规模、普及程度、持续时间等方面都超越了传统教育，有力促进了女性性格塑造、视野拓展与自立能力培养。掌握新式知识的女性走上新的人生道路，并开始走出国门，走向社会。同时，这也对启发国人重新认识女子教育起到了积极作用。③ 李湘敏系统考察了基督教教育与近代中国妇女的关联。她认为，设立女子学校是教会出于传教的需要而采取的举措，他们进行文化渗透的同时，也对中国女性传授了大量先进的科学技术知识和技能。教会学校培养的知识女性中相当一部分人面对社会的激烈变革，接受了先进的思想，在政治上和思想上逐步摆脱了外国教会的羁绊，并以自己的实际行动积极参与社会变革，对中国近代化进程发挥了重要作用。因此，不可否认基督教教育对近代中国女子教育进步的促进作用。④ 朱峰以金陵女子大学及华南女子大学为考察对象，多方面探讨了教会女子大学发展的坎坷历程。⑤

学界还对近代女性教育的其他问题进行了探讨。乔素玲剖析了近代中国女子教育对知识女性觉醒的多元意义。她注意到，知识女性在受教育的过程中逐渐确立了性别意识，培养了独立人格，但在走向社会之后，却很

---

①　宋瑞芝：《近代妇女教育的兴起与妇女的觉醒》，《河北学刊》1995 年第 5 期。

②　王奇生：《教会女子高等教育的历史演变》，《华中师范大学学报》1996 年第 2 期。

③　赵容：《近代教会学校对福建女性启蒙的影响》，《党史研究与教学》2002 年第 3 期。

④　李湘敏：《基督教教育与近代中国妇女》，福建教育出版社 1999 年版。

⑤　朱峰：《基督教与近代中国女子高等教育——金陵女大与华南女大比较研究》，福建教育出版社 2002 年版。

难获得与男性平等的地位，仍然处于艰难的境地。其原因主要是中国封建
社会形成的男尊女卑的文化传统。知识女性虽对自己的权利与责任有所认
识，但也难免受到传统的影响和限制。"中国的社会现实决定了妇女解放
道路的漫长。"[1] 此外，她还注意到中国近代女学的创立与发展不仅受到西
方教育制度的影响，而且受日本影响很大，"从而使中国近代女学带有浓
重的日本色彩"[2]。蔡峰考察了民国时期女子留学的途径及留学专业领
域。[3] 张国艳梳理了近代女学产生和发展过程中出现的教育思想和观点，
认为其演变经历了贤妻良母论、女学强国论和独立人格论等几个阶段，这
些教育思想观点不仅有力推动了中国近代思想文化领域的变革，同时也为
女性解放奠定了坚实的思想基础。[4]

**3. 2006 年至 2018 年的近代女性教育研究**

近年来学界对于近代女性教育的讨论，既有整体性的概论，也有个案
式的考察。

其一，学界对近代女性教育的讨论更为深入。过去学界侧重于讨论政
治、经济因素对女子学校教育发展的影响。谷忠玉注意到近代中国女性观
的演变与女子学校教育存在互动关系，试图揭示观念变革、制度变革与女
子学校教育实施三者之间的多重关联。[5] 黄湘金认为，1904 年初颁行的
《奏定蒙养院章程及家庭教育法章程》在制度上否定了女学堂的合法存在，
给女子教育的发展造成了不利影响，但它也为女子教育的发展预留了一定
的空间。[6]

女性赴日本留学问题引起学界的更多关注。周一川细致梳理了民国女
子留学日本的历史线索，着重论述了民国初期女子日本留学状况以及历史

---

① 乔素玲：《教育与女性：近代中国女子教育与知识女性觉醒（1840—1921）》，天津古籍出版社 2005 年版。
② 乔素玲：《近代中国女学与日本》，《广东社会科学》2001 年第 1 期。
③ 蔡峰：《民国时期女子留学的途径及留学专业领域》，《中华女子学院学报》2003 年第 1 期。
④ 张国艳：《中国近代女学的思想论争》，《兰州学刊》2003 年第 3 期。
⑤ 谷忠玉：《中国近代女性观的演变与女子学校教育》，安徽教育出版社 2006 年版。
⑥ 黄湘金：《"癸卯学制"与晚清女子教育》，《苏州大学学报》（教育科学版）2015 年第 1 期。

形象的变化及其原因。[1] 易惠莉提出，秋瑾1904年入读和退学东京实践女学校的原因在于实践女学校严格的规定和艰苦生活、留学经费的匮乏、积极参与留学生反清宣传活动等因素。[2]

有学者注意到民国女性教育领域的非正常死亡事件。李净昉以1919年北京女子高等师范学校学生李超不幸病死的事件为切入点，考察了五四时期社会性别关系的复杂面貌。其分析称，李超之死这一悲剧经由追悼会、媒体报道逐渐转化成一起公共事件，引发有关妇女命运及其解放的热烈讨论，并由此产生多种文本。而文本制造者的不同性别、身份又导致各自论述中存在某些差异。在此情势下，妇女解放在诉诸制度变革之外，仍需要女性自主意识的觉醒和女性力量的增强。[3]

学界还考察了近代各地女性教育的特色与作用。刘欣、侯文韬提出，天津近代女子学校体育具有以下特点：从体操扩展到田径、球类运动；从表演发展到竞技；从松散转为规范；从普通教育发展为专业教育；从身体解放变为文化诉求。[4] 杨军昌、谢芝认为，近代贵州女子入学是贵州教育由传统到现代转型的重要标志，对于消除性别歧视、凸显男女平权、提高民族人口素质产生了深远影响。[5] 吴民祥考察了近代浙江女子教育史，认为近代浙江女子教育对浙江女子的启蒙与解放，对浙江妇女人力资源的开发等具有积极意义；浙江女子成为推动浙江近代社会变革乃至中国社会变革的一股巨大力量。[6]

颇令人注意的是，万琼华关于近代湖南周南女校的考察。她提出，湖南周南女校是近代女子教育思潮演变的缩影，也是近代女性主体身份建构

---

① 周一川：《近代中国女性日本留学史：1872—1945》，社会科学文献出版社2007年版。

② 易惠莉：《秋瑾1904年入读和退学东京实践女学校之原因》，《社会科学》2012年第2期。

③ 李净昉：《性别视野中的女学生之死——以五四时期李超为中心》，《妇女研究论丛》2007年第5期。

④ 刘欣、侯文韬：《天津近代女子学校体育的演进与透视》，《天津大学学报》(社会科学版)2015年第4期。

⑤ 杨军昌、谢芝：《清末民国时期贵州民族地区女子学校教育及其影响》，《贵州民族研究》2015年第10期。

⑥ 吴民祥：《浙江近代女子教育史》，杭州出版社2010年版。

的特定场域。周南"小社会"与近代中国"大社会"之间有着千丝万缕的关联，其成长或受挫均离不开 20 世纪前 40 年的民族主义运动、教育近代化以及妇女解放运动的或隐或显的影响。① 其在《近代女子教育思潮与女性主体身份建构：以周南女校（1905—1938）为中心的考察》一书中，采取个案研究路径，引入社会性别视角，兼顾地域、阶层、性别、时代等差异，运用思想史、妇女史和区域社会史等多学科交叉方法，将解读周南女生自办刊物、书信、日记、作业、回忆录等文献史料与口述访谈相结合，多面向、多层次地展示其校园生活及社会表现，凸显女生的主体性与能动性，并从中透视女子教育思潮、性别文化、社会观念与女性主体身份建构之间的关系，以期将周南女校更深地内嵌于近代中国的整体历史中，展现近代女子教育思潮的历史演变。这种以"小历史"补以往"大历史"之不足的研究取向，既扩展了研究视野，又有助于新的史学观念与理论框架的建立。② 杜芳琴教授认为，该书"是一部整合思想史、社会史与妇女史的近代女子教育史，也可以看作一部具有开拓性的近代妇女思想史"③。

### （二）女性职业与就业研究

除了在教育上获得一定程度的权利外，近代中国女性还在经济领域开始显示自身的力量。

#### 1. 近代女性实业

赵长征注意到，近代女子开始投资兴办并以妇女为主要劳动者或服务对象的经济实体，旨在帮助女子自立自强，使其从家庭奴役中解脱出来而步入社会舞台。他认为，一方面，近代女子实业作为中国民族资本主义的一部分，具有明显的先进性与具有较强的爱国性，在当时产生了一些积极影响；另一方面，女子实业在浓厚的封建文化氛围中难以蓬勃发展，始终

---

① 万琼华：《近代女子教育思潮与女性主体身份建构——以周南女校（1905—1938）为中心的考察》，《文史哲》2009 年第 6 期。

② 万琼华：《近代女子教育思潮与女性主体身份建构：以周南女校（1905—1938）为中心的考察》，中国社会科学出版社 2010 年版。

③ 杜芳琴：《民族主义与女权主义语境下的女性主体身份建构——读〈近代女子教育思潮与女性主体身份建构〉一书》，《山西师大学报》（社会科学版）2011 年第 2 期。

存在着数量少、力量弱、资金不足、规模较小与生产能力低下等不足。①

## 2. 近代女性职业

近代女性经济活动的情况发生了前所未有的重大变化，主要表现在女性职业与就业方面。李长莉发现，女堂倌是中国近代女子最早的自由职业。作为以自由身份进入社会商业服务行业的女子，女堂倌的社会地位和社会角色具有新的意义。虽然这些女工刚出现时也同样受到保守舆论的抨击，但在近代工商业日益发展之下，女工不仅势难禁绝，而且越来越多，从 19 世纪 70 年代初的数百人，到 90 年代初已有近两万人。② 姜振逵以《申报》中有关女堂倌的报道为例，分析了晚清上海女性职业角色与传统伦理的冲突，认为当时租界区存在传统与新生、官府与士民的冲突，泛溢到表层，就表现为尖锐的观念论争。③ 周巍认为，晚清以来的女弹词经历了从书寓女弹词到职业女弹词的更迭，其身份也由高级妓女转变为职业女性。不过，女弹词只是江南女性的一种身份标识，并非终身职业。她们回归家庭并承担起女性传统的性别角色，预示着职业生涯的结束。这种变化体现了晚清以来时人对女性性别角色期待的延续性。④ 杨阳、万妮娜注意到，民国时期上海舞女的性质发生了显著变化，热衷舞蹈的社会风气催生了新的高级妓女群体，从而削弱了传统的高级妓女的吸引力。⑤

警察与医生是近代女性涉足的新职业。孙静认为，女子警察的出现因应了近代中国社会发展的内在要求，但在女警正式亮相职业舞台前，无论是政府当局还是女性自身，仍缺乏足够的先期准备，仓促中不可避免会带来一系列问题。就女性地位上升而言，其象征意义大于实际效用。⑥ 赵笋

---

① 赵长征：《近代女子实业之考评》，《黄淮学刊》（社会科学版）1990 年第 3 期。

② 李长莉：《中国近代女子最早的自由职业——女堂倌》，《百年潮》1999 年第 11 期。

③ 姜振逵：《晚清上海女性职业角色与传统伦理的冲突——以〈申报〉中的女堂倌案为例》，《甘肃社会科学》2012 年第 3 期。

④ 周巍：《晚清以来"女弹词"职业生涯的呈现及其意义》，《上海师范大学学报》（哲学社会科学版）2009 年第 3 期。

⑤ 杨阳、万妮娜：《民国时期舞女性质探析——以上海舞女为中心》，《社会科学论坛》2011 年第 4 期。

⑥ 孙静：《近代中国社会转型与警政改革视阈下的女子警察》，《妇女研究论丛》2014 年第 3 期。

婷、韩大全初步考察了清末民初女子西医教育及女医的职业化，认为女性医学人才的培养和职业化发展造就了早期的女医群体，在冲击中国固有职业观念的同时，促进了近代女性意识的觉醒，发挥了近代中国社会启蒙的作用。① 何小莲考察了近代上海女医生的生活状况，尤其从社会性别角度分析了这些女医生的专业领域、男女医生的收入差距，以及女医生在婚姻与事业的两难处境。其认为，近代上海女医生虽不乏生活条件优越者，但总体上面临婚姻、事业不能两全的困境，这与其职业、宗教信仰都有密切的关系。同时，女医生显示出自尊自由、经济独立、专心职业的群体形象。②

近代江南乡村妇女的职业也受到学界的关注。小田提出，对近代以来江南乡村社会发生的妇女职业结构分化，可从内部和外部两个侧面加以透视。职业内部结构的分化是指经济报酬、文化资源、社会声望等层级之间的变动，这些参数可反映乡村妇女职业结构的不平等程度。职业的外部结构是指生产方式、空间、行业等类别结构的变动，这些参数表明它与传统职业结构的异质性。近代江南从事特种行业的妇女职业呈水平流动态势，以就地转移为主，比较频繁的转移从 20 世纪 30 年代初开始。在完成近代职业转型后的乡村，她们的生活水平都有不同程度的提高。③

杨笛、金一虹认为，20 世纪 20—40 年代，以费达生为首的妇女团队，冲破旧传统的束缚，在蚕丝业界扮演了引领、推动技术和管理现代转型的革新者的角色，部分改写了技术领域男性精英绝对主导的性别版图。这体现了民国时期女性在中国现代进程中的性别觉醒及其借助现代企业生产为改善民生的现代化思路。④

### 3. 近代女性就业

蒋美华考察了清末民初妇女就业的整体状况。她认为，20 世纪初期，

---

① 赵耸婷、韩大全：《清末民初女子西医教育及女医职业化研究》，《内蒙古师范大学学报》（教育科学版）2012 年第 6 期。

② 何小莲：《近代上海医生生活》，上海辞书出版社 2017 年版，第 330—339 页。

③ 小田：《江南乡村妇女职业结构的近代变动》，《历史档案》2001 年第 3 期。

④ 杨笛、金一虹：《技术、性别与社会变迁——20 世纪 20—40 年代费达生与她的女性团队技术实践研究》，《江海学刊》2017 年第 4 期。

妇女就业出现职业化的群体，甚至出现知识女性参政。为了引导妇女就业，社会上出现了妇女团体传习所、女子职业学堂、推动了妇女就业。妇女在就业过程中，也逐渐开始了为争取经济、政治权力的斗争。但整体而言，近代妇女就业比重小，领域多集中于体力劳动，文化素质低，就业环境差，经济政治上受歧视，缺乏法律保证。这就使妇女就业步履维艰，障碍重重，体现出巨大的历史局限性。[①]

# 五　女性研究的阶段性特征及其局限

回顾1986年至今的近代中国女性史研究，可以看到其具有较为明显的阶段性特征。

第一，1986年至1995年学界对近代中国女性史的探讨可区分为政治史与社会史两个领域。前者着重讨论具有鲜明政治性的妇女运动，后者侧重于讨论女性教育、职业与女性观的变革。二者在内容与研究路数上具有明显差异，各有长短，又相辅相成，更完整地揭示了近代中国女性生活的全貌。

但应看到，作为社会史的近代中国女性史研究还处于起步阶段，侧重于整体性的概论，尚未出现精深的个案研究，更未展示出理论上的建树。郑永福、吕美颐在《近代中国妇女生活》一书中关注的"生活方式"概念无疑是一个亮点，为将来的相关研究提供了可供深入讨论的视角。

第二，1996年至2005年这十年间的中国近代女性史研究上了一个新台阶。无论是研究视野的拓展，新史料的挖掘与利用，研究理论与方法的借鉴与创新，都收获了前所未有的丰富成果。学界在研究对象上，对近代女性的关注从精英女性转向了城市与乡村的普通女性；在研究路径上，在单方面地考察女性本身的同时，开始关注两性关系；在研究范围上，拓展到了宗教信仰、日常生活等领域；在研究理论上，借鉴西方的社会性别视角与女性主义理论等；在研究方法上，借鉴人类学、社会学的田野调查方

---

① 蒋美华：《中国近代妇女就业初探》，《江苏社会科学》1998年第4期。

法，搜集了大量的口述史资料。这些新变化表明学界对近代中国女性的研究摆脱了政治史研究的影响，开始探索社会史意义上的研究视角与立场，有意识地推进了近代中国女性史研究的学科化。这十年间，学界的近代中国女性研究在已有基础上取得了更为丰富的成果，尤其在研究理论上借鉴了海外的性别视角、女权主义理论等，使研究视野更加开阔，呈现出中西会通的新景象。

郑永福、吕美颐总结了 2009 年之前大陆学界研究近代中国女性史的长短得失。其认为：（1）理论欠缺依然是一个需要重视的问题。近代妇女史研究最大的突破，是吸收和采用了西方女性主义理论的精髓——社会性别理论，并进行了本土化改造，希望从研究性别制度的构建与变迁中重建妇女史的体系与框架，力图使近代妇女史研究走出革命史的框架。（2）妇女史研究在方法论方面的突破，主要体现在多学科交叉研究方法的运用以及口述历史方法的运用等方面。这使得妇女史研究朝着多视角，跨学科，综合性的妇女、性别史的方向有了实质性进展。新时期的近代妇女史研究最早借用的新方法即来自社会学和社会史。（3）相关研究还存在不少问题，比如研究视野不够开阔，缺少研究范例，低层次重复现象不时出现，甚至常常出现论证和结论比较勉强的状况。[①] 这些评论都颇为中肯，且富有启发性。

要提及的是，对于口述史在近代中国女性史研究上的功用要特别警惕。因为口述史料是当事人选择性记忆与选择性表述的结果，虽有可以丰富某些史实细节的价值，但其中的偏差、错误在所难免，须细加甄别。

第三，2006 年至今的近代中国女性史研究取得了比过去更为丰富的成果。学者们除继续进行相关理论探讨外，对近代中国女性的权利与法律地位、中共妇女解放与动员等问题进行了深入细致的考察，提出了一些新颖的见解，积极进行跨学科对话，展示出目前大陆学界的时代关怀与历史眼光。相关研究具有以下一些特点。其一，积极进行近代中国女性史研究的理论与视角探讨，尤其注重考察马克思主义妇女理论与国外女权主义的关系。学者们普遍持开放的态度，自觉借鉴国外的相关研究理论。在研究视

---

①　参见郑永福、吕美颐《近代中国妇女与社会》，大象出版社 2013 年版，第 289—293 页。

角上，张文灿提出要进行从"解放妇女"到"让女人自己说话"的视角转换。这种视角有助于呈现中共妇女解放运动的新面孔。其二，着力拓展近代中国女性史研究的新领域。张志永等人关注的中共革命与婚外性群体的关系，令人耳目一新。秦方等人对近代女性图像的解读，从视觉角度揭示了近代女性形象、女性教育等生活内容的嬗变。其三，更多关注近代中国普通女性生活的境遇与命运。学界对近代打工妹、女佣、瞽姬等弱势女性群体的讨论，富有现实启发意义。其四，出现了细腻而扎实的个案研究。万琼华对清末民国周南女校的考察，实现了从一个校园"小社会"透视近代中国女性变迁大历史的有益尝试。此外，一些学者主张拓宽近代女性史的史料范围，将江南歌谣、竹枝词等文学作品纳入视野。可以说，从理论探索、视角转换、整体概论与个案实证研究、史料范围扩大等方面，近十三年来的近代中国女性史研究都取得了可喜的成果。

诚然，这一阶段的近代中国女性史研究也存在一些局限。其一，理论探索方面尚未出现体系化的建构。几乎看不到有人在理论上回应高世瑜提出的男女两性平等史观和杜芳琴提出的中国本土化的女性主义妇女史。本土化女性史研究理论建设的滞后，在相当程度上限制了相关实证研究的广度与深度。其二，低水平的重复性研究仍然存在。一些梳理近代女性解放思想历程的文章，缺少基本的学术史回顾，自觉不自觉地重复了前人已有的研究成果。还有一些文章在选题上缺乏新意。其三，在研究路数上，部分学者仍没有走出"革命史"与"现代化"的研究范式与话语体系。一些讨论中共革命与女性解放的论文仍局限于中共革命政治动员与社会整合的角度，无意从女性群体的立场上反思革命。有学者尝试从"妇女解放"到"让女人自己说话"的视角转换，在其实际研究中并没有贯彻这一视角，而是不自觉地变成了"自上而下"俯视女性解放运动的政治史视角。因此，相关研究并未真正实现"让女人自己说话"，而研究者自己在一定程度上为"女人"代言。其四，忽略史学研究应有的历史叙事。在近年来的近代中国女性史研究成果中，很少能看到精彩的历史叙事。这固然与史料缺乏有关，但史料缺乏并非忽视历史叙事的理由。没有精彩的历史叙事，也就不容易完成入情入理的论证过程。

展望未来的近代中国女性史研究，似可在以下方面进行深入思考。

其一，积极建构体系化的研究理论，探索新的观察视角。引人注意的"社会性别"视角是一种男女两性平等史观的视角，在一定意义上超越了"妇女解放"的革命史视角与"让女人自己说话"的类似西方女性主义的视角。通过这一视角重新审视近代中国女性史，可以发现过去不曾揭示的新面相。学界开始运用此视角观察近代中国女性史，并取得了一些研究成果，但还远远不够。当然，西方女性主义史学有意将"社会性别"建构成一种像阶级、种族一样的社会分析的基本范畴，但没有探讨在通史研究中如何运用"社会性别"概念。① 因此，未来的相关研究可以在近代中国的经验和语境中进行这方面的探讨。有学者提出，"研究社会性别史，不仅可以开阔理论视野、拓宽史学领域、发掘新的史料、提出新的观点；而且其开放性的特色，必将对传统史学全面渗透和改造，即与传统的政治史、思想史、经济史、文化史、社会史、外交史进行平等的对话"②。

其二，选题需有新意，尽量选择具有聚焦性与影响力的问题进行讨论。学界对近代中国女性群体的关注范围比过去已有较大拓展，但仍有诸多没有关注到的地方，比如近代比丘尼、女居士、女道士群体等仍少人问津。对这类女性史的探讨或有助于揭示今天大陆女性宗教信众不断增多的历史根源。

其三，学界讨论近代中国女性问题，对其悲情的一面已有较多揭示，但对其温情的一面关注不够。无论是当时的报刊、档案资料，还是后来当事人的口述史料，其对近代女性苦难的诉说都不能代表当时女性生活的全部。因此，研究者应注意报刊与档案资料在近代中国女性史研究上的局限性。挖掘和呈现近代女性生活温情的一面，有助于深入认识近代中国女性生活的多元性与复杂性。

其四，注重讲一个精彩的历史故事。无论是解说讲述精英女性的生活，还是讲述普通女性的生活，如果没有人物个性明显、情节跌宕起伏的故事，就不容易呈现丰富的历史面相与深刻的历史智慧。有学者从社会史

---

① 张宏：《女性主义史学中的几个理论问题》，《妇女研究论丛》2006 年第 4 期。
② 侯艳兴：《社会性别史与妇女史：范式的演变与论争》，《湖南人文科技学院学报》2011年第 1 期。

角度讲述秋瑾之死及其引发的社会反应。① 还有学者从政治史与社会史相结合的角度考察秋瑾之死催生的民间舆论与官方举措互动的历史场景②。他们都是在讲述一个精彩故事的基础上给出令人深思的历史启示。

可以预期,未来的近代中国女性史研究仍大有可为。

---

① 夏晓虹:《晚清人眼中的秋瑾之死》,《晚清社会与文化》,湖北教育出版社 2001 年版,第 208—248 页。

② 李细珠:《清末民间舆论与官府作为之互动关糸——以张曾敭与秋瑾案为例》,《近代史研究》2004 年第 2 期。

第 六 章

# 近代社会群体研究

1902 年梁启超发表了《新史学》，倡导历史研究从社会上层转向下层，从帝王将相转向广大民众。群体尤其是下层群体研究逐渐兴起，经过一百年的发展，在最近三十年蔚为大观。20 世纪 80 年代开始，近代社会史研究得到长足发展，近代史学界出现了眼光向下的趋向，将研究的视角自上而下移转，在继续关注上层社会、社会精英及政治经济等领域的同时，一部分研究者转而注重向下探讨社会下层民众的生活状态、社会心理及群体属性。社会大众依不同的行业、身份、社会角色和社会地位等而分为不同的社会群体，在社会结构中占有不同位置，发挥不同作用，也形成了不同的群体特征。有关近代群体研究的评述文章已刊发数篇。本书在借鉴这些成果的基础上，对该领域研究成果进行补充并重新梳理。由于近代社会群体种类众多，本书将士绅、商会和自由职业群体单列，其他群体研究择要介绍。

## 一　士绅群体

从传统走来的士绅知识群体是社会精英群体，是连通官民上下的中坚力量，在近代社会剧烈变动中发挥着重要作用，因而受到学者的关注，成为一个研究热点。①

---

① 李海滨：《近 20 年来中国绅士研究述论》，《许昌学院学报》2004 年第 6 期；尤育号：《近代士绅研究的回顾与展望》，《史学理论研究》2011 年第 4 期。

## （一）研究历程

本书所指的士绅研究，涵盖了有关"绅士""士绅""乡绅""绅商""地方精英"等社会群体的研究成果。

20 世纪 40 年代，费孝通、吴晗、潘光旦等学者就已开始研究中国传统社会的士绅阶层。[①] 五六十年代，一批在美国的华裔学者如张仲礼、瞿同祖、萧公权、何炳棣、周荣德等，也纷纷投身该领域的研究。[②] 他们强调士绅与科举考试、官僚政治的密切联系，并将其视为在文化上具有同质性的社会阶层，研究取向上着力于整体性考察，研究的问题主要集中于该阶层的社会构成、社会流动和社会功能等方面。这些著作在 20 世纪 90 年代之后相继翻译成中文出版，产生了深远的学术影响。

张仲礼的《中国绅士——关于其在 19 世纪中国社会中作用的研究》在 1991 年出版了中译本。该书考察了 19 世纪中国绅士的构成和特征，对绅士的状况进行了界定、描述和解释，估计了 19 世纪中国绅士的人数。2001 年，又翻译出版了其姊妹篇《中国绅士的收入》。该书考察了绅士从事的各种职业，从担任公职、公共服务、充当幕僚、教书、经营土地、商业活动各个方面，分析了 19 世纪绅士收入的来源，其结论是：由于绅士在政府和社会中是一个具有特殊地位的特权集团，因此他们能从若干方面获得高收入。

周荣德的《中国社会的阶层与流动：一个社区中士绅身份的研究》在 2000 年出版了中译本。该书主要依据 40 年代在云南昆阳县实地调查所搜集的社会统计和家庭生活资料，系统分析了绅士阶层的起源、阶层特征、

---

① 潘光旦、费孝通：《科举与社会流动》，《费孝通文集》（第五卷），群言出版社 1999 年版；费孝通等：《皇权与绅权》，观察社 1948 年版。

② 张仲礼：《中国绅士——关于其在 19 世纪中国社会中作用的研究》，李荣昌译，上海社会科学院出版社 1991 年版（1955 年英文首版）；张仲礼：《中国绅士的收入》，费成康、王寅通译，上海社会科学院出版社 2001 年版（1962 年英文首版）；瞿同祖：《清代地方政府》，范忠信、晏锋译，法律出版社 2003 年版；Hsiao Kung-Chuan：*Rural China：Imperial Controlin the Nineteenth Century*（Seattle：University of Washington Press，1960）；Ping-tiHo：*The Ladder of Success in Imperial China*（New York：Columbia University Press，1962）；周荣德：《中国社会的阶层与流动：一个社区中士绅身份的研究》，学林出版社 2000 年版（1966 年英文首版）。

社会功能、生成方式等问题。

除了华裔学者，其他国外学者也对中国的士绅产生了浓厚兴趣。60年代以来，日本学者小岛淑男等研究了辛亥革命中的上海商绅阶层，这一时期日本学者将士绅与地方社会联系起来加以考察，他们先后提出了"乡绅土地所有论""乡绅统治（支配）论"和"地域社会论"等。20世纪七八十年代，一些西方学者如孔飞力、罗威廉和兰钦、萧邦齐、杜赞奇和艾尔曼等人开始研究中国士绅在内的地方精英。这些地方精英某种程度与士绅阶层的范围重合，当然，有些中国学者不赞同用地方精英这个概念来指代士绅群体。

20世纪80年代中期开始，近代士绅问题重新引起国内一些学者的关注。在辛亥革命酝酿和发动的20世纪最初十年里，中国发生的各项重大活动：收回利权运动、抵制美约运动、立宪运动乃至民国初年的政局变动，无不活跃着绅商阶层的身影，于是有了众多的文章探讨这个问题。[①]

贺跃夫先后发表数篇文章论述了广东士绅在清末宪政中的政治动向、士绅与辛亥革命、晚清士绅与中国的近代化等问题。王先明分析了绅士阶层的分化，近代社会中的绅士集团。张敏则讨论了沿海地区新士绅群体与中国早期近代化运动的关系。傅衣凌认为乡绅中既包括在乡的缙绅，也包括在外当官但仍对故乡基层社会产生影响的官僚；既包括有功名的人，也包括在地方有权有势的无功名者。[②] 从而揭示了士绅权力来源的多元性以及士绅与国家、社会的内在一致性。

90年代贺跃夫、杨国强和王先明等先后出版了有关士绅的专著。1994年贺跃夫出版《晚清士绅与近代社会变迁——兼与日本士族比较》，以"传统内变迁"和"近代化变迁"的交相互动为线索，以明治时期日

---

① 徐鼎新：《清末民初上海绅商阶层面面观》，《档案与历史》1988年第3期；马敏：《晚清绅商阶层与辛亥革命》，《华中师大学报》1991年增刊；贺跃夫：《士绅与辛亥革命》，《中山大学学报论丛》1992年第5期；汪林茂：《江浙士绅与辛亥革命》，《近代史研究》1993年第1期；贺跃夫：《晚清绅商群体的社会构成辨析》，《中山大学学报》1994年第4期；王先明、史春风：《绅士在收回利权运动中的作用》，《山西大学学报》1994年第4期；马小泉：《地方自治：晚清新式绅商的公民意识与政治参与》，《天津社会科学》1997年第4期。

② 傅衣凌：《中国传统社会：多元的结构》，《中国社会经济史研究》1988年第3期。

本武士身份的变化为参照对象，分析了晚清士绅与日本士族近代化变迁的异同，以及他们在各自国家近代化过程中所表现出的不同角色和作用。①

1997 年王先明出版了《近代绅士—— 一个封建阶层的历史命运》一书，描述了近代绅士阶层的社会角色与社会功能，并从社会结构与社会流动互动关系入手，探讨了绅士阶层在近代由封闭型流动发展为开放型流动，并分途流向其他社会阶层，最终在 20 世纪初的结构性社会流动中由分化走向消亡的历程。②

杨国强于 1997 年出版了《百年嬗蜕：中国近代的士与社会》一书，分析了中国近代的士与社会发生的种种嬗变，既论述了在经世之学的延伸中为西学东渐拓开门洞者曾国藩，又讨论了没有义理之学的洋务巨擘李鸿章，该书对科举制度下的功名和生业等都有深刻的认识。③

进入 21 世纪以后，更多的学者加入士绅研究行列。一些区域的士绅群体被纳入研究视野，如王先明对华北士绅的研究、徐茂明对江南士绅的研究、许顺富对湖南士绅的研究、李世众和徐佳贵对温州士绅的研究、李平亮对南昌士绅的研究、阳信生对湖南士绅的研究、邱捷对广东士绅的研究，等等。④

士绅研究围绕的主要议题有关于士绅的界定、士绅阶层的社会流动与转型、士绅与区域社会的关系等。

---

① 贺跃夫：《晚清士绅与近代社会变迁——兼与日本士族比较》，广东人民出版社 1994 年版。

② 王先明：《近代绅士——一个封建阶层的历史命运》，天津人民出版社 1997 年版。

③ 杨国强：《百年嬗蜕：中国近代的士与社会》，上海三联书店 1997 年版。

④ 徐茂明：《江南士绅与江南社会：1368—1911》，商务印书馆 2004 年版；许顺富：《湖南绅士与晚清政治变迁》，湖南人民出版社 2004 年版；李世众：《晚清士绅与地方政治：以温州为中心的考察》，上海人民出版社 2006 年版；徐佳贵：《乡国之际：晚清温州府士人与地方知识转型》，复旦大学出版社 2018 年版；郭剑鸣：《晚清绅士与公共危机治理：以知识权力化治理机制为路径》，光明日报出版社 2008 年版；李平亮：《卷入“大变局”——清末民初南昌的士绅与地方政治》，经济日报出版社 2009 年版；王先明：《变动时代的乡绅——乡绅与乡村社会结构变迁(1901—1945)》，人民出版社 2009 年版；阳信生：《湖南近代绅士阶层研究》，岳麓书社 2010 年版；邱捷：《晚清民国初年广东的士绅与商人》，广西师范大学出版社 2012 年版。

### （二）士绅的界定

士绅包括哪些人是研究者首先需要界定的。费孝通认为绅士是退任的官僚或官僚的亲戚。吴晗指出，官僚、士大夫、绅士，是异名同体的政治动物，士大夫是综合名词，官僚是士大夫在官时候的称呼，而绅士则是官僚离职、退休、居乡，以至未任官以前的称呼。史靖认为，绅也就是缙绅，是专指那些有官职科第功名居乡而能得到乡里敬重的人。[①] 在他们看来，绅士不包括在任官员和普通士人。

张仲礼认为绅士的地位是通过取得功名、学品、学衔和官职而获得的。无论是通过科举"正途"，还是捐纳"异途"，只要取得哪怕是最低级功名（生员），都应归于绅士之列，他还将绅士阶层分为上层和下层两个集团，下层集团包括贡生、生员、监生等，上层集团则由贡生、举人、进士以及拥有官职的绅士组成。[②]

瞿同祖关于绅士资格的看法与张仲礼一致，涵盖了官员和有科举功名之士，但不同意其上层与下层绅士的划分标准。瞿同祖认为清代的绅士阶层可以区分为"官绅"（官员，包括现任、退休或革职者）和"学绅"（各级学衔获得者，包括文、武两科）。[③]

20 世纪 90 年代，国内一些学者反对将现任官员纳入士绅的范畴。马敏认为将政府官员包括在士绅范畴之内阐释绅士的社会角色和社会作用难免引起混乱，他强调绅士的地方性和在野性，即要将现任官员排除在士绅之外。他认为绅士阶层由以下三部分人构成：生员以上功名者（在职官员除外）；乡居退职官员与乡居有职衔者；通过捐纳而获取的监生（"例捐"）和具有武科功名出身者。[④]

王先明分类列举的绅士成分则包括：具有生员以上的科举功名者；由捐纳而获得"身份"者；乡居退职官员；具有军功的退职人员；具有武科

---

①　费孝通等：《皇权与绅权》，观察社 1948 年版。

②　张仲礼：《中国绅士——关于其在 19 世纪中国社会中作用的研究》，李荣昌译，上海社会科学院出版社 1991 年版。

③　瞿同祖：《清代地方政府》，范忠信、晏锋译，法律出版社 2003 年版。

④　马敏：《官商之间：社会剧变中的近代绅商》，天津人民出版社 1995 年版。

功名出身者。在另一篇文章中，王先明考察了民国时期士绅构成要素的变化，认为"此时的士绅构成却并非局限于功名、身份，其来源和出身也呈多元化趋向"。①

学者对绅商的社会性质也展开了讨论。

贺跃夫认为绅商并不是新兴资产阶级。他对清末绅商的社会构成作了界定：第一类是投资和经营近代企业、经济地位发生明显变化而成为资本家者；第二类是作为地方士绅名流，涉足、参与倡建地方新兴的近代企业，但本身并未以投资和经营这些新式经济事业为主要活动，经济地位亦未发生多大变化；第三类是大多数内陆地区，尤其是州县及基层市镇，占统治地位的仍是旧式商号、当铺等，往往由地方士绅兼营，与地方经济互为补充。因此，"清末绅商阶层实包含各种不同类型，其经济活动的内容及性质差异甚大，其社会属性亦不可等量齐观，故不能把他们笼统地看成是一个新兴的社会阶层或资产阶级"。②

王先明认为，绅商既不同于传统绅士，又不同于新兴资产阶级，而是兼具两者某些特征的"中介形态"。20世纪初，绅商已成为社会上广泛流行的新概念，但其内涵却颇为复杂，它既是绅与商的合称，又是亦绅亦商人物的单称。③

马敏正式将绅商作为一个新的阶层来对待。马敏认为，所谓绅商，系指19世纪末20世纪初一批亦绅亦商的特殊商人，既从事工商实业活动，又同时享有传统功名和职衔，可以视作新旧时代之间的一种过渡性社会阶层。晚清商会的创办过程，具有"自上而下"的"劝办"特点，而这正好给处于官商之间的绅商提供了历史的机遇，他们不但成为各地商会的倡设者，而且是各级商会组织的实际把持者，绅商阶层的形成与商会组织的发展是一个互为推动的历史进程。④

对士绅的界定争论的焦点主要集中于现任官员与监生、生员等低级功

① 王先明：《近代绅士——一个封建阶层的历史命运》；王先明：《士绅构成要素的变异与乡村权力——以20世纪三四十年代的晋西北、晋中为例》，《近代史研究》2005年第2期。
② 贺跃夫：《晚清绅商群体的社会构成辨析》，《中山大学学报》1994年第4期。
③ 王先明：《近代绅士——一个封建阶层的历史命运》，天津人民出版社1997年版。
④ 马敏：《试论晚清绅商与商会的关系》，《天津社会科学》1999年第5期。

名者是否隶属士绅阶层，另外对民国时期士绅构成也有不同看法。

对士绅的界定也涉及绅权与国家权力的关系。20世纪40年代，学界对绅权有两种不同的看法：一种是认为绅权代表地方人民说话，它便是中国历史上的代议制；另一种认为绅权是皇权的延长，绅士与官僚站在同样的地位剥削人民。胡庆钧注意到了皇权无为的局面下，绅权是一种地方权威，当皇权有为时，绅士与官僚结合，绅权变成了皇权的延长。[1] 史靖指出，当政府权力直接施诸人民身上，绅士是保持中间姿态的；当政府权力施诸绅士身上，绅士是抗衡政府的；当他们自己将权力施诸或代表政府将权力施诸人民时，绅士是和人民对立的；一旦民权强大时，他们是和政府皇权一致的。[2] 他们分析了基层社会权力结构，考察了政府、绅士与人民的关系，之后的研究基本也是围绕这些问题展开。

### （三）士绅阶层的社会流动与转型

潘光旦和费孝通在20世纪40年代依据915本清代的朱墨卷考察过士绅阶层的社会流动及其与科举的关系，他们认为百分之十三的贡生、举人和进士出于五代之内并没有功名的家庭。[3]

何炳棣、周荣德等学者相继就这一问题进行了卓有成效的实证研究。何炳棣通过对数万名功名获得者的家世资料的定量与定性分析，全面探讨了社会观念与社会分层、社会地位系统的流动性、向上流动、向下流动、影响社会流动的因素以及流动的地区性差异等问题。他发现，明清时期获得低级功名的普通生员来自各个社会阶层，具有广泛的社会基础，而在获得高级功名和官员职位的道路上，竞争非常激烈，中高层官僚家庭的社会流动似有下降趋势。[4]

周荣德则运用社会学理论，以20世纪40年代在云南昆阳县的实地调查资料为基础，揭示了当地社会成员上升流动的多种途径：经由学校教育和行医而向上流动，经由从军、从政和从商而向上流动；经由婚姻关系而

---

① 胡庆钧：《论绅权》，费孝通等：《皇权与绅权》，观察社1948年版。
② 史靖：《绅权的本质》，费孝通等：《皇权与绅权》，观察社1948年版。
③ 潘光旦、费孝通：《科举与社会流动》，《社会科学》1947年第4卷第1期。
④ 何炳棣：《明清社会史论》，徐泓译，联经出版事业股份有限公司2013年版。

向上流动等。他还注意到："社会流动允许从一个社会阶层转移到另一个阶层，有的经提升而转移到较高的阶层，有的经下降而转移到较低的阶层。"①

20 世纪 90 年代以来，中国大陆学术界涌现了一批揭示近代社会变迁中士绅阶层流动与转型的论著。

在西学和西力的双重冲击下，近代中国社会开始了自身的转型，在这一过程中，不仅国家的政治体制与意识形态发生了急剧变革，地方社会的权力体系与精英阶层也经历了重组的过程。贺跃夫认为，19 世纪下半叶，中国士绅主要为内乱所困，对近代化的挑战回应迟滞；直至 19 世纪末 20 世纪初，士绅阶层才开始分化，出现了学绅、绅商等职绅，并构成清末立宪派的中坚。但立宪派士绅势单力薄且近代化程度有限，他们与革命派之间的相互争端又进一步削弱了近代化精英集团的力量，从而无法像日本明治时代的"藩阀"一样，利用国家的力量来改造旧的精英群体，推进国家和社会的近代化。②

马敏认为，处于传统与近代之间的绅商，充当着近代民族资产阶级因以形成的历史介质和载体，绅商一代早期资本家过渡到更为成熟和更具备近代企业精神的民族资产阶级，大致完成于民国成立后的头十年。③

王先明认为，前近代中国的社会流动是适度封闭型流动，近代以来，随着新的经济关系的产生和发展，传统"士农工商"社会结构的裂变，社会流动也进入开放型阶段。近代绅士阶层的转型，首先表现为绅与商交互渗透的"绅商"阶层的出现，其次则是传统士绅向近代知识分子或自由职业者的转化。20 世纪初废科举之后，绅士阶层的社会流动不再是单一的"绅—官"或"绅—商"流动格局，教育、文化、法政、行政、实业等领域均有绅士的踪迹，有些甚至流向下层的兵士、秘密社会。这种结构性流

---

① 周荣德：《中国社会的阶层和流动——一个社区中士绅身份的研究》，学林出版社 2000 年版。

② 贺跃夫：《晚清士绅与中国的近代化》，《中山大学学报》1993 年第 3 期；贺跃夫：《晚清士绅与近代社会变迁——兼与日本士族比较》，广东人民出版社 1994 年版。

③ 马敏：《官商之间：社会剧变中的近代绅商》，天津人民出版社 1995 年版。

动最终导致整个绅士阶层走向消亡。[1]

　　杨国强从晚清绅士阶层的权利和国家权力角度分析二者的纠葛和关联。[2] 文章认为清初抑绅权,到太平天国起东南,募勇筹饷等要务不得不由绅士承担,这个过程实际上成为国家权力扶持绅权的过程。被扶植起来的绅权一面同国家权力合作,一面与之抗衡。而当西潮催化社会嬗退之时,绅权又掺入了民权、主权等原本没有的新意。王先明认为清末新政给予士绅权力扩张的制度性、合法性基础,而权绅在资源的束聚过程中与民众利益形成直接的冲突,不断以民变的方式爆发。[3]

　　对于乡居士绅向城镇流动的问题,通常认为,这是造成乡村社会正绅枯竭、劣绅当道的原因。如王先明指出,在地方自治运动中,乡居绅士中有新思想者成为一股独立的政治力量,并进入城市,把农村的广大空间留给了劣绅豪强,导致乡村基层政权的逐渐蜕化。[4] 吴强华以分湖柳氏为例指出,近世城镇的扩容虽然在一定程度上加速了乡居士绅的城镇化,但从流动规模看与传统社会并无本质区别,造成近世乡村社会精英阶层枯竭的真正原因是废科举后乡村精英补给线的断裂。[5]

　　学者对各类地方精英的流动也比较关注。王先明通过对 20 世纪三四十年代华北乡村研究表明,富农阶层的总流动率和上向流动率呈下降趋势,上向流动率与下向流动率之比也是逐代下降。革命主导下以变革社会结构和权力结构为目标的社会改造运动巨浪迭起,富农阶层由此发生结构性流动。[6] 杨东分析了陕甘宁边区基层参议员的社会结构与流动特征,指出当基层民众以参议员这一制度载体,在新的社会结构体系和运行机制中实现新的社会流动;这种新的社会流动形态,又在很大程度上

---

　　① 王先明:《近代绅士——一个封建阶层的历史命运》,天津人民出版社1997年版。
　　② 杨国强:《论晚清中国的绅士、绅权和国家权力》,《华东师范大学学报》2011年第1期。
　　③ 王先明:《士绅阶层与晚清民变——绅民冲突的历史趋向与时代成因》,《近代史研究》2008年第1期。
　　④ 王先明:《近代士绅阶层的分化与基层政权的蜕化》,《浙江社会科学》1998年第4期。
　　⑤ 吴强华:《近世江南乡居士绅的城乡流动——以分湖柳氏为例》,《史林》2008年第1期。
　　⑥ 王先明:《试析富农阶层的社会流动——以20世纪三四十年代的华北乡村为中心》,《近代史研究》2012年第4期。

促进了陕甘宁边区基层社会的结构性整合。[①] 韩晓莉指出，劳动英雄在发挥榜样的力量，动员和组织群众参加生产劳动的同时，也越来越多地参与到根据地社会的治理和改造过程中，成为新的乡村领袖的代表。劳动英雄的农民出身和群众作风，使他们在乡村社会更易得到群众的支持，保证了政令的有效贯彻。[②] 常宝《漂泊的精英：社会史视角下的清末民国内蒙古社会与蒙古族精英》一书，认为从清末民国内蒙古地方的行政建制和民众认同演变中展示出中国从"部族国家"向"公民国家"的转型，在蒙古族地方精英的政治角色演变中展示出从"部族精英"到现代"国家精英"的转型。[③]

### （四）士绅与区域社会

士绅的活动场域是地方社会，对中国这样一个地域辽阔，不同区域的社会人文条件、历史发展具有明显差异性和不平衡性的国家来说，士绅研究要走向深入不能不考虑地域因素。潘光旦和费孝通关于科举与社会流动的文章中城乡比较占据重要位置，何炳棣在《明清社会史论》中有专章论述科举的成功与社会流动的地域差异。周荣德、罗威廉、兰钦、杜赞奇等人的研究也是将地方精英纳入地域社会予以分析。

20 世纪 90 年代中期以后，士绅与区域社会研究引起了大陆学界的普遍关注。近代士绅研究从关注士绅与科举制度及官僚政治的关系，逐渐转向关注国家、士绅和地域社会的三角互动关系。

徐茂明探讨了江南士绅在国家与民众之间的社会角色。他认为，江南士绅作为官民之中介，其文化权力的运作固然要取得民众的认可与合作，但文化权力的制度性保障则是来源于国家政权的赋予。他还以苏州潘氏家族的迁徙与文化互动为例，分析了苏州与徽州两个区域之间的文

---

①　杨东：《陕甘宁边区基层参议员的社会结构与流动特征》，《抗日战争研究》2013 年第 1 期。

②　韩晓莉：《抗战时期山西根据地劳动英雄运动研究》，《抗日战争研究》2012 年第 3 期。

③　常宝：《漂泊的精英：社会史视角下的清末民国内蒙古社会与蒙古族精英》，社会科学文献出版社 2012 年版。

化差异和文化互动，以及士绅与商人之间价值取向的异同和相互影响。①
李世众考察了温州晚清士绅的历史变迁和地方权力格局的演变。他发现，
上层士绅是清末新政的利益获得者，而下层士绅则被急剧边缘化。上层
士绅的权力扩张威胁到地方官的利益，两者之间的良好关系不复存在；
地方官与下层士绅本来比较疏远的关系，反而得到了根本改变，并联合
起来夹攻上层士绅；而"民"在这一权力角逐之中始终是缺席者。② 从
地方官府、上层士绅和下层士绅的三角互动关系的角度考察晚清士绅的
历史变迁，为士绅研究提供了一个新的视角，打破了以往将农村的士绅
想象为具有共同价值观、共同利益和共同文化生活的整体化研究方式，
也破除了上层士绅是保守的、下层士绅是激进的分析方法。吴强华指出，
南社成员通过举行祭祠哭陵等具有反清色彩的象征性行为及与此相关的
诗词唱和，营建江南士人群体的身份认同与意识认同，建立起以江南士
人为主体，以地缘、血缘、业缘为基础的跨地域社会交往网络，并依托
社群交往网络的规模效应，谋求实现文化资源与政治权力的对接，以期
在社会转型中维系自身的社会声望和群体权益。③ 阳信生对湖南近代绅
士阶层进行了全面而系统的研究，探讨了湖南绅士阶层在近代演变的成
因、过程、结果和影响。④

　　陈文斌对太平天国时期来沪绅商社会观念的嬗变进行了分析。他们寓
居上海期间，受日渐繁荣的近代城市商业氛围的影响和租界内西方文化的
熏染，其传统的社会观念悄然变动：重利轻义思想慢慢取代重义轻利价值
观，而且日益影响他们的行为方式；随着来沪后宗法观念的淡化，这一群
体的消费、伦理观念也为之一变；同时，受租界西方文化氛围的影响，部
分绅商开始接纳西方风俗习惯与科学民主意识，表现出一种渐呈开放的

---

①　徐茂明：《江南士绅与江南社会：1368—1911》，商务印书馆 2004 年版。
②　李世众：《晚清士绅与地方政治：以温州为中心的考察》，上海人民出版社 2006 年版。
③　吴强华：《近代江南士人社群交往网络的营建与运作——以南社为中心》，《史林》2014
年第 4 期。
④　阳信生：《湖南近代绅士阶层研究》，岳麓书社 2010 年版。

心态。①

方英考察了太平天国战争期间安徽士绅的诸种面相，分析了影响士绅行为抉择的因素及其对地域政局走向、地方社会的影响。② 曾京京指出，太平天国战争后，一批为官一方的常州绅士先后回乡，他们不仅纷纷致力于战后善后，在稍事休养生息后，进而全面主持或参与武进阳湖农田水利工程建设与文教设施重建，新建了保婴保节局和长年医局。③ 杨国安通过爬梳清军俘虏的两湖地区太平军士兵的口供材料等史料，详细揭示了两湖民众"从贼"与"反贼"背后的动机、加入的方式、对战争进程的影响，等等，指出太平军和团练、湘军之间的斗争，更多地掺杂有不同阶层群体之间的对立和利益冲突，而在双方争夺乡村资源的过程中，固有的社会关系网络是构成集体行动和社会动员的重要纽带。④

## 二　商会

中国近代史中的商会，指按照官方有关法令成立，在政府与商人间扮演中介角色的各行业商人集合团体。

中国商会史的研究，20世纪80年代之前基本上是由海外学者进行。最早见诸学术期刊的研究中国商会的几篇论文，发端于日本学者和美国学者，内地学者至多在讨论资产阶级的政治倾向时偶尔提及商会对革命的消极态度。⑤ 直至进入20世纪80年代，作为资产阶级的主要团体，其研究价值才逐渐被人发现并公开提出，在随后的三十余年中，商会史研究渐渐升温，成为中国近代史研究重要的新兴领域，并波及海外学术界。经过学

---

① 陈文斌：《试析太平天国运动期间来沪绅商社会观念的嬗变》，《史学月刊》1999年第2期。

② 方英：《太平天国时期安徽士绅的分化与地方社会》，《安徽史学》2012年第5期。

③ 曾京京：《复员绅士与太平天国后常州的重建》，《安徽史学》2013年第4期。

④ 杨国安：《"从贼"与"反贼"：变乱格局下地方绅民的反应及其关系网络——以咸丰年间太平军挺进两湖之际为中心的考察》，《江汉论坛》2012年第9期。

⑤ 如华中师范学院历史系中国近代史组集体讨论，章开沅、刘望龄执笔的《从辛亥革命看民族资产阶级的性格》，《江汉学报》1961年第2期。

者的努力耕耘，商会史研究成果迭出，新材料、新观点不断涌现，增加了我们对近代商人阶层许多感性的认识，也加深了对近代社会经济变迁的了解，并为一些相关理论探讨提供了有力的实证基础。有关中国商会史研究的评述文章，以中文撰写发表者已有二十多篇。[①] 这些文章已可以使我们对该研究领域的发展有非常清晰的印象。本书把商会史研究放在社会史研究的整体脉络中予以考察，在借鉴上述成果的基础上，对该领域研究成果进行补充并重新梳理。

## （一）研究历程

早期的商会史研究是作为辛亥革命史的一个分支领域加以拓展的，主要着眼点是为了有针对性地回应西方学者的某些质疑，论证辛亥革命前的中国已经形成一支独立的资产阶级队伍，进而证明辛亥革命是资产阶级性质的革命。章开沅在 1980 年前后多次呼吁、倡导研究商会在内的资产阶级群体。他指出，20 世纪 70 年代中期以前，学界研究辛亥革命中资产阶级的表现，多集中于革命本身以及一些资产阶级个体，而忽视社会环境，

---

[①]　朱英：《清末商会研究述评》，《史学月刊》1984 年第 2 期；徐鼎新：《中国商会研究综述》，《历史研究》1986 年第 6 期；赵洪宝：《近几年来大陆学者关于中国商会史研究综述》，《近代中国史研究通讯》1993 年第 16 期；虞和平：《近八年之商会史研究》，《中国社会经济史研究》1995 年第 4 期；冯筱才：《中国大陆近代商人之研究》，《近代中国史研究通讯》1998 年第 26 期；胡其瑞：《中国近代商人研究之回顾——以台海两岸之论著为中心的探讨》，《中国历史学会史学集刊》第 32 期；马敏：《近十年来中国的商会史研究及其展望》，《近代史学刊》第 1 辑，华中师范大学出版社 2001 年版；冯筱才：《中国商会史研究之回顾与反思》，《历史研究》2001 年第 5 期；魏文享：《近代工商同业公会研究之现状与展望》，《近代史研究》2003 年第 2 期；马敏：《商会史研究与新史学的范式转换》，《华中师范大学学报》2003 年第 5 期；应莉雅：《近十年来国内商会史研究的突破和反思》，《中国社会经济史研究》2004 年第 3 期；张芳霖：《中国近代商人、商会组织研究的问题意识与阶段性特点》，《江西社会科学》2004 年第 7 期；魏文享：《大陆当代商会及海外华商会研究之评述》，《政大史粹》2005 年第 8 期；朱英：《中国商会史研究如何取得新突破》，《浙江学刊》2005 年第 6 期；冯筱才：《名实·政治·人事——关于民初上海商人团体史研究的几点思考》，《近代史研究》2006 年第 4 期；冯筱才：《最近商会史研究之刍见》，《华中师范大学学报》2006 年第 5 期；刘芳：《近二十年来中国商会史研究综述》，《历史教学问题》2006 年第 4 期；王永进：《商会研究范式的回顾与反思》，《兰州学刊》2006 年第 11 期；章开沅：《商会档案的原生态与商会史研究的发展》，《学术月刊》2006 年第 6 期；马敏、付海晏：《近 20 年来的中国商会史研究（1990—2009）》，《近代史研究》2010 年第 2 期。

以及资产阶级群体组织。① 1981 年，他又再三强调商会是从整体上考察资产阶级不可缺少的重要课题。② 1983 年，他更呼吁应该在个案研究与类型研究之间，多做一些包括资本集团、企业、商会等在内的集团研究，③ 从而将辛亥革命中的资产阶级研究从上、中、下的阶层分析，单个企业与个人的考察推进到社会群体及集团研究的新阶段。

20 世纪 80 年代前期已经出现了一些关于商会的实证研究成果。1981 年 8 月，冯崇德与曾凡桂发表了《辛亥革命时期的汉口商会》一文。④ 10 月，纪念辛亥革命 70 周年学术讨论会上，章开沅、邱捷、丁日初等人的论文均涉及商会。⑤ 1982 年 2 月，皮明庥讨论了商会、商团的缘起及其在武昌起义中的表现；1983 年初，徐鼎新对旧中国商会进行溯源，介绍了中国商会的产生、性质与任务。在各地学者的倡议与推动下，商会渐成为社会集团研究中的一个热点，一批商会史研究的论文涌现出来。其中天津、苏州、上海三地的商会成为讨论的重心。⑥

商会档案的整理为商会史的研究起步提供了机缘。1980 年冬，在章开沅的倡导下，华中师范大学历史研究所开始酝酿与苏州档案馆共同整理研究苏州商会档案，此项工作于 1982 年正式启动。1981 年初，天津市档案馆和天津社会科学院把整理天津商会档案全宗列为重点项目。5 月，两家单位抽调人员组成编辑组，开始工作。同时，复旦大学历史系与上海市工

---

① 1964 年，邵循正、章开沅等人曾有包括商会研究在内的资产阶级调查计划，不过后来未成事实。参见章开沅《序言》，马敏、朱英《传统与近代的二重变奏——晚清苏州商会个案研究》（以下简称《传统与近代的二重变奏》），巴蜀书社 1993 年版；章开沅《辛亥革命前后史事论丛》，华中师范大学出版社 1990 年版。

② 章开沅：《辛亥革命史研究中的一个问题》，《历史研究》1981 年第 4 期。

③ 章开沅：《关于改进研究中国资产阶级方法的若干意见》，《历史研究》1983 年第 5 期。

④ 冯崇德、曾凡桂：《辛亥革命时期的汉口商会》，湖北历史学会编《辛亥革命论文集》，湖北人民出版社 1981 年版。

⑤ 章开沅：《辛亥革命与江浙资产阶级》，邱捷：《广东商人与辛亥革命》，丁日初：《辛亥革命前的上海资本家阶级》，均载《纪念辛亥革命七十周年学术讨论会论文集》上册，中华书局 1983 年版。

⑥ 如唐文权、林植霖《清末苏州商会与捐税抗争》，《近代史研究》1985 年第 3 期；胡光明《论早期天津商会的性质与作用》，《近代史研究》1986 年第 4 期；朱英《清末商会与抵制美货运动》，《华中师范大学学报》1985 年第 6 期；李子文《简论上海总商会"民治委员会"》，《史学集刊》1986 年第 2 期。

商联合会史料室合作整理编辑《上海总商会史料丛编》。

80 年代后期，商会档案开始陆续出版。1989 年，天津人民出版社出版了《天津商会档案汇编》第 1 辑，至 1998 年，《天津商会档案汇编（1903—1950）》五辑十卷全部出版，为中国近代商会史研究做出一大贡献。① 1991 年，华中师范大学出版社出版了《苏州商会档案丛编（1905—1911 年）》第 1 辑，后来又出版了该档案丛编的第 2—6 辑。② 厦门、大理、绍兴、上海、保定等地商会档案先后出版，近年出版的商会档案中，保定商会档案规模较为宏大。③ 正是由于在整理、出版商会档案方面的重要进展，商会史研究才得以取得丰硕的成果，也在一定程度上提升了中国近代史研究的水平。

近代商会史的研究，虽然在 20 世纪 80 年代提倡社会史研究之前，已有个别学者开始涉足，但当时主要是从商会在政治和经济活动中所占的地位和作用出发，作为近代政治史和经济史中的一个课题而被开发出来的。只是到社会史研究初步复兴之后，才使研究商会的学者开始从社会史的角度去考察近代商会，从而成为近代社团和资产阶级研究中的一个重点。在研究成果上，不仅出版了《天津商会档案汇编》等资料，而且在研究内容上，已从一般的产生发展过程论述和"官办""商办"性质之争，进入商会的社会属性、角色地位、组织结构、功能作用及其与政府之间的互动关

① 天津市档案馆、天津社会科学院历史研究所、天津市工商业联合会编《天津商会档案汇编》各辑由天津人民出版社分别于 1989 年、1992 年、1996 年、1997 年、1998 年出版。

② 章开沅、刘望龄、叶万忠主编：《苏州商会档案丛编》第 1 辑（1905—1911 年），1991 年；马敏、祖苏主编：《苏州商会档案丛编》第 2 辑（1912—1919 年），2004 年；马敏、祖苏主编：《苏州商会档案丛编》第 3 辑（1919—1927 年），2009 年；马敏、肖凡主编：《苏州商会档案丛编》第 4 辑（1928—1937 年），2009 年；马敏、肖芃主编：《苏州商会档案丛编》第 5 辑（1938—1945 年），2009 年；马敏、肖芃主编：《苏州商会档案丛编》第 6 辑（1945—1949 年），2011 年。

③ 厦门总商会、厦门市档案馆编：《厦门商会档案史料选编》，鹭江出版社 1993 年版；大理市工商业联合会、大理白族自治州档案馆合编：《下关商会档案史料选编》，云南人民出版社 2001 年版；绍兴县馆藏历史档案精品丛书编纂委员会编：《绍兴县馆藏商会档案集锦》，中华书局 2004 年版；上海市工商业联合会、复旦大学历史系编：《上海总商会组织史资料汇编》（上、下册），上海古籍出版社 2004 年版；上海市工商业联合会编：《上海总商会议事录》（全 5 册），上海古籍出版社 2006 年版；姜锡东、许平洲、梁松涛：《保定商会档案》（20 册），河北大学出版社 2012 年版；姜锡东、张冰水、梁松涛：《保定商会档案辑编》（25 册），北京燕山出版社 2013 年版。

系等深层问题的研究。①

　　90 年代商会史研究方面一批颇有分量的专题学术著作先后出版。其中包括：徐鼎新、钱小明的《上海总商会史（1902—1929）》；朱英的《辛亥革命时期新式商人社团研究》；虞和平的《商会与中国早期现代化》；马敏、朱英的《传统与近代的二重变奏》；马敏的《官商之间：社会剧变中的近代绅商》；朱英的《转型时期的社会与国家——以近代商会为主体的历史透视》等。② 与 80 年代的单篇研究论文不同，上述 90 年代出版的著作，体现了高度的理论自觉，它们不同程度地运用现代化理论、社会组织系统论、法学理论和政治学理论，比较系统和深入地探讨了近代中国商会研究领域中的一系列基本问题，如近代中国商会诞生的社会背景、组织结构、社会功能，官商关系，商会与行会、会馆以及其他社团的关系，商会与近代城市发展，商会与中国早期现代化，商会与中国资本家阶级的成长，中外商会的比较，等等，使 90 年代的中国近代史研究呈现出新的气象。

　　进入 21 世纪以来，出版的一批商会史著作或在个案研究上有了新的突破，或在研究内容、研究时段等方面作新的拓展。如张学军等所撰《直隶商会与直隶社会变迁》，宋美云的《近代天津商会》，冯筱才的《北伐前后的商民运动》，朱英的《近代中国商会、行会及商团新论》，应莉雅的《天津商会组织网络研究（1903—1928）》，李柏槐的《现代性制度外衣下的传统组织——民国时期成都工商同业公会研究》。马敏主编的《中国近代商会通史》是商会史研究的集大成者。③

---

① 虞和平、郭润涛：《中国近代社会史研究述评》，《历史研究》1993 年第 1 期。

② 徐鼎新、钱小明：《上海总商会史（1902—1929）》，上海社会科学院出版社 1991 年版；朱英：《辛亥革命时期新式商人社团研究》，中国人民大学出版社 1991 年版；马敏、朱英：《传统与近代的二重变奏》，巴蜀书社 1993 年版；虞和平：《商会与中国早期现代化》，上海人民出版社 1993 年版；马敏：《官商之间：社会剧变中的近代绅商》，天津人民出版社 1995 年版；朱英：《转型时期的社会与国家——以近代中国商会为主体的历史透视》，华中师范大学出版社 1997 年版。

③ 张学军等：《直隶商会与直隶社会变迁》，西南交通大学出版社 2002 年版；宋美云：《近代天津商会》，天津社会科学院出版社 2002 年版；冯筱才：《北伐前后的商民运动》，台湾商务印书馆 2004 年版；朱英：《近代中国商会、行会及商团新论》，中国人民大学出版社 2008 年版；应莉雅：《天津商会组织网络研究（1903—1928）》，厦门大学出版社 2006 年版；李柏槐：《现代性制度外衣下的传统组织——民国时期成都工商同业公会研究》，四川大学出版社 2006 年版；马敏主编：《中国近代商会通史》，社会科学文献出版社 2015 年版。

　　除了上述专著，还有不少论文也展现了商会史研究的新进展。时段上，从清末民初向后延伸，较多的成果研究时段已经涉及民国中后期，涉及苏州商会在南京国民政府初期（1927—1937 年）的表现，沦陷时期日本对天津商会的控制、整顿，商人团体等民间性组织在抗战时期经济统制体制中扮演的角色，抗战胜利后成立的中华民国商会联合会等问题。

　　地域上，从上海、天津、苏州等少数大城市的商会向内地中小城市及海外商会拓展。对东北、华北、华中、华东、华南等地商会均有研究，涉及奉天商会，山西商会与地方社会的关系，山西商会与行会之间的关系，1937 年卢沟桥事变后北平商会的社会角色以及商人的价值取向，近代济南、青岛商会，沙市商会，20 世纪 30 年代汉口商会，江西商务总会、南昌商社，无锡商会和商团，苏中地区商会，20 世纪 20 年代的杭州总商会，1937 年以前厦门商会，近代广西商会、梧州商会，以及新桂系与广西商会的关系，汕头商会在 1925 年 "废两改元" 事件中扮演的角色，汕头市商会在 1933—1934 年金融危机中的表现，在华洋商会，上海洋商会，广州外侨总商会，外国在天津的商会等。

　　与商会相关领域的研究，日益引起学者的注意。如会馆史研究方兴未艾，其他如商务局、商团、商民协会及同业公会等方面的研究也有很大进步。

　　中国商会史研究的议题随着研究的深入和时代的演进而渐渐变化。学者最初热衷研究商会的成员、性质等问题；接着转入探讨商会的政治活动及内部组织结构，尤其是在历次政治运动中商会的表现；后来较多关注商会的自治活动、市场经济中的中介作用、商会主动的社会参与、国际交往等。讨论的议题由政治渐推至经济、社会层面。

## （二）商会的成立与发展

　　中外学者多从社会经济发展、外力影响、政府提倡、商人自我认识提高等方面分析商会成立的原因，不过，不同文章论证的侧重往往各异，强调的因素也不尽相同。章开沅、徐鼎新等人均认为，清末商会的成立是中国资本主义初步发展和资产阶级力量增长的结果，商会的出现反映了社会发展的必然趋势。资产阶级的认识和需要被视为商会成立的重要前提。虞和平认为，尽管中国近代商会是在清政府的劝办下产生的，但是只有当某一地区、某一行业的商人有了这一认同之后，才能去组建商会，才会去申请入会。① 张东刚提出，商会的成立，更直接和更深层次的原因还是西方商会制度的传入，在华外国商会活动的示范效应和驱动以及晚清政权主体为贯彻其工商政策而提供制度供给与服务。王笛指出，从商会初期创办的情形来看，很难找到完全由商人自己组织的商会。他认为以清政府行政手段设立的商会却可能为资产阶级组织起来提供可乘之机。

关于商人在政府劝办商会后的态度，徐鼎新指出，1902 年间上海商业会议公所筹建之时，上海各业商人表现出异乎寻常的热情。王笛则认为，在商会设立问题上，不同地区的商人有不同的态度。②

关于中国近代商会的起始时间，马敏、朱英等人认为正式的商会应始于 1904 年上海商务总会。徐鼎新反复强调应把中国商会的起始时间定在 1902 年上海会议公所的成立。其实他们的分歧并不是特别大，如朱英认为上海商业会议公所，已初具商会雏形，许鼎新认为上海商业会议公所初具商会规模。③

关于商会的发展，多数论者认为中国近代历史上商会的地位是每况愈下，其发展与中央政府权力的强弱成反比。徐鼎新指出，近代上海商会四十八年的历史，前二十八年兴盛，后二十年衰落。胡光明描述了近代天津商会的几次改选和改组，并讨论了商会与政权关系的演变。④

---

① 章开沅：《就辛亥革命性质问题答台北学者》，《近代史研究》1983 年第 1 期；徐鼎新、钱小明：《上海总商会史（1902—1929）》，上海社会科学院出版社 1991 年版；马敏、朱英：《传统与近代的二重变奏》，巴蜀书社 1993 年版；虞和平：《商会与中国早期现代化》，上海人民出版社 1993 年版。

② 王笛：《试论清末商会的设立与官商关系》，《史学月刊》1987 年第 4 期；张东刚：《商会与近代中国的制度安排与变迁》，《南开经济研究》2000 年第 1 期；徐鼎新：《增进中国商会史研究的两岸"对话"——回应陈三井先生对〈上海总商会史〉的评论》，《近代史研究》2000 年第 5 期。

③ 朱英：《清末商会"官督商办"的性质与特点》，《历史研究》1987 年第 6 期；徐鼎新：《关于近代上海商会兴衰的几点思考》，《上海社会科学院学术季刊》1999 年第 1 期。

④ 胡光明：《论国民党政权覆亡前的天津商会与工业会》，《天津社会科学》1999 年第 1 期；胡光明：《论北洋时期天津商会的发展与演变》，《近代史研究》1989 年第 5 期；虞和平：《商会与中国早期现代化》，上海人民出版社 1993 年版；徐鼎新：《关于近代上海商会兴衰的几点思考》，《上海社会科学院学术季刊》1999 年第 1 期。

一些学者注意到商会发展过程中的经济与社会功能。宋美云阐释了天津商会在近代中国市场经济中的中介组织职能和作用，同时还探讨了商会作为民间经济组织在市场经济中不可替代的作用。应莉雅指出，天津商会在其发展过程中构筑了一个复杂的内部和外部组织网络，形成了有效的运行机制，这一网络化组织具有减少区域市场交易成本的经济功能。史建云利用天津商会档案汇编中保存的大量史料，阐述了商会对农村经济所起的积极作用。郑成林考察了商会积极投身于缉私运动的努力。孙炳芳、张学军注意到直隶商会在推动近代棉业改良与发展中所起的作用。侯宣杰论述了清末天津商会配合官方监督管理粮食行业、保证京津地区粮食供应安全的概况。关于商会的社会功能，不少学者注意到了天津、济南、上海等地商会的慈善等活动。①

### （三）商会的性质

在 20 世纪 90 年代以前，学术界比较热衷于讨论商会的性质，而且常常论证商会与资产阶级的关系，当时许多学者都承认商会是资产阶级社团。不少论文分析商会的性质又主要从商会与政府的关系入手，强调商会究竟是"官办"还是"民办"，抑或"半官方"的团体，等等。朱英认为，清末商会具有"官督商办"的性质特点，其官督色彩主要表现在，它是在官府谕允劝办的形式下得以诞生并获得法律保障地位，不仅在人事、权限方面不同程度地受到清政府束缚，而且在活动内容和方式上也受到清政府商部的某些监督和限制。其商办自治的特征表现在：领导人由商会会员自选；经费自筹自用，活动的范围远远超过政府的限定。②

---

① 宋美云：《近代天津商会》，天津社会科学院出版社 2002 年版；应莉雅：《天津商会组织网络研究（1903－1928）》，厦门大学出版社 2006 年版；史建云：《简述商会与农村经济之关系——读〈天津商会档案汇编〉札记》，《中国经济史研究》2001 年第 4 期；郑成林：《抗战前商会对日本在华北走私的反应与对策》，《华中师范大学学报》2005 年第 5 期；孙炳芳、张学军：《直隶商会与近代棉业的发展（1903—1937）》《河北学刊》2008 年第 4 期；侯宣杰：《清末商会与城市粮食管理——以天津商会为个案研究》，《华南农业大学学报》2006 年第 1 期；任云兰：《论华北灾荒期间天津商会的赈济活动（1903—1936）——兼论近代慈善救济事业中国家与社会的关系》，《史学月刊》2006 年第 4 期；许冠亭：《20 世纪 30 年代上海市商会的慈善救济活动》，《苏州大学学报》2008 年第 4 期。

② 朱英：《清末商会"官督商办"的性质与特点》，《历史研究》1987 年第 6 期。

90 年代之后，有些学者仍坚持原有看法，有些学者对商会的性质提出新的探索。如虞和平认为，商会既非官方、半官方机构，亦非"官督商办"性社团，而是一种商办的法人社团。商会在实际活动中受政府强权控制的一方面，则是由近代中国法制和民主制度不健全所致，并非商会本身特性的表现。[1] 马敏则提出需要动态地考察商会的社会属性，认为，中国早期商会官办或者半官方色彩较浓，进入民国后，民办的程度越来越高，受官方控制的程度逐渐减弱，其法人社团属性有一个逐步明晰的发展过程。[2] 邱澎生讨论了苏州商会的代表性问题，他指出，清末苏州商会参与抗争税收的过程表明商人团体由原先会馆、公所时代作为在实际上保护商人权益的"代表"，演变为商会时代能同时在实际上与名义上保护商人的"代表"。[3] 随着争论的深入，论者渐渐由各执一端走向调和。

### （四）商会的成员构成及选举制度

商会内部构成，特别是绅商在商会中的演变是商会史研究的重要课题。总体而言，商会成员的构成在沿海地区和通商口岸，新式商人（包括买办）在商会成员中的比例要大一些，在内地城镇则旧式商人的比例更大，观念相对也更趋保守。由于近代中国社会发展的不平衡以及区域差别，不同地区商会成员构成又有所区别。屠雪华指出，苏州商会领导成员基本上由典业、钱业、纱缎、绸缎四个行业的代表组成，其领导成员中不存在买办势力。[4] 胡光明认为，在早期的天津商会中，从事盐、粮、钱业等旧式商业的商人占主导地位；后来则是洋行买办、洋货商人占据了商会的主要部门；进入北洋时期后，商会中盐商的势力重新抬头，新式工商业者的比例也有所增加。[5]

徐鼎新提出了商会绅商领导体制的问题。他认为，自 1902 年成立上

---

① 虞和平：《近代商会的法人社团性质》，《历史研究》1990 年第 5 期。

② 马敏：《过渡形态：中国早期资产阶级构成之谜》，中国社会科学出版社 1994 年版。

③ 邱澎生：《由代收税捐看清末苏州商会的"代表性"问题》，《四川大学学报》2014 年第 1 期。

④ 屠雪华：《略论清末的苏州商务总会》，《近代史研究》1992 年第 4 期。

⑤ 胡光明：《论北洋时期天津商会的发展与演变》，《近代史研究》1989 年第 5 期。

海商业会议公所开始，至 1920 年上海总商会大改组为止，上海商会大体上被一批绅商型的民族资本家所把持，基本上保持着绅商领导体制的格局。到 1920 年，一批新兴的工业资本家进入商会，长达十八年的绅商领导体制终于解体，上海商会由原来的绅商时代走向新的企业家时代。①马敏指出，绅商乃是中国民族资产阶级的早期形态，它集绅与商的双重身份和双重性格于一身，构成官与商的缓冲与中介，由于商会绅商领导体制的组织特征，决定了中国商会本身不过是一种官督商办、亦官亦商的组织。②

朱英对上海、无锡、天津等地的商会选举进行了研究，认为，以往强调工商界上层人物挟其雄厚经济实力垄断商会领导权的说法与史实不相符；20 世纪 20 年代之后，商会选举形成派别纷争乃至选举风潮，尤其是受到不同派别背后政治军事力量的制约。谢放注意到清末民初苏州商会的选举中有利于经济实力雄厚的行帮，但开始有部分新兴工商企业代表当选进入领导层。商会的选举制度既受欧美、日本商会有关制度安排的影响，也对中国传统行会的选举制度有所继承。③张芳霖《市场环境与制度变迁：以清末至民国南昌商人与商会组织为视角》一书，通过对近代南昌商人与商会组织关系的考察，探讨了市场环境与商会制度变迁的互动作用。④

彭南生注意到了 1921 年上海商界总联合会分裂原因的复杂性。他认为，政见的分歧是双方对立的基本原因，权力争夺是彼此角力的关键因素，商界内部的派系矛盾则是新、旧两总会摊牌的重要推手，在政争、权

---

①　徐鼎新：《从绅商时代走向企业家时代——近代化进程中的上海总商会》，《近代史研究》1991 年第 4 期。

②　马敏：《官商之间：社会剧变中的近代绅商》，天津人民出版社 1995 年版。

③　朱英：《关于近代中国商会领导群体几个问题的再探讨》，《江汉论坛》2006 年第 8 期；朱英：《近代中国商会选举制度之再考察——以清末民初的上海商会为例》，《中国社会科学》2007 年第 1 期；朱英：《五四时期无锡商会选举风波》，《江苏社会科学》2007 年第 1 期；朱英：《民国时期天津商会选举的两次风波》，《浙江学刊》2007 年第 4 期；谢放：《清末民初苏州商会选举制度述略》，《近代史学刊》第 3 辑，华中师范大学出版社 2006 年版。

④　张芳霖：《市场环境与制度变迁：以清末至民国南昌商人与商会组织为视角》，人民出版社 2013 年版。

争与派系之争的背后，既掺杂着宁波帮与非宁波帮之间复杂的地缘因素，也存在着内部制度设计不合理、商联会成员社会成分复杂等组织缺陷。[①]

### （五）商会与会馆、公所的关系

不少会馆、公所是旧有的商人组织或以商人为主的组织，商会是新式的商人组织，即使商会成立之后，会馆、公所还与之长期并存，因此，商会史研究中比较关注商会与会馆、公所的关系。从经济史视角观察到的会馆、公所往往被看成行会，会馆、公所的其他内涵则被忽略。最初，一些研究者认为，商会的根本宗旨、基本职能、组织结构和总体特征都与行会截然相异，近代商会的产生，是对传统行会的一种历史否定。当然，他们强调商会与传统行会的本质区别的同时也注意到二者还是存在一些联系。[②]

90年代以来的研究注意到了会馆、公所组织自身的近代化过程。虞和平等人认为商会之所以能容纳行会，是因为行会具有一些近代化或者进步的特点，因而才能和现代的或者旨在发展资本主义的商会兼容。虞和平指出，公所等行会组织具有与商会相类似的协调、管理、商事仲裁等功能，它们之间有着被包含与包含、互相依赖的联系。因此，虞和平反对一方的兴起必然以另一方的衰落为前提的看法。[③] 王日根甚至认为工商性会馆与商会有一些共同的职能，会馆组织是一种有效的社会整合组织，而商会却先天孱弱，在许多地方不如会馆那样具有凝聚力。[④] 王翔有关苏州云锦公所的研究表明，在商会的影响下，公所会馆在选举、日常管理等方面的民主特色有所增强，组织结构也开始发生变化。[⑤] 付海晏等考察苏州商事公

---

①　彭南生：《政争、权争与派系之争：上海商总联会分裂原因初探》，《史学月刊》2014年第8期。

②　马敏、朱英：《浅谈晚清苏州商会与行会的区别及其联系》，《中国经济史研究》1988年第3期；马敏、朱英：《传统与现代的二重变奏》，巴蜀书社1993年版。

③　虞和平：《鸦片战争后通商口岸行会的近代化》，《历史研究》1991年第6期；虞和平：《商会与中国早期现代化》，上海人民出版社1996年版。

④　王日根：《近代工商性会馆的作用及其与商会的关系》，《厦门大学学报》1997年第4期。

⑤　王翔：《从云锦公所到铁机公会——近代苏州丝织业同业组织的嬗变》，《近代史研究》2001年第3期。

馆处理案后指出，民初商会、公所、会馆等商人团体之间的团体认同要远胜于所谓的新旧对立。①

### （六）商会的政治参与

由于多数商会史论者最初将商会成立视为中国资产阶级形成的标志，所以对其政治参与活动异常关心。

早期对商会与政府关系的研究多从商会资产阶级社团的判断出发，强调商会与作为封建势力的清政府之间存在冲突，而辛亥革命中一些地方商会的革命行为更被视为重要的例证。但反对意见则指出，清末商会与政府间的合作与依赖多于对立与斗争。甚至在1920年至1927年间，天津总商会在一些重要问题上成了军阀政权的附庸。虞和平认为：由于商会与政府的关系不可能通过有效的法律修订而得到适时的调整，就必然出现一方面政府超越法律对商会的活动进行干预，甚至是控制；另一方面商会也势必突破法律规定进行一些超法活动。② 一些学者持不同意见，认为商会与政府的关系并非单纯的超法的控制与反控制，商会是一种独立于国家正式权力之外的自发组织，也有学者注意到商会与政府间利益合作的关系，不过相关实证研究仍不足。

学者对各地商会参与政治活动中的复杂面相有所揭示。朱英考察了五四运动期间上海总商会的"佳电"风波。宋美云探讨了天津商会参与抵制美货、日货等各种维护利权的活动。付海晏探讨了反日运动中无锡商会与国民救国会之间的矛盾冲突。周石峰考察了"九一八"事变和"一二八"事变后天津商人抵制日货的活动。③ 彭南生以1923年上海马路商界联合会为中心，考察它在反贿选运动中的作为，说明反贿选运动是五四运动以来

---

① 付海晏、李国涛：《团体认同——民初商人组织与纠纷的解决》，《城市史研究》第22辑，天津社会科学院出版社2004年版。

② 虞和平：《近代商会的法人社团性质》，《历史研究》1990年第5期。

③ 朱英：《重评五四运动期间上海总商会"佳电"风波》，《历史研究》2001年第4期；宋美云：《近代天津商会》，天津社会科学院出版社2002年版；付海晏：《无锡商会与1929年国民救国会被捣毁风潮》，《华中师范大学学报》2006年第5期；周石峰：《民众民族主义的双重面相与历史难境——以天津商人与抵制日货为例》，《江苏社会科学》2008年第2期。

上海商人国民责任意识的一次实践和寻求国民自治的一次尝试，表明了上海商界与北京政府的疏离。[①] 虞和平、陈君静考察了 1920 年前后废督裁兵运动中商会与孙中山的关系。[②]

　　商民协会、商民运动与政治关系密切。朱英强调南京国民政府建立后对商会进行整顿改组，并非完全是国民党为实现一党专制而制定的新策略，而是国民党成为执政党之后不断调整商民运动方略，实施由破坏转为建设这一新政策的结果。他指出，国民革命时期商民运动的开展，对于中小商人组织程度的提高，促进广大商人摆脱"在商言商"的束缚，关心政治、支持和参加革命，积极参加各次反帝爱国斗争，产生了明显的积极成效；其中也存在较为突出的缺陷，就是国民党制定的商民运动方略较为偏激，将洋货业商人等同于买办，并认定商会是反革命团体，作为革命对象，导致在商民运动期间引起较大纷争。商民协会被撤销和商会得以保留，有学者认为是国民党推行党治的失败和政府维护其权力的胜利。冯筱才指出，商会与商民协会之争，其主要目的是地方资源的控制权，所谓商会存废，未必完全是反映自治和党治的问题，而更多的是既有地方权力资源的占有与争夺。乔兆红、彭南生等对广东、湖南、湖北等地的商民运动进行了探讨。[③]

　　学者往往将商会政治参与中的积极表现多归于阶级意识或觉悟的提高，而消极表现则归于阶级性格的软弱与经济利益上的计较。不少论者强调了商会政治参与背后的经济及社会性动机。冯筱才把维持稳定的商业制

---

　　① 彭南生：《五卅运动中的上海马路商界联合会》，《安徽史学》2008 年第 3 期；彭南生：《20世纪 20 年代的上海南京路商界联合会》，《近代史研究》2009 年第 3 期；彭南生：《1923 年上海商界的反贿选运动——以上海马路商界联合会为分析中心》，《华中师范大学学报》2011 年第 6 期。

　　② 虞和平、陈君静：《1920 年前后废督裁兵运动中的商会与孙中山》，《广东社会科学》2012 年第 3 期。

　　③ 朱英：《再论国民党对商会的整顿改组》，《华中师范大学学报》2003 年第 5 期；朱英：《国民党推行商民运动的方略》，《江汉论坛》2004 年第 7 期；朱英：《国民党与商民运动的兴起》，《华中师范大学学报》2005 年第 6 期；朱英：《国民革命时期商民运动的成效与缺陷》，《史学月刊》2011 年第 8 期；冯筱才：《北伐前后的商民运动》，台湾商务印书馆 2004 年版；乔兆红：《大革命初期的商民协会与商民运动》，《文史哲》2005 年第 6 期；乔兆红：《中国商民运动的阶段性分析》，《学术研究》2007 年第 1 期；彭南生、李玲丽：《略论大革命时期的湖北商民协会》，《江汉大学学报》2006 年第 3 期。

度，保护商业经营秩序，充当官商交通的媒介等商会从事的事业，称为常态，而将商会短暂的政治参与，为避免战事而发起的和平运动，以及对战争的应付举措等均划入变态的范围。变态的行为多由时势所推动，但在事后商会仍回归本位。①

## （七）商会史研究理论方法的反思

不少商会史的研究者对商会史研究的理论与方法进行了深刻的反思，尤以冯筱才与马敏等人的反思最为系统全面。冯筱才分析了商会史研究中使用革命史、现代化与公共领域、市民社会等理论框架的利弊得失。马敏是最早进行商会史研究的学者之一，而且成绩卓著，他作为亲历者反思了史学范式转换过程中商会史研究理论发生的转换。本处主要介绍马敏等人关于商会史研究的理论与方法反思。

### 1. 商会史研究中的革命史视角

20 世纪 80 年代初期，中国大陆的商会史研究开始兴起之时，中国史学界基本上还处于革命史研究视角的笼罩之下。商会史研究最早是作为辛亥革命史的一个领域来加以拓展的。

正如马敏指出的那样，商会史研究者们常常怀有两个基本"情结"：一是要回应西方学者认为中国近代并无资产阶级的论断，可称为"资产阶级情结"；二是要通过商会的表现来证明辛亥革命的性质就是资产阶级革命，可称为"革命情结"。这两个"情结"以商会为纽带而紧密联系在一起，共同指向是资产阶级革命。商会研究者们初期最为关心的是商会的阶级属性问题，试图通过商会寻找到资产阶级，继而考察商会在中国革命中的政治态度和动向判断革命的性质。

针对过去认为商会代表"大资产阶级"和"买办资产阶级"利益的观点，研究者们试图证明商会其实是民族资产阶级的工商团体，代表着民族资产阶级的利益。有的认为商会是由民族资产阶级上层所控制，有的则认为主要由民族资产阶级下层所控制，有的则认为商会主要代表商业资产阶

---

① 冯筱才：《近世中国商会的常态与变态：以 1920 年代的杭州总商会为例》，《浙江社会科学》2003 年第 5 期。

级的利益，而买办则不占主导地位。虽然在商会究竟代表资产阶级的哪个
阶层利益上研究者们之间还有分歧，但多数认为清末商会的设立主要是中
国资本主义初步发展和资产阶级力量增长的结果，标志着中国资产阶级
"独立阶级队伍的形成"，或标志着资产阶级由"自在"阶级向"自为"
阶级过渡。朱英比较系统地阐述了商会与资产阶级形成的关系。他指出，
商会成立之后，资产阶级不仅依靠自己的这一组织在地方上团聚起本阶级
的力量，改变了过去分散自发的狭隘落后状态，而且通过相互之间的照应
和协调运动，一定程度地突破了省区的界限，在全国建立起虽比较松散但
却令人注目的政治经济网络，逐渐成为一支独立的政治力量，商会的建立
可以作为中国资产阶级初步形成为一支独立阶级队伍的重要标志。虞和平
则明确提出，社团法人资格的获得和商会组织的凝聚力，使得过去呈散在
状态的资产阶级从"自在阶级"向"自为阶级"过渡，而1912年"全国
商会联合会"这一全国性的资产阶级联合团体的成立，使中国资产阶级的
组织程度发展到更高层次，"全国商联会的成立是中国资产阶级全国性整
合的一种标志"，意味着中国资产阶级完整形态的最后形成。

　　革命史视角下，商会史研究对革命史研究的推动作用是不言而喻的。
引入了商会后，资产阶级及资产阶级革命的讨论建立在具体社会组织基础
之上，使革命史落在实处。以商会作为新对象来分析资产阶级的性质和革
命性质，扩大了革命史的研究领域，丰富了革命史的内涵。商会史研究建
立在新资料基础之上，推动了革命史研究中新资料的发掘。革命史视角下
的商会史研究使商会史研究被学界广泛关注，影响迅速扩大。商会作为社
会组织，商人群体作为社会群体，由于其与革命史发生关联，被纳入革命
史研究范畴，在主流话语体系中获得一席之地。近年社会史学界不断有学
者呼吁社会史研究要与政治史研究对话、对接，要重提政治史，革命史视
角下的商会史对今天及未来社会史研究也不无启发。

　　商会史研究中采用革命史视角有较大的弊端，其中比较严重的是一些
预设对研究进程的束缚。马敏注意到革命史视角下的商会史极易落入一套
已设立好的研究规范、逻辑、思维习惯和话语系统之中。由于革命史已经
形成了一些经典论述，它们往往成为商会史研究的预设，商会史研究则成
为这些预设的注释、补充证据。革命学说认为阶级斗争是推动历史前进的

动力，资产阶级应该进行资产阶级革命。中国近代革命进程的重要一环就是由资产阶级领导完成的资产阶级革命，因此革命史研究者的主要任务在于通过商会寻找到资产阶级，并分析中国资产阶级在革命中的表现。问题是商会与资产阶级能否画上等号？如果不能，二者之间不能交叉的部分是什么，该如何认识它们？对商会的评价也存在类似的预设。经典论述认为民族资产阶级具有两重性，于是商会史研究中往往一方面承认商会所代表的资产阶级有一定促进经济发展的"进步性"，体现了资产阶级发展资本主义的要求；另一方面又认定它无法摆脱半殖民地半封建社会性质的制约，政治上表现出很多的"软弱性"。商会史作为革命史的组成部分，当然重视观察商会的政治活动和政治态度，离不开从收回利权运动、抵制美货（或日货运动）看商会的民族主义和爱国主义立场，从立宪运动看商会的妥协性，从辛亥革命看商会如何转向革命，等等，除了认定商会自成立之日便已经成为"资产阶级争取政治地位与利益，以及与帝国主义与封建主义斗争的重要场所"外，商会的其他诉求是什么，其自身的功能有哪些？在研究之先就已经被太多的"预设""假定""不容置疑"所包围，很难创造出自己的概念、推理和话语系统。

马敏指出，中国商会史研究之初，形成这样一种局面：资料、问题和领域是新的，但思考的角度和路数却是旧的，多数研究者仍然习惯于从政治史的角度去思考商会问题，以政治因素（往往又化约为革命与否、进步与否）作为商会评价的关键值。而由商会问题所带来的更为宽广的历史研究领域却一时意识不到或难以企及。

**2. 商会史研究中的现代化视角**

在革命史视角下展开商会史研究的同时，80年代开始在中国兴起的现代化理论也逐渐融入商会史研究，并形成了商会史研究中的现代化视角。

无论从现代化的经济、政治或社会发展目标来看，商会与中国早期现代化之间都有密切的关系，商会或以商会为主要依托的中国早期资产阶级理应成为中国早期现代化的一个主要承担者。虞和平认为，商会在早期现代化过程中所发挥的作用主要有两个方面："一是促进资产阶级本身的现代化——从分化到整合；二是促进经济和政治的现代化——资本主义工业化和民主化。"因此，运用现代化理论把商会和中国早期现代化结合起来进行研究,"无论是对商会本身的研究,还是对早期现代化的研究,或是对资产阶级的研究,都将会产生一种'柳暗花明又一村'的感觉"①。

通常认为现代化是一个不断从传统性向现代性转变、发展的过程。以传统—现代为视角可以把商会史研究纳入一个比较大的历史过程进行分析,从而避免仅仅把商会作为历史的碎片予以考察。现代化视角下,商会不再被简单视为传统行帮组织的集合体或官办机构,商会自身的组织现代化和其如何参与社会现代化的过程得到关注。虞和平关于商会与早期现代化的著作,便是根据现代化理论来观察中国资产阶级及整合化和世界化的过程,为先前的资产阶级及研究注入了新内容。他认为资产阶级组织形态的现代化过程,充分体现在商会的产生发展过程中,"经历了以行会为中心的行业性整合;以各省商务总会为中心的省区性整合;以全国商会联合会为中心的全国性整合的三个阶段"。虞和平等人论证了商会现代法人社团的根本社会属性,也有的研究者对商会在处理商事纠纷中的作用进行了探讨,从商事审判和整个民事审判近代制度化发展的角度,研究了商会在近代司法审判制度中所扮演的辅助性角色。② 这使研究者们从政治作用之外开始更多地注意商会的社会属性、角色定位、组织结构、功能作用和现代性等问题,较之仅仅强调商会的阶级属性是一大进步。

传统—现代二元分析框架给商会史研究带来一种新的思路和分析手段,但在研究初期往往相对忽略商会组织本身的复杂性、区域性,忽略其与传统相联系的一面,造成研究的简约化、表面化倾向。在初期的商会研究中,一些研究者倾向于把近代商会与公所、会馆等传统商人组织作为两种对立的组织来看待,认为前者是对后者的历史否定与突破,商会所表现的近代法人社团性质与公所、会馆等所体现的观念是截然不同的。后来一些研究成果对此予以修正,认为商会与公所、会馆等存在相互依赖和相互影响的功能,公所、会馆等自身也处在"近代化"过程中,而且往往被纳入商会组织系统之中,构成商会的组织基础。二者之间并非水火不容、截

---

① 马敏:《过渡形态:中国早期资产阶级构成之谜》,中国社会科学出版社1994年版;虞和平:《商会与中国早期现代化》,上海人民出版社1993年版。
② 马敏:《商事裁判与商会——论晚清苏州商事纠纷的调处》,《历史研究》1996年第1期。

然对立的关系，而是存在相当的"继承性"。

商会史研究因特殊的机缘先从苏州、上海、天津等地商会着手进行个案研究。要用这些个案说明中国从传统到现代的历史进程，个案极易定义为典型，并据若干"个案"来推及其他。加之，现代化视角着重结构—功能的整体变迁，为了分析总体特征及其变迁，也容易忽略个案之间的差异。商会史研究中不少论著往往以苏州、上海、天津等地商会的组织结构情况来概括中国近代商会的性质、结构与功能。事实上，全国各地存在众多的商会组织，不仅大中城市的商务总会与集镇的商务分会、分所在成员构成、运作方式上不尽相同，就是同一层级的商会因地区条件的差异和与政府关系的不同，也很难用一个模式去套用。

现代化史视角在给商会史研究带来新的问题意识、概念话语和分析视角与方法的同时，也存在自身的局限性。马敏指出，利用现代化理论视角来研究中国商会，极易犯的一个错误，便是以西方商会的"理想型"来硬套中国的商会，并把一些西方商会所具有的特征误认为是中国商会的特征或中国商会"应该有"的特征。在中国商会史研究中，往往以西方商会的各项特质为参照，从中国商会的章程、公告、规定等条文中去搜寻证据来证明其与西方商会一样，同属近代工商社团。事实上，中国商会的章程等条文并不完全反映中国商会的实际和特征，条文背后的"利"与"情"有时反倒起着更为关键的作用。

历史过程本身并不像我们想象得如此简单和泾渭分明，这是运用现代化视角进行分析时必须警惕和注意的。随着研究的深入，现代化视角的上述不足已经得到不同程度的修正，不再强调传统—现代决然两分，传统的延续得到较多关注；不同地域的商会被纳入考察视野，也出现各地商会的比较研究；以西方商会的"理想型"来硬套中国的商会史研究渐少，而中国语境下的商会史增多。

### 3. 商会史研究中的"市民社会"视角

商会史的本土探索过程中恰逢"公共领域"与"市民社会"理论以及运用该理论进行研究的海外中国学传入中国，中国国内的一批学者开始将"市民社会"理论引入商会史研究，"市民社会"视角下的商会史研究在90年代蔚为大观。

马敏与朱英在研究商会过程中逐渐意识到以商会为核心的民间社团在城市社会中发挥着重要的作用,90 年代初期他们也试图定义这种民间社团的作用及其存在的城市社会。马敏硕士论文《辛亥革命时期的苏州绅商》以及马敏与朱英合著的《传统与近代的二重变奏》中①,他们已注意到,晚清苏州商会组织已经把自己的影响力渗透到城市社会生活的各个领域。以商会为核心,众多民间社团组织纵横交错,从而形成一个官府以外的"在野市政权力网络",通过这种"在野市政权力网络",城市绅商控制了相当一部分市政建设权、司法审理权、公益事业管理权、社会治安权以及工商、文教、卫生等多方面的管理权,在很大程度上左右着城市经济和社会生活。由于马敏、朱英写作上述论著时并未接触到哈贝马斯的"公共领域"与"市民社会理论",也基本上不甚熟悉萧邦齐、斯特朗、罗威廉、冉玫铄等美国同行的研究成果,因此,完全没有将"在野市政权力网络"与"地方性民间自治社会"与西方概念中"公共领域"与"市民社会"挂上钩,自然也谈不上运用市民社会理论来研究商会问题。

直到写作《官商之间:社会剧变中的近代绅商》一书时,经过对美国同行相关成果的了解以及亲历相关激烈讨论之后,马敏才意识到:商会与"在野市政权力网络"和"地方性民间自治社会"的关系,实际可以纳入争论不休的"市民社会"理论中加以探讨,尽管这一理论基本上是西方社会的产物,有很大的理论局限性,但在作一定修正之后,仍可用于分析同样处于近代转型过程中的中国社会。马敏在新著中采用了"公共领域"与"市民社会"概念,把城市传统社会组织机构的转型和商会、商团、教育会、救火会、市民公社等新式社团组织的扩张视为"公共领域的扩张",把由这种扩张而导致的"在野市政权力网络"视为"市民社会"的雏形或中国早期的"市民社会"。由于新兴资产阶级化绅商阶层占据了社会经济和政治中心地位,成为早期市民社会的直接缔造者和操纵者。因此,中国式的早期市民社会实质上是一个绅商社会。②

---

① 马敏:《辛亥革命时期的苏州绅商》,《辛亥革命史丛刊》第 8 辑,中华书局 1991 年版;马敏、朱英:《传统与近代的二重变奏》,巴蜀书社 1993 年版。

② 马敏:《官商之间:社会剧变中的近代绅商》,天津人民出版社 1995 年版。

朱英的《转型时期的社会与国家》一书，倾向于认为中国近代存在一个以商会等新式社团为中心的市民社会，认为商会的诞生和发展证实清末民初的中国不仅出现了市民社会的雏形，而且还有所扩充。市民社会是一个大系统，它既包括诸多像商会这样的民间社团，也包括这些社团外部互动形成的社会力量。

现代化史视角主要是从经济和社会变迁去观察、分析近现代社会转型，"公共领域"与"市民社会"理论则主要是从政治与社会变迁的角度来观察和分析近现代社会转型，但其观察的视角和分析范畴与传统的政治史范式又有所不同，它同时强调了两个面相——国家与社会及其互动关系。

商会史研究中采用"公共领域"与"市民社会"视角，首先有利于展现近代城市中"市民社会"雏形的形成。商会与其他新旧社会组织的互动和新发展，使 20 世纪初期一些城市公共领域在很大程度上已不同于先前传统的公共领域。伴随城市公共领域性质的变化，某种更复杂的社会机体自组织过程随之发生，其结果是导致城市行政权力部分由官方下移民间，形成国家权力机关之外的社会权力体系——在野市政权力网络，即"市民社会"雏形。

其次，推动了对"市民社会"与政府关系的研究。许多从事实证研究的学者不赞同在中国语境下将国家与社会视作二元对立的关系，而是实事求是地描述和解释其长期的合作关系。朱英、马敏等认为，晚清公共领域的扩展与市民社会的出现，在很大程度上得力于清政府推行"新政"所产生的客观影响，国家权力"让渡"的结果；市民社会雏形在很大程度上存在对国家的特殊依赖性，其建成的初衷，是为着协调官民关系，以民治辅助官治，而非与国家权力相对抗。[①]

最后，商会史研究中采用"公共领域"与"市民社会"视角着眼于国家与社会的互动关系，不仅从互动中看各自的变化和影响，而且观察由互动所造成的新领域。从国家与社会的互动看，中国在国家权力与民间社会

---

① 朱英：《关于晚清市民社会研究的几点思考》，《历史研究》1996 年第 4 期；马敏：《官商之间：社会剧变中的近代绅商》，天津人民出版社 1995 年版。

之间，存在一块两者交叉的中间地带。过去我们要么侧重研究国家政权，要么偏重研究民间社会本身，恰恰忽略了夹在两者之间的"公领域"或"公共领域"，在"公共领域"与"市民社会"视角下，这一中间地带被纳入观察的范围。

"市民社会"视角无疑进一步推动了商会史的研究，但它本身存在一些局限性，运用该视角时也出现一些偏差，因而招来诸多非议。

邓正来指出，研究者在应用市民社会模式时，最突出的问题便是可能将作为解释模式的市民社会作为现实中的社会现象，进而有意无意将国家与市民社会分别做实体化及同质化的处理。然而，这种实体化和同质化的国家与市民社会无论在历史中抑或现实中都不存在。所以直接将商会—政府的关系用市民社会—国家的概念来替换是否恰当尚需要学界进一步讨论。

国内学者在运用"市民社会"理论框架研究中国历史时，过分强调了"市民社会"的产生，而忽略了与之紧密相连的"公共领域"的概念。近代中国虽有"公共领域"的扩张，但却并不一定有"市民社会"的产生，二者并非是一个不言自明或连在一起的历史过程。

由于以商会为切入点而研究市民社会，往往存在程度不同的"商会中心主义"，不自觉地给人以"商会就是市民社会的错觉"，不自觉地"把近代中国的商会等同于、混同于市民社会"。如果过分沉湎于商会与市民社会的关系问题而忽略对市民社会其他环节的研究，便很容易导致片面的学术成果，夸大了商会的作用。

学者们认识到，"公共领域"与"市民社会"视角下的商会研究若以西方经验和西方诠释为唯一标准的研究态度，实不可取，引进西方的理论解释模式必须建立起中国自己的话语系统并使之适合中国的特殊语境。

商会史研究中革命史视角、现代化视角和"市民社会"视角从不同视角观察了同一历史过程的不同面向。革命史视角下观察了商会在革命中的作用；现代化视角下商会本身作为社会组织得到重视，并将之置于传统与现代变迁的脉络里予以观察；"市民社会"视角下注意到商会是众多社会组织的一个，并以之为切入点讨论了它们所构成社会的特质，以及这样的社会与国家的关系。三种视角的兴起在时间上大体有先后之分，也展现了商会史研究领域与方法的拓展，即从附属于革命史的商会研究到研究商会本身，再从商会本身观察商会到透过商会观察社会，观察各种社会组织之间错综复杂的联系，观察社会与政府之间的复杂关系，观察商会与整个城市生活之间的关系，观察商会在近代社会发展中所扮演的角色和所起的作用。商会史研究的轨迹先从政治史走向社会史，又从社会史的角度重新审视政治史，推动了史学研究不断深化。

当然，不同的时间段里后一视角的产生并不意味着对前一视角的彻底否定或推翻，而只是在前者的基础上进一步拓宽人们的认识，从而带来新的视野和新的方法。使用现代化史视角或市民社会视角的时候，并不意味着革命史视角已经过时或不再适用。

# 三　其他群体与社团

除了士绅与商会，自由职业群体等方面也取得不少研究成果。[①]教师与学生是文化史、教育史研究的重要对象，工人、农民、地主与资产阶级等则是革命史研究的主要对象，为避免重复，本书仅对从社会史视角考察教师、学生、工人的部分论著予以梳理。

## （一）自由职业者群体

近代自由职业者不是当今研究者为了研究方便而提炼的概念，而是近代社会中已经在使用的一个名词。

徐小群、朱英、尹倩和孙慧敏等对自由职业者这一名词都进行过考察。中国自由职业者不论是其概念的产生还是群体的兴起都与西方社会的影响密不可分，而且很早就在近代中国社会中占有一席之地。1929 年中央法制委员会就是否应对自由职业团体进行专门立法的问题进行了讨论。20世纪 30 年代，在国民党当局的文件中，自由职业团体与一般的职业团体明显区别开来，它专指由律师、医生、会计师、工程师、记者所组成的团

---

① 尹倩：《中国近代自由职业群体研究述评》，《近代史研究》2007 年第 6 期。

体。学界对自由职业群体的内涵存在不同的看法，论述近代的自由职业者时通常指律师、会计师、医生、新闻记者、工程师、教师等全部或其中的一部分。

学者对律师、会计师、医生、新闻记者、工程师、教师等群体的关注由来已久，在会计史、法制史、医学史、教育史、新闻史等专业史、制度史的研究成果中就有相当成果涉及会计师、律师、医师等自由职业群体，将其作为近代自由职业者群体展开深入研究却是最近一二十年的事，一些重要论著在 21 世纪的最初十年相继出版。

美国学者徐小群 20 世纪 90 年代初在哥伦比亚大学完成的博士学位论文即展开了对近代自由职业团体的研究，经修改由英国剑桥大学于 2000 年出版，2007 年出版了中文版《民国时期的国家与社会：自由职业团体在上海的兴起（1912—1937）》。[①] 该书重点阐述了自由职业者作为一个新的社会阶层在现代化的过程是如何产生的；自由职业社团与其他城市社团之间最大的区别是前者对自由职业发展本身的关切及其对于职业化所进行的不懈努力，这一区别进而揭示了不断增长的城市社会的多样性和城市政治的复杂性；以自由职业者为例指出民国时期国家与社会关系表现为一种动态共生机制。

孙慧敏 2002 年完成博士学位论文《建立一个高尚的职业：近代上海律师业的兴起与顿挫》，后历时十年修改成书《制度移植：民初上海的中国律师（1912—1937）》，于 2012 年出版。[②] 该书透过考察 1912—1937 年中国律师在上海的发展经验，探讨制度移植过程中，各种不同的政治、社会力量，如何基于不同的考虑与期待，提出不同的改革方案，并透过不断地角力与协商，逐步确立中国律师存在的法理基础、形塑了一种和律师紧密结合的新职业观念——自由职业。

大陆学者对自由职业群体研究也取得不少成果。

陈同的《近代社会变迁中的上海律师》一书于 2008 年出版。该书是

---

① 徐小群：《民国时期的国家与社会：自由职业团体在上海的兴起（1912—1937）》，新星出版社 2007 年版。

② 孙慧敏：《制度移植：民初上海的中国律师（1912—1937）》，"中研院"近代史研究所 2012 年版。

"上海城市社会生活史"系列丛书中的一部分，以近代社会变迁为基本线索，展现了律师这一新社会职业在上海发生发展的基本过程。其中对于外籍律师在租界的活动，本土律师的执业状况和生存环境，律师群体与社会的联系和内部的构成及上海律师公会的作用等问题都作了深入细致的分析和阐释。①

华中师范大学中国近代史研究所的研究团队集中力量展开了对近代中国律师、会计师、医师、建筑师等自由职业者群体及其团体的研究。2006 年前后在《江苏社会科学》《华中师范大学学报》《甘肃社会科学》等刊物发表了几组论文，又于 2009 年出版了《近代中国自由职业者群体与社会变迁》。该书围绕近代律师群体、会计师群体、医师群体、建筑师群体，讨论了近代职业制度建构、职业群体兴起、职业团体的运作及专业知识的引进等诸多方面的问题。② 该书是大陆学界对自由职业者群体进行整体研究的奠基之作。此后，该团队成员就某些问题进一步展开研究，取得一些新成果。

邱志红的《现代律师的生成与境遇：以民国时期北京律师群体为中心的研究》一书于 2012 年出版，该书揭示了律师群体的萌生、发展及其在近代中国的命运、地位和影响。③

整体讨论自由职业群体兴起的原因和背景的论著并不多，多数论著采取的策略是分别讨论某一自由群体的兴起。律师、会计师群体兴起的原因有较为充分的讨论，其他自由职业者群体兴起的原因则比较薄弱。

徐小群以上海为例分析了现代化如何产生自由职业。魏文享探讨了近代职业会计师兴起的原因。魏文享认为在民国初年，市场、知识与制度的转型已渐为现代会计师职业奠定了根基。在市场层面，社会对于财务核算及财务信用之需求推动记账与审计职责的分离；在知识层面，引自西方的复式借贷簿记使会计师职业的专业能力得到学术支撑；在制度方面，政府、工商界及会计界将推进会计科学化、建立独立的会计师制度作为共同

---

① 陈同：《近代社会变迁中的上海律师》，上海辞书出版社 2008 年版。
② 朱英、魏文享：《近代中国自由职业者群体与社会变迁》，北京大学出版社 2009 年版。
③ 邱志红：《现代律师的生成与境遇：以民国时期北京律师群体为中心的研究》，社会科学文献出版社 2012 年版。

目标，使会计师制度得到法律及市场的认同。①

王申、徐家力等分析了中国律师的兴起。② 陈同等分析了外籍律师的
刺激和示范对于中国律师兴起的影响。③ 邱志红分析了影响中国早期律师
业演进的三个因素：外国律师在华执业的影响；科举之废及知识分子的职
业分流；中国近代法律教育的兴起与新式法律专业人才的诞生。主要从律
师观念的演变，律师制度的移植、确立与完善，早期律师业的发展三个方
面，论述现代律师职业群体兴起的思想根源、制度基础及动态过程。④ 孙
慧敏的讨论更为全面、深入。该书从知识、社会与政治层面讨论了中国何
以必须引进律师制度与律师业，全方位展现了律师兴起的背景。

职业化是自由职业群体区别于其他民间社团最本质的特征之一，而职
业化的过程又是自由职业群体兴起和发展最主要的表现之一，因此，不少
研究者把职业化过程及程度作为重要的考察内容。徐小群力图以职业化来
区分自由职业社团与其他城市社团。他认为，职业化的要义在于各自由职
业群体及其社团都力图建立自由职业之标准，获得自由职业之地位并使之
得到国家和社会的普遍承认。孙慧敏认为，律师制度与律师业的引进，不
只使中国既有的诉讼制度面临巨大的挑战，也带来职业观的重大改变。一
方面，专门知识程度的高低逐渐成为衡量职业地位的判准；另一方面，专
门职业者散居各地、以自我聘雇方式就业的工作形态，使他们逐渐被视为
自成一格的职业。⑤ 魏文享认为会计师群体对于自身的职业观念、职业特
性已有相当明晰的认识，会计师自认为立于社会中介者地位，其职业有别

① 魏文享：《近代上海职业会计师群体的兴起——以上海会计师公会为中心》，《江苏社会科
学》2006 年第 4 期；魏文享：《市场、知识与制度：晚清民初职业会计师群体的兴起》，《华中师
范大学学报》2012 年第 2 期。

② 王申：《中国近代律师制度与律师》，上海社会科学院出版社 1994 年版；徐家力：《中华
民国律师制度史》，中国政法大学出版社 1998 年版。

③ 陈同：《略论近代上海外籍律师的法律活动及影响》，《史林》2005 年第 3 期。

④ 邱志红：《现代律师的生成与境遇：以民国时期北京律师群体为中心的研究》，社会科学
文献出版社 2012 年版。

⑤ 徐小群：《民国时期的国家与社会：自由职业团体在上海的兴起（1912—1937）》，新星出
版社 2007 年版；孙慧敏：《制度移植：民初上海的中国律师（1912—1937）》，"中研院"近代史
研究所 2012 年版。

于普通工商业者。① 陈同讨论了上海律师的职业资格、职业特点和职业活动。② 邱志红讨论了北京律师的专业养成、职业意识、角色期待，以及执业境遇。③

自由职业团体是学者的重点考察对象，学界对律师公会、会计师公会、医师公会等均有所研究。对自由职业团体的考察一是围绕该团体本身展开，二是考察该团体与政府的关系。

徐小群考察了上海律师公会、会计师公会、教授社团等。孙慧敏考察了"中华民国律师总公会"和上海律师公会。陈同分析了上海律师公会的产生与沿革，协助、调解、监督和沟通等组织职能，以及收回法权、贫民法律扶助与冤狱赔偿、抗日等主要活动。邱志红不仅梳理了北京律师公会的创建与发展过程，并对北京律师群体在籍贯、学历、年龄、性别、以学历为主的素质等方面进行综合透视。《近代中国自由职业者群体与社会变迁》考察了全国律师公会联合会、上海会计师公会、近代医师团体、建筑师群体的行业组织等。④ 尹倩指出，民国时期中西医团日趋对峙，医团组织重叠，派别分化严重；学术团体与职业团体逐渐分立。⑤

李严成认为近代"救亡"是律师公会与国家之间合作而非对抗关系的原因和内容，使律师公会承载了不堪承受的历史使命，抑制了应有的维权与制衡国家权力过度扩张的使命。⑥ 江文君指出，近代上海的医师群体通过上海医师公会这一职业团体，积极参与公共政治事务。在战后医师公会的重建过程中，国民政府试图用一个大政府去管理各种各样的公共事务，由此创制了一种国家控制社会的模式。⑦ 魏文享分析了 1931 年国民会议职业代表的选择，指出，在职业代表制的掩盖下，职业团体虽有代表与会，

① 魏文享：《近代上海职业会计师群体的兴起——以上海会计师公会为中心》，《江苏社会科学》2006 年第 4 期；《近代职业会计师之诚信观》，《华中师范大学学报》2002 年第 5 期。

② 陈同：《近代社会变迁中的上海律师》，上海辞书出版社 2008 年版。

③ 邱志红：《现代律师的生成与境遇：以民国时期北京律师群体为中心的研究》，社会科学文献出版社 2012 年版。

④ 朱英、魏文享：《近代中国自由职业者群体与社会变迁》，北京大学出版社 2009 年版。

⑤ 尹倩：《分化和融合：论民国医师团体的发展特点》，《甘肃社会科学》2008 年第 2 期。

⑥ 李严成：《国家与社会视野下的民国律师公会》，《湖北大学学报》2008 年第 5 期。

⑦ 江文君：《职业与公共参与：民国时期的上海医师公会》，《史林》2012 年第 3 期。

但绝大多数席位被党政要员占据；此类代表虽名为职业代表，实际上为国民党所圈定；实施的结果是，职业代表制使国民党在避免政党竞争的情况下保持了对选举事务的安排以及对国民会议政治方向的掌控。①

自由职业群体的生活状况过去很少被纳入研究视野，后来采用社会史视角观察自由职业群体的论著逐渐增多，自由职业群体的生活状况也越来越多地被呈现出来。

徐小群比较了20世纪二三十年代上海华籍医生、律师和新闻记者的收入。孙慧敏从律师的收费策略、业务招揽手法与形象塑造方式，归纳出律师在上海律业市场中的生存之道；并观察这些行为如何影响政府、民众对律师的观感，从而促使上海律师公会与政府当局展开职业伦理与执业规范的制定与整饬行动。邱志红指出，北京律师虽然在收入水平上存在着一定的差异，但从整体上看，其经济状况在社会上处于中等之上的水平。不过，律师地位的制度化确认远远低于推事、检察官，其在执行法定职务时，还得不到法院司法人员应有的配合与支持，甚至障碍重重；当事人出于对法律程序的不了解，以及对律师职能的误解，往往对律师多加责难。何小莲指出，西医医生作为自由职业群体，无论与一般劳动阶层，还是与中医相比，其文化素养都比较高，经济收入也较高，属于比较富庶的阶层；社会声望也高，是社会择业的热门行业。②

学者们分析了自由职业群体在近代中国的产生、发展给中国社会带来的影响。自由职业群体推动了该行业或职业的发展及其相关领域的现代化进程。如律师业的发展推动了中国法制的进程；会计师队伍的壮大推进了现代经济的发展；医师数量的增多促进了中国现代医学的发展，等等。自由职业群体推动了中国社会政治民主化的进程，许多论者认为这些具有新式知识的职业群体用各自的方式参与到政府的决策中，从而影响着中国政治的走向，是中国政治民主化发展中不可忽视的方面。

目前大部分成果多以某一自由职业群体为限，其中关于律师和会计师

①  魏文亨:《职业团体与职业代表制下的"民意"建构——以1931年国民会议为中心》,《近代史研究》2011年第3期。
②  何小莲:《略论近代上海西医的社会地位》,《社会科学》2009年第8期。

的成果相对较多，其他各类群体成果较少。既有研究成果分析的地域以上海为主，这些自由职业群体的人数也十分有限，以此为例得出的结论在什么范围内有效、有多大意义需进一步反思。

**（二）学生群体**

过去的学生运动史中不乏对学生群体的分析，着眼点在学生与革命的关系。20世纪80年代之后，将学生作为社会群体，对其本身展开研究的学术成果不断增加。

桑兵对新式学堂学生、留学生和新学之士展开研究。他写作《晚清学堂学生与社会变迁》一书时，学界对五四以前学堂学生的研究只有寥寥数笔轻描淡抹，而且笔触常落在大事要人之上。桑兵力图揭示晚清新式学堂学生群体普遍常规的心境情绪、向往思索以及行为言论。该书论述了晚清学生群体的形成、兴盛，学生在学潮、清末民主化进程、反清革命及清末社会变迁中的言行与活动。《清末新知识界的社团与活动》则围绕留学生与新学之士的结社活动来探测其群体意识的形成及其如何活化国魂，维系国体。[①]

吕芳上的《从学生运动到运动学生》从如何运动学生团体的角度探讨了20世纪20年代的学生运动。他认为，一方面可以看出富有理想色彩的学生"以极无责任之人，办极有责任之事"，学运不能不遭遇到很大的挫折；另一方面新兴具有动员性的政党，逐步与学生接近，终于使学生运动变成了运动学生。[②]

20世纪90年代之后，相对于国内学堂学生的研究，留学生的研究持续升温。留学生的研究也不是新课题。舒新城所著《近代中国留学史》1927年出版，是中国近代第一部研究留学问题的专著。该书涉及赴欧美、东洋等国留学生的情况。[③] 实藤惠秀1939年写成《中国人留学日本史稿》，经多次修改，于1960年出版了《中国人留学日本史》。1982年香港中文

---

① 桑兵：《晚清学堂学生与社会变迁》，学林出版社1995年版。该书最早于1991年由台北禾稻出版社出版。桑兵：《清末新知识界的社团与活动》，生活·读书·新知三联书店1995年版。

② 吕芳上：《从学生运动到运动学生》，"中研院"近代史研究所1994年版。

③ 舒新城：《近代中国留学史》，中华书局1927年版。

大学出版社出版了繁体版中译本，1983年，由三联书店出版简体版中译本。《中国人留学日本史》详述了1896年到1937年间留学日本的原因、留学日本的历史、留学生在日本的生活、留日学生对中国近代思想、政治、教育、文学、语言、翻译、出版事业等方面的贡献和影响。①《中国人留学日本史》主要沿着两个方向展开：一是分析留学生在外国的学习和生活状况；二是讨论留学生回国后的事功。这也是多数留学生史论著进行分析的主要路径。

有的论著按照留学国别进行分析，有的对留欧美、日本等国的学生进行综合论述。王奇生所著《中国留学生的历史轨迹：1872—1949》分上下篇，下篇探讨了留学归国学生对中国近代政治、军事、社会、思想、教育、学术、文学等方面的贡献与影响。②李喜所的《近代留学生与中外文化》，重点在于阐述中国近代留学生与中外文化交流的关系。该书讨论了留日热和资产阶级文化的广泛传播，留美高潮与科学、民主思潮，留法勤工俭学与社会主义思想的勃兴。他认为，中国近代留学生群体的特点有三：强烈的使命感和浓厚的政治意识；文化交流的逆差性和文化选择的多元性；"不中不西"的双重文化人格。③

按国别进行论述的以留日学生研究成果最多，除了《中国人留学日本史》，比较重要的著作还有黄福庆的《清末留日学生》，④尚小明的《留日学生与清末新政》等。⑤

有的论著就某一领域展开讨论。如田正平的《留学生与中国教育近代化》重点探讨了留学生与中国近代教育科学、教育改革、高等教育等内容。⑥王伟的《中国近代留洋法学博士考：1905—1950》，考证了中国近代在美国、英国和法国等国取得法学博士学位的中国留学生，分析了这些法

---

① ［日］实藤惠秀：《中国人留学日本史》，谭汝谦、林启彦译，生活·读书·新知三联书店1983年版。

② 王奇生：《中国留学生的历史轨迹：1872—1949》，湖北教育出版社1992年版。

③ 李喜所：《近代留学生与中外文化》，天津人民出版社1992年版。

④ 黄福庆：《清末留日学生》，"中研院"近代史研究所1975年版。

⑤ 尚小明：《留日学生与清末新政》，江西教育出版社2003年版。

⑥ 田正平：《留学生与中国教育近代化》，广东教育出版社1996年版。

学博士的心路历程、对中国法学教育的贡献，留洋法学博士的成就与其留学经历的关系等。①

有的论著针对某一地域的留学生进行分析，如吕顺长的《清末浙江与日本》分上下篇，在上篇主要研究清末浙江留日学生在日本及归国后的学习工作情况，分析了留日学生的人数、生源地、学校及专业分布等。②

**（三）教师群体**

近代教师群体研究所涉及的对象主要包括塾师、新式学堂教师和洋教习等。

吴洪成、田谧等《晚清教师史研究》一书从整体上考察了晚清时期中国教师群体的变迁，梳理了学校教师的身份、地位、工作任务、培养训练的演变历程、内在逻辑关系、结构功能及教育影响等问题。③

刘玉梅认为，清末民初教师群体不同于传统意义上的学官、私塾先生，也不同于现代意义上的教师，该群体的构成新旧杂糅；知识结构由单一转向多元；身份处在由官到师的转变时期。④

田正平、吴民祥指出，中国近代大学从创办之时起，其教师任职资格的检定与聘任制度经历了清末的教师资格检定制度之缺失与聘任的随意性时期，民初的教师资格检定与聘任中的"大学自治"与校长集权时期，20世纪20年代末至抗战前的逐渐"规范化"时期，30年代末至40年代末的"制度化"时期的几个发展阶段，在不同的发展阶段，政府、学术团体、大学自身都曾起着不同的作用。⑤阎广芬分析了近代中国当政政权对师资培养方面作出的努力。⑥陈钊以1928年至1932年的江浙地区为例，南京国民政府建立后，国民党中央训练部会同教育部，建立起一套严格的党义

---

① 王伟：《中国近代留洋法学博士考：1905—1950》，上海人民出版社2011年版。
② 吕顺长：《清末浙江与日本》，上海古籍出版社2001年版。
③ 吴洪成、田谧等：《晚清教师史研究》，河北大学出版社2012年版。
④ 刘玉梅：《清末民初教师群体过渡性特征分析》，《河北大学学报》（哲学社会科学版）2006年第6期。
⑤ 田正平、吴民祥：《近代中国大学教师的资格检定与聘任》，《教育研究》2004年第10期。
⑥ 阎广芬：《试论中国近代义务教育的师资培养》，《高等师范教育研究》2003年第1期。

教师资格检定制度。一开始，相关机构制定的党义教师从教资格颇高，但在实施中不断碰壁，不得不一再降低要求。[1]

黄运红分析了京师同文馆、京师大学堂教师聘用的变化，认为，标准性、序列性、合同性是晚清大学教师聘任的主要特征。[2] 张秀丽研究了清末教育改革后河南省的中学堂教员的变化，强调由于所需师资数量与当时的培养能力之间存在比较大的差异，当地政府不得不随机应变，根据实际的情况，采用不同的聘用方式。[3]

尚小明描述了近代近百所大学或学院 626 名史学教授的群体状貌。文章认为，近代中国大学的史学教授可分为三代：科举时代的人、新式学堂教育时代的人以及大学教育发展时代的人。三代之间存在学术传承关系。很多留学生回国后改治中国史，除了因为国内研究条件缺乏外，更主要的是因为许多人在主观上更重视本国文化历史研究之故。[4]

在改科举、兴学堂的新政年代，京师大学堂进士馆中会聚了一批留日学生。韩策的研究指出，他们以"学生"之出身，作为"老师"，向进士及第的科举精英们传授法政、理财等"新知"，由于年龄、功名、地位、学识、师生观念等原因，留学生感受了"教习非师"的身份尴尬，面对学有根底的进士学员，日本名词的引入和接受、课程内容的设置和讲授、讲义的编写皆成教学中的挑战。[5]

蔡锋指出，在 20 年代以前，女教师主要集中在独立设置的女子高校中；20 年代以后，一般高校中女性教师的队伍有所壮大；教师队伍素质从 20 年代到 40 年代，呈现了一个由低到高的发展态势。[6]

1919 年 5 月 9 日蔡元培辞职后，以北京大学为主的北京专门以上学

---

① 陈钊：《党义教师资格之检定——以 1928 年至 1932 年的江浙地区为例》，《教育评论》2008 年第 6 期。

② 黄运红：《晚清京师新式学堂教师聘任初探——从京师同文馆到京师大学堂》，《湖南师范大学教育科学学报》2013 年第 3 期。

③ 张秀丽：《清末十年河南中学堂教员状况考析》，《中州学刊》2012 年第 2 期。

④ 尚小明：《近代中国大学史学教授群像》，《近代史研究》2011 年第 1 期。

⑤ 韩策：《师乎？生乎？留学生教习在京师大学堂进士馆的境遇》，《清华大学学报》（哲学社会科学版）2013 年第 3 期。

⑥ 蔡锋：《民国时期高校女教师队伍的建设及发展》，《中华女子学院学报》2003 年第 5 期。

校教职员联合会积极挽蔡，奔走于政府、学生之间功不可没。稍后北大又发起成立北京小学以上学校教职员联合会，以要求薪金发现洋为由，驱逐教育次长傅岳棻。何树远认为，这两次运动标志着北京高等教育界开始作为独立的社会势力出现。[①] 左松涛认为清末自强学堂中有相当数量的学生投身反清活动，学堂师生虽有立场或代际冲突，但因势求变之心类似。[②]

有关教师待遇的研究主要集中于教师的工资和生活状况两个方面，并由此探讨教师待遇与教育事业的关系。

清末民国时期，逐渐以法令的形式规定了教师的待遇、薪水的等级，确立了工资标准、学历加薪和经验加薪的原则，从而形成了完整的工资制度。慈鸿飞主要从制度层面分析了二三十年代教师的工资收入，认为大、中、小学教师的工资差别较大，大学教师的工资相对较高。月薪 300 元左右的副教授或教授抚养五口之家，其生活水平至少要高出一个普通工人的十三倍。[③] 政府规定的工资只是参照标准，广大教师尤其是中小学教师的工资由地方财政负担，由于各地、各校经济状况不同，因而教师的实际工资很难与标准工资相符。不同地区教师的工资地域差别也很明显。

有些论著研究了上海、四川、广州等地教师收入的实际状况。李彦荣认为，大学教师属于上海的高收入群体，中学教师属于中等收入群体，小学教师属于低收入群体。中小学教师收入与普通工人差距不大，而高学历低工资影响了教师的工作积极性，更导致了教师的流失。[④] 陈育红在考察了民国时期上海等地小学老师的收入后提出，低微而且差异极为悬殊的待遇制约了当时小学教师专业素质的提高，影响着教师职业的稳定性，并形成小学教师队伍的人才逆淘汰现象。[⑤] 曾崇碧、王勇指出，20 世纪 30 年代

①　何树远：《五四时期北京教职员联合会的挽蔡驱傅运动》，《中山大学学报》2011 年第 3 期。

②　左松涛：《清末学堂师长与辛亥革命——以自强学堂为中心》，《武汉大学学报》2011 年第 4 期。

③　慈鸿飞：《二三十年代教师公务员工资及生活状况考》，《近代史研究》1994 年第 3 期。

④　李彦荣：《民国时期上海教师的薪水及其生活状况》，《民国档案》2003 年第 1 期。

⑤　陈育红：《二十世纪二三十年代小学教师的薪水及其生活状况》，《民国档案》2004 年第 4 期。

四川小学教师待遇低下，生活难以维持，其重要原因是小学教育经费的来源不稳定、管理混乱和分配不均，菲薄的待遇导致小学教师队伍不稳定，从而阻碍了四川小学教育的发展。[①] 冯梅指出，20 世纪二三十年代广州小学教师的薪资在全国范围内来讲并不算低，但相对于当时广州这个城市较高的生活水平以及小学教师较为特别的生活方式和消费习惯，再加上时局动荡，政府时常拖欠、折扣工资等，实际上广州小学教师的生活是非常清苦的，有时甚至连温饱都难以维持。[②] 郝锦花、田正平认为，民国时期乡村小学教师待遇非常微薄，与城市教师相比差距悬殊，甚至不及城市工人的平均工资和乡村塾师的收入。[③]

教师群体内部收入分配状况极不平衡，不同学历、不同职称教师之间的工资差别大。大学教师的工资待遇相当丰厚，中学教师高于工人生活，小学教师基本上养家糊口。同一学校内，因学历和职称不同，教师待遇差别较大。在同一级别的教师中，国立学校教师待遇高于省立或部立学校教师，省立或部立学校教师的待遇高于私立学校教师。陈育红指出，战前国立大学教师薪俸一般均较私立、教会大学同级别的教师薪俸高，教授、副教授与讲师、助教之间的薪俸差异较大。他认为，这主要与当时各类大学教育经费的来源途径有关，并非完全是教师学历、学识和资格的反映。[④] 石静指出，清末民初大学、中学、小学教师的薪俸差别较大，依次递减。且常常因为政府教育经费的短缺难以按时、全额发放，导致教师队伍流动性增强。[⑤] 马方方指出，1912—1937 年，与男教师相比，女教师仍处于普遍的经济弱势地位：她们以小学教师为主、职位低、多集中于待遇较差的私立学校。社会经济发展的滞后、女子教育的不发达、性别歧视的根深蒂固、就业女性无法避免的

---

① 曾崇碧、王勇：《20 世纪 30 年代四川小学教师待遇状况》，《西南交通大学学报》2003 年第 1 期。

② 冯梅：《20 世纪二三十年代广州小学教师薪资及生活状况》，《西南交通大学学报》（社会科学版）2008 年第 1 期。

③ 郝锦花、田正平：《民国时期乡村小学教员收入状况考察——中国教育早期现代化问题研究之一》，《教育与经济》2007 年第 2 期。

④ 陈育红：《战前中国大学教师薪俸制度及其实际状况的考察》，《民国档案》2009 年第 1 期。

⑤ 石静：《清末民初教师的任用与待遇》，《南通大学学报》（社会科学版）2009 年第 6 期。

家庭与事业的冲突造成了女教师经济地位的低下。①

教师生活状况在不同时期变化较大，抗战前，教师的待遇稳定而有保障，但抗战以来，由于物价猛涨，教师待遇每况愈下。姜良芹指出，抗战时期，国民政府对高校教师的工资诸如薪给、津贴、奖助、养老抚恤等都以法令的形式规定下来，但由于战时通货膨胀的强烈冲击，教师的工资水平不仅远低于战前，且较同期其他行业所受冲击为重。到抗战结束前两年，高校教师的生活水平已降至社会的下层。② 王印焕认为，以抗日战争的爆发为界，民国政府公教人员的生活状况发生了由舒适到艰难的演变。在民国成立之初，公教人员的工资标准普遍较高。收入最少的小学教员能量入为出，其他人员更是舒适安然、衣食无忧。抗战爆发以后，随着战时的通货膨胀，公教人员的工薪实值越来越少，他们的生活状况也日趋艰难。到了南京国民政府的最后几年中，公教人员竟沦落到难以维持基本温饱的地步。③

学界对私塾及其在近现代社会的命运有不少关注，相关论著常附带论及塾师，专论近代社会中塾师的研究成果并不多。

闻洁主要考察了民国时期湖北的塾师收入，认为经师的经济地位比塾师好得多；自设馆塾师勉强糊口，专聘馆和延馆的塾师除生活外，略有盈余；塾师的自身素质某种程度上也决定了其待遇状况。④ 郝锦花认为由于受废科举兴学堂的影响，20 世纪二三十年代乡村塾师的经济地位较 19 世纪有所下降，年收入大约相当于高等学校教员的 1/10，低于城市熟练工人之工资，但略高于新式学校小学教师和城市工人的平均工资，是农民的 2.5—12.5 倍。⑤

---

①　马方方·《民国时期女教师的经济地位状况研究（1912—1937）》，《妇女研究论丛》2009 年第 1 期。

②　姜良芹：《抗战时期高校教师工资制度及生活状况初探》，《南京师大学报》1999 年第 3 期。

③　王印焕：《民国政府公教人员生活状况的演变》，《北京科技大学学报》（社会科学版）2005 年第 1 期。

④　闻洁：《塾师经济待遇初探》，《教育与经济》2000 年第 3 期。

⑤　郝锦花：《20 世纪二三十年代乡村塾师的收入》，《福建论坛》（人文社会科学版）2005 年第 8 期。

　　刘云杉通过对清末塾师刘大鹏的研究，彰显科举废除前后塾师所体受的文化、国家、社会的种种权力，并以此透析士绅与国家的关系。① 左松涛认为清末到民国相当长的一段时期内，乡村教育的"权势"是由塾师而不是教员掌握的，以学校教育为代表的新式教育并未得到基层民众的普遍信服，塾师群体并非"失语"者。②

　　蒋纯焦的《一个阶层的消失：晚清以降塾师研究》考察了晚清以降塾师的变迁。该书指出，科举制度的废除，切断了塾师们的仕进之路，降低了其职业吸引力；民国时代新式学校的建立和普及，极大地压缩了塾师阶层的职业队伍，改变了其职业行为；中华人民共和国成立后，社会生活和生产方式的巨大变化，消解了塾师的社会空间，使之最终被时代所淘汰。③

　　汪向荣的《日本教习》论述了清末日本教习的基本情况。这本书中记叙了日本教习中的各色人等，包括埋头苦干为中国文化做出贡献的日本友人，亦有对中国另有企图的军国主义分子，甚至有一小部分放浪形骸之徒，书中还附有大量珍贵图片。④

　　朱务本认为晚清聘用洋教习的目的与性质在于为中国培养近代化人才，以满足近代化建设的需要。洋教习在推进中国近代教育事业的发展及中国社会走向近代化方面起过一定的作用，但同时也带来了不少消极影响。这些消极影响的产生与当时中国主权丧失、国际地位低落以及被聘洋教习的动机不纯而清政府又没有把好人才质量关等是密不可分的。⑤

　　向中银指出，外聘洋员的生活待遇由薪俸与伙食补助、川资与津贴、住房与生活用具、办公与外出考察费、医药费和恤赏费构成，充分体现了清政府"重金聘请洋员"的政策，它有利于吸引外籍人才来华效力，也有利于培养新式人才，从而起到推动中国近代化事业的积极作用，当然中国

　　① 刘云杉：《帝国权力实践下的教师生命形态：一个私塾教师的生活史研究》，《中国教育：研究与评论》第3辑，教育科学出版社2002年版。
　　② 左松涛：《晚清民国私塾与塾师的"权势"问题研究》，《中山大学学报》（社会科学版）2006年第2期。
　　③ 蒋纯焦：《一个阶层的消失：晚清以降塾师研究》，上海书店出版社2007年版。
　　④ 汪向荣：《日本教习》，生活·读书·新知三联书店1988年版。
　　⑤ 朱务本：《洋教习与晚清的教育事业》，《贵州社会科学》1990年第6期。

政府也为此付出了巨额费用的代价。①

商丽浩认为，外国教习通常都能获得十分优厚的报酬，晚清高等教育机构的中国教习薪酬受国际化进程影响，也深受本国传统的影响；随着晚清高等教育的萌芽和发展，以及中国教习的旧学和新知水平的不断提升，中国教习的薪酬也日渐丰厚。②

### （四）工人群体

中国工人群体的研究，肇始于近代中国激烈的工人运动，随着工人阶级的不断壮大，相关研究成果也不断涌现、深入。在革命史视角下，工人受到研究者的特别关注，研究成果不少。研究的问题包括工人的产生时间，经济生活特别是其贫困状况，帝国主义、资产阶级及封建势力对工人阶级的剥削、压迫，工人阶级的罢工、武装起义等反抗斗争，中国共产党如何组织、发动、领导工人运动，国民党与劳工，等等。

民国时期关于工人群体的一些著作，并非严格意义上的史学学术研究，其着眼点在于观照社会现实、解决现实问题，有时起源于国、共两党的政治需要。马超俊、陈达、骆传华、何德明、胡林阁等论述了中国劳工问题，包括劳工的种类、工作时间、工资和生活、劳工组织发展及与不同党派的关系、工人与革命，罢工、失业、女工和童工等问题。③

民国时期学者还以工人和工厂为对象展开社会调查，包括工人家庭、生活程度以及业余时间的利用等。部分学者以工资收入和家庭消费结构为基础和标准来分析工人生活程度，诸如陶孟和的《北平生活费之分析》、杨西孟的《上海工人生活程度的一个研究》、上海市社会局的《上海市工人生活程度》、重庆社会部统计处的《重庆工人家庭生活程度》和陈达的

---

① 向中银：《晚清时期外聘洋员生活待遇初探》，《近代史研究》1998 年第 5 期。

② 商丽浩：《晚清中国教习在新式高等教育机构的薪酬》，《近代史研究》2007 年第 2 期。

③ 马超俊：《中国劳工问题》，民智书局 1925 年版；马超俊：《中国劳工运动史》，上海商务印书馆 1942 年版；陈达：《中国劳工问题》，上海商务印书馆 1929 年版；骆传华：《今日中国劳工问题》，上海青年协会书局 1933 年刊行；何德明：《中国劳工问题》，上海商务印书馆 1938 年版；胡林阁等：《上海产业与上海职工》，香港远东出版社 1939 年版。

《我国抗日战争时期市镇工人生活》、林颂河的《塘沽工人调查》等。①
"中国劳动年鉴"等也是研究近代中国劳工群体的重要资料。②

1949 年后，工人作为社会群体仍然为学界所重视，出版了众多工人运
动史论著。如王永玺等主编的《中国工会史》、全国总工会组织编写的
《中华全国总工会七十年》、刘明逵和唐玉良主编的《中国工人运动史》
等。这些论著探讨了中国工人阶级的发生及其发展状况、劳动和生活状
况，政党关于工人及工运的政策、法令、措施，工会和其他工人组织的活
动，各个时期工人的经济、政治斗争，工人的文化生活，有关工人的宣传
教育、报刊出版等。③ 80 年代随着社会史复兴，从社会史视角研究工人群
体取得不少成果。

工人的收入与生活状况是学者关注的重点。黄汉民描述了 1927—1936
年上海工人工资水平变动趋势，认为这与企业的业务状况、物价指数，以
及劳资双方为维护各自利益而进行的阶级较量等因素有密切的关系。④ 陆
兴龙分析了民国时期工人的工资及家庭消费状况。⑤ 张剑分析了二三十年
代上海主要产业职工的工资级差与文化水平。⑥ 谯珊认为，抗战前，成都
市民消费生活水平物价低、生活便宜，抗日战争打破了成都市民原有的生
活状态，对成都城市化与现代化产生多重影响。吕光磊、徐华指出，20 世
纪 20 年代末 30 年代初上海城市地价出现大幅度的上涨，远远超过工人阶

---

① 陶孟和：《北平生活费之分析》，商务印书馆 1930 年版；杨西孟：《上海工人生活程度的一个
研究》，社会调查所 1930 年版；上海市社会局：《上海市工人生活程度》，中华书局 1934 年版；重庆
社会部统计处：《重庆工人家庭生活程度》，社会统计处 1945 年版；陈达：《我国抗日战争时期市镇工
人生活》，中国劳动出版社 1993 年版；林颂河：《塘沽工人调查》，社会调查所 1930 年版。

② 王清彬等编：《第一次中国劳动年鉴》，北平社会调查部 1928 年版；邢必信、吴铎等主
编：《第二次中国劳动年鉴》，北平社会调查所 1932 年版；实业部中国劳动年鉴编撰委员会主编：
《二十一年中国劳动年鉴》和《二十二年中国劳动年鉴》；国民政府主计处统计局主编：《中华民
国统计提要》。

③ 刘明逵、唐玉良：《中国工人运动史》，广东人民出版社 1998 年版；王永玺：《中国工会史》，
中共党史出版社 1992 年版；全国总工会：《中华全国总工会七十年》，中国工人出版社 1995 年版。

④ 黄汉民：《解放前上海工人工资水平的一个剖例》，《上海经济科学》1984 年第 3 期；黄
汉民：《试论 1927—1936 年上海工人工资水平变动趋势及其原因》，《学术月刊》1987 年第 7 期。

⑤ 陆兴龙：《民国时期工人的工资及家庭消费状况简析》，《档案与史学》1995 年第 1 期。

⑥ 张剑：《二三十年代上海主要产业职工工资级差与文化水平》，《史林》1997 年第 4 期。

层工资的增长幅度，导致工人的实际购买能力低下，生活质量不断下降，
而这些反过来又影响了房地产市场的正常发展，最终导致整个社会不满和
敌对情绪高涨。[①] 宋钻友等人考察了 1843—1949 年上海工人的生活，认为
近代上海工人生活具有三个特点：一是近代上海工人具有复杂的境况和较
大的差异；二是工人的苦难是近代上海工潮发生的重要因素；三是近代上
海的一些工人因为职业需要而受到了现代文明的一些有益的影响。[②]

　　有学者分析了工人等群体内部矛盾、失业与再就业等问题。马俊亚指
出，由于缺乏足够的、可资利用的各种乡谊资源，近代江南都市中的苏北
人多从事社会底层工作。地缘关系形成的社会分层消融了阶级分立对下层
群体的影响。[③] 黎霞梳理了近代武汉码头工人群体与群体意识的形成、发
展、壮大、衰落过程，指出，民国时期武汉地区码头劳资纠纷的根源在于
工作权的封建把持与近代资本主义经济自由雇佣原则之间的矛盾。[④] 韩起
澜的《姐妹们和陌生人：上海纱厂女工，1919—1949》对上海纱厂女工的
社会地位、劳动状况及其在各种政治斗争中的表现作了详细梳理。[⑤] 他的
另一专著《苏北人在上海：1850—1980》对上海苏北移民群体的出现及从
业经历、劳工市场族群现象的兴起及苏北移民群体的特性进行了详细解
析。人力车夫、码头工人、垃圾清运工等苦力劳动是苏北人在上海从事的
主要工种。[⑥] 陈文彬指出传统的血缘、地缘关系仍是 1927—1937 年上海失
业人群再就业的主要条件；再就业的成功率不高；政府和社会在这一过程
中形成了一定的分工。[⑦]

---

①　谯珊：《抗日战争时期成都市民消费生活水平研究》，《社会科学研究》2003 年第 3 期；
吕光磊、徐华：《上海城市地价上涨及其对工人生活水平的影响的历史考察》，《人口与经济》
2006 年第 6 期。

②　宋钻友等：《上海工人生活研究（1843—1949）》，上海辞书出版社 2011 年版。

③　马俊亚：《近代江南都市中的苏北人：地缘矛盾与社会分层》，《史学月刊》2003 年第 1 期。

④　黎霞：《民国时期武汉码头劳资纠纷及其影响》，《华中师范大学学报》2007 年第 6 期；
黎霞：《近代武汉码头工人群体的形成与发展》，《江汉论坛》2008 年第 10 期。

⑤　Emily Honig, *Sisters and Strangers*: *Women in the Shanghai Cotton Mills*, *1919—1949*, Stanford
University Press, 1986.

⑥　［美］韩起澜：《苏北人在上海：1850—1980》，卢明华译，上海古籍出版社 2004 年版。

⑦　陈文彬：《1927—1937 年上海失业人群再就业状况述略》，《安徽史学》2004 年第 3 期。

从社会史的角度探讨工人罢工以裴宜理的《上海罢工——中国工人政治研究》较为出色。该书认为,工人政治发端于工人自身,工人抗议依据不同的祖籍界限呈现出不同的行动特征,外来组织者限于根深蒂固又力量强大的传统惰性,不得不接受工人中的传统组织形态和观念,而不同产业部门的工人对于身边发生的各类政治事件,反应差异十分明显。① 田彤、赖厚盛认为,20世纪二三十年代武汉纱厂工人出于生存需求,在斗争与合作之间自行选择自己的抗争方式,缺乏阶级认同;他们虽不乏斗争性,但不能团结,缺乏自我认同;纱厂工人未能形成一个实在的阶级,而只是一个群体。②

史料整理以刘明逵主编的《中国近代工人阶级和工人运动》规模最为宏大,该书辑录了鸦片战争到中华人民共和国成立前中国工人阶级状况的资料,包括中国工人阶级队伍的状况、劳动条件、生活状况、工人组织和革命斗争,以及有关劳动问题的政策法令和社会设施等。③

一些学者对人力车夫、店员、报贩、学徒、打工妹等群体展开了研究。

1949年之前,学者对北京、上海、南京、济南、广州、成都、杭州等地人力车夫展开了调查。如李景汉的《北京人力车夫现状的调查》,上海市社会局主编的《上海市人力车夫生活状况调查报告书》,言心哲的《南京市人力车夫生活的分析》,强一经的《济南洋车夫生活调查》,陶孟和的《北京人力车夫之生活情形》等。一些学者的论著立足于各地区车夫生活的实际状况,着力于解决车夫的居住问题、卫生问题、救济组织问题、储蓄问题、合作社问题、教育问题、娱乐生活问题等。

在社会史复兴的背景下,2000年前后有关人力车夫的论文不断涌现。多数论文都具有地域性,分别讨论了北京、上海、南京、武汉、济南、成都、天津等地的人力车夫。研究视角主要有以下几种:从革命斗争史的角度展示人力车夫的斗争精神;从经济现代化的角度阐述人力车和人力车夫

---

① 裴宜理:《上海罢工——中国工人政治研究》,江苏人民出版社2001年版。

② 田彤、赖厚盛:《群体与阶级:20世纪二三十年代武汉纱厂工人——兼论近代中国工人阶级的形成》,《学术月刊》2014年第10期。

③ 刘明逵主编:《中国近代工人阶级和工人运动》,中共中央党校出版社2002年版。

的作用；从国家与社会的角度探讨人力车夫与政府、劳工社团和商人社会的复杂关系。研究路径有二：一是研究人力车夫自身，分析人力车夫的数量、来源、收入、生活状况等；二是研究人力车夫与各方关系，包括人力车夫的纠纷和罢工，等等。

　　首先，关于人力车夫群体本身。人力车夫作为下层职业群体在城市交通、经济现代化进程中扮演的角色及起到的作用是学者长期关注的焦点。王印焕认为，民国时期在人力车退出历史舞台的过程中，人力车夫因就业机会极少而成为时代变革的障碍与受害者，走向革命可以说是在被逼无奈情况下的必然选择。① 邱国盛通过对北京人力车夫来源、构成、工作内容及生活程度的分析，揭示早期北京在城市结构、功能现代化转变的迟缓。② 严昌洪考察了近代人力车夫群体意识的构成和特点及其同行意识、同乡意识和穷人意识，说明这种初级的群体意识经过知识界启蒙和共产党教育，提升到阶级意识和民族意识高度，并为了无产阶级解放和民族国家利益进行了积极斗争。③ 卢汉超的《霓虹灯外——20世纪初日常生活中的上海》部分内容涉及人力车夫。④

　　其次，关于人力车夫的纠纷与冲突。迫于生活压力，人力车夫往往对城市电车、公共汽车持敌视态度，政府当局的废除人力车政策时常会引起人力车夫的罢工抗争。David Stand 的《人力车的北京：1920 年代城市居民与政治》论述了民国初期北京人力车工人生活状况和政治斗争。该书认为晚清时期中国新兴的经济和社会力量催生了一个由新旧公共团体合成的新的政治舞台或公共领域，这一领域给人力车夫、挑水夫等新市民提供了保护他们劳动权益的渠道。⑤ 王印焕分析了交通近代化过程中人力车与电车的矛盾。他认为，人力车夫因生计被剥夺而痛恨电车，电车取代人力车是

---

① 王印焕：《民国时期的人力车夫分析》，《近代史研究》2000 年第 3 期。

② 邱国盛：《北京人力车夫研究》，《历史档案》2003 年第 1 期。

③ 严昌洪：《近代人力车夫群体意识探析》，《华中师范大学学报》2007 年第 6 期。

④ 卢汉超：《霓虹灯外——20 世纪初日常生活中的上海》，段炼等译，上海古籍出版社 2001 年版。

⑤ David Strand, *Rickshaw Beijing: City People and Politics in the 1920s*, Berkeley: University of Cali-fornia Press, 1989.

历史的必然，政府在处理这对矛盾时，也经常陷入对人力车与电车的双重同情之中。① 孔祥成指出，20 世纪 20—30 年代在现代化进程中围绕上海人力车夫群体存在矛盾冲突，其根源在于政府取缔与安置人力车夫的政策错位。② 马陵合通过剖析上海租界当局管理制度的改良和指导人力车夫的自助，从反面揭示中国近代城市化的痛疾与畸形，同时从人力车夫的生存状况这一特殊的视角审视近代城乡关系以及城市下层民众的边缘特性。③ 汤蕾考察了民国后期武汉人力车夫的生存状况，认为他们虽是弱势群体，但在和汉口市政府、人力车夫业职业工会和人力车商这些强势力量的博弈中，参与了国家和不同社会力量的互动，使其利益得到尊重，要求得到部分满足，弱势地位发生了改变。④ 邵雍认为，1935 年上海法租界人力车夫罢工中，车夫因怀疑车商会不顾甚至牺牲车夫的利益，一度采取过激行动，但双方更多的是合作抵制法租界当局、共同维护人力车越来越边缘化的行业利益。中国共产党在上海人力车夫的工作方面总体上说并没有少花力气，但未能统一领导、协调上海两个租界的人力车夫的斗争。⑤ 何建国、谢永栋指出，1934 年上海人力车纠纷中，车商和承放人组成了一个"利益联盟"，打着车夫的幌子，与工部局进行利益博弈，最终将车夫的利益"绑架"。而人力车夫所组成的"共同体"，因意见不一，成为一个"虚假的共同体"，从而使车夫的利益并没有人能真正替他们代言。⑥ 杜丽红通过分析 1929 年北平人力车夫暴乱，认为人力车夫不过是国民党内政治斗争的工具而已，这场暴乱背后的深层原因则是人力车夫对于威胁其生计的电车的仇恨。⑦

---

① 王印焕：《交通近代化过程中人力车与电车的矛盾分析》，《史学月刊》2003 年第 4 期。

② 孔祥成：《现代化进程中的上海人力车夫群体研究——以 20 世纪 20—30 年代为中心》，《学术探索》2004 年第 10 期。

③ 马陵合：《人力车：近代城市化的一个标尺——以上海公共租界为考察点》，《学术月刊》2003 年第 11 期。

④ 汤蕾：《战后汉口人力车夫的生存合力（1945—1949）》，《华中师范大学学报》2007 年第 6 期。

⑤ 邵雍：《1935 年上海法租界人力车夫罢工初探》，《社会科学》2009 年第 1 期。

⑥ 何建国、谢永栋：《近代城市发展中的规范与危机：1934 年上海人力车纠纷探析》，《兰州学刊》2011 年第 2 期。

⑦ 杜丽红：《从被救济到抗争：重析 1929 年北平人力车夫暴乱》，《社会科学辑刊》2012 年第 1 期。

彭南生所著《行会制度的近代命运》的下半部分专门探讨学徒制度。他认为近代学徒制度既是一种职业技能培训制度，又在近代企业管理中起着十分重要的作用；既是一种特殊的经济制度，又体现为一种特殊的社会流动机制，由此决定了学徒是一个具有边缘性的社会阶层。[①]

朱英、巴杰考察了国民革命时期的店员群体。店员组织经历了公所—工会（公会）—同业公会的演变过程。店员运动的首要诉求在于提高工资待遇，改善工作环境，限制店主辞退店员等经济要求。店员属于工人还是商人等职业身份界定的争议，主要出自政党的"革命"需要，而不是店员的自身诉求。[②]

洪煜考察了近代上海的报贩群体。报贩职业群体的出现和发展，对于近代上海报刊业的繁荣、发展有着积极的意义。报贩职业内部也有自己的行会和组织，不同等级报贩的生活状况有着天壤之别。[③]

池子华指出，社会网络或者说社会资本，在长三角地区的近代打工妹求职过程中发挥了重要作用，用工单位根据职业的性质寻求打工妹的"职求"路径，同样不能小视。[④]

## （五）妓女群体

20 世纪 30 年代，王书奴撰写的《中国娼妓史》，成为学界系统介绍历朝历代娼妓的首部著作。该书详细记载了中国娼妓的起源与发展，其研究主体是古代史，有关近代的内容不多。[⑤] 朱皓的《卖淫问题》[⑥]，鲍祖宣的《娼妓问题》对近代娼妓也有所涉及。[⑦]

1949 年之后的三十年内关于近代娼妓的论著几乎绝迹。80 年代以来，随着社会史的复兴，对底层群体研究的兴起，娼妓史研究取得了前所未有

① 彭南生：《行会制度的近代命运》，人民出版社 2003 年版。
② 朱英、巴杰：《试论国民革命时期的店员群体》，《学术研究》2012 年第 1 期。
③ 洪煜：《近代上海报贩职业群体研究》，《史学月刊》2008 年第 12 期。
④ 池子华：《近代长三角地区打工妹就业路径探析》，《江苏社会科学》2014 年第 2 期。
⑤ 王书奴：《中国娼妓史》，生活书店 1934 年版。
⑥ 朱皓：《卖淫问题》，华通书局 1934 年版。
⑦ 鲍祖宣：《娼妓问题》，女子书店 1935 年版。

的发展，出现了很多研究成果。

一些通史性著作有部分内容涉及近代娼妓，如武舟的《中国妓女生活史》，徐君、杨海的《妓女史》，单光鼐的《中国娼妓——过去和现在》等。① 另有一些著作主要以近代娼妓为研究对象。邵雍的《中国近代妓女史》以中国近代妓女群体为研究对象，认为"妓女的兴衰是中国近代社会转型时期的一个重要表征"。该书按照时间顺序分为晚清、北京政府时期、南京政府时期、抗日战争时期和解放初期几个时间段分别来研究，对近代妓女的来源、分类、妓院的运营程序、妓女的日常生活等都有比较详尽的介绍。② 张超撰写的《民国娼妓盛衰》分阶段论述了民国时期中国娼妓发展的历史，介绍了娼妓管理、妓院的运营状况。③ 出现了一些大城市的娼妓史研究成果，如孙国群的《旧上海娼妓秘史》④、薛理勇的《上海妓女史》，⑤ 蒋建国的《青楼旧影：旧广州的妓院与妓女》⑥，张金起的《八大胡同里的尘缘旧事》等。⑦

美国学者贺萧撰写的《危险的愉悦：20 世纪上海的娼妓问题与现代性》以民国时期的文学作品为解读文本，对近代上海娼妓的生活、妓院的状况、娼妓带来的社会问题、社会舆论、政府的管理政策等进行了系统的考察，并从民族意识、政府权力关系、商业经济利益、社会性别构成等层次进行了深刻的剖析。⑧

法国学者安克强撰写的《上海妓女：19—20 世纪中国的卖淫与性》指出，对卖淫的研究为观察社会提供了一个绝妙的视角，妓女处于一条不断移动着的分界线上，一边是被社会抛弃的人群，另一边是拒绝她们或被她

---

① 武舟：《中国妓女生活史》，湖南文艺出版社 1990 年版；徐君、杨海：《妓女史》，华成图书出版股份有限公司 2004 年版；单光鼐：《中国娼妓——过去和现在》，法律出版社 1995 年版。

② 邵雍：《中国近代妓女史》，上海人民出版社 2005 年版。

③ 张超：《民国娼妓盛衰》，社会科学文献出版社 2009 年版。

④ 孙国群：《旧上海娼妓秘史》，河南人民出版社 1988 年版。

⑤ 薛理勇：《上海妓女史》，海峰出版社 1996 年版。

⑥ 蒋建国：《青楼旧影：旧广州的妓院与妓女》，南方日报出版社 2006 年版。

⑦ 张金起：《八大胡同里的尘缘旧事》，郑州大学出版社 2005 年版。

⑧ ［美］贺萧：《危险的愉悦·20 世纪上海的娼妓问题与现代性》，韩敏中等译，江苏人民出版社 2003 年版。

们所拒绝的社会下层社会群体。该书从一个侧面再现了上海社会结构，社会态度的变化和商业的发展，下层社会群体与近代中国社会。①

美国学者叶凯蒂撰写的《上海·爱：名妓、知识分子与娱乐文化（1850—1910）》中，则塑造了上海都市名妓的文化形象，娼妓在她的文章中成了引领时尚的风向标。②

除了专著，还有一些近代娼妓史专题论文发表。

娼妓行业本身的组织结构。江沛探讨了 20 世纪上半叶天津娼妓的历史沿革，涉及公娼的构成、娼业行规、娼业人员、暗娼活动等各个方面。③忻平指出，20 世纪 20—30 年代上海青楼业兴盛既与乡土自然经济加速瓦解有关，又与上海迅速崛起人们群趋前往淘金相连，更与租界当局放纵及男女性比例失调不无关系。④ 李常宝以 20 世纪 30 年代成都驱逐扬州妓女为例分析了扬州妓女这类不速之客光顾成都之后引发秩序的骚动，由是刺激城市公共空间被侵占后相关群体的社会回应。⑤ 张百庆对娼妓问题在中国早期现代化进程中所产生的影响进行了分析。⑥

较多论文关注政府娼妓治理。左松涛主要研究了清代色情业的发展概况和政府对其应对措施。⑦ 彭建新叙述了民国时期广州娼妓业的状况和政府的相应管理。⑧ 宋明军分析了南京国民政府 1928—1937 年禁娼的背景、缘由，认为这次禁娼失败主要是由当时的社会环境造成的，根本原因是经济问题。⑨ 孟庆超的《论民国时期的娼妓管理》，主要研究了民国时期政府对

---

① ［法］安克强：《上海妓女：19—20 世纪中国的卖淫与性》，袁燮铭、夏俊霞译，上海古籍出版社 2004 年版。

② ［美］叶凯蒂：《上海·爱：名妓、知识分子与娱乐文化（1850—1910）》，杨可译，生活·读书·新知三联书店 2012 年版。

③ 江沛：《20 世纪上半叶天津娼业结构述论》，《近代史研究》2003 年第 2 期。

④ 忻平：《20—30 年代上海青楼业兴盛的特点与原因》，《史学月刊》1998 年第 1 期。

⑤ 李常宝：《秩序的骚动与城市公共空间被侵占后的社会回应——1930 年代成都驱逐扬州妓女分析》，《福建论坛》2010 年第 7 期。

⑥ 张百庆：《中国城市早期现代化过程中的娼妓问题》，《史学月刊》1999 年第 1 期。

⑦ 左松涛：《试论清代色情业的发展与政府应对》，《福建论坛》2003 年第 4 期。

⑧ 彭建新：《民国广州时断时续的禁娼》，《民国春秋》1997 年第 5 期。

⑨ 宋明军：《南京国民政府战前首都禁娼初探》，《民国档案》2004 年第 2 期。

娼妓的管理，包括思路和具体的规章制度。① 陈蕴茜、刘炜通过对南京国民政府废娼运动的考察，认为城市空间已成为国家权力与大众文化之间角逐的场所。② 王娟考察了晚清和民国时期北京地区的娼妓业发展概况、产生原因及影响，重点分析了当时政府救助娼妓这一弱势群体的方式和方法。③ 丁芮从娼妓管理的视角，探析了警察在管理和救护娼妓的过程中所发挥的作用。④ 宋庆欣分析了民国时期北京娼妓的救济问题。⑤ 包树芳认为，上海开埠后，在租界、华界共同展开茶馆禁妓的过程中，双方因理念的差异、利益的冲突和权力的争夺不时发生摩擦。进入民国以后，妓女逐渐离开茶馆，至 20 世纪 30 年代最终消失。⑥ 罗衍军指出，1927—1937 年的杭州报刊娼妓书写，建构了苦难与放荡的双重娼妓形象。杭州政府的治娼行动缘于其铲除社会阴暗面、展现政权尊严的理念。同时，地方政权具体采取何种治娼模式，则受多种因素影响。⑦

娼妓行业本身的文化信仰也有学者关注。如刘平考察了近代娼妓的信仰及其神灵。⑧

《文史精华》编辑部所编《近代中国娼妓史料》收集了许多当事人的回忆和地方相关文史资料，史料价值较高。上海市文史馆编印的《旧上海的烟赌娼》和文芳主编的《娼祸》等都收集了有关娼妓的资料。⑨

① 孟庆超：《论民国时期的娼妓管理》，《吉林公安高等专科学校学报》2005 年第 6 期。

② 陈蕴茜、刘炜：《秦淮空间重构中的国家权力与大众文化——以民国时期南京废娼运动为中心的考察》，《史林》2006 年第 6 期。

③ 王娟：《清末民国时期北京的"救娼"与"废娼"》，《妇女研究论丛》2006 年第 3 期。

④ 丁芮：《北洋政府时期北平警察对娼妓的控制与救护》，《中华女子学院学报》2012 年第 5 期。

⑤ 宋庆欣：《民国时期北京娼妓的救济问题》，《首都师范大学学报》(社会科学版) 2011 年第 1 期。

⑥ 包树芳：《娱乐、风化、政治：近代上海茶馆禁妓研究》，《江苏社会科学》2012 年第 6 期。

⑦ 罗衍军：《民国时期的娼妓书写与治理——以杭州（1927—1937）为中心》，《浙江社会科学》2008 年第 5 期。

⑧ 刘平：《近代娼妓的信仰及其神灵》，《近代中国社会与民间文化》，社会科学文献出版社 2007 年版。

⑨ 上海市文史馆编：《旧上海的烟赌娼》，百家出版社 1988 年版；《文史精华》编辑部编：《近代中国娼妓史料》，河北人民出版社 1997 年版；文芳主编：《娼祸》，中国文史出版社 2004 年版。

### （六）乞丐群体

近代档案、报刊、书籍对乞丐进行了描述，留下了一些原始资料。徐珂的《清稗类钞·乞丐类》对乞丐专列一项予以记载。民国初年即出现对乞丐的专门研究成果。

幹楚认为堕落为乞丐的原因包括贫病、流离、暴弃、吸鸦片、耽于赌博等；弭禁方法有铺户概不给发，禁绝鸦片赌博，广设慈善团体，设立贫民习艺所，令警察与地保一律干涉乞丐求乞并设法救济，提倡家庭工业，普及教育等。①

20 世纪 30 年代有关乞丐问题的讨论更为深入、完备。石克士从灾荒、贫穷、残废、懒惰、奢侈等方面分析了乞丐的起源；从社会生产、治安、国家的体面等视角探讨了乞丐的社会影响；提出了乞丐的教导与救济。②还有学者从地域的角度分析乞丐，北京和上海等地的乞丐被关注。吴元淑、蒋思一在 20 世纪 30 年代初期对上海 700 个乞丐进行问卷调查和数据统计分析。后来他们发表论文分析了上海乞丐的衣、食、住、行、娱乐等生活状况；列举了乞丐的种类 25 种；对流成乞丐的原因、乞丐组织，乞丐的影响均有讨论。③ 陈冷僧也探讨了上海的乞丐问题。④ 柳絮对北平的乞丐生活进行描述，包括丐头的权威、喜事的例捐、称呼与哭喊、技能的学习、丐流的客店、歌曲的传授、排刀等 23 种行乞的花样。⑤

1949 年之后，特别是 90 年代以来，乞丐史研究又有新进展。曲彦斌、岑大利、周德钧等各自撰写了乞丐史方面的专书，对乞丐史的诸多面相进行描述。这些专书的研究对象并不限于近代乞丐，甚至仅仅聚焦于中国古代的乞丐。⑥ 关于近代乞丐的研究成果主要是一些论文。多数论文的论述

---

① 幹楚：《乞丐堕落之原因及其派别并与社会之关系及弭禁之方法》，《广益杂志》1919 年第 35 期。

② 石克士：《乞丐问题之讨论》，《市政月刊》1931 年第 10 期。

③ 蒋思一、吴元淑：《上海的乞丐》，《天籁》1937 年第 2 期。

④ 陈冷僧：《上海乞丐问题的探讨》，《社会半月刊》（上海）1934 年第 6 期。

⑤ 柳絮：《北平的乞丐生活》，《宇宙风》1936 年第 19 期。

⑥ 曲彦斌：《中国乞丐史》，上海文艺出版社 1990 年版；岑大利、高永建：《中国古代的乞丐》，商务印书馆 1995 年版；周德钧：《乞丐的历史》，中国文史出版社 2005 年版。

结构与 1949 年前的论述结构相似：围绕行乞原因、乞丐来源、行乞策略手段，对乞丐的管理与救济等问题展开论述，有时一篇文章包括这几项内容，有时专就其中一项或几项内容进行阐述。当然，一些论文的问题意识已经有所变化。

卢汉超强调行乞是城市的一种职业。他指出，所有行乞的地盘、规矩、等级划分、技巧和策略等都揭示了中国社会显著的适应性和弹性，当国家事实上不存在的时候，成千上万的农民逃离灾难重重的乡村，在城市以乞讨方式找到了一条生存之路。①

刘海岩讨论了近代天津乞丐的构成、行为及其城市遭遇。② 关文斌认为，近代天津的穷家门行乞就是一种职业，有与之相适应的等级组织和专门分工以通过必要竞争和尽可能的垄断谋生存。该文指出，从晚清和民国时期改革者的角度看，乞丐是建设一个有序、强大、独立的现代化中国之障碍，传统收养办法不但有限而且效果不明显，行乞必须被宣布为非法，乞丐一定要通过驯化和劳教工作进行改造以达到教化之目的。③

李红英认为与收容、救济、遣返原籍等传统措施相比，创设工艺局属比较积极的防范和控制手段，肯定了民国时期政府机构及社会人士救济乞丐的努力。④ 邓小东、杨骏认为民国时期乞丐的抵触心态影响了民国时期乞丐救济举措的效果。⑤ 王娟从社会救济史的角度来考察近代乞丐的产生来源及其自身生存状况，并在此基础上着重探讨政府与社会对乞丐群体的收养、救助与管理。⑥

多数论著聚焦于城市乞丐，而倪根金、陈志国讨论了清代广东乡村的

---

① 卢汉超：《城市人：近代上海的乞丐和游民》，任云兰译，《城市史研究》，天津教育出版社 2000 年版。

② 刘海岩：《近代天津乞丐的构成、行为及其城市遭遇》，《城市史研究》，天津教育出版社 2004 年版。

③ 关文斌：《近代天津的穷家门：行乞与生存策略论述》，任吉东译，任云兰校，《城市史研究》，天津教育出版社 2005 年版；关文斌：《城市社会乱世：天津混混儿与近代中国的城市特性》，《城市史研究》2000 年版。

④ 李红英：《略论近代中国社会的职业乞丐问题》，《安徽师范大学学报》2000 年第 1 期。

⑤ 邓小东、杨骏：《民国时期的乞丐及乞丐救济》，《晋阳学刊》2004 年第 1 期。

⑥ 王娟：《近代北京乞丐问题简述》，《历史档案》2008 年第 2 期。

乞丐及其管治。清中叶以来，广东乡村外来恶丐的强乞、勒索、吓诈、盗窃等现象日益严重，乡村保甲、乡约是管理乞丐的主要力量，地方士绅是推动乡村乞丐管理的重要力量。[①]

---

[①]　倪根金、陈志国：《略论清代广东乡村的乞丐及其管治——以碑刻资料为中心》，《清史研究》2006 年第 2 期。

# 第 七 章

# 近代城市、乡村与区域研究

因问题意识、研究对象不同，学者对社会进行了各种各样的划分，逐渐形成了城市、乡村与区域社会史等主要的领域或视角，本章对这三个方面的研究成果进行梳理。

## 一　城市社会

### （一）研究历程

中国城市史研究有着悠久的传统，古人对城市的记录和考察延绵不绝。近代意义上的城市史研究起步于 20 世纪二三十年代。[①] 1926 年，梁启超发表《中国都市小史》《中国之都市》等文，实开近代意义上的城市史

---

[①]　西方学者对中国近代城市进行研究取得丰硕成果。20 世纪 20 年代，喜仁龙考察了北京城内外的历史与现状，留下了珍贵的照片和城门实测图。50 年代，墨菲对上海在近代中国开放进程中的地位和角色进行了综合性研究。60 年代，伊懋可分析了上海城市自治团体的表现、城市自治的本质以及城市自治运动的发展趋势。70 年代，施坚雅等学者编著的有关中国城市史的三卷书：《共产党中国的城市》《两个世界之间的中国城市》和《中华帝国晚期的城市》，使西方研究中国城市史达到一个高峰。80 年代，罗威廉从地方精英与社会控制两个方面考察了近代汉口完整的商业网络与官府权力之间紧密的互动关系以及城市行会建立起来的社会福利和公共事务组织对城市公共领域的有效管理。还有鲍德威对于山东济南资产阶级长时段的考察，科尔曼对于南京现代化的研究，钱曾瑗对于广州城市的探讨，关文彬关于天津商人社会的论著等。

研究之先声。① 20 世纪 30 年代，陶希圣、全汉昇等人对长安、古代行会制度展开研究。侯仁之研究古都北京对后来古都学的兴起起了重要作用。上海通志馆学者悉心搜集资料，进行上海城市史专题研究。

20 世纪 50 年代至 60 年代中期，大陆学者对近代城市进行资料梳理和初步研究，编写了不少资料集。

改革开放以后，中国城市化速度加快，促进了城市史研究。有关科研单位与科研管理机构加大了对城市史的重视与投入，城市史逐渐成为中国史学一门新的分支，日益兴盛。

在 20 世纪 80 年代，近代城市史研究以单体城市研究为主。

1979 年，在成都举行的全国历史学规划会议上，已经论及近代城市史研究问题，并将上海城市史研究作为首批项目，交给上海社会科学院历史研究所承担。上海学者经过多年努力，出版了由唐振常主编的《上海史》。②

1986 年，国家社会科学"七五"重点项目规划中决定先从上海、天津、重庆、武汉四个城市着手推进城市史研究。1990—1993 年各研究团队相继出版了《近代上海城市研究》《近代天津城市史》《近代重庆城市史》和《近代武汉城市史》四部著作。③ 这四部著作篇幅宏大，内容丰富，各书在具体的研究方法和编撰体例上，又各有特色，形成了一定的模式，先后为国内其他城市编写近代城市史所借鉴，为我国的近代城市史研究奠定了扎实的基础，是中国近代单体城市研究的权威性著作。

《近代上海城市研究》由总论、经济篇、政治社会篇、文化篇诸部分组成。这种分类继承了传统通史的框架，其内容却发生了改变，包括了许多社会史方面的内容。如经济篇对近代上海工商团体的历史演变等进行了专题研究；政治篇研究了上海开埠与新城市格局的形成，租界与华界的兴

---

① 梁启超：《中国都市小史》，《晨报》七周纪念增刊，1926 年 10 月；梁启超：《中国之都市》，《史学与地学》第 1、2 期，1926 年 12 月至 1927 年 7 月。

② 唐振常主编：《上海史》，上海人民出版社 1989 年版。

③ 张仲礼主编：《近代上海城市研究》，上海人民出版社 1990 年版；隗瀛涛主编：《近代重庆城市史》，四川大学出版社 1991 年版；罗澍伟主编：《近代天津城市史》，中国社会科学出版社 1993 年版；皮明麻主编：《近代武汉城市史》，中国社会科学出版社 1993 年版。

衰、市政管理、上海市民群体、帮会等问题；文化篇对大众文化、社会文化、海派文化等各个方面作了深入的分析。

《近代重庆城市史》探讨了城市重庆从一个封建城市变为半殖民地城市的同时，又逐渐从一个中世纪城市走向近代城市的进程。该书着重对城市的地域结构、城市经济、城市社会、城市政治、城市文化五个方面的问题进行了深入的探讨。对近代重庆城市人口与城市社会组织，城市社会与社会问题、城市基础设施与市政建设等方面考察带有浓厚的社会史研究取向。

《近代天津城市史》以天津城市现代化为主线，注意将影响全国的重大历史事件同天津城市自身的发展密切地联系起来。力图勾画天津城市现代化的整体发展概况，分析了天津城市在中国现代化进程中的地位和作用，城市人口与社会，社区与家庭等。

《近代武汉城市史》将武汉近代城市史分为三个时期，对每一阶段影响城市现代化的主要内容分类进行研究。该书第四编是专论，对武汉在华中区域及长江流域中所扮演的角色及其演变，武汉文化特点，城市人口和职业，城市阶级结构，城市秘密社会，社会风俗以及城市的总体特点等加以阐述。

1995 年美国学者史明正出版了专著《走向近代化的北京城——城市建设与社会变革》。[①] 该书没有全面探讨北京城市的现代化演变，而是重点研究了清末民初三十年间北京城市基础设施的现代化建设与社会变革的互动关系。对人口增长、供水消费类型、乘坐有轨电车的人数、公园面积、郊区化速度及人口流动快慢等方面都作了比较深入的研究。

1998 年，常宗虎出版了专著《南通现代化：1895—1938》。该书主要从经济结构的变化、教育体制的转型、社会结构的重组等方面探讨了南通早期现代化的历程，并对南通现代化道路进行了历史的反思，总结了南通现代化的实践和成败原因。[②]

这一时期，成都、拉萨、包头、开封、宝鸡、本溪、鞍山、自贡、昆

---

① 史明正：《走向近代化的北京城——城市建设与社会变革》，北京大学出版社 1995 年版。
② 常宗虎：《南通现代化：1895—1938》，中国社会科学出版社 1998 年版。

明等城市都有一批研究成果问世。① 研究的范围从大城市向中小城市、从通商口岸城市向其他类型的城市扩展，由沿海城市逐步向内陆城市渗透。其中不少成果是按照传统史学研究的模式进行著述的地区通史性著作，而且只有部分内容涉及近代，当然也有少部分成果是以近代为主。

作为单体城市研究的延伸，90 年代中期以后，城市研究向两个方面发展，一方面对城市内部区域、人口、功能、结构的深入剖析；另一方面编写城市通史。但其主体部分属于城市史，涉及城市区域、人口、结构、功能、沿革等内容。前者为各类城市史专题研究论著。如徐公肃《上海公共租界史稿》、② 邹依仁《旧上海人口变迁的研究》、③ 陈从周等《上海近代建筑史稿》、④ 乐正《近代上海人社会心态（1860—1918）》、⑤ 忻平《从上海发现历史——现代化进程中的上海人及其社会生活（1927—1937）》等。⑥

后者如 1994 年出版的十卷本《北京通史》和 1999 年出版的十五卷本《上海通史》。⑦

单体城市之外，还有近代区域城市史研究。早在 80 年代，就有傅崇兰等人试图从区域的角度来研究城市，出版了中原城市、运河城市、长城沿线城市等方面的专著，这些著作主要是以研究古代城市发展为主，较少

---

①　周勇主编：《重庆——一个内陆城市的崛起》，重庆出版社 1989 年版；张学君、张莉红：《成都城市史》，成都出版社 1993 年版；傅崇兰主编：《拉萨史》，中国社会科学出版社 1994 年版；张贵编：《包头史稿》（上、下卷），内蒙古大学出版社 1994—1997 年版；程子良、李清银主编：《开封城市史》，社会科学文献出版社 1993 年版；刘景玉、智喜君主编：《鞍山城市史》，社会科学文献出版社 1994 年版；《宝鸡城市史》编纂组：《宝鸡城市史》，社会科学文献出版社 1994 年版；沈玉成主编：《本溪城市史》，社会科学文献出版社 1995 年版；王仁远等编：《自贡城市史》，社会科学文献出版社 1995 年版；谢本书、李江主编：《近代昆明城市史》，云南大学出版社 1997 年版。

②　徐公肃：《上海公共租界史稿》，上海人民出版社 1980 年版。

③　邹依仁：《旧上海人口变迁的研究》，上海人民出版社 1980 年版。

④　陈从周等：《上海近代建筑史稿》，上海三联书店 1988 年版。

⑤　乐正：《近代上海人社会心态（1860—1918）》，上海人民出版社 1991 年版。

⑥　忻平：《从上海发现历史——现代化进程中的上海人及其社会生活（1927—1937）》，上海人民出版社 1996 年版。

⑦　曹子西主编：《北京通史》，中国书店出版社 1994 年版；熊月之主编：《上海通史》，上海人民出版社 1999 年版。

涉及近代城市。王玲的《北京与周围城市关系史》，以北京为主体，将北京及其周围城市作为一个有机整体来研究。① 90 年代初有关学者开始考虑扩大研究视野和研究范围，将近代城市史研究从个案研究的层次提升到区域研究的层次，以进一步深化对近代中国城市发展规律的把握与认识。"八五"期间，国家哲学社会科学规划引导对不同类型城市的综合研究和区域城市研究，相关城市和高校、研究院所也加大对此类研究的支持力度，对东南沿海、华北、长江流域等区域城市系统、城市群体研究已经取得一些初步的研究成果。

天津学者在 90 年代初期对近代华北区域的城市系统展开研究，较为关注区域内城市系统的演变和城市化的进程，认为在近代华北以北京为核心的传统区域城市系统走向瓦解，初步形成以北京和天津为中心的近代华北区域城市系统。② 王守中等所著的《近代山东城市变迁史》，对山东城市的布局、特点及其相互关系作了整体分析。③ 吴松弟等著《港口—腹地与北方的经济变迁》依据丰富的近代海关报告和地方资料，抓住港口城市—腹地这一影响现代化空间进程的关键因素，从进出口贸易这一促进区域经济变迁的途径入手，深入论述中国北方在沿海沿边尤其是天津、烟台、青岛、连云港、营口、大连、安东等城市开埠以后所发生的巨大的经济变迁，展示了东北、华北、西北等区域近代经济成长的过程和差异。④ 王革生、杨天宏等学者从区域角度研究了东北城市的发展。⑤

上海社会科学院学者完成了国家哲学社会科学"八五"规划重点课

---

① 王玲：《北京与周围城市关系史》，北京燕山出版社 1988 年版。
② 胡光明：《北洋新政与华北城市近代化》，《城市史研究》第 6 辑，天津教育出版社 1991 年版；罗澍伟：《试论近代华北的区域城市系统》，《天津社会科学》1992 年第 6 期；周俊旗：《关于近代区域城市系统研究的几个问题》，《天津社会科学》1994 年第 5 期；周俊旗：《清末华北城市文化的转型与城市成长》，《城市史研究》第 13—14 辑，天津古籍出版社 1997 年版；胡光明：《清末民初京津冀城市化快速发展的历史探源与启示》，《河北大学学报》（哲学社会科学版）1997 年第 1 期；张利民：《近代华北城市人口发展及其不平衡性》，《近代史研究》1998 年第 1 期。
③ 王守中、郭大松：《近代山东城市变迁史》，山东教育出版社 2001 年版。
④ 吴松弟等：《港口—腹地与北方的经济变迁》，浙江大学出版社 2011 年版。
⑤ 王革生：《清代东北商埠》，《社会科学辑刊》1994 年第 1 期；杨天宏：《清季东北"自开商埠"述论》，《长白学刊》1998 年第 1 期。

题，1996 年出版了《东南沿海城市与中国近代化》。该书将上海、宁波、福州、厦门、广州这五个东南沿海通商口岸城市作为一个城市群来进行多角度研究，改变了以往个案城市研究存在的孤立、静止的缺陷，开拓了城市史研究的新领域，提升了城市史研究的层次，扩大了研究视野。① 1998 年出版了戴鞍钢所著《港口·城市·腹地：上海与长江流域经济关系的历史考察（1843—1913 年）》，在研究理念上将城市与区域放在一起，代表着区域史与城市史研究结合的努力。② 2002 年，作为上海市哲学社会科学"九五"规划重点项目，《长江沿江城市与中国近代化》出版。该书涉及从宜宾至上海的十四个长江沿江城市，分析在社会、经济、文化非均衡发展情况下，上海城市的开发与发展同沿江城市的联动关系，探讨沿江城市在中国近代化过程中的地位和作用。③

关于西南、西北地区城市研究的文章相对较少，何一民从人口迁移对城市发展的影响的角度论述抗战时期西南地区城市发展的原因，他还发表了数篇文章研究清代西藏城市体系变迁。④

从地域上将各区域城市划分为沿海、沿江、东南西北等地理空间进行研究的同时，基于各个城市在发展中的地位变迁、发展的因素、所处的位置、城市的功能等的不同，划分城市类型，将城市进行类化，在 20 世纪 90 年代中期开始，并取得了一定研究进展和成果，如 1998 年出版的《中国近代不同类型城市综合研究》。⑤

进入 21 世纪，有影响的宏观城市史研究著作并不多见，城市史研究

---

① 张仲礼主编：《东南沿海城市与中国近代化》，上海人民出版社 1996 年版。

② 戴鞍钢：《港口·城市·腹地：上海与长江流域经济关系的历史考察（1843—1913 年）》，复旦大学出版社 1998 年版。

③ 张仲礼、熊月之、沈祖炜主编：《长江沿江城市与中国近代化》，上海人民出版社 2002 年版。

④ 何一民：《抗战时期人口"西进运动"与西南城市的发展》，《社会科学研究》1996 年第 3 期；何一民、付志刚：《清代西藏城市体系变迁及其空间特征研究》，《湘潭大学学报》（哲学社会科学版）2013 年第 4 期；何一民、赵淑亮：《西藏城市发展的历史分期与特点》，《福建论坛》2013 年第 1 期；何一民、赵淑亮：《清代民国时期西藏城市数量规模的变化及制约发展的原因》，《社会科学》2013 年第 4 期。

⑤ 隗瀛涛主编：《中国近代不同类型城市综合研究》，四川大学出版社 1998 年版。

日渐细化，论题也多元化。从宏观讨论城市史的著作有何一民主编的《近代中国城市发展与社会变迁》等。该书从近代中国城市的演变与城市发展动力机制的转变、近代中国城市化的进程、近代中国城市等级规模结构的演变与区域城市的发展、近代中国城市管理的现代化趋势、社会结构的演变、城乡关系的变迁、城市社会生活的变迁、城市婚姻与家庭的变迁等方面对近代中国城市进行综合考察。① 上海城市社会生活史研究在近十年迅猛发展，一批海内外上海史研究论著纷纷出版，大有一枝独秀的气象。

2012 年底，中国城市史研究会成立。2013 年 6 月 20—24 日，中国城市史研究会与西南大学等联合举办了"城市发展与中华民族复兴"学术研讨会暨中国城市史研究会首届年会。② 城市史研究或许借中国城市史研究会的成立而再掀小高潮。

近三十多年的发展，城市史研究已经取得突出的成绩，也面临一些困境。

首先，城市史论著量多面广。国内出版的关于近代中国城市史的专著、资料集、论文集等达到数百部。以城市史为主要内容的刊物或连续出版物逐渐增多，如天津的《城市史研究》、上海的《上海研究论丛》等。一些历史专业期刊上，与城市史研究相关的论文日渐增多。相应的问题是城市史成果积累到一定程度后，推出有影响力的成果难度也在增加。

其次，城市史研究基地逐渐形成。上海社会科学院历史研究所、四川大学城市研究所、天津社会科学院历史研究所等单位，从 20 世纪 80 年代就从事城市史研究，承接多项国家哲学社会科学规划的城市史课题，会聚了一批从事城市史研究的学者，已经成为研究城市史的基地。值得注意的是，这些研究基地正经历代际更替，随着老一辈学者逐渐淡出，新一代学者成长速度似略为缓慢，脱颖而出者尚不多见，他们将面临新的挑战。

城市史研究的主要议题有近代城市史研究的基本内容、城市近代化、近代城市的经济结构与功能、租界研究、近代城市政治、近代城市社会、

---

① 何一民主编：《近代中国城市发展与社会变迁》，科学出版社 2004 年版。
② 赵淑亮：《城市发展与中华民族复兴学术研讨会暨中国城市史研究会首届年会在重庆召开》，《中原文化研究》2013 年第 4 期。

城市空间等，下面分别简述。

### （二）近代城市史的基本内容

20 世纪 80 年代中期到 90 年代初期，城市史研究者热衷讨论中国近代城市史研究的基本内容与基本线索。

城市史研究有其特殊对象，它是以城市为研究对象，其基本内容有别于其他历史学分支学科。隗瀛涛认为：近代城市史和其他的理论著作相比，应具有不同的特色，既不同于以政治为主要内容，严格按照时间顺序编写的一般编年史，也不同于探讨某一特定领域的专史，更不同于旨在整理、研究、保存史实的地方志、城市志。[①] 隗瀛涛的以上观点得到大多数研究者的赞同，均表示可以通过城市史与地方史、城市志、编年史的异同比较和对城市本身作出科学界定这两个途径来确定其基本内涵。

在第一届中国近代城市史讨论会上，唐振常提出城市史和城市研究有区别，前者是历史学的一个分支，后者则是一门新兴学科，他主张对城市史应该全面把握、综合研究，因为城市是综合的实体，包括政治、经济、文化、社会、人口等方面，城市史应是诸方面综合发展的历史。[②]

罗澍伟强调城市史在国外属于社会史分支，是由历史学家和社会学家合作完成，因而城市史就是城市社会、经济史。城市史研究的重点应该放在城市社会和经济上，应将研究的触角伸向城市社会的各个侧面和深层，探讨近代城市社会的演进、城市经济结构的变化，以及阶级、阶层、民间社团与政党、市民运动与市民心理及生活方式和社会风貌、风俗的变化，中西文明交会和冲突，社会管理、市政交通、文教兴革等。[③] 这种观点在当时被称为"社会学派"。

以隗瀛涛为首的《近代重庆城市史》课题组主张城市史应该以研究城

---

① 隗瀛涛等：《关于近代中国城市史研究的几个问题》，《城市史研究》第 3 辑，天津教育出版社 1990 年版。

② 何一民：《20 世纪后期中国近代城市史研究的理论探索》，《西南交通大学学报》（社会科学版）2000 年第 1 期。

③ 何一民等：《近代中国城市研究学术讨论会综述》，《近代史研究》1990 年第 3 期。

市的结构和功能的发展演变为基本内容。城市史研究要着重探讨城市结构、功能由简单初级形式向复杂高级形式的演变，不仅要揭示城市发展的一般规律，而且还要揭示每一个特定城市的特殊发展规律。只有抓住了城市结构功能这条主线，才可以清楚地确定城市史研究的领域和内涵。[①] 他们的主张，当时有人称其为"结构—功能学派"。

皮明庥等强调城市社会和文明之兴衰，是城市史研究的基本线索，认为城市史要从纵向上研究城市形成、发展的脉络，研究不同社会阶段城市的形态及历史特征，另外，从横向上研究城市社会形态和结构、城市性质和功能演变、城市文化特质等。[②]

刘海岩提出应把城市人的行为和城市环境的关系作为城市史研究的中心，既要研究城市人的行为方式，又要研究城市环境的形成和结构，以及城市的行为与环境的相互作用。[③]

### （三）城市的近代化

城市的近代化既是一个国家或地区近代化的重要组成部分，也是这个国家或地区近代化的标志。20世纪80年代后期开始兴起的现代化研究中城市的近代化备受注目，城市的近代化研究也深受现代化研究范式的影响。

《近代重庆城市史》认为，近代中国城市研究应有两条相互推进又相互制约的主线，一是近代城市化过程，二是城市近代化过程。城市化不仅表现为量的增长——包括城市数量的增加和城市规模的扩大，同时也表现为质的变化，主要体现为城市的近代化过程。划分两条主线是为了表述上的方便，在实际上则表现为同一历史过程。全国或区域城市史可以侧重研究城市化过程，而个案城市研究又可侧重于城市近代化。[④]

《近代上海城市研究》认为，近代上海城市发展的特征是：因商而兴，

---

① 隗瀛涛主编：《近代重庆城市史》绪论，四川大学出版社1991年版。

② 皮明庥、李怀军：《城市史的思路与视野》，《城市史研究》第5辑，天津教育出版社1991年版；皮明庥：《城市史研究略论》，《历史研究》1992年第3期。

③ 刘海岩：《近代中国城市史研究的回顾与展望》，《历史研究》1992年第3期。

④ 隗瀛涛主编：《近代重庆城市史》绪论，四川大学出版社1991年版。

以商立市；全方位的开放给城市带来活力；典型的近代崛起的城市，传统习气较小，现代化色彩强烈；从器物到精神，从行为方式到价值观念，乃至语言风习，无不受到西方广泛而深刻的影响；在外侵内乱、天灾人祸频仍的近代中国，上海独能保持相对安定，为城市发展创造了有利的环境，尤其是每当国内发生较大动乱，内地发展陷于停顿时，上海却往往由于保持其独特的安定环境而获得超常的发展。①

姜涛认为，晚清时期以上海为中心的通商口岸体系与以北京为代表的传统政区体系分庭抗礼，是近代中国半殖民地半封建社会的结构性写照，通商口岸体系形成后中国城市的发展变化，在总体上应是城市体系的近代化，而非所谓城市化。②

城市化的动因问题自 80 年代以来就引起中国近代城市史研究者的广泛注意。不少学者倾向于认为，近代城市化的动因主要不是来自中国社会本身，而是由于"外力"的推动。

《近代上海城市研究》认为，上海城市的近代化是外国殖民侵略者用武力迫使中国将上海开埠和建立租界开始的，又是在外国资本主义经营的新模式的示范下进行的。外国的影响只是外因，外因只能通过内因的变化才能充分表现出来，这种内因就是上海人对西方民主政治思想、城市管理方式、企业管理方式和技术等的学习、理解和创新。③《近代重庆城市史》认为，重庆城市兴起的原因：开埠使城市结构发生了根本改变；贸易成为城市的主要功能，并为城市的初步发展奠定了基础；交通运输的发展，对城市的崛起起了巨大的作用；权力政治始终是影响城市发展的重要因素。他们也把"外力"作为推动重庆城市近代化的动因，并将"外力"分为两种，一种是"西力"，即来自西方资本主义的影响，一种是"东力"，则指国内四川以东各省的影响。

论及外力对城市近代化的影响时往往以开埠通商为切入点。陈振江认为，开埠推动了通商口岸城市的近代化，进而又使这些城市成为传播西方

---

① 张仲礼主编：《近代上海城市研究》，上海人民出版社 1990 年版。
② 姜涛：《通商口岸体系的形成与中国近代城市体系的变动——基于人口史的考察》，《四川大学学报》2006 年第 5 期。
③ 张仲礼主编：《近代上海城市研究》总论，上海人民出版社 1990 年版。

文明的基地。西方文明的影响力首先表现为市政文明的传入，随后是近代工业、新式教育，乃至衣、食、住、行等社会生活方式的演变。他以通商口岸为中心，划分出六个近代文明较发达地区，用以说明中国城市近代化的过程是以开埠为起点，以通商口岸为中心展开的。[①] 乐正指出，开埠通商和由此而产生的巨大商业力量，是近代中国城市化进程的启动器，是城市发展的新动力和新特征。[②] 近代中国的城市开埠之后，都得到不同程度的发展，开埠通商促进了一批新兴工商业城市的崛起，到 20 世纪中前期，开埠通商城市成为中国新兴城市的主体，其中部分城市成为区域性甚至是全国性的经济中心城市，初步形成了以这些城市为中心的区域性和全国性经济网络。张利民指出，近代中国的几座殖民城市是列强根据不平等条约占领和建立的，外国统治者采取的一些制度和措施，在促使地方自治的开展、朝野内外对城市地域空间的认同和城市行政管理机构的出现有一定程度的影响，也为中国创建城市行政管理机制和中国行政管理制度的改革提供了可资借鉴的模式。[③] 孙鸿金等认为，奉天开埠加速了封建经济的解体，有效地抵制了铁路附属地的扩张，遏制了老城区的衰落，使城市规模扩大，建设与管理向近代化迈进。[④]

有学者注意到外力影响的正面与负面作用，也强调内因的作用。《中国城市史纲》强调外力楔入对中国城市的影响是双重的，既有负面的影响，也有正面的影响。还指出，中国城市早期现代化的进程、速度、规模、范围、性质等，尽管要受到外力的影响，但最终还是取决于中国社会内部结构变革的方式、程度、性质和范围等，现代化的推动力量主要还是来自中国社会内部，来自中国人为适应新局面，为推动现代化所做的种种努力。[⑤] 涂文学认为，由于汉口城市功能结构体系中先天具有的同传统城

---

① 陈振江：《通商口岸与近代文明的传播》，《近代史研究》1991 年第 1 期。

② 乐正：《开埠通商与近代中国的城市化问题（1840—1949）》，《中山大学学报》1991 年第 1 期。

③ 张利民：《近代中国的殖民城市》，《江西社会科学》2012 年第 10 期。

④ 孙鸿金、曲晓范：《奉天开埠与城市自主性近代化的启动》，《社会科学战线》2012 年第 12 期。

⑤ 何一民：《中国城市史纲》，四川大学出版社 1994 年版。

市相异质的某种文化因子，使其在迈向近代的坎坷历程中，一直在谋求摆脱封建政治的羁绊与禁锢而走自由发展道路。它虽然毫无例外地接受近代西方文化的惠予和困扰，但更主要的还是因其母腹内早就埋下近代文化的种子，适逢机会使文化发生裂变而获得新生。①

讨论城市近代化的动力时除了从内外力的角度进行分析，学者们还就工业化还是商业化为城市近代化的主要动力展开争鸣。

工业化还是商业化为城市近代化的主要动力往往基于中西社会与城市的比较而提出。工业化是西方城市化和城市现代化的主要推动力。但在半殖民地半封建的中国，工业化的水平很低，商业资本一直大于工业资本，一些学者将商业化列为近代城市化的主要动力。近代上海和重庆城市的研究都把"因商而兴"作为两个城市近代化的基本规律。有的学者认为，在上海城市近代化的过程中，商业的作用始终超过工业。②

乐正认为，近代的商业化对工业化既有启动、诱发作用，又有抑制、阻碍作用，两种相反的作用力始终并存，左右着中国城市化的进程。商业化仅仅造成了对外国工业品的市场需求，口岸城市只是商品集散地而不是生产基地；开埠通商后，并未出现商业资本向工业部门的大量转移，导致工业的低度发展，限制了城市对劳动力的需求；大批移民无法被工业吸收，致使口岸城市就业滞胀。③

有相当部分研究者一方面十分重视开埠通商对城市发展的作用，并认为这些城市在近代都是因商而兴，外力正是通过开埠通商转化为推动中国城市近代化的动力；但另一方面也很强调这些城市的发展与工业的关系，认为工业化才是中国近代城市发展的内在动力。《近代上海城市研究》其实也强调城市在不同发展阶段，商业和工业的不同地位与作用。该书指出，开埠城市虽然因商而兴，但却是因工而发，工业的发展一方面使城市的吸引力倍增，刺激了城市规模的扩大；另一方面，工业化直接为城市发展提供物质基础，促进城市的近代化。《近代天津城市史》《近代重庆城市

---

① 涂文学：《近代汉口城市文化生成机制探源》，《近代史研究》1992 年第 3 期。

② 张仲礼主编：《近代上海城市研究》，上海人民出版社 1990 年版。

③ 乐正：《开埠通商与近代中国的城市化问题（1840—1949）》，《中山大学学报》1991 年第 1 期；乐正：《近代城市发展的主题与中国模式》，《天津社会科学》1992 年第 2 期。

史》《近代武汉城市史》等著作提出了相似的观点。涂文学等指出，在 20
世纪前期，中国城市化的主要动力来自商业贸易的发展，到了 20 世纪中
后期，城市发展的动力则主要来自工业化的推动。[1]

　　一些学者也在反思城市近代化的阻力。钟建安认为，制约近代江西城
市发展有两大因素：一是没有成熟、系统的现代化思想，强有力的现代化
领导集团的引导和社会力量的参与；二是缺乏现代化发展必需的稳定社会
环境和经济推动力。[2] 吴聪萍指出，在南京城市现代性因素逐渐增长的过
程中，国家占据了主导和决定性因素，由此也为南京的现代性发展带来了
一些弊端，比如在国家行政干预下，城市自治的机能较差，反过来也制约
着城市的现代自主发展。[3] 涂文学认为，1900—1930 年中国的"反城市
化"思潮从道德、文化、经济等方面表达了对传统乡村文明的留恋和对现
代城市的敌视，对 20 世纪中国的现代城市化、城市现代化产生了深刻
影响。[4]

　　其实不少学者认为是多种因素在影响城市的近代化，不过在研究中往
往为了突出论题而强调某一方面的动力。

### (四) 近代城市的经济结构与功能

20 世纪 90 年代前后，学界注意到中国城市在近代从传统的军事、政
治中心向经济中心转型，因此比较关注城市经济结构与功能的发展演变，
尤其是城市近代化中商业与工业的结构与功能。

　　对城市商业的研究，尤其是对城市传统商业向近代商业的转变，近代
商业的结构、特征，以及商业对城市近代化的影响等问题的研究，进展较
为显著。《近代上海城市研究》认为，外国洋行的出现是引起上海城市商
业结构性变化的最初因素。新式资本主义商业首先出现在同外贸密切相关

---

① 涂文学、李卫东：《二十世纪中国城市化与城市现代化论略》，《江汉大学学报》2011 年
第 5 期。

② 钟建安：《近代江西城市发展研究：1840—1949》，巴蜀书社 2011 年版。

③ 吴聪萍：《南京 1912：城市现代性的解读》，东南大学出版社 2011 年版。

④ 涂文学、高路：《罪恶的渊薮，还是文明的阶梯？——1900—1930 年代中国的"反城市
化"思潮论析》，《天津社会科学》2013 年第 1 期。

的一些行业中。新兴商业规模一般较传统商业要大，经营方式也仿照外国资本主义商业的惯例。20 世纪初，大型百货公司和国货产销机构的创立和迅速发展，交易所的出现并成为大宗物品交易的主要场所，这些都标志着上海商业近代化达到了一定水平。他们还提出内外贸易极大地推动了上海城市的发展，使其成为区域和全国贸易的中心城市。①

《近代重庆城市史》指出，重庆近代商业分为华商和洋商两个系统，其中以包括本地商人和外地商人在内的华商为主，外商及其买办自行经营的很少，近代重庆没有出现买办阶级。关于贸易市场，他们认为，开埠以后重庆由川东区域商业中心逐步演变为西南地区以转口贸易为主的中心城市。抗战时期大量商业机构的内迁又使重庆成为大后方经济中心。他们又指出，在工业中心尚未形成之前，重庆的经济中心地位是不完整的。他们认为，城市商业的发展，使其主要功能由军事、政治中心转变为经济中心。②

学者也比较关注工业在城市经济结构中的地位及其在近代化进程中的作用。有学者认为近代上海工业结构属于以生产消费资料为主的加工工业类型；外资工业始终占据强大的优势，它对民族工业既有严重阻碍的作用，又在客观上刺激其发展。民族工业虽然行业广泛，但大量是中小企业，且处于工场手工业向近代工厂的过渡中。20 年代以后，企业规模出现大型化趋向。20 年代末 30 年代初，又出现了中小企业骤增、企业平均规模有所减缩的现象。过多的分散落后的小企业是近代上海工业总体水平低下的重要标志。③

天津近代工业结构与上海比较，除了外资工业的实力远远超过民族工业这一共有特征之外，它又有自己的特点，即少数资本雄厚、规模宏大、设备先进的大企业与大量资本微薄、规模弱小、保守落后的中小企业的并存，其结构呈现出两极化的特征。从投资结构分析，军阀官僚为大企业的主要投资者。④ 这表明工业资本来源主要不是靠商业资本的转化或资本的

---

① 张仲礼主编：《近代上海城市研究》，上海人民出版社 1990 年版。
② 隗瀛涛主编：《近代重庆城市史》第 2 章，四川大学出版社 1991 年版。
③ 隗瀛涛主编：《近代上海城市研究》第 5 章，四川大学出版社 1991 年版。
④ 宋美云：《北洋时期官僚私人投资与天津近代工业》，《历史研究》1989 年第 2 期。

增殖，而是靠暴力掠夺和利用政治权力中饱侵吞。与此同时，商人只是作为军阀官僚不可缺少的投资合伙人而进入大企业。

20 年代末 30 年代初，分散、落后的中小企业呈增长趋势，这是天津与上海共同的现象，天津学者称为"逆工业化现象"，并认为来自华北农村地区的新移民对工业的投资使小企业大量增加；华界不安全的投资环境和呆滞的市场使大规模投资成为险途，而小企业、小作坊以及商人雇主制这些尚属前资本主义形态的工业组织却成为较安全的投资方式。①

沈祖炜提出，资本主义房地产业的兴起和发展是近代上海城市建设的一个重要基础，对城市的近代化起了推动作用：吸收了大量社会资金，实现了社会再生产的积累；刺激了城市建筑业的兴盛，从根本上改变了城市景观；为市政当局提供了重要财政收入来源，进而转化为城市建设的经费；房地产价格的市场调节作用，促进了城市土地资源的合理利用。级差悬殊的地价等级对城市经济布局产生了积极的影响，促成了金融、商业、工业和住宅在城市中心和边缘的相对集中。②

### （五）租界

租界在中国近代城市研究架构中有着重要的地位。众多条约口岸设有租界，对条约口岸的研究，焦点之一是对租界的评价。大陆学界在相当一段时间里，一说到租界，除简单描述租界的历史沿革，就是单向性地指斥其为帝国主义侵华的桥头堡、国中之国、罪恶的渊薮、冒险家的乐园等。20 世纪 80 年代中期，这种状况开始得到改变。

熊月之是较早注意到上海租界双重影响的学者之一。他从耻辱标志与文明窗口、国中之国与进步活动中心、经济掠夺基地与全国经济中心、文化渗透与新学传播、风气的腐败与清新等方面指出了上海租界在晚清的作

---

① 刘海岩、周俊旗：《近代天津工业结构的演变与城市发展》，《城市史研究》第 6 辑，天津教育出版社 1991 年版。

② 沈祖炜：《上海租界房地产业的兴起》，《上海研究论丛》第 2 辑，上海社会科学院出版社 1989 年版。

用有两重性。① 黄逸平指出，租界客观上刺激中国资本主义发生。② 赵津认为，租界与天津城市近代化有着密不可分的关系。租界的形成，一方面是外国资本主义对华政治、经济、军事、文化侵略的需要，一方面在客观上对天津由小生产的城市向社会化大生产经济城市过渡起到催化的作用。③

《近代上海城市研究》认为，租界与华界的关系是相互联系、相互影响的。早期租界依傍于华界，繁荣以后的租界则对华界产生了较大影响，刺激了华界的近代化发展，如租界先进的市政设施和市政管理，不断地为华界所仿效；租界的经济对华界也有很强的辐射作用，引起华界及市郊一些产业结构的变化。该书还指出，殖民主义者设租界、开工厂、经商，主要是从自身的利益出发，目的是发财，赚取利润，对中国进行经济侵略，加深了中国的半殖民地化程度，但也加速了中国自然经济的解体，创造了近代工业发展的环境，促进了城市近代化的发展。④

越来越多的学者注意到租界影响的复杂性。学者们从城市政治格局、中西文化差异、上海与全国关系方面，提出缝隙效应、示范效应、孤岛效应等命题，解释租界在中国产生复杂影响的原因。⑤

将租界放在社会、经济、政治过程中综合考察逐渐成为研究主流。熊月之指出，近代上海一市三治，在外事活动中，华界与两租界都尽力凸显本区域地位，凸显各自的文化，凸显自己作为上海主人的身份。三家也有联系与合作，甚至联合接待。由此可以看出华界与租界的关系，除了对立、竞争的一面，也有和谐、合作的一面。⑥ 张鹏讨论了近代上海公共租

---

① 熊月之：《论上海租界与晚清革命》，《上海社会科学院学术季刊》1985 年第 3 期；熊月之：《论上海租界的双重影响》，《史林》1987 年第 3 期。

② 黄逸平：《上海初期的租界和城市经济近代化》，《学术月刊》1987 年第 5 期。

③ 赵津：《租界与天津城市近代化》，《天津社会科学》1987 年第 5 期。

④ 张仲礼主编：《近代上海城市研究》，上海人民出版社 1990 年版。

⑤ 张仲礼主编：《近代上海城市研究》，上海人民出版社 1990 年版；隗瀛涛主编：《近代重庆城市史》，四川大学出版社 1991 年版；罗澍伟主编：《近代天津城市史》，中国社会科学出版社 1993 年版；皮明麻主编：《近代武汉城市史》，中国社会科学出版社 1993 年版；何一民：《中国城市史纲》，四川大学出版社 1994 年版；熊月之：《上海通史》，上海人民出版社 1999 年版。

⑥ 熊月之：《待客之道：从外事活动看近代上海华界与租界关系》，《学术月刊》2004 年第 7 期。

界的市政建设及其对都市空间演进和都市生活产生的影响。① 涂文学指出,20 世纪前期,汉口市政改革经历了从最初学习效仿租界,到政府直接学习西方最新的市政成果,最后超越租界的曲折过程。② 任吉东论述了租界对近代天津住、食、玩三方面的深刻影响,指出近代天津城市文化的变迁既不表现为传统因素的顽固保守,也不表现为"全盘西化",而表现出中西杂糅、新旧并陈的过渡性特征。③

### (六) 城市政治

由于视角的变换,和以往政治史研究传统相比,城市史研究中对城市政治的研究常常凸显出一些新特点。在近代城市变迁中,经济力量往往成为推动城市发展的决定性因素,但是,政治对城市的影响仍然无时无处不在,这种变化也使城市变迁更为复杂化。

罗澍伟认为,开埠前的天津,其功能已超出一般府、县,是作为首都的附属城市而存在的。开埠后的天津迅速摆脱首都附庸的地位,演变为华北区域经济中心城市,与中央政权的关系格局也随之发生了改变。清末中央政府的对外交涉中心一度移至天津,北洋政府时期有"北京是前台,天津是后台"之说法。南京国民政府的建立和中国政治中心的南移使天津城市的特殊地位发生了根本性的转变,对城市的发展产生了重大的影响。④《近代上海城市研究》指出,30 年代上海与南京国民党政权的关系也有"南京是幕前,上海是幕后"的看法。⑤《近代重庆城市史》显示,近代政治权力对重庆发展的影响,有时往往超过经济因素。该书认为,民初以来重庆行政地位的不断提高,对城市的发展产生了很大的影响,如行政辖区的不断扩大,大批社会上层人士的迁入定居,抗战时期重庆成为陪都,对

---

① 张鹏:《都市形态的历史根基:上海公共租界市政发展与都市变迁研究》,同济大学出版社 2008 年版。

② 涂文学:《近代汉口市政改革对租界的效法与超越》,《江汉大学学报》2009 年第 4 期。

③ 任吉东:《近代天津城市文化中的租界元素研究》,《南京社会科学》2013 年第 6 期。

④ 罗澍伟:《近代天津城市史散论》,《近代史研究》1991 年第 4 期;罗澍伟主编:《近代天津城市史》,中国社会科学出版社 1993 年版。

⑤ 张仲礼主编:《近代上海城市研究》,上海人民出版社 1990 年版。

城市建设产生明显影响。①

涂文学以汉口为例讨论了集权政治与专家治市。20 世纪 20 年代末 30 年代初，旨在推动城市现代化的市政改革运动在汉口兴起。由于市政体制受制于国民党"一党专制"的集权体制，加之近代中国没有建立起西方式的公务员体制，而且中国城市早期现代化还处于起步阶段，以及近代知识分子对权力的人格依附，近代中国没有也不可能建立真正的"专家治市"的"良好市政"，市政独立也不可能真正实现。②

市政研究主要讨论城市的自治权限、城市政府的组织模式、城市基础设施和公共事务的管理与建设等问题。

民国时期顾敦鍒、钱端升、陈之迈等都对市制进行了探究。蒋慎吾编著的《近代中国市政》是这一时期研究近代市政史的专著，主要讨论了市政体制的各项内容，同时也注意到了近代市政的发展趋势和各主要城市的市政事实情况，保留了一批近代市政史资料。③ 其后，关于近代市政的研究有所减少，直到 20 世纪 90 年代随着中国城市史的兴起，这种状况才得以改观。

1995 年，史明正出版了《走向近代化的北京城——城市建设与社会变革》④。张利民的《艰难的起步——中国近代城市行政管理机制研究》，涂文学的《城市早期现代化的黄金时代：1930 年代汉口的"市政改革"》是研究近代城市管理的专著。⑤ 北京、上海、天津、重庆、武汉几部近代城市史著作中对近现代市政问题有所论述。

《近代上海城市研究》认为，上海市政管理的近代化起源于租界对西方资本主义市政管理机制的引进。市政管理制度的近代化过程，不仅表现为立法、行政和司法"三权分立"的政权结构的确立，而且还表现在市政

---

① 隗瀛涛主编：《近代重庆城市史》，四川大学出版社 1991 年版。

② 涂文学：《集权政治与专家治市：近代中国市政独立的艰难旅程——1930 年代汉口个案剖析》，《近代史研究》2009 年第 3 期。

③ 蒋慎吾：《近代中国市政》，中华书局 1937 年版。

④ 史明正：《走向近代化的北京城——城市建设与社会变革》，北京大学出版社 1995 年版。

⑤ 张利民：《艰难的起步——中国近代城市行政管理机制研究》，天津社会科学院出版社 2008 年版；涂文学：《城市早期现代化的黄金时代：1930 年代汉口的"市政改革"》，中国社会科学出版社 2009 年版。

管理方法的近代化上。① 其后，熊月之等从路政、交通工具、城市照明系统、供水网络、民间消防组织、居民商品房市场等几个方面进一步论证了上海市政的发展过程。他们指出，晚清时期上海市政始于英租界，而后推及于法租界和华界；民国时期则在晚清的基础上大步推进，到 20 世纪 30 年代前半期上海的市政设施和市政管理已经比较完善。上海市政的近代化从根本上改变了上海城市的外观和空间格局，极大提高了市民生活的质量，并有力地推动了上海城市社会经济的发展。②

《近代重庆城市史》认为，从清季到民国时期，重庆市政管理的近代化以及基层行政组织的演变，是与城市近代化进程相一致的；城区规模的扩大，城市人口的激增，都导致了城市行政管理体制的不断扩大和严密，城市生活的多样化，从而促使行政职能的复杂化。③

《城市早期现代化的黄金时代：1930 年代汉口的"市政改革"》研究了现代城市政府体制的构架及运行机制，探讨了现代市制转型的动态轨迹和一般模式，评估了城市自治及市民对城市政治参与的成就和问题；对市政建设由民间主导向政府主导转变后民间参与城市现代化建设的形式、内容乃至观念、心态进行了较为深入的研究，探讨了市民的公共观念、自治意识、民主意识；探讨了具有现代意识和民族意识的现代城市政府在谋求市政统一的过程中，按照现代国际关系法准则处理涉外事务和纠纷，既保护了城市规划、建设、管理上的整体性，维护了城市政府的有效权威，又不妨碍继续学习欧美，不断推进城市现代化的总体目标的实现。④

市政各专门领域也有学者展开研究。

罗桂林《现代城市的建构》一书，从传统与现代、国家与社会互动的角度，考察了 1927—1937 年福州的市政管理体制和公共事业发展状态，探讨了近代中国市政进步的多元途径和现代城市的"建构"机制，进而解

---

① 张仲礼主编：《近代上海城市研究》，上海人民出版社 1990 年版。
② 熊月之、罗苏文、周武：《略论近代上海市政》，《学术月刊》1999 年第 6 期。
③ 隗瀛涛主编：《近代重庆城市史》，四川大学出版社 1991 年版。
④ 涂文学：《城市早期现代化的黄金时代：1930 年代汉口的"市政改革"》，中国社会科学出版社 2009 年版。

析现代化进程中的国家与社会关系可能走向。① 刘海岩认为，天津租界的存在和城市行政的分割，使得水供给逐渐形成两大系统。在租界，自来水的供给是近代化社区形成的基础，在老城区，自来水的传入更多表现出传统与新生活方式之间的冲突与交融。从清末到民国时期，伴随着自来水进入人们的生活，健康、卫生等新的观念逐步被接受，近代城市生活方式逐渐形成。② 熊远报讨论了清代至民国时期北京的卖水业与"水道路"，认为水买卖是随着城市的发展和人们日常生活需要所催生的，而且供水业者存在垄断现象。尽管很多经营者因为户籍限制而无法完全融入城市之中，但他们凭借独特的经营方式，渗入到城市居民的日常生活之中，并影响着他们的生活。③ 董晓萍、赵娜指出，北京城存在宗教公共管理用水、私井用水、政府公共水站和自来水入户等不同时期的用水民俗，北京城市水管理中的政府水治和市民水治之间形成不同的矛盾、协调模式。④

杜丽红对北京的污物管理、交通管理等方面展开研究。她认为，南京国民政府时期北平的交通管理已经形成了一套较为完善的制度，通过交通工具的检验、登记和收费制度，规范交通工具的管理；通过颁布交通法规，规范交通工具的行驶，预防交通事故的发生；通过警察执勤，推动交通秩序的改善。⑤ 她指出，20 世纪 30 年代，为解决污物管理混乱状况，北京市政当局拟将之收归市办，由于事关行业的经济利益及相当数量粪夫的生计，受到粪商及粪工的联合抵制。此后，政府改变策略，实行官商合办，完成粪道登记和粪具更换，污物管理制度的改革初见成效。⑥

20 世纪初天津电车，其路线逐渐覆盖了五国租界和老城区，成为近代公共交通网络的中心。电车的出现曾经引发激烈的社会抗议，反映了演变中的城市社会接受外来事物的矛盾心态，以及对打破现存空间秩序的恐

---

①　罗桂林：《现代城市的建构》，江西人民出版社 2017 年版。

②　刘海岩：《20 世纪前期天津水供给与城市生活的变迁》，《近代史研究》2008 年第 1 期。

③　熊远报：《清代至民国时期北京的卖水业与"水道路"》，《城市史研究》第 28 辑，天津社会科学院出版社 2012 年版。

④　董晓萍、赵娜：《北京历史街区的市民水治》，《清华大学学报》2009 年第 5 期。

⑤　杜丽红：《南京国民政府时期北平的交通管理》，《北京社会科学》2004 年第 2 期。

⑥　杜丽红：《1930 年代的北平城市污物管理改革》，《近代史研究》2005 年第 5 期。

惧。最终,电车为市民所普遍接受,成为大众化的交通工具,加快了城市人口和资本的空间流动,促进了近代城市空间的重构。①

### (七) 城市社会

城市社会是研究者关注的热点领域,主要集中在社会阶层、组织、人口等方面。

在城市近代化的过程中,随着人口聚集,城市出现了与传统城市不同的市民群体或阶层。《近代上海城市研究》把近代上海市民群体分为四个层次进行研究:买办、进出口商人以及本籍和外地移居的绅商等组成的资本家;职员主要包括凭借新式职业谋生的市民阶层、旧式职业从业人员的转型,20世纪20年代以后,接受过近代教育的青年被纳入各种社会职业;产业工人,其社会来源主要是农民,市民和熟练手工业工人只占极少数,是一个由乡民会聚而成的市民群体,主要由苏北逃荒来沪的灾民构成的苦力。②《近代重庆城市史》认为,近代城市社会结构的演变主要表现在人口结构中工商业人口比重增加,阶级结构中新兴阶级的出现,社会组织中业缘关系逐步取代血缘、地缘关系,家庭构成核心化、小型化,社会流动增加,社会价值观强调变革、效率、进取、竞争等。③

关文斌研究了近代天津盐商这个特殊阶层的家族、社会网络、文化生活,在城市控制和公共领域的地位和影响。④

近代城市社会结构研究注重对帮会、会馆等城市社会组织进行研究。

苏智良和陈蒙认为,城市人口的过剩造成了一个庞大的游民阶层,为帮会提供了后备军与社会基础;社会控制的无力造成了帮会势力的膨胀;租界与华界并存所形成的四分五裂的社会生活环境,成为流氓、帮会团伙滋生的温床;上海错综复杂的政治斗争促成了帮会势力的空前发展。⑤《近

---

① 刘海岩:《电车、公共交通与近代天津城市发展》,《史林》2006年第3期。
② 张仲礼主编:《近代上海城市研究》,上海人民出版社1990年版。
③ 隗瀛涛主编:《近代重庆城市史》,四川大学出版社1991年版。
④ 关文斌:《文明初曙——近代天津盐商与社会》,天津人民出版社1999年版。
⑤ 苏智良、陈蒙:《近代上海帮会繁盛原因初探》,《上海研究论丛》第2辑,上海社会科学院出版社1989年版。

代上海城市研究》认为，上海帮会活动最猖獗的是在城市边缘或租界与华界交界地区，租界并非帮会活动的中心。帮会在上海的发展，与城市的法制化进程成反比，与社会动荡和权力结构失衡成正比。源于租界的公共治安体系对帮会的发展起着抑制作用，其活动也向公开化、合法化乃至绅士化发展，而华界帮会依然充当社会一级权力机构。[1]

对会馆进行研究，大体始于 19 世纪末 20 世纪初。[2] 一个多世纪以来，中外学人对会馆史研究满怀热情，相关论著不断问世，其中不乏对这个地缘组织的精彩解读。已经有人对会馆史的主要研究成果进行了较为详细的概括[3]。检视会馆史的论著可知，除了对会馆本身的沿革、范围、种类、经费、组织、事业等内容进行泛泛介绍外，学者大多依据地方志、会馆碑刻、会馆志等主体资料，在经济史的框架中，从行会史、资本主义萌芽史、现代化史等视角下研究会馆的形成与分布、性质和功能，并讨论会馆与行、行会、公所、商帮、近代同业公会、商会的关系。一般认为，会馆、公所是传统社会组织的延续，一些研究者往往将其视为结构和功能迥异的两类社会组织：会馆为同籍移民的同乡组织，公所则为同业的行会组织。徐鼎新的研究表明，上海的同乡团体含有一定程度的同业组合的因素，而同业团体中又形成若干地域帮口。他认为，到 20 世纪初，会馆、公所等传统组织，少数衍化为纯同乡团体，而大多数改组为同业公会。高洪兴认为，清末民初，近代上海的同乡会馆、公所逐步向同乡会馆转化，而那些完全按行业组合的会馆、公所则由于其封建行会性成为社会发展的障碍而逐渐趋于没落，最终于 20 年代后期被同业公会所取代。他认为，

① 张仲礼主编：《近代上海城市研究》，上海人民出版社 1990 年版。

② 19 世纪后期就有关于会馆的研究，如玛高温：《中国的行会》；马士：《中国行会考》；日本东亚同文会编：《中国经济全书·会馆及公所》；湖南人编：《湖南商事习惯报告书·会馆》等书，转引自彭泽益《中国工商行会史料集》，中华书局 1995 年版。

③ 王日根所著《乡土之链——明清会馆与社会变迁》一书分析总结了 1995 年之前会馆史的研究成果（天津人民出版社 1996 年版）；1993 年至 2000 年的会馆史综述见冯筱才《中国大陆最近之会馆史研究》一文（《中国近代史研究通讯》第 30 期，"中研院"近代史研究所 2000 年版）；朱英主编《中国近代同业公会与当代行业协会》第一章"中国同业公会研究的回顾与分析"较多涉及会馆史研究成果（中国人民大学出版社 2004 年版）；郭绪印在《老上海的同乡组织》中也论及前人研究成果（文汇出版社 2003 年版）。

同乡会兴起后，会馆、公所逐渐变成只为死者服务的慈善组织，而同乡会则相应变成为生者服务的组织，体现了两类同乡组织功能的分工。① 也有的论著把会馆纳入社会史、文化史的研究范畴：或从乡土观念、组织衍化、集体象征、功能分析等方面对包括会馆在内的同乡组织进行了较为全面的论述；② 或在中国的籍贯观念形成因素、北京会馆的起源、会馆的数目和地理分布、近代中国地域组织狭隘畛域观念的融消、大群意识的产生及其积极作用等方面提出了独到的见解；③ 或通过会馆分析中国市民社会④；或着力于会馆与明清社会变迁的互动，考察会馆的社会整合、内在运作和文化内涵；⑤ 或通过重建近代会馆的历史而讨论同乡情感的延续、同乡情感与民族主义的关系、社会与国家的关系；⑥ 或分析会馆等设施的空间分布而探讨"城市生态"诸问题。⑦ 郭绪印等推出较全面、系统地研究上海的会馆、同乡会的史料性专著《老上海的同乡团体》。⑧

随着城市史研究的深入，研究者的眼光从宏观转向微观，从主流社会转向边缘群体，延伸到下层社会的各个角落，如娼妓、乞丐、城市流民、贫民区等。

---

① 徐鼎新：《旧上海工商会馆、公所、同业公会的历史考察》；高洪兴：《近代上海的同乡组织》，《上海研究论丛》第 5 辑，上海社会科学院出版社 1990 年版；洪焕椿：《论明清苏州地区会馆的性质和作用——苏州工商业碑刻资料剖析之一》，《中国史研究》1980 年第 2 期；吴慧：《会馆、公所、行会：清代商人组织演变述要》，《中国经济史研究》1999 年第 3 期；蓝勇：《清代西南移民会馆名实与职能研究》，《中国史研究》1996 年第 2 期；范金民：《清代江南会馆公所的功能性质》，《清史研究》1999 年第 2 期；范金民：《清代徽州商帮的慈善设施——以江南为中心》，《中国史研究》1999 年第 4 期。

② 窦季良：《同乡组织之研究》，正中书局 1943 年版。

③ 何炳棣：《中国会馆史论》，学生书局 1966 年版。

④ ［美］罗威廉：《汉口：一个中国城市的商业和社会（1796—1889）》，江溶、鲁西奇译，彭雨新、鲁西奇校，中国人民大学出版社 2005 年版。

⑤ 王日根：《乡土之链——明清会馆与社会变迁》，天津人民出版社 1996 年版。

⑥ ［美］顾德曼：《新文化、旧风俗：同乡组织和五四运动》，《上海研究论丛》（第四辑），上海社会科学院出版社 1989 年版；［美］顾德曼：《家乡、城市和国家——上海的地缘网络与认同，1853—1937》，上海古籍出版社 2004 年版。

⑦ ［美］施坚雅：《中国封建晚期城市研究——施坚雅模式》，王旭等译，吉林教育出版社 1991 年版。

⑧ 郭绪印：《老上海的同乡团体》，文汇出版社 2003 年版。

### （八）城市空间

学者们一方面关注城市的建筑物理空间，另一方面对城市的人文空间也做了深入的研究。城市的建筑物理空间主要涉及城市居住格局、功能格局、城市规划和建设等内容。近代中国城市化过程，在空间上体现为以衙署为中心的、筑有城墙的传统类型，向以商业区、金融区为中心，城区功能出现分工的近代类型的演变。然而，这一演变在不同的城市又表现为特征各异的过程。

《近代上海城市研究》认为，近代上海城市空间的演变肇始于租界的出现。租界的迅速发展和繁荣吸引商业向租界集中，形成了新兴租界商业区，城市中心也随之由旧城厢转移到租界。与此同时，租界与华界的城市面貌形成强烈对照，即南北两市的对峙，北市在城市中的作用日益超过南市。1914 年南市华界旧城墙的拆除至少在形式上使上海的南北市商业区混为一体，象征着上海旧城区也逐渐纳入近代化的轨道。[①] 万勇的《近代上海都市之心：近代上海公共租界中区的功能与形态演进》以相关的历史地图和历史图片为基础，分别对公共租界中区的城市功能、住宅布局、空间形态、道路桥梁、市政水系等空间元素的历史变迁进行阐述，反映了外滩地区空间形态的来龙去脉及其缘由。[②]

《近代天津城市史》在分析天津近代工业区位结构时提出，大企业分布在靠近河道和铁路的城市边缘或郊区，表现出对运输条件的依赖；中小企业则大部分散布在市中心区，分布密度与人口密度成正比，企业与住宅、商店混杂，表现为企业对市场和劳动力来源的接近。另外，同行或相关行业企业相对集中，形成街状工业带，类似于欧洲早期工业化城市的市内工业区。30 年代，尽管工业有向郊区迁移的微弱趋势，但尚未形成分工明确的工业区。[③] 刘海岩的《空间与社会：近代天津城市的演变》分析了天津从传统到近代城区的演进、交通与 20 世纪城市空间的重构，以及公

---

①　张仲礼主编：《近代上海城市研究》，上海人民出版社 1990 年版。

②　万勇：《近代上海都市之心：近代上海公共租界中区的功能与形态演进》，上海人民出版社 2014 年版。

③　罗澍伟主编：《近代天津城市史》，中国社会科学出版社 1993 年版。

共空间的演变，并探讨了城市空间变化对人们社会行为，尤其是公共行为的影响。①

20世纪30年代，汉口市政当局效法欧美，数易规划，制定并初步实施的汉口分区规划，使汉口城市空间布局按照"现代方式"得以重组，从而奠定整个20世纪汉口城市现代化基本格局和发展走向。②

《走向近代化的北京城——城市建设与社会变革》将重点放在清末民初北京城市基础设施的现代化建设与社会变革的互动关系上，对城市空间结构进行综合研究。③ 郭松义指出清初统治者强迫原居京师内城的汉官、商民迁出一事确曾严厉实施，并形成旗人居内城，汉官、商民居外城和城郊的基本居住格局；当统治者完成迁居之时，现实又使其向相反方面行进，汉官、商民重新被吸引进入内城，这说明人为的隔离政策不可持续。④ 董玥的《民国北京城：历史与怀旧》一书，考察了民国时期北京的空间变迁、日常物质生活及其文化表述。该书不是把城市作为历史人物和事件的舞台，而是综合考察北京这个古老帝都本身的转型，以及被塑造成现代中国"文化城市"的过程。⑤ 王煦的《旧都新造：民国时期北平市政建设研究（1928—1937）》指出，民国迁都以后的北平市政建设，是在多种社会力量和多元利益群体互动博弈、共同作用下发展起来的，是传统与现代城市元素既对立矛盾又融合开新的过程。⑥

董佳的《民国首都南京的营造政治与现代想象（1927—1937）》梳理了1927—1937年南京城市现代化受政治和权力影响的复杂性。该书对城市规划设计的表达、公共权力的运行规则、首都建设中的传统政治文化、现代建筑艺术与近代革命文化象征表现等历史现象进行阐释，展示

---

① 刘海岩：《空间与社会：近代天津城市的演变》，天津社会科学院出版社2003年版。
② 涂文学：《按照"现代方式"重组城市空间——1930年代汉口城市规划理念评析》，《湖北大学学报》2011年第5期。
③ 史明正：《走向近代化的北京城——城市建设与社会变革》，北京大学出版社1995年版。
④ 郭松义：《清代社会变动和京师居住格局的演变》，《清史研究》2012年第1期。
⑤ 董玥：《民国北京城：历史与怀旧》，生活·读书·新知三联书店2014年版。
⑥ 王煦：《旧都新造：民国时期北平市政建设研究（1928—1937）》，人民出版社2014年版。

出中国近代城市发展过程中有别于西方的特征。[①] 陈蕴茜指出,1927 年后,南京成为国民政府的首都,住宅规格的高低决定了各区域的居民构成与社会分层,南京城市住宅空间的布局也随之由传统的以自然化分区为主,向以社会分层化为主的空间布局转型。现代国家权力对城市空间的建设、控制与改造不仅影响到居民生活、城市形象,更影响到社会分层与空间转型。[②]

对作为构成一座城市组成细胞的街区、社区、里弄剖析,有助于拓展、深化城市史研究的领域,已有学者开始对此展开研究。

李天纲认为,上海租界初辟时形成的"华洋分居"隔离式社区,是中西两种社会文化制度、习俗、观念悬隔太深的表现。19 世纪 50 年代大量难民的涌入,使上海租界由"华洋分居"迅速演变成"华洋杂居"和国内移民"五方杂处"的开放型社区。但是,"华洋杂居"初期形成的以外滩为中心的外侨区和广东路独立华人社区,仍体现中外隔离的模式,表现为中西文化两极的各自繁荣。19 世纪后期福州路一带的兴起,奠定了上海租界社区"华洋杂居"的一般性模式。[③]

张济顺研究了上海最小的社区单位——里弄。她认为,上海开埠后中外移民的涌入使土著世家聚族而居的传统型里弄衍化为以社会阶层为判的近代里弄。上海"华洋杂居""五方杂处"的居住结构,也表现为里弄居民构成的特征,同籍移民即使居住相对集中,也未形成封闭里弄。里弄表现为功能俱全的都市社会基层生活组织,它是上海近代化不充分的表征,是城市社会生态极度不平衡的产物。[④]

马学强研究了上海马斯南路街区的权力、空间与内部构造。该文以近代上海马斯南路街区的形成、演变为线索,考察了它的"造路史"

---

① 董佳:《民国首都南京的营造政治与现代想象（1927—1937）》,江苏人民出版社 2014 年版;董佳:《缔造新都:民国首都南京的城市设计与规划政治——以 1928—1929 年的首都规划为中心》,《南京社会科学》2012 年第 5 期。

② 陈蕴茜:《国家权力、城市住宅与社会分层——以民国南京住宅建设为中心》,《江苏社会科学》2011 年第 6 期。

③ 李天纲:《从"华洋分居"到"华洋杂处"——上海早期租界社会析论》,《上海:通往世界之桥》（下）,上海社会科学院出版社 1989 年版。

④ 张济顺:《论上海里弄》,《上海研究论丛》第 9 辑,上海社会科学院出版社 1993 年版。

"造街史"，并围绕街区构造的核心——"权力"问题而展开，寻找各种"权力人"，包括原来的所有者、规划者、设计者、建造者、居住者等，同时结合马斯南路街区的形态结构来考察，从中揭示其内在的功能特点。[①]

冯贤亮指出在20世纪30年代，江南城市的新式旅馆业空前兴盛，反映出城市生活中为人们提供食宿的服务业日趋现代化，并重塑了人们对公共服务业的崭新认识。[②] 美国学者钱曾瑗描绘了国民党对广州的重新规划和改造，美国学者汪利平考察了杭州的旅游与城市空间的演变。[③]

洪煜、刘永广以1929年无锡拆城筑路事件中的报刊舆论冲突为例讨论了近代地方城市建设中的困境。拆城派认为城墙是封建社会的权力象征，拆除城墙是自己践行革命意识最实际的行动表达；而反对拆城者，将城墙作为一种安全治安的保障。[④] 近代外国人在上海的筑路、营建活动触动了当地民众的风水观念。牟振宇运用《申报》资料，分析了近代上海官方、民众、士绅与外国人在风水问题上的冲突与纠葛。[⑤]

史红帅的《近代西方人视野中的西安城乡景观研究（1840—1949）》展示了清末民国时期西方人视野下西安城乡景观面貌及其变迁，进而揭示近代西方世界"西安观"乃至"西北观"的形成、发展与传播的过程与途径。[⑥]

20世纪90年代，中国学界兴起了市民社会、公共领域等问题的研究，

① 马学强：《权力、空间与近代街区内部构造——上海马斯南路街区研究》，《史林》2012年第5期。

② 冯贤亮：《民国时期江南旅馆业与城市生活的现代化》，《江西社会科学》2011年第12期。

③ ［美］钱曾瑗：《重绘广州》，《城市史研究》第22辑，天津社会科学院出版社2004年版；［美］汪利平等：《杭州旅游业和城市空间变迁（1911—1927）》，《史林》2005年第5期。

④ 洪煜、刘永广：《近代地方城市建设中的困境——以1929年无锡拆城筑路事件中的报刊舆论冲突为例》，《史学月刊》2014年第12期。

⑤ 牟振宇：《近代上海城市化过程中的风水事件——以〈申报〉为中心（1872—1900年）》，《复旦学报》（社会科学版）2014年第1期。

⑥ 史红帅：《近代西方人视野中的西安城乡景观研究（1840—1949）》，科学出版社2014年版。

城市的公共空间、人文空间得到关注。公共生活空间是最重要的城市空间形态。上海的公共生活空间研究最为集中。

1996 年熊月之以张园为例讨论了晚清上海的公共空间。① 之后，他又通过分析张园、徐园、愚园、西园等私人花园对公众开放的变化，论证了晚清上海私园开放和公共空间的拓展，是上海都市生活的需要，是上海特殊的社会结构、复杂的社区特点、租界的缝隙效应等多种因素造成的。② 他还指出，公园与公用私园，是上海居民重要的休闲娱乐场所，也是重要的社交场所，是展示上海城市异国情调的地方，相当部分还承担着城市广场功能，对上海市民带来相当复杂的影响。民国时期租界公园增多，华人公用私园衰落，是城市人口增多、密度增大、地价上涨的结果，也显示了上海公共休闲空间的复杂性。③ 赵莹莹指出，1883—1919 年，上海徐园经历了从"私家园林"—"公共雅集园"—"商业娱乐园"—"大众准公园"的变迁；上海的买办商人和文人对自身的身份认同也分别经历着从"雅士"到"雅商"再到"绅商"、从"雅士"到"政治文人"的转型；疏离政治的"隐逸"的江南文化传统也在都市空间中逐渐让位于热心社会和政治的"入世"倾向。④ 李彬彬揭示了近代上海公墓体制逐渐由民治转为官治的过程。⑤

王敏等指出，在近代上海，公园、戏园、游艺场、电影院和跑马场等具有社交和休闲娱乐功能的城市公共空间十分发达。这些公共空间集现代性、大众性、多元性和商业性于一身，生动、深刻地体现出这个城市社会的民族关系、阶级关系以及移民区域特点，反映了这座城市的世界性与地方性并存、摩登性与传统性并存、先进性与落后性并存、殖民性与爱国性并存的特性。⑥

---

① 熊月之：《张园：晚清上海一个公共空间研究》，《档案与史料》1996 年第 6 期。

② 熊月之：《晚清上海私园开放与公共空间的拓展》，《学术月刊》1998 年第 8 期。

③ 熊月之：《近代上海公园与社会生活》，《社会科学》2013 年第 5 期。

④ 赵莹莹：《从"隐逸"到"入世"——以上海徐园为中心的考察（1883—1919）》，《华东师范大学学报》2014 年第 6 期。

⑤ 李彬彬：《国家与社会视域下的上海公墓建设（1909—1937）》，《社会科学研究》2014 年第 6 期。

⑥ 王敏等：《近代上海城市公共空间：1843—1949》，上海辞书出版社 2011 年版。

　　京剧是近代上海娱乐生活的重要组成部分。徐剑雄的《京剧与上海都市社会（1867—1949）》一书指出，近代上海的京剧作为大众艺术，以市民的欣赏趣味为转移，流行剧目是市民口味制造出来的。京剧伶人积极参与社会变革，同时也改变自己，以适应社会的发展。[①] 姚霏等指出，上海大光明电影院带动电影院成为近代上海摩登生活的文化地标，通过对好莱坞文化的传播刺激着上海社会对好莱坞元素的消费和再生产；近代上海社会的民族主义、族群意识甚至政治风云也影响人们对电影的评价和对影院空间的态度。[②]

　　王笛的《街头文化：成都公共空间、下层民众与地方政治，1870—1930》通过对成都下层民众公共空间与日常生活关系细致入微的分析，讨论下层民众是怎样一步步丧失了他们的生存空间和文化传统的，同时又揭示了民众是怎样拿起"弱者的武器"为自己的命运而抗争的。[③] 王笛《茶馆：成都的公共生活和微观世界，1900—1950》一书，考察了清末至民国时期成都以茶馆为中心的街头这一公共生活空间，指出在这里活动的主体是小商小贩、工匠苦力、民间艺人、江湖游民、善男信女等下层民众，这一空间兼具谋生、休闲、社交、商业、庆典、社区自治等多种功能，精英阶层力图加以改造以创造新的公共生活和大众娱乐，警察作为政府代表对街头生活空间进行管理力求控制，探索了由茶馆为中心的街头公共生活空间里下层民众与地方政治的互动关系。[④]

　　李德英以近代城市公园为例讨论了城市公共空间与社会生活的关系。[⑤] 胡俊修等考察指出近代汉口大众文化娱乐空间历经了一个由聚而散、散而

---

①　徐剑雄：《京剧与上海都市社会（1867—1949）》，上海三联书店 2012 年版。

②　姚霏、苏智良、卢荣艳：《大光明电影院与近代上海社会文化》，《历史研究》2013 年第 1 期。

③　王笛：《街头文化：成都公共空间、下层民众与地方政治，1870—1930》，李德英、谢继华、邓丽译，中国人民大学出版社 2006 年版。

④　王笛：《茶馆：成都的公共生活和微观世界，1900—1950》，社会科学文献出版社 2010 年版。

⑤　李德英：《城市公共空间与社会生活——以近代城市公园为例》，《城市史研究》第 19—20 辑，天津社会科学院出版社 2000 年版。

再聚的过程。① 何一民等发表了数篇文章研究清代西藏城市体系变迁，其中也涉及城市空间特征。② 戴一峰对有关城市公园与公共空间的研究作了总结与清理，揭示了这一论题的意义与有待拓展的方向。③

　　由报刊、文艺、舆论等形成的文化空间对市民的文化情趣、知识观念、社会思潮等有重要影响。李长莉认为，上海自 19 世纪六七十年代以后，由西语西学为中心的新知识系统、西书报刊及学校为载体的西学传播网络、社会生活与商务活动的实用需求为社会基础、士商合一的新知识群体、西语西学热形成的西学时尚氛围等，共同构成了一个新知识生态空间。这一空间的形成使上海成为一处西学新知迅速生长，并日渐占主导强势地位的小社会环境，为当时全国首屈一指的西学新知生长的温床，新文化的发展基地和传播中心。④ 李长莉还专门分析了城市公共领域出现的条件——"公共时间"。她认为，伴随着工商业的发展，由休闲娱乐业兴旺而出现市民日常化、大众化的"公共休闲"兴起，并以夜生活兴旺、星期休息制度及作息定时习惯为主要标志，形成了相应的市民参与公共活动的"公共时间"。清末民初时期城市市民"公共休闲"和"公共时间"的形成，成为城市市民生活公共领域的一个重要组成部分。⑤ 崔波的《清末民初媒介空间演化论》认为，清末民初媒介空间结构是当时社会关系的反映，是对旧有的媒介生产秩序和关系的改变，而导致这一改变的是知识分子的空间实践。⑥

---

　　① 胡俊修、钟爱平：《近代汉口大众文化娱乐空间的聚散与城市发展》，《武汉大学学报》2012 年第 4 期。

　　② 何一民、付志刚·《清代西藏城市体系变迁及其空间特征研究》，《湘潭大学学报》（哲学社会科学版）2013 年第 4 期；何一民、赵淑亮：《西藏城市发展的历史分期与特点》，《福建论坛》2013 年第 1 期；何一民、赵淑亮：《清代民国时期西藏城市数量规模的变化及制约发展的原因》，《社会科学》2013 年第 4 期。

　　③ 戴一峰：《多元视角与多重解读：中国近代城市公共空间——以近代城市公园为中心》，《社会科学》2011 年第 6 期。

　　④ 李长莉：《晚清上海的新知识空间》，《学术月刊》2006 年第 10 期。

　　⑤ 李长莉：《清末民初城市的"公共休闲"与"公共时间"》，《史学月刊》2007 年第 11 期。

　　⑥ 崔波：《清末民初媒介空间演化论》，北京大学出版社 2012 年版。

# 二　乡村社会

随着近代社会史研究的深入和拓展，乡村社会史逐渐成为一个相对专门的研究领域。

## （一）研究历程

中国乡村史研究早在 20 世纪二三十年代就已经掀起高潮。中国的近代化进程远不及西方那样对乡村社会形成强劲的冲击，并彻底改造了传统乡村结构，但旧时代的矛盾依然存在，新的社会矛盾又不断产生，再加上外国侵略和天灾人祸诸种因素，到了二三十年代，农村问题成了引人注目的大问题，以乡村社会结构、控制制度和乡村文化建设为主要内容的乡村史研究一度引人注目。

对中国乡村社会的研究中出现了一批社会调查基础上的研究成果。1925 年，美籍学者葛学溥出版了英文著作《华南的乡村生活——广东凤凰村的家族主义社会学研究》。[1] 1930 年卜凯出版了《中国农村经济》。[2] 日本对中国东北、华北、华东等地展开大规模的农村习俗和经济状况调查。其中比较大的一项调查是华北的"中国农村惯行调查"，后来出版了由仁井田升编辑的《中国农村惯行调查》（1952—1958）。中国学者李景汉等1926—1927 年对京郊挂甲屯等村进行调查，1929 年出版了《北平郊外之乡村家庭》，1933 年又出版了《定县社会概况调查》。[3]

在乡村社会和文化上，以梁漱溟为代表的乡村文化建设派，主张并极力实践以知识分子深入乡村社会的"乡村建设"运动。1936 年梁漱溟出

---

[1]　［美］葛学溥：《华南的乡村生活——广东凤凰村的家族主义社会学研究》，周大鸣译，知识产权出版社 2012 年版。
[2]　卜凯：《中国农家经济：中国七省十七县二八六六田场之研究》，张履鸾译，商务印书馆 1936 年版。
[3]　李景汉：《北平郊外之乡村家庭》，商务印书馆 1929 年版；李景汉：《定县社会概况调查》，中华平民教育促进会 1933 年版。

版了《乡村建设大意》，次年 3 月又出版了《乡村建设理论》。[①] 这是当时乡村史研究中影响较大的著作。梁漱溟通过对中国乡村近代历史的考察，对造成中国乡村社会崩溃的根本原因作了分析，并对乡村社会结构的特征进行了论证。

20 世纪三四十年代周谷城的《中国社会之结构》《中国社会之变化》《中国社会之现状》三部著作和费孝通的《乡土中国》以及费孝通等的《皇权与绅权》等对于乡村社会结构展开研究。[②] 周谷城的著作以古代为主，但其中专设了一些章节对近代乡村社会进行探讨。《皇权与绅权》对于乡村社会的权力结构、乡村领袖角色、绅士在乡村社会中独特的作用、乡绅与乡村组织关系诸多方面，均提出了很多有创见的认识。《乡土中国》提出的中国乡村社会的"差序格局"结构理论，对于中国社会史和乡村史研究影响甚大。这些研究关注于中国乡村社会结构的特性及其发展规律，而且在理论视角和研究方法上融入了社会学的内容。

乡村社会控制制度的研究是当时的热点问题。闻钧天的《中国保甲制度》于 1935 年出版，该书比较全面地论述了保甲制度的源流、发展和历史特征，其侧重点却在近代乡村制度方面。对清代的保甲制度从行政区划、乡村制度、保甲政策、乡村组织、保甲编查、户口编审、保甲组织方式的具体演变、保甲制度的内在结构、清人对于保甲的各种论说和具体实施情况，民国时期各地的保甲运动等方面均作了比较深入的论述。[③]

王仲鸣的《中国农民问题与农民运动》调查与研究了农村贫困化和农民离村问题；薛暮桥的《中国农村经济常识》立足于乡村土地占有状况，对农村社会阶级结构作了相当深入的分析；陈翰笙在《广东农村生产关系

---

①　梁漱溟：《乡村建设大意》，山东邹平乡村书店 1936 年版；梁漱溟：《乡村建设理论》，山东邹平乡村书店 1937 年版。

②　周谷城：《中国社会之结构》（1930）、《中国社会之变化》（1931）、《中国社会之现状》（1933），新生命书局；费孝通：《乡土中国》，上海观察社 1948 年版；费孝通等：《皇权与绅权》，上海观察社 1948 版。

③　闻钧天：《中国保甲制度》，上海商务印书馆 1935 年版。

和生产力》一书中，就农民离村问题与农村生产关系、生产力问题作了探讨。①

　　1949 年以后的三十来年，涉及近代乡村问题的论著多在土地占有关系和农民生活贫困化的框架内打转。20 世纪 80 年代后，当"三农"问题已构成制约中国社会发展和实现现代化进程的突出问题时，对它的关注和寻求解决之道的现实需求，就成为学术界对其进行学理或学术层面分析的基本动因。于是近代乡村史研究重新受到学术界的关注。一批有分量的近代乡村史研究论著纷纷面世，如章有义的《近代徽州租佃关系案例研究》，程歗的《晚清乡土意识》，郭德宏的《中国近现代农民土地问题研究》，朱德新的《二十世纪三四十年代河南冀东保甲制度研究》，从翰香主编的《近代冀鲁豫乡村》，魏宏运主编的《二十世纪三四十年代冀东农村社会调查与研究》，孙达人的《中国农民变迁论：试探我国历史发展周期》，曹幸穗的《旧中国苏南农家经济研究》，朱玉湘的《中国近代农民问题与农村社会》，苑书义等著的《艰难的转轨历程——近代华北经济与社会发展研究》，张鸣的《乡土心路八十年：中国近代化过程中农民意识的变迁》，赵秀玲的《中国乡里制度》，乔志强主编的《近代华北农村社会变迁》等。②

　　进入 21 世纪后，乡村社会史研究掀起了研究高潮。十多年来关于近代中国乡村社会史研究论著出版已达数百种之多，相关论文更是数量巨

---

　　①　王仲鸣：《中国农民问题与农民运动》，上海平凡书局 1929 年版；薛暮桥：《中国农村经济常识》，上海新知识出版社 1937 年版；陈翰笙：《广东农村生产关系和生产力》，中山文化教育馆 1934 年版。

　　②　章有义：《近代徽州租佃关系案例研究》，中国社会科学出版社 1988 年版；程歗：《晚清乡土意识》，中国人民大学出版社 1990 年版；郭德宏：《中国近现代农民土地问题研究》，青岛出版社 1993 年版；朱德新：《二十世纪三四十年代河南冀东保甲制度研究》，中国社会科学出版社 1994 年版；从翰香主编：《近代冀鲁豫乡村》，中国社会科学出版社 1995 年版；魏宏运：《二十世纪三四十年代冀东农村社会调查与研究》，天津人民出版社 1996 年版；孙达人：《中国农民变迁论：试探我国历史发展周期》，中央编译出版社 1996 年版；曹幸穗：《旧中国苏南农家经济研究》，中央编译出版社 1996 年版；朱玉湘：《中国近代农民问题与农村社会》，山东大学出版社 1997 年版；苑书义等：《艰难的转轨历程——近代华北经济与社会发展研究》，人民出版社 1997 年版；张鸣：《乡土心路八十年：中国近代化过程中农民意识的变迁》，上海三联书店 1997 年版；赵秀玲：《中国乡里制度》，社会科学文献出版社 1998 年版；乔志强主编：《近代华北农村社会变迁》，人民出版社 1998 年版。

大。主要论著有丁长清、慈鸿飞的《中国农业现代化之路——近代中国农业结构、商品经济与农村市场》，郑大华的《民国乡村建设运动》，林刚的《长江三角洲近代大工业与小农经济》，苑书义、董丛林的《近代中国小农经济的变迁》，张佩国的《近代江南乡村地权的历史人类学研究》，魏宏运主编的《二十世纪三四十年代太行山地区社会调查与研究》，郑起东的《转型期的华北农村社会》，魏光奇的《官治与自治——20 世纪上半期的中国县治》，朱汉国、王印焕的《华北农村的社会问题》，李金铮的《近代中国乡村社会经济探微》，徐茂明的《江南士绅与江南社会》，张思的《近代华北村落共同体的变迁——农耕结合习惯的历史人类学考察》，黄正林的《陕甘宁边区乡村的经济与社会》，张学强的《乡村变迁与农民记忆：山东老区莒南县土地改革研究（1941—1951）》，李永芳的《近代中国农会研究》，魏文享的《国民党、农民与农会：近代中国农会组织研究（1924—1949）》，李里峰的《革命政党与乡村社会——抗战时期中国共产党的组织形态研究》，程森的《明清民国时期直豫晋鲁交界地区地域互动关系研究》等。这些论著从各个角度、各个层面丰富和推进了近代中国乡村史研究。①

　　除此之外，还有大规模系列性研究成果的出版。中华书局出版的"中

---

①　丁长清、慈鸿飞：《中国农业现代化之路——近代中国农业结构、商品经济与农村市场》，商务印书馆 2000 年版；郑大华：《民国乡村建设运动》，社会科学文献出版社 2000 年版；林刚：《长江三角洲近代大工业与小农经济》，安徽教育出版社 2000 年版；苑书义、董丛林：《近代中国小农经济的变迁》，人民出版社 2001 年版；张佩国：《近代江南乡村地权的历史人类学研究》，上海人民出版社 2002 年版；魏宏运主编：《二十世纪三四十年代太行山地区社会调查与研究》，人民出版社 2003 年版；郑起东：《转型期的华北农村社会》，上海书店出版社 2004 年版；魏光奇：《官治与自治——20 世纪上半期的中国县治》，商务印书馆 2004 年版；朱汉国、王印焕：《华北农村的社会问题》，北京师范大学出版社 2004 年版；李金铮：《近代中国乡村社会经济探微》，人民出版社 2004 年版；徐茂明：《江南士绅与江南社会》，商务印书馆 2004 年版；张思：《近代华北村落共同体的变迁——农耕结合习惯的历史人类学考察》，商务印书馆 2005 年版；黄正林：《陕甘宁边区乡村的经济与社会》，人民出版社 2006 年版；张学强：《乡村变迁与农民记忆：山东老区莒南县土地改革研究（1941—1951）》，社会科学文献出版社 2006 年版；李永芳：《近代中国农会研究》，社会科学文献出版社 2008 年版；魏文享：《国民党、农民与农会：近代中国农会组织研究（1924—1949）》，中国社会科学出版社 2009 年版；李里峰：《革命政党与乡村社会——抗战时期中国共产党的组织形态研究》，江苏人民出版社 2011 年版；程森：《明清民国时期直豫晋鲁交界地区地域互动关系研究》，中国社会科学出版社 2017 年版。

国乡村社会研究丛书"，包括黄宗智的《华北的小农经济与社会变迁》《长江三角洲小农家庭与乡村发展》，夏明方的《民国时期自然灾害与乡村社会》，王笛的《跨出封闭的世界——长江上游区域社会研究，1644—1911》，洪璞的《明代以来太湖南岸乡村的经济与社会变迁：以吴江县为中心》，彭南生的《半工业化：近代中国乡村手工业的发展与社会变迁》，段友文的《黄河中下游家族村落民俗与社会现代化》，李怀印的《华北村治：晚清和民国时期的国家与乡村》。[①] 人民出版社出版了王先明主编的"20 世纪中国乡村社会变迁研究丛书"，已经由人民出版社出版的有王先明的《变动时代的乡绅与乡村社会结构变迁（1901—1945）》，郝锦花的《新旧学制更易与乡村社会变迁》，李伟中的《20 世纪 30 年代县政建设实验研究》，渠桂萍的《华北乡村民众视野中的社会分层及其变动（1900—1949）》，罗朝晖的《富农与新富农——20 世纪前半期华北乡村社会变迁的主角》，张学军的《直隶商会与乡村社会经济（1903—1937）》，熊亚平的《铁路与华北乡村社会变迁：1880—1937》，魏本权的《农村合作运动与小农经济变迁：以长江中下游地区为中心（1928—1949）》，曾耀荣的《南京国民政府的农业贷款问题研究》等。[②]

《历史研究》《近代史研究》等史学杂志和相关的专门学术刊物发表有关近代乡村史研究的论文越来越多，《史学月刊》《福建论坛》《华中师范

---

① 黄宗智：《长江三角洲小农家庭与乡村发展》（1992 年版，2000 年列入丛书再版），《华北的小农经济与社会变迁》（1986 年版，2000 年列入丛书再版）；夏明方：《民国时期自然灾害与乡村社会》（2000 年版）；王笛：《跨出封闭的世界——长江上游区域社会研究，1644—1911》（2001 年版）；洪璞：《明代以来太湖南岸乡村的经济与社会变迁：以吴江县为中心》（2005 年版）；彭南生：《半工业化：近代中国乡村手工业的发展与社会变迁》（2007 年版）；段友文：《黄河中下游家族村落民俗与社会现代化》（2007 年版）；［美］李怀印：《华北村治：晚清和民国时期的国家与乡村》，中华书局 2008 年版。

② 王先明：《变动时代的乡绅与乡村社会结构变迁（1901—1945）》（2009 年版）；郝锦花：《新旧学制更易与乡村社会变迁》（2009 年版）；李伟中：《20 世纪 30 年代县政建设实验研究》（2009 年版）；渠桂萍：《华北乡村民众视野中的社会分层及其变动（1900—1949）》（2010 年版）；罗朝晖：《富农与新富农——20 世纪前半期华北乡村社会变迁的主角》（2010 年版）；张学军：《直隶商会与乡村社会经济（1903—1937）》（2010 年版）；熊亚平：《铁路与华北乡村社会变迁：1880--1937》（2011 年版）；魏本权：《农村合作运动与小农经济变迁：以长江中下游地区为中心（1928—1949）》（2012 年版）；曾耀荣：《南京国民政府的农业贷款问题研究》（2013 年版），人民出版社出版等。

大学学报》《南开学报》《人文杂志》等甚至推出了乡村史研究专栏或笔
谈。不少研究机构还定期出版关于乡村社会变迁研究的专辑,如黄宗智主
编的《中国乡村研究》等。近十年来,与乡村社会史直接或间接相关的学
术会议几乎每年都有。

近代乡村社会史研究主要议题有:近代乡村市镇、乡村社会权力结
构、乡村社会文化变迁、乡村社会建设、乡村水利、城乡关系等。

### (二) 近代乡村市镇

从翰香主编的《近代冀鲁豫乡村》对近代乡村市镇的形成、发展及市
镇的社会、经济功能等作了比较精详的研究,认为从 19 世纪末到 1930
年,三省乡村已有工商市镇 2248 个,它的勃兴标志着乡村经济的兴盛和
商业化的长足发展。促进近代三省乡村市镇发展的主要原因,一是近代交
通特别是铁路的兴建,二是乡村农业生产的恢复和农村工业的发展为市镇
的勃兴提供了坚实的物质基础。[1]

单强在数量统计基础上,概括出近代江南乡镇市场与华北乡镇市场在
密度、分类及空间结构类型等方面的差异;同时对乡镇市场的经营类型及
其社会、经济功能等也作了较详尽的探讨。近代江南乡镇市场不仅面广量
大,其专业化趋向也日益明显,而庙会与茶馆交易以及市场经纪人的活
跃,为人们透视江南乡镇市场提供了独特的视角。[2]

钟文典的《近代广西圩镇研究》除了对广西圩镇的发展变化、分布、
层次功能等方面进行综合考察外,还从横向对圩镇与农业、手工业、矿
业、交通、广东商人进行了研究。[3]

"村"是乡村中自然形成的基本单位,在我国传统的社会、经济和政
治历史中有其独特的地位。王庆成指出,华北各州县集市数量参差不一,
甚至差距很大,集市数与州县人口数、村庄数及土地面积的关系,亦无有
规则的比率。集市圈即集市与赶集村庄的空间构成,所包含的村庄多至近

---

①　从翰香主编:《近代冀鲁豫乡村》,中国社会科学出版社 1995 年版。
②　单强:《近代江南乡镇市场研究》,《近代史研究》1998 年第 6 期。
③　钟文典:《近代广西圩镇研究》,广西师范大学出版社 1998 年版。

百村，少则二三村，甚至一村。该文对美国学者施坚雅关于中国乡村市场和社会结构的理论、公式提出了质疑。他认为，在晚清，人均耕地减少，农民贫困度增加，农民会更多地卷入商品经济，会更多地利用剩余人力以发展低成本的各色家庭工副业，这些对集市贸易量和集市数增长都起着作用。故贫困是晚清北方农村商品流通量扩大的原因之一。①

### （三）乡村社会权力结构

乡村社会权力结构既包括乡村社会内部的权力结构，又包括乡村社会与政府之间的权力关系。国家与乡村社会之间的权力格局有两大主要看法。一种看法从 20 世纪初一直在国内外学者中盛行，他们认为，中国古代乡村具有高度自主性，受村社内部的族权、族规、乡规主导，国家影响力有限。另一种看法认为中国古代国家是高度专制的，其影响力通过保甲等组织渗入千家万户。学者们研究近代国家与乡村社会的关系，除了按照上述对古代中国看法进行分析外，还注意到近代国家政权建设中国家权力向乡村社会渗透，引起或没有引起乡村社会的变化。

《皇权与绅权》等论著比较关注近代乡村社会权力结构，如胡庆钧写了《两种权力夹缝中的保长》和《从保长到乡约》等论文讨论乡村社会中保长扮演的角色。

20 世纪 80 年代初，李喜所从阶级结构、政权结构、经济生活、社会风俗等方面入手，从宏观上讨论了辛亥革命后乡村社会结构的变化。②

《近代冀鲁豫乡村》细致地描绘了近代冀、鲁、豫三省乡与村的内部结构及其组织的起源与发展。该书认为清朝时"乡"为一地理概念而非行政区划，"里""社"是赋税征收区划，亦成为人文地理概念，"保"是真正的行政、治安单位。清朝通过牌头、甲长与地保实现对乡村的控制。乡村还存在自治组织如与庙宇相关的会与社，公差局与村公会、青苗会等。

---

① 王庆成：《晚清华北村落》，《近代史研究》2002 年第 3 期；王庆成：《晚清华北的集市和集市圈》，《近代史研究》2004 年第 4 期；王庆成：《晚清华北定期集市数的增长及对其意义之一解》，《近代史研究》2005 年第 6 期；王庆成：《晚清华北乡村：历史与规模》，《历史研究》2007 年第 2 期。

② 李喜所：《武昌起义后的农村变动》，《历史研究》1982 年第 2 期。

1900年之后乡村政权的建立中设立了村长副，1929年之后，村庄成为最基层行政单位。该书指出乡作为一个半官方机构，在当时的官方与乡村社会之间起中介作用，官府对乡村社会的控制是间接的，村庄在一定程度上处于"自治"状态。① 魏光奇指出，由于人口流动和土地产权变更，清代里社的组织和功能均较明代发生很大变化，且雍乾以后渐趋废弛。由地方和自然村两级组成的乡地组织形成，它与里社之间存在着历时态沿革和共时态并存的复杂关系，主要职能是催纳田赋、分派差徭及应付官差。②

李怀印通过考察河北省获鹿县的乡地制指出，国家政权与乡村社会之间，除了对抗的一面外，还有在日常治理活动中为了讲求实效而互相依赖、合作的一面。他还注意到，在不同的生态和社会背景下，国家政权建设的后果各异，1900年以后，获鹿乡村旧制度和旧观念的连续十分明显，而在生态不稳定地区，才导致国家政权的"内卷化"。③

一些研究比较关注近代以来国家政权建设对基层社会的影响力的影响程度。不少研究以地域性个案作为切入点，探讨近代新式机构对基层社会治理转型的推动。

邱捷指出，民国初年，受到辛亥革命冲击的广东乡村基层权力机构以各种方式恢复和重建。这些机构包括警局、区乡办事所和团局，而主要是团局。控制乡村基层权力机构的人物有士绅、商人、回乡官吏、退伍军官等，有军事经历、直接掌握武力者通常在这些机构中担任主角。国民政府成立后，广东实行新县政，但民国初年形成的乡村基层权力机构的格局，在不少地区一直延续到40年代末。④ 何文平分析了民初广东民主政权建设与新兴政治精英的困境。⑤ 邢照华指出，20世纪前期广州社会纠纷调控中

① 从翰香主编：《近代冀鲁豫乡村》，中国社会科学出版社1995年版。
② 魏光奇：《清代直隶的里社与乡地》，《中国史研究》2000年第1期。
③ 李怀印：《晚清及民国时期华北村庄中的乡地制——以河北获鹿县为例》，《历史研究》2001年第6期；《中国乡村治理之传统形式：河北省获鹿县之实例》，《中国乡村研究》第1辑，商务印书馆2003年版；李怀印：《华北村治：晚清和民国时期的国家与乡村》，中华书局2008年版。
④ 邱捷：《民国初年广东乡村的基层权力机构》，《史学月刊》2003年第5期。
⑤ 何文平：《民初广东民主政权建设与新兴政治精英的困境》，《河南大学学报》2014年第1期。

政府与民间组织在纠纷应对中显示出了一定的互补性，但调解本身仍然呈现出无序化和多方博弈的特征。① 吴沙《近代广州警察》讨论了近代广州警察与广州社会的关系。②

梁勇所著《移民、国家与地方权势——以清代巴县为例》讨论了一个具有移民社会特色的地方基层管理体制的演变过程，通过保甲制度、啯噜、客长、团正、学董、八省会馆等，探讨了民间社会与国家政权在基层治理上的互动情况。该书指出，在巴县，政府不仅积极地以各种方式干预具体个案，同时也通过制度设计，比如说设置客长、团首等乡村非官绅精英来达到维持地方控制和法律秩序的目的。③

丰箫将1945—1949年浙江省嘉兴地区乡镇自治研究置于国家政权建设的框架下，而非官治与自治、绅权与民意的简单对立；将国家与乡村社会视为两个互为影响和制约的主体，而不是主动与被动、控制与被控制绝对对立的关系。④

朱煜指出，1928—1937年江苏省民众教育馆在协调与基层民众以及地方政府关系时颇能如鱼得水，某种程度上充当了官方代理人和民间社会组织者的双重角色，一定程度上疏通了已经淤塞的基层政治轨道。⑤

李平亮考察了晚清至民国时期南昌地区后指出，地方军事化、清末新政以及议会选举等一系列政治变革，不仅导致中国社会传统政治体制发生结构性的变化，且引发了地方社会权力体系的不断重组，先后出现了团练局、同姓联宗、"同盟会"等乡村联盟，它们逐渐成为地方社会中新的权

① 邢照华：《20世纪前期广州社会纠纷调控考察》，《史学月刊》2014年第8期。

② 吴沙：《近代广州警察》，社会科学文献出版社2014年版。

③ 梁勇：《清代中期的团练与乡村社会——以巴县为例》，《中国农史》2010年第1期；梁勇、周兴艳：《晚清公局与地方权力结构——以重庆为例》，《社会科学研究》2010年第6期；梁勇：《团正与乡村社会的权力结构——以清代中期的巴县为例》，《中国农史》2011年第2期；梁勇：《清代重庆八省会馆》，《历史档案》2011年第2期；梁勇、周兴艳：《移民、善堂与地方权力结构——以清代巴县至善堂为例》，《西华师范大学学报》2013年第3期；梁勇：《移民、国家与地方权势——以清代巴县为例》，中华书局2014年版。

④ 丰箫：《权力与制衡——1946年嘉兴县的乡镇自治》，《社会学研究》2002年第6期；丰箫：《权力与制衡：浙江省嘉兴地区乡镇自治研究：1945—1949》，商务印书馆2014年版。

⑤ 朱煜：《民众教育馆与基层政权建设——以1928—1937年江苏省为中心》，《近代史研究》2014年第3期。

力中心。① 龚汝富通过江西的保甲纠纷案指出，保甲长的权力寻租行为令人吃惊，其根本原因在于，较之传统的保甲制，民国保甲制之地方财政职能得到强化，调配社会资源的权力本身孕育着贪腐的因子。②

杨国安的《明清两湖地区基层组织与乡村社会研究》和《国家权力与民间秩序：多元视野下的明清两湖乡村社会史研究》主要从宗族、水利与保甲团练等方面，展开对明清两湖地区乡村组织与基层社会控制的研究。既从国家视野出发，探讨官府对于乡村社会的控制与治理；又从基层社会着眼，揭示乡村社会的自我管理与民间秩序的自我构建，由此体现"国家权力与民间秩序"之间互动的多元视野与整体史观。③

清末民初，晋东南地区的高平县等地发生了民众以抗捐税名义焚烧士绅及新式学堂的"干草会"事件。翟一帜等指出，"干草会"事件实际上是基层民众"反近代化"的一种行为，同时暴露了国家权力中空后，士绅与基层社会出现了严重冲突，使得传统的乡村关系逐渐瓦解。④

王先明、常书红认为，保甲制是清王朝实施乡村社会控制的主要制度，但在乡土社会权力制约下，国家政权向乡村社会的延伸屡受挫抑。在20世纪之初的中国乡制变革中，由自治取代保甲和以复兴保甲来推进自治的历史过程，深深地烙印着传统皇族国家与社会结构崩解后，近代民族国家与社会结构重建的复杂性和探索性特征。⑤

---

① 李平亮：《晚清至民国时期的乡村联盟与地方政治——以南昌地区为中心》，《江西社会科学》2012 年第 8 期。

② 龚汝富：《民国时期江西保甲制度引发的经济纠纷及其解决——以宜丰、万载两县保甲诉讼档案为中心》，《中国经济史研究》2007 年第 3 期。

③ 杨国安：《明清两湖地区基层组织与乡村社会研究》，武汉大学出版社 2004 年版；杨国安：《国家权力与民间秩序：多元视野下的明清两湖乡村社会史研究》，武汉大学出版社 2012 年版。

④ 翟一帜、岳谦厚：《清末民初晋东南"干草会"事件及其所反映的山西基层社会》，《中北大学学报》2013 年第 1 期。

⑤ 王先明、常书红：《晚清保甲制的历史演变与乡村权力结构——国家与社会在乡村社会控制中的关系变化》，《史学月刊》2000 年第 5 期；王先明：《变动时代的乡村政制与国家权力——20 世纪初年乡制变迁的时代特征》，《南开学报》2008 年第 3 期；王先明：《从自治到保甲：乡制重构中的历史回归问题——以 20 世纪三四十年代两湖乡村社会为范围》，《史学月刊》2008 年第 2 期；牛秋实、王先明：《20 世纪前期乡村权力的博弈与权威的重建》，《江海学刊》2009 年第 1 期。

　　黄伟英对 1934—1937 年"地归原主"的研究,① 汤水清对 1946—1948 年江西省南昌县小蓝乡境内发生的一系列窃割电话电报线案件的研究,② 都揭示了国家权力向乡村社会渗透、延伸,乡村社会对此既有合作也有抵制,政权力量则根据乡村社会的回应对政策作出了一定的调整和妥协,在博弈过程中,国家权力对乡村社会的控制有所加强。

　　中国共产党对乡村社会的影响也出现了一些新成果。李里峰指出,中国共产党在 20 世纪中叶通过土地改革运动,成功地建构了乡村社会的基层组织网络,扩张了国家权力的组织边界和功能边界,重塑了国家与乡村社会间的关系,改变了乡村权力结构及其运作方式,形成了运动式的乡村治理模式,发明了种种动员技术和治理手段,使国家权力真正实现了现代意义上的乡村社会治理,也为 20 世纪后半期中国乡村"有计划的社会变迁"奠定了坚实基础。③ 黄琨以东固革命根据地为中心的历史考察表明,东固革命根据地的早期领导人大都是小地主、富农的身份,他们在当地的影响力和号召力确保了秘密割据的有序运行;当革命由中心区域向外扩展时,军队就不得不成为宣传、动员的主体,党组织与乡村社会的关系就逐渐疏离,军事斗争的成败成为动员工作的晴雨表。④

### (四) 乡村社会文化变迁

　　晚清乡村社会在剧烈的变动过程中,传统社会中成型的教化模式不能不发生变动,与此相应的乡村民众的生活观念、人生态度、价值取向都会发生前所未有的变化。学者们研究了近代乡土意识、农民意识与社会心理等课题。

　　程歗的《晚清乡土意识》一书,对晚清时期乡里民众的日常生活意

　　① 黄伟英:《"地归原主"中的国家与乡村——土地革命后赣南社会状况分析》,《近代史研究》2013 年第 4 期。

　　② 汤水清:《施压与抵制——从"窃线"案件看 1940 年代后期国家权力与乡村社会的关系》,《近代史研究》2013 年第 4 期。

　　③ 李里峰:《革命中的乡村——土地改革运动与华北乡村权力变迁》,《广东社会科学》2013 年第 3 期。

　　④ 黄琨:《党组织与乡村社会的联系:以东固革命根据地为中心的历史考察》,《江西社会科学》2013 年第 8 期。

识、政治意识、民族意识、宗教信仰意识进行了研究。以往的研究一般关注的是上层人物个体的思想、学说，而此书则试图做出由个体思想家的研究推向民众群体意识研究、由中上层思想文化研究推向民间思想文化研究的努力。作者认为，民众意识对先进社会思潮，既有促进、推动作用，又处在互不协调的状态。①

张鸣的《乡土心路八十年：中国近代化过程中农民意识的变迁》一书，把农民意识置于近代化的过程中进行了深入解剖，从底层民众的观念和作为思想主体的农民意识的变迁这个角度，重新阐释近代史。1840—1920 年，中国农村社会结构出现了一系列变化，农民意识对于近代化和西洋化，呈现宏观上敌意、麻木、冷漠的意向，微观上亲近接受的矛盾状态。在晚清最后十年与民初九年，农民对近代文明的基本观照已有理性化的趋向，对其物器文明持欢迎态度，对西方观念及其相应的制度变革虽不甚理解，却能容忍，或者被动地接受。②

佐藤仁史的《近代中国的乡土意识：清末民初江南的地方精英与地域社会》深入"地方性史料"，大量运用地方刊物、报纸、杂志，而且尽力掌握其复杂的互动关系，分析新旧政见与各种势力。该书力图"复原"乡土意识在空间、制度、商贸、文化等多条脉络交互作用下产生、成长的复杂过程，进而突破以往单线逻辑的解释模式，重新反思近代中国的文化变迁过程。③

周晓虹的《传统与变迁：江浙农民的社会心理及其近代以来的嬗变》一书，在文献研究基础上结合实地调查的研究方法，从个案研究入手剖析了百年来中国农民的社会心理、思维方式、行为模式演变的情况。作者认为，一百多年间，农民文化被推为与现代性相对立的"旧传统"，但包括

---

①　程歔：《晚清乡土意识》，中国人民大学出版社 1990 年版。

②　张鸣：《乡土心路八十年：中国近代化过程中农民意识的变迁》，上海三联书店 1997 年版。

③　［日］佐藤仁史：《近代中国的乡土意识：清末民初江南的地方精英与地域社会》，北京师范大学出版社 2017 年版。

农村和农民在内的中国社会最终还是在朝向现代的大道上迅猛迈进。①

有学者研究了乡村社会洋教观。卢仲维认为，乡绅对洋教的态度，对乡村社会洋教观的形成具有相当的影响力。② 程歗、张鸣从目的、行为、本源、人格画像、传播后果诸多方面考察了晚清乡村社会的洋教观。他们认为，各种讹言和教会自身行为的交互作用，在人们内心形成了一定的认知、判断和思维定式，从而讹传才会在一定程度上支配人们的行为，使教案达到了如此的广度和烈度。③

废科举与乡村教育的关系是学者们关注的重要话题。关晓红考察对刘大鹏和朱峙三两人命运后指出，科举停废多数旧学出身者通过各种渠道重新分化组合，直至清末民初仍然占据社会权势的重要位置。清廷虽为士子多方宽筹出路，可是无法遏制中年士人文化心理的失衡及青年学生对国家命运的关注。④ 罗志田指出，1905 年废科举在乡村造成办学主体由私向公的转变，减弱了民间办学和就学的积极性。新学制对好学但贫寒的子弟有所排斥，导致乡村读书人日益减少。而乡民对新教育传授的"知识"却不那么承认，使新学生在乡村中不受重视，流向城市寻求发展。乡村读书人心态也开始转变，厌弃固有生活，甚至轻视农民。随着城乡的分离，在都市中游荡的知识青年和失去读书人的农村都成为受害者。科举制废除的一个重要社会后果就是乡村中士与绅的疏离，结果是"劣绅""土豪"日渐增多，这也是导致后来社会矛盾激化的重要原因之一。⑤ 王先明等还指出科举废除之后，士绅阶层的劣绅化，进而促成了持续不断的乡村"民变"浪潮。⑥

---

① 周晓虹：《传统与变迁：江浙农民的社会心理及其近代以来的嬗变》，生活·读书·新知三联书店 1998 年版。

② 卢仲维：《乡绅与反洋教运动》，《近代史研究》1986 年第 1 期。

③ 程歗、张鸣：《晚清乡村社会的洋教观——对教案的一种文化心理解释》，《历史研究》1995 年第 5 期。

④ 关晓红：《科举停废与近代乡村士子——以刘大鹏、朱峙三日记为视角的比较考察》，《历史研究》2005 年第 5 期。

⑤ 罗志田：《科举制废除在乡村中的社会后果》，《中国社会科学》2006 年第 1 期。

⑥ 郝锦花、王先明：《从新学教育看近代乡村文化的衰落》，《社会科学战线》2006 年第 2 期；郝锦花：《抗战前乡村教育的若干特点》，《教育评论》2008 年第 5 期；王先明：《士绅阶层与晚清民变——绅民冲突的历史趋向与时代成因》，《近代史研究》2008 年第 1 期。

除了专门讨论废科举与乡村教育的关系，乡村教化、教育等领域的其他问题也有学者讨论。

王先明、尤永斌认为，近代乡村教化体系的变迁表现为两个方面：其一是传统乡村教化组织流于形式；其二是乡村教化的内容开始发生变化。晚清乡村社会教化体系在教化组织形式、教化内容和教化主体上都呈现出多元化趋向。清王朝逐渐失去了对乡村社会教化主体的控制，使得乡村社会的教化呈现出一种空前的失范状态，它也是导致王朝走向灭亡的重要因素。① 程美宝指出，清末乡土教材的编纂，则为我们提供了一幅近代"国家"与"乡土"的身份认定的知识场景。② 姜萌认为，清末现代乡土史志尽管书写者情况各异，书写形式不同，但仍有三个共同的特点：在"世界—国家—乡土"格局中寻找乡土的位置、借激发"爱乡土之心"而增强"爱国之心"、努力探寻乡土的特质以为改良乡土贡献力量。③

在近代教育改革方面，国家与乡村社会的互动表现出多元趋向。梁勇以四川为例指出，政府主导的"庙产兴学"运动撕裂了乡村社会权力网络，既有的以"庙首""会首"为管理核心的地方公产管理体制，逐步被以学董为代表的新式教育行政体制取代。④ 徐跃认为，四川基层学绅在学事诉讼纠纷中扮演的角色，劝学所视学在学事纠纷裁判中的作用，地方官审断学事诉讼纠纷的取向，展示了士绅在参与政府现代化方案的过程中，自身的权力也得到伸张。他们通过参与地方学务与国家权力之间建立了更加密切的联系。⑤

王庆成通过对武清、深州、定州、青县、唐县、望都、延庆七州县的

---

① 王先明、尤永斌：《略论晚清乡村社会教化体系的历史变迁》，《史学月刊》1999 年第 3 期。

② 程美宝：《由爱乡而爱国：清末广东乡土教材的国家话语》，《历史研究》2003 年第 4 期。

③ 姜萌：《乡土意识与国家情怀：清末乡土史志书写的特点及其问题》，《史学月刊》2014 年第 5 期。

④ 梁勇：《清末"庙产兴学"与乡村权势的转移——以巴县为中心》，《社会学研究》2008 年第 1 期。

⑤ 徐跃：《清末四川庙产兴学及由此产生的僧俗纠纷》，《近代史研究》2008 年第 5 期；徐跃：《清末地方学务诉讼及其解决方式——以清末四川地方捐施诉讼为个案的探讨》，《近代史研究》2011 年第 5 期。

具体考察指出，一般而言，千人以上大村落拥有的寺庙数大幅度超过该地区村平均数，百人以下小村落的寺庙数则低于村平均数，但相反者也不乏其例。乡村中寺庙以土地庙最为常见，关帝、龙王、真武、观音等亦为众多寺庙所祀的主要神佛道。寺庙不仅是乡民精神寄托、免灾祈福之所，也为人们设立社会救济机构、举办义学乡塾等提供了空间，因此，当时的寺庙具有较为广泛的社会文化功能。① 一些学者还就民间庙会做了相关探讨。如朱小田通过近代江南庙会探讨了农家的经济生活，并指出遍布江南的乡村庙会，与农家经济生活息息相关。②

张鸣从浸透在乡村社会生活深层的巫觋风习的解析入手，对乡村民众巫觋风习的类型、缘由、方式进行了探讨，指出义和团不是迷信了巫术才去和洋人作战，而是出于驱逐洋人、救国与自救的冲动，才选择了包括巫术在内的神秘武器。③ 王东杰考察了四川会馆的崇祀对象，认为，被视作移民原乡认同的"乡神"，往往被赋予超地域性，使其能够容纳新认同。④

### （五）乡村社会建设

20世纪20代末30年代初的乡村建设运动，是社会史研究者人人皆知但不深知的一场社会运动。乡村建设运动从其开场时就引发了无数的赞叹或批评，时至今日仍然是学界讨论不休的话题。⑤

梁漱溟曾是20世纪二三十年代中国近代乡村研究的开拓者之一，他的乡村文化建设思想与实践有着十分重要的地位。半个多世纪后，对于梁

---

① 王庆成：《晚清北方寺庙和社会文化》，《近代史研究》2009年第2期。

② 小田：《近代江南庙会与农家经济生活》，《中国农史》2002年第2期。

③ 张鸣：《华北农村的巫觋风习与义和团运动》，《清史研究》1998年第4期。

④ 王东杰：《"乡神"的建构与重构：方志所见清代四川地区移民会馆崇祀中的地域认同》，《历史研究》2008年第2期。

⑤ 参见朱汉国《梁漱溟乡村建设研究》，山西教育出版社1996年版；郑大华《民国乡村建设运动》，社会科学文献出版社2000年版；李德芳《民国乡村自治问题研究》，人民出版社2001年版；徐秀丽《中华平民教育促进会扫盲运动的历史考察》，《近代史研究》2002年第6期；徐秀丽主编《中国农村治理的历史与现状：以定县、邹平和江宁为例》，社会科学文献出版社2004年版；虞和平《民国时期乡村建设运动的农村改造模式》，《近代史研究》2006年第4期。

漱溟乡村建设思想的研究又构成了中国近代乡村史研究的内容之一。朱汉国的《梁漱溟乡村建设研究》以梁漱溟乡村建设旨趣、乡村建设的思想基础、乡村建设的具体方案、乡村建设实验、乡村建设的争论、乡村建设的误区与现实启示六个主题，对梁漱溟的乡村文化建设理论与实践进行了全方位的考察，并对其历史作用和影响作了客观评述。[1]

郑大华详尽考察了乡村建设运动兴起的背景、运动的过程、两种有代表性的乡村建设思想、典型的乡村建设实验区，并且探讨了这场运动的性质和成败得失。作者认为：尽管参加运动的团体复杂，实验区模式也呈多样性，但是总括起来看这是一场社会改良运动。基于运动领导者对中国农村基本问题的认识，他们主要通过兴办教育、改良农业、提倡移风易俗等方式来复兴日趋衰落的农村经济。[2]

汪效驷的《江南乡村社会的近代转型：基于陈翰笙无锡调查的研究》一书，依据民国时期陈翰笙领导的无锡调查，考察了转型中的江南乡村社会的实态。认为经济与地权在近代工商业化的背景下发生了一系列的变化：市场化和现代机器的侵入，与一家一户的小农经营相交织，构成了转型时期乡村经济的特有形态；近代无锡乡村大多数农家以稻作为主、以蚕桑为辅的生产格局并未发生根本的改变；多种经营和"非农化"是农家经济的基本趋势。[3]

以前少有人关注的东北乡村社会的近代变迁，也引起了学界的注意。王广义的《近代中国东北乡村社会研究：1840—1931》一书考察了近代东北乡村的社区、社会控制、农民的社会生活等。[4]

罗威廉所著《红雨：一个中国县域七个世纪的暴力史》一书，细致描述了从元朝末年到抗战初期麻城县经历的种种暴力事件，从地理环境、政治文化、阶级结构等方面探讨了暴力的社会生态。该书既继承年鉴学派探讨长时段社会变迁的优良传统，又借鉴了新文化史注重意义解读和故事讲

---

①　朱汉国：《梁漱溟乡村建设研究》，山西教育出版社 1996 年版。

②　郑大华：《民国乡村建设运动》，社会科学文献出版社 2000 年版。

③　汪效驷：《江南乡村社会的近代转型：基于陈翰笙无锡调查的研究》，安徽人民出版社 2009 年版。

④　王广义：《近代中国东北乡村社会研究：1840—1931》，光明日报出版社 2010 年版。

述的研究取向，既有对大众文化和集体记忆的精彩论述，又有对国家与社会框架的重新检视。①

杜正贞的《近代山区社会的习惯、契约和权利——龙泉司法档案的社会史研究》以浙江省龙泉地区的司法档案为基础考察了继承习俗、法律的演化关系，地方宗族的应对；女性在近代法律变化中的策略与行动；从诉讼档案出发回到契约活动的现场，在现代国家努力管控土地山林资源的背景下，讨论地方确权习惯和产权秩序的变化。②

近年来，学界在近代交通社会史领域，尤其在交通对城乡的影响方面取得了不少成果。江沛、陈夏琼指出，京汉铁路通车刺激了漯河运输业、农业产业化和工商业的快速发展，并逐步实现了由传统农业与贸易依附向现代工商业的转型；带动了漯河城市规模和空间的持续膨胀，逐步发展成为物资集散地，并奠定了豫中南地区水陆交通枢纽的地位。③ 任放认为，晚清以降，两湖地区的新式交通工具成为近代工商实业能否持续发展的制约因素；不可忽视的是，传统的交通工具并未退出历史舞台，而是与轮船等新式交通相契合，形成多层次、多功能的交通格局。④ 吴明罡分析了近代东北西部的铁路建设对区域社会经济的影响。⑤

### (六) 乡村水利

现代意义上的水利史研究从民国年间开始，早期的重要成果有冀朝鼎的《中国历史上的基本经济区与水利事业的发展》等，该书最初由英文写成，于1936年出版。冀朝鼎提出了"基本经济区"这一概念，而水利是他得以深入考察这一概念的切入点，要回答的问题是中国历史上的统一和

---

① ［美］罗威廉：《红雨：一个中国县域七个世纪的暴力史》，李里峰等译，中国人民大学出版社2014年版。

② 杜正贞：《近代山区社会的习惯、契约和权利——龙泉司法档案的社会史研究》，中华书局2018年版。

③ 江沛、陈夏琼：《京汉铁路与近代漯河城市的初兴》，《中州学刊》2014年第2期。

④ 任放：《近代两湖地区的交通格局》，《史学月刊》2014年第2期。

⑤ 吴明罡：《近代东北西部的铁路建设对区域社会经济的影响》，《社会科学战线》2014年第5期。

分裂之秘。① 1939 年郑肇经所著《中国水利史》出版。② 1936 年，国民政府成立了一个以采集、整编历史文献为业务方向的机构——整理水利文献委员会，后来演变为中国水利水电研究院水利史研究室。水利史研究室在水利文献、水利档案的收集和整理方面和水利史的基础研究方面都取得了很大的成绩，成为水利史研究中的主力。80 年代之前，水利史的研究虽然取得了相当的成就，但依然没有跳出以水利工程和技术为主的"治水"框架，技术因素牢牢地占据主导地位。随着对以单纯工程技术手段征服自然的水利观念的反思，水利史的研究在关注水利工程技术的同时，也越来越注重研究水利与自然、社会的关系。

　　20 世纪 80 年代之前，有一些外国学者通过水利探讨中国的政治制度和社会结构。20 世纪 50 年代魏特夫的"治水社会理论"和六七十年代日本学界的水利共同体理论对中国水利社会史研究有较大影响。魏特夫认为包括中国在内的东方国家专制主义制度起源于水利灌溉需要一体化协作，需要强有力的管理和控制。③ 弗里德曼则从水稻栽种需要水利的灌溉这一角度探讨了华南社会宗族存在的原因。④ 80 年代之后，外国学者对华北水利社会研究又取得新成果。杜赞奇通过对邢台地区的水利管理组织的考察，旨在说明"文化网络"是如何将国家政权与地方社会融合进一个权威系统的；⑤ 蓝克利、魏丕信等于 2003 年出版了《陕山地区水资源与民间社会调查资料集》。⑥

　　20 世纪 80 年代，中国社会史研究开始复兴，在史学界眼光向下的学

---

①　冀朝鼎：《中国历史上的基本经济区与水利事业的发展》，朱诗鳌译，中国社会科学出版社 1981 年版。

②　郑肇经：《中国水利史》，商务印书馆 1939 年版。

③　［美］卡尔·A. 魏特夫：《东方专制主义》，徐式谷等译，中国社会科学出版社 1989 年版。

④　［美］弗里德曼：《中国东南的宗族组织》，刘晓春译，上海人民出版社 2000 年版。

⑤　［美］杜赞奇：《文化、权力与国家——1900—1942 年的华北农村》，王福明译，江苏人民出版社 1994 年版。

⑥　《陕山地区水资源与民间社会调查资料集》共包括四部专集。白尔恒、蓝克利、魏丕信编著：《沟洫佚闻杂录》；秦建明、吕敏编著：《尧山圣母庙与神社》；黄竹三、冯俊杰编著：《洪洞介休水利碑刻辑录》；董晓萍、蓝克利：《不灌而治——山西四社五村水利文献与民俗》，中华书局 2003 年版。

术趋势影响下，越来越多的学者开始转向水利与地方社会相结合的研究，关注水利条件下的民众生活、社会结构与权力体系的变迁等方面，从社会史的视角研究水利史开始起步。水利社会史的研究成果以近代为时段的并不多，涉及时代以"明清"或"明清以来"为多，其中不少成果论及晚清，故将其纳入近代的水利社会史予以考察。学者们主要对诸如闽台、太湖流域、两湖流域、关中及山西等区域水利工程的组织与管理、用水规则与水利习俗、水利纠纷的发生与解决等方面进行了探讨。

郑振满指出，明清福建沿海大型的水利设施一般是"官办"，而规模小且分散的水利系统则由民间乡族自行组织兴修和管理。由于地方官府缺乏财政，"官办"有向"民办"逐渐过渡的趋势，从某种意义上，说明了明清时期政府的作用不断削弱，而乡族组织的势力却日益壮大。① 熊元斌指出，清代江浙地区农田水利的经营主要有官办、民办和官督民办三种，圩岸的修筑一般是由民间以"业食佃力"的方式为基础，并在圩的集体场合下实施的，逐渐形成了一些行之有效的维护和管理制度，诸如岁修制度、撩浅制度、轮浚制度、保固制度、公共巡防制度、启闭制度等。地方绅衿凭借其声望、地位，组织农田水利建设，制定和监督执行水利乡规民约，合理分配水资源，调解水利纠纷。②

20 世纪 90 年代末，随着社会史研究的不断深入，水利社会史研究已引起众多学者的重视。

1999 年，行龙启动了对山西水利社会的研究。2004 年 8 月山西大学召开了"区域社会史比较研究"学术讨论会，并围绕"水利社会"展开热烈的讨论。接着王铭铭和行龙在《读书》上发表文章呼吁展开水利社会史的研究。③ 经过十多年的努力，山西大学的水利社会研究团队已经取得不

————————

① 郑振满：《明清福建沿海农田水利制度与乡族组织》，《中国社会经济史研究》1987 年第 4 期。

② 熊元斌：《清代浙江地区水利纠纷及其解决的办法》，《中国农史》1988 年第 4 期；《清代江浙地区农田水利的经营和管理》，《中国农史》1993 年第 1 期。

③ 王铭铭：《水利社会的类型》，《读书》2004 年第 11 期；行龙：《从"治水社会"到"水利社会"》，《读书》2005 年第 8 期。

少成果。① 行龙试图以水为中心、勾连起土地、森林、植被、气候等自然要素及其变化，进而考察由此形成的区域社会经济、文化、社会生活、社会变迁的方方面面，以实现对山西区域社会发展变迁的整体性把握。山西大学的水利社会研究团队中张俊峰的相关成果较多。张俊峰撰文分析了山西省文水县甘泉渠水案、介休水案与地方社会，以通利渠为例探讨了清末晋南乡村社会的水利管理与运行，2012 年出版了《水利社会的类型：明清以来洪洞水利与乡村社会变迁》，分析了洪洞引泉灌溉、引河灌溉、引洪以灌等水资源开发利用类型。② 张俊峰指出，清至民国时期山西水利社会中的水权交易行为相当普遍且类型多样，这不仅是水资源紧缺状态下山西民众智慧的结晶，也是调解水资源时空配置不均，提高水资源利用效率的一种特有方式。③ 胡英泽论证了水井在乡村社会中构建社区空间、规定社会秩序、管理社区人口、营造公共空间、影响村际关系等方面的作用。④

　　王培华对清代河西走廊、新疆等地水资源的管理、分配和利用制度进

---

　　① 行龙：《明清以来山西水资源匮乏及水案初步研究》，《科学技术与辩证法》2000 年第 6 期；张俊峰：《水权与地方社会——以明清以来山西省文水县甘泉渠水案为例》，《山西大学学报》（哲学社会科学版）2001 年第 6 期；张俊峰：《明清以来晋水流域之水案与乡村社会》，《中国社会经济史研究》2003 年第 2 期；张俊峰：《介休水案与地方社会——对泉域社会的一项类型学分析》，《史林》2005 年第 3 期；周亚、张俊峰：《清末晋南乡村社会的水利管理与运行——以通利渠为例》，《中国农史》2005 年第 3 期；张俊峰：《明清以来山西水力加工业的兴衰》，《中国农史》2005 年第 4 期；行龙：《多村庄祭奠中的国家与社会：晋水流域 36 村水利祭祀系统个案研究》，《史林》2005 年第 8 期；行龙：《从共享到争夺：晋水流域水资源日趋匮乏的历史考察——兼及区域社会史的比较研究》，行龙、杨念群主编：《区域社会史比较研究》，社会科学文献出版社 2006 年版；张俊峰：《明清时期介休水案与"泉域社会"分析》，《中国社会经济史研究》2006 年第 1 期；行龙：《明清以来晋水流域的环境与灾害——以"峪水为灾"为中心的田野考察与研究》，《史林》2006 年第 2 期；行龙：《"水利社会史"探源——兼论以水为中心的山西社会》，《山西大学学报》（哲学社会科学版）2008 年第 1 期。

　　② 张俊峰：《水利社会的类型——明清以来洪洞水利与乡村社会变迁》，北京大学出版社 2012 年版。

　　③ 张俊峰：《清至民国山西水利社会中的公私水交易——以新发现的水契和水碑为中心》，《近代史研究》2014 年第 5 期。

　　④ 胡英泽：《水井碑刻里的近代山西乡村社会》，《山西大学学报》（哲学社会科学版）2004 年第 2 期；胡英泽：《水井与北方乡村社会——基于山西、陕西、河南省部分地区乡村水井的田野考察》，《近代史研究》2006 年第 1 期。

行了详细探讨,并对这一地区发生的水利纷争及原因等进行了分析。①

　　萧正洪指出,关中农村灌溉用水资源权属关系的最基本特点是所有权与使用权二者的分离,农民只享有使用权,而包含于水粮之中的水资源使用权费是国家所有权借以实现的经济方式。在不同的时期中,水权的取得方式和分配原因、实现的途径和管理方式存在着若干差异,其中最值得注意的变化是明清时期水资源使用权的买卖及其与地权关系的分离。② 钞晓鸿通过分析关中中部的渠堰灌溉及水利社会指出,水利组织包括水利共同体的变化,背后存在一些根本性的机制问题,如河流径流量不稳定、水权所有权和使用权的矛盾、上下游区位差异性、共同体系统内外的冲突等。③ 佳宏伟对清代汉中地区水利变化的环境背景及基层社会权力体系变化的影响等方面进行了分析。④

　　韩茂莉认为,山陕地区水权保障系统形成以渠系和村落为基点的地缘水权圈和以家族为基点的血缘水权圈,两个圈层相互交织,融社会习俗和社会惯性为一体,在乡村社会中占十分重要的地位。以渠长为核心的基层管理体系容纳了乡村社会的诸多层面,其中乡绅、大户结成具有渠长人选资格的水权控制圈在水利管理中起着重要作用。⑤

　　王建革聚焦河北和河套地区。在河北个案的研究中,他选取了天津地区的农业灌溉与滏阳河上游相比较,认为在天津地区,国家权力是明显的,渠道的建设和管理都由政府来负责;而在滏阳河,首先是可分性水权与争水,其次是渠道社会组织与行政区划不一致。而河套的研究还显示,

---

　　① 王培华:《清代滏阳河流域水资源的管理、分配与利用》,《清史研究》2002 年第 4 期;王培华:《清代河西走廊的水利纷争及其原因——黑河、石洋河流域水利纠纷的个案考察》,《清史研究》2004 年第 2 期。

　　② 萧正洪:《历史时期关中地区农田灌溉中的水权问题》,《中国经济史研究》1999 年第 1 期。

　　③ 钞晓鸿:《灌溉、环境与水利共同体——基于清代关中中部的分析》,《中国社会科学》2006 年第 4 期;钞晓鸿:《清代汉水上游的水资源环境与社会变迁》,《清史研究》2005 年第 2 期。

　　④ 佳宏伟:《水资源环境变迁与乡村社会控制——以清代汉中府的堰渠水利为中心》,《史学月刊》2005 年第 4 期。

　　⑤ 韩茂莉:《近代山陕地区地理环境与水权保障系统》,《近代史研究》2006 年第 1 期;韩茂莉:《近代山陕地区基层水利管理体系探析》,《中国经济史研究》2006 年第 1 期。

地商制度充分适应了河套的生态环境和汉蒙杂居的社会环境，而官营水利忽视对基层社会的适应，最终归于失败。①

至于山陕地区在内的北方地区水纠纷频发的原因，赵世瑜分析了汾河流域广泛流传的几则分水传说中权力和象征的意义，他指出，许多论者将水利纠纷频繁归结为资源短缺，实际上问题的关键还在于水资源的公共物品特性以及由之而来的产权界定困难。②

关于江南地区，钱杭自 2004 年以来，发表了多篇论文讨论湘湖水利社会史，2009 年出版了《库域型水利社会研究：萧山湘湖水利集团的兴与衰》。③ 他认为，受传统公私伦理熏陶支撑的湘湖水利集团成员及其代言人——地方乡绅、乡官，只从既定的道德道义立场以及狭小的同质性成员圈子出发维护既得利益，结果使本可加以适当调整、兼顾的利益关系被完全对立化，丧失了重建秩序的许多机会，加剧了湖体之淤，消解了湘湖之利。冯贤亮指出，浙江平湖县横桥堰等水利设施周期性兴废过程中，清晰地展现了清代后期跨区域的政府联合行为。④

张建民认为地方社会组织在长江流域农田水利建设中发挥了重要作用，水利兴修主要表现为官督民修的形式，地方士绅在其中的作用明显，经费普遍实行"按亩摊派"的收益原则。⑤ 周荣对晚清、民国湖北天门县历编水利案牍所折射出的本地利益和全局话语进行了解读。⑥ 杨国安根据民间水利文献《华陂堰帐簿》，对鄂南崇阳县华陂堰的灌溉系统、祭祀系

①　王建革：《河北平原水利与社会分析（1368—1949）》，《中国农史》2000 年第 2 期；王建革：《清末河套地区的水利制度与社会适应》，《近代史研究》2001 年第 6 期。

②　赵世瑜：《分水之争：公共资源与乡土社会的权力和象征——以明清山西汾水流域的若干案例为中心》，《中国社会科学》2005 年第 2 期。

③　钱杭：《库域型水利社会研究：萧山湘湖水利集团的兴与衰》，上海人民出版社 2009 年版。

④　冯贤亮：《清代江南乡村的水利兴替与环境变化——以平湖横桥堰为中心》，《中国历史地理论丛》2007 年第 3 期。

⑤　张建民：《试论中国传统社会晚期的农田水利——以长江流域为中心》，《中国农史》1994 年第 2 期。

⑥　周荣：《本地利益与全局话语——晚清、民国天门县历编水利案牍解读》，《中国经济与社会史评论》（2010 年卷），中国社会科学出版社 2010 年版；周荣：《明清江汉平原地区的堤垸水利与地方社会——以〈白茅垸首总印册〉为中心》，《中国经济与社会史评论》（2009 年卷），中国社会科学出版社 2010 年版。

统、组织体系、冲突纠纷作了综合考察。① 肖启荣认为，钟祥至沙洋的汉江干堤极易溃决，并且关系到整个下游地区的安全，因此在人力组织、资金筹集、岁修维护上，国家的政策表现出明显的倾斜性。沙洋以下，天门、潜江、沔阳等州县所在区域以垸田为主，国家将这一区域的堤防修筑与维护主要交由地方来进行。他指出，汉水下游州县地方社会对水利纷争的控制权经历了由官绅、上层绅士向下层绅士与民众转移的过程，解决纷争的途径也相应由官僚集团内部协商的方式走向暴力的自治行动。②

综上所述，北方特别是山陕地区、江南地区、长江中游及两湖等地区的水利社会研究积累了不少成果；华南地区的水利社会史起步较早，缺乏后续研究；学界对西北、西南地区的水利建设有所关注，社会史取向的成果不多。学界关注水利兴修过程中的组织和管理，分水规则和水利纠纷，也探讨了地方社会的结构和权力体系状况，以及国家和社会在其中的作用。对水利社会的研究形成了多样化的研究路径。行龙站在区域社会整体史的立场，注重水利与人口、资源环境的互动，进而探索区域社会变迁的内在理路。钱杭重新诠释和改造了共同体理论，以其为指导，对湘湖水利"共同体"的微观基础和宏观环境均作了细致入微、观点独到的分析。钞晓鸿的研究则向日本学者的"水利共同体"理论发起了挑战。值得注意的是，一些历史地理学背景的学者在从事历史地理学研究之外，涉足水利社会的研究，如韩茂莉、王建革等。韩茂莉提出了"地缘水权圈""家族水权圈"。

### (七) 城乡关系

城市与乡村在社会、经济、文化、建筑等方面都有不同之处，城乡之间也一直关系密切，城市的存在和发展总以一定范围内的乡村作为自己的腹地，城市常常对乡村产生各种实际的影响。近代城乡关系是近代城市史

---

① 杨国安：《国家权力与民间秩序：多元视野下的明清两湖乡村社会史研究》，武汉大学出版社 2012 年版。

② 肖启荣：《明清时期汉水下游地区的地理环境与堤防管理制度》，《中国历史地理论丛》2008 年第 1 期；肖启荣：《明清时期汉水下游泗港、大小泽口水利纷争的个案研究——水利环境变化中地域集团之行为》，《中国历史地理论丛》2008 年第 4 期。

研究的重要课题之一。

在古代中国，有相当部分城市人口与乡村保存着密切的联系，对城市存在着离心倾向。进入近代以来，城乡之间的社会分工有了较明显的发展，城市功能的变换和城市生活条件的改善，城市和乡村的位差拉大，越来越多的农村人口进入城市后，不再返回农村，传统的城乡关系被打破。王先明指出，20 世纪 30 年代，随着近代中国工业化、城市化和现代化的发展，"城乡背离化"趋势的负效应累积已达极点，加之其他因素的推动，乡村危机猝然爆发，且愈演愈烈。①

也有人认为，在近代中国传统的城乡关系并未发生根本性改变，城乡之间并没有形成明显的社会分工，城市经济生活中地主、商人和高利贷者三位一体起主导作用，城市在政治上压迫乡村，并在经济上多方面剥削、掠夺乡村，使农村经济破产，延缓了乡村城市化的进程。

当然，不少论著从辩证的角度观察城市与乡村的关系。《近代重庆城市史》认为，近代中国的城乡关系一方面表现为城市作为经济中心的功能，已对乡村产生了较大的辐射力和吸引力，一定程度上扩大了城乡之间的联系；另一方面又加速了城乡之间的差别和对立，城市在政治上压迫乡村，在经济上剥削乡村，造成乡村的落后、破产，最终又延缓了中国城市化和城市现代化的进程。

《东南沿海城市与中国近代化》一书列有专章"城乡互动——农村经济与东南沿海城市近代化"。该书指出，近代东南沿海口岸城市周边的农村，由于特有的地理位置，以及与口岸城市天然的地缘联系，使其在国内农村中，率先得城市近代化风气之先，相比其他区域的农村，卷入近代化进程的时间较早，程度也较深。近代城乡关系具有复杂性：一方面，农村在卷入城市近代化的进程中，既支持了城市的近代化，同时自身也获得了发展的利益；另一方面，农村又不得不受制于城市，接受由于经济、政治差异而形成的城乡不平等关系，并且无可奈何地在必要的时候为城市的近

---

① 王先明：《试论城乡背离化进程中的乡村危机——关于 20 世纪 30 年代中国乡村危机问题的辨析》，《近代史研究》2013 年第 3 期。

代化付出代价和牺牲。① 戴鞍钢探讨了近代上海城市的崛起与周围农村经济互动互补的紧密关系。②

# 三　区域社会史

最近三十年，中国区域社会史研究风生水起，不仅在社会史学界炙手可热，其影响力甚至逐渐超出了史学界。学界涉及区域社会史研究的评述文章已有数篇，③ 本书在借鉴上述成果的基础上，对该领域研究成果进行补充并重新梳理。

## （一）从区域性研究到区域社会史

要深入理解区域社会史，须将其置于相关学术流脉中进行定位。那么中国区域社会史在学术脉络中的兴起过程是怎样的呢？

中国古代地方志书较为发达，它主要是记载地方上各方面情况的资料性文献。区域社会史则属于现代学术研究，它是基于地方史、区域性研究与社会史相结合而逐渐发展起来的。民国时期，地方史研究得到初步发展，如彭子明的《台湾近世史》，傅斯年的《东北史纲》，金毓黻的《东

---

① 张仲礼主编：《东南沿海城市与中国近代化》，上海人民出版社1996年版。
② 戴鞍钢：《近代上海与周围农村》，《史学月刊》1994年第2期。
③ 宋元强：《区域社会经济史研究的新进展》，《历史研究》1988年第3期；万灵：《中国区域史研究理论和方法散论》，《南京师范大学学报》1992年第3期；常建华：《中国社会史研究十年》，《历史研究》1997年第1期；赵世瑜、邓庆平：《二十世纪中国社会史研究的回顾与思考》，《历史研究》2001年第6期；李玉：《中国近代区域史研究综述》，《贵州师范大学学报》（社会科学版）2002年第6期；行龙：《二十年中国近代社会史研究之反思》，《近代史研究》2006年第1期；黄国信、温春来、吴滔：《历史人类学与近代区域社会史研究》，《近代史研究》2006年第5期；王先明：《"区域化"取向与近代史研究》，《学术月刊》2006年第3期；王先明：《新时期中国近代社会史研究评析》，《史学月刊》2008年第12期；行龙、胡英泽：《三十而立：社会史研究在中国的实践》，《社会科学》2010年第1期；张小也：《历史人类学：如何走得更远》，《清华大学学报》（哲学社会科学版）2010年第1期；戴一峰：《区域史研究的困惑：方法论与范畴论》，《天津社会科学》2010年第1期。

北通史》等。① 另外，也不乏区域性的专史研究，如冀朝鼎的《中国历史上的基本经济区与水利事业的发展》等。② 在 20 世纪 50—70 年代，地方史研究方面高质量的学术成果并不多见。20 世纪 80 年代后，中国地方史、区域史研究得到空前的发展。直至 90 年代之前，区域性研究与社会经济史等领域相结合取得的成果较为突出。

20 世纪二三十年代之后，区域社会经济史研究逐步兴起。90 年代之前已经取得不少成绩。如梁嘉彬对广东十三行的研究，傅衣凌对福建农村经济和对徽商、江南市镇的研究，全汉升对各地粮食价格变动等问题的研究，洪焕椿对浙江地方史尤其是社会经济史的研究，叶显恩对徽州、广东等地的商业、商人、宗法结构和佃仆制度的探索，章有义对明清徽州土地关系的研究，从翰香对华北农业和农村社会的研究，吴天颖对四川井盐的探索，罗仑对山东地主经济结构的研究等。③ 90 年代之后成为区域社会史研究中坚力量的学者，在 80 年代已经纷纷投身社会经济史等领域的区域性研究，并开始崭露头角。除了学者个人的实证研究，一些会议上学者们开始倡导进行区域社会经济史研究。如 1982 年，中国社会科学院历史研究所、《中国史研究》编辑部、中国社会科学出版社和中山大学历史系联合举办了中国封建社会经济结构、特点及其发展道路学术讨论会。会上，吕作燮等提倡运用区域性研究方法，加强区域经济史研究。他们认为，中国封建社会各地经济发展很不平衡，笼统地说中国封建社会经济落后或先进并不科学，应该进行区域经济史的研究。④ 1987 年 12 月在深圳举行了"国际清代区域社会经济史暨全国第四届清史学术讨论会"。会后出版了《清代区域社会经济研究》（论文集），对区域社会经济研究进行了阶段性的总结。⑤ 80 年代史学界特别是社会经济史领域内已经频频使用"区域性

---

① 彭子明：《台湾近世史》，福州鸣社 1929 年版；傅斯年：《东北史纲》，"中研院"历史语言研究所 1932 年版；金毓黻：《东北通史》，三台东北大学 1941 年版等。

② 冀朝鼎：《中国历史上的基本经济区与水利事业的发展》，朱诗鳌译，中国社会科学出版社 1981 年版。该书译自 1936 年的英文版。

③ 韦庆远：《清代区域社会经济史研究概况》，《学术研究》1988 年第 2 期。

④ 黄启臣：《中国封建社会经济结构学术讨论会综述》，《中山大学学报》1983 年第 1 期。

⑤ 叶显恩主编：《清代区域社会经济研究》，中华书局 1992 年版。

研究"之类的词了。

　　不过，90 年代中期之前，"区域社会史"作为专用名词尚很少出现在学者的论著中。在"晚清民国期刊全文数据库"中以"区域社会史"为关键词没有搜索到相应的文章。在"中国知网"上使用"区域社会史"进行全文检索，1996 年前一共不足十篇文章中使用了"区域社会史"一词。较早提及"区域社会史"的是何平，1986 年他在第一届中国社会史会议上指出，中国社会史研究可从以下八个方面入手，即制度社会史、意识社会史、物质文化社会史、区域社会史等。① 1992 年蔡少卿提出，研究城市社会史、农村社会史、区域社会史等，就可加深对社会历史不同方面的认识。② 1993 年，乔志强指出，加强区域社会史研究，对当前社会发展中战略方针的制定是有借鉴意义的。③ 另有两篇书评中使用了"区域社会史"，《辛亥革命与四川社会》被认为是从区域社会史方面去探讨辛亥革命史④，《跨出封闭的世界——长江上游区域社会的研究，1644—1911》被定性为是一部区域社会史著作。⑤ 虽然一些文章开始使用"区域社会史"一词，但并没有对其内涵进行详细阐释。1997 年开始，使用"区域社会史"的论文明显增多，"区域社会史"的丰富内涵逐渐被清晰揭示出来。

　　在 20 世纪 90 年代以前，国家制定的"六五""七五"社会科学规划中，都把开展区域社会经济史研究作为重点方向。90 年代以来，区域社会史的研究开始逐渐取代区域社会经济史研究成为研究的重点。"八五"期间社会科学规划项目中的区域研究已开始由社会经济史向社会史转移，重要的项目有华北和华南的农村社会研究，社会史的研究取向是明显的。"九五"规划更把区域社会比较作为课题指南的重点，是典型的区域社会

---

　　① 宋德金：《开拓研究领域　促进史学繁荣——中国社会史研讨会述评》，《历史研究》1987 年第 1 期。

　　② 欧炀：《锐意开拓史学研究的新领域——著名社会史学家蔡少卿先生访谈录》，《东南文化》1992 年第 1 期。

　　③ 乔志强：《深化中国社会史研究》，《历史研究》1993 年第 2 期。

　　④ 李喜所：《新领域·新特色——〈辛亥革命与四川社会〉评介》，《近代史研究》1992 年第 3 期。

　　⑤ 无为：《1993 年中国经济史研究述评》，《中国经济史研究》1994 年第 2 期。

史题目。①

1994 年 8 月，在西安召开了中国社会史学会第五届年会暨"地域社会与传统中国"的国际学术会议，"地域社会"成为社会史学界的重要议题。1996 年的重庆年会将"区域社会比较"作为会议主题，1998 年苏州年会的主题涉及社区问题。这些都表明社会史学界对区域社会史的关注。有关的中小型会议也不断召开，如香港科技大学人文学部、中山大学历史系等单位为核心的华南研究团队举办了多次以华南地域研究为主题的学术讨论会。从这些会议的主题不难看出区域社会史在社会史研究中的突出地位。

20 世纪 90 年代之后，区域社会史方面的研究成果不断涌现。如魏宏运、朱德新、苑书义、乔志强、行龙、张利民、郑起东、赵世瑜等出版了华北区域社会史研究方面的论著。江南史的开拓者为傅衣凌、洪焕椿等。徐新吾、段本洛、邹逸麟、樊树志、王家范、蒋兆成、李伯重、唐力行、范金民、钱杭、王卫平、吴建华、朱小田、马俊亚、龙登高、曹幸穗、包伟民、单强、张海英、王振忠、冯贤亮、陈江、徐茂明、马学强、陈国灿、洪璞、夏维中等学者对江南社会展开了研究，取得丰硕成果。周少泉、栾成显、阿风、唐力行、张海鹏、赵华富、卞利、王振忠、刘淼等对徽州展开研究，徽学成为社会史研究中的重要组成部分。闽粤区域社会史研究以陈支平、郑振满、陈春声、罗一星、刘志伟、柯大卫等学者的成绩较为突出，其中一些学者倡导进行历史人类学研究，推动了区域社会史的理论建构。张建民、鲁西奇等对两湖地区的区域社会史展开研究，取得不少成果。王笛等对长江上游区域社会展开了研究。

区域社会史的新发展，不管是关注区域的整体社会史，还是以区域社会为研究空间探索国家与社会的互动过程，都极大地有利于中国社会史研究向全面、整体、深入的方向发展。这使学者越来越注意将整个中国的广阔地域置于研究的视野之内，注意区域的整体研究，并进而探讨传统中国社会的历史整合过程，为社会史研究提供了新的解释框架，体现了学者们

---

① 常建华:《中国社会史研究十年》,《历史研究》1997 年第 1 期。

新的问题意识。① 在区域社会史研究中，田野调查蔚然成风，这也推动了社会史的发展。田野调查的作用主要有以下几点，有利于读懂文献，激发灵感，萌生新的问题意识，搜集文献。②

20 世纪 90 年代之前社会经济史等领域的区域性研究和之后的"区域社会史"研究兴起的原因大致相同（详后）；它们都关注华北、江南、徽州、闽粤等区域；并涉及社会经济、社会生活、社会治理等主题；两个时期研究同一区域的一些学者之间往往有师承关系（如傅衣凌及其弟子对闽粤社会的研究）；一些学者的区域社会史研究横跨两个时期，前期发表了一些论文，后期出版了专著，成果更为丰富。80 年代一些以区域性研究为名或者没打任何旗号的实证研究虽然没有使用"区域社会史"这个词，但其研究内容及方法视角完全可以归入"区域社会史"之中。社会经济史等领域的区域性研究与"区域社会史"研究之间存在直接的承续关系，应该放在同一历史脉络中理解。在此背景下，以 90 年代中期为界，发生了从社会经济史等领域的区域性研究向"区域社会史"研究的转向，一方面将区域性研究的范围从社会经济史等领域扩展到整个社会史，另一方面从具体的实证研究中提炼了"区域社会史"这个产生广泛影响的概念，其内涵阐释更为丰富、深刻。

### （二）区域社会史研究兴起的原因

纵观区域社会史的发展历程可见社会史与区域性研究两股潮流相互激荡，相互融合。80 年代社会史复兴的原委已为业内熟知，兹不赘言。兹就80 年代区域性研究如何因应时代潮流而兴略作分析。

20 世纪 80 年代，中国学者已经抓住了时代脉搏，呼吁展开区域性研究。1987 年，在"国际清代区域社会经济史暨全国第四届清史学术讨论会"上，傅衣凌所致开幕词指出，近几十年来，社会经济史的区域性研究已成为国际性的学术潮流，它的出现有着深刻的科学、哲学和社会背景。

---

① 赵世瑜、邓庆平：《二十世纪中国社会史研究的回顾与思考》，《历史研究》2001 年第 6 期。

② 行龙：《二十年中国近代社会史研究之反思》，《近代史研究》2006 年第 1 期；黄国信、温春来、吴滔：《历史人类学与近代区域社会史研究》，《近代史研究》2006 年第 5 期。

它与西方科学研究出现的从一元到多元、从绝对到相对、从确定性到不确定性、从精确到模糊等变化趋势，与或然性规律的认识、选择论科学思想的确定，与近代殖民体系的崩溃、出现各个国家、各个地区走向不同的历史发展道路，以及欧洲中心主义史观的破产，有着密切的联系。进而他指出，在中国，由于社会历史发展在地域上严重的不平衡性、区域性研究尤其必要。区域性研究不仅可以发现中国各地区社会发展的特殊性，而且通过对这些特殊性的研究，有助于更好地说明中国乃至整个人类社会的发展进程。区域研究还可深入地方史料，广辟资料来源，避免研究工作中存在的以偏概全、内容空泛、拼凑史料等弊病。[①] 会议上也热议了加强研究区域社会经济史的几个理由。[②] 从傅衣凌的致辞到会议讨论，可以看到学者们对区域性研究兴起的原因达成了共识。如各地区的现实建设需要；国际学术和社会变迁的影响；发现中国各地区社会发展的特殊性；通过对这些特殊性的研究，有助于更好地说明中国乃至整个人类社会的发展进程；有利于发掘地方史料等。

　　20世纪90年代之后，探讨区域社会史研究兴起原因的文章多沿着上述傅衣凌等人的思路展开分析，国际影响方面补充了较多具体的论证。随着学术交流的日益频繁，国外区域社会史研究的理论、实践性成果的引进，对中国区域社会史的发展产生了推波助澜的作用，其中尤以法、美、日学者的影响较大。70年代末，黄宗智等到中山大学访问，向叶显恩等介绍了年鉴学派和美国的区域史研究。[③] 80年代初，中国的期刊对年鉴学派有不少介绍。黄宗智的《华北的小农经济与社会变迁》和柯文的《在中国发现历史：中国中心观在美国的兴起》在80年代后期已有中译本。[④] 1981年，森正夫提出了作为方法论概念的"地域社会"。80年代初，森正夫曾到复旦大学、厦门大学等单位进行合作研究和学术交流，其"地域社会

---

① 叶显恩主编：《清代区域社会经济研究》，中华书局1992年版。

② 宋元强：《区域社会经济史研究的新进展》，《历史研究》1988年第3期。

③ 叶显恩、邓京力：《我与区域社会史研究——访叶显恩》，《历史教学问题》2000年第6期。

④ 黄宗智：《华北的小农经济与社会变迁》，中华书局1986年版；柯文：《在中国发现历史：中国中心观在美国的兴起》，林同奇译，中华书局1989年版。

论"传入中国。①

中国社会史学界也认识到国外区域社会史研究的理论、实践性成果对中国区域社会史的推动。乔志强等从年鉴学派、美国区域研究论证在中国展开地域社会史研究的必要性。他们还指出，柯文揭示了 20 世纪 70 年代以来美国中国史研究以中国为中心取向的特征之一便是区域研究，施坚雅研究中国市场的区域分析理论、黄宗智等关于近代华北、长江三角洲的研究，这都对中国的社会史学者有较大的影响。② 常建华等注意到森正夫等人倡导的地域社会论对中国学界的影响。③ 常建华还指出，一些大陆学者与海外学术界进行学术交流和对话，特别是与人类学等不同学科的学者一起开展社会历史学的田野调查，进行不同学科之间的对话，推动了中国区域社会史的研究，如中山大学、厦门大学的陈春声、刘志伟、郑振满等与萧凤霞、柯大卫、丁荷生、陈其南等人的合作研究。④ 戴一峰认为，中国大陆学术界的区域史研究，受美国汉学界的影响远大于受年鉴学派的影响。美国汉学界的区域史研究对中国学术界影响最大、最直接的，还是施坚雅在中国城市史研究中阐释的宏观区域理论。⑤

各类因素对区域社会史研究施加影响的时间和力度可能不一致。比如有些本土研究在不知国际学术大势的时候已经开始进行独立探索了，研究的过程中才逐渐了解到相似的国际学术趋势。总体上看，中国社会史学界对国际上区域社会史的研究有比较全面、深入的了解是在 20 世纪 90 年代大量国外区域社会史书籍被翻译成中文出版之后。

20 世纪 80 年代中期中国社会史研究开始复兴，20 世纪 90 年代之后社会史研究不断深入、渐成气候，越来越多的学者意识到区域社会史的研究是伴随着社会史的复兴而兴起的。乔志强等注意到，进行地域社会史研究，冲破以行政管理区划以及用朝代断限来研究社会史的局限，以社会及

①　《中日学者共同探讨明清史》，《复旦学报》(社会科学版) 1984 年第 2 期。

②　乔志强、行龙：《近代华北农村社会变迁刍论——兼论地域社会史研究的理论与方法》，《史学理论研究》1995 年第 2 期。

③　常建华：《中国社会史研究十年》，《历史研究》1997 年第 1 期。

④　同上。

⑤　戴一峰：《区域史研究的困惑：方法论与范畴论》，《天津社会科学》2010 年第 1 期。

其发展来确定社会史的研究空间范围和时限，可以拓展社会史的研究视角，有利于多角度、多层次地研究社会史。① 常建华、赵世瑜等指出，区域社会史把特定地域视为一个整体，全方位地把握它的总体发展，这既是一种整体社会史在特定区域内的研究尝试，又可以在实践中推动整体社会史研究的深入发展。② 行龙等认为，20 世纪 90 年代中期，中国社会的发展在复兴之后面临着新的选择。初步建立了社会史的研究框架后，已不能局限于单纯理论、概念的坐而论道，也不能停留在宏观的、一般的大而化之的研究层面，如何实现突破它而走向深入，成为社会史学界亟待解决的问题。在这种情况下，中国社会史研究发生了区域转向，社会史研究从整体社会史迈向区域社会史，反映了中国社会史发展的又一个新潮。③

国际因素影响的加强使区域性研究的内涵更加丰富，社会史的发展促使区域性研究与社会史结合，学界据此提炼出"区域社会史"的概念，这无疑推动了 90 年代社会经济史等领域的区域性研究朝"区域社会史"研究的转向。

### （三）区域社会史的内涵及区域划分

何为"社会史"在学界存在几种不同意见，关于区域社会史的内涵也有不同的看法。有些学者虽然讨论区域史，实际上多涉及区域社会史。徐国利指出，大陆学术界对区域史有三种界定：一是认为区域史是一种新的史学分支学科或新的理论与方法，是将某一特定时空内具有同质性或共趋性的区域历史进程，或是指将社会诸要素纳入一个完整的体系内作综合的历史探讨；二是将它视为以某区域或地方史为对象的研究；三是将区域社会史研究等同于区域史研究。他认为，区域史就是研究社会历史发展中由具有均质性社会诸要素或单要素有机构成的、具有自身社会历史特征和系统性的区域历史，进而揭示区域历史发展系统性、独特性

---

① 乔志强、行龙：《近代华北农村社会变迁刍论——兼论地域社会史研究的理论与方法》，《史学理论研究》1995 年第 2 期。

② 常建华：《中国社会史研究十年》，《历史研究》1997 年第 1 期；赵世瑜、邓庆平：《二十世纪中国社会史研究的回顾与思考》，《历史研究》2001 年第 6 期。

③ 行龙、胡英泽：《三十而立：社会史研究在中国的实践》，《社会科学》2010 年第 1 期。

的史学分支学科。① 行龙等认为，对区域社会史的学科定位大致形成两种意见：一种观点主张区域社会史是社会史的一个分支；另一种观点认为区域社会史是一种研究视角或方法。② 戴一峰指出，大陆学术界存在着两种不同的区域史观：一种是方法论取向的，即将区域史研究视为一种新的研究方法、研究范式或研究取向；另一种是范畴论取向的，即将区域史研究视为一个新的研究领域、新兴学科或学科分支。范畴论者大多直接或间接从地理学、区域学或区域经济学汲取理论养分，均主张区域应有明确界定（但并非固定不变的），并应对划分的依据和标准给予充分说明。而持方法论者则大多汲取历史人类学养分，主张区域的无界和流动。③ 行龙和戴一峰等学者的观察是准确的，区域社会史大体呈现分支说和视角说两种研究取向。还应注意的是，区域社会史的研究实践中分支说取向的论著居多，但理论反思方面则以围绕研究视角、方法而展开的探讨最为活跃，本书也侧重分析作为研究视角的区域社会史。

李治安主张全面仿效年鉴学派区域史研究模式。他认为进行总体的、综合的区域史研究，要选定某个区域为研究对象，应改变断代史、专门史研究只关注某一领域、某一专题的学术惯性，大胆引入法国年鉴学派的理论方法。以长时段、中时段及短时段为经，以区域地理范围为纬，去构建总体的、综合的区域史研究。④

王先明认为，学术意义上的区域史研究，是指在一定时空内具有同质性或共趋性的区域历史进程的研究，而所谓区域史研究，大多不过是研究的区域化取向而已。是研究问题本身的区域性特征决定了区域性研究的选择，而不是只有"区域化"才是推进研究深入发展的取向。并非所有的研究课题都适合区域化取向；同理，也并非只要冠以"区域"的名堂就都是

① 徐国利：《关于区域史研究中的理论问题——区域史的定义及其区域的界定和选择》，《学术月刊》2007 年第 3 期。
② 行龙、胡英泽：《三十而立：社会史研究在中国的实践》，《社会科学》2010 年第 1 期；行龙：《二十年中国近代社会史研究之反思》，《近代史研究》2006 年第 1 期。
③ 戴一峰：《区域史研究的困惑：方法论与范畴论》，《天津社会科学》2010 年第 1 期。
④ 李治安：《综合性区域史研究前景美好》，《南开学报》2002 年第 6 期。

"区域史研究"。①

　　黄国信等认为，区域是一种多层次的动态观念。透过历史过程可以看到，区域会根据时空、人群、场合的差异而产生动态变化。百姓通过市场、聚居、血缘、信仰、婚姻等在自己心中形成不同的、因应不同场景的区域，不同层次的官员、不同层次的绅士心中同样有着多样性的区域观念。不同的人在同一个地方，会产生关于区域的不同的认识；同一个人在同一个地方，当他面对不同的问题时，也可能有不同的区域观念。②

　　张小也注意到一些提倡历史人类学的学者所称的区域，是在不同的历史过程中，由不同的人群因应不同的需要而产生的工具与多层次的观念，也就是说，区域本身就是一种历史建构，是长时期历史因素积淀下来的，关涉地方性观念、国家意识形态与制度的互动过程，并且在人们心目中形成的多层次、多向度的指涉。③

　　关于区域的划分，在 80 年代的"国际清代区域社会经济史暨全国第四届清史学术讨论会"上即展开了热烈的讨论。一种意见认为，应该以行省作为清代社会经济区域划分的基础。另一种意见认为，应该打破行政单位界限，按自然经济条件来划分。再一种意见认为，"区域"的划分，应该采取多元的标准，既可以按行政区域划界，也可以打破行政区域的界限，按山脉走向、江河流域、市场网络和人文风俗等不同情况来确定。④采取多元的标准进行"区域"的划分是之后区域社会史研究最为常用的方法。

　　区域社会史研究中对"区域"的泛化使用引起一些学者的关注。张利民认为，科学地规范和界定区域的空间是区域史研究不能回避的基础问题。区域史研究对空间的界定应该是理性的，如果随意地冠名区域史，既有失偏颇，也影响区域史的科学性和严谨性，不利于区域史的深入开展和

---

① 王先明:《"区域化"取向与近代史研究》,《学术月刊》2006 年第 5 期。
② 黄国信、温春来、吴滔:《历史人类学与近代区域社会史研究》,《近代史研究》2006 年第 5 期。
③ 张小也:《历史人类学:如何走得更远》,《清华大学学报》(哲学社会科学版) 2010 年第 1 期。
④ 宋元强:《区域社会经济史研究的新进展》,《历史研究》1988 年第 3 期。

各学科的交叉研究。他指出，区域史是研究一定空间范围的历史，因此，研究者既要考虑环境对区域形成与演变的作用和影响，更要注重自然科学尚不能包容的政治、经济、社会、文化等人文因素。[①] 泛区域化取向造成了历史学研究的失范。大量的研究者及其成果，并不遵循区域史的规范要求，而只是在追逐时流中张扬着区域史的旗号。王先明指出，一些专门性很强的主题，如资源史、环境史研究等，也以省区的限定挂上了区域史研究招牌，而无视其学科本身的规范性要求，形成极为泛化的区域化取向。区域化取向造成了近代史研究的碎片化。在作为研究对象的区位选择方面呈现出严重的不平衡性，有跨省区的大区域史研究，有省区域史研究，更有县域史研究，还有村域史研究等。这种趋向不仅割裂了历史演进的整体性，也背离了区域社会史把特定地域视为一个整体的研究宗旨。[②] 行龙等注意到，区域社会史研究从一开始就注意区域概念的界定和讨论，其中一些观点或许受到了区域理论影响，对区域的界定、表述和地理学、区域科学有些方面比较一致，但并没有鲜明强调地理学、区域科学有关区域的理论对于区域社会史研究的科学规范意义，近年来这一问题逐渐引起学界的反思，强调区域的同质性、系统性、独特性。也有研究者认为区域因研究者的问题而定，应该淡化区域。[③]

　　在追寻区域社会历史的内在脉络时，陈春声等特别强调"地点感"和"时间序列"的重要性。在谈到地域社会的空间结构与时间序列的关系时，应该注意到，研究者在某一"共时态"中见到的地域社会的相互关系及其特点，反映的不仅仅是特定地域支配关系的"空间结构"，更重要的是要将其视为一个复杂的、互动的、长期的历史过程的"结晶"和"缩影"。"地域空间"实际上"全息"地反映了多重叠合的动态的社会经济变化的"时间历程"。对"地域空间"的历时性的过程和场景的重建与"再现"，常常更有助于对区域社会历史脉络的精妙之处的感悟与理解。[④]

---

[①] 　张利民：《区域史研究中的空间范围界定》，《学术月刊》2006 年第 3 期。
[②] 　王先明：《新时期中国近代社会史研究评析》，《史学月刊》2008 年第 12 期。
[③] 　行龙、胡英泽：《三十而立：社会史研究在中国的实践》，《社会科学》2010 年第 1 期。
[④] 　陈春声：《历史的内在脉络与区域社会经济史研究》，《史学月刊》2004 年第 8 期。

### （四）从区域重构整体史

区域是以整体为参照的，二者如影随形。区域社会史往往把较大的单位如全国、全球、人类作为整体史、总体史的研究范围，更小的单位作为区域史研究的对象。中国的区域社会史研究中多以全国史为整体史、总体史，并以此为前提来讨论区域及其与整体史的关系。20 世纪 90 年代之前，学界热衷讨论地方史、区域史与全国史、整体史、总体史的关系。其原因，除了在学理上需要厘清二者关系外，一个可能的因素是要在全国史占绝对统治地位的情况下为地方史、区域史取得一席之地，通过讨论二者关系而论证地方史、区域史研究的合法性。

很多学者把区域研究作为构建整体史、总体史的手段和方法。傅衣凌称，"我自三十年代起，便采取地志学的研究方法，先从搜索史料入手，以个别地区社会经济的调查与分析为出发点进行解剖，然后在这一个基础上陆续撰写一些论文，以探求总的发展规律"。[1] 傅衣凌强调了地域研究的价值，不过，这种价值主要不是针对地域研究本身的，而是为了更好地探索总的规律。张朋园认为，若循中央入手之研究方式，固然可以得到整体综合性的观察，然了解难于深入，不如从地区入手，探讨细节而后综合，或可获得更为具体的认识。[2] 20 世纪 70 年代，"中研院"张朋园等学者的"中国现代化区域研究"为了解决中央入手难于深入认识历史的困境，转而从地区入手，变的只是研究策略、手段等，最终目标仍在得出整体综合性的历史认识。唐力行等指出，区域史的研究是推动整体史研究深入发展的必由途径。区域有其特殊性，各区域之间也会有共性。只有把一个个区域社会的历史研究透了，才能从中央和地方相互作用的角度出发，把整体中国史的研究推进到一个新的高度。此外，区域社会是整体中国的一部分，是整体中国的细胞形式，解剖某一个具有典型意义的区域社会，本身就有助

---

① 傅衣凌：《集前题记》，《明清社会经济史论文集》，人民出版社 1982 年版。
② 张朋园：《湖南现代化的早期进展》，岳麓书社 2002 年版。

于我们深化对整体中国的认识。①

在一些学者的心底，"区域研究"只能作为"整体史"的附属品才有存在的价值，或者只能为"整体史"的解释做基础准备。有学者提出了与此不大相同的观点。如叶显恩等反对把区域性研究置于全国性研究的附庸地位，贬低区域性研究的价值。② 他认为，没有区域性的研究，就很难做全国总体史的研究。他不是把区域性的研究视为总体史研究的铺垫，也不是把总体史看作区域性研究的叠加，而是认为区域性的研究和总体史的研究，既是互相参照、互相促进的，又是可以互相并存的。两者各有其功能，彼此是不能互相替代的。③ 杨念群指出，在"什么是整体"这个问题无法厘清之前，把"区域史"与"整体史"对立起来，且抬高"整体史"地位，并以"整体史"研究作为史学最高境界和终极目的的想法在具体的历史叙述中根本无法实现。"区域社会史"研究从剖析各个微观地域特质的角度出发理解中国历史作为一种变通选择是有一定道理和依据的，不应该被讥为"碎片化"倾向的源头，或简单评定其研究价值就一定低于"整体史"一等。④

关于区域社会史与整体史地位孰高孰低有不同的看法，不过强调区域社会史本身即具有独立研究价值的论著并不多见。学界多以整体史、总体史相标榜，鲜有学者反对将整体史、总体史作为学术研究追求的重要目标，区域社会史常常作为认识整体史的手段和方法而存在。那么，如何实现从区域重构整体史？

一些学者认为，区域社会史应该将更多的精力放在揭示社会、经济和人的活动的"机制"上面，通过地域空间观察到中国历史更长时段的变

---

① 唐力行：《超越地域的疆界：有关区域和区域比较研究的若干思考》，《史林》2008 年第 6 期；唐力行：《从徽学研究看区域化的中国近代史研究》，《学术月刊》2006 年第 3 期；唐力行：《从区域史研究走向区域比较研究》，《上海师范大学学报》（哲学社会科学版）2008 年第 1 期。

② 叶显恩、陈春声：《论社会史的区域性研究》，叶显恩主编：《清代区域社会经济史研究》，中华书局 1992 年版。

③ 叶显恩、邓京力：《我与区域社会史研究——访叶显恩》，《历史教学问题》2000 年第 6 期。

④ 杨念群：《"整体"与"区域"关系之惑——关于中国社会史、文化史研究现状的若干思考》，《近代史研究》2012 年第 4 期。

迁，力求复原国家和上层政治在地方社会运作的复杂性。陈春声认为，对传统中国区域社会研究的目的之一，就是要努力了解由于漫长的历史文化过程而形成的社会生活的地域性特点，以及不同地区的百姓关于"中国"的正统性观念，如何在漫长的历史过程中，通过士大夫阶层的关键性中介，在"国家"与"地方"的长期互动中得以形成和发生变化的。在这个意义上，区域历史的内在脉络可视为国家意识形态在地域社会的各具特色的表达，同样地，国家的历史也可以在区域性的社会经济发展中"全息地"展现出来。① 赵世瑜指出，区域社会史研究关键在于如何从地方的视角去重新理解中国和世界，而不是用具体领域的研究去印证或者填塞宏大叙事的框架结构；新的中国通史将是建立在"地方性知识"基础上的通史，而不是在一个"宏大叙事"或在某种经验指导下形成的"国家历史"的框架内进行剪裁的地方史的总和。② 陈春声、赵世瑜等提倡历史人类学的学者认为，区域社会史研究的目的之一，就是要突破原来大通史的局限，不仅在国家的层面思考中国历史，而且要在地方社会发现更多元的发展脉络。③

杨念群提出，从跨区域研究的角度使社会史研究趋于多元化。如何在尊重既有地方史研究成果的基础上，重新理解政治变迁的跨地方性逻辑的问题，以及政治在近代的意义，不但要从地方的角度加以理解，更应该结合一些跨地区的政治现象如社会动员加以解释。④ 黄国信等认为，区域社会史研究的是人的区域，随着人的流动，区域也是流动的，区域的边界并非僵硬的地理界线。区域研究是跟随着作为研究对象的人的流动和作为研究者问题意识的问题之流动而进行的研究，因此跨区域研究一类提法在学

① 陈春声：《历史的内在脉络与区域社会经济史研究》，《史学月刊》2004 年第 8 期；陈春声、谢湜：《以史学为业，求内在超越——访陈春声》，《历史教学问题》2015 年第 1 期。
② 赵世瑜：《作为方法论的区域社会史——兼及 12 世纪以来的华北社会史研究》，《史学月刊》2004 年第 8 期。
③ 张小也：《历史人类学：如何走得更远》，《清华大学学报》（哲学社会科学版）2010 年第 1 期。
④ 杨念群：《"地方性知识""地方感"与"跨区域研究"的前景》，《天津社会科学》2004 年第 6 期。

理上似有欠通之处。①

　　除了解析地方社会而达到对整体史的建构，区域比较、区域互动也是构建整体史的重要路径。唐力行指出，在区域史的研究中一方面必须守住疆界，另一方面又必须超越疆界进行区域的比较。在比较中关注互动区域间的相互沟通、相互作用和相互知觉，有助于我们更好地把握区域的特质，揭示区域之间的内在联系，更为深入、全面地认识社会运动的规律和社会的结构。② 吴宏歧认为，区域化的中国社会史研究要避免碎片化现象回归整体史研究的正途，仅靠区域比较研究是远远不够的，还应该积极开展区域互动研究，亦即用辩证统一的观点来考察区域社会现象之间相互影响、相互作用的关系。③

　　地方社会能全息地展现国家的历史吗？区域研究是否具有"典型性"与"代表性"真的不再成为困扰年轻学人的问题了吗？杨念群指出，对某一区域历史考察的目的即在于能够较为有效地辨析出"国家"的在场对某一特定区域的意义，却并不能指望这个意义的发现可以自然挪用到另外一个地区，或者说无论转换一个什么样的区域环境，"国家"仍能以同样的面貌呈现出来。而且这样的看法给人的最大困惑在于，无法印证某一地区性政治运行的状态就一定与整个王朝的治理规划相一致，抑或只不过是其某种局部的有限表征和实践。④ 由此看来，以区域重构整体史仍是有限度的。

　　从事田野调查、发掘民间文献等在以区域构建整体史的过程中扮演了重要的角色，时常为从事区域社会史研究的学者津津乐道。不过，区域社会史研究中也存在传统史料少人问津，典章制度束之高阁，资料堆砌大于

---

① 黄国信、温春来、吴滔：《历史人类学与近代区域社会史研究》，《近代史研究》2006 年第 5 期。

② 唐力行：《超越地域的疆界：有关区域和区域比较研究的若干思考》，《史林》2008 年第 6 期；唐力行：《从徽学研究看区域化的中国近代史研究》，《学术月刊》2006 年第 3 期；唐力行：《从区域史研究走向区域比较研究》，《上海师范大学学报》（哲学社会科学版）2008 年第 1 期。

③ 吴宏歧：《历史地理学视野下的中国近代社会史研究》，《学术月刊》2006 年第 3 期。

④ 杨念群：《"整体"与"区域"关系之惑——关于中国社会史、文化史研究现状的若干思考》，《近代史研究》2012 年第 4 期；杨念群：《"新典范"和"旧史学"的冲突与调适——对中国现当代史学变革的一个贯通性解释》，《中国人民大学学报》2012 年第 6 期。

问题意识，田野调查代替学术训练等问题。[1] 一些提倡历史人类学的学者强调，研究传统中国社会应当由典章制度入手，一则是因为从王朝典章去说明社会制度在中国学术传统上有长久的渊源；二则是因为中国历史上的国家制度常通过不同的机制直接或间接影响或制约社会生活形态和社会关系的结构，地方发展的一个主要过程，就是把国家制度变成一个社会化的资源，而且是最主要的资源。[2] 他们还强调，民间文献的搜集、整理和利用需要科学的方法，不应破坏其原来的系统，还应注意克服其局限性，解决其中史料的层累问题。[3]

区域社会史针对宏大叙事的不足，意图从区域出发重新理解整体史，重写整体史。做出一些精彩的区域社会史个案研究，对理解整体史无疑是有价值的，但这些个案如何整合进整体史，如何用斑驳的碎片勾勒出整体画卷，仍有漫长的路要走。

### （五）以整体区隔地方史

区域社会史从宏大叙事中挣脱出来，将视角转向地方，又将面对地方史的纠缠。20 世纪 80 年代，区域性研究或者区域社会史研究，与地方史研究的区隔并不明显，甚至混同一体。90 年代之后，区域史与地方史相安无事的状况开始被打破，批评地方史之声不绝于耳。

直到 20 世纪 90 年代初期，叶显恩等提倡区域性研究的学者在论著中对地方史与区域性研究并没有严格的区分，他们往往把区域性研究等同于地方史。1981 年，叶显恩撰写《明清徽州农村社会与佃仆制》的序言时称，该书是地方史研究的一个尝试。他指出，全国性的综合研究自当以各地区的研究为基础；同样，地区的研究也不能局促于狭窄的小天地，而必须放眼于全国历史发展的整体；在地方史的研究中，这是一个值得重视的问题。[4] 1992 年，叶显恩、陈春声等认为，年鉴学派创始人之一费弗尔的

①　行龙、胡英泽：《三十而立：社会史研究在中国的实践》，《社会科学》2010 年第 1 期。

②　张小也：《历史人类学：如何走得更远》，《清华大学学报》（哲学社会科学版）2010 年第 1 期。

③　同上。

④　叶显恩：《明清徽州农村社会与佃仆制》，安徽人民出版社 1983 年版。

名著《腓力普二世与法兰西康德地区》就是一部典型的区域性研究著作,为巴黎大学后来的地方史研究做了开创性工作。① 显然,在叶显恩等学者那里,无论是《明清徽州农村社会与佃仆制》,还是《腓力普二世与法兰西康德地区》,既是区域史著作,也可称为地方史著作,区域史与地方史是可以混用的。

20世纪90年代中期以后,越来越多的学者开始强调区域社会史与地方史的区别,并对地方史的缺陷展开批判。1999年,《首都师范大学学报》发表了郑振满、刘志伟、梁洪生等区域社会史研究者的一个访谈纪要。刘志伟说:"我们从一开始就与单纯的地方史研究不同,这主要是由于我们所关注的问题与地方史不同。地方史一般关注的是地方特色、地方的特殊性,而我们所关注的问题不是地方,是带有普遍性的东西。"② 梁洪生指出,做地方史研究的学者一般存在两个基本特征:首先是从区域上先划出一个地方来,确定为自己的研究对象,除此以外的其他地方就可以放在视野之外,即所谓"画地为牢";其次,按照中国通史的传统模式,再搞出一个省际范围的东西,这就是地方史。这种地方史最大的缺陷在于,它把地方与国家脱离开来,就地方来谈地方;而且,认为地方史的功绩就在于研究地方特点、地方典型,研究那些地方独有而"别无分号"的特色。实际上,这是一个很大的误区。③ 郑振满认为:"我们搞的区域社会史最为关注的恰恰不是这种地方特点,而是在中国历史上乃至人类历史上带有普遍性的、规律性的问题。对于地方特点的问题,我们所要考虑的是在大的普遍性中为什么会有这样的变异。"④

刘志伟、郑振满、梁洪生等强调了区域社会史与地方史的问题意识不同,一个关注地方特点,一个关注中国历史上乃至人类历史上带有普遍性

---

① 叶显恩、陈春声:《论社会史的区域性研究》,《中国经济史研究》1988年第1期;叶显恩、陈春声:《论社会史的区域性研究》,叶显恩主编:《清代区域社会经济史研究》,中华书局1992年版。

② 史克祖:《追求历史学与其他社会科学的结合——区域社会史研究学者四人谈》,《首都师范大学学报》(社会科学版)1999年第6期。

③ 同上。

④ 同上。

的、规律性的问题。他们认为，地方史有两个特征，一是就地方谈地方的特点，二是通史的地方化或通史的地方版。他们对地方史的特征及其缺陷的看法在此后十几年里被学者们反复描述，地方史与区域社会史之间的鸿沟越来越深。

陈春声指出，许多研究成果在学术上的贡献，仍主要限于地方性资料的发现与整理，并在此基础上对某些过去较少为人注意的"地方性知识"的描述，更多的著作，实际上只是几十年来常见的《中国通史》教科书的地方性版本。赵世瑜认为，当地方史的编写成为既定的国家史甚至世界史等宏大叙事的地方版时，无论它是以省为界、以市为界还是以村为界，它就都与作为方法论的区域社会史分道扬镳了。① 王先明认为，地方史、地方志虽然具有区域性，但其研究理念、视野和方法与区域史并不相同，它们不过是通史内容的"地方化"，或者通志的地方化而已。区域史也不应该是研究主题的地方化。② 行龙注意到，研究者强调区域社会史不等同于地方史，区域社会史虽然限定在某一区域，但它绝不是地方史，或者说通史的地方化，不是中国历史区域化投影的地方版。③ 戴一峰归纳了学术界对本土地方史研究的两点批判性反思：第一，本土的中国地方史研究深受中国方志学的影响，大多将地方史视为国家（或王朝）历史在地方的展开，因而使地方史处于从属、附庸的地位，甚至使地方史成为国家（王朝）历史的复制版；第二，以往本土的地方史研究秉持国家—地方二元对立的思维模式，忽视了中国传统社会中国家与地方之间复杂多元的互动，因而无从准确把握区域历史的内在脉络。④ 张利民认为整体性观照要规避两种倾向。其一是通史区域化，将大通史变成了地方版。其二是区域史地方化，描述那些过去鲜为人知的地方性知识。⑤ 最近，陈春声还对区域研

① 陈春声：《历史的内在脉络与区域社会经济史研究》，《史学月刊》2004 年第 8 期；赵世瑜：《作为方法论的区域社会史——兼及 12 世纪以来的华北社会史研究》，《史学月刊》2004 年第 8 期。

② 王先明：《"区域化"取向与近代史研究》，《学术月刊》2006 年第 3 期。

③ 行龙、胡英泽：《三十而立：社会史研究在中国的实践》，《社会科学》2010 年第 1 期。

④ 戴一峰：《区域史研究的困惑：方法论与范畴论》，《天津社会科学》2010 年第 1 期。

⑤ 张利民：《近代华北区域史研究现状与展望》，《河北广播电视大学》2011 年第 3 期。

究作品充满了担忧。他指出,大量的区域研究作品中对某些过去较少为人注意的"地方性知识"的描述和仍旧套用常见的通史教科书写作模式,谈不上思想创造之贡献,对所谓"地方特性"的归纳,一般难免陷于学术上的"假问题"之中。这样的做法再泛滥下去,将会使中国社会经济史研究的整体水平,继续与国际学术界保持着相当遥远的距离。①

对地方史一波又一波的批评声中,区域社会史完成了对地方史的区隔。首先,二者的区隔围绕区域的历史与整体史是否有关联而展开。一项研究如果直接从地方切入讨论问题,第一步要了解区域的内在脉络,对地方社会进行整体考察。很多地方史论著都在进行"地方性知识"的描述,它们的主要贡献就是这个层次的。有的问题主要是地方性的,与国家关系不大,也没有太多普遍性、规律性,把这些问题研究清楚了,不仅可以增强对地方历史的理解,也让我们注意到全国历史之下,还有多样性的历史存在,其实也能增进对全国史的理解。戴一峰注意到,部分论者在强调区域的流动和无界时,易于忽视区域性特征及其差异,而区域性特征及其差异,在持范畴论者看来,显然是区域史研究考察的重点和总体史展开的依据,也是进行区域比较研究的依据。② 从这个意义上讲,区域社会史研究并不一定非要排斥归纳地方特性,关键在于如何理解这些特性。一些学者的能力只能进行第一步,兴趣也在此,他们完成这样的工作也无可厚非。地方上的问题有的可以寻找到与国家的联系,有的可以带普遍性、规律性,因此,可以进行第二步研究工作,寻找与整体史的关系。一些区域社会史的研究者认为,意识不到第二步,仅仅停留于第一步的研究是地方史,进行第二步研究才有可能成为区域社会史。

满足于"地方性知识"的描述使地方史研究专注地方掌故,不知有国家。其不足主要在于问题意识太小,对话的平台太小,对理解大的历史与社会问题不能做出更多贡献。正如陈春声所言,"作为一个学者,做任何课题,最后还是希望在更广泛、更深刻的意义中,在学术发展的道路上,

---

① 陈春声、谢湜:《以史学为业,求内在超越——访陈春声》,《历史教学问题》2015 年第 1 期。

② 戴一峰:《区域史研究的困惑:方法论与范畴论》,《天津社会科学》2010 年第 1 期。

留下一些痕迹。特别是我们这些做中国史研究的人，做中国社会和文化研究的人，总是希望我们这样的研究，最终对整个中国历史的重新建构或者重新理解，会有一些帮助。同时，我们也希望在辛辛苦苦做了那么多的研究之后，这样的工作可能与整个人文社会科学发展的主流，可以有一些对话，可以参与到一个更大的学术共同体的一些共同关注的问题中去"。① 那些有志向、有能力在更大平台对话的学者，的确应该关注地方以外的问题。

区域的历史与整体史是否有关联，提倡历史人类学的学者对此也有反思，他们注意到，一个研究是否有必要联系到国家制度，只能是具体情况具体分析；有些地方受国家制度的影响很大，有些地方则不然，除了国家制度外还应该看到其他的因素，也应该认识到其他分析框架的重要性。②

其次，区域社会史与地方史的区隔在于区域的历史与整体史到底怎样进行关联。区域社会史的研究者不仅把不关注整体史的那部分论著划归地方史，而且把另一部分虽关注整体史，但仅仅为通史、国家史教科书翻版的论著也列为地方史。近代，国家治理的触角越来越多地渗透到社会各个层面，与国家史无甚关联的纯地方史越来越少，区域社会史更要警惕的是地方史变成通史翻版。作为通史、国家史教科书翻版的地方史，其缺陷主要在于没有凸显地方的主体性，不能体现国家与地方之间的互动，不能通过地方来增进对通史复杂性的理解。这样的地方史对全国史的理解没有太多新贡献，自然在批判之列。作为通史、国家史教科书翻版的地方史也可能导致本土性知识的流失。程美宝指出，中国地方史的叙述，长期被置于一个以抽象的中国为中心的框架内，也是导致许多具有本土性的知识点点滴滴地流失，或至少被忽略或曲解的原因。③ 从地方的角度寻找到与全国史的描述一样或者不一样的特点，并讨论在大的普遍性中为什么会有这样

① 陈春声：《从地方史到区域史——关于潮学研究课题与方法的思考》，《潮学研究》第 11 辑，汕头大学出版社 2004 年版。

② 张小也：《历史人类学：如何走得更远》，《清华大学学报》（哲学社会科学版）2010 年第 1 期。

③ 程美宝：《地方史、地方性、地方性知识——走出梁启超的新史学片想》，杨念群、黄兴涛、毛丹主编：《新史学：多学科对话的图景》，中国人民大学出版社 2003 年版。

的变与不变，无疑会丰富全国史和地方史的复杂面相，对历史的理解将更加有新意。

区域社会史关注区域历史与整体史有联系的部分，通过二者的互动丰富对整体史的理解，把那些与整体史无关，以及虽有关联但仅仅是通史、国家史教科书翻版的内容划归地方史，于是在整体性上实现了与地方史的区隔。

由上可知，20 世纪 80 年代社会经济史等领域的区域性研究已经有一定声势。傅衣凌、叶显恩等学者认识到了区域性研究的价值，并积极倡导从区域重构整体史。后来关于区域社会史兴起原因之探讨多沿着傅衣凌等人的思路展开论述，不过在国际学术影响方面有较多补充，并且强调了它随社会史的复兴而兴起。中国的区域社会史研究在 20 世纪 90 年代，特别是进入 21 世纪之后发生了重要的变化。它以整体区隔地方史，而且逐渐越出社会经济史等领域，提炼了"区域社会史"这个概念，大量实证成果被发表并引起学界广泛关注。它已经成为社会史研究中最为引人注目的研究视角或方法。

区域社会史是整体史的一脉。无论是从区域重构整体史的努力，还是以整体区隔地方史，都表明区域社会史并没有远离整体史，而是心系整体史。地方史和区域社会史都是从地方观察历史，二者之间存在不少共性与联系，尤其是近代国家权力向地方社会渗透加剧，没有国家在场的地方史领域越来越少，二者交叉重叠的领域越来越多。以区域重构整体史，有助于解决宏大叙事的不足。以整体区隔地方史某种程度上有利于解决研究的"碎片化"、提升研究的对话空间。中央制度向地方推行过程，地方因素往往不断叠加、中央的影响可能层层递减。区域的历史与整体史之间关联常常是微弱的，以此微弱的关联进行区域比较或者重构整体史，有可能导致不能承受之重。即便是区域的历史与整体史的关联足够强大，通过不同区域如何重构整体史亦非易事。

从事整体史、地方史还是区域社会史研究，既是学术分工，也是学者的个人选择。历史的面相往往是丰富的，需要学术分工，从不同侧面、不同视角去观察历史。学者的才智、兴趣各异，应该选择适合自己的领域和方法。能力不足以解决宏观的整体史问题，非要去解决，将屡屡受挫；有潜力解决宏观的整体史问题，却沉迷于就地方史论地方史，对个人的成长也是一种遗憾。区域社会史既要谙熟地方脉络，又要对整体史有宏观掌控，这要求研究者具备较高的素质。越来越多的青年学生和研究者加入区域社会史研究的行列。一些前辈学者对于很多后学们形成了深刻的影响，其研究甚至成为一种模式，如后学们很容易亦步亦趋地讨论王朝的影响，强调士大夫化，乃至他们的研究最后都可以归结为一句话："这个地方变成了中国。"① 年青一代学者在不断证明或者修正前辈所得出结论的过程中，如何建立自己的问题意识，是未来努力的一个方向。

---

① 张小也：《历史人类学：如何走得更远》，《清华大学学报》（哲学社会科学版）2010 年第 1 期。

# 第 八 章

# 近代社会问题与社会治理研究

　　近代中国有旧的社会问题一直难以解决，又产生了不少新的社会问题。灾害、医疗、卫生、环境、秘密社会、土匪、毒品、赌博等问题曾严重困扰着近代中国社会，学界对社会问题及其治理十分关注，取得了丰硕的研究成果。本章对社会问题与社会治理的研究成果进行梳理。

## 一　灾害与救济

　　灾荒史是中国近代史研究的一个十分重要的领域。它可以使我们更深入、更具体地去观察近代社会，从灾荒同政治、经济、思想文化以及社会生活各方面的相互关系中，揭示出有关社会历史发展的许多本质内容。

　　现代学科意义上的灾荒史研究产生于 20 世纪 20 年代初期。起先，科学工作者对灾害的性质及发生规律较感兴趣，后来历史学者转入探讨灾害与社会的相互关系，尤其赈灾活动中政府官员和普通民众的表现。近年来对单次灾荒的个案研究渐渐增多，并有转向区域研究的趋势。讨论的层面渐由表及里，视角也有从宏观到微观转化的趋势。有关灾荒史研究的评述文章已有多篇，[①]

　　① 主要有夏明方《民国时期自然灾害》，中华书局 2000 年版；阎永增、池子华《近十年来中国近代灾荒史研究综述》，《唐山师范学院学报》2001 年第 1 期；卜凤贤《中国农业灾害史研究综论》，《中国史研究动态》2001 年第 2 期；朱浒《二十世纪清代灾荒史研究述评》，《清史研究》2003 年第 2 期；邵永忠《二十世纪以来荒政史研究综述》，《中国史研究动态》2004 年第 3 期；苏全有、李风华《民国时期河南灾荒史研究述评》，《南华大学学报》（社会科学版）2005 年第 1 期；苏全有、闫喜琴《20 年来近代华北灾荒史研究述评》，《南通航运职业技术学院学报》2005 年第 2 期；苏全有、王宏英《民国初年灾荒史研究综述》，《防灾技术高等专科学校学报》2006 年第 1 期。

本书在借鉴上述成果的基础上，对该领域研究成果进行补充并重新梳理。

## （一）研究历程

最早对灾荒史做出重大学术贡献的学者当属竺藕舫（即竺可桢），他是运用现代科学解释灾荒史的先行者之一，1928 年发表的《清直隶地理的环境与水灾》是较早直接论述近代灾荒史的文章。[①]

随着 1931 年江淮大洪水的暴发，更多学者纷纷涉足灾荒史的研究，发表了数量和质量都相当可观的研究成果，从而使灾荒史研究在 30 年代出现了第一个高潮。邓拓的《中国救荒史》在 1937 年出版，它对以前的灾荒史研究作了较为完备的总结，从而成为灾荒史研究的集大成之作。[②]随着抗日战争的爆发，正常的研究进程被打断，整个灾荒史研究几乎陷于停顿状态。从抗战开始到 1949 年中华人民共和国成立时为止的十余年间，关于灾荒史的研究寥寥无几，仅有陈高傭的《中国历代天灾人祸表》和王龙章的《中国历代灾况与赈救政策》等书出版。[③]

中华人民共和国成立后，灾荒史的研究重新开始。中国科学院地震工作委员会决定整理编辑地震历史资料，委托历史学家范文澜、金毓黻主持其事。各地气象局、文史馆、水利局或农科院也因兴办农田水利，掀起了整编旱涝灾害史籍的高潮。由于历史学者在此次史料整理中基本上处于辅助性的地位，故对历史灾荒进行独立研究的成果寥若晨星。1949 年至 1976 年，灾荒研究成果往往涉及长时段，近代灾荒史的专门研究非常少；自然科学界的学者是主力，史学界的学者是少数。史学界李文治、章有义等主编的《中国近代农业史资料》于 1957 年出版，该书收集了大量有关近代灾荒的资料。张水良等撰文讨论了第二次国内革命战争时期国民党统治区的灾荒问题。[④]

80 年代以后，灾荒史研究才真正获得了长足的发展。在社会史兴起的背

---

① 竺藕舫（竺可桢）：《清直隶地理的环境与水灾》，《史学与地学》1928 年第 3 期。

② 邓云特：《中国救荒史》，商务印书馆 1937 年版。

③ 陈高傭：《中国历代天灾人祸表》，上海国立暨南大学 1939 年版；王龙章：《中国历代灾况与赈救政策》，独立出版社 1942 年版。

④ 李文治、章有义等主编：《中国近代农业史资料》，生活·读书·新知三联书店 1957 年版；张水良：《第二次国内革命战争时期国民党统治区的灾荒问题》，《厦门大学学报》1964 年第 1 期。

景下，灾荒史研究继 30 年代后再度升温。80 年代中期，成立了由李文海、林敦奎、宫明、周源组成的"近代中国灾荒研究课题组"，着手搜集整理有关灾荒的档案史料。其后"中国近代灾荒史（1840—1919）"和"民国时期灾荒研究（1919—1949）"等课题又相继列为国家哲学社会科学基金项目。这带动了一批研究者专门从事该领域的研究，使灾荒史步入了快速发展轨道。从 1990年开始，伴随着环境问题日趋严峻，关于灾荒史的研究日益增多。

学界还通过筹建灾荒史研究的专门性组织，举办近代灾荒史研究的学术研讨会，加强海内外学界的交流来推动灾荒史的研究。1987 年在中国地震局、科技部、民政部的统筹下，中国灾害防御协会在北京成立，该协会下设灾害史专业委员会，并定期召开"中国灾害史国际学术研讨会"，每届会议的主题有所不同，但近代灾荒却是每届会议的必备选题。2005 年 8 月，国家清史编纂委员会与中国人民大学清史所主办了"清代中国灾荒与中国社会"学术研讨会，会后出版了论文集《天有凶年：清代灾荒与中国社会》。[①]

自然科学工作者在地震、气象、水旱等资料整理方面取得了颇丰的成果。[②] 90 年代以来，社会科学工作者对近代灾荒史的史料整理工作稳步推进，取得丰硕成果。中国人民大学清史研究所一直以来致力于灾荒史料的挖掘与整理。李文海等编著的《近代中国灾荒纪年》和《近代中国灾荒纪年续编（1919—1949）》利用大量的档案资料、官方文书、调查报告、地方史志以及笔记、日记、碑文等各种私人著述，按照编年体形式，对 1840—1949 年中国灾荒概况给予了全方位的扫描。[③] 2002—2004 年北京古

---

①　李文海、夏明方主编：《天有凶年：清代灾荒与中国社会》，生活·读书·新知三联书店 2007 年版。

②　中国科学院地震工作委员会组织整理：《中国地震资料年表》，科学出版社 1956 年版；国家档案局明清档案馆编：《清代地震档案史料》，中华书局 1959 年版；中央气象局研究所等编：《华北、东北近五百年旱涝史料》，内部资料 1975 年版；水利部黄河水利委员会编：《黄河水利史述要》，中国水利出版社 1982 年版；顾功叙等编：《中国地震目录》，科学出版社 1983 年版；中国科学院、中国社会科学院、国家地震局合编：《中国地震历史资料汇编》，科学出版社 1983 年版；水利水电科学研究院：《清代海河滦河洪涝档案史料》，中华书局 1981 年版；水利电力水管司、水利水电科学研究院：《清代淮河流域洪涝档案史料》，中华书局 1988 年版；水利电力水管司、水利水电科学研究院：《清代珠江韩江洪涝档案史料》，中华书局 1988 年版；水利电力水管司科技司、水利水电科学研究院：《清代长江流域西南国际河流洪涝档案史料》，中华书局 1991 年版；水利电力水管司科技司、水利水电科学研究院：《清代黄河流域洪涝档案史料》，中华书局 1993 年版。

③　李文海等：《近代中国灾荒纪年》，湖南教育出版社 1990 年版，《近代中国灾荒纪年续编（1919—1949）》，湖南教育出版社 1993 年版。

籍出版社出版了李文海、夏明方的《中国荒政全书》（第一、二辑）。李
文海、夏明方、朱浒主编的《中国荒政书集成》由天津古籍出版社于
2010 年出版。该书共十二册，不仅将散佚各地的荒政文献囊括其中，种类
涉及刻本、抄本、稿本、善本等，而且将治蝗、医疗、善书、救荒章程、
案牍、函启、征信录等亦涵括摄入，丰富了荒政书的种类。①

国家图书馆古籍影印室编撰了《民国赈灾史料初编》和《民国赈灾史料
续编》等灾荒史资料相继出版。②虞和平编选的《经元善集》虽不是完全针对
灾荒，但其中大部分史料都与晚清赈灾事业有关。中国第二历史档案馆编辑的
《中华民国档案资料汇编》对民国时期尤其是国民政府的救灾也有大量涉及。

20 世纪 90 年代以来，近代灾荒史的研究论著层出不穷，考察角度日
新月异。③

---

①　李文海、夏明方、朱浒主编：《中国荒政书集成》，天津古籍出版社 2010 年版。
②　火恩杰、刘昌森编：《上海地区自然灾害史料汇编》，地震出版社 2002 年版；黄河水利委
员会编：《民国黄河大事记》，黄河水利出版社 2004 年版；天津市档案馆编：《天津地区重大自然
灾害实录》，天津人民出版社 2005 年版；骆承政编：《中国历史大洪水调查资料汇编》，中国书店
出版社 2006 年版；温克刚主编的《中国气象灾害大典》各省分卷本 2005 年相继在气象出版社出
版；国家图书馆古籍影印室编撰：《民国赈灾史料初编》（2008），詹福瑞主编：《民国赈灾史料续
编》（2009），国家图书馆出版社。
③　张水良：《中国灾荒史（1927—1937）》，厦门大学出版社 1990 年版；李文海等：《灾荒与饥
馑：1840—1919》，高等教育出版社 1991 年版；李文海等：《中国近代十大灾荒》，上海人民出版社
1994 年版；袁林：《西北灾荒史》，甘肃人民出版社 1994 年版；李向军：《清代荒政研究》，中国农业
出版社 1995 年版；王振忠：《近 600 年来自然灾害与福州社会》，福建人民出版社 1996 年版；钱刚、
耿庆国主编：《二十世纪中国重灾百录》，上海人民出版社 1999 年版；孟昭华：《中国灾荒史记》，中
国社会出版社 1999 年版；夏明方：《民国时期自然灾害与乡村社会》，中华书局 2000 年版；刘仰东、
夏明方：《灾荒史话》，社会科学文献出版社 2000 年版；夏明方、康沛竹主编：《20 世纪中国灾变图
史》，福建教育出版社 2001 年版；康沛竹：《灾荒与晚清政治》，北京大学出版社 2002 年版；蔡勤禹：
《国家社会与弱势群体：民国时期的社会救济（1927—1949）》，天津人民出版社 2003 年版；蔡勤禹：
《民间组织与灾荒救治：民国华洋义赈会研究》，商务印书馆 2005 年版；池子华：《红十字与近代中
国》，安徽人民出版社 2004 年版；苏新留：《民国时期河南水旱灾害与乡村社会》，黄河水利出版社
2004 年版；王林主编：《山东近代灾荒史》，齐鲁书社 2004 年版；陈桦、刘宗志：《救灾与济贫：中国
封建时代的社会救助活动（1750—1911）》，中国人民大学出版社 2005 年版；王汉忠：《灾害、社会与
现代化——以苏北民国时期为中心的考察》，社会科学文献出版社 2005 年版；朱浒：《地方性流动及
其超越：晚清义赈与近代中国的新陈代谢》，中国人民大学出版社 2006 年版；卜风贤：《农业灾荒
论》，中国农业出版社 2006 年版；张艳丽：《嘉道时期的灾荒与社会》，人民出版社 2008 年版；李庆
华：《鲁西地区的灾荒、变乱与地方应对（1855—1937）》，齐鲁书社 2008 年版；杨鹏程：《湖南灾荒
史》，湖南人民出版社 2008 年版；陈业新：《明至民国时期皖北地区灾害环境与社会应对研究》，上海
人民出版社 2008 年版；汪志国：《近代安徽：自然灾害重压下的乡村》，安徽人民出版社 2008 年版；
孙语圣：《1931：救灾社会化》，安徽大学出版社 2008 年版；薛毅：《中国华洋义赈救灾总会研究》，
武汉大学出版社 2008 年版；池子华等：《近代河北灾荒研究》，合肥工业大学出版社 2011 年版；焦润
明等：《中国东北近代灾荒及救助研究》，北京师范大学出版社 2011 年版；郝平：《丁戊奇荒：光绪初
年山西灾荒与救济研究》，北京大学出版社 2012 年版；武艳敏：《民国时期社会救济研究：以 1927—
1937 年河南为中心的考察》，中国社会科学出版社 2014 年版；张高臣：《光绪朝灾荒与社会研究》，中
国社会科学出版社 2014 年版；包庆德：《清代内蒙古地区灾荒研究》，人民出版社 2015 年版；王虹
波：《1912—1931 年间东北灾荒的社会应对研究》，吉林大学出版社 2015 年版。

　　有的成果关注长时段，也有对某一特定历史时期的专门性研究。侧重整个近代的有李文海等人所著的《灾荒与饥馑：1840—1919》和《中国近代十大灾荒》等。侧重清代的有李向军的《清代荒政研究》，陈桦、刘宗志的《救灾与济贫：中国封建时代的社会救助活动（1750—1911）》，张艳丽的《嘉道时期的灾荒与社会》。张水良的《中国灾荒史（1927—1937）》侧重1927—1937年的灾荒研究。

　　有的研究范围为全国，有的对东北、西北等区域的灾荒展开研究，有的研究区域为一个省，甚至比省还小的某个区域。如焦润明的《中国东北近代灾荒及救助研究》，袁林的《西北灾荒史》，池子华的《近代河北灾荒研究》，苏新留的《民国时期河南水旱灾害与乡村社会》，王林主编的《山东近代灾荒史》，李庆华的《鲁西地区的灾荒、变乱与地方应对（1855—1937）》，杨鹏程的《湖南灾荒史》，王汉忠的《灾害、社会与现代化：以苏北民国时期为中心的考察》，王振忠的《近600年来自然灾害与福州社会》和郝平的《丁戊奇荒：光绪初年山西灾荒与救济研究》。

　　有的围绕灾荒史的一些特定主题展开研究。夏明方的《民国时期自然灾害与乡村社会》，康沛竹的《灾荒与晚清政治》，朱浒的《地方性流动及其超越：晚清义赈与近代中国社会的新陈代谢》研究了灾荒与近代乡村、晚清政治、近代社会变迁的关系。蔡勤禹的《国家社会与弱势群体：民国时期的社会救济（1927—1949）》和《民间组织与灾荒救治：民国华洋义赈会研究》，池子华的《红十字与近代中国》研究了近代灾荒中的组织与机构。众多论文对灾荒史的相关主题展开了探讨。①

---

　　① 周秋光：《民国北京政府时期中国红十字会的慈善救护与赈济活动》，《近代史研究》2000年第6期；张礼恒：《略论民国时期上海的慈善事业》，《民国档案》1996年第3期；刘五书：《论民国时期的以工代赈救荒》，《史学月刊》1997年第2期；刘仰东：《近代中国社会灾荒中的神崇拜现象》，《世界宗教文化》1997年第4期；莫子刚：《略论1927—1937年国民政府的救灾政策》，《四川师范大学学报》（社会科学版）2000年第1期；蔡勤禹、李元峰：《试论近代中国社会救济思想》，《东方论坛》2002年第5期；蔡勤禹：《民国社会救济行政体制的演变》，《青岛大学师范学院学报》2002年第1期；孙语圣：《民国时期的疫灾与防治述论》，《民国档案》2005年第2期；谭绿英：《民国时期基督教在华慈善事业——以成都中西组合慈善会为例》，《宗教学研究》2003年第1期；刘招成：《华洋义赈会的农村赈灾思想及其实践》，《中国农史》2003年第3期；池子华、刘玉梅：《民国时期河北灾荒防治及成效述论》，《中国农史》2003年第4期；毕素华：《民国时期赈济慈善业运作机制述论》，《江苏社会科学》2003年第6期；胡惠芳：《民国时期蝗灾初探》，《河北大学学报》（哲学社会科学版）2005年第1期；李勤：《南京国民政府时期救荒中的腐败问题析论》，《华中科技大学学报》（社会科学版）2006年第2期；任云兰：《论华北灾荒期间天津商会的赈济活动（1903—1936）——兼论近代慈善救济事业中国家与社会的关系》，《史学月刊》2006年第4期等。

自20世纪80年代以来，中国史学界有关灾荒史的研究，逐渐由涓滴细流发展为一股颇具规模的潮流。而目前最无法回避的问题，是研究思路和框架的重复。2014年，《史学月刊》刊发了"灾荒史研究的新视域"的笔谈，[①] 其关怀主旨都是对以往研究模式的方法论基础进行深入反思，力图开拓灾荒史研究的新视域，以推动其向集约型方向发展。

### （二）主要议题

近代灾荒与救济的研究议题集中在三个方面：第一，对灾荒本身的研究，即对灾荒成因、灾荒的实际发生情形及其规律等方面的考察；第二，关于灾荒应对问题的探讨，主要是指针对救荒、备荒、防荒等方面的研究；第三，探讨灾荒的社会影响，灾荒与政治、经济、文化和社会之间存在的深层关系。多数文章和专著的论述模式大体相同，即描述灾荒情形，分析应对灾荒的措施，列举灾荒的影响。

灾荒的成因与灾荒的情形是灾荒史研究领域最直接、最根本的问题。关于灾荒的成因，学者除了考虑自然因素外，大都认为统治阶级的掠夺、战争、植被缺乏、水利废弛等是不可忽视的社会因素。

张水良的《中国灾荒史（1927—1937）》分析了1927—1937年国统区的灾荒成因，指出"自然条件决定论"和"人口过挤决定论"是两种错误的灾荒成因的观点，认为真正的原因是国民党新军阀的反动统治，帝国主义列强的侵略掠夺。灾荒促使农民群众陷入悲惨境地，加速农村经济的崩溃，继而影响到城镇工商金融业的衰落。[②] 李文海在强调政治原因的同时，指出经济发展的落后和生态环境的破坏都是近代中国灾荒频发的不容忽视的原因。此后，越来越多的研究者都沿着这样的方向进行了分析。[③]

阮明道认为，导致清代长江中上游流域洪灾的决定性原因，包括地

---

① 余新忠：《文化史视野下的中国灾荒研究刍议》，高国荣：《环境史视野下的灾害史研究——以有关美国大平原农业开发的相关著述为例》，安特利亚·扬库：《国际人道主义在中国：从20世纪初的灾赈谈起》，朱浒：《食为民天：清代备荒仓储的政策演变与结构转换》，《史学月刊》2014年第4期。

② 张水良：《中国灾荒史（1927—1937）》，厦门大学出版社1990年版。

③ 李文海：《中国近代灾荒与社会生活》，《近代史研究》1990年第5期。

质、地貌、气候等因素以及人口增长过快、盲目开垦。① 吴德华指出，民
国灾荒发生的社会原因如下：反动派的掠夺使得国困民穷，无力抗灾；战
争频繁，加重和制造了灾荒；水利设施长期失修、破坏；植被遭受严重破
坏。② 王日根在探讨明清时期苏北水灾原因时认为，明清时期黄河的变迁、
大土地所有制的发展以及朝廷消极治河、积极保运的政策，才造成苏北水
灾频发。③ 李德民、周世春在讨论陕西近代旱荒时也对旱荒发生的自然条
件和社会原因都作了较为细致的论述。④ 李向军认为，由于中国的自然条
件，出现不同程度的旱涝是正常现象，但战争、内乱、苛政、腐败、生态
环境的破坏，也可引发或加重灾害。⑤ 针对湖北近代洪涝灾害的频繁，宋
传银除了指出社会制度所导致的弊端外，还认为当地围湖造田、滥筑私
垸，致使以洞庭湖为主的湖泊调蓄洪水的能力降低，加之上游山林的开垦
导致水土流失，所以水患也是环境对人们不尊重自然规律的报复。⑥ 夏明
方在深入探讨清末灾害群发期现象之后，指出这种自然灾害的群发性正是
当时天、地、生、人相煎交迫的结果，是天体异常、环境破坏和社会危机
共同作用的产物，并且对三者之间的交互关系作了相当详尽的说明。⑦ 康
沛竹在《灾荒与晚清政治》一书中指出，晚清灾荒的成因除了自然原因之
外，社会原因也是不容忽视的，就与政治有关的因素来说，政治腐败、战
争频繁表现得最为明显。⑧

　　对灾荒实际发生情形的研究大致可以分为总体研究和分类研究。具体
研究中有的按照行政区划，有的按照地理区域，有的按照灾害种类。

---

① 阮明道：《清代长江流域中上游地区洪灾研究》，《四川师范学院学报》（哲学社会科学
版）1991 年第 2 期。

② 吴德华：《试论民国时期的灾荒》，《武汉大学学报》1992 年第 3 期。

③ 王日根：《明清时期苏北水灾原因初探》，《中国社会经济史研究》1994 年第 2 期。

④ 李德民、周世春：《论陕西近代旱荒的影响及成因》，《西北大学学报》（哲学社会科学
版）1994 年第 3 期。

⑤ 李向军：《清代荒政研究》，中国农业出版社 1995 年版。

⑥ 宋传银：《湖北近代洪涝灾害》，《中南民族学院学报》（哲学社会科学版）1998 年第 4
期。

⑦ 夏明方：《从清末灾害群发期看中国早期现代化的历史条件——灾荒与洋务运动研究之
一》，《清史研究》1998 年第 1 期。

⑧ 康沛竹：《灾荒与晚清政治》，北京大学出版社 2002 年版。

王树林在1932年便对清代灾荒进行统计。由于当时缺乏宣统年间的资料，所以实际上只计算了1644—1908年的情况。[①] 他除将清代灾荒进行总体统计外，还作了分省统计。尽管他的许多数字都存在着问题，但这毕竟是第一次有意识地对清代灾荒作出了量化处理，其学术贡献不容低估。其他一些灾荒年表中的统计，则显得较为粗疏。

李文海等人编著的《近代中国灾荒纪年》对1840年以后的清代灾荒发生情况作了详尽的排列。李文海等编著的《中国近代十大灾荒》将近代历史上十次大的灾难逐一分析论述，尽可能对受灾情况、受灾人口进行统计，弥补了历史资料对灾害限于笼统描述之不足。夏明方研究了1861—1895年的灾害群发期，他指出，此35年间，不计新疆、西藏、内蒙古，全国共17278县次发生一种或数种灾害，年均493县次；以全国1606个县级行政区划计算，每年31%的国土遭灾；尤以1881—1885年为重，年均596县次。这期间的特点是灾害规模大，继起迭至，交相并发，大洪涝频繁，旱荒奇重，低温冷害突出，地震活动强烈。[②]

中国的各个区域都曾发生过大小灾荒，基本上各个区域的灾荒都有学者进行过研究。有的学者以华北、华东这样大的行政区域为研究范围，有的以某省或更小的区域为研究范围。

近代华北地区的灾荒均较同一时期其他地区严重。在近代华北灾荒中，尤以光绪初年的"丁戊奇荒"最受注目。

赵矢元勾勒了"丁戊奇荒"的大致情形。[③] 王金香和张九洲分别论述了山西和河南在"丁戊奇荒"中的情况。[④] 夏明方对"丁戊奇荒"的灾情、灾因，以及其中出现的三种赈济形式，即官赈、义赈和西方传教士的对华赈济，给予了比较仔细的论述。[⑤] 满志敏分析了光绪三年北方大旱的

①　王树林：《清代灾荒：一个统计的研究》，《社会学界》1932年第6期。

②　夏明方：《从清末灾害群发期看中国早期现代化的历史条件——灾荒与洋务运动研究之一》，《清史研究》1998年第1期。

③　赵矢元：《丁戊奇荒述略》，《学术月刊》1981年第2期。

④　王金香：《山西"丁戊奇荒"略探》，《中国农史》1988年第3期；张九洲：《光绪初年的河南大旱及影响》，《史学月刊》1990年第5期。

⑤　夏明方：《清季"丁戊奇荒"的赈济及善后问题初探》，《近代史研究》1993年第2期。

气候背景，认为在全球性的特强 ENSO 事件影响下，亚洲季风减弱，致使季风雨带的推进和降水过程发生变异，是这次旱灾形成的主要原因。① 郝平的《丁戊奇荒：光绪初年山西灾荒与救济研究》全方位地再现了光绪初年山西丁戊奇荒的灾情特征和民生图景，勾勒了从中央到地方的各级政府、民间绅商、外国传教士、各种社会力量的救济行为、心态及其效果。②

　　吴文涛、王均指出，从 1911—1949 年的 39 年中，北京共发生旱灾 22 次，大约两年 1 次，其中大旱 11 次，占 50%，说明民国时期北京处于严重干旱期。水灾共 19 次，其中重大水灾 6 次。水灾的发生频率虽然不如旱灾，但突发性强，伴有河流决口，危害大于旱灾。③ 王秋华对 1917 年京直水灾情况以及北洋政府和社会各界的筹措赈济情况作了阐述。④

　　池子华、李红英指出，1840—1911 年，直隶受灾州县累计达 3797 个，平均每年受灾 50 多个。以水灾和旱灾为主，中等规模的水灾平均间隔时间不到两年，而且特大水灾出现的周期不断缩短。旱灾平均 1.6 年出现一次，是典型的三年两旱。灾荒不仅造成经济的衰退，人员的流徙和死亡，而且引起人们心理的震荡，加剧社会秩序的紊乱和动荡。⑤ 任云兰讨论了 1903—1936 年华北灾荒期间天津商会与官方及民间慈善团体之间的沟通与合作，通过一系列赈济措施，在一定程度上缓解了灾民的生存压力，使商会在社会救助领域占据了有利地位。⑥ 佳宏伟以 1867—1931 年天津口岸为中心，考察区域灾荒与口岸贸易之间的内在关联性后指出，灾害作为区域结构变动中的主要因素之一，直接影响着贸易结构和趋势的演变。⑦

　　苏新留的《民国时期河南水旱灾害与乡村社会》从水旱灾况、应对机

　　① 满志敏：《光绪三年北方大旱的气候背景》，《复旦学报》（社会科学版）2000 年第 6 期。
　　② 郝平：《山西"丁戊奇荒"的时限和地域》，《中国农史》2003 年第 2 期；郝平：《丁戊奇荒：光绪初年山西灾荒与救济研究》，北京大学出版社 2012 年版。
　　③ 吴文涛、王均：《略论民国时期北京地区的自然灾害》，《北京社会科学》2000 年第 3 期。
　　④ 王秋华：《1917 年京直水灾与赈济情况略述》，《北京社会科学》2005 年第 3 期。
　　⑤ 池子华、李红英：《晚清直隶灾荒及减灾措施的探讨》，《清史研究》2001 年第 2 期。
　　⑥ 任云兰：《论华北灾荒期间天津商会的赈济活动（1903—1936）——兼论近代慈善救济事业中国家与社会的关系》，《史学月刊》2006 年第 4 期。
　　⑦ 佳宏伟：《大灾荒与贸易（1867—1931 年）——以天津口岸为中心》，《近代史研究》2008 年第 4 期。

制以及灾害对乡村社会经济产生的影响等方面分析，认为河南的水旱灾害比较严重，不仅给乡村带来巨大损害，而且持续不断的"流民潮"对社会稳定产生严重威胁。[1]

黄河水灾是近代山东最主要的灾害，每次黄河决溢都造成大面积的黄泛区。董龙凯分析了近代山东黄河水灾后人口迁移的几种方式。[2] 王林、袁滢滢对1933年山东黄河水灾进行了考察，认为国民政府和山东省政府进行的大规模赈济活动，在一定程度上减轻了灾民的痛苦。[3] 赵兰亮统计了清至民国时期山东地震的数量与地域分布。[4]

魏宏运指出，近代华北自然灾害的周期大约十年一次，而1939年的洪灾是1801年以来最大的，河北受灾最重，全省108县中，94县遭灾。他还指出，1943年华北北部敌占区的饥荒是日本侵略者造成的，揭露了日伪曾以天旱、农业歉收为由，掩盖其疯狂掠夺政策的邪恶面目。[5]

朱浒考察了1900—1901年的陕西旱灾与义赈的关系，认为活跃于灾荒中的义赈力量，虽以江南地方性系谱为基础，却构成了对国家层面上赈灾机制的直接冲击，为进一步突破地方史研究路径的局限提供了思考。[6]张雪梅、熊同罡指出，20世纪40年代陕甘宁边区的灾荒频发对边区经济的破坏力度很大，直接导致了流民的增多与治安的紊乱。在边区党和政府的科学防治下，灾害治理卓有成效，不仅保证了边区人民的正常生活，而且增强了人民对中国共产党的信任，提高了党的威信。[7]

---

[1]　苏新留：《民国时期河南水旱灾害与乡村社会》，黄河水利出版社2004年版。

[2]　董龙凯：《1855—1874年黄河漫流与山东人口迁移》，《文史哲》1998年第3期。

[3]　王林、袁滢滢：《1933年山东黄河水灾与救济》，《山东师范大学学报》（人文社会科学版）2005年第6期。

[4]　赵兰亮：《清至民国时期山东震灾的初步数量分析》，《中国社会经济史研究》2002年第1期。

[5]　魏宏运：《1939年华北大水灾述评》，《史学月刊》1998年第5期；魏宏运：《华北北部敌占区1943年的饥荒》，《历史档案》2005年第4期。

[6]　朱浒：《地方系谱向国家场域的蔓延：1900—1901年的陕西旱灾与义赈》，《清史研究》2006年第2期。

[7]　张雪梅、熊同罡：《20世纪40年代陕甘宁边区的灾荒及救治》，《理论学刊》2008年第11期。

　　吴彤、包红梅对清后期内蒙古地区灾荒进行了探讨。① 牛敬忠考察了
1840—1930 年绥远地区的自然灾害，指出当地灾荒以水、旱、风灾为主，
在这九十年中，平均受灾频率大于长江流域和黄河流域，但因人口密度较
低，灾害造成的影响没有内地大。②

　　陈业新的《明至民国时期皖北地区灾害环境与社会应对研究》，考察
了明至民国时期皖北地区灾害状况、民间对灾荒的应对机制、灾荒环境下
的流民和国家对流民的控制以及灾害环境下的社会民俗事象等。③ 汪志国
的专著《近代安徽：自然灾害重压下的乡村》以 1840—1949 年安徽自然
灾害与乡村社会作为研究对象，探讨自然灾害及其打击下的农业经济、农
村社会危机与冲突、农民的生存环境与生活状况，以及官府与民间的灾荒
应对机制与救荒措施。④ 吴媛媛、何建木考察了光绪三十四年徽州地区水
灾后的救助工作。⑤

　　张红安对民国时期苏北地区的十八次大灾荒做了整理，认为当地具有
灾荒连年不断、水旱诸灾杂陈、许多年份多种灾害并发、水灾为害最烈等
特点。苏北经济远远落后于苏南，重要原因在于灾荒的频繁。⑥ 汪汉忠的
《灾害、社会与现代化——以苏北民国时期为中心的考察》，以灾害与社会
关系为切入点，分析了民国时期苏北地理环境的作用、自然经济的苏北模
式、流民问题的成因、灾害对区域社会心理的影响，以及转型期灾害对区
域现代化进程的影响，肯定了南京国民政府的"导淮"符合当时的历史实
际。⑦ 吴滔对清代江南地区赈济行为的社区化作了梳理，认为，咸丰以后

　　① 吴彤、包红梅：《清后期内蒙古地区灾荒史研究初探》，《内蒙古社会科学》（汉文版）
1999 年第 3 期。
　　② 牛敬忠：《近代绥远地区的灾荒》，《内蒙古大学学报》2000 年第 3 期。
　　③ 陈业新：《明至民国时期皖北地区灾害环境与社会应对研究》，上海人民出版社 2008 年
版。
　　④ 汪志国：《近代安徽：自然灾害重压下的乡村》，安徽人民出版社 2008 年版。
　　⑤ 吴媛媛、何建木：《晚清徽州社会救济体系初探——以光绪三十四年水灾为例》，《中国历
史地理论丛》2007 年第 2 期。
　　⑥ 张红安：《民国时期苏北灾荒及其影响》，《江苏社会科学》2000 年第 5 期。
　　⑦ 汪汉忠：《灾害、社会与现代化——以苏北民国时期为中心的考察》，社会科学文献出版
社 2005 年版。

社区赈济朝向多元化发展，但仍以民间力量为主导，由乡镇组织的赈济活动替代了以都图里甲庄圩为单位的小型社区赈济。他对清至民初嘉定宝山地区"分厂"制度的确立和演化过程进行了考察，充分探讨了"厂董"职能的转化、传统的乡镇管理模式与清季民初地方自治之间的关系。① 冯贤亮指出，咸丰六年江南特大旱灾时江南恰逢太平天国战争，清政府因内乱外患频兴而明显感到救灾乏力。民生赈济的任务基本已转移到地方政府身上，以绅商地主为代表的地方力量在其间发挥了重大作用。②

彭先国指出，湖南水灾在近代的泛滥加剧，与当地的无序垦殖以及对生态环境大范围的长时期破坏有关。③

一些东北史或是全国性灾荒史论著中或多或少涉及近代东北灾荒史。王虹波梳理了1912—1931年吉林灾荒与救济。④ 苏全有、李惠考察了日俄战争以后盛京将军增祺在东北地区设立赈灾机构、创办粥厂赈济灾民、与俄国交涉赈济事项、筹集赈款等活动。⑤

周炜对西藏近代水灾和雪灾的研究，⑥ 使灾荒史研究的地理范围有所扩展。

以地理区域为研究单位的研究成果主要探讨一些河流、湖泊及其流域内的灾害情形。黄河、海河和长江等流域的灾荒有较多学者关注。

早在20世纪30年代，恽新安和骆腾等人对清后期黄河泛滥情况进行了考察。中华人民共和国成立后，研究者们对黄河水灾问题依然相当关注。王京阳等揭示了黄河铜瓦厢改道前后的河患情形。⑦ 李文海等人对晚清时期永定河水患情形进行了梳理，李辅斌对直隶在有清一代的水患作了

① 吴滔：《清代江南地区社区赈济发展简况》，《中国农史》2001年第1期；吴滔：《清至民初嘉定宝山地区分厂传统之转变——以赈济饥荒到乡镇自治》，《清史研究》2004年第2期。

② 冯贤亮：《咸丰六年江南大旱与社会应对》，《社会科学》2006年第7期。

③ 彭先国：《湖南近代水灾研究》，《求索》2000年第4期。

④ 王虹波：《1912—1931年间吉林灾荒与救济》，《东北史地》2009年第5期。

⑤ 苏全有、李惠：《增祺与日俄战争前后的兵灾赈济》，《大连大学学报》2008年第5期。

⑥ 周炜：《西藏近代雪灾档案研究》，《西藏研究》1990年第1期；《西藏19世纪以来的水灾——西藏水灾档案研究》，《中国藏学》1990年第3期。

⑦ 王京阳：《清代铜瓦厢改道前的河患及其治理》，《陕西师范大学学报》（哲学社会科学版）1979年第1期。

较为详细的统计。① 华林甫考察了清代以来三百年间长江三峡地区的水旱灾害。他指出,三峡地区是中国水旱多发地区,水灾明显多于旱灾。三峡地区的水灾呈现愈演愈烈之势,而且规模越来越大,1860 年、1870 年的特大水灾,是清代以来规模最大的水灾。② 淮河流域和太湖地区的灾情也有不少研究。孔祥成认为工赈作为近代以来有效的灾荒救治模式,在 1931年江淮大水灾后的重建中得到充分施展。③ 孙语圣的《1931:救灾社会化》分析了 1931 年水灾的危害、影响、发生原因及在民国历史上所具有的典型意义,认为政府与民间灾害的救治发生了转变,即官赈义赈化的取向。④

救灾问题研究围绕政府、民间团体、慈善机构、自发团体的救灾活动、救灾措施以及救灾制度展开。

一些研究指出了政府荒政的弊端,不少学者认为清代后期政府荒政的弊端更加凸显。李文海、周源认为清代荒政规章制度虽并非不周密,但进入近代以来,其在多数场合下只是一纸具文。⑤ 谷文峰、郭文佳从社会政治因素和荒政制度的自身漏洞讨论了荒政弊端产生的原因及其表现。⑥ 李向军的《清代荒政研究》等论著认为清代荒政集历代之大成,但道光以后,荒政名存实亡。⑦ 王振忠认为尽管清代对黄河的治理高度重视,河工开支越来越大,但河政弊端积重难返,嘉道以后甚至严重影响了盐政和漕运。⑧ 郑师渠认为道光朝河政的颓坏,严重削弱了清朝的财力,扩大了民众的不满与反抗,从根本上削弱了清朝统治的基础。⑨ 李勤认为南京国民政府时期救荒中的贪污腐败是近代灾难程度加重的原因,不仅损害了灾民

---

① 李文海等:《晚清的永定河患与顺、直水灾》,《北京社会科学》1989 年第 3 期;李辅斌:《清代直隶地区的水患和治理》,《中国农史》1994 年第 4 期。

② 华林甫:《清代以来三峡地区水旱灾害的初步研究》,《中国社会科学》1999 年第 1 期。

③ 孔祥成:《1931 年江淮水灾工赈机制研究——以江苏省为中心》,《民国档案》2008 年第 3 期。

④ 孙语圣:《1931:救灾社会化》,安徽大学出版社 2008 年版。

⑤ 李文海、周源:《灾荒与饥馑:1840—1919》,高等教育出版社 1991 年版。

⑥ 谷文峰、郭文佳:《清代荒政弊端初探》,《黄淮学刊》1992 年第 4 期。

⑦ 李向军:《清代荒政研究》,中国农业出版社 1995 年版。

⑧ 王振忠:《河政与清代社会》,《湖北大学学报》(哲学社会科学版)1994 年第 2 期。

⑨ 郑师渠:《论道光朝河政》,《历史档案》1996 年第 2 期。

的利益，而且危及了国民党政权的稳定。①

　　关于政府的救灾，多数论著通常既注意其正面作用，又会指出其不足之处，有的先抑后扬，有的先扬后抑。

　　一些论著关注新因素的出现及政府的积极作用。刘五书考察了民国时期以工代赈，认为设立学校、工厂，修筑道路等以工代赈措施在救荒过程中具有重要作用。② 杨鹏程指出，在1934年湖南旱灾中，省政府采取的一系列赈灾措施，虽然大多沿袭传统的赈务方式，但在赈灾机构、赈源募集、救灾方式、信息传递、国内外慈善机构的介入及赈务人员素质的变化等方面都体现了民国时期荒政近代化的趋势。③ 章博认为，南京政府是武汉1931年水灾救济的主导者，一定程度上起到了政府在社会救济中应有的积极作用，促进了国家防灾救灾体制的进一步完善。④ 孔祥成指出，1931年江淮大水救助中，国民政府突破了传统荒政以维持统治秩序为出发点的思维模式，开始注意经济建设的重要性，开展了大规模的工赈与农赈，组织官义合作、多重牵制的管理体制，并由此发轫而成为国民政府建设新农村的一个新思路。⑤

　　一些研究指出政府荒政的局限性，也注意到其积极作用。夏明方研究了铜瓦厢改道后清政府对黄河的治理情形，认为河工在改道后的地位日益下降，同时伴随着国运衰微，清政府的治黄努力被一点点消耗殆尽，不过近代化气息也终于渗入了治黄理论和技术之中。⑥ 谢高潮认为洋务派的一些荒政主张有很大的封建局限性，但毕竟较前有了不小的进步。⑦

―――――――――

　　① 李勤：《南京国民政府时期救荒中的腐败问题析论》，《华中科技大学学报》2006年第2期。
　　② 刘五书：《论民国时期的以工代赈救荒》，《史学月刊》1997年第2期。
　　③ 杨鹏程：《从1934年湖南赈务看民国时期荒政近代化的趋向》，《湖南科技大学学报》（社会科学版）2005年第3期。
　　④ 章博：《论政府在灾荒救济中的作用——以武汉1931年水灾为个案的考察》，《江汉论坛》2006年第12期。
　　⑤ 孔祥成：《"变救为助"与"以赈代赈"——1931年江淮大水农赈理念及其机制研究》，《安徽史学》2008年第5期。
　　⑥ 夏明方：《铜瓦厢改道后清政府对黄河的治理》，《清史研究》1995年第4期。
　　⑦ 谢高潮：《晚清荒政思想简议》，《晋阳学刊》1997年第1期；《晚清洋务派恢复社会经济的荒政主张与活动》，《社会科学》1997年第4期。

一些研究指出政府荒政的积极作用，但是存在不足。吕美颐肯定了清代基本上实现了赈灾的制度化、程序化和法律化，但由于制度本身不完善、社会风气败坏和吏治腐败，使荒政百弊丛生，恶性蔓延。[①] 夏明方指出洋务思潮中出现了发展近代工商业和近代农业以减灾备荒的趋向，试图建立一种官、商、民多种力量相结合的多元化、社会化的救灾备荒体系，从而使中国救荒理论发生了革命性转变，当然，其具体实施还存在着相当大的问题。[②] 张明爱、蔡勤禹指出，民国时期在救灾程序、措施、财政、管理等制度方面进行建设，初步形成了一个现代性制度框架，但仍然还存在防灾设施改善不大、资金有限等一些问题。[③] 于志勇指出清王朝在赈济、蠲免、借贷等政策不变的情况下，针对内蒙古西部地区的特殊条件建立了养赡制。清王朝在内蒙古西部地区的荒政实质在于巩固边防，由于吏治腐败及其他的一些制度性的缺陷大大降低了赈济的实效。[④] 莫子刚认为抗战时期的贵州国民政府采取的荒政措施虽有创新之处，也取得了一些效果，但由于国民政府的阶级立场所限，收效甚微。[⑤]

有关备荒的研究主要集中在仓储问题上。常平仓、社仓、义仓等诸种仓储各司其职，相互补充，平日积粮，在灾年通过赈济、借贷等方式救济灾民，构成了较为完整的备荒体系，在保障民众生活、维护社会稳定等方面起到了极大的作用。一些论文通常描述仓储的创建与演变，经营与管理，仓谷及经费来源，职能与作用等。

20世纪二三十年代，于树德和邓拓等人探讨了中国古代仓储对于备荒的作用，并且较为详细地说明了常平仓、社仓和义仓的性质、区别以及各

① 吕美颐：《略论清代灾赈制度中的弊端与防弊措施》，《郑州大学学报》（哲学社会科学版）1995年第4期。
② 夏明方：《洋务思潮中的荒政近代化构想及其历史地位——灾荒与洋务运动研究之三》，《北京档案史料》2002年第2期。
③ 张明爱、蔡勤禹：《民国时期政府救灾制度论析》，《东方论坛》2003年第2期。
④ 于志勇：《清代内蒙古西部地区的荒政初探》，《内蒙古师范大学学报》（哲学社会科学版）2004年第1期。
⑤ 莫子刚：《"抗建"声中的国民政府荒政考析——以贵州为例》，《贵州社会科学》2009年第9期。

自的沿革与办法。① 80 年代，林化则专门论述了清代的仓储制度，通过分析粮食筹措、平衡地区积贮和粮食的保管等方面的措施，认为清统治者对仓储十分重视，并进而指出仓储制度随清政府封建统治的衰败而逐渐废弛。② 牛敬忠对清代的常平仓、社仓制度进行了探讨，认为到乾隆年间，二仓都已见有成效，但嘉道以后渐趋破败，同光以后虽加以重建，终究无法达到前期水平；二仓的主要社会功能便是积谷备荒、灾年散赈，以稳定社会秩序。③ 张岩在起源、建仓方式、宗旨、管理方式、功能等五个方面对清代常平仓与社仓、义仓进行了比较研究，认为，清代常平仓的建设比较成熟，能够在不同情况下进行不同程度的救济，其功能在清代前、后期各有侧重，即由一项社会保障性措施逐渐沦为一种临时补救性措施。④ 康沛竹指出晚清仓储制度的衰败是当时饥荒极其严重的一个重要原因。⑤ 李映发对清代州县上各类仓厫的储粮来源及其兴建与管理进行了研究，认为这些种类的仓厫对农村社会中的备荒救灾起了一定的积极作用，也探讨了其在清中期衰落的原因。⑥ 吴四伍以苏州长元吴丰备义仓为点、江南积谷仓为面、全国仓储为体，从宏观的仓储政策与区域实践、个案仓储的运作方面，展示清代仓储从"以仓养仓"到"仓外养仓"的转变过程。该书认为近代仓储既非简单地伴随封建王朝而衰落，也非近代西方因素影响和改造的新发展。⑦

　　一些学者从各地仓储入手研究荒政。陈春声考察了清代广东的常平仓、社仓和义仓后指出，广东仓储形式的更替过程反映了中国传统社会后

---

① 于树德：《我国古代之农荒预防策——常平仓、义仓和社仓》，《东方杂志》第18卷第14、15号，1921年7、8月；邓拓：《中国救荒史》，北京出版社1998年版。

② 林化：《清代仓贮制度概述》，《清史研究通讯》1987年第3期。

③ 牛敬忠：《清代常平仓、社仓的社会功能》，《内蒙古大学学报》（哲学社会科学版）1991年第1期；《清代常平仓、社仓制度初探》，《内蒙古师范大学学报》（哲学社会科学版）1991年第2期。

④ 张岩：《试论清代的常平仓制度》，《清史研究》1993年第4期；张岩：《论清代常平仓与相关类仓之关系》，《中国社会经济史研究》1998年第4期。

⑤ 康沛竹：《清代仓储制度的衰败与饥荒》，《社会科学战线》1996年第3期。

⑥ 李映发：《清代州县储粮》，《中国农史》1997年第1期。

⑦ 吴四伍：《清代仓储的制度困境与救灾实践》，社会科学文献出版社2018年版。

期基层社会控制权逐渐下移，社会多样化发展的历史趋势。① 冼剑民认为佛山义仓是典型的城市义仓，其浓厚的商业色彩是区别于珠江三角洲其他义仓的一个显著标志，在保障佛山的经济发展中起了很大的作用。② 王水乔指出以咸丰、同治年间的兵燹为标志，清代云南的仓储经历了发展和衰落两个时期，③ 吴洪琳指出陕北、关中、陕南三个地区社仓的发展、衰落呈现出了不同的特征。④ 姚建平认为，把仓储制度和保甲制度相结合是清代两湖地区社仓管理的一个重要特点，体现了经济手段和政治手段相结合的理念。⑤ 白丽萍对清代两湖平原社仓的建置与分布、仓谷来源、仓政管理等方面的特点进行了比较研究，进而揭示出清代社仓制度的发展演变及其在基层社会的具体实践。⑥ 黄鸿山等指出清代江南地区社仓的旋兴旋废，究其原因是因为社仓制本身存在借还难、任人难、劝捐难等缺陷，而清朝后期吏治的腐败则加速了社仓的衰败；他们还通过考察晚清苏州府长元吴丰备义仓，发现在近代化大潮的冲击下，仓储这一古代传统社会保障制度，不仅在管理方面发生了变化，其社会保障功能也得到了长足的发展，保障的面不断扩大，保障的层次也有所提高。⑦

对于荒政之外的救荒形态如义赈，有研究者给予了一定的注意。研究者常常在"传统—近代""国家—社会"的框架内考察义赈。

李文海认为义赈是一种有别于官赈、由民间筹集资金、民间组织散放

① 陈春声：《论清代广东的常平仓》，《中国史研究》1989 年第 3 期；《清代广东社仓的组织与功能》，《学术研究》1990 年第 1 期；《论清末广东义仓的兴起——清代广东粮食仓储研究之三》，《中国社会经济史研究》1994 年第 1 期。

② 冼剑民：《清代佛山义仓》，《中国农史》1992 年第 2 期。

③ 王水乔：《清代云南的仓储制度》，《云南民族学院学报》（哲学社会科学版）1997 年第 3 期。

④ 吴洪琳：《论清代陕西社仓的区域性特征》，《中国历史地理论丛》第 16 卷第 1 辑，2001 年 3 月。

⑤ 姚建平：《清代两湖地区社仓的管理及其与常平仓的关系》，《社会科学辑刊》2003 年第 4 期。

⑥ 白丽萍：《清代两湖平原的社仓建设》，《武汉大学学报》（人文科学版）2005 年第 1 期。

⑦ 黄鸿山、王卫平：《清代社仓的兴废及其原因——以江南地区为中心的考察》，《学海》2004 年第 1 期；黄鸿山、王卫平：《传统仓储制度社会保障功能的近代发展——以晚清苏州府长元吴丰备义仓为例》，《中国农史》2005 年第 2 期。

的慈善赈济行为，是随着资本主义性质经济成分的出现而兴起的。他指出，由于义赈具有相当的组织性，使其救荒的工作效率和实际效果都远较传统慈善机构明显；而且在财力和散赈两个方面弥补了官赈的缺陷，所以它能够迅速发展。[①] 一些学者注意寻找义赈的近代性。夏明方认为，在中国社会经济结构发生重大变化以后，义赈的出现表明具有近代文明特征的救灾形式和救灾意识的产生并发生作用也就势所必然了。[②] 杨剑利对"丁戊奇荒"中的官赈与义赈进行比较后认为，清政府财政匮乏，仓储空虚，无力负荷救济灾民的重担，于是新兴商人出面号召救灾，发起中国近代第一次大规模的义赈活动。[③] 阮清华分析了"庚子之变"后上海绅商的义赈。[④] 赵家才在梳理清代山东灾害发生规律和趋势的基础上，论述了具有非官化倾向的多元化的民间救济系统。[⑤] 郑利民从官赈和义赈的相互关系入手，探讨了民国后期湖南赈务特点和荒政格局，认为民国后期湖南赈务社会化程度日益提高、近代化趋势愈加明显的结论。[⑥] 汪志国指出，近代安徽民间社会的自救活动和民间组织的赈济活动缓解了因官府救灾不力而出现的灾荒危机。[⑦]

义赈的开端问题。李文海等认为，光绪二、三年李金镛苏北赈灾为义赈的开端。[⑧] 王卫平对苏北海州、沭阳义赈作了更深入细致的探讨，光绪二年的苏北赈灾是近代义赈的先河，灾区的惨象在江南引起了巨大的震撼，江南士绅出于同情心与社会责任心，突破了传统的赈灾范围，有组织地前往苏北参与赈济，这与以前的官赈存在性质之别，是带有转折性的近

---

①　李文海：《晚清义赈的兴起与发展》，《清史研究》1993 年第 3 期。

②　夏明方：《清季"丁戊奇荒"的赈济及善后问题初探》，《近代史研究》1993 年第 2 期。

③　杨剑利：《晚清社会灾荒救治功能的演变——以"丁戊奇荒"的两种赈济方式为例》，《清史研究》2000 年第 4 期。

④　阮清华：《非常时期的民间救济——以"庚子之变"后上海绅商义赈为例的探讨》，《华东师范大学学报》（哲学社会科学版）2005 年第 1 期。

⑤　赵家才：《清代山东民间社会的灾害救济》，《内蒙古农业大学学报》（社会科学版）2006 年第 3 期。

⑥　郑利民：《民国时期湖南官义两赈的相互关系分析》，《历史教学》2008 年第 18 期。

⑦　汪志国：《自救与赈济：近代安徽民间社会对灾荒的救助》，《中国农史》2009 年第 3 期。

⑧　李文海：《晚清义赈的兴起与发展》，《清史研究》1993 年第 3 期。

代义赈。① 朱浒认为，近代义赈的发端并不是 1876 年李金镛苏北赈灾，而是次年李金镛等人的山东赈灾。他指出，义赈生成之初就具有的一个基本特征即对救助对象的选择不以其对江南有无影响为标准，而苏北毕竟还属江苏省内，李金镛的苏北赈灾也只是江南社会应对外来难民潮的一部分，依然没有越出乡土的观念范围，不具有义赈的跨地方性特征。只有当 1877 年 6 月初李金镛、严佑之等在山东开始赈灾后才标志着真正意义上的近代义赈的开端。②

义赈的主体，学界有不同的看法。虞和平认为义赈是江浙绅商的一项联合社会公益活动，是早期江浙资产阶级走向联合的第一步。③ 李文海则认为义赈活动的最初发起人，如经元善、郑观应、李金镛、胡光墉等人，都是当时洋务企业中的骨干。④ 朱浒指出，义赈发起人在义赈初兴期仍归属于江南善士圈下的传统士绅，而当义赈在光绪十年左右再次活跃时，其主持群体才发生变化，因他们大多数人都与中国近代工业化进程有密切联系，近代绅商遂成为义赈的领军人物。⑤

朱浒的《地方性流动及其超越：晚清义赈与近代中国社会的新陈代谢》和《民胞物与：中国近代义赈（1876—1912）》以及相关论文，从晚清社会变局的大背景下，深入分析了近代义赈发展过程的一些阶段性标志活动如丁戊奇荒、光绪十三年黄河郑州决口、光绪中期山东小清河工程、世纪之交的陕西旱灾与义赈、光绪丙午徐海水灾、辛亥时期的江皖大水等。他的一系列研究不仅探讨了晚清义赈与社会变迁之间、国家与社会之间错综复杂的互动关系，而且对义赈的空间展开了探索，指出晚清义赈兴起从江南到华北的行动态势表达了一种跨地方的地方性实践逻辑，认为要

---

① 王卫平：《光绪二年苏北赈灾与江南士绅——兼论近代义赈的开始》，《历史档案》2006 年第 1 期；王卫平、黄鸿山：《江南绅商与光绪初年山东义赈》，《近代中国的城市与乡村》，社会科学文献出版社 2006 年版。

② 朱浒：《地方性流动及其超越：晚清义赈与近代中国的新陈代谢》，中国人民大学出版社 2006 年版。

③ 虞和平：《经元善集》，华中师范大学出版社 1988 年版。

④ 李文海：《晚清义赈的兴起与发展》，《清史研究》1993 年第 3 期。

⑤ 朱浒：《地方性流动及其超越：晚清义赈与近代中国的新陈代谢》，中国人民大学出版社 2006 年版。

改变将地方空间作为孤立实体的做法，应更加重视不同空间的互动关系。[①] 靳环宇的《晚清义赈组织研究》聚焦晚清义赈组织，将中国慈善史和中国赈济史两条研究理路相整合，充分解析了义赈组织的发展演变过程及其运行实态，概括出了义赈组织的结构和功能，以及义赈慈善家的文化和心理特征，并初步探讨了其成败得失。[②]

　　义赈与洋赈的关系颇受学界关注。夏明方认为近代义赈的产生受到了西方传教士赈济活动的影响，后者给江浙绅商提供了可资借鉴的近代化赈灾模式，其理由是传教士的赈济事业不仅其发起时间早于义赈，包含着两者在一定程度上的创造与模仿关系，而且传教士与义赈绅商在灾区放赈过程中有过业务上的合作关系。[③] 王卫平、朱浒等人均对此提出质疑。王卫平指出，大约在西方传教士参与山东赈灾的同时，江南绅商就已在苏北海州、沭阳地区开始了义赈活动，因此，虽可以说近代义赈受到了西方赈灾方式的影响，但不能说是对西方传教士在华赈济活动的模仿。[④] 而朱浒的研究表明：对西方传教士的赈济行动，发起义赈的江南士绅在主观上并没有要起而模仿的念头，而是被激发了一种强烈的抗拒意识，这就注定他们不可能与办赈教士形成合作关系。实际上，义赈是在江南士绅与西方传教士的对抗活动中逐步成型、发展的。[⑤]

　　1920—1921 年华北五省再次遭遇旱灾。为赈济灾区，中外人士联合发起了一个国际性民间慈善组织——华洋义赈会。学术界围绕华洋义赈会在

---

[①]　朱浒：《地方性流动及其超越：晚清义赈与近代中国的新陈代谢》，中国人民大学出版社 2006 年版；朱浒：《民胞物与：中国近代义赈（1876—1912）》，人民出版社 2012 年版；朱浒：《江南人在华北——从晚清义赈的兴起看地方史路径的空间局限》，《近代史研究》2005 年第 5 期；朱浒：《地方系谱向国家场域的蔓延——1900—1901 年的陕西旱灾与义赈》，《清史研究》2006 年第 2 期；朱浒：《地方社会与国家的跨地方互补——光绪十三年黄河郑州决口与晚清义赈的新发展》，《史学月刊》2007 年第 2 期。

[②]　靳环宇：《晚清义赈组织研究》，湖南人民出版社 2008 年版。

[③]　夏明方：《论 1876 至 1879 年间西方新教传教士的对华赈济事业》，《清史研究》1997 年第 2 期。

[④]　王卫平：《光绪二年苏北赈灾与江南士绅——兼论近代义赈的开始》，《历史档案》2006 年第 1 期。

[⑤]　朱浒：《地方性流动及其超越：晚清义赈与近代中国的新陈代谢》，中国人民大学出版社 2006 年版。

民国时期的慈善救济及相关活动展开了广泛讨论。蔡勤禹的《民间组织与
灾荒救治——民国华洋义赈会研究》一书,结合近代中国集权衰落趋势和
现代化开展过程,全面探讨华洋义赈会的产生与发展的经济、政治、文化
及社会心理等生态环境,并就现代化进程中民间组织成长的机遇与面临的
困难作了细致分析,虽然"政府软化"是民间救济组织产生的重要原因,
但在救荒实践中二者却处于胶合状态。① 薛毅的《中国华洋义赈救灾总会
研究》对中国华洋义赈救灾总会的创建、在中国推动合作事业发展、提出
建设防灾的新理念并将之付诸实践、积极参与乡村建设运动等内容做了详
细的论证与说明。②

有学者注意到赈济的社区化。余新忠指出,区别于一般意义的宗族义
庄,苏州丰豫义庄是由绅宦家族捐建、面向邻里的综合性社会救济机构。
乡绅以此为依托,试图通过平粜、赈济和推广农业生产技术等手段来维护
地方社会的传统秩序及自身长远利益。③ 他以道光三年苏州水灾时的救济
行动为例,通过对国家、官府和社会的救灾活动的分析,指出国家救灾手
段的经济化和乡赈的社区化是道光时期灾赈的两大趋向,不过社会力量的
活跃只是分割了官府的部分权力,一时并不会对国家权威产生直接危害。④
吴滔认为,赈济行为的社区化倾向是清代江南社会赈济事业最为显著的地
域特征,在乾隆朝以前,以社区为单位的赈济已广泛存在,只是官方介入
较多;从乾隆晚期到嘉道时期,随着国家荒政体系的逐渐衰败,社区赈济
民间化的倾向越来越明显;咸丰以后,社区赈济向多元化发展,但仍以民
间力量为主导。社区赈济在推动清代江南基层社会结构全面整合方面起了
巨大作用,而它之所以在江南长期存在,主要在于其能够与地方社会各种

---

① 蔡勤禹:《民间组织与灾荒救治——民国华洋义赈会研究》,商务印书馆 2005 年版。

② 薛毅:《中国华洋义赈救灾总会研究》,武汉大学出版社 2008 年版;薛毅:《华洋义赈会
与民国合作事业略论》,《武汉大学学报》2003 年第 6 期。

③ 余新忠:《清中后期乡绅的社会救济——苏州丰豫义庄研究》,《南开学报》1997 年第 3
期。

④ 余新忠:《道光三年苏州大水及各方之救济——道光时期国家、官府和社会的一个侧面》,
《中国社会历史评论》第 1 卷,1999 年。

资源相互融合。① 王卫平、黄鸿山指出，清代在江南地区的乡村社会，存在着政府、宗族、民间慈善三种类型的救济，其中政府救济重在救灾备荒，宗族救济以济贫和助教为重点，民间慈善则以鳏寡孤独贫病者为中心，这三者各司其职，互相补充，构成了相对完整的乡村社会救济体系。由于这些救济机构大多集中于市镇，从而使得江南地区的乡村社会救济事业的开展呈现出以市镇为中心的态势，并进一步指出这是由市镇在社会和经济生活中的地位决定的。②

对于灾荒的影响，学者也都能以史实来说明其对社会环境、人口、经济、心理等造成的破坏。夏明方将灾荒置于曾经被人们剥离的多样化而又变动着的地理空间或自然生态系统之中，对灾荒给社会造成的环境、人口、土地和地域冲突等方面的影响进行了充分有力的论述。

每次大的自然灾害，几乎都会引起重大的社会震荡，甚至同一些重大的历史事件或社会变革发生这样或那样的联系。因此，灾荒与政治问题的关系是不少研究者着力揭示的方面。

康沛竹的《灾荒与晚清政治》等论著指出太平天国辖区连年不断的旱灾、蝗灾、水灾等自然灾害直接导致了太平军的粮食危机；瘟疫流行夺去了许多太平军及辖区内人民的生命，这一切直接导致了太平军一些战役的失利，从而构成了太平天国革命失败的重要原因之一。③

李文海考察了灾荒对甲午战争、对辛亥革命的影响，并指出灾区与战区或毗邻或重合或者与战争有着特殊密切的关系。他指出，灾荒与战争的影响是相互的，一方面严重的灾荒极大地限制了人民群众支持抗日的能力，另一方面灾荒使得军粮筹集成了很大的问题。灾荒除了给予战争的历史进程以多方面的影响，甚而演变成一个重要的政治筹码，战后的赈灾更

---

① 吴滔：《清代江南地区社区赈济发展简况》，《中国农史》2001 年第 1 期；吴滔：《清代江南社区赈济与地方社会》，《中国社会科学》2001 年第 4 期。

② 王卫平、黄鸿山：《清代江南地区的乡村社会救济——以市镇为中心的考察》，《中国农史》2003 年第 4 期。

③ 康沛竹：《灾荒与太平天国革命的失败》，《北方论丛》1995 年第 6 期；康沛竹：《灾荒与晚清政治》，北京大学出版社 2002 年版。

成了一个尖锐的政治问题。①

　　林敦奎指出，义和团运动期间，直隶、山东等省发生的大灾荒使饥民、流民成为当时突出的社会问题，在民族矛盾的制约下，饥民、流民通过三种形式参加义和团，并以其独特的天灾观来激发灾民的抗争意识，扩大斗争的规模和声势，加速了清王朝垮台的历史进程。② 义和团运动时期以北京、天津为中心的华北地区的难民问题引起江南社会的广泛同情，以上海为中心的江南地区组织了中国近代第一次跨地区的社会援助活动。③

　　李文海指出，辛亥革命前十年间，连绵不断的灾荒深刻影响了当时的政治生活和社会生活，而革命派也通过当时的灾荒揭露了清朝统治的腐败；灾荒不仅是辛亥革命运动发生的一个直接诱因，而且对革命党人的战略决策产生了重大影响，同时，还决定了帝国主义对辛亥革命运动的态度，即对北京和武昌采取的所谓"中立"姿态。④ 辛亥革命中各省的"光复"，灾民和饥民并未直接参加。刘仰东对前者的解释是：灾民奄奄待毙，无力再去造反，表明社会凋敝已走过了极端。⑤

　　从经济角度看，每一次灾荒都对社会生产力造成严重摧残和破坏。

　　周翔鹤、米红分析了明清时期气候变化对粮食生产的影响，认为在明清时期的寒冷期中，农作物产量下降，农业经济萎缩，从而抑制了人口再生产，而进入雍正年间以后，气温逐渐转暖，粮食产量上升，人口再生产也随之上升。⑥

　　王业键、黄莹珏对清代气候的冷暖变迁、自然灾害、粮食生产与粮价变动的关系进行了考察，认为华东、华北地区气候的冷暖周期与旱涝的多寡有关，清代长江三角洲地区的粮价高峰大都出现在自然灾害多的年份，1641—1720 年、1741—1830 年粮价与当时旱灾的变动大体一致，1831—1880 年粮价

---

　　① 李文海：《甲午战争与灾荒》，《历史研究》1994 年第 6 期。

　　② 林敦奎：《社会灾荒与义和团运动》，《中国人民大学学报》1991 年第 4 期。

　　③ 李文海、朱浒：《义和团运动时期江南绅商对战争难民的社会救助》，《清史研究》2004 年第 2 期。

　　④ 李文海：《清末灾荒与辛亥革命》，《历史研究》1991 年第 5 期。

　　⑤ 刘仰东：《灾荒：考察近代中国社会的另一个视角》，《清史研究》1995 年第 2 期。

　　⑥ 周翔鹤、米红：《明清时期中国的气候和粮食生产》，《中国社会经济史研究》1998 年第 4 期。

与当时涝灾的变动一致，而长期气候变迁与粮价并无明显关系。①

陈家其分析了明清时期气候变化对太湖流域农业经济的巨大影响，认为其重要表现是气候变冷使双季稻面积减少，粮食复种指数下降，而自然灾害频发则使粮食产量下降。②张国雄认为，清后期江汉平原日趋严重的水旱灾对垸田生产造成了很大影响，使生产的不稳定性日渐严重，成灾面积扩大，丰年减少，灾年增多。③尹玲玲论述了明清时期两湖平原的洪涝灾害与社会经济结构转换之间的相互关系，指出在洪涝灾害发生的同时，该地经历了一个由渔业经济向农业经济转换的过程，而渔业经济退缩、农业大规模扩展的结果是洪涝灾害日益升级，形成了一个恶性循环。④

夏明方详细阐述了灾荒在中国早期工业化过程中所处的地位，认为在清末灾害群发期的历史条件下，自然灾害极大地抑制了清廷财税总量的增长，加剧了清廷的财政危机，从而间接地抑制了清廷对新式工业的投资规模，挤占或侵蚀了新式工业的融资渠道或资本存量，而灾荒生产出的大量灾民、流民无助于近代劳动力市场的形成，同时灾荒又在相当大的程度上造成国内商品市场的剧烈波动。⑤

郑磊认为1928—1930年西北大旱灾前后的陕西关中地区，频繁的灾荒造成了人口的大量死亡，使关中地区的人地关系出现了恶性宽松的局面，直接导致了关中地区的自耕农社会。⑥王方中指出1931年江淮大水灾破坏了农业生产力，削弱了农民的购买力，也是30年代地价下跌、农村

---

①　王业键、黄莹珏：《清代中国气候变迁、自然灾害与粮价的初步考察》，《中国经济史研究》1999年第1期。

②　陈家其：《明清时期气候变化对太湖流域农业经济的影响》，《中国农史》1991年第3期。

③　张国雄：《清代江汉平原水旱灾害的变化与垸田生产的关系》，《中国农史》1990年第3期。

④　尹玲玲：《社会经济结构的转换与洪涝灾害——以明清时期两湖平原为中心》，《自然灾害与中国社会历史结构》，复旦大学出版社2001年版；尹玲玲：《明清两湖平原的环境变迁与社会应对》，上海人民出版社2008年版。

⑤　夏明方：《从清末灾害群发期看中国早期现代化的历史条件——灾荒与洋务运动研究之一》，《清史研究》1998年第1期；夏明方：《中国早期工业化阶段原始积累过程的灾害史分析——灾荒与洋务运动研究之二》，《清史研究》1999年第1期。

⑥　郑磊：《民国时期关中地区生态环境与社会经济结构变迁（1928—1949）》，《中国经济史研究》2001年第3期。

现金急剧减少的一个因素。① 张水良指出二战时期国统区三次大灾荒的发生，不但加速了农村经济的全面崩溃，而且直接或间接地影响到城镇工商业，特别是使在帝国主义列强和四大家族官僚资本压迫下的民族工商业更加迅速衰落。②

灾荒是影响社会生活的一个非常重要的因素。

李文海分析了灾荒给社会经济和人民生活带来的严重影响，它首先表现在对人民生命的摧残和戕害上，其次是对社会经济造成巨大的损害和破坏，最终则增加了社会的动荡与不安定，激化了本已相当尖锐的社会矛盾。③ 他从文学史的角度挖掘了灾荒的社会形象，认为，晚清诗歌中许多针对灾荒的描写，从各个方面形象地刻画出了晚清时期水旱失时、灾荒频仍、哀鸿遍野、饿殍塞途的社会真实，从而非常直接、清晰地反映了当时的社会面貌。④ 刘仰东强调由近代自然灾害造成的人口骤然失衡必将引起局部或全局社会机制的紊乱，甚至直接影响社会发展的步伐。⑤ 吴德华认为，民国时期自然灾害后人民大批死逃，大片良田和生产资料被毁，农业生产力遭到严重破坏，城市遭浩劫，交通和工程设施遭中断和破坏。灾荒成为土地集中的杠杆，大量土地集中到地主手里，军警、商人也趁机购买大批灾民土地，成为有权有势的新地主。⑥ 王建革对清代华北蝗灾下政府控制体系的运作、治蝗过程中的国家与乡村社会等方面进行了论述，指出雍、乾年间，政府在治蝗过程中投入了较多的力量，也取得了一定的成效，到了后期随着吏治的腐败，控制力度相应减弱。⑦

灾荒的发生直接会影响到人口的迁移和消亡。董龙凯指出，在咸、同年间，由于黄河主要在鲁西南地区漫流，移民范围还是有限的，到光绪年

---

①　王方中：《1931 年江淮大水灾及其后果》，《近代史研究》1990 年第 1 期。

②　张水良：《二战时期国统区的三次大灾荒及其对社会经济的影响》，《中国社会经济史研究》1990 年第 4 期。

③　李文海：《论近代中国灾荒史研究》，《中国人民大学学报》1988 年第 6 期；李文海：《中国近代灾荒与社会生活》，《近代史研究》1990 年第 5 期。

④　李文海：《晚清诗歌中的灾荒描写》，《清史研究》1992 年第 4 期。

⑤　刘仰东：《灾荒：考察近代中国社会的另一个视角》，《清史研究》1995 年第 2 期。

⑥　吴德华：《试论民国时期的灾荒》，《武汉大学学报》1992 年第 3 期。

⑦　王建革：《清代华北的蝗灾与社会控制》，《清史研究》2000 年第 2 期。

间，黄河水灾已经遍及整个山东黄河沿岸，人口迁移也自西往东普遍展开，其迁移形式主要有后撤型、移民黄河三角洲、南迁、走西北和闯关东等几种。人口迁移改变了人口的分布格局，使山东沿黄一带的生存压力有所缓和，而往往能促进大部分迁入地的经济开发。① 夏明方认为在旧中国的农村，灾荒较之与战争对人口的迁移有着更大的影响力。② 池子华等提出灾荒和社会变迁产生了大量流民，流民一方面流向中心城市，另一方面形成乞丐与盗匪，还有的参加义和拳。这些最终形成了社会的不稳定因素。③ 王印焕指出，灾发地政府无力赈济自己的民众，或为推卸责任，放任灾民四处流离，移境就食。流入地政府救济本地灾民不遑，不愿再为别区承担救济重任，因此，对来境灾民无不驱逐出境或资遣回籍。灾民便是在灾发地与流入地的推来搡去之中艰难苟活。④

　　王振忠通过对徽州村落文书的研究认为徽州民间因灾害而引起的民众对生存环境之焦虑与不安，形成了诸多民间信仰活动。⑤ 董龙凯认为，在铜瓦厢改道以前，河神祭祀于山东是微不足道的，而改道之后，祭祀活动在山东占有相当大的比重。⑥ 张建民指出，长期频繁的洪涝灾害塑成了江汉平原农村不事蓄积的生活习俗，还通过水土关系的不断变化造成了地籍上的混乱。⑦

---

　　① 董龙凯：《清光绪年间黄河变迁与山东人口迁移》，《中国历史地理论丛》1998 年第 1 辑；《1855—1874 年黄河漫流与山东人口迁移》，《文史哲》1998 年第 3 期。

　　② 夏明方：《抗战时期中国的灾荒与人口迁移》，《抗日战争研究》2000 年第 2 期。

　　③ 池子华：《中国近代流民》，浙江人民出版社 1996 年版；池子华、李红英：《灾荒、社会变迁与流民——以 19、20 世纪之交的直隶为中心》，《南京农业大学学报》（社会科学版）2004 年第 1 期。

　　④ 王印焕：《1911—1937 年灾民移境就食问题初探》，《史学月刊》2002 年第 2 期。

　　⑤ 王振忠：《清代徽州民间的灾害、信仰及相关习俗——以婺源县浙源乡孝悌里凤腾村文书〈应酬便览〉为中心》，《清史研究》2001 年第 2 期。

　　⑥ 董龙凯：《黄河灾害与近代山东的河神信仰、社会生活习俗》，《自然灾害与中国社会历史结构》，复旦大学出版社 2001 年版。

　　⑦ 张建民：《明清时期的洪涝灾害与江汉平原农村生活》，《自然灾害与中国社会历史结构》，复旦大学出版社 2001 年版。

# 二　慈善

　　慈善事业主要包含育婴、养老、济贫、收流民、保节、施棺掩埋代葬、施粥、施药以及义塾、惜字、放生等多个方面。有关近代慈善史研究的评述文章已有多篇，[①] 本书在借鉴上述成果的基础上，对该领域研究成果进行补充并重新梳理。本书主要梳理以社会史视角对近代慈善史进行研究的成果。

## （一）研究历程

　　严格意义上的中国慈善事业史学术研究，可追溯到民国初年学界对古代救荒济贫等慈善救济活动的初步探讨。

　　1930 年，梁维四发表了《慈善政策论》一文，简单介绍了中国慈善事业的概况，提出了今后应采取的一些慈善政策。[②] 一些灾荒史论著也涉及慈善救济，如邓拓《中国救荒史》。抗战爆发，研究内容始聚焦于难民救助。50 年代后，相关研究并没有起色，一些文章基本上是把近代中国慈善事业作为地主阶级的伪善之举以及帝国主义对华侵略的工具进行批判。

　　20 世纪 80 年代初，顾长声在研究近代中国的传教士时论述了教会的慈善事业。[③] 其后近十年时间内，慈善事业史仍少有人研究。周秋光在研究熊希龄的过程中注意到熊希龄所从事的慈善教育活动，于 1991 年出版了《熊希龄与慈善教育事业》，并提倡慈善史研究。[④]

　　20 世纪 90 年代后期，慈善史的研究开始增多。进入 21 世纪，慈善史

---

　　① 曾桂林：《20 世纪国内外中国慈善事业史研究综述》，《中国史研究动态》2003 年第 3 期；曾桂林：《近 20 年来中国近代慈善事业史研究述评》，《近代史研究》2008 年第 2 期；郭常英、岳鹏星：《近六年来中国近代慈善史研究述评》，《中州学刊》2014 年第 10 期。

　　② 梁维四：《慈善政策论》，《中国建设》1930 年第 2 卷第 5 期。

　　③ 顾长声：《传教士与近代中国》，上海人民出版社 1981 年版。

　　④ 周秋光：《熊希龄与慈善教育事业》，湖南教育出版社 1991 年版；周秋光：《民国时期社会慈善事业研究刍议》，《湖南师范大学学报》1994 年第 3 期。

研究骤然升温。1996 年张礼恒写了一篇上海慈善事业的文章。周秋光、曾
桂林等于 2000 年前后，发表了多篇慈善史方面的论文，2006 年出版了
《中国慈善简史》，2008 年出版了《红十字会在中国》，2013 年出版了
《民国时期慈善法制研究》，2014 年出版了《中国近代慈善事业研究》。①
王卫平 20 世纪 90 年代后期开始发表慈善史方面的论文。② 其后单独或与
黄鸿山等发表了一系列慈善史论著。2004 年王卫平、黄鸿山等出版了《中
国古代传统社会保障与慈善事业——以明清时期为重点的考察》一书，
2011 年王卫平、黄鸿山、曾桂林出版了《中国慈善史纲》，黄鸿山出版了
《中国近代慈善事业研究：以晚清江南为中心》。③ 池子华 2000 年前后转入
红十字会研究，2003 年出版了《百年红十字》，2004 年出版了《红十字与
近代中国》。④ 除了上述论著，还有大批慈善史论著相继面世。⑤ 这些论著

①　周秋光、曾桂林：《中国慈善简史》，人民出版社 2006 年版；周秋光：《红十字会在中国
（1904—1927）》，人民出版社 2008 年版；周秋光、张少利等：《湖南慈善史》，湖南人民出版社
2010 年版；曾桂林：《民国时期慈善法制研究》，人民出版社 2013 年版；周秋光等：《中国近代慈
善事业研究》，天津古籍出版社 2014 年版。

②　王卫平：《清代苏州的慈善事业》，《中国史研究》1997 年第 3 期。

③　王卫平、黄鸿山等：《中国古代传统社会保障与慈善事业——以明清时期为重点的考察》，
群言出版社 2004 年版；王卫平、黄鸿山、曾桂林：《中国慈善史纲》，中国劳动社会保障出版社
2011 年版；黄鸿山：《中国近代慈善事业研究：以晚清江南为中心》，天津古籍出版社 2011 年版。

④　池子华等：《百年红十字》，安徽人民出版社 2003 年版；池子华：《红十字与近代中国》，
安徽人民出版社 2004 年版；池子华、郝如一：《近代江苏红十字运动（1904—1949）》，安徽人民
出版社 2007 年版。

⑤　［日］夫马进：《中国善堂善会史研究》，同朋舍 1997 年版，武跃、杨文信、张学锋译，
商务印书馆 2005 年版；游子安：《劝化箴言：清代善书研究》，天津人民出版社 1999 年版；［日］
小浜正子：《近代上海的公共性与国家》，上海古籍出版社 2003 年版；梁其姿：《施善与教化：明
清慈善组织》，河北教育出版社 2001 年版；张玉法主编，周秋光、张建俅等撰：《中华民国红十字
会百年会史（1904—2003）》，台北红十字会总会 2004 年版；王德春：《联合国善后救济总署与中
国（1945—1947）》，人民出版社 2004 年版；赵宝爱：《慈善救济事业与近代山东社会变迁》，济
南出版社 2005 年版；游子安：《善与人同：明清以来的慈善与教化》，中华书局 2005 年版；蔡勤
禹：《民间组织与灾荒救济——民国华洋义赈会研究》，商务印书馆 2005 年版；［日］高桥孝助：
《饥馑与救济的社会史》，青木书店 2006 年版；朱浒：《地方性流动及其超越：晚清义赈与近代中
国的新陈代谢》，中国人民大学出版社 2006 年版；任云兰：《近代天津的慈善与社会救济》，天津
人民出版社 2007 年版；孙善根：《民国时期宁波慈善事业研究（1912—1936）》，人民出版社 2007
年版；王春霞、刘惠新：《近代浙商与慈善公益事业研究（1840—1938）》，中国社会科学出版社
2009 年版；张建俅：《中国红十字会初期发展之研究》，中华书局 2007 年版；王娟：《近代北京慈
善事业研究》，人民出版社 2010 年版；朱浒：《民胞物与：中国近代义赈（1876—1912）》，人民
出版社 2012 年版；黄雁鸿：《同善堂与澳门华人社会》，商务印书馆 2012 年版；戴斌武：《抗战时
期中国红十字会救护总队研究》，天津古籍出版社 2012 年版；蔡勤禹、张家惠：《青岛慈善史》，
中国社会科学出版社 2014 年版；向常水：《民国北京政府时期湖南慈善救济事业研究》，人民出版
社 2015 年版；高鹏程：《近代红十字会与红卍字会比较研究》，合肥工业大学出版社 2015 年版。

既有专题性质的，也有通史性质的；既有总论全国的，还有专述某区域或某组织的。

慈善史料整理工作取得进展，陆续刊印若干资料集。中国红十字会总会、各地分会和相关研究人员已陆续出版了关于红十字会发展历程的档案文献。如中国红十字会总会编的《中国红十字会历史资料选编（1904—1949）》，赵辉主编的《天津红十字会九十年》①，李文海主编的《民国时期社会调查丛编·社会保障卷》和李文海、夏明方、朱浒主编的《中国荒政书集成》中收集了大量慈善救济方面的史料。② 史学界整理出版了一些慈善人物、慈善群体的文集、档案等文献资料。如虞和平所编《经元善集》，张謇研究中心等单位合编《张謇全集》，周秋光所编《熊希龄集》和《熊希龄先生遗稿》，以及数种"盛宣怀档案"等，收录了经元善、张謇、熊希龄、盛宣怀等人有关慈善救济、慈善教育的电文和信札。③

慈善史领域由于学术积累，加之当下社会慈善领域热点不断，近年又掀起一股小高潮。如 2012 年 8 月 10 日，《中国慈善通史》项目组与长沙慈善会、湖南师范大学慈善公益研究中心在长沙合办了"中国慈善发展的历史审视与现实思考"学术论坛。《湖南师范大学社会科学学报》2013 年第 1 期刊发了此次论坛中部分专家的演讲稿④，《史学月刊》2013 年第 3 期集中刊载了"中国慈善史研究与当代慈善发展"笔谈。会议和笔谈对进一步提高慈善史研究的水平进行了反思。

---

① 中国红十字会总会编：《中国红十字会历史资料选编（1904—1949）》，南京大学出版社 1993 年版；赵辉主编：《天津红十字会九十年》，天津人民出版社 2001 年版；池子华等主编：《〈申报〉上的红十字（1897—1949）》第 1—4 卷，安徽人民出版社 2011 年版；池子华等主编：《〈大公报〉上的红十字》，合肥工业大学出版社 2012 年版。

② 李文海主编：《民国时期社会调查丛编·社会保障卷》，福建教育出版社 2004 年版；李文海、夏明方、朱浒主编：《中国荒政书集成》，天津古籍出版社 2010 年版。

③ 虞和平：《经元善集》，华中师范大学出版社 1988 年版；张謇研究中心等单位合编：《张謇全集》，江苏古籍出版社 1994 年版；周秋光编：《熊希龄集》，湖南出版社 1996 年版，2008 年补充编为全八册，由湖南人民出版社出版；周秋光编：《熊希龄先生遗稿》，上海书店出版社 1998 年版。

④ 周秋光等：《中国慈善发展的战略思考：历史与现实》，《湖南师范大学社会科学学报》2013 年第 1 期。

### (二) 主要议题

#### 1. 慈善事业近代化

慈善史研究中一个十分重要的问题是中国慈善事业的近代化，学界从慈善思想理念、慈善组织机构与慈善事业等方面论述了中国慈善事业近代化。

张礼恒探讨了民国时期上海的慈善团体及其活动，认为它是随着近代上海城市的出现和发展而繁盛起来的，大体可将慈善事业分为传统型、外来型、近代城市型三类，在发展历程上呈现出由低级到高级、由排拒到认同、由消极到积极的特点。[①]

朱英指出，晚清时期的民间慈善事业，在光绪初年已产生某些发展变化，其具体表现是以经元善等绅商为主创立了新型民间慈善机构协赈公所，开始从事较大规模的义赈活动。到 19 世纪末，在戊戌维新运动的影响下，民间慈善事业又出现了新的发展趋向，不仅产生了有关的新思想观念，而且活动内容也更为广泛和多元化，逐渐向具有近代意义的社会公益事业演变。[②]

周秋光、曾桂林等认为，慈善家群体的形成、多样化的慈善组织、多层化的慈善道德、广阔的救济区域、先进的救济运作手段和广泛的经费来源等成为近代慈善事业十分显著的特征。近代以来，各种社会问题与矛盾冲突都集中于城市，而繁荣的城市工商业也为近代慈善机构募捐提供了重要的善源，慈善救济的内容、范围因之而扩充。因此，城市既是近代慈善事业的主要舞台，也是慈善事业近代化的动力源。[③]

---

① 张礼恒：《略论民国时期上海的慈善事业》，《民国档案》1996 年第 3 期。

② 朱英：《戊戌时期民间慈善公益事业的发展》，《江汉论坛》1999 年第 11 期；朱英：《经元善与晚清慈善公益事业的发展》，《华中师范大学学报》2001 年第 1 期；朱英：《论张謇的慈善公益思想与活动》，《江汉论坛》2000 年第 11 期。

③ 周秋光、曾桂林：《近代慈善事业与中国东南社会变迁（1895—1949）》，《史学月刊》2002 年第 11 期；周秋光、徐美辉：《论近代慈善思想的形成与发展》，《湖南师范大学学报》2005 年第 5 期；周秋光、徐美辉：《晚清时期中国近代慈善事业的兴起》，《西南交通大学学报》2006 年第 4 期；周秋光、曾桂林：《中国近代城市与慈善事业》，李长莉、左玉河主编：《近代中国的城市与乡村》，社会科学文献出版社 2006 年版；周秋光、曾桂林：《中国近代慈善事业的内容和特征探析》，《湖南师范大学社会科学学报》2007 年第 6 期。

　　王卫平指出,古代慈善机构由于深受儒家思想的影响而重在收养,这种理念及其实践在晚清发生了显著变化。伴随西学东渐的浪潮,教养兼施的慈善理念开始出现,教养结合的慈善机构渐趋增多,中国慈善事业开始由传统向近代转型。王卫平等还通过对晚清苏州府丰备义仓的个案研究,揭示出传统义仓等慈善机构的功能趋向近代化。① 黄鸿山以晚清江南地区为中心,沿着"传统慈善组织的近代发展"和"近代以来新型慈善组织的出现"这两条主线开展研究,揭示了中国近代慈善事业的运营实态和近代转型历程。他认为应当借鉴近代慈善事业采取的义仓、借钱局等救助办法,避免变相地加重民众负担的行为和"救助"的负面效应。②

　　董根明认为清末民国时期,中国传统的社会福利观念经历了从"重养轻教"到"以教代养"的重大变化,而且强调社会救济中"人民有难、国家有责"的国家责任观念,提倡"救人救彻"。③

　　王春霞、刘惠新所著《近代浙商与慈善公益事业研究（1840—1938）》认为,近代浙商从事慈善公益事业既有零散的个人慈善活动,也有规模化的近代组织行为;既保留了传统的慈善内容,也发展了近代意义的慈善公益事业。从施善理念看,人道主义思想旗帜的高举、操作中的"教养并重"、慈善组织管理的民主化、近代交通通信技术的运用等,展现了传统慈善活动开始向近代慈善事业转型的轨迹。④

### 2. 慈善事业中的国家与社会

　　学界对慈善事业中国家与社会之间的关系展开论述。

　　岑大利指出,清代的慈善机构有官办、官督绅办或官督商办、民办、宗教四种类型,并制定了一整套严密的规章制度,经费来自官府的拨款或民间的捐款,并认为这些慈善机构不仅拯救了许多孤贫残疾者的生命,而

　　① 王卫平:《论中国传统慈善事业的近代转型》,《江苏社会科学》2005年第1期;黄鸿山、王卫平:《传统仓储制度社会保障功能的近代发展——以晚清苏州府长元吴丰备义仓为例》,《中国农史》2005年第2期。

　　② 黄鸿山:《中国近代慈善事业研究:以晚清江南为中心》,天津古籍出版社2011年版。

　　③ 董根明:《从"重养轻教"到"救人救彻"——清末民国时期社会福利观念的演化》,《中国社会科学院研究生院学报》2005年第5期。

　　④ 王春霞、刘惠新:《近代浙商与慈善公益事业研究（1840—1938）》,中国社会科学出版社2009年版。

且还以通俗的教化或救困扶危的行动达到了劝善的目的。① 梁元生指出，清末上海善堂董事可以成为地方社会之政治精英，也可以是只代表民间社会的宗教领袖，而更多时候是沟通两边的桥梁人物。② 熊秋良认为，清代湖南慈善事业的契约化、制度化特征，不仅仅是慈善事业管理方式的进步，而且也意味着城市市民社会新的发展，从而进一步体现在晚清的地方建设中，这种介于"官"与"民"之间的"公共领域"是存在的。③ 赵崔莉以皖江流域的和州为例，通过 1901 年长江特大水灾中和州官绅对灾民救济活动的对比分析指出，无论灾时安抚灾民还是灾后赈灾自救，政府都发挥了主导作用，绅士只起辅助作用。④ 王卫平、黄鸿山以清代苏州的四种慈善组织——育婴堂、普济堂、广仁堂和丰备义仓为考察对象，分析了其在清代前期和后期的管理方式及收入来源，认为，清代前期苏州的慈善组织中存在着一种"官民合作"模式，民办慈善组织往往能够得到官府的支持和资助，官办救助机构也能得到来自民间的捐助。在太平天国战争之后，苏州的地方绅士在慈善组织中的作用虽有所增强，但依然离不开官府的支持和资助，管理上也同样受到官府的监督和干预，并没有溢出"官民合作"的范畴。并进一步说明了晚清时期的"社会"并没有真正独立于"国家"，强国家、弱社会的基本格局并没有改变，慈善组织并不能被视作近代中国所谓的"公共领域"。⑤

任云兰的《近代天津的慈善与社会救济》，从慈善救济产生的思想渊源、历史背景、灾荒赈济、官方救济事业、民间慈善事业的沿革和运作，以及各个社团和组织的慈善救济等方面探讨了近代天津城市的慈善和社会救济事业，并以慈善救济为切入点讨论了国家与社会的互动关系。⑥ 任云兰还从天津长芦育婴堂慈善机构入手考察了国家与社会关系强弱变化的过

① 岑大利：《清代慈善机构述论》，《历史档案》1998 年第 1 期。

② 梁元生：《慈惠与市政：清末上海的"堂"》，《史林》2000 年第 2 期。

③ 熊秋良：《清代湖南的慈善事业》，《史学月刊》2002 年第 12 期。

④ 赵崔莉：《晚清传统秩序崩溃和绅权扩张之浅见——光绪二十七年皖江水灾与和州的社会控制》，《清史研究》2005 年第 2 期。

⑤ 王卫平、黄鸿山：《清代慈善组织中的国家与社会——以苏州育婴堂、普济堂、广仁堂和丰备义仓为中心》，《社会学研究》2007 年第 4 期。

⑥ 任云兰：《近代天津的慈善与社会救济》，天津人民出版社 2007 年版。

程。清代前中期，国家权力强大的时候，社会力量明显弱化；到清末民初，当国家权力弱化的时候，社会力量明显强化。总体来说，天津地区在慈善领域，官民合作多于对抗，国家与社会双赢。①

吴琦、黄永昌认为湖北形成的以育婴堂为核心的育婴事业的最大特征是官方居于主导地位，官僚化特征明显。在清代，官方在育婴事业中扮演着不可或缺的角色。从颁行各种有关育婴的谕旨饬令，到支持或参与各类育婴堂局的建设与管理，虽形式复杂多样，但其作用却一贯存在。官方是育婴堂的决策者，对育婴事业有巨大的影响。作者进一步指出，若片面强调社会力量的地位作用，或简单分为"官办""民办"，甚至将育婴堂作为近代中国"市民社会"的象征物，会有失偏颇。②

大多数学者指出育婴堂等类似的慈善组织是国家与社会相互协调、相互制约的结果。有学者认为育婴堂等善堂善会不应纳入"市民社会"或"公共社会"。

一些学者认为国家政权加强了对民间社会的控制，导致民间社会与国家政权的疏离、矛盾。李德英、冯帆以清末四川新津县社济仓为例指出，社仓经首大多是代替地方政府行使管理仓储的职责，其自主权力减少。同时，社仓经首与粮户之间、新旧社仓经首之间的矛盾也愈演愈烈，导致越来越多的地方士绅纷纷推诿，不愿担任此职。晚清时期新津县国家控制仓储的能力加强，而地方士绅参与地方事务的兴趣却呈现出减弱的趋势。③1927年，盛宣怀子女违背庄规分析家族愚斋义庄财产引发纠纷，江苏省政府企图乘机将善产据为己有，但是在中央政府的干预下失败。善产最终被中央政府收入囊中，义庄随之寿终正寝。王志龙认为，南京国民政府改变了自北宋以来政府通过监督保护实现义庄自主经营和发展的一贯政策，以保护之名行掌控之实，对义庄的发展起到了阻碍作用。④

---

① 任云兰：《从天津长芦育婴堂的变迁看慈善事业中国家与社会的关系》，《理论与现代化》2009年第5期。

② 吴琦：《明清地方力量与地方社会》，中国社会科学出版社2009年版。

③ 李德英、冯帆：《清末社仓经首选任与乡村社会——以四川新津县社济仓为例》，《四川大学学报》2014年第4期。

④ 王志龙：《愚斋义庄案中的政府与民间慈善组织》，《南京社会科学》2014年第9期。

在国家与社会视角下，不仅强调国家与社会的互动，也有学者从不同案例探讨民间组织的自我组织和自我管理。阮清华指出，在近代上海慈善事业发展过程中，各善会善堂不断整合，形成了一些大型慈善组织，从组织结构、慈善活动和资金扶持等方面织成了一张巨大的社会网络。慈善网络使民间社会发挥出了巨大的自我组织和自我管理能力。[1] 清代科举宾兴是一种主要由民间捐资设立的教育公益基金，它利用田产、银钱、店房等资产的增值收入，无偿资助本地士子参加各级科举考试。杨品优以江西宾兴会为切入点，分析了由社会精英控制的传统科举会社演变的历史，阐释了清中叶至民国赣中、赣西北区域社会历史的结构过程。[2] 毛晓阳、金甦指出，清代科举宾兴逐渐形成了相互结合、互为补充的基层社会监督机制，其内容主要包括立碑、入志、编纂宾兴专志、刊印宾兴征信录及宾兴簿册等。这些监督方式与政府立案管理制度一起，共同构成了清代宾兴社会公益活动的外部监管机制。[3]

### 3. 慈善人物、群体与组织

各类人物、群体与组织在慈善活动中所做出的贡献，是慈善史研究的重要内容。

20 世纪 90 年代以来，国内学术界关于近代慈善人物研究主要集中于清末民初大慈善家经元善、张謇、熊希龄等人。经元善、张謇是近代著名的江浙绅商，实业成就斐然，同时他们的慈善思想与活动在近代中国慈善公益事业的发展进程中，也占有重要一席。虞和平最早对经元善的慈善思想与活动进行了个案研究，他论析了经元善长期参与、主持晚清义赈以及创办上虞劝善看报会与经正女学等善举，称为中国近代早期资产阶级慈善家。[4] 朱英研究了维新运动期间经元善的慈善公益活动，认为经元善提倡

[1]　阮清华：《试论近代上海民间慈善事业的网络化发展》，《华东师范大学学报》2014 年第 1 期。

[2]　杨品优：《科举会社、州县官绅与区域社会：清代民国江西宾兴会的社会史研究》，中国社会科学出版社 2018 年版。

[3]　毛晓阳、金甦：《论清代社会公益组织的基层社会监督机制——以科举宾兴为中心》，《东南学术》2014 年第 3 期。

[4]　虞和平：《简论经元善》，《浙江学刊》1988 年第 2 期。

改良善堂、兴办义学等新主张，并努力付诸实践，促进了晚清民间慈善活动向具有近代意义的社会公益事业的演变。①

朱英考察了清末民初张謇的慈善公益思想与活动，认为张謇把创办图书馆、博物院、医院、公园等都纳入慈善公益事业中并将之与地方自治、实业、教育的发展紧密相连，近代中国慈善公益思想由此发展到一个新阶段，其实践层面产生的社会作用也更明显。② 还有些文章对张謇的慈善教育思想及其动机等方面展开过研究。③

熊希龄作为近代中国慈善事业发展史上的一个重要人物，民国早期许多重大的慈善活动都与他有关。有关熊希龄的慈善研究以周秋光的成果最为突出。周秋光的《熊希龄与慈善教育事业》深入探究了香山慈幼院的创办和发展过程，考察了熊氏既救人之命又救人之心的慈善教育思想，并评析了他所创的香山慈幼院对近代慈善教育事业的影响。在《熊希龄传》中，周秋光也用较大的篇幅，论述了熊希龄参加的各项慈善活动，如顺直赈济、创建慈幼院和组织世界红卍字会等，最后将他归结定位为有志于造福人类的社会活动家、慈善家和平民教育家。④ 周秋光、向常水还讨论了北京政府时期熊希龄在湖南慈善救济中所起的作用。⑤

余治是晚清江南慈善事业中的关键人物之一，黄鸿山等对此进行了研究。⑥ 曾京京考察了唐锡晋在晚清义赈中的表现、行动特点及其贡献。⑦ 对郑观应、章元善等人的慈善公益思想与慈善赈济活动也有学者评论。⑧

---

① 朱英：《戊戌时期民间慈善公益事业的发展》，《江汉论坛》1999 年第 11 期；朱英：《经元善与晚清慈善公益事业的发展》，《华中师范大学学报》2001 年第 1 期。

② 朱英：《论张謇的慈善公益思想与活动》，《江汉论坛》2000 年第 11 期。

③ 高鹏程、李震：《张謇与清末民初南通的慈善事业》，《南通工学院学报》2004 年第 2 期。

④ 周秋光：《熊希龄与慈善教育事业》，湖南教育出版社 1991 年版；周秋光：《熊希龄传》，湖南师范大学出版社 1996 年版。

⑤ 周秋光、向常水：《论民国北京政府时期熊希龄与湖南的慈善救济》，《湘潭大学学报》（哲学社会科学版）2009 年第 2 期。

⑥ 黄鸿山、王卫平：《晚清江南慈善家群体研究——以余治为中心》，《学习与探索》2011 年第 6 期。

⑦ 曾京京：《唐锡晋与晚清义赈》，《南京农业大学学报》2005 年第 4 期。

⑧ 陈国威：《试论郑观应的慈善观》，《辽宁大学学报》2005 年第 3 期；薛毅、章鼎：《章元善与华洋义赈会》，中国文史出版社 2002 年版。

红十字会等慈善组织学界有较多关注。

1904 年 3 月上海万国红十字会的成立，标志着中国红十字会之始。这在学界已形成共识，闵杰、周秋光、池子华、张建俅等人都对它的初创演变过程进行了比较详细、系统的论述，但研究者对中国红十字会的起源途径等问题存有分歧。大多数学者认同红十字会这样一个西方舶来品能孕育诞生于中国，中国本土的资源具有重要作用。

闵杰认为，红十字会的人道主义精神与中国传统的慈善事业有相通之处，因而红十字会一经传入即易为国人接受。[①] 周秋光指出，中国自古以来便有积德行善的优良传统，存在着接受红十字会的思想与社会基础，中国红十字会是在 1894—1904 年政府和民间舆论基础上创立起来的，体现了中西慈善文化的相互融会。[②] 池子华认为，以博爱为主旨的红十字会人道主义在国人心里可激起共鸣，并与中国本土的善堂相似，这样，善堂为红十字会走进中国，架起了一座桥梁。[③]

朱浒等人认为红十字会的成立并不是一个经历了西方影响—国人了解—宣传鼓动—成立组织的线性发展阶段，实际上它包含着话语和实践的两个不同的发展脉络，即它还是与晚清义赈组织的交互作用，以及现代国家建设行为与地方性救助实践之间的相互影响与融合的结果。而以往的研究基本上没有对实践脉络进行认真分析，从而掩盖了红十字会在中国扎根的真正途径。[④]

杨智芳、周秋光从组织上考证了中国红十字会的起源，认为，上海万国红十字会历来被认为是中国红十字会之始，但实际上，中国本土的慈善组织是通过嫁接外来的红十字会，最初形成济急善局，之后成长为东三省红十字会普济善会，进一步演变为上海万国红十字会，最后确立

---

① 闵杰：《近代中国社会文化变迁录》（第 2 卷），浙江人民出版社 1998 年版。
② 周秋光：《晚清时期的中国红十字会述论》，《近代史研究》2000 年第 3 期。
③ 池子华：《从中国救济善会到上海万国红十字会》，《史林》2005 年第 2 期。
④ 朱浒、杨念群：《现代国家理念与地方性实践交互影响下的医疗行为——中国红十字会起源的双重历史渊源》，《浙江社会科学》2004 年第 5 期。

为中国红十字会。[①]

　　池子华与周秋光等人的研究成果将中国红十字会在近代历史中的变迁过程、所从事的主要慈善活动基本呈现出来。周秋光发表和出版了一系列论文以及《红十字会在中国：1904—1927》等书，对清末北京政府时期中国红十字会的慈善救护与赈济活动、会内宣传与经费筹措、组织与发展以及其国际交往等问题展开论述。[②] 池子华在《红十字会与近代中国》等论著中对中国红十字会在近代不同历史时期从事的战地救护、赈济灾民、公益事业、国际援助、社会服务等人道主义活动及其社会影响进行了探讨。[③]其他一些著作对中国红十字会及其分会在民国年间的慈善救护活动也有论述。[④] 戴斌武的《抗战时期中国红十字会救护总队研究》认为该救护总队是一个高度专业化的战地救护组织，也是抗战时期整个救护体系的核心，为抗战胜利做出了不可磨灭的贡献。[⑤]

　　1922 年成立的红卍字会是民国时期具有全国规模的宗教性社会救助团体。学界对世界红卍字会的成立、沿革、会内行政与运作及其赈济水旱各灾的活动进行了论述。方竞、蔡传斌等认为，红卍字会历年经办的赈济活动集中在多灾多难的 20 世纪二三十年代，它作为非官方社会保障系统，所从事的种种慈善救护和赈济活动，在很大程度上减轻了百姓的痛苦，缓

---

[①]　杨智芳、周秋光：《论中国红十字会的起源》，《湖南师范大学社会科学学报》2006 年第 4 期。

[②]　周秋光：《民国北京政府时期中国红十字会的慈善救护与赈济活动》，《近代史研究》2000 年第 6 期；周秋光：《民国北京政府时期中国红十字会的国际交往》，《湖南师范大学社会科学学报》2002 年第 4 期；周秋光：《民国北京政府时期中国红十字会的会内宣传与经费筹措》，《湖南师范大学社会科学学报》2004 年第 4 期；周秋光：《红十字会在中国：1904—1927》，人民出版社 2008 年版。

[③]　池子华等：《百年红十字》，安徽人民出版社 2003 年版；池子华：《红十字与近代中国》，安徽人民出版社 2004 年版；池子华、郝如一：《近代江苏红十字运动（1904—1949）》，安徽人民出版社 2007 年版。

[④]　中国红十字总会编：《中国红十字会的九十年》，中国友谊出版公司 1994 年版；孙敬敏编：《北京市红十字会的六十五年（1928—1993）》，文津出版社 1995 年版；江苏省红十字会编：《江苏红十字运动 88 年》，东南大学出版社 2001 年版；山东省红十字会编：《山东红十字事业九十年》，山东友谊出版社 2002 年版；吴宝璋：《云南红十字会史》，云南人民出版社 2003 年版。

[⑤]　戴斌武：《抗战时期中国红十字会救护总队研究》，天津古籍出版社 2012 年版。

和了社会矛盾。① 高鹏程论述了红卍字会及其社会救助事业并对近代红十字会与红卍字会比较。高鹏程指出,红卍字会主要的社会基础是绅商阶层;红卍字会的社会救助事业形成了"永久慈业"和"临时慈业"双峰并峙的架构;红卍字会中的各会结成了社会救助网络,凸显了由道院信仰整合、以社会救助为实务的民国绅商团体所具有的在人员组织、资源动员等方面的社会救助能力。②

联合国善后救济总署(简称联总)是二战后期成立的一个临时性国际慈善救济组织,曾将大批粮食、棉花、被服和药品无偿地提供给中国,救济饱受战争劫难的中国难民。为接受联总所捐赠的物资,国民政府也成立行政院善后救济总署(简称行总),向难民发放救济物资,协助难民返乡以重建家园。王德春考察了联总创建的历史背景、联总负责人在华善后救济中的思想言论以及联总、行总和解放区在若干问题上的纠葛,再现了1945—1947年联总在中国进行的一系列慈善救济活动和农业、交通、工矿业等善后工作。③ 赵刚印等对行总的救济活动展开了多方面的讨论,或探考其善后救济工作的起源、推行及利弊;或论析行总在各解放区、收复区开展善后救济工作的具体情况。④

善堂善会等民间慈善救济组织,具有鲜明的地域特征。

王卫平描述了清代苏州及江南地区慈善事业的分布、特点及其形成原因,分析了该地慈善团体建立的契机、具体运营过程、经费的来源,指

---

① 张根福:《抗战初期世界红卍字会在浙江的难民救济活动述略》,《浙江师大学报》(社会科学版)2000年第5期;方竞、蔡传斌:《民国时期的世界红卍字会及其赈济活动》,《中国社会经济史研究》2005年第2期;濮文起:《民国时期的世界红卍字会》,《贵州大学学报》(社会科学版)2007年第2期。

② 高鹏程:《红卍字会及其社会救助事业研究(1922—1949)》,合肥工业大学出版社2011年版;高鹏程:《近代红十字会与红卍字会比较研究》,合肥工业大学出版社2015年版。

③ 王德春:《联合国善后救济总署与中国(1945—1947)》,人民出版社2004年版。

④ 赵刚印:《1945年—1947年行政院善后救济总署述论》,《党史教学与研究》1999年第3期;张志永:《抗战胜利后国民党收复区善后救济工作述评》,《历史教学问题》2002年第3期;马俊林:《战后中原解放区的善后救济》,《理论月刊》2004年第10期;马俊林:《抗战胜利后湖北省善后救济业务初探》,《湖北社会科学》2006年第6期;龚喜林:《论抗战胜利后收复区的救济与善后》,《求索》2009年第7期。

出，地方绅士、有力者及工商业者广泛参与了慈善事业。① 宫宝利在利用苏州地区 30 家公所的碑刻资料的基础上，论述了清代后期苏州地区公所的善举章程、实施情况及其公所办理善举的原因和作用。② 范金民以苏州、杭州、上海三个具有代表性的城市为重点，详细论述了徽州商帮慈善设施的创建意图、建置规模、经费筹措及其运营管理。他认为，徽州商帮乃至所有商帮在清末仍保留着浓厚的地域观念和商帮色彩。③ 还有人对江苏苏州、昆山等地的慈善事业进行了研究。④ 陶水木考察了北洋政府时期上海慈善团体的经费来源和旅沪浙商的慈善活动，认为旅沪浙商不但在旅沪同乡中开展各种救助善举，参与本省灾害救济等慈善活动，还在上海积极创办各种慈善团体，参与以上海为中心从事全国性的慈善事业和国际慈善活动。⑤

刘瑞芳、郭文明通过对直隶地区留养局和养济院在经费和管理方面的研究，分析了清代慈善事业官倡绅办的特点，并透露出在当时社会背景下具有资本主义萌芽性质的乡绅的地位的变化。⑥ 王娟指出，北京地区的慈善组织在清末民初发生重大变化，表现为在数量上呈现较大幅度的增长，救助功能普遍地由施养向教养转化，操作管理方式逐渐走上联合统一的道路。⑦ 董丁瑜认为 1928—1937 年北平底层妇女数量庞大，大批妇女救济机构应运而生，这些机构在救济方式上进行了有益的探索，体现了现代妇女

---

①　王卫平：《清代苏州的慈善事业》，《中国史研究》1997 年第 3 期；王卫平：《明清时期江南地区的民间慈善事业》，《社会学研究》1998 年第 1 期；王卫平：《清代江南市镇慈善事业》，《史林》1999 年第 1 期。

②　宫宝利：《清代后期苏州地区公所的善举活动》，《史学集刊》1998 年第 1 期。

③　范金民：《清代徽州商帮的慈善设施——以江南为中心》，《中国史研究》1999 年第 4 期。

④　冯筱才、夏冰：《民初江南慈善组织的新变化：苏城隐贫会研究》，《史学月刊》2003 年第 1 期；张峰：《试论民国时期昆山的慈善事业——以昆山县救济院为中心》，《苏州大学学报》2006 年第 1 期。

⑤　陶水木：《北洋政府时期上海慈善资金来源初探》，《档案与史学》2004 年第 1 期；陶水木：《北洋政府时期旅沪浙商的慈善活动》，《浙江社会科学》2005 年第 6 期。

⑥　刘瑞芳、郭文明：《从地方志看清代直隶的慈善事业》，《社会学研究》1998 年第 5 期。

⑦　王娟：《清末民初北京地区的社会变迁与慈善组织的转型》，《史学月刊》2006 年第 2 期。

救济事业的发展趋向。① 丁芮对清末民初京师济良所的设立、管理、运营、经费及社会影响等方面进行考察和梳理，从一个微观的角度来反映近代慈善组织的发展和演变。② 赵宝爱讨论了 1912—1937 年山东慈善救济事业的兴起、慈善救济与政府责任、省内民间支持系统、跨越省界和国界的慈善活动。③

周荣指出，两湖地区明清养济机构在收养对象和名额、建置和规模上的最基本的限制是受现时财政的制约，同时地方官的能力素质也与养济机构的发展程度有一定的关系。④ 雷妮、王日根论述了清代宝庆府慈幼之政的历史演进及其特征，指出地方官吏的倡导、投入，地方士绅及民众的响应佐助是民间慈善事业发展的主要原因。⑤

游子安从善书研究的角度介绍了华南地区的道堂与善堂，对近代百年以来珠江三角洲慈善事业作了回顾和评价。⑥ 黄艳指出，晚清广州和香港两地的民间慈善组织在性质、社会活动及社会地位等方面具有类似之处，而在各自兴起的背景、所起的社会功能及所包含的传统与近代因素等方面又有所不同。⑦

抗战时期民间慈善组织的救济工作主要集中在战地伤兵救护、难民救济、难童救济与抚育等方面。罗义俊对"八一三"时期上海的难民工作、上海南市难民区进行了考察。⑧ 孙艳魁探讨了抗战初期武汉三镇赈济难民的各类慈善机构，并对难民救济工作的特点与意义作了评析。⑨ 赵军、沈

---

① 董丁瑜：《1928—1937 年北平妇女救济研究》，《北京科技大学学报》（社会科学版）2008 年第 2 期。

② 丁芮：《近代妓女救助机构"京师济良所"考察》，《民国档案》2012 年第 4 期。

③ 赵宝爱：《慈善救济事业与近代山东社会变迁（1912—1937）》，济南出版社 2005 年版。

④ 周荣：《明清养济事业若干问题探析——以两湖地区为中心》，《武汉大学学报》（人文科学版）2004 年第 3 期。

⑤ 雷妮、王日根：《清代宝庆府社会救济机构建设中的官民合作——以育婴堂和养济院为中心》，《清史研究》2004 年第 3 期。

⑥ 游子安：《善与人同：明清以来的慈善与教化》，中华书局 2005 年版。

⑦ 黄艳：《晚清省港民间慈善组织之比较》，《广东史志》2000 年第 3 期。

⑧ 罗义俊：《"八一三"时期上海的难民工作》，《社会科学》1982 年第 8 期；罗义俊：《上海南市难民区述略》，《上海师范大学学报》1990 年第 2 期。

⑨ 孙艳魁：《抗战初期武汉难民救济刍议》，《江汉论坛》1996 年第 6 期。

洁对抗战后期华北城乡的民间慈善团体与日本军政统治的关系进行了研究。①谭刚对抗战时期国民政府空袭救济政策措施、救济内容、救济特点、救济的作用和不足进行了全面深入的论述，揭示了国民政府的空袭救济在重庆反轰炸中的重要作用。②

冯敏描述了抗战时期难童救济教养工作等。③孙艳魁认为战时儿童保育会是一个具有抗日民族统一战线性质的难童救济团体，在抢救和运送战区难童、难童保育教养工作方面做出很大贡献，是抗战期间难民救助的重要组成部分。④李学通、古为明对战时儿童保育会展开了较为详细的论述，认为，八年间在十分艰苦的条件下救助和保育了近3万名战时难童，为抗战做出了贡献，为民族培育了未来。⑤闫亚平、纪宗安对太平洋战争爆发前后广东对难童的救济和教养进行了论述。⑥

育婴是慈善事业的重要组成部分，在慈善体系中有着独特的地位。育婴堂，作为众多慈善机构中的一种，主要负责收容那些父母无力养育或遭到遗弃的婴孩，并对他们进行专门的哺育与照顾，它从出现就备受国家与社会的关注。它肇始于南宋时期的慈幼局，至元代走向衰落，直到明末万历年间，逐渐得到复苏。至清代，无论是在设置数量、区域分布，还是在内部的经费筹措、资金管理以及其他方面都有长足的发展。

民国时期，学者对近代育婴堂的研究有少量成果。⑦20世纪50年代之后，对它的研究走向沉寂。80年代以后，育婴堂又重新进入学人的视线，

---

① 赵军、沈洁：《抗战后期华北城乡的民间慈善团体与日本军政统治》，《近代中国的城市与乡村》，社会科学文献出版社2006年版。

② 谭刚：《重庆大轰炸中的难民救济（1938—1943）》，《西南大学学报》（社会科学版）2007年第6期。

③ 冯敏：《抗战时期难童救济教养工作概述》，《民国档案》1995年第3期。

④ 孙艳魁：《战时儿童保育会与难童救济》，《民国春秋》1996年第2期；孙艳魁：《战时儿童保育会的难童救济工作初探》，《江汉论坛》1997年第5期。

⑤ 李学通：《战时儿童保育会的历史与作用》，《中国社会科学院近代史研究所青年学术论坛》（2000年卷），社会科学文献出版社2001年版；古为明：《中国战时儿童保育会述略》，《抗日战争研究》2006年第4期。

⑥ 闫亚平、纪宗安：《太平洋战争爆发前后广东对难童的救济》，《广西社会科学》2008年第3期。

⑦ 高迈：《我国慈幼事业之检讨》，《政治评论》1934年第131号。

成果也较为丰硕。顾长声通过对教会慈善事业中的育婴事业研究后，认为外国传教士对晚清育婴事业起到了积极作用。[①] 夫马进、梁其姿等学者研究了江南地区育婴堂。[②]

王卫平论述了清代江南地区育婴事业的兴起和发展，并分析了江南地区育婴事业的分布和育婴事业圈的特点和生成机制。[③] 萧倩分析了清代江西民间育婴事业中育婴组织的抚育对象和范围、抚育方式、抚育名额、婴孩的去留，育婴经费的来源和增殖、经费的管理者和管理方式、经费的发放等问题。[④] 万朝林指出，清代的育婴堂作为收养弃婴的慈善机构，在经营实态上具有行政管理制度规范化、经费筹措多样化、资金管理经营化、弃婴收养普遍化、弃婴保育职业化以及出路安排社会化等特点。[⑤]

王卫平、梁其姿等认为兴办育婴堂是为拯救女婴性命所采取的最主要措施。清代江苏、浙江、江西、福建、湖北、湖南等地区育婴堂的主要功能是救济女婴。当然，清代的育婴组织不仅仅是救助女婴，男婴也是收养对象。[⑥] 各地育婴堂对乳妇在选拔、工资、住所、检查等方面都有严格的规定。[⑦]

育婴堂的形成时间与过程大致可以划分为几个阶段，但不同的学者在时间的划分上有不同。夫马进认为江南地区的育婴事业从清初到雍正二年

---

① 顾长声：《传教士与近代中国》，上海人民出版社 1981 年版。

② ［日］夫马进：《中国善堂善会史研究》，武跃、杨文信、张学锋译，商务印书馆 2005 年版；梁其姿：《施善与教化：明清慈善组织》，河北教育出版社 2001 年版。

③ 王卫平：《清代江南地区的育婴事业圈》，《清史研究》2000 年第 1 期。

④ 萧倩：《清代江西民间育婴事业研究》，《中国社会经济史研究》2001 年第 1 期；萧倩：《清代江西民间育婴事业经费研究》，《江西社会科学》2003 年第 3 期。

⑤ 万朝林：《清代育婴堂的经营实态探析》，《社会科学研究》2003 年第 3 期。

⑥ 赵建群：《试述清代拯救女婴的社会措施》，《中国社会经济史研究》1995 年第 4 期；王卫平、游晖：《清代江南地区的育婴事业》，《苏州大学学报》（哲学社会科学版）1999 年第 4 期；梁其姿：《施善与教化：明清慈善组织》，河北教育出版社 2001 年版；萧倩：《清代江西民间育婴事业研究》，《中国社会经济史研究》2001 年第 1 期；熊秋良：《清代湖南的慈善事业》，《史学月刊》2002 年第 12 期；常建华：《清代的国家与社会研究》，人民出版社 2006 年版；王毅夫：《清代福建救济女婴的育婴堂及其同类设施》，《中国社会经济史研究》2006 年第 4 期；吴琦、黄永昌：《清代湖北育婴事业的时空分析》，《史学月刊》2007 年第 10 期。

⑦ 李金莲：《清代育婴事业中的职业乳妇探析》，《中华文化论坛》2008 年第 2 期。

是第一阶段，这一时期育婴堂主要依靠民间的力量进行；第二阶段是雍正二年（1724）到同治年间，这一时期官方起到主导作用；第三阶段是同治年以后，主要是保婴会等新的育婴组织出现。① 梁其姿指出江南地区育婴堂发展是清初到雍正二年，地方善人独立经营育婴堂；雍正二年到乾隆时期，育婴堂出现"官僚化"的现象；嘉庆以后育婴堂出现小社区的发展，配合家庭制的保婴会出现。② 王卫平认为从顺治十六年（1659）到道光年间，是育婴事业的兴起时期，其中乾隆以前的育婴堂主要是中央政府倡导，乾隆以后则成为官营机构；同治到光绪年间是兴盛时期，出现以育婴堂为中心，并与留婴堂、接婴堂（或保婴堂）共同构成呈扩散状的育婴体系。③ 江西地区，萧倩认为康雍乾是各府州县创建育婴堂的时期，主要由国家倡导；道咸以后再次兴起办育婴堂的热潮。④ 徐明指出，湖南地区的育婴事业大致分为：康乾时期兴建育婴堂；嘉道时期育婴堂向基层扩展；咸丰至宣统年间各种育婴组织的兴起。⑤ 湖北地区育婴事业兴起较晚，吴琦、黄永昌根据湖北地区育婴堂的兴废发展状况将其划为三个时期：雍乾时期（1724—1795）草创与推广阶段，育婴堂基本上由官方倡导主办，社会主导只占极少部分；嘉道时期（1796—1850）废弃与重建阶段，官方对社会慈善与救济的关注和支持明显减少；咸同光时期（1851—1911）复兴与深化阶段，这一时期民间力量广泛参与育婴活动。⑥ 常建华主要从育婴堂建立与政府的禁革溺女联系方面，将其划分为三阶段：顺康时期，清朝注意溺女问题并草创育婴堂；雍乾两朝，严行禁止溺婴和官方大力推广育婴堂；嘉道以降，绅士倡办育婴事业、育婴堂在地方上进一步普及。⑦

　　关于育婴堂的数量与地域分布，梁其姿依据两千多种方志对整个清代的

---

① ［日］夫马进：《中国善堂善会史研究》，武跃、杨文信、张学锋译，商务印书馆2005年版。

② 梁其姿：《施善与教化：明清慈善组织》，河北教育出版社2001年版。

③ 王卫平：《清代江南地区的育婴事业圈》，《清史研究》2000年第1期。

④ 萧倩：《清代江西民间育婴事业研究》，《中国社会经济史研究》2001年第1期。

⑤ 徐明：《多样化取向与清代慈善事业——以湖南慈善育婴事业为例》，《江海学刊》2007年第5期。

⑥ 吴琦、黄永昌：《清代湖北育婴事业的时空分析》，《史学月刊》2007年第10期。

⑦ 常建华：《清代的国家与社会研究》，人民出版社2006年版。

慈善组织作了一个系统的统计。她认为全国先后设立的育婴组织至少有 973 个。育婴堂分官办和民办两种，并且分布各地的育婴堂也不尽相同，不过梁的研究没有提及吉林、黑龙江、新疆、内蒙古、青海、西藏等省份。[①] 吴琦、黄永昌对湖北地区育婴堂按照时段和地域进行编排统计，发现清代湖北 11 府州 69 个州县中，至少有 54 个州县共设有育婴堂 100 所以上。[②] 育婴堂的数量总体上呈现出中东部地区多、西部地区少、南方多北方少的特点。

育婴堂经费来源大致有政府财政拨款、社会各阶层人士慈善性施捐、派征和收取租息等形式。不同地方，比重则各有不同。江西地区主要经费来源于社会各阶层人士的捐助。为了保证经费的延续性，各地育婴组织以初始资金置买田产，再收取租金。[③] 清末婺源的育婴堂日常经费主要来源于开办时获得的捐资生息和茶局代收的茶厘捐，而几乎不依靠普通民众的捐赠。[④] 福建地区因侨胞较多，也出现了侨捐的情况。[⑤] 在经费的管理上，通常是资金的捐助者成为其经费的主要管理者。在经费的管理方式中还引进了官督官核的监督机制，形成"绅理官察"的经营体制。经费发放日期和具体金额也有规定。

慈善制度建设方面，曾桂林的《民国时期慈善法制研究》认为，民国慈善立法取得了一定成效，其法规内容已基本涵括慈善组织监管、慈善捐赠褒奖与税收减免等方面，体系较为完备。[⑥] 蔡勤禹等指出，民国慈善组织通过建立制衡型组织结构、实行征信制度和慈善会计制度、自觉履行慈善自律规则、接受政府、法律和审计监督，来取信于民，为组织发展赢得社会支持。[⑦]

---

① 梁其姿：《施善与教化：明清慈善组织》，河北教育出版社 2001 年版。

② 吴琦、黄永昌：《清代湖北育婴事业的时空分析》，《史学月刊》2007 年第 10 期。

③ 萧倩、杨泽娟：《清代江西民间育婴事业经费研究》，《江西社会科学》2003 年第 3 期。

④ 刘鹏：《清末育婴堂的经营实况及育婴效果——以婺源育婴堂为例》，《安庆师范学院学报》2009 年第 2 期。

⑤ 王毅夫：《清代福建救济女婴的育婴堂及其同类设施》，《中国社会经济史研究》2006 年第 4 期。

⑥ 曾桂林：《民国政府慈善行政体制的演变与慈善立法》，《安徽史学》2013 年第 1 期；曾桂林：《民国时期慈善法制研究》，人民出版社 2013 年版。

⑦ 蔡勤禹、姜远凯：《民国时期慈善组织公信力建设初探》，《历史教学》2012 年第 18 期。

# 三 医疗、卫生与环境

疾病医疗社会史指从社会史的视角探讨历史上疾病、医疗及相关问题的分支学科，是中国社会史的重要组成部分。

有关医疗、卫生史研究的评述文章已有多篇，[①] 本书在借鉴上述成果的基础上，对从社会史视角对近代医疗、卫生进行研究的成果进行梳理。

## (一) 医疗、卫生研究

20世纪初，医史学逐渐发展成为医学下面的一个分支学科，疾病医疗、公共卫生史研究随之增多。

自清末以来，社会对现实的"卫生"事务一直有较多的关注，刊布了大量有关卫生的书刊文章。[②] 20世纪20年代，陈邦贤等人开始在现代意义上的疾病医疗、公共卫生史研究中取得一些成绩。1920年陈邦贤出版了《中国医学史》，后多次再版。该书认为，医学史是一门专门史，要研究关于医家地位、医学知识、疾病的历史。该书对当时的疾病、卫生行政和卫生保健等情况做了不少的叙述。[③] 1934年，从事卫生防疫事业的马允清出版了《中国卫生制度变迁史》。[④] 该书对中国历代中央和地方的医政管理、医学教育等制度做了较为全面的梳理。在1936年中华医学会医史学会正

---

① 余新忠：《关注生命——海峡两岸兴起疾病医疗社会史研究》，《中国社会经济史研究》2001年第3期；余新忠：《中国疾病、医疗史探索的过去、现实与可能》，《历史研究》2003年第4期；李忠萍：《"新史学"视野中的近代中国城市公共卫生研究述评》，《史林》2009年第2期；苏全有、邹宝刚：《中国近代疾病史研究的回顾与反思》，《辽宁医学院学报》（社会科学版）2011年第2期；余新忠：《卫生何为——中国近世的卫生史研究》，《史学理论研究》2011年第3期；叶宗宝：《中国疾病史研究的回顾与前瞻》，《信阳师范学院学报》（哲学社会科学版）2011年第6期；王小军：《中国史学界疾病史研究的回顾与反思》，《史学月刊》2011年第8期。

② 参阅张仲民《出版与文化政治：晚清的"卫生"书籍研究》，上海世纪出版集团2009年版；杨念群《再造"病人"——中西医冲突下的空间政治（1832—1985）》，中国人民大学出版社2006年版。

③ 陈邦贤：《中国医学史》，商务印书馆1937年版。

④ 马允清：《中国卫生制度变迁史》，天津益世报馆1934年版。

式成立后，中国的医史学界对于医疗卫生史的研究更为活跃。

范行准于20世纪50年代初完成了《中国预防医学思想史》一书。呈现了中国预防医学的发展历程，以及中国在预防医学发展史上做出的卓越贡献。[①] 该书对古代诸多民俗活动和迷信行为中的卫生经验的呈现，对古代用水卫生和环境卫生史迹的梳理，对天花的出现年代、人痘的出现与传播、牛痘的引入与推广问题，细加考订，用力尤多。继范著之后，零星的论著仍时有出现。

经过近百年的探索和积累，中国医史学界对中国疾病医疗的研究已积累了相当的成果。医史学界的研究者大都是学医出身，关注点也大抵集中在医疗技术发展、古今病名对照、疾病的流变等纯技术的领域。由于不同学科间所受学术训练的不同以及学术取向和理念存在明显差异等，在这众多的成果中，能真正受到历史学界注目并称道的却不多见。尽管如此，中国医史界的研究至少为史学界对疾病、医疗的关注提供了良好的基础。

20世纪90年代以来，医史学界也逐步开始表现出对隐藏在疾病医疗背后的社会、文化因素的关注。实际上，这方面的旨趣，范行准早在其1953年的著作中就已有所体现，只是很少被人注意。刘荣伦等所编《中国卫生行政史略》部分内容涉及卫生行政在近代的发展变化。[②] 邓铁涛主编的《中国防疫史》以较多的篇幅探讨了晚清至民国在西方影响下现代卫生防疫体系的引入和逐步建立的过程。[③]

历史学者虽涉足过疾病史的研究，但其研究的成果非常零散。邓云特在进行中国灾荒史研究时，就对中国历史上的疫灾进行了详细考察，不仅厘清了中国历代所存在的重大疫灾，而且对每个世纪所发生的疫灾频次也进行了总结，同时还对中国历史上的防疫措施进行了探讨。1943年，胡厚宣撰写过有关殷人的疾病；1956年，罗尔纲提及霍乱病传入中国；陈垣早

---

① 范行准：《中国预防医学思想史》，上海华东医务生活社1953年版。

② 刘荣伦、顾玉潜编：《中国卫生行政史略》，广东科技出版社2007年版。

③ 邓铁涛主编：《中国防疫史》，广西科学技术出版社2006年版。

年曾写过多篇关于疾病、医学方面的文章。①

20世纪六七十年代以来，随着医疗社会史研究的逐渐兴起，疾病和医疗成为西方历史研究中的一个重要领域。自20世纪70年代以后，就不断有从社会文化角度探究中国疾病医疗的论著出现。史学界较早的卫生史专著当属程恺礼有关上海租界公共卫生的研究。另外还有叶嘉炽有关民国卫生建设的专著，罗芙云有关近代天津卫生的力作。② 1987年，梁其姿推出了关于明清预防天花措施等疾病医疗史论文。进入20世纪90年代以后，在"中研院"历史语言研究所杜正胜等人的直接倡导和组织下，台湾的医疗卫生史得到迅猛发展。

20世纪80年代以来，随着社会史研究的复兴，历史上人们的衣食住行开始受到大陆史学界越来越多的关注，但对直接关乎人之生老病死的疾病医疗史的研究仍未引起史学工作者相应的注意。直到20世纪90年代以后，这种状况才渐趋改观。随着社会史研究的深入，研究者一旦涉足社会救济、民众生活、历史人口、地理环境等课题，疾病和医疗问题便不期而至，同时在针对以上论题开展的文献搜集中，不可避免地会遭遇疾疫之类的资料，这些必然会促发部分学者开始关注这一课题。比如，曹树基从明清移民史和人口史研究中生发出鼠疫等传染病的研究，晏昌贵、龚胜生和梅莉等人则从探讨地理环境的变动而展开传染病、瘴病的研究。余新忠从事这一研究虽有受台湾相关研究影响之因素，但最初的动力则来自在从事救荒史研究时接触到的较多疫情资料。2000年之前，杜家骥、谢高潮、杨念群等人先后发表论文讨论了近代医疗卫生史。③

---

① 胡厚宣：《殷人疾病考》，《学思》1943年第3卷第3期；罗尔纲：《霍乱病的传入中国》，《历史研究》1956年第3期；陈智超、曾庆瑛：《陈垣学术文化随笔》，中国青年出版社2000年版。

② 余新忠：《卫生何为——中国近世的卫生史研究》，《史学理论研究》2011年第3期。

③ 杜家骥：《清代天花病之流行、防治及其对皇族人口的影响》，李中清、郭松义编：《清代皇族的人口行为与社会环境》，北京大学出版社1994年版；谢高潮：《浅论同治初年苏浙皖的疫灾》，《历史教学问题》1996年第2期；杨念群：《西医传教士的双重角色及其在中国本土的结构性紧张》，《中国社会科学季刊》1997年春夏季创刊号；杨念群：《"地方感"与西方医疗空间在中国的确立》，《学人》第十二辑，江苏文艺出版社1997年版；杨念群：《兰安生模式与民国初年北京生死控制空间的转换》，《社会学研究》1999年第4期；杨念群：《北京"卫生实验区"的建立与城市空间功能的转换》，《北京档案史料》2000年第1期。

海外医疗卫生史著作的传入，中国相关研究的积累，使得医疗卫生史研究在 2000 年后进入了更多历史学者的视野。加之 SARS 等疫病的冲击，越来越多的学者进入了疾病史研究领域，并取得一些有分量的成果。

余新忠自 20 世纪 90 年代末开始涉足疾病史研究，2003 年，出版了《清代江南的瘟疫与社会：一项医疗社会史的研究》。2004 年，出版了《瘟疫下的社会拯救：中国近世重大疫情与社会反应研究》。余新忠还发表疾病史研究方面的论文数十篇，立足近世社会发展、清代国家与社会关系两大问题，较为全面地探讨了清代江南的瘟疫及瘟疫与社会的互动关系，清代的卫生概念、环境和用水卫生、粪秽处置、防疫观念与行为、清洁观念行为、卫生检疫、卫生行政与身体控制等问题。2016 年，余新忠出版了《清代卫生防疫机制及其近代演变》。该书认为，社群与政府处理疾病的策略与方式，反映了社会或国家治理的主流理念。专业医生、艰涩的医典其实并没有垄断对身体、疫疾的想象与解释。处在医疗关系底层的病人或其家属其实都各有一套身体观、疾病观、疗疾习惯、死亡观等；宗教人员也可能另有一套。疗治疾病非单向行为，而是互动的过程，纯粹医学技术的施展只是过程中的一部分。因此，医学知识系统的发展，与整个文化的发展，应该有密切的相关性。①

李玉尚完成了多篇疾病史研究的学术论文，并在 2003 年完成了博士学位论文《环境与人：江南传染病史研究（1820—1953 年）》。2006 年曹树基、李玉尚出版了《鼠疫：战争与和平——中国的环境与社会变迁

① 余新忠：《清代江南的瘟疫与社会：一项医疗社会史的研究》，中国人民大学出版社 2003 年版；余新忠：《瘟疫下的社会拯救：中国近世重大疫情与社会反应研究》，中国书店出版社 2004 年版；余新忠：《清代卫生防疫机制及其近代演变》，北京师范大学出版社 2016 年版。论文主要有：《嘉道之际江南大疫的前前后后——基于近世社会变迁的考察》，《清史研究》2001 年第 2 期；《清代江南瘟疫对人口之影响初探》，《中国人口科学》2001 年第 2 期；《清代江南疫病救疗事业探析——论清代国家和社会对瘟疫的反应》，《历史研究》2001 年第 6 期；《清代江南种痘事业探论》，《清史研究》2003 年第 2 期；《清代江南的卫生观念与行为及其近代变迁初探——以环境和用水卫生为中心》，《清史研究》2006 年第 2 期；《从避疫到防疫：晚清因应疫病观念的演变》，《华中师范大学学报》2008 年第 2 期；《防疫·卫生·身体控制——晚清清洁观念和行为的演变》，黄兴涛主编《新史学》第 3 卷，中华书局 2009 年版。

（1230—1960 年）》。①

疾病史研究视角逐渐多元化，研究不再集中于疾病的危害及社会如何控制疾病这些方面，而是从多个视角来解读历史时期的疾病。如 2006 年，杨念群出版了《再造"病人"：中西医冲突下的空间政治（1832—1985）》。② 何小莲出版了《西医东渐与文化调适》展开了对疾病文化史的研究。③ 张大庆所著《中国近代疾病社会史（1912—1937）》主要关注的是当时社会的应对机制，从建制化、体系化、大众化和社会卫生等四个方面对此展开了探讨，旨在凸显政治体制与卫生保健体制之间的密切关系，揭示医疗卫生服务的社会性，阐明卫生制度的转变对疾病预防与控制的重要影响。④ 2008 年，张泰山出版了《民国时期的传染病与社会》，从民国传染病流行概况、救疗措施、政府预防措施、公共卫生建设等四方面对民国时期传染病与社会关系进行研究。⑤ 张仲民有关卫生的专著则是从书籍史和阅读史的角度来展开的，通过对晚清"卫生"书籍的钩沉，探讨了出版与文化政治间关系以及晚清政治文化的形成。该书系统而全面地梳理了晚清诸多有关卫生书籍的出版情况，为人们更好地研究晚清的卫生提供了重要的基础；不仅如此，他从卫生及卫生书籍的出版和阅读出发，探究与此密切相关的种族和消费文化问题。⑥ 杜丽红的《制度与日常生活：近代北京的公共卫生》以近代北京公共卫生制度作为研究对象，既从国家和社会的角度阐述制度变迁的过程，也从日常生活的角度分析制度在社会中的

---

① 曹树基、李玉尚：《鼠疫：战争与和平——中国的环境与社会变迁（1230—1960 年）》，山东画报出版社 2006 年版。论文主要有：李玉尚、曹树基：《咸同年间的鼠疫流行与云南人口的死亡》，《清史研究》2001 年第 2 期；《近代中国的鼠疫应对机制——以云南、广东和福建为例》，《历史研究》2002 年第 1 期；《和平时期的鼠疫流行与人口死亡——以近代广东、福建为例》，《史学月刊》2003 年第 9 期；《民国时期西北地区人口的疾病与死亡——以新疆、甘肃和陕西为例》，《中国人口科学》2002 年第 1 期。

② 杨念群：《再造"病人"：中西医冲突下的空间政治（1832—1985）》，中国人民大学出版社 2006 年版。

③ 何小莲：《西医东渐与文化调适》，上海古籍出版社 2006 年版。

④ 张大庆：《中国近代疾病社会史（1912—1937）》，山东教育出版社 2006 年版。

⑤ 张泰山：《民国时期的传染病与社会——以传染病防治与公共卫生建设为中心》，社会科学文献出版社 2008 年版。

⑥ 张仲民：《出版与文化政治：晚清的"卫生"书籍研究》，上海书店出版社 2009 年版。

实际运作，构建出以制度为中心的近代国家与社会互动的历史过程。①

张剑光所著《三千年疫情》部分内容对近代的疫情、医家治疫、国家应对等情况进行了深入探讨。② 赖文、李永宸所著《岭南瘟疫史》讨论了岭南地区的瘟疫流行状况，瘟疫的应对、防疫观念、瘟疫对社会的影响等。③

进入 21 世纪后，余新忠、曹树基、李玉尚、杨念群、何小莲、龚胜生、张大庆、张仲民、张泰山、杜丽红等出版了医疗卫生史专著，标志中国大陆医疗卫生史研究已进入了繁盛时期。

随着疾病史研究的日趋活跃，专门针对疾病史研究的学术研讨会也开展起来。如 2006 年 8 月南开大学中国社会史研究中心就组织召开了题为"社会文化视野下的疾病医疗史研究"的国际研讨会。在会议成果的基础上，余新忠主编了论文集《清以来的疾病、医疗和卫生：以社会文化史为视角的探索》。④

近代中国医疗卫生史主要研究了疾病起源，传播与影响，疾病的避、治、防等应对，医生、国家、社会力量在其中的地位与作用，医者的地位、医疗资源变化、公共卫生状况，主要视角为"西医东渐"及中国医疗卫生的现代化。

疾病特别是传染病的暴发、流行往往与地理环境和社会环境有密切关系。

曹树基等认为，咸同之际云南发生的战争对瘟疫传播有较大的影响。⑤余新忠指出，太平天国战争期间江南发生的大规模瘟疫始自咸丰十年，同治元年达到高潮，同治三年随战争的结束而渐趋平息，战争是这次瘟疫大规模暴发流行最关键的原因。⑥

---

① 杜丽红：《制度与日常生活：近代北京的公共卫生》，中国社会科学出版社 2015 年版。

② 张剑光：《三千年疫情》，江西高校出版社 1998 年版。

③ 赖文、李永宸：《岭南瘟疫史》，广东人民出版社 2004 年版。

④ 余新忠：《清以来的疾病、医疗和卫生：以社会文化史为视角的探索》，生活·读书·新知三联书店 2009 年版。

⑤ 李玉尚、曹树基：《咸同年间的鼠疫流行与云南人口的死亡》，《清史研究》2001 年第 2 期。

⑥ 余新忠：《咸同之际江南瘟疫探略——兼论战争与瘟疫之关系》，《近代史研究》2002 年第 5 期。

李玉尚对疾病暴发、流行原因的研究用力颇深。他认为传染病在江南的散发、暴发或者流行，与该区域特殊的地理环境，尤其是独特的水环境息息相关。就农村而言，稻田、桑田的广泛耕种，广泛施用的粪肥，以及与水紧密联系的生活方式，为疾病生存和盛行提供了土壤。在城镇，环境卫生不良，饮水卫生更不容乐观，同样为疾病提供了生存条件。与此同时，贫民、难民的存在，带来了严重的疾病隐患，成为一个严重的社会问题。①

万历八年和康熙前期，原来充当捍海之堤的李家洪和老鹳嘴先后被冲毁，由此导致黄浦潮汐的加强。强势的潮水带来泥沙和激流，造成河道和湖荡的迅速淤浅。嘉道年间进一步影响到嘉兴和海宁地区。在青浦沿湖地区，随着河道、湖荡的严重淤塞，受到潮水的影响越来越小，终于在1931年长江大水之后，暴发血吸虫病。②

1537年三江闸建成之后，引起萧绍平原水系水流平缓、扁角螺滋生环境改善、河浜和低田大量形成以及水生作物普遍种植等一系列生态反应。嘉靖之后，水红菱又种于高田，使姜片虫病成为明清江浙水网地带名副其实的"萧绍病"③。

学界比较关注鼠疫、霍乱等疫病的传播与防治。

鼠疫是严重威胁人类的烈性传染病，是一种自然疫源性疾病。学界主要将视野集中于区域性鼠疫的研究，如云南、粤港、福建、东北、山西等鼠疫。

清代昆明有详细记载的四次鼠疫流行，表现出相同的流行特征：发生时间较周边地区晚、城区和郊区皆有严重流行、人口死亡严重。咸丰、同治年间的鼠疫大流行，与1347年欧洲的鼠疫大流行有相似之处，流行迅速，人口死亡众多。但是，咸丰、同治年间的鼠疫流行的动力是军队的移动，而欧洲鼠疫则是以城市为中心的商道传播。回民战争前后昆明鼠疫的散发性流行模式与1351年以后的欧洲鼠疫流行模式相似，但流行的背景

---

① 李玉尚：《地理环境与近代江南地区的传染病》，《社会科学研究》2005年第6期。

② 李玉尚：《感潮区变化与青浦沿湖地区的血吸虫病——以任屯为中心》，《南开学报》（哲学社会科学版）2011年第5期。

③ 李玉尚：《三江闸与1537年以来萧绍平原的姜片虫病》，《中国农史》2011年第4期。

大不相同，也不同于云南其他城市。各地鼠疫流行模式的异同，反映的是各地社会结构和自然环境的异同。① 1944—1947 年滇西鼠疫，当时被认为源于缅甸境内，或源于日军的细菌战。曹树基对上述看法提出质疑，他撰文指出，在 20 世纪 50 年代中期鼠疫自然疫源地理论形成之前，人们对于一个地区鼠疫疫情的寂灭与复活，相当不解，遂将鼠疫疫情归咎于缅甸或日军散布的细菌。②

1894 年粤港鼠疫是外来传入还是本地原发，以及传入路线等问题，学界都有不同看法。李永宸、赖文认为，鼠疫很有可能是从西南疫区经海道直接传入广州的，而不是以前学界认为的陆路传入。他们还认为广东鼠疫在清末这段时间的流行可能与地震频繁有一定的关系。③

1910—1911 年东北鼠疫的渊源问题，郭蕴深认为鼠疫首先在俄国西伯利亚的斯列坚斯克发生，不久，鼠疫病苗通过西伯利亚铁路由俄国传入中国满洲里，随即在中国筑路工人中传播开来。④ 田阳认为这次鼠疫流行源于东北边境城市满洲里，由于当地两名猎旱獭的中国人被旱獭鼠疫感染，吐血而死，致使鼠疫迅速蔓延开来，沿铁路交通线呈暴发状横扫东北平原，并波及河北、山东。⑤ 胡勇认为民众面对鼠疫的心态首先是恐惧，由恐惧而导致迷信，还表现为对现代防疫手段的排拒。随着防疫的深化和瘟疫的成功扑灭，民众的心态迅速发生变异，这与公共卫生体系的建立及中外文化交流等因素有联系。⑥

霍乱是由霍乱弧菌引起的烈性肠道传染病。由于霍乱传染性强、死亡率高，数次霍乱大流行对中国社会产生了深刻影响。

李玉尚对上海霍乱以地方病和外来病的视角进行全面研究。⑦

---

①　李玉尚、曹树基：《清代云南昆明的鼠疫流行》，《中华医学杂志》2003 年第 2 期。

②　曹树基：《战后之役：1944—1947 年滇西鼠疫研究》，《近代史研究》2012 年第 2 期。

③　李永宸、赖文：《19 世纪后半叶广州鼠疫传入路线的探讨》，《中华医史杂志》2003 年第 4 期；李永宸、赖文：《广东人间鼠疫流行与地震关系》，《中华医史杂志》2000 年第 1 期。

④　郭蕴深：《哈尔滨 1910—1911 年的大鼠疫》，《黑龙江史志》1996 年第 5 期。

⑤　田阳：《1910 年吉林省鼠疫流行简述》，《社会科学战线》2004 年第 1 期。

⑥　胡勇：《清末瘟疫与民众心态》，《史学月刊》2003 年第 10 期。

⑦　李玉尚：《上海城区霍乱病史研究——以"地方病"和"外来病"的认识为中心》，曹树基编：《田祖有神：明清以来的自然灾害及其社会应对机制》，上海交通大学出版社 2007 年版。

李玉尚还讨论了1919年黄县霍乱,清末以来江南城市的生活用水与霍乱,感潮区变化与青浦沿湖地区的血吸虫病、三江闸与1537年以来萧绍平原的姜片虫病。

1919年黄县霍乱的流行虽然与天气和县内各地不同的土壤条件有关,但最主要的因素是该县发达的商业。黄县的地理位置和地貌特点使其北部和中部地区形成不同等级的城市和市镇体系,这种城镇分布特点部分决定了1919年的霍乱传播模式和人口死亡数量,形成除龙口和城关镇以外的各乡镇霍乱死亡率有规则的高低错落分布的特点。在交通不便的南部山区,因该地业已卷入市场体系当中,故该区亦成为此次霍乱流行的重灾区。以农业为主的县与以商业为主的县在霍乱传播模式上有很大的不同。[①]

1820年霍乱传入江南之后,城市污染的市河遂成为一严重的疾病问题。清末至民国年间,在大城市,大量土井和外来人口的存在,使得饮用和使用不洁水源的现象仍然存在,故霍乱感染人数仍然相当多。在中小城市,由于生活用水主要依赖江河和井水,也有比较高的感染率。但在某些水流速度较快、水质清洁的小市镇,其感染率则较低。[②]

李永宸、赖文对1820—1911年岭南地区霍乱流行情况及流行背景等调查考证和统计分析,认为1820年霍乱从缅甸、泰国经海路首先传入广州和潮汕地区,主要流行于沿海地区,尤以珠江口和潮汕地区为甚,其流行常发生在旱灾背景下。[③]

除了按照病种对一些比较重大的疫病进行分析外,各地的疫病也被纳入学者的视野。

黎霞认为1892年夏襄阳府瘟疫,严重的自然灾害是诱因,并受近代以来天主教势力发展对乡村社会的冲击及近代社会巨变中百姓心理承受力的严重脆弱化的影响。1926年苏州暴发了烂喉痧和霍乱。方旭红指出,在疫病防治过程中,苏州地方政府的行政能力与以往相比有所加强;同时,

---

① 李玉尚、韩志浩:《霍乱与商业社会中的人口死亡——以1919年的黄县为例》,《中国历史地理论丛》2009年第4辑。

② 李玉尚:《清末以来江南城市的生活用水与霍乱》,《社会科学》2010年第1期。

③ 李永宸、赖文:《霍乱在岭南的流行及其与旱灾的关系(1820—1911年)》,《中国中医基础医学杂志》2000年第3期。

社会各界的反应也更趋活跃，为疫病防治作出了相当努力，并取得了一定的效果。① 杨智友研究了 1942 年青海牛瘟案。②

温金童、李飞龙认为抗战时期陕甘宁边区政府开展的卫生防疫运动，大大改变了边区城乡卫生面貌，对保证抗日战争的最后胜利起到了积极的作用，也为新中国的爱国卫生运动打下了良好的基础，积累了宝贵的经验。③ 王元周认为抗日根据地医疗卫生事业的发展，是中国人民抗日救亡事业的重要组成部分，一定程度上改变了乡村社会的医疗条件和卫生习惯，对解放后新中国的医疗卫生工作有深远的影响。④

关于疾病医疗与社会的互动，一方面探讨历史上某种疾病出现或治疗技术演进的社会背景及原因，另一方面则分析疾病和医学的变动对社会造成的影响。

瘟疫最直接的社会后果就是造成人员的死亡。瘟疫对人口的影响，由于文献记载的缺乏，具体情况往往鲜为人知。

曹树基和李玉尚等在数篇有关瘟疫论文中，都估算了瘟疫对人口的影响，尤其关注战争期间的瘟疫流行对中国人口和社会变动造成的影响。曹树基和李玉尚以咸同年间的云南为例，利用 20 世纪 50 年代鼠疫专业人员所作的调查报告，估算出战争期间的鼠疫死亡人口数以及这些死亡人口在整个战争人口损失中所占的比例。他们认为，杜文秀起义后云南陷入一场长达 16 年的战争，死亡人数的 70% 是由于战争引起的鼠疫而不是战争本身导致的。进而指出，19 世纪中叶，云南、西北地区的回民起义和长江中下游地区的太平天国战争，以及战争中的瘟疫、饥荒，造成了 1 亿多人口的死亡，死亡人口的大部分死于瘟疫，而非其他原因，战争也是一场"生态灾难"⑤。李玉尚认为不同的社会结构和发展状况对于鼠疫流行模式和人

---

① 黎霞：《1892 年襄阳府瘟疫透视》，《江苏社会科学》2006 年第 3 期；方旭红：《论 1926 年吴门大疫与苏州的疫病防治》，《苏州大学学报》2006 年第 6 期。

② 杨智友：《1942 年青海牛瘟案述评》，《中国藏学》2006 年第 3 期。

③ 温金童、李飞龙：《抗战时期陕甘宁边区的卫生防疫》，《抗日战争研究》2005 年第 3 期。

④ 王元周：《抗战时期根据地的疫病流行与群众医疗卫生工作的展开》，《抗日战争研究》2009 年第 1 期。

⑤ 李玉尚、曹树基：《18—19 世纪云南的鼠疫流行与社会变迁》；李玉尚、曹树基：《咸同年间的鼠疫流行与云南人口的死亡》，《清史研究》2001 年第 2 期。

口死亡所产生的影响十分明显。广东城市鼠疫流行最剧烈的年代所造成的人口死亡数比福建要大，然而仍然只有10%—20%，其他年份人口死亡数很小。在乡村，无论是在时间分布上，还是在区域分布上，鼠疫都呈现出此起彼伏、循环不绝的流行特点。特大型工商业城市在鼠疫传播中的地位相当重要。① 李玉尚对西北疾病与人口关系进行探讨，认为民国时期影响西北人口发展的主要原因就是传染病和妇幼儿疾病，这一状况直到1949年以后才根本改变。②

曹树基等人估算了战争期间瘟疫流行对中国人口造成的影响，余新忠对此估算有不同的看法。他认为清代江南在一个较大范围内，比如乡、县等，和平年代中，一般性瘟疫对疫区造成的人口损失率多在2%以下，一般不超过5%。战争时期比例会高一些，但超过20%的可能性基本不存在。对清代江南瘟疫带来的人口损失率不宜估计过高，在疫病模式比较稳定的时期和地区，尽管瘟疫发生的频度较高，但对人口发展的影响并非举足轻重，至少不会产生结构性的影响。③ 余新忠认为，瘟疫对人口数目的影响仍难以获得确切数据。由于对某一疫区的人口数很难得到一个比较确切的数字；时人对某次瘟疫死亡人口的记载往往个别而模糊，大多以"死人无算""疫死者几半""死者十之四五"之类模糊词汇概括。所以，从资料记载中很难计算出最终的确切疫死人口数或疫死人口比例。根据20世纪30年代或50年代的一些调查来对19世纪的疫死人数做回归性估算也存在不少问题。因为这种调查都是一些个案调查，特别是涉及19世纪中期以前的情况，选取的样本非常有限，而且这些调查对疫死人口的估计也是非常概略而模糊的，不同材料之间还常常相互矛盾。对某次瘟疫的疫死人口数与疫死率做出一个概略性估算还是可能的，但在具体的研究中，若一味追求数据的明确化，则可能会陷入左支右绌、自相矛盾甚至难以为继

---

① 李玉尚：《和平时期的鼠疫流行与人口死亡——以近代广东、福建为例》，《史学月刊》2003年第9期。

② 李玉尚：《民国时期西北地区人口的疾病与死亡——以新疆、甘肃和陕西为例》，《中国人口科学》2002年第1期。

③ 余新忠：《清代江南瘟疫对人口之影响初探》，《中国人口科学》2001年第2期；余新忠：《中国疾病、医疗史探索的过去、现实与可能》，《历史研究》2003年第4期。

的困境。①

应付疫病通常采取的措施有施药、隔离、祈祷、参与社区仪式及赛会活动等，各方力量在应对疫病时发挥着各自的作用。研究者比较关注防疫措施，对各方力量的作用及其关系也展开了论述。学界在对近代湖南、山东、四川、广东、广西、福建等地疾病的防治都有所关注。学者通常从政府、民众、医生等方面讨论疫病的应对，尤其注重讨论国家与社会的关系。学者的观点大体分为三种：或者肯定疫病的应对措施得力；或者强调疫病的应对效果不佳；或者强调疫病的应对既有成绩又存在不足。

余新忠讨论了在应对清代江南疫病时国家与社会的关系。嘉道以降，江南日常救疗设施数量激增，并由纯粹的慈善机构逐步向经常、普遍地以诊治疫病为主要目的的设施演进。在此过程中，国家和官府同社会力量非但未见日趋严重的对立，相反出现了更广泛的合作，国家和官府具体职权亦未见退缩反而有所扩展。社会力量活跃的意义，主要弥补了官府实际行政能力的不足和国家在民生政策方面缺乏制度性规定的缺陷。② 后来余新忠也注意到民众与官员、士绅精英在看待卫生检疫时的不同态度，讨论了晚清检疫机制引进中的社会反应，认为晚清多数官员和士绅精英，将其视为有利于维护国家主权、促进国家现代化的爱国和进步之举，而民众往往由于自身利益受损而心怀不满，甚至进行反抗。卫生检疫带给中国社会的不只是主权、健康、文明和进步，同时也存在民众权利和自由在卫生和文明的名义下被侵蚀和剥夺的事实。③

余新忠将嘉道之际的江南大疫置于中国近世社会变迁的大背景中，对疫情及前前后后的众多相关问题作了具体考察，认为真性霍乱的传入与反复流行，与江南本身的地域特点，以及乾嘉以来的社会经济发展、海上和内河交通的昌盛、环境的破坏和污染日趋加重等因素密不可分。瘟疫出现后，江南社会各界特别是医学界对霍乱流行及相关问题做出种种不无成效

---

① 余新忠：《中国疾病、医疗史探索的过去、现实与可能》，《历史研究》2003 年第 4 期。
② 余新忠：《清代江南疫病救疗事业探析——论清代国家与社会对瘟疫的反应》，《历史研究》2001 年第 6 期。
③ 余新忠：《复杂性与现代性：晚清检疫机制引建中的社会反应》，《近代史研究》2012 年第 2 期。

的反应。从中我们看到的不仅仅是所谓传统社会的变动不居，还有江南地方社会所具有的活力和能动性。[①] 后来，余新忠继续强调了传统因素疫病防治中的作用。从传统到近代，中国社会应对疫病的重点基本上经历了从避疫、治疗到防疫的转变，即在认识上，由消极内敛的个人行为转变成积极主动的国家行政介入的公共行为。近代的防疫除了更强调预防以外，也确立了清洁、检疫、隔离和消毒等为主要内容的基本模式，同时还将种痘等免疫行为纳入防疫的范畴之中。在这一转变中，传统的一些有关防疫的认识并未与近代防疫观念直接相抵触，而且有些还对近代防疫观念的形成起到了积极的铺垫作用。晚清的社会精英们对西方防疫举措的认识不尽相同，而且对其中不同行为的态度也有明显的差异，但到了清末，这些举措基本均作为科学、文明和进步的象征成为主流的近代防疫的基本内容。他们在接受这些观念时，往往是将西方的制度当作救治中国社会和种族贫病的灵丹妙药，而很少去考虑其实际的必要性和适用性。[②]

余新忠等比较乐观地看到了国家与社会应对疫病时发挥的作用，而李玉尚则持不同的看法。李玉尚指出，20 世纪 40 年代以前中医医生和官方在鼠疫流行时的无效应对，导致 19—20 世纪云南、广东和福建三省大量人口感染鼠疫和患者的高死亡率；民众自发采取的隔离、消毒等防疫措施，也因此成为当时最为重要的防疫手段。20 世纪 40 年代以后，中医医生和民众的治疗和防疫办法仍未有大的改观，官方开始抛弃民间的传统防疫方法，实行现代防疫措施。[③] 李玉尚等对中国传统应对疫病机制多少带有一定的"批判"倾向，而余新忠等则强调中国社会自身的活力和能动性。

焦润明指出，清政府从中央到地方组建各级防疫组织，颁布各种防疫法规，推行火葬，制定严格的疫情报告制度和查验隔离制度，加强与世界

---

① 余新忠：《嘉道之际江南大疫的前前后后——基于近世社会变迁的考察》，《清史研究》2001 年第 2 期。

② 余新忠：《从避疫到防疫：晚清因应疫病观念的演变》，《华中师范大学学报》2008 年第 2 期。

③ 李玉尚：《近代中国的鼠疫应对机制——以云南、广东和福建为例》，《历史研究》2002 年第 1 期。

各国的防疫合作，召开国际防疫研究会等。舆论界也积极进行防疫宣传，民间人士还积极筹措防疫款项。这些应对措施在很大程度上有效地避免了鼠疫灾难的进一步蔓延。[①] 焦润明、李涛认为，1926 年营口霍乱应对中有丰富的防疫经验、健全的防疫机构、相对完善的防疫法规和科学的防疫方法。[②]

岳谦厚、乔傲龙、刘红彦认为 1902 年天津霍乱对当地社会经济与民众生活产生了较大影响。民间社会与天津殖民政府进行广泛防疫动员，并采取有力措施开展疫情防控工作，使疫情在较短时间内得到有效遏制。这些措施在制度层面较多地呈现出西方防疫色彩，初步具备了近代防疫机制的某些性征。[③]

张晓辉、苏新华认为 1984 年香港鼠疫起源于广东地区，广东发生鼠疫之后，由于官方防疫的无效以及与周边地区的紧密联系，从而导致鼠疫的迅速扩散，而广东与香港毗邻，大量移民的涌入很快使这种鼠疫传到香港。民众惊恐，不配合政府的防疫政策；东华医院等医界采取中西医结合的治疗方法，但仍未产生明显的改观；港英政府采取现代防疫措施，控制了鼠疫。[④]

孙语圣认为民国时期的水旱灾害、战争和医疗卫生条件的落后是造成民国疫灾的主要原因，政府在防疫卫生方面取得一定的成就，民间疫灾防治也不逊色，但仍存在问题。[⑤]

张照青指出，山西鼠疫后民国政府设立防疫机构，制定卫生法规，为瘟疫控制提供了法律依据和实际指导，使清末业已开始的近代防疫事业走上制度化。受应对水平和社会控制能力的限制，民众与政府缺乏良性互动，又限制了防疫绩效。[⑥]

---

① 焦润明：《1910—1911 年的东北大鼠疫及朝野应对措施》，《近代史研究》2006 年第 3 期。

② 焦润明、李涛：《论 1926 年营口霍乱的有效应对及其借鉴》，《东北史地》2007 年第 1 期。

③ 岳谦厚、乔傲龙、刘红彦：《清光绪二十八年天津霍乱防治——〈大公报〉有关此次疫情及防疫报道之研究》，《天津师范大学学报》2008 年第 6 期。

④ 张晓辉、苏新华：《1894 香港鼠疫的应对机制》，《广西社会科学》2005 年第 10 期。

⑤ 孙语圣：《民国时期的疫灾与防治述论》，《民国档案》2005 年第 2 期。

⑥ 张照青：《1917—1918 年鼠疫流行与民国政府的反应》，《历史教学》2004 年第 1 期。

有学者通过疫病应对讨论中央与地方的关系。曹树基提到，面对1918年初山西的肺鼠疫流行，中央政府与山西省政府合作，实行全民动员，是为国家的公共卫生。1918年秋天及以后，山西临县、兴县鼠疫流行不断，人口死亡众多，中央政府和山西省政府仅表达有限的关注，防疫几乎成为县级政府的事务，是为地方的公共卫生。遏制疫情扩散的河流和山脉成为国家与地方的边界。围绕山西鼠疫的防治，展现的是地方政府与中央政府的权力分立、交织与转化的过程。①

杜丽红指出，清末民初，北京的疫病防治经历了较大转变，这不仅得益于为应对疫情设立的各类防治机构，而且得益于日常性疫病防治机制的设立。②

学者们还对一些具体的防疫措施进行了分析。

余新忠讨论了清代江南的种痘。人痘接种术大约在清初传入江南的浙西和苏南地区，然后逐渐传入浙东地区。施种牛痘的始于道光年间，到光绪二十年前后，江南大多数县份都创设了牛痘局。与接种人痘不同，牛痘传入后，官府很快介入，积极加以推广，不过，创设的主要动力似乎仍来自地方社会力量。人痘或牛痘的足迹到清末已遍及江南城乡各地，不过就整个江南地区来说，到清末有三四成及以上的婴儿接种痘苗，已是一种乐观的估计。种痘对清代江南人口的增长虽然起到了一定的作用，但不宜估计过高。③

李玉尚分析了清代云南鼠疫流行史中以都天与木莲"制止"鼠疫的现象。在受汉族影响较深的区域木莲戏盛行，四境地区则以都天信仰为主，这种分布上的差异缘于民众"地鬼"和"天鬼"观念上的差别。欧洲"黑死病"是欧洲中世纪和近代的分水岭，而在云南，都天信仰与唱木莲戏木莲除了驱鬼功能外，还提倡"孝道"，鼠疫流行非但没有促进社会变革，相反还强化了传统的孝道观念。④

---

① 曹树基：《国家与地方的公共卫生——以1918年山西肺鼠疫流行为中心》，《中国社会科学》2006年第1期。

② 杜丽红：《近代北京疫病防治机制的演变》，《史学月刊》2014年第3期。

③ 余新忠：《清代江南种痘事业探论》，《清史研究》2003年第2期。

④ 李玉尚、顾维方：《都天与木莲：清代云南鼠疫流行与社会秩序重建》，《社会科学研究》2012年第1期。

　　梁其姿论述了近代麻风病院的建立，认为麻风隔离有两个原因：中国本身已有的麻风隔离传统；社会与政治精英对铲除中国麻风病感到迫切。事实上，中国东南地区自明中叶以来即普遍建立了隔离麻风病人的机构，一直至清末从未中断。这个传统的被忽视反映了近代麻风隔离措施背后复杂的意识形态因素，在西化与传统之间，中国民族主义者毫不犹豫地选择前者，否定后者。① 刘家峰通过对传教士方面、医学方面、政治方面阐述近代中国的麻风救治，认为西方或中国西化精英为中国的麻风救治带来了新想法或技术。② 周东华以近代杭州的麻风救治为例指出，在近代中国，福音医学是麻风病救治的绝对主导，通过为麻风病患筑家园、求福音和谋国族，传教士为近代中国带来了不同于明、清时期中国麻风救治传统的卫生现代性。③

　　近代公共卫生包括城市与乡村的公共卫生，由于近代城市的公共卫生问题最为突出，所以研究者关注较多的是城市公共卫生，乡村的公共卫生甚少被学者关注。近代城市卫生研究的兴起主要有两个线索，一是作为城市史研究的组成部分而被关注，二是随着医疗社会文化史研究的兴起，研究者开始对城市卫生问题的关注。

　　早期城市史的著作，如《近代重庆城市史》等，④ 都对相关城市公共卫生基础设施的建设、公共卫生行政的发展、公共卫生法规制度的递嬗等作了概略性的勾勒，对这些城市公共卫生事业建设的不足和弊端也进行了总结。后来专门的城市公共卫生方面的论著逐渐增加，不过对象主要仍是上海、天津、武汉、北京、广州、重庆、厦门等大城市。

　　鸦片战争以后，中国城市在来华西医传教士的卫生宣传、租界的示范和刺激、有识之士的呼吁、疫病频发的促使等因素的合力作用下，相继开

　　① 梁其姿：《麻风隔离与近代中国》，《历史研究》2003 年第 5 期。
　　② 刘家峰：《福音、医学与政治：近代中国的麻风救治》，《中山大学学报》2008 年第 4 期。
　　③ 周东华：《公共领域中的慈善、福音与民族主义——以近代杭州麻风病救治为例》，《社会学研究》2010 年第 3 期。
　　④ 隗瀛涛主编：《近代重庆城市史》，四川大学出版社 1991 年版；罗澍伟主编：《近代天津城市史》，中国社会科学出版社 1993 年版；皮明麻主编：《近代武汉城市史》，中国社会科学出版社 1993 年版；熊月之主编：《上海通史》，上海人民出版社 1999 年版；曹子西主编：《北京通史》，中国书店出版社 1994 年版。

启了公共卫生建设的艰难历程。

何小莲描述了 19 世纪末 20 世纪初中国大城市公共卫生事业的兴起、发展轨迹。她指出，来华传教士首先关注中国公共卫生事业的进步，并作出努力。上海租界领先全国，在污水排放、饮水卫生、食品卫生、传染病防治等方面做出表率，其他通商口岸和北京等城市接踵其后。到民国年间，大多数城市都设立了专门管理公共卫生的卫生局或卫生处，市政设施都有一定程度的改善，公共卫生事业都有所发展。①

罗苏文从粪秽股与公厕、菜场的设立、牛痘疫苗、鼠疫查访风波四个横剖面，描绘了租界公共卫生体系的历史架构，赞扬了工部局卫生处作为最早起步构筑公共卫生防线的前驱，对上海公共卫生建设所起的作用，同时，罗苏文也充分肯定了西方现代医学指导下的租界公共卫生制度对华界的影响。②

彭善民在《公共卫生与上海都市文明（1898—1949）》中将源于西方的近代公共卫生视为现代都市文明的象征和重要内容，主要从近代城市变革的视角梳理了自清末到民国上海公共卫生的缘起及其演变历程。他认为近代上海公共卫生既是都市化发展的产物，又是租界正向示范和反向刺激、政府和民众的民族意识觉醒、华洋冲突与合作等多方作用的结果。③

学者对污物排放展开了研究。近代上海都市化发展，人口流动性增强，公厕成为必不可少的公共设施。公厕作为都市卫生的窗口，进入政府公共事业的视界。苏智良、彭善民等指出：近代上海公厕在形式上经历了一个由土式坑厕到现代设施的公厕及专门性公厕的发展；在运营方式上，历经了承包经营的商办方式到政府雇工看厕的市办方式的变迁；在治理模式上逐渐从政府单一治理走向社会参与、多元共治的局面。尽管其社会化程度仍很有限，但公厕作为都市文明的窗口，反映了都市社会公共性的增长，增进了都市文明的内涵。同时，近代上海公厕变迁，租界扮演了十分

---

① 何小莲：《论中国公共卫生事业近代化之滥觞》，《学术月刊》2003 年第 2 期。
② 罗苏文：《上海传奇——文明嬗变的侧影（1553—1949）》，上海人民出版社 2004 年版。
③ 彭善民：《公共卫生与上海都市文明（1898—1949）》，上海人民出版社 2007 年版。

重要的角色,在上海都市文明的进程中占有关键的一席之地。① 刘岸冰梳理了近代上海城市环境卫生管理的机关部门、具体内容、相关制度及措施等,指出环境卫生管理理念和相关管理的兴起和发展,是上海城市管理近代化的重要标志之一。②

杜丽红和辛圭焕立足于20世纪30年代北平城市粪秽管理的改革,再现了改革背后政府与一部分社会群体(粪商、粪夫)由利益冲突到彼此调适,由试图粪秽官办到官督商办的复杂历程。杜丽红从兼顾多数粪业从业者的利益、权衡自身经济实力和行政能力的角度,诠释了30年代北平市政府粪秽管理改革方案由官办转为官督商办的必然性和切实性,阐发了一切改革要从实际出发的历史启示。辛圭焕则以为30年代北平政府主导的粪业官办遭受挫折,而为粪商主导的官督商办形式所取代只是表面现象,实际上无论第一次还是第二次粪业改革方案都是由市政府主导的,强调了粪业管理改革中国家权力向公共领域的渗透。③

朱颖慧从道路清洁和垃圾运除入手,对近代天津清道组织的沿革、经费来源、清道计划等进行了梳理,呈现了近代天津城市环境卫生管理的一些细节。④

饮水卫生方面,余新忠从清代江南的环境与用水卫生等方面入手,初步考察了清代江南的卫生观念与行为及其近代变迁。他认为嘉道以降,随着江南自身社会环境的变化和西方文明的输入,众多士人针对旧有卫生体系的弊端,认为有必要引入专门的管理机构、制度,制定日常巡查惩罚条令,即直接以公共和国家的权力介入卫生的经常性管理,从而使卫生事业逐渐由个别的、自为的、缺乏专门管理的行为逐步转变成系统化的、有组

---

①　苏智良、彭善民:《公厕变迁与都市文明——以近代上海为例》,《史林》2006年第3期;彭善民:《商办抑或市办:近代上海城市粪秽处理》,《中国社会经济史研究》2007年第3期。

②　刘岸冰:《近代上海城市环境卫生管理初探》,《史林》2006年第2期。

③　杜丽红:《南京国民政府时期城市公共事务管理初探——对北平环境卫生管理的实证研究》,《城市史研究》第23辑,天津社会科学院出版社2005年版。杜丽红:《1930年代的北平城市污物管理改革》,《近代史研究》2005年第5期;辛圭焕:《20世纪30年代北平市政府的粪业官办构想与环境卫生的改革》,《中国社会历史评论》第8卷,2007年。

④　朱颖慧:《民国时期天津环境卫生管理》,《江西财经大学学报》2007年第5期。

织的、纳入官方职权范围的工作。①

　　1900 年，洋井开凿技术的传入普及了甜水井，改善了北京甜水井缺乏的状况。1910 年，源自西方的自来水在北京开通，成为卫生饮水的代名词。杜丽红认为，这些并未形成真正的饮水卫生观念，直到 1925 年暴发的自来水卫生事件，才促成了以有无细菌作为判断饮水卫生的标准，促使市政当局担负起维护饮水卫生的职责。这个过程伴随着饮水卫生知识的传入，人们使用细菌化验检验饮水，注意饮水与疾病之间的关系。知识传入改变了人们对国家权力的认识，认为政府应当承担起保护人民生命安全的责任和义务。随着北京公共卫生行政的逐步发展，有关饮水卫生制度建设得以完善，国家成为主动行动者，医学界配合行政机构，运用细菌理论研究北京饮水状况，形成了一系列有关饮水卫生的科学知识。20 世纪 30 年代，在国家公共卫生建设旗帜下，卫生行政机构主动致力于制造卫生的饮水，管理与饮水有关的人和物，从而影响改变着人们的日常生活。②

　　食品卫生方面的专门研究有食品检疫、食品卫生管理和菜市场等也是人们关注的对象。朱德明介绍了上海公共租界食品检疫。③ 陆文雪依据大量的工部局档案和卫生处年报，着眼于工部局建立、发展和完善食品卫生管理制度的过程，以及日常食品卫生管理工作的开展，对 1898—1943 年上海公共租界食品卫生管理进行了较为系统的研究，并探讨了以食品卫生管理制度为重要分支的公共卫生管理制度在上海的起源和适应性问题。④ 褚晓琦将近代上海菜场作为城市公共空间进行研究。她指出近代上海菜场的设立、发展和完善的过程从一个侧面反映了近代上海城市社会的变迁，折射出城市居民生活方式及行为习惯之演变，同时菜场也汇集着各种社会

---

　　① 　余新忠：《清代江南的卫生观念与行为及其近代变迁初探——以环境和用水卫生为中心》，《清史研究》2006 年第 2 期。

　　② 　杜丽红：《知识、权力与日常生活——近代北京饮水卫生制度与观念嬗变》，《华中师范大学学报》2010 年第 4 期。

　　③ 　朱德明：《上海公共租界食品检疫初探》，《历史教学问题》1995 年第 6 期。

　　④ 　陆文雪：《上海工部局食品卫生管理研究（1898—1943）》，《史林》1999 年第 1 期。

矛盾和冲突，社会的机制也在解决矛盾和冲突的过程中形成。①

　　余新忠从卫生防疫的角度探讨晚清的卫生行政与近代身体的形成。他考察了从传统到近代，卫生防疫与身体之间关系的变化，以及卫生行政这一现代权力实现对国民监控的过程与特色，以及这样的身体规训又是如何被接受的。他认为，这一进程的实现既有西方科学、卫生和文明等话语霸权的威力，更离不开国家的相关立法和相关职能机构逐渐增设。在接纳的过程中，尽管不无外在的压力，但总体上无疑是中国一百多年来那些士绅精英为追求国家和国民现代化而作出的主动而自觉的选择，是在当时内外交困的危局中，为了"强国保种"而不得不作出的一种缺乏深思熟虑、简单便捷化的选择。②

　　学界比较关注近代公共卫生演进过程中各方力量发挥的作用，以及他们之间的关系。

　　近代公共卫生起步于租界，后影响到华界。宋忠民考察了租界工部局关于狂犬病例的统计、狂犬病预防措施和治疗狂犬病的制度化方案，认为租界工部局进行的狂犬病防治工作促进了上海卫生防疫工作的发展，由此构成了公共租界乃至上海整个公共卫生事业的组成部分。③ 郑泽青呈现了近代上海社会在疫病的威胁下，在租界当局采取的冷漠而又科学的防疫措施的冲击下，逐步接受新理念，建构公共卫生防疫体系的历史片段。④ 殳俏考察了 20 世纪三四十年代上海公共租界工部局卫生处直接领导的几种反霍乱运动，意在反映近代上海租界工部局建构并实施的公共卫生应对机制及其对现实的借鉴意义。⑤ 民国期间的上海，一市三治。何小莲指出，在此格局之下，租界与华界在公共卫生事业方面，既有冲突又有合作。特别是南京政府建立之后，租界问题在上海政治中日益突出的时候，冲突占上风。这种既冲突又合作、从冲突到合作的历史，展现了在近代上海这一

　　① 褚晓琦：《近代上海菜场研究》，《史林》2005 年第 5 期。
　　② 余新忠：《晚清的卫生行政与近代身体的形成——以卫生防疫为中心》，《清史研究》2011年第 3 期。
　　③ 宋忠民：《上海公共租界的狂犬病防治》，《档案与史学》2001 年第 5 期。
　　④ 郑泽青：《昨天的抗争：近代上海防疫掠影》，《上海档案》2003 年第 4 期。
　　⑤ 殳俏：《回眸近代上海霍乱大流行》，《档案与史学》2004 年第 3 期。

特殊的城市，中国与西方、传统与近代的复杂关系。① 罗振宇指出，从1870 年设立兼职卫生官，到 1898 年专职卫生官和卫生管理机构的出现，上海工部局的医疗服务经历了一个从无到有、从仅关注雇员健康到关注公共医疗的过程，体现出了从"救己"到"救人"的转变。工部局作为城市自治管理机构，其早期医疗服务已经开始呈现近代城市公共医疗服务的特性。②

　　西方教会等组织、机构及群体在近代中国不同地域传播医疗卫生知识、进行疾病救治和医学研究，这是中国医疗近代化的一个重要方面。早在 20 世纪 90 年代初，田涛就曾利用《中国丛刊》等中英文资料，对清末民初的在华基督教会的医疗卫生事业做了探讨。③ 21 世纪初更是涌现出了一批专门探究西方来华传教士对中国医疗卫生事业影响的论著。④ 比如何小莲在其专著中列专章探讨传教士与中国公共卫生事业，认为正是传教士的积极活动与影响促进了中国近代公共卫生事业的艰难起步。高晞的著作也有一章论述德贞的公共卫生学研究与流行病调查，较多地介绍了德贞对中国卫生习惯的赞赏和对某些中医学内容的认同。王日根考察了晚清传教士、海关管理者等所记述在厦门开展医疗设施及日常卫生情形。⑤ 毕晓莹考察了 1882 年美国公理会在北京通州开办诊所，后发展为潞河医院的过程。⑥ 李晓晨等考察了近代西方传教士在河北地区的医疗卫生活动。⑦ 邓杰研究了基督教的边疆服务运动（1939—1955）在川康地区的实施。⑧ 这些

---

　　① 何小莲：《冲突与合作：1927—1930 年上海公共卫生》，《史林》2007 年第 3 期。

　　② 罗振宇：《"救己"到"救人"：工部局早期医疗服务与城市公共医疗的起源（1854—1898）》，《江苏社会科学》2014 年第 3 期。

　　③ 田涛：《清末民初在华基督教医疗卫生事业及其专业化》，《近代史研究》1995 年第 5 期。

　　④ 何小莲：《西医东渐与文化调适》，上海古籍出版社 2006 年版；董少新：《形神之间——早期西洋医学入华史稿》，上海古籍出版社 2008 年版；高晞：《德贞传：一个英国传教士与晚清医学近代化》，复旦大学出版社 2009 年版。

　　⑤ 王日根：《从西人记述看晚清厦门的日常卫生与医疗》，《社会科学》2012 年第 9 期。

　　⑥ 毕晓莹：《从潞河医院看教会医院与近代地方社会》，《史学月刊》2012 年第 12 期。

　　⑦ 李晓晨、陈婉燕：《近代西方传教士在河北地区的医疗卫生活动》，《河北学刊》2012 年第 5 期。

　　⑧ 邓杰：《基督教与川康民族地区公共卫生事业——以边疆服务运动（1939—1955）为例》，《社会科学研究》2012 年第 5 期。

研究都指出，以西方传教士为主体开展的这些医疗活动，客观上对当地引进西医、医疗现代化及普及近代医疗卫生知识和观念都起到了一定作用，有的地方医疗机构随着与中国民众的互动，宗教色彩日渐褪色，越来越多地呈现出世俗化、专业化的特点。

对于 19 世纪以来"西医东渐"的研究，以往研究重心聚焦于医疗传教士。胡成指出，与医疗传教士交往的中国读书人，所译西医著述文字典雅、古朴，较易被华人社会接受；华人助手承担了诊所和医院的大量诊治工作，采用中西医会通的治疗方法赢得了更多华人病家的信任；众多华人病家虽没有直接参与相关的医疗知识生产和传递，但前来就医，而非寻求宗教皈依，在一定程度上又提升了医疗传教士们开办诊所或医院的重要意义。[①]

赵晓红指出，日本殖民统治者为了加强对伪满医疗卫生的控制，实施了公营医疗制度。伪满通过公医制将医师分派到偏僻边远地区，除了从事一般医疗和公共保健卫生之外，还兼任卫生警察的职责，增强对地方行政的控制。另外，伪满政府通过对医院、医学院校的官公立化以及对医师的考核等措施，将医疗机构及人员均置于国家统制和支配之下，从而为战争和殖民统治服务。伪满作为试验场，其公营医疗制度也成为日本本土医疗改革的重要参考。[②]

当发源于西方的公共卫生制度移入中国近代城市之时，它固然推动了中国城市管理现代化的步伐，促进了中国都市文明的发展。然而，这种伴随西方列强炮舰而来的制度，从在租界实行起也毫无疑问被打上了深深的帝国主义、殖民主义的烙印。因此，研究近代城市公共卫生不可能不涉及租界公共卫生的殖民性问题。在租界公共卫生殖民性问题的探讨上，现有研究主要谈到两个方面的问题：一是租界公共卫生殖民性的表现；二是租界公共卫生管理殖民化的局限性。

20 世纪 30 年代阮笃成就指出，租界内的一切医疗设施主要为洋人服务，华人虽蛰居数十万人而为其服务的医院寥寥无几。何小莲也指出，租

---

① 胡成：《晚清"西医东渐"与华人当地社会的推动》，《史林》2012 年第 4 期。

② 赵晓红：《日本在伪满公营医疗制度的实施及其回流》，《社会科学战线》2013 年第 6 期。

界所承办之卫生事务，无一不是以保护界内侨民，特别是欧美侨民为前提。彭善民认为，租界公共卫生设置和管理主要是围绕自身公共健康的需要，而且早期工部局卫生处，对于西人和华人食用猪肉的检验区别对待，带有强烈的歧视色彩。①

胡成指出，在外国人市政当局看来，香港、上海等地与外国人毗邻而居的华人社会，均为疾病蔓延的温床，当疫病暴发之后，将某种特定传染病与某个特定种族联系在一起，并由此对之进行强制性的卫生检疫，其中隐含的种族偏见，自不待言。他从华人"不卫生"被定义为瘟疫之源、近代细菌学理论的传入、租界卫生景观的改善和华人社会的变革维新以及西方文化优越感、民族主义诉求和主权之争等方面比较细致地呈现了中外间不同的讲述共同塑造了所谓华人的"不卫生"形象。②其研究在关注外交、主权的同时，特别注意到了普通民众的感受和回应。任吉东、原惠群从中国传统的粪业经营及观念入手，论述了西方列强在传播近代公共卫生的过程中对便溺惯习实施的"暴力"化治理和对传统粪业体系的规范化管理，诠释了卫生普及背后西方文明的传播方式和路径。③崔文龙指出，德国在胶澳租界地（青岛）建设规划中一系列卫生条文的颁布基于殖民统治当局这样一种假设，即华人不讲卫生，是传染疾病的根源，而处理的唯一办法便是强制性的迁移住所和严密的社会监控。这就使得种族主义在卫生措施的旗帜下，以胶澳总督府的强权统治为后盾，以暴力和强制的方式得以实施。④

---

① 阮笃成：《租界制度与上海公共租界》，杭州永宁院法云书屋1936年版；何小莲：《冲突与合作：1927—1930年上海公共卫生》，《史林》2007年第3期；彭善民：《公共卫生与上海都市文明（1898—1949）》，上海人民出版社2007年版。

② 胡成：《"不卫生"的华人形象：中外间的不同讲述——以上海公共卫生为中心的观察（1860—1911）》，《近代史研究所集刊》2007年6月第56期；胡成：《检疫、种族与租界政治——1910年上海鼠疫病例发现后的华洋冲突》，《近代史研究》2007年第4期；《东北地区肺鼠疫蔓延期间的主权之争（1910.11—1911.4）》，《中国社会历史评论》第9卷，天津古籍出版社2008年版。

③ 任吉东、原惠群：《卫生话语下的城市粪溺问题——以近代天津为例》，《福建论坛》2014年第3期。

④ 崔文龙：《德国在胶澳租界地建设规划中的卫生措施及对中国人的歧视》，《德国研究》2008年第1期。

大陆研究者对近代城市公共卫生的民族主义特性也多有揭示。何小莲认为，上海特别市卫生兴市之计划，既有近代上海作为国际大都市之国际视野，也包含着强烈的民族与国家意识。① 赵婧认为，一种语境始终伴随着20世纪二三十年代上海的妇幼卫生事业之推展，那就是富国强种。② 杨祥银认为，1928—1937年上海卫生局举办的卫生运动与其说是为了提高市民的身体健康和改善城市公共卫生，倒不如说是为了进行一场倡导民族复兴与国家独立的社会总动员。③ 彭善民指出，租界的卫生规范与制度化管理，给华界政府以良好的正向示范，激发了华界政府的民族意识与竞争意识，租界公共卫生管理的殖民性又给华界官方和民众以反向刺激，激发了华界民众的民族意识和自强意识。④

近代国家权力逐步介入公共卫生领域，成为担当公共卫生事务、服务公众健康的主导力量。然而，实行国家卫生行政并不等于公共卫生事业不再需要社会力量的支持和推动，相反，社会力量的作用恰好能够弥补公共卫生行政的不足。不少论著讨论了中国政府、医疗机构、组织推动中国医疗卫生近代化的努力。

杨念群探讨了民国以降由国家来全面操控医疗卫生事务的医疗"国家化"的改革进程，以及西方医学人士通过引入"社会服务"理念力图将西方的医疗空间渗透至城市的各个角落和民众日常生活之中的情形。他以民国初年北京传统社区内控制生和死并具有文化与仪式协调功能的接生婆和阴阳生职业的没落为叙事背景，考察了兰安生模式、卫生示范区，认为国家权力控制下的以现代预防医学为指导的公共卫生医疗网络，在北京逐步确立的过程有效地打破了城区人民原有的日常生活节奏和秩序，实现了自然社区和医疗社区的全面叠合，把北京人的出生和死亡纳入了一个非常严

① 何小莲：《冲突与合作：1927—1930年上海公共卫生》，《史林》2007年第3期。
② 赵婧：《1927—1936年上海的妇幼卫生事业——以卫生行政为中心的讨论》，《史林》2008年第2期。
③ 杨祥银：《卫生（健康）与近代中国现代性——以近代上海医疗卫生广告为中心的分析（1927—1937年）》，《史学集刊》2008年第5期。
④ 彭善民：《公共卫生与上海都市文明（1898—1949）》，上海人民出版社2007年版。

密的档案化网络之中。① 关于民国时期北平、上海等大城市市政府在公共
卫生宣传教育上的策划管理，学界也有少量探讨。②

　　余新忠等指出，进入民国以后，随着国家卫生制度化进程的不断加
深，国家在救疗防治疫病方面的作用明显加强。但民间社会力量无论在临
事性应对还是日常救疗方面仍发挥着重要作用。③ 侯宣杰从参与市容整顿、
卫生管理、防治疫病几个方面，对民间商人团体在近代城市公共卫生建设
中所发挥的积极作用进行了描述。④ 马长林、刘岸冰以传染病防治为切入
点，阐述了民国时期上海社会力量对传染病防治活动的积极参与，众多社
会团体开展防疫宣传，媒体展开有针对性的督促和批评以及民众踊跃配
合；民间社会的积极反应促进了卫生防疫机构及其职能的建立和健全、推
动了一系列公共卫生法规得以出台，影响民众接受和确立公共卫生观念，
使传染病防治措施得以推行和一定程度上普及了公共卫生知识。⑤ 彭善民
指出，20 世纪前半期上海一批倡导公共卫生的民间组织在公共卫生宣传和
时疫救治中发挥了相当作用。不仅推动了政府卫生管理的改良，激发了市
民的公共意识和参与意识，增进了都市的健康，而且民间组织的自愿性、
主动性发挥出政府强制政策所难以企及的优势。但其存在的经费不足和组
织不稳定等缺陷限制了功能的进一步发挥。⑥

　　范铁权《近代科学社团与中国的公共卫生事业》一书认为，近代科学
社团从多渠道传播环境卫生、食品卫生、乡村卫生、传染病防治等知识的

　　① 杨念群：《再造“病人”——中西医冲突下的空间政治（1832—1985）》，中国人民大学
出版社 2006 年版；杨念群：《西医传教士的双重角色及其在中国本土的结构性紧张》，《中国社会
科学季刊》1997 年春夏季创刊号；杨念群：《“地方感”与西方医疗空间在中国的确立》，《学人》
第十二辑，江苏文艺出版社 1997 年版；杨念群：《“兰安生模式”与民国初年北京生死控制空间的
转换》，《社会学研究》1999 年第 4 期；杨念群：《北京“卫生实验区”的建立与城市空间功能的
转换》，《北京档案史料》2000 年第 1 期。
　　② 杜丽红：《20 世纪 30 年代北平的公共卫生教育》，《北京档案史学》2004 年第 3 期。
　　③ 余新忠等：《瘟疫下的社会拯救——中国近世重大疫情与社会反应研究》，中国书店出版
社 2004 年版。
　　④ 侯宣杰：《民间商人团体与近代城市的公共管理》，《宁夏社会科学》2005 年第 5 期。
　　⑤ 马长林、刘岸冰：《民国时期上海传染病防治的社会环境》，《民国档案》2006 年第 1 期。
　　⑥ 彭善民：《近代上海民间时疫救治》，《广西社会科学》2006 年第 9 期；彭善民：《20 世纪
前半期上海公共卫生治理中的民间组织作为》，《上海师范大学学报》2007 年第 4 期。

同时，还积极开展卫生实践，进行医学调查，兴办医学教育，开办医院诊所等，为公共卫生的体制化建设做出了积极贡献。在公共卫生建设过程中，诸科学社团、政府、民众之间存在着微妙关系：一方面，社团担当政府公共卫生事业的"监督者"和"同路人"，为中国公共卫生建设做出了积极的贡献；另一方面，二者存在着一定的矛盾与冲突，进而制约了公共卫生的发展。[①] 孙诗锦以 20 世纪 20、30 年代平教会的定县卫生实验为例讨论了现代卫生观念在乡村的移植，认为平教会与县政府、士绅、旧从业人员以及农民等各类群体纠葛在一起，新旧观念、新旧势力之间发生了较为激烈的碰撞，使得现代卫生观念在乡村的移植过程中呈现出极为纷繁复杂的面相，这直接影响了卫生观念植入的广度与深度。[②]

近代中国医疗卫生史研究主要视角为"西医东渐"及中国医疗卫生的现代化。医院、医疗、医生和医患问题是公共卫生史研究的一个重要方面。

何小莲以教会医院为核心，考察了西医的传入对中国传统医疗制度变革的巨大影响。西方医院制度引进以后，引起中国医疗制度的根本性变革，也引起医疗观念的重大变化，包括从医家到医院的医疗空间转换、医患关系的变化、医生对患者生理与心理的兼顾关怀，以及对社会弱势群体的医疗重视。[③] 中国西医知识体系的确立和完善是在晚清至民国期间。既往的研究都立足于"传入"与"接受"相互对应的层面。高晞着重由官方角度考察这一过程，认为，中国西医知识体系的确立是卫生政治化的过程。[④]

龙伟《民国医事纠纷研究：1927—1949》一书考察了民国时期的医事纠纷。他认为，清季医界虽多受医患间互动关系的制约，但因未得任何的制度规范，医家对病人的处置往往有很大的随意性，这种随意性极可能对病患的权利造成伤害。民国时期，国家制度（卫生行政与民国法律）以及社会团体干预和影响着医患双方关系的互动，进而也对南京国民政府时期

① 范铁权：《近代科学社团与中国的公共卫生事业》，人民出版社 2013 年版。
② 孙诗锦：《现代卫生观念在乡村的移植——以 20 世纪 20、30 年代平教会的定县卫生实验为例》，《广东社会科学》2013 年第 6 期。
③ 何小莲：《西医东传：晚清医疗制度变革的人文意义》，《史林》2002 年第 4 期。
④ 高晞：《卫生之道与卫生政治化——20 世纪中国西医体系的确立与演变（1900—1949）》，《史林》2014 年第 5 期。

医事纠纷有着制约和影响。[1]

马金生的《发现医病纠纷：民国医讼凸显的社会文化史研究》以民国时期医讼的凸显为切入点，借助对医生、病人、社会、国家间互动关系的探讨与呈现，进而揭示国人生命、法制与权利观念在现代国家形成的过程中逐渐转型的历史轨迹及其与相应制度架构之间的关联性。[2]

余新忠认为，"良医良相"说反映出了明清时期医生的身份和地位难以真正"向上提升"的窘境，它不仅无助于作为职业的医生的地位的独立和提升，反而强化了人们将其视为儒的附庸的意识。[3] 余新忠通过考察扬州"名医"李炳的医疗生涯及其历史记忆分析了当时医生医名获取及其流传的社会文化机制。[4] 刘希洋、余新忠以福建螺江陈氏家族为例分析了家族的病因认识、疾病应对与病患叙事。[5] 王敏通过梳理清代著名世医家族青浦何氏的生活史资料，分析其收入来源构成与家族经济状况，剖析其背后的医患关系与儒医义利观等深层次社会、文化因素，揭示清代精英医者普遍面临的"过度道德化"困境。[6]

沈伟东《医界春秋：1926—1937——民国中医变局中的人和事》一书，通过对民国《医界春秋》杂志的考察，从微观上分析了期刊出版与社会政治的关系，讲述了民国中医变局中的人和事，披露了民国中医鲜为人知的行业内幕。[7] 左玉河认为中医团体在应对中医存废危机和促进中医发

---

① 龙伟：《民国医事纠纷研究：1927—1949》，人民出版社 2011 年版。

② 马金生：《发现医病纠纷：民国医讼凸显的社会文化史研究》，社会科学文献出版社 2016 年版。

③ 余新忠：《"良医良相"说源流考论——兼论宋至清医生的社会地位》，《天津社会科学》2011 年第 4 期。

④ 余新忠：《扬州"名医"李炳的医疗生涯及其历史记忆——兼论清代医生医名的获取与流传》，《社会科学》2011 年第 3 期。

⑤ 刘希洋、余新忠：《新文化史视野下家族的病因认识、疾病应对与病患叙事——以福建螺江陈氏家族为例》，《安徽史学》2014 年第 3 期。

⑥ 王敏：《清代医生的收入与儒医义利观——以青浦何氏世医为例》，《史林》2012 年第 3 期。

⑦ 沈伟东：《医界春秋：1926—1937——民国中医变局中的人和事》，广西师范大学出版社 2011 年版。

展方面起到重要作用，但内部的不团结使其没有取得应有的效果。①

### （二）环境史研究

受二战后兴起的现代环保运动的影响和推动，环境史是20世纪60年代后期到70年代初开始兴起，它产生于美国，逐渐形成为一门融生态学、地理学、气象学、人类学、考古学等自然科学和人文科学的交叉学科。20世纪70年代末80年代初，中国历史学界开始关注环境史研究。21世纪初，环境史在中国的迅速传播，为我们研究和阐释中国历史提供了一种新的史学理念和视角。已有不少论著对中国环境史研究进行回顾与展望，②本书主要梳理以社会史视角对近代环境史进行研究的成果。

在1949年之后很长一段时间内，与环境史相关的研究更多的是在自然科学的范畴内进行的，其研究旨趣主要在于认识和把握自然环境的变迁及其规律，不太关注环境问题的社会性。

历史地理学是与环境史联系紧密的学科领域，早在20世纪50年代，吴泽、王振德等人就曾从历史地理学角度，研究了地理环境对社会发展的影响。③80年代，中国史学界对地理环境与社会历史关系问题再度展开研究和讨论。④这一时期，中国学术界对环境的基本概念、基本理论和方法

---

① 参见左玉河《学理讨论，还是生存抗争——1929年中医存废之争评析》，《南京大学学报》2004年第5期。

② 参见张国旺《近年来中国环境史研究综述》，《中国史研究动态》2003年第3期；包茂宏《中国的环境史研究》，《环境与历史》2004年第4期；佳宏伟《近十年来生态环境变迁史研究综述》，《史学月刊》2004年第6期；汪志国《20世纪80年代以来生态环境史研究综述》，《古今农业》2005年第3期；王利华《中国生态史学的思想框架和研究理路》，《南开学报》2006年第2期；高凯《20世纪以来国内环境史研究的述评》，《历史教学》2006年第11期；陈新立《中国环境史研究的回顾与展望》，《史学理论研究》2008年第2期；苏全有、韩书晓《中国近代生态环境史研究回顾与反思》，《重庆交通大学学报》（社会科学版）2012年第2期。

③ 吴泽：《地理环境与社会发展》，棠棣出版社1950年版；王振德：《地理环境、人口和社会发展的关系》，新知识出版社1955年版。

④ 王正平：《地理环境与社会发展》，《历史研究》1983年第2期；严钟奎：《论地理环境对历史发展的影响》，《暨南学报》（哲学社会科学版）1985年第3期；章清：《自然环境：历史制约与制约历史》，《晋阳学刊》1985年第2期；宁可：《古代中国历史发展的地理环境》，《平准学刊》第3辑上册，中国商业出版社1986年版；宁可：《地理环境在社会发展中的作用》，《历史研究》1986年第6期；张艳国：《东方地理环境与中国历史发展》，《社会科学辑刊》1989年第4期；白寿彝主编：《中国通史》，上海人民出版社1989年版。

的研究不足，环境史研究尚未形成一门独立的学科，但陆续有学者关注历史上的环境问题，倡导不单纯探讨地理环境对社会经济发展的影响，而且要把握社会经济和生态环境二者间的双向动态关联。八九十年代，曹树基、张建民、张国雄等学者从社会经济史角度研究了人口变动、资源利用、经济开发对环境的影响以及环境异常变化对经济的影响。①

由于全球环境形势严峻和中国环境问题严重，加强中国环境史研究，尤其是中国近现代环境史的研究，其实不仅是学术问题，而且是对中国社会经济建设具有重要参考价值和实践意义的现实问题。随着学术交往的增加，20 世纪 90 年代后期开始，中国学者越来越多地关注到国外环境史研究的理论成果。进入 21 世纪，在较多吸收国外研究成果的同时，中国学术界对环境史的基本定义、理论和研究方法进行了自己的思考，并逐步形成探索中国环境史研究的理论和方法的热潮。

包茂宏最初研究非洲史，2000 年前后转向研究环境史。他梳理了国外学者 R. 纳什、T. 泰特、D. 沃斯特、W. 克罗农等关于环境史的定义和内容，提出环境史是以建立在环境科学和生态学基础上的当代环境主义为指导，利用跨学科的方法，研究历史上人类及其社会与环境之相互作用的关系，通过反对环境决定论、反思人类中心主义文明观来为濒临失衡的地球和人类文明寻找一条新路，即生态中心主义文明观。他还提出在吸收国外环境史研究理论成果的同时，应创建中国自身的环境史学派。②

2003 年，《史学理论研究》以"自然灾害史：思考与启示"为主题发表了五篇笔谈文章。学者们介绍了国内外生态环境史，呼吁将生态环境史

---

① 张建民：《对围湖造田的历史考察》，《农业考古》1987 年第 1 期；张建民：《清代江汉——洞庭湖区堤垸农田的发展及其综合考察》，《中国农史》1987 年第 2 期；张建民：《清代湘鄂西山区的经济开发及影响》，《中国社会经济史研究》1987 年第 4 期；张建民：《明清农业垦殖论略》，《中国农史》1990 年第 4 期；龚胜生：《清代两湖地区人口压力下的生态环境恶化及其对策》，《中国历史地理论丛》1993 年第 1 辑；张国雄：《明清时期两湖开发与环境变迁初议》，《中国历史地理论丛》1994 年第 2 辑；王建革：《资源限制与发展停滞：传统社会的生态学分析》，《生态学杂志》1997 年第 1 期；邹逸麟：《明清流民与川陕鄂豫交界地区的环境问题》，《复旦学报》（社会科学版）1998 年第 4 期。

② 包茂宏：《环境史：历史、理论和方法》，《史学理论研究》2000 年第 4 期。

视角运用到中国历史研究之中。①

王子今考察了中国古代史学对生态条件的关注，总结了 20 世纪中国生态史研究的成果和不足，探讨了 21 世纪中国生态史学的发展前景和研究理路。② 侯文蕙探讨了生态学与环境史之间的联系，研究了生态学的发展历程和其在环境史研究中的影响。③ 景爱将环境史定义为：环境史是研究人类与自然的关系史，研究的主要内容是自然环境的初始状态，人类对自然环境的影响，人类开发、利用自然的新途径。④ 梅雪芹探讨了西方环境史研究中历史批判思想的发展及其学术价值和现实意义。⑤ 刘军通过分析环境史理论、环保运动和反环保势力的政治特点，认为环境史还应当注意研究人与人的关系，环境史研究与政治史关系密切。⑥ 侯甬坚分析了历史环境研究在中国的发展历程，分析比较了历史环境研究与传统历史地理学的差异。⑦ 朱士光探讨了中国环境史渊源、环境史与历史地理学的关系、环境史理论建设、环境史与环境志的关系。⑧ 李根蟠探讨了环境史的兴起对历史学的意义，主张用环境史的视野研究经济史，推动经济史研究的发展。⑨ 王利华主张生态史与社会史结合，形成生态社会史和社会生态史两种研究理路。⑩ 值得注意

---

① 余新忠：《疫病社会史研究：现实与史学发展的共同要求》，夏明方：《自然灾害、环境危机与中国现代化研究的新视野》，梅雪芹：《从世界史学科发展的角度谈关于环境灾害的研究》，郭方：《历史上的疫病与社会变革》，高国荣：《环境史学对自然灾害的文化反思》，《史学理论研究》2003 年第 4 期。

② 王子今：《中国生态史学的进步及其意义——以秦汉生态史研究为中心的考察》，《历史研究》2003 年第 1 期。

③ 侯文蕙：《环境史和环境史研究的生态学意识》，《世界历史》2004 年第 3 期。

④ 景爱：《环境史：定义、内容与方法》，《史学月刊》2004 年第 3 期；《环境史续论》，《中国历史地理论丛》2005 年第 4 辑。

⑤ 梅雪芹：《环境史学的历史批判思想》，《郑州大学学报》（哲学社会科学版）2005 年第 1 期。

⑥ 刘军：《论西方环境史的政治特点》，《史学月刊》2006 年第 3 期。

⑦ 侯甬坚：《关照现实：历史环境研究的出发点》，《江汉论坛》2005 年第 1 期。

⑧ 朱士光：《关于中国环境史研究几个问题之管见》，《山西大学学报》（哲学社会科学版）2006 年第 3 期。

⑨ 李根蟠：《环境史视野与经济史研究——以农史为中心的思考》，《南开学报》（哲学社会科学版）2006 年第 2 期。

⑩ 王利华：《中国生态史学的思想框架和研究理路》，《南开学报》（哲学社会科学版）2006 年第 2 期。

的是，对环境史的理论探讨主要是世界史和中国古代史领域的学者居多，其中很难看到中国近代史领域学者的身影，仅有夏明方等少数学者参与讨论。

2005年，在南开大学召开举办了"中国历史上的环境与社会"国际学术讨论会，在武汉举办了"14世纪以来长江中游地区环境、经济与社会"国际学术讨论会，学者共同对环境史的学科定位、特征、理论方法，对14世纪以来长江中游地区的生态环境变迁，以及区域社会经济史研究的理论与方法等问题展开了广泛的交流。《学术月刊》2006年第9期集中发表了三篇环境史方面的文章，《中国人民大学学报》2013年第3期"历史的生态学转向"发表四篇文章。《历史研究》2013年第3期邀请国内外五位学者对环境史、生态史中事实判断、价值判断和历史观念等相关问题进行探讨。① 这表明，进入21世纪之后的十多年里，已经有越来越多的学者加入中国环境史研究的队伍，学术刊物也越来越多地关注并支持环境史的研究，中国环境史研究开始成为史学研究的热点。

20世纪90年代末至21世纪初，中国的环境史研究明显出现跨学科研究的趋势，环境史与生态学、人口学、经济学、历史地理学、文化学等的融合越来越紧密。随着研究领域的深入和拓展，学者们从宏观的长时段的研究，逐步转向环境事件研究；研究对象从物质层面的人口、资源，发展到上层建筑的环境保护观念；从基本的探索环境诸因素的变迁原因，转向深入探讨生态环境与经济活动、社会结构变动、文化变迁的互动关系。

黄土高原及相邻地区研究。20世纪70年代以前，以谭其骧、史念海为首的一批学者集中研究了黄土高原水土流失与黄河下游的水患，70年代后期到80年代，学术界将研究重点转向历史时期黄土高原环境复原，如植被类型、植被覆盖状况等方面。近十余年来，相关研究又注重人类活动、人地关系等方面的探讨，发表了一些有分量的论著。

---

① 钞晓鸿：《深化环境史研究刍议》，唐纳德·休斯：《历史的环境维度》，王利华：《生态史的事实发掘和事实判断》，侯甬坚：《"环境破坏论"的生态史评议》，付成双：《从征服自然到保护荒野：环境史视野下的美国现代化》，《历史研究》2013年第3期。

　　由于环境的变迁往往是长期的、缓慢的，中国环境史研究多采用长时段，而且侧重于古代，近代环境史研究还相当薄弱，不过也取得了一些成果。

　　近代环境史一个常用的研究理路是：概述某个区域近代之前的自然地理概况，指出社会活动对环境产生影响的主要方面及其结果，前者如考察人口增长的过程，特别注意移民的进入，研究土地垦殖、土地利用方式（耕作制度、作物种植、产量）以及农田水利的兴修，后者如森林破坏、湖泊萎缩、水系紊乱、水土流失加重、土壤退化、水旱灾害加剧等，分析环境变化对区域经济发展的影响与制约，经济衰退、人口增长放缓乃至下降、产量下降等，列举近代的环境治理措施，总结相关历史经验教训。

　　多数研究都指出了近代生态环境的恶化趋势。中国近代生态环境恶化主要表现在森林资源遭到破坏，土地荒漠化及盐碱化、湖泊的泥沙淤积、生物物种的减少甚至灭绝等方面。中国近代生态环境遭到破坏较为严重，主要是区域开发、战争、矿藏不合理开采、灾荒等因素造成的。

　　区域开发与环境变迁的关系最为引人注目。张建民、鲁西奇等对长江中游地区人类活动与环境变迁展开了研究，主编了《历史时期长江中游地区人类活动与环境变迁专题研究》一书，张建民出版了《明清长江流域山区资源开发与环境演变——以秦岭—大巴山区为中心》等论著。张建民在1990年前后的论文中即指出区域开发与环境变迁之间的复杂关系：明清时期，人口急剧膨胀所形成的巨大压力转化成为农业垦殖扩张的强大促动力量；玉米、红薯等高产作物的引进推广，成为当时农业垦殖扩张的重要条件；农业垦殖的积极作用在于使耕地面积扩大、粮食生产量增加；调和了地区间的开发不平衡状况，对商品经济产生了积极影响；它的负面作用在于对森林资源及其他植被的过度浪费和破坏；引起的水土流失，江湖淤垫；众多山区林产品趋向枯竭，动植物资源品种急剧减少，对气候调节功能的削弱、自然灾害的增多加剧等。后来对秦岭—大巴山区的研究进一步论证了区域开发的积极作用与消极作用，一方面是人口增长—山地垦殖扩张—粮食生产增加—养活更多人口；另一方面是粗放的垦殖方式—水土流失—水文条件恶化—水利用及土地生产能力下降。①

张国雄认为明清两湖的农业开发使农业生态环境发生了两个突出的变化,即森林资源减少和水域减退,而山区伴随着开发过程的是水土严重流失。② 汪润元、龚胜生也指出人口压力导致生态环境的恶化。③ 吴敌撰文指出不合理的平面垦殖方式是明清时期长江流域自然环境恶化最直接、最重要的原因。④ 邹逸麟分析了明清流民进入川陕鄂交界区域进行开山种植、伐木造纸、冶炼烧炭等作业,造成秦岭、大巴山区森林植被的严重破坏,水土流失明显加剧,严重影响了渭河、汉江流域的灌溉和航运。⑤ 郑磊考察了1928—1930年西北大旱灾前后的陕西关中地区,认为频繁的灾荒造成了人口的大量死亡,使关中地区的人地关系出现了恶性宽松的局面,直接导致了关中地区的自耕农社会。⑥

王建革出版了《农牧生态与传统蒙古社会》、《传统社会末期华北的生态与社会》和《水乡生态与江南社会:9—20世纪》等论著。⑦ 王建革对

---

① 张建民:《对围湖造田的历史考察》,《农业考古》1987年第1期;张建民:《清代江汉——洞庭湖区堤垸农田的发展及其综合考察》,《中国农史》1987年第2期;张建民:《清代湘鄂西山区的经济开发及影响》,《中国社会经济史研究》1987年第4期;张建民:《明清农业垦殖论略》,《中国农史》1990年第4期;张建民:《明清长江流域山区资源开发与环境演变:以秦岭—大巴山区为中心》,武汉大学出版社2007年版;张建民、鲁西奇主编:《历史时期长江中游地区人类活动与环境变迁专题研究》,武汉大学出版社2011年版。

② 张国雄:《明清时期两湖开发与环境变迁初议》,《中国历史地理论丛》1994年第2期。

③ 汪润元、勾利军:《清代长江流域人口运动与生态环境的恶化》,《上海社会科学院学术季刊》1994年第4期;龚胜生:《清代两湖地区人口压力下的生态环境恶化及其对策》,《中国历史地理论丛》1993年第1期。

④ 吴敌:《清代长江流域的农业开发与环保问题》,《四川师范学院学报》1996年第6期。

⑤ 邹逸麟:《明清流民与川陕鄂豫交界地区的环境问题》,《复旦学报》(社会科学版)1998年第4期。

⑥ 郑磊:《民国时期关中地区生态环境与社会经济结构变迁(1928—1949)》,《中国经济史研究》2001年第3期。

⑦ 王建革:《近代华北乡村的社会内聚及其发展障碍》,《中国农史》1999年第4期;王建革:《近代华北的农业生态与社会变迁——兼论黄宗智"过密化"理论的不成立》,《中国农史》1999年第1期;王建革:《近代内蒙古农业制度体系的形成及其适应》,《中国历史地理论丛》2001年第4期;王建革:《农牧生态与传统蒙古社会》,山东人民出版社2006年版;王建革:《传统社会末期华北的生态与社会》,生活·读书·新知三联书店2009年版;王建革:《水乡生态与江南社会:9—20世纪》,北京大学出版社2013年版。

运用生态学的思想和方法研究历史具有较强的学术自觉。他选取了内蒙古、华北、江南等区域，对该区域的农业生态、水乡生态与社会变迁展开研究。将河流、土壤、动物、植物、生产方式、人与人的关系等都纳入生态系统进行考察，分析了生态系统中的各要素，生态系统的结构及运行循环机制。陶继波认为，清初至民国前期两百余年间主要迫于灾害威胁，大量的内地人口源源不断地迁到河套地区，一定程度上改变了该地区的气候条件，也使该地区的生态环境遭到一定程度的破坏。①

关于区域沙漠化研究，继侯仁之先生的开创性研究之后，近十年来在理论方法和实证研究方面都取得了丰硕成果。景爱就沙漠化成因机制展开深入分析，有力地推动了此领域的研究。②

萧正洪指出，清代西部地区的特殊环境条件使粗放类型的农业技术得到广泛采用。在生产实践中一些人对森林植被的重要性开始有所认识，但自然环境条件的恶化仍然未能避免。③ 赵珍指出近代开发过程中对于生态环境的影响，由于矿业专门技术人才奇缺，开采技术落后，再加上只追求效益的最大化，忽视了对矿藏周围生态的保护。这种掠夺式开采，大面积破坏了山体和河床，污染了河流，从而使生态环境失衡，使西北业已脆弱的生态环境失去承载能力。④

戴一峰认为20世纪上半期闽西社会经济的衰败是当地生态环境与人文环境双重制约的结果。与后者相比，前者的影响是一个更为长远的制约因素。同时，作者举了古田镇的例子，说明在原有的生态环境条件下，通过调整经济结构，同样可以促进经济的发展。⑤ 王辛以清代中后期至新中

---

① 陶继波：《清代至民国前期河套地区的移民进程与分析》，《内蒙古社会科学》2003年第5期。

② 景爱：《清代科尔沁的垦荒》，《中国历史地理论丛》1992年第3期；《沙坡头地区的环境变迁》，《中国历史地理论丛》1994年第3期；《木兰围场的破坏与沙漠化》，《中国历史地理论丛》1995年第2期。

③ 萧正洪：《环境与技术选择——清代中国西部地区农业技术地理研究》，中国社会科学出版社1998年版。

④ 赵珍：《近代西北开发的理论构想和实践反差评估》，《西北师大学报》2003年第1期。

⑤ 戴一峰：《环境与发展：二十世纪上半期闽西农村的社会经济》，《中国社会经济史研究》2000年第4期。

国成立前福安县为个案指出，生态环境的差异性不仅带来同类产品生产水平的差异，而且也造成各区域间产品生产的天然互补性，也会造就一定形式的专业生产区域的出现，带来商业发展的不平衡性。①

常云平等针对抗战大后方难民移垦对生态环境的影响指出，1937 年抗战爆发后，随着国民政府政治中心的转移，大后方人口急剧膨胀、高度集中，给后方资源造成了前所未有的压力。在此压力之下，人们毫无节制地掠取自然资源，从而催生了各种自然生态环境问题，如森林和草地面积缩小、生物多样性减少、水土流失严重等。② 傅以君揭示了日本细菌战对中国环境造成的严重污染和破坏。③

苏新留等研究了抗战时期花园口决堤对河南、皖北黄泛区生态环境的影响。④ 刘祥秀等研究了清末屯垦政策在川边藏区的实施对环境的影响。⑤ 吴俊范探讨了上海租界对河浜资源的利用与相关环境变迁，认为租界工部局以私人化的地产分布、地产开发需求以及马路的拓建规划为基本导向，对河浜进行无序填没和管道化改造，而忽略了方格状感潮河网的环境脆弱性以及河浜的生态功能，导致了严重的河浜形态破碎与功能紊乱，成为近代以来上海地区黑臭河道不断产生的主要原因。⑥

一些学者对环境保护展开了研究。钞晓鸿考察了清代至民国时期陕西南部的环境保护及其前因后果，认为，当时的环境保护只是短期内保护了部分的自然与人文资源，与环境破坏的大范围、持久性相比，其保护还只是局部的、短期的。它只是延缓了当地环境的恶化进程，并未最终摆脱生态恶化的

---

① 王辛：《生态环境与社会经济变迁——清代中后期至解放前福安县个案剖析》，《历史教学问题》2003 年第 5 期。

② 常云平、陈英：《抗战大后方难民移垦对生态环境的影响》，《西南大学学报》（社会科学版）2009 年第 5 期。

③ 傅以君：《日本细菌战对中国环境的污染和破坏》，《江西社会科学》2003 年第 5 期。

④ 苏新留：《抗战时期黄河花园口决堤对河南乡村生态环境影响研究》，《中州学刊》2012 年第 4 期；汪志国：《抗战时期花园口决堤对皖北黄泛区生态环境的影响》，《安徽史学》2013 年第 3 期。

⑤ 刘祥秀、郭平若：《清末屯垦政策在川边藏区的实施及其对环境的影响》，《西藏研究》2007 年第 2 期。

⑥ 吴俊范：《城市空间扩展视野下的近代上海河浜资源利用与环境问题》，《中国历史地理论丛》2007 年第 3 期。

悲惨命运。[①] 马啸认为，在西北十余年中，左宗棠从植树造林、兴修水利、合理垦荒、美化城市等方面，对西北地区的生态环境进行了诸多有益的保护与建设，这些措施在一定程度上改善了西北地区的生态状况。[②]

# 四　秘密社会

一般说来，秘密社会是指那些具有秘密宗旨或教义、按照严格的秘密仪规从事地下活动的下层民间团体，由于各种秘密结社通常是在秘密状态下进行活动，因而构成了一个外人不易了解、官方不易控制、正常社会秩序难以容忍的群体，人们通常称之为"秘密社会"。

秘密社会中通常有会党与教门之分。会党以天地会为主体，活跃于福建、台湾、两广和长江流域一些省份，小刀会、三点会、三合会、仁义会、江湖会等名目是它的支派。教门主要流行于中国北方各省，例如白莲教、天理教、一贯道、八卦教、义和拳、大刀会、红枪会等。

秘密社会史的探讨从清末一直延续到现在，取得了一系列成绩。在 20 世纪三四十年代，就搜集整理了一批海内外珍贵文献，并就天地会的起源等问题展开讨论。五六十年代，这一讨论又与明清易代史、农民战争史研究相结合。80 年代以来，除原有问题展开新的争论外，并从更广阔的社会背景来分析会党的形成与发展，注重档案资料、秘密会社内部文献的发掘与利用，研究议题已扩大到各种秘密会社组织的形成、内部结构及其影响。已有数篇综述涉及中国近代秘密社会史研究。[③] 本书在借鉴上述成果的基础上，对该领域研究成果进行补充并重新梳理。

---

① 钞晓鸿：《清代至民国时期陕西南部的环境保护》，《中国农史》2002 年第 2 期。
② 马啸：《左宗棠与西北近代生态环境的治理》，《新疆大学学报》2004 年第 2 期。
③ 南开大学历史系中国社会史研究室：《中国社会史研究综述》，《历史研究》1907 年第 1 期；野牛：《中国秘密社会史研究概述》，《学术界》1991 年第 5 期；钞晓鸿、郑振满：《二十世纪的清史研究》，《历史研究》2003 年第 3 期；李恭忠：《行走在政治与学术之间——中国秘密社会史研究的百年历程及其展望》，《河北学刊》2005 年第 3 期；罗国辉：《近十年来秘密社会史研究综述》，《社会科学评论》2008 年第 2 期；邵雍：《新世纪以来中国近代秘密社会史研究的新进展》，《史学集刊》2012 年第 5 期。

**（一）研究历程**

远在辛亥革命时期，陶成章就著有《浙案纪略》，专附一篇《教会源流考》，概括了白莲教、天地会两大秘密团体的源流和派别，这是中国较早研究会党史的著作。五四运动之后，尤其是三四十年代，出现了数部有关会党的论著和资料集。首先，发现并出版了一批秘密社会的内部文件，例如1934年发表的广西贵县修志局发现的天地会文件，1935年出版的萧一山《近代秘密社会史料》①，1937年发表的《守先阁天地会文件》以及一批记述天地会的历史、组织、规条、口号等内容的《海底》《天地会文献录》，②这些史料为展开会党的研究提供了依据。其次，罗尔纲、萧一山、周贻白、王重民等学者发表了一批学术论文，出版了戴魏光的《洪门史》、朱琳的《洪门志》等著作。③这些书大都以介绍会党的内部组织、帮会分布、信仰、礼节、堂规、旗帜等方面的内容为主，基本属资料性图书，但也有一些分析和考订，有些记述颇为珍贵。如《近代秘密社会史料》一书是萧一山在英国伦敦不列颠博物馆抄来的天地会秘密传世文件，附有图像、碑亭、腰凭、旗帜、洪门会场图等，另有联络、传帖、符咒、隐语等，史料价值很高。罗尔纲在1943年整理出版了《天地会文献录》，并结合清朝刑法的制定和人口增加与土地兼并问题阐述天地会的起源，富有启发性。

新中国成立以后，在革命史观的指导下，大陆的农民战争史研究蓬勃兴起，成为历史研究中的"五朵金花"之一。秘密社会作为下层群众的组织，得到了较高的评价。在基本肯定秘密社会革命性的同时，学者们也尝试着分析秘密社会的起源、成分和性质。秘密社会史研究已经起步，但尚未充分展开为一个专门的学术领域，基本上仍为革命史观的"注脚"。

这一阶段出版的资料有《天地会诗歌选》《上海小刀会起义》《金钱会资料》《南通军山农民起义史料》等。④发表的专著有《太平天国前后

---

① 萧一山：《近代秘密社会史料》，国立北平研究院总办事处1935年版。

② 罗尔纲：《天地会文献录》，正中书局1943年版。

③ 戴魏光：《洪门史》，和平出版社1943年版；朱琳：《洪门志》，中华书局1947年版。

④ 窦昌荣选注：《天地会诗歌选》，中华书局1962年版；方诗铭：《上海小刀会起义》，上海人民出版社1965年版；聂崇岐：《金钱会资料》，上海人民出版社1958年版；管劲丞：《南通军山农民起义史料》，江苏人民出版社1956年版。

广西的反清运动》《论晚清两广的天地会政权》《苏松太会党起义》等。①值得注意的是，60 年代初，大陆学者就会党问题展开了学术争鸣。参加讨论的有荣孟源、俞澄寰、郭毅生、戴逸、魏建猷、袁定中、邵循正、陈守实等人。争论问题主要集中在会党的成分、会党的性质两个方面，其中出现了许多非常好的见解，例如荣孟源、魏建猷、邵循正对天地会成分和性质的分析，陈守实对明末遗老创立天地会的传统观点的批判。这期间，蔡少卿于 1964 年发表的《关于天地会的起源问题》一文，在吸取这些学术观点的基础上，他力排众议，独辟蹊径对天地会的起源做出了引人注目的探索，主要表现在：（1）确定天地会创始人是福建漳浦万提喜（即洪二和尚）；（2）提出了天地会创立于乾隆二十六年的新观点；（3）在研究方法上，把注意力集中在档案资料方面。

　　"文化大革命"结束后，特别是 20 世纪 80 年代以来，秘密社会史逐渐成为社会史研究的一个重要领域，受到了更多学者的重视，并且取得了空前的成果。除了以往比较关注的天地会、白莲教以外，其他各种民间教派、会党组织也纷纷进入研究者的视野，在整体研究和微观研究方面都取得了一批重要成果。

　　80 年代，整理出版了一大批关于秘密社会的史料和工具书。如《太平天国革命时期广西农民起义资料》《清中期五省白莲教起义资料》《自立会史料集》《广西会党资料汇编》《萍浏醴起义资料汇编》等。中国人民大学清史研究所和中国第一历史档案馆联合编辑出版的《天地会》是内容十分丰富的天地会资料书，共计七册，240 余万字。②魏建猷主编的《中国会党史论著汇要》和《中国会党史论著综录》对 1983 年以前发表的论

---

　　①　谢兴尧：《太平天国前后广西的反清运动》，生活·读书·新知三联书店 1950 年版；陆宝千：《论晚清两广的天地会政权》，"中研院"近代史研究所 1975 年版。

　　②　《太平天国革命时期广西农民起义资料》编辑组：《太平天国革命时期广西农民起义资料》，中华书局 1978 年版；中国人民大学清史研究所、中国第一历史档案馆编辑：《天地会》，中国人民大学出版社 1980—1988 年版；中国社会科学院历史研究所清史室·资料室编：《清中期五省白莲教起义资料》第五册，江苏人民出版社 1981—1982 年版；杜迈之等编：《自立会史料集》，岳麓书社 1983 年版；萍、浏、醴政协编：《萍浏醴起义资料汇编》，湖南人民出版社 1986 年版；庾裕良等编：《广西会党资料汇编》，广西人民出版社 1989 年版。

著作了提要说明。① 这些工作是一项重大的基础工程，为中外学者的研究工作带来极大便利。

80 年代起召开了几次秘密社会史方面的学术会议，起到了整合人才队伍、营造专业氛围、沟通学术信息、推进深入研究的作用。1984 年 10 月在上海召开了第一届中国会党史讨论会，这次会议讨论了会党的起源、性质、地位、作用等问题，会后出版了国内第一本关于会党史研究的专题论文集。这次会议还建立了一个全国性的民间学术团体——中国会党史研究会，这标志着中国秘密社会史已经形成为一个专门的学术领域。1988 年 10 月，在上海召开了第二届中国会党史讨论会，会议讨论了会党的阶级结构、社会功能与历史作用、民国时期的帮会以及会党与其他民间结社的关系问题。1993 年，在南京召开了秘密社会史国际学术研讨会。

80 年代前期，一些学者就秘密社会史相关问题撰写文章，展开争鸣。到 80 年代后期，蔡少卿出版了《中国近代会党史研究》和《中国秘密社会》等专著。90 年代，濮文起的《中国民间秘密宗教》，马西沙、韩秉方的《中国民间宗教史》，周育民、邵雍的《中国帮会史》，秦宝琦的《中国地下社会》第二卷《晚清秘密社会》，胡珠生的《清代洪门史》等专著相继出版，掀起秘密社会史研究的小高潮。进入 21 世纪，路遥的《山东民间秘密教门》，彭先国的《湖南近代秘密社会研究》，刘平的《文化与叛乱：以清代秘密社会为视角》，谭松林主编的《中国秘密社会》，吴善中的《晚清哥老会研究》，欧阳恩良的《形异神同——中国秘密社会两大系统比较研究》，梁景之的《清代民间宗教与乡土社会》，雷冬文的《近代广东会党：关于其在近代广东社会变迁中的作用》，秦宝琦的《清末民初秘密社会的蜕变》和《中国地下社会》第三卷《民国会道门与黑社会》，秦宝琦、孟超的《秘密结社与清代社会》，邵雍的《中国近代会党史》，刘平的《中国秘密宗教史研究》，邵雍的《秘密社会与中国革命》，邵雍编著的《中国近代会道门史》，高鹏程的《红卍字会及其社会救助事业研

---

① 魏建猷主编：《中国会党史论著综录》，上海市历史学会 1984 年版；魏建猷主编：《中国会党史论著汇要》，南开大学出版社 1985 年版。

究（1892—1949）》，刘平主编的《洪门与辛亥革命丛书》等专著比较集中地在十年间出版，将秘密社会史研究推向高潮。①

　　80 年代至今的三十来年时间里逐渐形成了一些研究团队和研究骨干。比较大的研究团队有上海师范大学的魏建猷及其弟子；南京大学历史系的蔡少卿及其弟子；中国人民大学清史研究所秦宝琦及其弟子。他们或是对秘密社会史各专门领域展开论述，或是集中力量撰写秘密社会通史性著作。山东大学的路遥，中国社会科学院的马西沙、韩秉方和天津社会科学院李世瑜、濮文起等主要致力于中国民间宗教的文献和田野研究。胡珠生、赫治清等在这一领域也取得了不小的成就。

　　经过一百年的积累，秘密社会史研究领域取得了丰硕成果，梳理出了

---

① 　蔡少卿：《中国近代会党史研究》，中华书局 1987 年版；蔡少卿：《中国秘密社会》，浙江人民出版社 1989 年版；喻松青：《明清白莲教研究》，四川人民出版社 1987 年版；秦宝琦：《清前期天地会研究》，中国人民大学出版社 1988 年版；秦宝琦：《中国地下社会》第二卷《晚清秘密社会》（1994 年版），第三卷《民国会道门与黑社会》（2005 年版），学苑出版社；马西沙：《清代八卦教》，中国人民大学出版社 1989 年版；马西沙、韩秉方：《中国民间宗教史》，上海人民出版社 1992 年版；濮文起：《中国民间秘密宗教》，浙江人民出版社 1991 年版；林国平：《林兆恩与三一教》，福建人民出版社 1992 年版；周育民、邵雍：《中国帮会史》，上海人民出版社 1993 年版；赫治清：《天地会起源研究》，社会科学文献出版社 1996 年版；胡珠生：《清代洪门史》，辽宁人民出版社 1996 年版；李尚英：《源同流分：民间宗教与结社》，辽宁人民出版社 1997 年版；路遥：《山东民间秘密教门》，当代中国出版社 2000 年版；彭先国：《湖南近代秘密社会研究》，岳麓书社 2001 年版；刘平：《文化与叛乱：以清代秘密社会为视角》，商务印书馆 2002 年版；谭松林主编：《中国秘密社会》，福建人民出版社 2002 年版，涉及近代的有曹新宇、宋军和鲍齐撰写的第三卷《清代教门》，欧阳恩良和潮龙起撰写的第四卷《清代会党》，陆仲伟撰写的第五卷《民国会道门》，邵雍撰写的第六卷《民国帮会》；吴善中：《晚清哥老会研究》，吉林人民出版社 2003 年版；欧阳恩良：《形异神同——中国秘密社会两大系统比较研究》，贵州人民出版社 2004 年版；梁景之：《清代民间宗教与乡土社会》，社会科学文献出版社 2004 年版；雷冬文：《近代广东会党：关于其在近代广东社会变迁中的作用》，暨南大学出版社 2004 年版；秦宝琦：《清末民初秘密社会的蜕变》，中国人民大学出版社 2004 年版；秦宝琦、孟超：《秘密结社与清代社会》，天津古籍出版社 2008 年版；邵雍：《中国近代会党史》，合肥工业大学出版社 2009 年版；刘平：《中国秘密宗教史研究》，北京大学出版社 2010 年版；邵雍：《秘密社会与中国革命》，商务印书馆 2010 年版；邵雍编著：《中国近代会道门史》，合肥工业大学出版社 2010 年版；高鹏程：《红卍字会及其社会救助事业研究（1892—1949）》，合肥工业大学出版社 2011 年版；刘平主编：《洪门与辛亥革命丛书》，包括李恭忠、黄云龙的《发现底层：孙中山与清末会党起义》，孙昉、刘旭华的《海外洪门与辛亥革命·外一种：辛亥革命时期洪门人物传稿》，孙昉的《西北哥老会与辛亥革命》与欧阳恩良的《西南袍哥与辛亥革命》，中国致公出版社 2011 年版。

秘密社会的基本系统、内部结构和组织文化、大致的发展历程，以及秘密
社会在各个历史时期的重大活动。

### (二) 主要议题

#### 1. 天地会的起源与性质

90 年代之前，天地会的起源与性质是秘密社会史研究的中心内容。关
于天地会创立时间有十多种看法，影响较大的是"康熙甲寅说"（1674）
和"乾隆二十六年说"（1761）两种观点。

"康熙甲寅说"的首倡者罗尔纲。1932 年，广西贵县修志局在搜集当
地史料的过程中，发出了一批天地会秘密文件，罗尔纲将这批文件抄录下
来，后来，他先后发表《〈水浒传〉与天地会》等文，提出天地会是在康
熙十三年由汉族反清志士创立的。[1] 20 世纪 80 年代，赫治清发表了《略
论天地会的性质》等文，多方面地论证了"康熙甲寅说"，他的主要依据
是"西鲁传说"和"严烟供词"。[2]

1964 年，蔡少卿提出了乾隆二十六年说，他在《关于天地会的起源问
题》一文中认为，天地会起源于福建漳州地区，乾隆二十六年由漳浦和尚
万提喜创立。蔡的根据是清朝大使汪志伊上奏的《敬陈治化漳泉风俗
疏》。[3] 20 世纪 80 年代，胡珠生、赫治清、张兴伯、陈旭麓等纷纷提出异
议，他们指出：不应置大量天地会传说史料于不顾；顺治、康熙、雍正三
朝的档案大都散失，不能排斥目前未发现但能证明天地会出现早于乾隆时
期的档案；汪志伊的说法缺乏根据；洪二和尚和洪二房和尚不是同一个
人，也许洪二房和尚是天地会一批创始人的总代称；涂喜与朱鼎元、李姓
及马九龙之间的关系不清楚。20 世纪 80 年代，秦宝琦连续发表文章支持
"乾隆二十六年"说，他依靠新发现的档案资料指出：涂喜就是提喜，也
就是洪二和尚；汪志伊的说法是有根据的，其根据就是乾隆五十四年
（1789）接任闽浙总督的伍拉纳与巡抚徐嗣曾审讯行义和陈彪之后向清政

---

①　罗尔纲：《〈水浒传〉与天地会》，《大公报·史地周刊》1934 年 11 月 16 日。
②　赫治清：《略论天地会的性质》，《学术研究》1986 年第 2 期；赫治清：《略论天地会的创立宗旨——兼与秦宝琦同志商榷》，《历史档案》1986 年第 2 期。
③　蔡少卿：《关于天地会的起源问题》，《北京大学学报》1964 年第 1 期。

府上报的奏折。

　　在天地会的性质问题上，影响最大的是"反清复明说"与"团结互助说"。

　　辛亥革命时期革命党人对"反清复明"观点进行了广泛渲染，产生了很大影响。陶成章在《教会源流考》一文中指出，洪门是因明太祖年号而取名，指天为父，指地为母，故又名天地会。20 世纪三四十年代，罗尔纲、萧一山、周贻白分别写了《〈水浒传〉与天地会》《天地会起源考》《洪门起源考》等文，都认为天地会是明朝遗民或郑成功创立的，以"反清复明"为宗旨的秘密团体。[①] 罗尔纲的"反清复明"说和陶成章等人是有区别的，他通过对史料的研究来得出结论，故这种观点有许多支持者。

　　50 年代中期到 60 年代初学界对天地会的性质展开了讨论。荣孟源等人拥护天地会创于康熙十三年的说法，认为反清复明是它的政治纲领。[②] 戴逸曾试图打破这个传统观点，把它的出现和该地区商品经济的发展联系起来，从而提出天地会较多地反映了城市平民阶层的要求。魏建猷指出天地会的成分大多为破产失业的农民和手工业者。[③] 邵循正指出天地会的阶级成分仍然以破产农民、手工业者、运输工人和流氓无产者为主要成分，因此，把它和资本主义生产关系联系起来是不妥当的。[④]

　　70 年代末以来关于天地会的性质又起争论。秦宝琦指出：天地会系明朝遗老为"反清复明"而创立的论点，并无确凿的史料根据；在现存史料中，未见有天地会以"反清复明"为宗旨而创立的记载；这个口号只是在嘉庆初年才在天地会逐渐出现。这些关于天地会性质的讨论，注意使用计量统计的方法，如蔡少卿分别对乾隆、嘉庆、咸丰年间和辛亥革命时期天地会、江湖会成员身份的统计，秦宝琦对天地会创立初期漳浦卢茂起义成员的身份统计，更加实证地揭示了会党的阶级结构。陈旭麓指出：天地会

---

① 罗尔纲：《〈水浒传〉与天地会》，《大公报·史地周刊》1934 年 11 月 16 日；萧一山：《天地会起源考》，《中山文化教育馆季刊》1935 年第 2 卷第 3 期；周贻白：《洪门起源考》，《东方杂志》1947 年第 43 卷第 16 号。

② 荣孟源：《天地会》，《历史教学》1956 年第 5 期。

③ 魏建猷：《试论天地会的性质——兼与戴逸同志商榷》，《文汇报》1960 年 12 月 20 日。

④ 邵循正：《秘密会社、宗教和农民战争》，《北京大学学报》1961 年第 3 期。

是基于政治上的抗清要求而产生的，但是经济上的互助要求才是它长期活动和发展的重要保证。也有学者指出，天地会起初主要为了互助，后来为了适应组织发展和反抗清统治者镇压的斗争需要，提出了"反清复明"一类口号，逐渐带上了政治色彩。[①]

### 2. 秘密社会的变迁

中国近代秘密社会本身的演变，最主要的成果为 2002 年谭松林主编的《中国秘密社会丛书》。[②] 曹新宇、宋军和鲍齐撰写的第三卷《清代教门》和陆仲伟撰写的第五卷《民国会道门》论述了教门的演变。《清代教门》指出，清代是秘密教门充分发展的时期，不仅名目繁多，信徒剧增，而且有些是新出现的，如九宫道、在理教、大刀会等。作者认为在晚清，随着民主革命的兴起，秘密教门逐渐开始向会道门转化。《民国会道门》论述了民国时期有关会道门组织内幕、戒规、活动以及发展演变过程。欧阳恩良和潮龙起撰写的第四卷《清代会党》和邵雍撰写的第六卷《民国帮会》论述了会党向帮会转化，帮会向黑社会转变的过程。《清代会党》讨论了哥老会与近代湘军的关系，也指出，咸同年间粮船水手中的罗教信徒正式形成了青帮，辛亥革命时期秘密会党急剧分化，除少数会党首领接受革命党人的引导，走上民主革命的道路外，大多数会党仍然从事打家劫舍或杀人越货的活动，有些还成为统治阶级的工具，开始向黑社会转化。《民国帮会》指出，民国时期的秘密会党，大多衍化为黑社会，成为统治阶级的工具。在北洋军阀统治时期，许多帮会首领成了军阀或外国侵略势力的鹰犬，有些本身就成了军阀、官僚，后来又与国民党相勾结反对共产党，一些帮会头子成了国民党的"党国要人"，大多数帮会组织变成了黑社会。

秦宝琦的《清末民初秘密社会的蜕变》系统论述了清末民初秘密教门如何从以下层群众为主的结社组织蜕变为以官僚、地主、商人为主的会道

---

① 陈旭麓：《秘密会党与中国社会》，《学术月刊》1985 年第 7 期；秦宝琦：《中国传统社会中秘密教门与其他社会群体的关系》，《清史研究》1997 年第 2 期。

② 谭松林主编：《中国秘密社会丛书》，福建人民出版社 2002 年版。涉及近代的有曹新宇、宋军和鲍齐撰写的第三卷《清代教门》，欧阳恩良和潮龙起撰写的第四卷《清代会党》，陆仲伟撰写的第五卷《民国会道门》，邵雍撰写的第六卷《民国帮会》。

门；部分秘密会党如何从下层群众互济互助和自卫抗暴的结社组织蜕变为黑社会组织。① 秦宝琦的《中国地下社会》第三卷《民国会道门与黑社会》认为，民国年间的洪门，来源于清代的天地会与哥老会，青帮也来源于清代漕运水手中的行帮组织——安清道友等。不过，民国年间的洪门或青帮，均已经不再是下层群众的互助和抗暴性质的组织。有的蜕变为军阀、官僚的工具，有的蜕变为黑社会组织，只有从海外洪门衍化来的中国致公党，在中国共产党的领导和帮助下，走上了革命的道路。民国年间的会道门也是同明清时期的秘密教门既有联系又有区别。联系不仅表现在两者大多有组织方面的渊源关系，而且会道门歪理邪说也大多来源于秘密教门的基本教义。两者的区别，主要在于它们所处的历史背景有所不同，因此，其社会功能与历史作用也就必然有所区别。民国初年的会道门，则成为官僚、军阀聚集实力，角逐政坛的工具，或成为具有政治野心的教主企图建立神权统治的工具，而且在抗日战争时期，会道门中大多数投靠日本侵略者，充当日本帝国主义侵略中国的帮凶。②

郑永华、赵志的《近代以来的会道门》一书概论了民国时期多种形式的会道门，说明会道门在不同历史时期、不同具体环境下产生了截然不同的社会功能。认为会道门的产生与发展，是社会多种矛盾交互综合作用的结果，既有极其深刻的阶级根源、思想根源和社会根源，也有其自身的文化根源和悠久的历史传承。③

吴善中的《晚清哥老会研究》认为，哥老会起源于川黔等地，并无明确的政治主张或种族意识的啯噜。该书认为在从啯噜向哥老会的演变过程中，边钱会、青莲教产生过重要的影响；湘军内部早就存在的盟誓结拜、结为"兄弟兵"的风气对哥老会的迅速发展有重要意义；在同治年间哥老会已经首先在两湖地区崛起；而哥老会在长江中下游地区的迅速蔓延与扩张是在同治、光绪年间，其中游兵散勇、客民、盐枭等势力起着不可忽视

① 秦宝琦：《清末民初秘密社会的蜕变》，中国人民大学出版社 2004 年版。

② 2005 年学苑出版社继 1993 年、1994 年分别出版秦宝琦的《中国地下社会》第一卷《清前期秘密社会卷》、第二卷《晚清秘密社会》，后又出版了第三卷《民国会道门与黑社会》。

③ 郑永华、赵志：《近代以来的会道门》，社会科学文献出版社 2012 年版。

的重要作用。①

刘平的《文化与叛乱——以清代秘密社会为视角》，主要从文化角度着眼来研究清代的秘密会党与秘密教门。从哥老会自身的体制、经典文献、隐语传播、偶像崇拜以及举行仪式的地点等问题入手，分析了哥老会所载的《十条》和《十款》的内容以及象征意义。刘平认为，包括哥老会在内的会党与秘密教门一样，也是传统农业社会的产物。会党分子尤其是头目更多的是一些流氓无产者，他们以江湖义气相标榜，以巫术、宗教等手段固结人心。大多数秘密社会的叛乱，尽管其思想信仰中包含明显的反政府倾向，但一般都旨在敛钱、抢劫，因而也应归类于反社会类型。②

刘平的《中国秘密宗教史研究》，从宏观层面探讨中国秘密宗教的基本内涵，认为，民国时期，民间教派演变为会道门，并形成自身武装（如大刀会、红枪会），与各种政治势力折冲樽俎，对社会发展产生巨大影响。1949 年以后，中国政府开始大规模扫除旧的社会势力，取缔会道门成为一场运动。然而会道门旧势力并没有真正消失。③

梁景之的《清代民间宗教与乡土社会》关注清代民间宗教的结构性研究，力图在信仰体系构成、宗教群体构成、宗教修持和体验、民间宗教与乡土社会关系四方面，勾勒出清代民间宗教实况。④

欧阳恩良的《形异神同——中国秘密社会两大系统比较研究》比较了教门与秘密会党的共性与个性，考察了秘密社会成员的入教（会）心态、情感意识与伦理价值取向；以数据明确了秘密社会成员的构成以及不同时期、不同地区的组织发展状况；比较了教门与会党之间的组织结构及其运行机制；探究了秘密社会与民间文化、民俗事象的解释。⑤

### 3. 秘密社会与近代政治

中国秘密社会与中国政治有着千丝万缕的联系，而且中国秘密社会史

---

① 吴善中：《晚清哥老会研究》，吉林人民出版社 2003 年版。

② 刘平：《文化与叛乱——以清代秘密社会为视角》，商务印书馆 2002 年版。

③ 刘平：《中国秘密宗教史研究》，北京大学出版社 2010 年版。

④ 梁景之：《清代民间宗教与乡土社会》，社会科学文献出版社 2004 年版。

⑤ 欧阳恩良：《形异神同——中国秘密社会两大系统比较研究》，贵州人民出版社 2004 年版。

研究很长时间都是在革命史、政治史视角下展开，因此秘密社会与近代政治是中国秘密社会史研究的重要内容。

会党与太平天国。许多学者认为，会党起义是太平天国农民运动的重要组成部分，会党的积极作用主要在以下两方面：一是会党活动掩护了拜上帝会的活动，鼓舞了太平天国起义领导人的信心，为太平天国起义提供了宝贵的经验；二是会党通过发动起义和直接加入太平军，减轻了清军对太平军的军事压力，壮大了太平天国农民运动的声势。不过，1978 年，蔡少卿撰文指出，太平天国后期，在处理与天地会的关系方面没有统一的政策，双方合作的好坏取决于各地将领和当地天地会的态度。

会党与教案。20 世纪 50 年代，李时岳撰文指出，在 1884—1894 年期间，会党成了反洋教运动的核心力量或主导力量。有学者在研究了 1891 年长江流域的反洋教斗争后，认为哥老会在传递、散发反洋教宣传品、预谋申连、组织发动长江中下游地区群众反洋教斗争中发挥了重大作用。1982 年胡汉生撰文指出：哥老会是余栋臣发动武装反洋教斗争的桥梁和纽带，也是起义军失败的重要因素之一，由于余栋臣提出的"扶清灭洋"口号中的"扶清"很难被致力于反清复明的哥老会所接受；大量流氓无产者涌进哥老会，不断腐蚀和破坏着起义军的队伍；余栋臣有效地利用了哥老会组织，又被这个组织束缚住手脚，最终导致了起义的失败。

会党与辛亥革命。许多学者认为，辛亥革命时期的会党开始与资产阶级革命派互相联合、互相渗透，其反抗封建统治的积极作用远远超过以前的任何时期，资产阶级革命党联络会党不断发动起义为武昌起义作了准备，武昌起义的胜利，不只是取决于新军士兵的发难，同时也是会党群众和响应的结果。近年来，越来越多的学者认为，在肯定会党在辛亥革命的积极作用时，还要看到它的许多消极面。有人认为会党的种种弱点在辛亥革命时期表现得很充分，实际上起了降低革命派组织的政治水平、扰乱社会治安、为旧势力所利用等消极作用。1982 年，杜德凤撰文指出，会党这种落后性的组织又往往容易被地主豪绅势力所操纵，加上他们带有盲目的破坏性，因此有的会党变成了反动力量。

由刘平主编的《洪门与辛亥革命丛书》对会党与辛亥革命的关系进行了详细论证。该丛书包括李恭忠、黄云龙的《发现底层：孙中山与清末会党起义》，孙昉、刘旭华的《海外洪门与辛亥革命·外一种：辛亥革命时期洪门人物传稿》，孙昉的《西北哥老会与辛亥革命》与欧阳恩良的《西南袍哥与辛亥革命》。①《发现底层：孙中山与清末会党起义》重点描述了1895年广州起义、1900年惠州起义、自立军起义、1906年萍浏醴起义与1907—1908年粤桂滇大起义中会党与革命的关系。《西北哥老会与辛亥革命》主要说明了哥老会在西北地区拓展空间的过程以及同盟会与西北哥老会关系的演变过程。《西南哥老会与辛亥革命》认为，西南袍哥的生存发展与这一地区传统的社会组织习俗紧密相关。《海外洪门与辛亥革命》认为海外洪门对辛亥革命做出了极大的奉献，却未能得到应有的政治回报和待遇。

《民国会道门》认为民国初年，秘密教门仍坚持维护和要求复辟君主专制，反对共和政体，许多教门首领还与清朝遗老的宗社党相勾结，企图推翻民国政府，复辟清朝统治；"五四"新文化运动兴起后，教门首领们又大肆诋毁民主与科学，宣扬迷信和封建主义的纲常名教，并且迎合失意军阀官僚的需求；抗日战争时期，会道门头子又与日本侵略势力相勾结，充当汉奸；解放战争时期，会道门头子与国民党特务相勾结，反对人民革命。

邵雍所著《中国近代会党史》，从横向上来说，作者借助会党在近代中国产生、发展、消亡这一主线，勾勒出会党在太平天国运动、反洋教运动、辛亥革命、国民革命、土地革命、抗日战争、解放战争等重大历史事件中与历届政府和其他社会团体之间错综复杂的关联。将会党的兴起、分化及流变都投放于区域社会文化的大环境中，是该书的重要特色。为了凸显太平天国时期会党运动的区域化特征，作者特意精选闽南小刀会、上海小刀会、两广天地会、湖南"征义堂"、江西"边钱会"、浙江"金钱

---

① 刘平主编：《洪门与辛亥革命丛书》，包括李恭忠、黄云龙的《发现底层：孙中山与清末会党起义》，孙昉、刘旭华的《海外洪门与辛亥革命·外一种：辛亥革命时期洪门人物传稿》，孙昉的《西北哥老会与辛亥革命》与欧阳恩良的《西南袍哥与辛亥革命》，中国致公出版社2011年版。

会"、台湾"八卦会"等区域性的会党起义为研究个案，如此安排既反映了整个会党群体的共性，也展示出这些组织的地域不同时期存在的较大差异，认为"处于社会底层的会党群众一贫如洗、一无所有，往往比其他人更倾向于使用非法手段去实现自己的目标。因此同盟会联络会党进行武装起义是历史的必然"。"近代会党在与外国侵略者的民族斗争中有过比较积极的表现，也有不光彩的阴暗面。会党毕竟是少数人的利益集团，其政治的责任感与方向感比较模糊，这就注定了它具有极强的游离性和善变性。"[1]

邵雍编著的《中国近代会道门史》重点探讨了自鸦片战争以来，会道门在中国近代各重大历史事件中的表现，用较多的篇幅重点论述了各种会道门的组织结构、社会功能以及政府、会道门群体、民众三者之间的互动关系，揭示了近代中国社会的潜在紧张和社会矛盾。作者注重史料挖掘，力求展开细密的实证研究。[2]

邵雍的《秘密社会与中国革命》，共分"秘密社会与辛亥革命""北洋军阀时期的秘密社会""中国共产党与城乡秘密社会""秘密社会与土地革命""秘密社会与抗日战争""秘密社会与解放战争"以及中华人民共和国成立后秘密社会走向没落的"最后的较量"七章，将秘密社会与中国革命关系的研究一直下延到现当代。作者充分注意到秘密社会中帮会与教门两大部分的平衡，加强了对后者的研究，其中关于悟善社、宗教哲学研究社等内容在其他学术著作中多语焉不详，大同民主党则未被提及。本书的亮点是关于中共与秘密社会关系的论述。作者利用新公布的共产国际、联共（布）的相关档案资料，第一次较为完整地介绍了共产国际与中国共产党对秘密社会的观点及其策略的变化。作者认为秘密社会对中国革命从组织、过程到结果既有积极的影响，也有消极影响。作者实事求是地指出了土地革命时期中共在秘密社会工作上的一些失误，认为中共党组织和红军对加入革命队伍的帮会警惕不够、改造不及时还只是个别地区局部存在的问题。在全局上，党组织和红军在帮会工作方面普遍存在着严重的

① 邵雍：《中国近代会党史》，合肥工业大学出版社 2009 年版。
② 邵雍编著：《中国近代会道门史》，合肥工业大学出版社 2010 年版。

"左"倾偏见,犯了"左"倾错误,给革命事业带来了许多不应有的损失。中共在处理与秘密社会的关系上,从最初的缺乏经验到后期的游刃有余,也为其政权的稳固奠定了基础。[①]

### 4. 秘密社会的区域性

秘密社会在空间上总是与某些特定空间相联系,秘密社会史研究或多或少都具有区域性,加之史学领域内宏观论述逐渐走向微观史学,越来越多的学者注重从区域性视角探讨秘密社会史。两湖哥老会、抗战时期山东秘密社会、山东秘密教门、福建秘密社会、湖南秘密会党、广东秘密会党、四川的袍哥等,都有学者进行专门探讨。

彭先国的《湖南近代秘密社会研究》较系统地阐释、解读了湖南会党百余年的发展历史,探寻了湖南会党在近代历史上发生、发展的基本特点与规律。该书交代了天地会与哥老会在湖南的交替以及湖南哥老会的组织特点与活动规律,指出太平天国战争结束后,湖南哥老会占山据地,开始向集团化方向发展,成员结构也趋于本地化。该书分析了士绅与会党、近代型知识分子与会党相联络合作的历史动因、成败得失。[②]

雷冬文的《近代广东会党:关于其在近代广东社会变迁中的作用》分析了咸丰年间广东天地会的反清起义、广东天地会与外国侵略者及广东士绅的关系,以及广东天地会与太平天国的关系。该书还论述了广东会党在辛亥革命前后的反清斗争,民初广东会党与革命党冲突的原因、特性与功能,并探讨了广东会党的匪化问题及其对社会变迁的影响,广东会党与孙中山的进一步合作及会党与工农运动的关系,抗战中广东会党的分化,解放战争时期广东会党的极端化发展变化。[③]

路遥的《山东民间秘密教门》既是一部详尽的调研报告,也是一部严密的学术著作。其中以大量的调查资料对一炷香、八卦教及其分支离卦教、九宫道、一贯道、一心天龙华圣教会、红枪会等九个重要教门的历史做了深入的分析。该书勾勒了山东民间秘密教门历史与概况轮廓,解读了

① 邵雍:《秘密社会与中国革命》,商务印书馆2010年版。
② 彭先国:《湖南近代秘密社会研究》,岳麓书社2001年版。
③ 雷冬文:《近代广东会党:关于其在近代广东社会变迁中的作用》,暨南大学出版社2004年版。

山东民间秘密教门制定的许多灵文、咒语或法语。①

梁家贵的《抗日战争时期山东秘密社会研究》认为，国民党为了巩固其一党专政、排斥打击其他政治势力尤其是中共力量而拉拢利用秘密社会，中共从全民抗战的立场出发，积极团结、争取它们抗日，并在斗争中改造它们，而日本侵略者则利用、操纵山东一些教门、帮会势力，充当汉奸鹰犬，残害民众，围剿抗日力量。

邵雍的《近代江南秘密社会》梳理了近代江南的秘密社会的变迁脉络，认为上海是秘密社会聚集的城市，根源在于其发达的商品经济为贫民提供了生存的机遇。江南多种多样的会道门平等相处，其在江南社会的工业化转型中发挥了特殊的作用。该书提出了一个不同于以往学界的认识，即近代江南的秘密社会主要扎根在城市，而非贫苦的乡村。②

王笛的《袍哥：1940 年代川西乡村的暴力与秩序》以 1946 年燕京大学社会学系女生沈宝媛的毕业论文——《一个农村社团家庭》的调查报告为基础，兼采地方档案、文学作品、回忆录，细腻地叙述了 1939 年成都附近一个袍哥家庭发生的惨剧，揭示了袍哥社会的日常生活、帮会语言、行规等级、人伦观念和信仰习俗。③

近代秘密社会史研究最初主要依据秘密社会本身留下的会簿宝卷等文件从内部着手研究秘密社会本身变迁的历史。秘密社会内部流传下来的文本，经过几十年、上百年，甚至几百年的流变，其中的一些内容已变得不很准确，也不能准确反映时代特征。就文本考释文本很容易走向牵强附会。

20 世纪 60 年代初，从社会等因素分析秘密社会的研究路径开始兴起。这种研究路径使秘密社会史研究发生两个显著的变化。一是跳出秘密社会内部的文本和传说，以社会经济变迁为背景，从外部各方面对秘密社会的记录、观察和评论入手，来研究秘密社会本身的变化。二是研究秘密社会与外在社会环境之间的关系。蔡少卿的《关于天地会的起源问题》一文，从档案入手，兼顾地方志、时人的文集和笔记、报刊、回忆录、外文记

①　路遥：《山东民间秘密教门》，当代中国出版社 2000 年版。
②　邵雍：《近代江南秘密社会》，上海人民出版社 2013 年版。
③　王笛：《袍哥：1940 年代川西乡村的暴力与秩序》，北京大学出版社 2018 年版。

载，还亲自访问一些健在的当事人，进行社会学式的分析，即反映了上述趋向。受时局的影响，这种趋向深受革命史观的影响。比较关注秘密社会的性质和历史地位，多强调其作为下层阶级的互助组织，突出其在"反封建斗争"中的积极作用。

80 年代，在社会史复兴的大背景下，才真正实现从社会等因素分析秘密社会。城市化、移民、游民、传统文化、区域社会文化环境与秘密社会兴起、发展的关系，秘密社会与近代政治、社会变迁的关系等内容被纳入研究的范围。

# 五　社会治理

社会治理古已有之，作为学术概念的"社会治理"却是近些年才被频频使用。国家治理、政府治理和社会治理等概念的学术定义和内涵认识呈现多样性，迄今尚未形成普遍认同和共识。迄今为止，使用"社会治理"概念的史学论著并不多见，然而历史上的社会治理确实是不容忽视的问题，它很可能成为未来社会史研究的重要领域。故本书对使用"社会治理"概念进行研究的论著，以及没有使用这个概念，但涉及社会治理问题的论著略作分析。本书有关社会群体、乡村与城市社会研究等专题均涉及社会治理问题，在此主要讨论使用"社会治理"概念进行研究的论著，以及与赌博、毒品、土匪等社会问题有关的社会治理方面论著。有关近代社会治理研究的评述文章已有多篇，① 本书在借鉴上述成果的基础上，对从社会史视角对近代赌博、毒品、土匪等社会问题及其治理进行研究的成果进行梳理。

使用"社会治理"概念进行研究的论著主要有任吉东的《多元性与一体化：近代华北乡村社会治理》、张健的《中国社会历史变迁中的乡村治

---

① 肖红松：《近代河北烟毒与治理研究》，人民出版社 2008 年版；王玥、赵留记：《1997 年以来的中国禁毒史研究》，《河北学刊》2010 年第 1 期；肖红松：《中共政权治理烟毒问题研究：以 1937—1949 年华北乡村为中心》，人民出版社 2013 年版；汪远忠、池子华：《中国近代土匪史研究述评》，《学术界》1998 年第 2 期；王涛、孙正勇：《近八年民国土匪史研究述评》，《乐山师范学院学报》2007 年第 10 期。

理研究》、胡恒的《皇权不下县？清代县辖政区与基层社会治理》、杨银权的《清朝陕西地方社会治理视野下的士绅研究》等。

任吉东的《多元性与一体化：近代华北乡村社会治理》关注村内部的各级组织管理与制度的发展演变，通过对其脉络的梳理和功能的解读，反映出地方社会在自我运行过程中的职能，以及在国家治理中的地位和作用。该书力求从最基层、最普通的民众视角，如实反映在村民行为与言辞下所体现的大众心态与集体话语，明确乡村治理在村民内心的认知程度与自我定位，揭示作为国家延伸机构的地方组织对民众的影响。[①]

张健的《中国社会历史变迁中的乡村治理研究》将宏观研究与个案研究相结合，以乡村社会既存的三套权威系统，即国家治权、乡村精英和农民为分析框架，考察了中国传统社会乡村治理、近代社会乡村治理、集体化时期的乡村治理和改革开放后的乡村治理。[②]

胡恒的《皇权不下县？清代县辖政区与基层社会治理》围绕明清之际基层社会治理模式转型这一核心问题，由清代州县佐杂官的分辖及在此基础上形成的县辖政区为切入点，以顺天府、广东、四川南部县、江南、福建、甘肃、新疆等区域为个案，探讨了清代县辖政区的渊源、类型、空间分布及其与基层行政、法律实践、市镇管理、钱粮征收、州县置废、地区开发的复杂关系，力图从中国本土行政实践中寻找到清末以来县以下区划的历史渊源，对在学术界影响较大的"皇权不下县"等相关理论假说也予以反思。[③]

杨银权的《清朝陕西地方社会治理视野下的士绅研究》指出，从士绅参与地方社会治理的方式来看，官绅合作是主要形式。许多士绅正是在地方官员的委托下参与了地方社会大型公共工程，如桥梁水利、书院学校、庙宇城池的兴建等。[④]

近代的毒品问题及其治理研究取得不少成果。

---

① 任吉东：《多元性与一体化：近代华北乡村社会治理》，天津社会科学院出版社2007年版。

② 张健：《中国社会历史变迁中的乡村治理研究》，中国农业出版社2012年版。

③ 胡恒：《皇权不下县？清代县辖政区与基层社会治理》，北京师范大学出版社2015年版。

④ 杨银权：《清朝陕西地方社会治理视野下的士绅研究》，中国社会科学出版社2016年版。

中国近代史上的毒品尤其是鸦片对中国社会产生了广泛影响。晚清时期,一些有识之士著书检讨清政府鸦片战争失败之教训,兼论战前禁烟及战后鸦片弛禁状况。较早的有关中国鸦片问题的著述,是1896年刊印的李圭《鸦片事略》。民国时期,毒品作为社会问题引起社会各界的关注。民国时期有关中国烟毒问题的著述主要有于恩德《中国禁烟法令变迁史》,以及罗运炎《中国鸦片问题》《中国烟禁问题》《毒品问题》等。①《中国鸦片问题》讨论了鸦片溯源、流毒、产额、贸易等问题。《中国禁烟法令变迁史》分五个时段讨论禁烟法令变迁:1729—1830年为初期禁烟时代;1830—1858年为严厉禁烟时代;1858—1906年为弛禁时代;1906—1926年为复兴时代;国民政府时代。该书主要记述禁烟法令发生的原因及推行结果,包括鸦片的种植、售吸和贩运,关于鸦片的社会舆论,拒毒运动,禁烟法令的执行、影响等。《中国禁烟法令变迁史》的分析框架为后来的研究者所继承,之后的论著时间段多后延,具体的时间段划分也略有分殊,内容更为丰富。

20世纪80年代以来,随着社会史研究的兴起,对毒品问题的研究有所增多,学界纷纷推出毒品史方面的论著。从宏观上进行分析的有朱庆葆、蒋秋明、张士杰的《鸦片与近代中国》,蒋秋明、朱庆葆的《中国禁毒历程》,王宏斌的《禁毒史鉴》,马模贞等编著的《中国百年禁毒历程》,苏智良的《中国毒品史》,傅建成的《百年瘟疫:烟毒问题与中国社会》,齐磊、胡金野的《中国禁毒史》,邵雍的《中国近代贩毒史》,王金香的《中国禁毒史》等论著。② 这些论著对鸦片问题的由来,洋鸦

---

① 李圭:《鸦片事略》(上、下卷),1896年刊印;于恩德:《中国禁烟法令变迁史》,中华书局1934年版;罗运炎:《中国鸦片问题》,兴华报社、协和书局1929年版;罗运炎:《中国烟禁问题》,大明图书公司1934年版;罗运炎:《毒品问题》,商务印书馆1936年版。

② 朱庆葆、蒋秋明、张士杰:《鸦片与近代中国》,江苏教育出版社1995年版;蒋秋明、朱庆葆:《中国禁毒历程》,天津教育出版社1996年版;王宏斌:《禁毒史鉴》,岳麓书社1997年版;马模贞等编著:《中国百年禁毒历程》,经济科学出版社1997年版;苏智良:《中国毒品史》,上海人民出版社1997年版;傅建成:《百年瘟疫:烟毒问题与中国社会》,陕西人民教育出版社2000年版;齐磊、胡金野:《中国禁毒史》,甘肃人民出版社2003年版;邵雍:《中国近代贩毒史》,福建人民出版社2004年版;王金香:《中国禁毒史》,上海人民出版社2005年版;苏智良、刘效红:《全球禁毒的开端:1909年上海全国禁烟大会》,上海三联书店2009年版。

片的合法化及猖獗，国内自种罂粟的兴起与发展，清末民初的禁烟运动与成效，毒贩在近代中国的发展演变、他们的社会网络以及经营之道，军阀割据与鸦片泛滥，国民政府时期的毒品泛滥与禁毒，中国共产党领导的禁毒运动，上海万国禁烟会等问题的研究均有所深入。近代中国的毒品问题不仅是外交问题、政治问题和经济问题，更是社会问题，一些论著从社会史的视角考察毒品问题的由来及治理。如朱庆葆、蒋秋明、张士杰的《鸦片与近代中国》从社会史角度对近代中国的鸦片问题进行了分析考察，阐明了鸦片泛滥的原因及危害，剖析了鸦片与民众生活，鸦片对近代政治、经济、外交等方面的影响，揭示了鸦片问题与近代中国社会的关系。

　　有关各地毒品史的论著有秦和平的《云南鸦片问题与禁烟运动：1840—1940》和《四川鸦片问题与禁烟运动》，肖红松的《近代河北烟毒与治理研究》，苏智良等的《上海禁毒史》，尚季芳的《民国时期甘肃毒品危害与禁毒研究》等。① 这些著作已经涉及云南、四川、甘肃、上海等区域。

　　中共治理毒品工作涉及中共政权与乡村社会互动。齐霁的《中国共产党禁毒史》在上篇论述了新民主主义革命时期的禁毒活动，对华北根据地解放区禁毒斗争、成就及经验进行了梳理与归纳。② 肖红松的《中共政权治理烟毒问题研究：以1937—1949年华北乡村为中心》，以1937—1949年中共在华北抗日根据地、解放区治理烟毒活动为考察对象，分析了该地区烟毒基本形态、社会根源以及中共治理烟毒的理念、举措、效果；继而透过治理烟毒活动讨论中共革命政权与乡村社会如何互动。作者指出，中共烟毒治理政策与具体实践之间既有一致也有差异的史实，梳理中共受诸多因素制约而不断调整政策、不断克服障碍走向胜利的过程，揭示中共单

　　①　秦和平：《云南鸦片问题与禁烟运动：1840—1940》，四川民族出版社1998年版；秦和平：《四川鸦片问题与禁烟运动》，四川民族出版社2001年版；肖红松：《近代河北烟毒与治理研究》，人民出版社2008年版；苏智良等：《上海禁毒史》，上海三联书店2009年版；尚季芳：《民国时期甘肃毒品危害与禁毒研究》，人民出版社2010年版。

　　②　齐霁：《中国共产党禁毒史》，中共党史出版社2013年版。

命政权与农民大众的关系是一个排斥、融合的多重互动过程。① 这些著作以及一些论文认为陕甘宁边区、川陕苏区，华北抗日根据地解放区设置了较为完备的禁烟机构，颁布了禁止种植鸦片、贩运、吸食毒品的法规法令，进行了大规模的社会宣传动员，在禁毒实践中发动群众，严格奖惩，赋予群众查毒禁毒之权，把禁毒斗争变成广泛的群众运动，这些禁烟禁毒活动取得了显著效果。

有数本专著对日本侵华期间的鸦片毒化活动展开研究，如日本江口圭一所著《日中鸦片战争》，韩国朴橿所著《中日战争与鸦片（1937—1945）——以内蒙古地区为中心》，李恩涵的《战时日本贩毒与"三光作战"研究》，吕永华的《伪满时期的东北烟毒》，王宏斌的《鸦片——日本侵华毒品政策五十年》，曹大臣、朱庆葆的《刺刀下的毒祸：日本侵华期间的鸦片毒化活动》等。② 这些著作论述了日本在中国各地实行毒品专卖制度、大肆进行毒品生产和销售、诱使民众吸食毒品的罪恶史；也揭露了日本为维持其殖民地和占领地，经由鸦片政策的实施，利用鸦片收入解决财政困难的目的。

毒品史资料整理方面取得不少成绩，主要有上海市禁毒工作领导小组办公室、上海市档案馆编的《清末民初的禁烟运动和万国禁烟会》，马模贞主编的《中国禁毒史资料》，苏智良、赵长青主编的《禁毒全书》，史志诚主编的《陕甘宁边区禁毒史料》等。③ 这些资料依托各级档案馆藏禁烟禁毒档案，包括禁毒机构、政策法规、禁毒工作、典型案例、报刊言论

① 肖红松：《中共政权治理烟毒问题研究：以1937—1949年华北乡村为中心》，人民出版社2013年版。

② ［日］江口圭一：《日中鸦片战争》，东京岩波书店1988年版，宋志勇译，天津人民出版社1995年版；［韩］朴橿：《中日战争与鸦片（1937—1945）——以内蒙古地区为中心》，游娟镮译，"国史馆"1998年版；李恩涵：《战时日本贩毒与"三光作战"研究》，江苏人民出版社1999年版；吕永华：《伪满时期的东北烟毒》，吉林人民出版社2004年版；王宏斌：《鸦片——日本侵华毒品政策五十年》，河北人民出版社2005年版；曹大臣、朱庆葆：《刺刀下的毒祸：日本侵华期间的鸦片毒化活动》，福建人民出版社2005年版。

③ 上海市禁毒工作领导小组办公室、上海市档案馆编：《清末民初的禁烟运动和万国禁烟会》，上海科学技术文献出版社1996年版；马模贞主编：《中国禁毒史资料》，天津人民出版社1998年版；苏智良、赵长青主编：《禁毒全书》，中国民主法制出版社1998年版；史志诚主编：《陕甘宁边区禁毒史料》，陕西人民出版社2008年版。

以及国外禁毒立法、国际禁毒等资料。

总之,现有的毒品史论著研究内容主要集中在鸦片烟祸,毒品与军阀,毒品与政府税收研究,毒品与农村经济研究,日本毒化中国问题,历届政府禁毒政策、禁毒运动及经验教训等方面。从阐释政策、论述史实、总结经验等宏观研究逐步趋向微观研究,从单纯政治视角拓展到政治、经济、外交、社会等多视角探究。

近代中国乡村危机持续发展,民族危机也日益尖锐,各地匪患大炽,引起了中外人士对土匪问题的关注和初步探索。

20世纪二三十年代出版了一些有关土匪的论著。如何西亚编的《中国盗匪问题之研究》,日本学者长野郎的《土匪·军队·红枪会》等。[①] 这个时期的土匪研究涉及的主要问题包括土匪概念的界定、土匪的分类、土匪产生的根源、土匪的组织结构、土匪的生活状况、土匪枪械的来源、土匪的隐语、土匪的分布等。

20世纪80年代土匪史研究取得一系列新成果,如吴惠芳的《民初直鲁豫盗匪之研究(1912—1928)》、赵清的《袍哥与土匪》、英国学者贝思飞(Billingsley, Phil)的《民国时期的土匪》、蔡少卿主编的《民国时期的土匪》、彭先国的《民国湖南土匪史探》、邵雍的《民国绿林史》、何文平的《变乱中的地方权势:清末民初广东的盗匪问题与社会秩序》、袁文伟的《反叛与复仇:民国时期的西北土匪问题》等。[②]

英国学者贝思飞所著《民国时期的土匪》勾勒了民国时期中国土匪的概貌、性质、特征,匪帮内部的结构、组织层次、生活方式、行动准则,

---

① 何西亚编:《中国盗匪问题之研究》,上海泰东图书局1925年版;[日]长野郎:《土匪·军队·红枪会》,支那问题研究所1931年版。

② 吴惠芳:《民初直鲁豫盗匪之研究(1912—1928)》,学生书局1990年版;吴慧芳:《"社会盗匪活动"的再商榷——以临城劫车案为中心之探讨》,《近代史研究》1994年第4期;赵清:《袍哥与土匪》,天津人民出版社1990年版;[英]贝思飞(Billingsley, Phil):《民国时期的土匪》,徐有威等译,上海人民出版社1992年版;蔡少卿主编:《民国时期的土匪》,中国人民大学出版社1993年版;彭先国:《民国湖南土匪史探》,岳麓书社2002年版;邵雍:《民国绿林史》,福建人民出版社2001年版,此书由作者修订后以《中国近代绿林史》书名于2004年再版;何文平:《变乱中的地方权势:清末民初广东的盗匪问题与社会秩序》,广西师范大学出版社2011年版;袁文伟:《反叛与复仇:民国时期的西北土匪问题》,人民出版社2011年版;莫代山:《民国时期土家族地区土匪活动与社会控制》,重庆出版社2014年版。

土匪与地方政权、军阀、农民、革命党派、革命者之间的关系与互动。他指出，土匪群体分成单纯的匪帮、综合的匪帮、匪军三种基本类型；匪患问题是民国时期社会危机、经济危机和政治危机的综合表现，土匪活动的发生与发展和民国时期的社会矛盾有着深刻的内在联系；长期失业的农村劳动力是土匪的基本来源；土匪加入匪帮在心理上有满足感，土匪的严重暴力行动是心态失衡后的生理宣泄的结果。

蔡少卿主编的《民国时期的土匪》讨论了土匪的定义、种类、来源、内部组织，土匪与秘密社会、军队的关系，土匪与革命的关系。除此之外，还分别探讨了各地的土匪，如东北马贼，苏鲁豫皖地区的土匪，湘鄂赣地区的土匪，云贵川地区的土匪与袍哥，闽浙两广地区的土匪与海盗，太湖运河地区的土匪与盐枭，西北地区的土匪。邵雍所著《中国近代绿林史》按时间顺序将近代绿林的历史分为几个阶段：19世纪下半叶为中国近代绿林的发轫期，19世纪和20世纪之交是膨胀期，北洋军阀时期为盛行期，南京国民政府时期为衰落期，抗战时期为分化期，民国末年是衰亡时期。该书对每个时期不同地域的土匪进行了介绍，讨论了国民政府对绿林的利用、围剿，中共对绿林的政策等问题。

蔡少卿主编的《民国时期的土匪》和邵雍所著《中国近代绿林史》等宏观性论著已经涉及不同地域的土匪，还有一些论著专门讨论某地的土匪，推动各地区的土匪研究不断深入。吴惠芳的《民初直鲁豫盗匪之研究（1912—1928）》对直鲁豫盗匪的时代背景、种类、巢窟分布、盗匪的组织规律与隐语、盗匪的武器、战术和习性、盗匪的祸害与影响都做了积极的探索。赵清的《袍哥与土匪》专门探讨了四川袍哥的起源，开山立堂及其纪律、活动联络方式，袍哥的发展与军队土匪的关系等问题。彭先国的《民国湖南土匪史探》分析了湖南土匪的内部系统、反社会行为，民国政府对土匪的围剿、中共根除匪患等。何文平的《变乱中的地方权势：清末民初广东的盗匪问题与社会秩序》，在重建清末民初广东盗匪问题史实的基础上发现，广东盗匪在规模上并非全国之最，其对社会的破坏也不是最严重的。广东盗匪问题既有全国盗匪问题的共有特点，也表现出鲜明的地域性特点，同样对清末民初广东社会经济、政治的发展，产生了不可忽视的影响。袁文伟的《反叛与复仇：民国时期的西北土匪问题》分析了导致西北土匪滋生的乡村危机、政治危机以及文化危机，讨论了西北土匪的类别、发展阶段、分布概况，土匪与秘密社会的关系、土匪与民主革命的关系，探讨了对土匪的治理。莫代山的《民国时期土家族地区土匪活动与社会控制》以酉水三村调查为基础分析了民国时期土家族地区土匪活动类型、产生的原因、政府与乡村社会对其采取的控制、土匪的反控制和土匪活动产生的社会影响。一些论文探讨了各地的土匪，东北、华北、西南、西北、华南、华东、华中等地区均有所涉及。

土匪研究的主题包括土匪的界定、兴起原因、成员、结构，土匪与其他社会组织的关系，土匪与军阀、军队的关系，土匪与革命的关系等。

学界对土匪的界定有不同的看法。1969年，英国社会史学家霍布斯鲍姆出版了《匪徒：秩序化生活的异类》，书中提出了"社会土匪"的概念。① 贝思飞认为，真正的土匪是越出法律范围进行活动而又不反对制度的人。② 吴慧芳对霍布斯鲍姆提出的"社会土匪"思想提出质疑。他通过对"临城劫车案"的分析，提出盗匪活动是一种复杂的社会现象，很难以一套架构作通盘的解释，特别是在不同地区、不同时期的背景下更是如此。③ 蔡少卿指出，土匪就是超越法律范围进行活动而又无明确政治目的，并以抢劫、勒索为生的人。④

土匪有不同的类型。贝思飞将土匪分为临时性土匪和职业性土匪两种。⑤ 蔡少卿提出，应该按照土匪活动的地域特点、性质及土匪的组合方式、活动规模、持久能力等不同的标准对土匪进行分类。如按地域分，土匪分成山匪、平原的马贼及响马、边界土匪、海盗和湖匪；按性质，则土匪有侠盗、兵匪、会匪、教匪等区别；按照组合方式、活动规模、持久能

---

① ［英］埃里克·霍布斯鲍姆：《匪徒：秩序化生活的异类》，李立玮、谷晓静译，中国友谊出版公司2001年版。

② ［英］贝思飞（Billingsley，Phil）：《民国时期的土匪》，徐有威等译，上海人民出版社1992年版。

③ 吴慧芳·《"社会盗匪活动"的再商榷——以临城劫车案为中心之探讨》，《近代史研究》1994年第4期。

④ 蔡少卿主编：《民国时期的土匪》，中国人民大学出版社1993年版。

⑤ ［英］贝思飞（Billingsley，Phil）：《民国时期的土匪》，徐有威等译，上海人民出版社1992年版。

力等因素来划分,则可将土匪分成暂时性的匪帮、半永久性的匪帮和土匪军队三种类型。[①]

一些论著讨论了土匪的组织结构。学界多认为,土匪的基本成员来源于流离失所的无业游民、溃散的士兵及在社会变迁中缺乏谋生技能的人。关于土匪的首领,贝思飞根据其成就和能力分为"地痞""恶霸""阴谋家""政客"等几种类型。蔡少卿认为,民国时期的土匪头目,往往不是生活所迫,而是政治、道德和个人气质的原因,他们之中固然有一部分是来自农村下层社会,但也有相当一部分人来自上层阶级和一些边际的团体。他根据匪首来历和从事盗匪活动的特点,将其分成侠盗型、复仇型、升官发财型、兵痞型、惯匪型和恶霸型等。贝思飞和蔡少卿都根据人数多寡将土匪团伙分成三种组织形式:小股土匪、大股土匪和土匪军队。组织形式从简单到复杂直至仿照军队组织形式。小股土匪一般由一两个头领在地方上拉起杆子,聚集数十人,通过结拜结成匪帮,在小范围内活动,其结构简单,只有一个头目,以下皆为弟兄。大股土匪一般由数个或十数个小股土匪联合组成,共推势力较大的一股匪首为大头领,称为大爷,以下头目依次为二爷、三爷、四爷等。这类土匪人数少则数百,多则成千甚至上万,活动范围也较大。土匪军队则是指军队化的土匪和土匪化的军队,其内部组织按军队编制而成,设军、师、旅、团、营、连、排等。蔡少卿还指出,在土匪内部,土匪一般以人、枪入股,按股分赃。

不少论著探讨了土匪出现的原因。何西亚的《中国盗匪问题之研究》认为盗匪产生的根源有一般原因和特殊原因。一般原因包括内乱之影响、经济之破产、天灾之流行与贫富之悬殊。特殊的原因有招抚之诱惑、绑票之恶例、生活奢华之流弊、小说戏剧之恶化、传统的侠义观,以及因怨愤与报复而入盗者。该书归纳了土匪产生的大部分原因,不过一些论证太简略。之后的论著补充了另外一些因素,对何西亚所提及的各点也有更为具体的说明。如刘平指出,外国商品的侵略、阶级关系的恶化、苛捐杂税的剥削、各级政府及军阀豪绅的敲诈、连年兵燹的摧残、剩余人口的急剧增加等,都是产生土匪不可忽视的重要因素,然而,就太湖地区而言,地理

---

① 蔡少卿主编:《民国时期的土匪》,中国人民大学出版社1993年版。

环境与经济背景、太湖枪匪与淮军流入、辛亥时期的社会动乱这三个因素更重要。① 谭属春认为旧中国殖民地半殖民地的社会地位，是近代中国匪患日趋严重的根本原因，中国落后的自然经济，近代中国道德的沦丧，武侠之风的盛行及错综复杂的民族矛盾和宗族冲突，对近代中国匪患产生了极为重要的影响。② 众多论著提出了土匪出现的原因，可谓五花八门，然而这些因素与土匪出现之间的因果关系是否存在，二者联系到底有多紧密，这都是需要慎重对待的。

学界探讨了土匪与袍哥、帮会、神兵、红枪会等社会组织的关系及区别。

赵清的《袍哥与土匪》专列有一章讲述土匪与袍哥的关系。刘平从社会背景、宗旨、成分、组织结构、活动内容、宗教信仰、秘密仪式、誓词戒律、历史作用等方面探讨了会党与土匪的共性和差异，并认为近代会党与土匪的关系经历了天地会、哥老会、土匪三个时期。会党和土匪都是穷苦人特别是游民无产者的聚合体，但两者的宗旨和成分还是有差别的。会党的组织结构比较完备、稳定，匪股则比较原始、松散；会党的宗教信仰、秘密仪式、誓词戒律、隐语暗号相应完备，土匪在这方面则简单得多。会党的活动内容十分广泛，政府视为不法的事情都与他们有关，土匪活动则比较单纯。会党有革命的进步性，但也有破坏性和政治盲目性；土匪也兼有会党的双重作用，但一味注意打家劫舍，力量比较单薄，只有在革命运动高潮到来时才纷纷卷入。③ 彭先国指出，湘西土匪是帮会化的土匪，抗日战争前，是哥老会的匪化时期，此后，土匪内部青帮、红帮合流是它的基本特点。土匪中有帮会，这在湘西土匪中是一种普遍现象，但湘西的帮并不等于土匪，也不是所有的土匪都有帮会组织。土匪内部缺少制约，在对外抢劫上没有顾忌，而不像帮会有戒律约束。土匪的行为已经把自己与社会对立起来，而不像帮会有既定的政治目标或社会目标。④

学界多注意到近代，尤其是民国时期兵匪之间的相互转化。何西亚的

---

①　刘平：《清末民初的太湖匪民》，《近代史研究》1992 年第 1 期。
②　谭属春：《近代中国的匪患问题初探》，《求索》1994 年第 4 期。
③　刘平：《论近代会党与土匪的关系》，《社会科学战线》1999 年第 1 期。
④　彭先国：《试论湘西土匪的帮会特点》，《湘潭大学社会科学学报》2002 年第 3 期。

《中国盗匪问题之研究》指出，战争中败者的溃兵散卒成群结队滋扰乡里，摇身一变，成为土匪。战胜者在结束战事后，额外之兵势必裁汰，一些懈惰成性的退伍游勇，久不惯自食其力之生活，往往流为盗寇。贝思飞所著《民国时期的土匪》认为，北洋军阀和国民党军阀的统治，是土匪滋生最好的温床，军阀混战和政权分裂又使得兵匪之间的互相转换成为一种必然，土匪成了军阀之间政治平衡的关键因素。蔡少卿、杜景珍指出，军阀军队与土匪之间的关系不但不是水火不容，而是"共存共荣"的关系，在一定条件下，兵可以转而为匪，匪也可以升格为"官军"。兵匪把中国的盗匪活动提高到一个新的不同于以往的程度。① 张欣认为军阀时期割据混战所造成的经济衰败，使破产农民和游民成为军队的主要兵源。在中央政治权威衰败的情况下，各派军阀大量地收编溃兵和土匪，从而造成军纪败坏，士兵逐渐匪化。军官与士兵的素质明显呈劣化趋势，缺乏军事训练和政治教育，从而导致军队军纪废弛，背离了军队在国家政治中的职能，导致其本身就成为社会的动乱之源。②

　　关于土匪与政治、革命的关系，一部分人认为，土匪的活动缺乏明确的政治目的，另一部分人则认为土匪活动本身是没有政治性的，但它有可能成为政治斗争的工具。贝思飞的《民国时期的土匪》指出，土匪可能成为革命者的不可靠的合作者，革命者对待土匪的态度与昔日争权夺利者对土匪的态度没有什么区别。蔡少卿的《民国时期的土匪》将土匪与革命的关系放在不同时期论述。资产阶级革命者以一定的物质、地位的诱惑吸引土匪参加革命，仅仅是一种利用。中国共产党则把自己的革命宗旨、组织原则运用到土匪的改造上，使之成为真正的革命者，对于与人民为敌的土匪则坚决消灭。谢晓鹏对比分析了北洋军阀、国民政府、中国共产党对匪祸治理的不同背景和措施，突出强调人民政府在治理匪祸的过程中，注意教育和引导土匪群众，争取使之成为一支有力的革命力量。③

---

① 蔡少卿：《试论北洋军阀统治时期的"兵匪"》，《南京大学学报》1989年第2期；《民国时期的土匪》，中国人民大学出版社1993年版。
② 张欣：《论军阀时期的兵源匪化》，《浙江社会科学》2005年第4期。
③ 谢晓鹏：《河南匪祸治理的历史考察（1912—1949）》，《首都师范大学学报》2005年第3期。

一些学者探讨中国共产党对统治区内的土匪所采取的种种措施和政策，以强调党的治匪政策的先进性和合理性。李妍指出，解放战争时期东北地区剿匪斗争的三个阶段，剿匪之所以能够取得成功，与开展政治动员，提高部队剿匪积极性、武装群众、形成人民剿匪运动，以及采取不同的剿匪策略等正确措施是分不开的。① 梁家贵指出，抗战时期中国共产党从山东的具体情况出发，采取积极、稳妥、灵活的政策，经历了同党内右倾机会主义和轻视争取土匪武装参加抗日的思想认识的斗争，对于积极反共的土匪武装，则坚决给予打击和消灭，成功地解决了会党和土匪两大社会问题。② 周蒋浒介绍了全民抗日战争时期中共对土匪策略的背景，以及合作、剿灭、争取中立三种不同情况下的不同策略，认为由于中共对土匪采取了灵活的对策，从而分化了土匪力量，壮大了抗日力量，有力地推动了抗日战争的顺利发展。

学界也出版了一些关于土匪的资料，如"河北文史资料"编辑部编的《近代中国土匪实录》，③ 徐有威与英国学者贝思飞编的《洋票与绑匪——外国人眼中的民国社会》，④ 以及各类《剿匪斗争》等。

近代赌博史的研究取得一些成果。主要有郭双林、肖梅花的《中华赌博史》，戈春源的《中国近代赌博史》，涂文学的《赌博的历史》等。⑤ 郭双林、肖梅花的《中华赌博史》时间段涵盖古今，近代部分的内容约占全书篇幅的一半。该书介绍了近代各类赌博方式，分析了不同时期的禁赌法令，以及不同地域、不同主体进行的禁赌行动。戈春源的《中国近代赌博史》重点对 19 世纪三四十年代至 20 世纪中期赌项与赌场的嬗变、赌博与社会各阶层的关系、赌博的罪恶与历来禁赌的法律措施，作了概述。涂文学的《赌博的历史》梳理了中国赌博的历史流变；中国传统赌博及其文化

---

① 李妍：《解放战争时期东北地区的剿匪斗争》，《龙江党史》1998 年第 3 期。

② 梁家贵：《抗战时期党对山东土匪、会道门的争取与斗争》，《中共党史研究》2002 年第 2 期。

③ "河北文史资料"编辑部编：《近代中国土匪实录》，群众出版社 1992 年版。

④ 徐有威、〔英〕贝思飞编：《洋票与绑匪——外国人眼中的民国社会》，上海古籍出版社 1998 年版。

⑤ 郭双林、肖梅花：《中华赌博史》，中国社会科学出版社 1995 年版；戈春源：《中国近代赌博史》，福建人民出版社 2005 年版；涂文学：《赌博的历史》，中国文史出版社 2006 年版。

意蕴；赌博骗术；西方赌技东传及中西方赌博之比较，揭示了赌博对政治、士林风气、社会时尚等方面的影响。

鸦片烟、盗匪、赌博等问题是近代中国广泛存在的社会问题，国家、各种社会组织和群体对这些社会问题的治理做出了贡献，也留下了一些遗憾。未来，社会史学界对各类社会问题的治理展开研究大有可为。

第　九　章

# 近代社会生活研究

　　"生活史"，或称"社会生活史"，又有"日常生活史"等说法，各概念内涵迄今学界众说不一，还没有众所认可的明确界定。① 从生活史研究实践来看，学界已形成了一些基本共识，大致可概括为：生活史是研究历史上人们除了政治、经济、文化活动之外，为了满足日常物质需要、精神需要及社会交往需要的生活活动及其变迁。"社会生活史"内涵较为宽泛，举凡人们在社会中与生活相关的所有活动如衣食住行、生活日用、社会交往、休闲娱乐、风俗习尚、宗教信仰等都涵盖其中。近年又有学者强调"日常生活史"②，其概念的内涵较为狭窄，意指人们日常重复性的衣食住行、生活日用等基本生活内容。"日常生活史"可以说是（社会）生活史之下的次一级概念。社会生活史内容广泛，既包括人们的日常生活，也包括非日常生活（如节庆喜丧等），偏重人们生活的社会性、群体性；相比之下，日常生活史则指人们日常重复的生活，偏重私人性和私人领域（家庭生活）之内。从以往近代生活史研究实践来看，一般论著中有"社会生活史""生活史""日常生活史"等不同说法，但大多并无明晰区分，往往混用。故这里在对前人研究成果的梳理及评述中，也对这些具体概念

---

　　① 杨卫民《新时期社会生活史研究述略——以中国近代社会生活史为中心》（《焦作高等师范专科学校学报》2012 年 3 月）一文对生活史概念各说做过介绍。另可参见常建华《明代日常生活史研究的回顾与展望》，《史学集刊》2014 年第 4 期。

　　② 参见常建华系列文章《从社会生活到日常生活》（《人民日报》2011 年 3 月 31 日）、《中国社会生活史上生活的意义》（《历史教学》2012 年第 2 期）、《历史人类学应从日常生活史出发》（《青海民族研究》2013 年第 4 期）、《社会史研究的最新发展趋势》（《安徽师范大学学报》2014 年第 1 期）等。

不作严格区分，而统以"生活史"概括，并且更偏重于民众性、普遍性的基本生活，以这类研究成果为依据，对以往的研究状况作一回顾与反省。

生活史研究是 20 世纪 80 年代中期，伴随社会史复兴而兴起的一个社会史分支领域，这一领域的开拓，对于丰富充实人们的历史认识、拓展历史视野，深入理解中国社会深层结构和文化内涵都具有重要意义。特别是近代百余年间，中国社会经历了剧烈变革与转型，深入研究社会变动中生活演变的历程，有助于我们更深入地探索近代社会转型的民众生活基础及深层文化机制。

对于中国近代生活史研究的情况，以往专门的综合评述不多。比较集中的有 2012 年杨卫民《新时期社会生活史研究述略——以中国近代社会生活史为中心》① 一文，对于此前学界关于社会生活史的概念界定、"研究模块"及学术特色、存在问题等作了综述评介，内容比较丰富。但其所述内容比较宽泛，包括古代和近代，所举研究成果不只是狭义的社会生活史，而且还包括区域社会、人口、家族、社会经济等社会史内容，因此该文还不是严格意义上对近代生活史研究的专题综述。此外在一些相关综述评论中，也有涉及近代生活史内容。如闵杰曾对 1986—2000 年"近代社会史研究"做过综述，其中就有专节评介"风尚习俗与日常生活"。② 在后来有关中国近代社会史或社会文化史等综述文章中，也往往涉及生活史方面的内容。但这些零散的评述难以勾勒出迄今近代生活史研究的总体状况及发展历程。有鉴于此，本书旨在弥补前述综述成果不足的基础上，对社会史兴起以来三十余年间中国近代生活史研究的整体概况作一梳理，以为学界提供一些参照并期待引起讨论。

由于生活史涵盖内容广泛，本书对于以往研究成果较多且集中的近代社会风俗、休闲娱乐、宗教信仰另列专章进行评述，在本章仅对近代生活史总体研究历程及偏于日常生活和物质生活、城市与乡村区域生活、社会群体生活等专题研究略作评述。

---

① 杨卫民：《新时期社会生活史研究述略——以中国近代社会生活史为中心》，《焦作高等师范专科学校学报》2012 年第 3 期。

② 常建华等编著：《新时期中国社会史研究概述》，天津古籍出版社 2009 年版，第 356—360 页。

# 一 研究历程

自 20 世纪初梁启超提倡"新史学"、中国史学界开始吸收西方近代历史研究方法以后，20 世纪二三十年代即开始出现研究中国风俗史、婚姻史、家族史等与生活史相关领域的成果，但这些并不是严格意义上的"生活史"，而且多为古代史内容。1928 年出版的陈东原《中国妇女生活史》（上海商务印书馆）可以说是 20 世纪上半叶少有的一部以"生活史"命名的史学著作，而且该书内容从上古一直到当时的民国初期，包括了鸦片战争以后的近代妇女生活内容。该书可以说是较早涉及近代生活史的著作，但其仅涉及妇女生活，还不是近代生活史的专门论著。1949 年至 20 世纪 80 年代，由于史学界受"左"倾意识形态影响，近代生活史方面的研究，只有少量附着于政治史（如太平天国革命中的生活、维新运动以后移风易俗等），以生活史为主体的研究几乎空白，只是到 80 年代中期社会史复兴以后，作为社会史重要领域的生活史才开始逐渐进入史学研究者视野，并逐渐发展成长为独立的分支领域。中国近代生活史即属于中国生活通史的一个断代史。

自 20 世纪 80 年代中期迄今近三十年间中国近代生活史研究的发展历程，大致可以 2000 年为界分为前十五年和后十五年两个阶段。这前后两个阶段各有特点，呈现递进式发展态势。

## （一）兴起阶段——1986—2000 年

1986 年举办了中国社会史第一届年会，会上及在此前后有多位学者撰文，倡导开展社会史研究，标志着中国社会史研究复兴。在讨论社会史研究内容时，学者们普遍认为，社会生活是中国社会史的重要内容。[①] 由此

---

① 甚至有些学者认为，社会生活应是社会史研究的重心。参见常建华等编著《新时期中国社会史研究概述》（天津古籍出版社 2009 年版，第 4 页）、常建华：《明代日常生活史研究的回顾与展望》（《史学集刊》2014 年第 4 期）等。常建华 2004 年出版的《社会生活的历史学：中国社会史研究新探》（北京师范大学出版社），如其书名所示，把中国社会史直接称为"社会生活的历史学"。

社会生活这一长期被排斥于史学研究之外的内容，开始依托于社会史而回归到史学研究视野中来，并在社会史中占据越来越重的分量。

从断代生活史而言，由于明清等古代生活史原来已经有所积累，因而更多地体现"复兴"，因此，明清生活史较早出现研究成果。1990年即有冯尔康、常建华《清人社会生活》这一较大部头的清代生活史出版。而近代生活史研究此前基本上是空白，因而可以说是从头开始的"创兴"，起步也稍后。1992年出版的由乔志强主编的《中国近代社会史》（人民出版社）是第一部中国近代（1840—1919年）社会通史著作，全书分三编，即"社会生活""社会构成"和"社会功能"，其中"社会生活"有近10万字分量。虽然此书还不是近代生活史的专著，但其中"社会生活"篇章，可说是最早有分量的近代生活史论著。这部著作将"社会生活"的结构分为物质生活、精神生活和人际关系三个方面，比较偏重横断面的结构内容。此后开始陆续出现中国近代生活史的相关论著，且发展势头较快。

较早涉及中国近代生活的研究领域是社会风俗史，如1986年胡绳武、程为坤《民初社会风尚的演变》[①] 一文。研究著作较早则有严昌洪的《西俗东渐记——中国近代社会风俗的演变》（湖南出版社1991年版）和《中国近代社会风俗史》（浙江人民出版社1992年版）二书，对近代社会风俗，特别是西方文明影响及社会变革所引起的社会风俗的变迁作了比较系统、综合性的论述，是有关中国近代社会风俗史的开拓之作。此后关于中国近现代社会风俗史的著作还有李少兵《民国时期的西式风俗文化》（北京师范大学出版社1994年版）、梁景和《近代中国陋俗文化嬗变研究》（首都师范大学出版社1998年版），分别对西式风俗和陋俗文化作了系统研究。

与此同时关于近代生活史的专题论文也陆续出现，较早的如许敏《士·娼·优：晚清上海社会生活一瞥》一文[②]。后有忻平《从上海发现历史——现代化进程中的上海人及其社会生活》（上海人民出版社1996年版）一书，对1927—1937年上海的人口结构、社会结构、社会人格、生

---

① 胡绳武、程为坤：《民初社会风尚的演变》，《近代史研究》1986年第4期。

② 许敏：《士·娼·优：晚清上海社会生活一瞥》，《史林》1992年第2期。

活方式、社会和文化生活及价值观等多方面作了论述，作者自称为是"全息社会生活史"。

此外，80 年代末 90 年代初开始有学者提倡社会史与文化史交叉的"社会文化史"新兴学科，也将社会生活作为重心。如李长莉在 1992 年发表《社会文化史：历史研究的新角度》①　一文，较早界定社会文化史概念及研究对象，即"主要研究历史上人们的社会生活方式与思想观念之间的相互关系"。此后于 1998 年出版的刘志琴主编，李长莉、闵杰、罗检秋分别执笔的三卷本《近代中国社会文化变迁录》②，是第一部中国近代社会文化编年史，其中衣食住行、社会交往、休闲娱乐等生活变迁的内容是主要组成部分，与以往文化史和社会史框架不同的内容令人耳目一新。此外也陆续出现一些关于近代生活史的专题研究论文，还有一些近代生活史的研究附着于近代社会史、风俗史、妇女史等相关领域。

总体而言，这一时期近代生活史研究刚刚起步，明标"生活史"的研究论著数量很少，一些关涉生活史的内容大多依附于风俗史或广义的社会史研究之内，与社会史、风俗史、社会文化史等领域没有清晰的区分，可以说近代生活史还没有形成独立的研究领域。但从这时期出现的一些成果来看，除了还原、概括、描述性等基础研究内容之外，也有一些学者显示出从文化视角观照生活的"文化取向"，反映了生活史研究的起点较高，具有一定的理论关注和文化意涵特色。总之，这一时期近代生活史研究处于提倡、起步和开拓阶段。

### （二）发展阶段——2000—2018 年

近代生活史形成一个独立的研究领域，其标志应是出现了明确标明"生活史"的批量研究论著，并形成了相对系统的学科理论方法，这是进入 21 世纪后才开始凸显的。

首先是一些学者呼吁倡导加强近代生活史研究。2001 年出版了薛君

---

①　李长莉：《社会文化史：历史研究的新角度》，赵清主编：《社会问题的历史考察》，成都出版社 1992 年版。

②　刘志琴主编，李长莉、闵杰、罗检秋：《近代中国社会文化变迁录》（三卷本），浙江人民出版社 1998 年版。

度、刘志琴主编的《近代中国社会生活与观念变迁》，汇集了多位学者有
关近代生活史的研究论文，是近代生活史研究的一次群体性开拓与倡导。
刘志琴在书序中指出近代生活史研究严重缺失的现状：“与现实生活关系
最为密切的近代中国社会风尚和生活方式的研究，甚为稀缺，资料积累不
足，理论研究更为滞后，许多缺门无人问津。”她因此呼吁要“发现生
活”，并强调在生活史研究中探索文化意义，指出“把社会生活纳入文化
研究的视野，通过生活方式的变迁阐明社会意识和民族文化心理的发展历
程”。①《史林》2002 年第 4 期辟有“上海城市社会生活史笔谈”专栏，多
位学者撰文讨论开展城市生活史研究的意义。

　　与此同时，生活史的研究专著也陆续出版。如袁熹《近代北京的市民
生活》②，对近代政治和文化中心城市北京的市民生活作了开拓性研究。李
长莉《晚清上海社会的变迁——生活与伦理的近代化》③ 一书，考察了晚
清上海通商后出现的生活风习与观念变迁的互动。周俊旗主编的《民国天
津社会生活史》④ 一书，考察了天津在民国时期成为北方经济中心都市的
过程中，市民衣食住行和就业、交往、消闲、时尚等方面的变化，凸显了
天津的城市特性。这三部书分别对北京、上海、天津三大近代城市生活史
作了比较系统的研究，虽然从时段而言，有的是晚清，有的是民国，从断
代上并未“通”，从地域而言不是全国而是三个典型城市，但都堪称是对
近代城市生活史的开拓性专著，因此可以说标志着中国近代生活史和近代
城市生活史开始有了比较成熟的系列研究专著，也可以说标志着近代生活
史开始逐渐形成独立的研究领域。此后关于近代生活史的研究逐渐受到关
注，并逐渐升温，研究论著持续增多。

　　近十年来，近代生活史的研究日渐兴旺，研究成果快速增多，并开始
出现较大分量的综合性、通史性生活史大部头著作，标志着这一研究领域
走向成熟。如 2007 年出版的严昌洪著《20 世纪中国社会生活变迁史》一

---

① 薛君度、刘志琴主编：《近代中国社会生活与观念变迁》“代序：发现生活”，中国社会科
学出版社 2001 年版，第 3 页。
② 袁熹：《近代北京的市民生活》，北京出版社 2000 年版。
③ 李长莉：《晚清上海社会的变迁——生活与伦理的近代化》，天津人民出版社 2002 年版。
④ 周俊旗主编：《民国天津社会生活史》，天津社会科学院出版社 2002 年版。

书，在时间上纵贯了整个 20 世纪，其内容重在梳理清末民国时期社会生活变迁的图景与脉络，尤其注重对此时期服饰、婚丧祭祀与岁时节令习俗的论述。以社会风俗为核心内容之一的 20 世纪中国社会生活发生了重大变化，该书将其特点概括为三个方面：第一，生活方式出现了从传统向现代转型的趋势；第二，生活内容出现了中外风尚由冲突走向交融的趋势；第三，生活质量呈现出逐步提高的趋势。[①] 2008 年出版了李长莉《中国人的生活方式：从传统到近代》[②] 一书，标明以"生活方式"为中心内容，以社会文化史交叉视角，对晚清至民国初期民众的生活空间、生活日用、交通通信、服饰习俗、休闲娱乐、文化生活等最为普通的生活诸方面的演变作了考察，注重揭示生活方式变化所产生的社会文化效应。

2015 年出版了李长莉、闵杰、罗检秋、左玉河、马勇合著的《中国近代社会生活史》[③] 一书，是第一部对 1840—1949 年近代百年社会生活作系统、综合论述的近代生活通史著作。此书将近代百余年分为五个时段，以民众衣食住行等物质生活、社会交往与风俗习尚、休闲娱乐等文化生活为三个主要线索，既考察近代百余年间社会生活的总体变迁轨迹，又重点考察各个时段突出的社会生活现象，并加以文化分析，揭示中国社会近代转型过程中，近代社会生活变迁的社会文化意义。这部时段完整、分量厚重的近代社会生活通史著作的问世，可以说标志着中国近代生活史已经形成一个独立且趋于成熟的研究领域。

此外，在一些大型专题生活通史中，作为断代史的近代卷也占有重要分量。如 2015 年，有唐凯麟主编《中华民族道德生活史》[④]，其中"近代卷"，阐述了近代救亡图存、太平天国运动、戊戌维新、辛亥革命、五四新文化运动、国民党新生活运动等对传统道德生活的冲击，以及共产党领导的地区新的道德生活方式、新的道德关系、新的道德风俗的产生和形成，勾勒了中国近代百年间道德生活的基本样貌和历史走向。

---

① 严昌洪：《20 世纪中国社会生活变迁史》，人民出版社 2007 年版，前言，第 4—5 页。

② 李长莉：《中国人的生活方式：从传统到近代》，四川人民出版社 2008 年版。

③ 李长莉、闵杰、罗检秋、左玉河、马勇：《中国近代社会生活史》，中国社会科学出版社 2015 年版。

④ 唐凯麟主编：《中华民族道德生活史》，东方出版中心 2015 年版。

史料汇编是学科基础建设，也是学科成熟与规模性发展的一个标志。生活史资料浩繁而零散，不易汇集整理，但近年已有专题性资料汇编出版。如王强主编的《近代日常生活文献丛编》①，汇集了晚清民国时期出版的日常生活类百科书籍，共收录 59 种图书，计 76 册，以影印方式保持了这些文献的原始风貌。这批文献资料呈现了近代普通民众日常生活中的风俗习惯、行为方式、交往礼仪等，为研究近代社会史、日常生活史、风俗史提供了重要的文献参考。

近年近代生活史兴旺的另一表现是，研究论著数量大增，研究领域向分支细化发展。以前就较为集中的社会群体生活史，除了妇女生活史、文人生活史之外，还出现市民生活史、工人生活史、农民生活史甚至个人生活史等成果。城市生活史除了上海、天津、武汉、北京等具有代表性的大城市之外，其他地域中心城市以及更多中小城市也逐渐纳入研究者视野，甚至城镇生活史也出现比较有分量的研究成果，乡村生活史也出现发展势头。此外还出现了一些新生活史分支领域，如公共生活史、休闲娱乐史、服饰史、交通史、时间史、身体史等。

近年还有一个值得注意的新动向，即以社会文化史交叉视角研究近代生活的趋向日益凸显，如强调"民众取向"和"文化取向"的"日常生活史"日渐受到关注，这一概念及相关研究成果日渐增多，并有日渐凸显为与"社会生活"有所区别的独立领域的趋向。2008 年中国社会史学会第十二届年会的主题即为"日常生活与政治变动"②。"日常生活"的概念被确定为大型学术研讨会的主题，标志着普通民众衣食住行等日常琐屑的生活，这些以往被视为对历史发展无关宏旨而被主流史学所忽视的内容，开始进入社会史学术研讨的中心议题，标志着"日常生活史"开始形成独立的研究领域。近年来一些学者也呼吁加强开展"日常生活史"研究，如常建华提出："生活史应当从社会生活向日常生活转移，日常生活史应当

---

① 王强主编：《近代日常生活文献丛编》，四川大学出版社 2015 年版。
② 罗艳春：《中国社会史学会第十二届年会综述》，常建华主编：《中国社会历史评论》第 11 卷，天津古籍出版社 2010 年版。

成为社会文化史、历史人类学的出发点。"① 近代日常生活史也出现活跃迹
象，甚至一些政治主题的研究领域也开始引入日常生活史视角，如2012
年12月，《抗日战争研究》编辑部等单位举办了"抗战时期都市民众日常
生活国际学术研讨会"。② 从"社会生活史"向"日常生活史"的趋近，
反映了生活史研究的深化与细化，日常生活史作为一个专门研究领域凸
显，并日渐形成特色。如其注重研究民众生活及日常普通生活的取向，特
别是注重挖掘日常生活的内在文化意涵，反映了这一研究领域具有理论追
求和文化关怀的特征。这一路向正在兴起之际，预期在今后数年内会出现
更多相关研究成果。

　　总之，经过三十年发展，近代生活史领域的研究成果已经有了相当丰
厚的积累，如由传统研究领域发展而来且出现一些新趋向的宗教信仰史，
成果出现较早且一直受到较多关注的社会风俗史，还有近年兴起的休闲娱
乐史等，都是成果比较集中的研究领域。③ 此外，还有一些研究成果较多
或新兴起的热点领域，如衣食住行等日常生活史、消费生活史、城市生活
史、农村及区域社会生活史、社会群体生活史等，下面对这些专题研究分
别作一梳理。

# 二　衣食住居

　　穿衣吃饭是人们维持生存的基本物质需求，无论何人都不可一日无
之。但衣食的内容、形式却依不同的环境和条件而有所不同，并形成一定
的文化形式。在近代社会变迁过程中，人们的服饰饮食文化也发生了相应
的变化，但以往衣食生活被认为与社会变动关系不大，很少进入史家研究

---

　　①　参见常建华《从社会生活到日常生活》（《人民日报》2011年3月31日）、《日常生活与
社会文化史——"新文化史"观照下的中国社会文化史研究》（《史学理论研究》2012年第2期）
等文章。
　　②　严海建：《"抗战时期都市民众日常生活国际学术研讨会"综述》，《抗日战争研究》2013
年第1期。
　　③　参见本书第十、十一、十二章。

范围。近十余年来，随着社会史、生活史研究的深入，近代衣食生活才开始被作为与社会变动相关互动的一个领域而日益受到关注，出现了一批研究成果。

对于近代衣食住行用等日常生活有一些综合考察，如有对近代城市社会生活方式的西俗化现象及其规律所作的探讨①，还有对政治变革时期日常生活变动的考察，如颜浩《民国元年：历史与文学中的日常生活》一书，透过民国初期文学的纪实性描述，细腻展现"民国元年"这个历史切片中的民间日常生活——男女、衣着、娱乐等，从文学叙述构建的空间中探寻时人对改朝换制的困惑，乱世飘零的艰辛，新旧道德的碰撞，岁月沧桑的感慨，以文字叙述的历史细节，贴近变革时代日常生活的"现场"。②对近代衣食生活的更多研究体现为专题研究成果。

## （一）服饰变迁
### 1. 服饰生活与文化

服饰不仅用来遮体御寒，还有外在装饰功能，具有较强的社会文化意义，因而受到较多关注。以往较多从移风易俗的风俗史角度进行研究，20世纪90年代以后，服饰变迁与近代社会变动的互动关系受到较多关注，还出现从社会文化史角度研究近代服饰变迁的新趋向，一些学者注重探讨近代服饰变迁的社会文化意涵。

李长莉认为，通商以后城镇市民穿用洋布日渐普及，带来了新的社会文化含义：洋布与土布成为城里人与乡下人衣着外观上的一般标志性区别；洋布的普及使传统服制的上下等级色彩减弱；市民的衣着消费方式更加市场化和大众化，并与近代工业制品市场相连接；市民的衣着时尚性和流行化增强。这些由洋布流行引起的人们生活方式的变化，都与城市化和市场化的趋向相联系，是中国社会近代化变迁在人们日常生活上的反映。③余红认为，清末民初服饰变迁主要表现为男子剪辫、女子放足，以及服装

①　郑军：《西风东渐与晚清城市社会生活方式的西俗化——以近代中国人的衣食住行变化为个案研究》，《北方论丛》2003 年第 5 期。

②　颜浩：《民国元年：历史与文学中的日常生活》，陕西人民出版社 2012 年版。

③　李长莉：《洋布衣在晚清的流行及社会文化意义》，《河北学刊》2005 年第 2 期。

从中、西装混杂到中西结合的新式服装的出现，民众对服饰的追求上出现了求简、求新、融合变通的价值趋向。服饰变化对文化程度不高的普通民众进行了一定程度上的思想启蒙，同时也对新的生活方式的传播起到推动作用。服饰变迁表面上改变的是人们的外在服饰，实际上对人们的思想观念、心理行为产生了潜移默化的影响，折射出社会转型时期民众文化心理的改变和自我调适。① 王彤旭通过对 1906—1912 年《申报》中剪辫易服信息的调查，对其剪辫易服舆论宣传的内容、特点、技巧、因由进行了详细的评述与梳理，探究《申报》作为大众商业报纸，对于剪辫易服的舆论宣传发挥了重要作用。② 还有相关研究对辛亥革命和五四时期社会剧烈变动引起服饰变革作了分析。③

将近代服饰变迁还原到生活领域进行考察，也是近年出现的新趋向，表现为一些区域服饰文化变迁的研究成果。亓延对 1861—1949 年山东民众服饰变化作了考察，从日常服饰形态、礼仪服饰习俗、历史演变特点、地理分布特征、齐鲁文化体现等方面，分析了近代山东服饰变迁的地域特征，探讨了社会因素变迁对近代山东服饰发展的影响。其文指出，作为孔孟家乡的山东，传统儒家礼教文化一直深刻影响和制约着山东人的生活方式、服饰穿着与搭配。近代山东人服饰发生了很大变化，鲁东半岛沿海地区具有典型的中西服饰文化交流的特征，传统服饰体系也出现了中西服饰杂糅的现象，其服饰文化定型为一种区域服饰文化体系。近代山东服饰变迁的整个过程，都带有山东人心理、品性的深刻烙印。④

还有对华北农村近代服饰变化的考察，认为出现了工业纺织品取代手工纺织品的现象，各种新颖的服饰款式不断出现，种类日渐增多，但这种变化是缓慢而又不平衡的。⑤ 还有对特定城市服饰变迁的考察。如谢金伶

---

① 余红：《清末民初服饰变迁的文化阐释》，硕士学位论文，安徽大学，2007 年。

② 王彤旭：《〈申报〉(1906—1912) 中剪辫易服的舆论宣传研究》，硕士学位论文，黑龙江大学，2014 年。

③ ［日］山内智惠美，《辛亥以后汉族服装的突变》，《烟台大学学报》1996 年第 4 期；《五四时期汉族服装变革的趋势和原因》，《西北大学学报》1996 年第 3 期。

④ 亓延：《近代山东服饰研究》，博士学位论文，江南大学，2012 年。

⑤ 饶明奇：《论近代华北农村服饰的变迁》，《郑州大学学报》（哲学社会科学版）1997 年第5 期。

研究了20世纪二三十年代北京服饰变化，认为当时的变化呈现出服饰表现形式上的新旧杂陈、中西并存性，人们对服装选择上的从众性和盲目性，同时带有浓厚的保守性。论文指出北京服饰变化过程，或者由当时政府强令推动，或者受上海潮流的带动，大量传统成分的存在导致在服饰上含有消极因素和惰性色彩，缺乏自主更新的内在动力。①

还有研究者梳理了民国男性服饰的发展脉络，论述中、西式男装变革动向和推动因素，归纳民国男性服饰的形态特征与物象意蕴，并剖析其与女性服饰在形态意蕴上的差异。论文挖掘民国男性服饰的深层文化，探索男性服饰与时代思想、社会生活、权力体制之间的内在联系。②

**2. 女子服饰**

由于性别文化的影响，女子服饰比男性服饰更加多样多变，特别是近代女性身份、角色、地位等变化剧烈，也反映在女子服饰变化明显，因而受到研究者关注，出现较多研究成果。

有些关于近代女性服饰变迁的综合研究，如吕美颐指出，鸦片战争以来女子服饰式样逐渐发生变化，清末出现崇尚男装、青睐西式服装的趋向，民国初年呈现出多样性特点，经过改良的旗袍在20世纪二三十年代尤为流行。近代女子服饰变迁的总趋向是追求适体与方便，并与社会近代化的潮流相适应。③ 罗苏文对清末民初政治转换之际女性妆饰出现明显且快速变迁作了探讨。④ 金炳亮分析了民国时期女子服饰的改革问题。他指出，民国初期政府所实施的服饰改革仅限于男性，引起了女权领袖的不满，她们也提出了更新女子服饰、简化女子装饰的问题。女权领袖所热衷的是服饰的随意性、多样性和奇异性。从总体来看，民初女子服饰的变革既具开创性，又有很大的盲目性。⑤

城市女性领风气之先，是社会身份、角色变化最早最明显的群体，也是服饰变化领先的群体，城市女性特别是引领全国风尚的上海城市女性服

---

① 谢金伶：《20世纪二三十年代北京服饰研究》，硕士学位论文，首都师范大学，2008年。
② 张羽：《民国男性服饰文化研究》，博士学位论文，上海戏剧学院，2014年。
③ 吕美颐：《中国近代女子服饰的变迁》，《史学月刊》1994年第6期。
④ 罗苏文：《清末民初女性装饰的变迁》，《史林》1996年第3期。
⑤ 金炳亮：《民初女子服饰改革述论》，《史学月刊》1994年第6期。

饰变迁吸引了较多关注。张敏指出，上海开埠后成为向世界开放的通商大邑，太平军战争后五方移民杂居，服饰习俗受社会变动影响，外观与内涵都发生程度不等的变化，越到后来变化越快，可由习尚的变化观察近代服饰中心转移、社会某些制度和观念的变迁。[①] 初艳萍指出，20 世纪 20—40年代上海出现改良旗袍并流行，迎合了当时社会的变迁和妇女身份的重塑，上海妇女的职业道路、消费心态和家庭婚姻生活，反映在改良旗袍上，是近代上海社会妇女矛盾身份的写照。同时改良旗袍在上海社会的变化受到了政府力量的控制和社会舆论的关注。民国年间以改良旗袍为代表的上海服饰能够引领全国的时尚潮流，与上海文化的外向性有着密不可分的关系。[②] 樊洁指出，清末民初，上海名妓巧妙地将传统意趣和西方流行元素混融于一体，以趋洋炫异的消费品位，中西合璧的室内陈设，靓丽新奇的妆容和衣饰，创造出一种具有新活力的时尚文化。由名妓带动的时尚妆饰，逐渐变为一种流行于女界的装扮风格而为公众所接受，其别具一格的风范为传统女性提供了具有突破性意味的妆饰和行动模式，并为女性进入公共领域开启了新的空间，兼具时尚之外的历史意义。[③] 鞠萍认为，1927—1937 年，在西俗东渐的影响、商业活动的诱导、政府的有限推动、"摩登"女性的示范以及社会舆论的引导等社会多种因素共同作用下，人们逐渐形成新的审美观。健康自然、时尚性感、简约美观等成为人们审视都市女性美的新的标准。上海女性的美容妆饰在新的审美观的指引下出现变化，呈现出多元性、时尚性、创新性、盲目性和差异性等特点。[④] 还有对近代上海与北京女性服饰变迁的比较研究。[⑤]

关于近代服饰变迁研究，虽然从以往风俗史到近年生活史和社会文化

① 张敏：《试论晚清上海服饰风尚与社会变迁》，《史林》1999 年第 1 期。
② 初艳萍：《20 世纪 20—40 年代改良旗袍与上海社会》，硕士学位论文，上海师范大学，2010 年。
③ 樊洁：《上海名妓妆饰中的时尚设计文化（1890—1918）》，硕士学位论文，华东师范大学，2014 年。
④ 鞠萍：《民国时期审美观与上海女性美容妆饰（1927—1937）》，硕士学位论文，华中师范大学，2008 年。
⑤ 屈宏：《近代中国城市女子服饰变迁述论——以京沪地区女子流行服饰为重点》，硕士学位论文，吉林大学，2004 年。

转向，研究走向深入，但总体来看还处于数量有限且比较笼统、分散状态，有待更系统、深入的研究。

### （二）西餐传入与饮食文化

西方饮食文化传入及传播，是近代饮食生活中引人注目的现象，一些研究者对这一现象作了考察，并注重探讨其与近代社会变革的互动关系，以及其带有中西文明和生活方式交会的内涵。

尉麒珺认为，鸦片战争之后随着消费崇洋之风从通商城市兴起，西餐馆也开始出现，并逐渐向其他城市蔓延开来。作者以"筷子"和"刀叉"分别作为中西"饮食文明"的重要符号，对中西方各自眼中的对方形象与自身文化心理的变化进行深刻剖析。西食东渐之后，中国饮食文化领域发生了深刻变革。大量舶来的西方食品，丰富了中国人的饮食生活，拓展了饮食市场，中国人自己的民族食品工业得以崛起并长足发展。来自西方的卫生、营养观念逐渐深入人心，在"强国健民、救亡图存"的时代背景下，对提高中国人的健康水平起到作用。[1] 蒋建国通过对《申报》《游戏报》《国闻报》《大公报》等报刊刊登的西餐馆广告进行梳理，考察了西餐消费的地域传播和社会化进程，西餐消费从私人空间向公共空间转向。该文指出，各种西餐广告对消费地理、消费形式、消费空间和服务等方面的介绍，不仅推动了西餐消费文化的传播，也为我们认识晚清社会生活的多元化和西餐消费文化的变迁提供了历史见证。[2]

上海是西方饮食文化传播最为突出的城市，因而受到研究者关注。邹振环认为，近代西餐引入上海，与之同时输入的还有西餐礼仪，是中国人了解西方人日常生活行为方式的重要环节，成为近代中国人了解西方文化的重要构成。西餐像一扇直观西洋异质文化的窗口，立体地显现了西方的物质与精神的综合形象，成为上海人理解西化的物质元素以及由此而带来的西方的礼仪、西方的精神元素巧妙的体验载体。西方餐饮食俗的引进，

---

[1]　尉麒珺：《近代西方饮食文化对中国社会的影响》，硕士学位论文，浙江工商大学，2012年。

[2]　蒋建国：《晚清消费文化中的西方元素——晚清时期报刊广告与西餐消费的变迁》，《学术月刊》2013年第12期。

以及与中餐的交融突出地反映了近代上海租界生活多元化格局的形成，成为近代上海城市文化空间拓展过程中重要的一环。① 唐艳香、褚晓琦《近代上海饭店与菜场》一书，在对近代上海饭店与菜场的研究著作中，考察了近代上海的中西各类餐馆饭店，与上海城市社会发展、城市空间拓展、城市功能分区、城市生活的关系。该书指出饭店作为一个社会空间具有多种功能，是饮食空间、社会活动空间、娱乐空间，也是展示上海社会风情世味的窗口。该书还考察了菜场与市民生活关系，菜场不仅作为市民生活消费活动场所，也作为城市公共空间，汇集着各种社会矛盾，菜场里发生的人和事，展示着近代上海城市居民丰富的日常生活，折射出城市居民生活方式以及生活习惯的变化。②

关于近代饮食生活研究，由于其涵盖内容所限，研究成果不多，有待从饮食生活与社会文化联系中深入探索其在近代社会变革中的意义。

### （三）住居

住居生活虽然也是人们必需的日常生活条件，是反映人们生活水平的一个重要指标，但由于人们的住居相对稳定，与社会变动关系不紧密，因此关于近代住居生活的研究一般只是作为生活状况研究的附属内容，专题研究成果不多。相对研究较多的是住居生活变动较明显的上海。如张生《上海居，大不易：近代上海房荒研究》一书，考察了近代上海贯穿近百年的住房紧张而形成的房荒现象，梳理了自租界华洋杂居而产生房荒及至后来历次社会动荡、战乱等造成房荒问题的轨迹，集中对 20 世纪 20—40 年代房荒中的官方应对、房荒问题与上海各阶层人的住居选择、历次房客减租运动作了研究，揭示了近代上海房荒问题所折射的中国人住居习惯与城市近代化发展的内在矛盾。③

照明是居住环境的一个重要条件，近代通商后，西式照明工具也渐次输入，使人们的照明方式发生了变化，对人们的生活方式产生了很大影

---

① 邹振环：《西餐引入与近代上海城市文化空间的开拓》，《史林》2007 年第 4 期。
② 唐艳香、褚晓琦：《近代上海饭店与菜场》，上海辞书出版社 2008 年版。
③ 张生：《上海居，大不易：近代上海房荒研究》，上海辞书出版社 2009 年版。

响。孙邦金通过对晚清温州煤油灯普及的个案研究，探讨了照明方式改变对中国人日常生活中时间利用及观念转型的影响。[①]

# 三　交通方式

交通工具由西方引进机械动力而取代中国传统自然动力的过程，带来了中国近代交通革命，深刻影响了人们出行流动方式与范围，改变了人们社会生活节奏与内容，成为影响中国近代社会变革的一个重要方面，因此近代交通变革及其与社会生活关系受到较多关注，出现了较多研究成果。

已有对近代交通的综合研究，苏生文《中国早期的交通近代化研究》一书，对船舶航运、铁路火车、公路汽车等交通近代化变迁作了综合考察，并对城市交通近代化过程中乡与城、私与公、旧与新、弱与强、华与洋等几类矛盾作了分析。[②]刘莉指出，近代人们的出行生活经历了从传统行旅交通到新式行旅交通的演变，在经济方面的影响主要表现在交通客运业、人口迁移及旅游业等方面；对社会生活的影响则体现在提高了生活质量、改变了生活观念，并与社会风气的变迁紧密相连。另外，行旅交通的演变在以新代旧的主流趋势之上，呈现出艰难性、地域差别性以及新旧并陈、中西并存的独特而显著的特点。[③]李长莉认为，近代交通工具的革命产生了多方面的社会文化效应：人们的出行更加快捷、舒适、方便，对人们认识并接受近代工业科技起到了一定的启蒙和先导作用；人们的出行频率更高，人数更多，社会流动增大，扩大了公共活动空间，促进了公共活动，为近代公民社会提供了一定的条件；人们的出行方式商业化程度大增，因而也更趋于平等化、大众化，以往的等级色彩趋于淡化，促进了人们的平等意识；交通工具发展的不平衡也拉大了城乡出行方式的差别，形

---

① 孙邦金：《照明方式的变革与中国传统昼夜时间生活的近代转型——以晚清温州炼油灯的普及为例》，《民俗研究》2016年第3期。

② 苏生文：《中国早期的交通近代化研究》，学林出版社2014年版。

③ 刘莉：《近代中国行旅交通的演变及其影响》，硕士学位论文，吉林大学，2007年。

成城乡新旧二元化的出行方式及城乡人眼界和观念的差别。①

关于具体交通工具新旧交替对人们生活产生的影响，如轮船，吴昌以宁波为例，讨论了轮船输入后对当地民众生活的影响。② 铁路，阚晨霞指出，1906—1915 年的《申报》有大量报道铁路"反日常"现象，事故、犯罪等"不安全"，售票、开行制度等"不便利"，设施和管理的"不舒适"，是三个基本因素。铁路"反日常"现象产生的原因，主要是铁路建设过程中损坏民众利益的恶政以及战争、匪患等，自然灾害与疾病也会造成"反日常"现象增多，而铁路系统自身存在的管理弊端、技术水平低下也是影响因素之一。③ 徐涛考察了近代自行车的进口状况与传播过程，讨论了各时段中国人对自行车的反应，对引入初期"自行车技术源自中国说"的成因史料作了考辨，揭示东西方文明在器物层面上的碰撞痕迹，中国人面对全新技术的应对策略和认知水平。④ 陈晋文讨论了民国时期1927—1936 年汽车在城市中的日渐增多，对城市社会生活方式变迁带来的影响。⑤

交通近代化最为明显的是城市公共交通的发展，这是城市生活近代化的重要内容，因此受到较多关注，出现了较多研究成果。鲍成志认为，19世纪晚期，新式公共交通在中国城市兴起以后，不断嬗递变更，成为推动城市早期现代化的重要动力和衡量城市兴衰发展的重要尺度。⑥ 邱国盛认为近代中国城市的"交通革命"从人力车开始，由于它的机械构造，廉价、快捷、方便、省力的特征使人力车在一定程度上实现了对轿子等旧式

---

① 李长莉：《近代交通进步的社会文化效应对国人生活的影响》，《学术研究》2008 年第 11 期。

② 吴昌．《近代轮船与民众生活——以宁波为例》，《温州职业技术学院学报》2015 年第 15 卷第 4 期。

③ 阚晨霞：《清末民初铁路"反日常"现象研究——以 1906—1915 年的〈申报〉报道为中心》，硕士学位论文，苏州大学，2015 年。

④ 徐涛：《自行车与近代中国（1868—1949 年）》，博士学位论文，华东师范大学，2012 年。

⑤ 陈晋文：《民国时期的汽车与近代城市社会生活方式的变迁（1927—1936）》，《贵州社会科学》2018 年第 2 期。

⑥ 鲍成志：《试论新式公共交通兴起与近代中国城市发展》，《四川大学学报》（哲学社会科学版）2009 年第 2 期。

交通工具的超越,从而推动了城市公共交通向前发展。但人力车的存在和它与电车、公共汽车之间持续不断的冲突毕竟又在很大程度上影响甚至阻碍了城市公共交通早期现代化的进一步发展。①

除了上述对交通变革的综合性研究之外,还有不少对于特定城市或地域交通变迁进行考察。如交通近代化发展最早也最显著的上海,引起较多关注。陈文彬《1908—1937年近代化进程中的上海城市公共交通研究》一书,考察了清末民国时期上海中外公共交通企业的经营与管理,认为近代上海城市公共交通事业是在各种社会力量、利益主体的相互博弈中向前发展的。这些错综复杂的社会关系和社会矛盾,构成了公共交通近代化进程中的重要变量,决定了上海公共交通近代化的路径和样式。他还对近代上海公共交通的结构与城市节奏变迁、上海公共交通与市民生活关系作了研究。② 何兰萍指出上海公共租界当局为了维护交通秩序,通过强化交通管理人员的职能分工,健全交通管理机构,加强交通法规的颁布与执行等一系列措施对交通问题加以防范和解决,构建出一套具有近代意义的城市交通管理体系,控制并减少了交通意外带来的危害,创建了相对安全有序的交通环境。租界当局在实施城市交通管理的过程中,传统的中国人表现出明显的不适应性。这种不适应性在文化、利益、民族矛盾等因素的交织作用下,逐渐上升为中西之间的碰撞与冲突,但最终还是实现了某种程度的融合。租界当局实施交通管理的过程,影响了辖区内乃至整个上海城市居民的生活习性,培养了他们的规则意识和交通安全意识,促进了上海及中国其他城市的近代化。③ 杨梅讨论了近代上海交通工具的现代化进程。④

天津是继上海之后新式交通发展的城市,杜希英指出,天津随着新式马路、铁路的修筑和港口海运的发展,人力车、电车、汽车、火车等新式

---

① 邱国盛:《人力车与近代城市公共交通的演变》,《中国社会经济史研究》2004年第4期。

② 陈文彬:《1908—1937年近代化进程中的上海城市公共交通研究》,学林出版社2008年版;陈文彬:《城市节奏的演进与近代上海公共交通的结构变迁》,《学术月刊》2005年第7期;陈文彬:《近代城市公共交通与市民生活——1908—1937年的上海》,《江西社会科学》2008年第3期。

③ 何兰萍:《上海公共租界城市交通管理研究》,硕士学位论文,东华大学,2007年。

④ 杨梅:《近代上海交通工具的现代化(1842—1927)》,《现代交际》2017年第23期。

交通工具的传入，城市交通体系发生了革命性变革，对城市结构、人口流动、经济发展及市民生活等方面产生了重大影响，有力地带动了天津城市的近代化。① 刘海岩认为，20 世纪初天津引入电车，引发激烈的社会抗议，反映了演变中的城市社会接受外来事物的矛盾心态，以及对打破现存空间秩序的恐惧。最终，电车为市民所普遍接受，通车路线覆盖了五国租界和老城区，成为近代公共交通网络的中心，成为大众化的交通工具，加快了城市人口和资本的空间流动，促进了近代城市空间的重构。② 韩鹏考察了民国时期天津人力车业的兴起、发展、衰落以及所涉及的相关同业公会，探讨人力车业在天津近代交通中的价值与地位和对天津社会生活及城市近代化的意义。③

北京虽然交通变革开始较晚，但由于其首都的优势，后来发展较快。李志红考察了北京公共交通发展的历史轨迹，公共汽车事业的经营状况，分析民国时期北京城市公共汽车事业的经营组织形式。她指出北京城市近代化发展迟缓导致城市公共交通系统滞后，制约了公共汽车事业的发展；政府公用事业经营模式上的弊端，策略失当，垄断经营公共汽车事业，限制了融资渠道，公共汽车事业的发展无法得到足够的资金支持；同时指出尽管发展不足，公共汽车还是对北京城市旅游业和近代意识带来了一些影响。④ 李玉梅考察了北京的市政建设、北京电车公司的创办过程、发展变化、经营状况、职工生活状况和劳动条件、兼营公共汽车以及电车与人力车的矛盾等方面，探讨北京电车公司在北京城市公共交通近代化过程中的作用，并分析北京电车公司惨淡经营、缓慢发展的原因，从而透视出旧中国北京城市交通近代化的艰难历程。⑤

南京是北伐后的国民政府首都，交通市政也有较大发展。吴本荣指出，清末以后伴随西式马车、人力车、火车、汽车等新式交通工具先后传

① 杜希英：《交通变革与天津城市近代化》，《中国城市经济》2011 年第 8 期。
② 刘海岩：《电车、公共交通与近代天津城市发展》，《史林》2006 年第 3 期。
③ 韩鹏：《民国时期天津人力车研究》，硕士学位论文，辽宁大学，2013 年。
④ 李志红：《民国时期北京城市公共汽车事业研究（1935—1948）》，硕士学位论文，首都师范大学，2008 年。
⑤ 李玉梅：《民国时期北京电车公司研究》，博士学位论文，河北大学，2012 年。

入南京，新式马路、铁路、公路等交通基础设施相继修建，近代南京公共交通应运而生。近代公共交通的发展带来了城市空间、城市管理、人口流动、市民生活等诸方面的改变，对南京的城市近代化产生了重要影响。[①]李沛霖考察了清末至抗战前南京公共汽车、出租汽车、人力车业等公共交通业的票制、车辆、营业情况，认为南京公共交通满足人口需求、均衡人口分布及促进人口流动，与城市人口产生良性互动；以公共交通业所缴纳的车捐为战前南京城市财政收入做出巨大贡献；订立交通法规、加强车辆管理、强化人员训验及改进交通设备，促进了城市管理；公共交通发展使时间观念的强化、城市意识的推进及生活质量的提升等，改变了城市生活。[②]邢利丽考察了国民政府定都南京后到南京解放前，南京城市公共汽车事业兴起的背景、发展情况、经营状况、管理情况和影响。她指出南京城市公共汽车事业的发展，经历了尝试、失败、发展、辉煌、亏损等一系列过程，促进了城市空间的融合；提高了城市的管理水平；促进了城市商业的发展；加速了南京城市旅游业的发展；提高了民众的公共文明意识；提高了女性的就业意识；改善了人们的生活等。[③]李沛霖通过考察抗战前南京公共交通与生活空间、日常流动、时间观念和市民意识等城市生活方式的各方面交互联系，管窥两者间的交相作用，进而检视南京城市自近代向现代嬗变的真实场景。[④]

重庆作为抗日战争时期的陪都，交通状况也受到关注。薛圣坤指出，1933 年重庆公共汽车公司成立，公共汽车作为一种新颖先进的交通工具开始在重庆市区运行，但发展缓慢。抗战时期国民政府迁都重庆，沿海城市的工矿企业及大量人口纷纷迁入重庆，促使公共汽车事业有了很大发展，但也存在一些局限。1946 年国民政府还都南京后，由于缺少了中央政府财

①　吴本荣：《公共交通与南京城市近代化（1894—1937）》，《南京工业大学学报》（社会科学版）2009 年第 1 期。

②　李沛霖：《抗战前南京城市公共交通研究（1907—1937）》，博士学位论文，南京师范大学，2012 年。

③　邢利丽：《国民政府时期南京城市公共汽车事业研究》，硕士学位论文，安徽大学，2014 年。

④　李沛霖：《近代公共交通与城市生活方式：抗战前的"首都"南京》，《兰州学刊》2014 年第 9 期。

政支持，重庆城市公共汽车事业经营状况日趋恶化，到重庆解放前夕，公共汽车事业到了几乎无法正常经营的状况。作者指出重庆城市公共汽车事业的发展壮大是国民政府中央管理扶持的结果。[①] 张伟指出，抗战前重庆市内交通以小轿、滑竿、人力车、木渡等交通工具为主，抗战时期是重庆城市公共交通发展的黄金时期，主要表现在公共交通线路、公共交通工具数量的增加和城区道路的修建、改造以及轮渡码头等城市公共交通基础设施的完善。重庆公共交通的发展为国民政府紧急疏散计划的实施提供了保证，保证了抗战时期各机关信息的畅通，便利了市民生活，拓展了市民活动空间，客观上推动了战时重庆经济的发展。然而，由于国内物资短缺、油料（煤炭）价格上涨等因素，导致公共交通企业的运营成本增加；公共交通企业管理不善，致使企业内部机构臃肿，人浮于事，管理人员贪污腐败，使得运营效率低下；抗战时期日本对重庆的无差别大轰炸，给公共交通企业造成了巨大的损失。这些因素导致公共交通企业亏损严重，严重制约了战时重庆城市公共交通的发展。[②]

除了上述全国性重要城市之外，还有关于其他多个城市交通近代化的研究。李韬认为，民国初年广州市政建设的主要内容是电车事业，从创办之始的电车承办权风波，继而是十多年的惨淡经营，到30年代这种当时先进的公共交通方式最终与广州擦肩而过。广州电车事业的这段经历反映出在民国初年动荡与分裂的社会政治局势下市政体制的不断完善与前进。[③] 艾智科认为，清末民初，特别是20世纪20年代的市政建设运动后，汉口城市建设取得了较大成就，由于一批市政专家的合理经营与管理，汉口公共汽车在创办初期得到了较好的发展，与此同时也隐藏着一些潜在的困难因素，随着时间的推移，它们凸显出来，抑制甚至摧毁了汉口公共汽车的进一步发展。尽管汉口公共汽车的初步兴办是一个简短的过程，但它却是市政建设的一次有益的尝试，它促进了城市交通的进一步发展。同时，公

———————————

① 薛圣坤：《重庆城市公共汽车事业研究（1933—1949）》，硕士学位论文，重庆师范大学，2012年。

② 张伟：《抗战时期重庆城市公共交通发展研究》，硕士学位论文，西南大学，2014年。

③ 李韬：《民国初年广州电车事业的开创与市政体制》，《中山大学研究生学刊》（社会科学版）2012年第2期。

共汽车也与当时城市居民的生活产生了一定的联系，而随着社会的发展，这种联系也愈加紧密。[1] 朱君认为清代的成都交通处于由传统的农业时代向工业时代过渡转型时期，以人力为主的轿子逐渐向半机械的交通工具——人力车、自行车和全机械的交通工具——汽车转变，川汉铁路也在这个时期得到倡筑和动工。作者指出清代成都的陆路形成了以成都为中心并向四方呈放射性状的四条交通干路。19世纪末，从日本引进的人力车由于种种原因并未在成都得到普及，传统的轿子在城市公共交通中占据了优势地位。该文也分析了交通对成都城市发展的促进作用，包括对城市人口、物质、信息流动等方面的影响。[2] 余晓峰考察了民国时期成都公共汽车的经营状况、管理体制、道路建设以及影响作用等问题，认为公共汽车的出现，极大地方便了城市居民的出门远行，促进了近代城市生活节奏和社会风气的转变。[3] 还有作者从物质文化的角度审视近代徐州城市化进程。[4]

另外，对区域交通发展与社会状况也有所研究。余建明考察了湖南近代交通发展的过程，并从经济变迁、政治变迁、社会生活变迁、思想观念变迁四个方面分析了交通进步对近代湖南社会变迁所产生的广泛影响，论证了交通发展在湖南从传统社会向近代化社会转型过程中所起的巨大促进作用。[5] 章建指出，安徽自1912年津浦铁路首通，到20世纪30年代淮南铁路、江南铁路相继建成并投入运营，初步形成了一个铁路运输网络，从根本上改变了传统社会中安徽交通格局仅以东西向的水运为主，而缺乏连通南北重要孔道的局面。在铁路以及水运等交通方式的共同努力之下，近代安徽的运输局面为之一新，极大地推动了经济社会的变迁步伐。[6] 苏玉

---

① 艾智科：《公共汽车：近代城市交通演变的一个标尺——以1929年到1931年的汉口为例》，硕士学位论文，四川大学，2007年。

② 朱君：《清代成都交通与城市发展研究》，硕士学位论文，四川大学，2007年。

③ 余晓峰：《传统与变革——从公共汽车的出现看成都近代城市公共交通的变迁》，硕士学位论文，四川师范大学，2007年。

④ 赵良宇、刘平：《近代城市物质文化的嬗变——交通工具与近代徐州城市社会变迁》，《城市史研究》，天津社会科学院出版社2009年版。

⑤ 余建明：《湖南近代交通发展与社会变迁》，硕士学位论文，湖南师范大学，2003年。

⑥ 章建：《铁路与近代安徽经济社会变迁研究（1912—1937）》，博士学位论文，苏州大学，2013年。

欣介绍了胶济铁路在德日占领下和北洋政府管理时期的营运情况及工人境遇，认为收归国有以后，胶济铁路的命运并无根本好转，考察了在南京国民政府统治下的状况和艰难发展历程。① 靳婷婷指出，河北地区1918—1937年的公路建设，经历了初步发展和快速发展两个阶段，主要有三种不同的筑路方式，即商人修办、官方修办和以工代赈。全省公路建设到抗日战争爆发前取得了一定成就，初步完善了公路管理体制，民营汽车运输业务和官办汽车运输业务得到拓展。公路建设不仅加强了河北省内外的经济联系，促进了区域经济的发展，还有效地带动了沿线地区商业的繁荣，给普通民众衣、食、住、行等物质生活带来新的变化，对社会风气和居住条件也产生一定影响。② 东北在近代是具有一定特殊性的区域，刘莉《近代东北行旅交通与社会生活》一书考察了近代东北交通演变与社会生活关系，指出近代东北，人们的"出行"生活经历了从旧式、传统的路、车、轿、马、舟，向新式、近代化行旅交通道路及工具的转变。这一演变冲击着东北古老的生活方式，不仅改变着东北社会物质生活的内容和质量，同时也使民众的精神生活发生了不可忽视的变化。城市交通由步行为主的交通方式向集中的大众化公共交通转变。长期封禁之东北地区，因这一转变而产生的影响是十分鲜明而剧烈的。近代东北城市中公共交通体系的建构，对民众生活的物质层面及精神层面均产生了重要影响，提升了民众的生活质量，推动了民众生活观念诸多方面的转变。③

与交通发展相关的旅馆业也开始有研究者关注。龚敏考察了1912—1937年旅馆业的发展脉络，以典型企业经营实际和管理规则为样本，分析近代旅馆经营与管理特征及类型、等级和行业管理相关内容，试图比较清晰地勾勒出近代旅馆行业发展的全貌。该文认为近代旅馆业在西式

---

① 苏玉欣：《20世纪30年代胶济铁路研究》，硕士学位论文，山东师范大学，2014年。

② 靳婷婷：《民国时期河北地区公路建设述论（1918—1937）》，硕士学位论文，河北师范大学，2015年。

③ 刘莉：《近代东北行旅交通与社会生活》，吉林文史出版社2016年版。该作者此前还有讨论此一问题的系列论文：《东北近代行旅交通演变与社会生活变迁》（《东北史地》2009年第6期）、《东北近代行旅交通的演变及特点》（《东北师大学报》2010年第6期）、《公共交通与近代东北城市生活变迁（1860—1931）》（《江西科技师范大学学报》2016年第1期）。

饭店的刺激带动下和中西式旅馆的探索中完成了传统旅馆业向近代旅馆业的转变过程。① 刘杨认为，20世纪30年代上海繁荣兴盛，旅馆业也已具备相当程度的现代化特征；另外，上海纸醉金迷的都市消费文化又与新式旅馆业互相影响，旅馆提供了除传统食宿服务外的越来越多的娱乐和享受，刺激并扩张了上海市民的日常生活消费，而这同时又成为上海城市发展的重要推力之一。作为第三方的同业公会和市政府则在尽力维持行业的环境以及明细行业竞争的规则，试图以制度来控制这个行业的良性发展。正是得益于三方良好的互动，共同造就了20世纪30年代上海独特的旅馆文化。②

关于近代交通发展已经有了一批研究成果，但对交通与社会生活变迁的关系尚缺乏较系统、深入的研究成果。

# 四　消费生活

人们的收入、消费等物质生活状况，反映人最基本的生存状态和生活水平，是人们维持生存并进行一切活动的基础。但是这一基础生活领域以往却很少进入中国近代史研究的视野，近年来随着社会史、经济史、生活史等相关研究的日益深入，这一领域才开始受到关注，出现了一批研究成果。这是一个经济史与社会史相重合的研究领域，本文侧重社会史及生活史的视角选取成果和内容进行梳理。

收入与消费是决定人们生活状况的基础问题，但由于近代中国地广人多，城乡、地域、阶层差异巨大且变化剧烈，相关统计资料又欠缺，要对全国城乡各地民众的收入与消费状况进行综合性、全面性的研究，可谓相当繁难。但在长期研究积累的基础上，近年有研究者对这一论题作出了比较成熟的研究成果。

收入是生活消费的前提，中国近代社会各阶层、地域、城乡民众的家

---

① 龚敏：《近代旅馆业发展研究（1912—1937）》，博士学位论文，湖南师范大学，2011年。
② 刘杨：《1930年代的上海旅馆业研究》，硕士学位论文，东华大学，2013年。

庭收入情况怎样？社会财富是怎样分配的？关永强《近代中国的收入分配：一个定量的研究》① 一书，从经济视角对近代中国城乡民众的收入分配问题作了较全面的定量考察。书中讨论了农家的收入状况和地区间、阶层间收入分配的差异情况，农家的消费、负债与生活水平和各阶层间消费水平的差异，在此基础上讨论了农民生活状况与农村经济及土地改革的关系。书中还考察了城市买办、商人、官员、知识阶层、工人等各阶层的收入状况及消费水平，讨论了城市各阶层的就业状况，在此基础上分析了二元经济转型的失败及其原因。此书对于城乡各阶层收入水平、经济状况、消费水平等的综合定量考察，比较客观地展现了近代城乡民众的基本收入和生活状况。

物价和收入是决定人们消费生活的基本元素，王玉茹《近代中国物价、工资和生活水平研究》② 一书，运用计量分析方法，考察了近代城市和农村物价变动与工资和生活水平变动的相互关系，探讨中国近代经济发展和国民经济结构变动的原因，呈现了近代城乡民众的一般生活水平及消费生活状况。

还有学者对消费生活的社会文化意义作了探讨。李长莉讨论了晚清洋货流行引起人们消费风气的演变，从被国人视为有害道德的炫耀性消费风气，到人们逐渐接受洋货，群相趋从，新奇相尚，形成流行时尚性消费风气，直至洋货进入日常生活一般消费品领域，形成实用性消费风气。市场的消费规则，贯穿传统与近代的日常生活的"经济实用"消费原则，引导民众通过与日常生活相连接的市场接受近代工商业制度，体验到近代工商业给人们生活带来的福祉，认识近代工商业技术进步的趋势，给晚清中国人生活启蒙，也为当时社会变革与转型奠定了民众生活基础。③ 还考察了晚清"洋货"消费形象及符号意义的演变，指出晚清洋货经过初销、流行和普及三个阶段，在人们心目中的消费品形象也经过了从"奢侈品""时尚品"到"实用品"的演变，逐步普及化、实用

① 关永强：《近代中国的收入分配：一个定量的研究》，人民出版社 2012 年版。
② 王玉茹：《近代中国物价、工资和生活水平研究》，上海财经大学出版社 2007 年版。
③ 李长莉：《晚清"洋货流行"与消费风气演变》，《历史教学》（下半月刊)）2014 年第 1 期。

化、大众化。该书认为，时人对于洋货的符号意义，以及对于国计民生的意义及后果的认识也有变化。起初从传统"经世"角度，视一切洋货为"奇技淫巧"而主张完全禁绝，到区分"有用之物"与"无用之物"，直至从市场角度，认为洋货流行是国家财富外流的"漏卮"，同时也是增值财富的"利源"，到呼吁发展民族工商业，与外国列强争夺机制品市场，以夺回"利权"。这一演变过程，反映了当时人对于"洋货流行"这一市场现象的认识，从传统"经世论"向近代"市场论"转变，成为发展近代工商业这一社会改革思潮的重要来源和社会基础。[①]贾千慧、李晨通过对《新新新闻》刊登的广告进行分析，探讨了近代成都消费文化的状况及其建构。[②]

## 五　城市生活

城市近代化是中国社会近代化的一个重要标志，社会生活的近代化变革也首先从城市开始，特别是作为西方势力和西方文明首先进入的通商城市，更是西方生活方式输入及生活近代化变革的桥头堡，直至清末以后，伴随政治改革和制度变迁，城市生活近代化潮流向其他城市扩展，各大城市成为引领中国社会生活近代化变迁的火车头，因此近代城市生活变迁吸引了较多关注，研究成果也比较多，形成一个热门领域。

关于城市生活的综合性研究，有陆汉文通过对民国时期留下的大量调查统计资料进行计量分析，并建构民国时期城市居民生活与现代性的评价性指标体系，从群体生活与社会交往、文化教育与精神生活、收入与消费品价格、消费额与消费结构、医疗卫生状况等具体诸方面，对1928—1937年城市居民物质生活与消费水平作了分门别类的具体考察，讨论了城市生

---

① 李长莉：《晚清"洋货"消费形象及符号意义的演变》，《城市史研究》，天津社会科学院出版社 2013 年版。

② 贾千慧、李晨：《浅析〈新新新闻〉广告对近代成都消费文化的反映与建构》，《东南传播》2017 年第 6 期。

活与现代性的关系。① 谯珊对近代城市消费生活变迁的原因及特点作了考察。② 忻平主编《历史记忆与近代城市社会生活》论集，围绕社会与娱乐、组织与群体、经济与生活、文化与教育、媒体与舆论等论题作了讨论。③

更多成果是对特定城市生活的个案研究。中国近代社会明显变动以鸦片战争后开口通商为一个重要契机，通商城市成为中西文明最早交会的窗口，因此上海、广州、天津、武汉等一批通商城市生活的变动较早引起学者关注，也较早出现比较集中的研究成果。尤其是上海，作为鸦片战争后崛起的第一大通商巨埠，可以说是中国城市近代化的先导和典型，因此上海生活史也是较早受到学者关注、研究成果最多、最为兴旺的一个热门领域。在前述较早出版的忻平（1996 年）和李长莉（2002 年）的两本研究专著，分别对晚清和民国时期的上海生活作了研究之后，上海生活史研究成果持续跟进并快速发展。特别是从 2008 年开始，以上海社会科学院熊月之为首组织出版的"上海城市生活史丛书"（上海辞书出版社），在短短三年间就连续推出了两批共二十五部有关上海城市生活史的专题研究著作。这些著作的内容大部分属于近代时段，涉及的专题丰富多样，有都市生活、饭店与菜场、房荒、舞厅、照相、公共生活空间等物质生活史，还有关于买办、文人、学生、报人、律师、工人、职员、闸北居民、女性以及日侨、犹太人、俄侨等社会群体生活史。这批丛书将上海城市生活史研究推向了相当精细、深入及成系列、成规模的水平。

关于上海城市生活的综合研究，熊月之《异质文化交织下的上海都市生活》一书，考察了近代上海在中西文化交织下形成的城市生活特点，由外国租界华洋共处形成的文化特别区域、外国侨民的构成及其生活、中西文明并存与交织的生活结构、华洋矛盾与协作，指出由此形成中西文化交织下特殊的社会结构、生活方式、城市文化，揭示近代上海城市生活特点的形成与形态，以及对中国近代社会变迁的意义。④ 罗苏文《近代上海都

---

①　陆汉文：《民国时期城市居民的生活与现代性（1928—1937）——基于社会统计的计量研究》，博士学位论文，华中师范大学，2002 年。

②　谯珊：《近代城市消费生活变迁的原因及特点》，《中华文化论坛》2001 年第 2 期。

③　忻平主编：《历史记忆与近代城市社会生活》，上海大学出版社 2012 年版。

④　熊月之：《异质文化交织下的上海都市生活》，上海辞书出版社 2008 年版。

市社会与生活》一书，介绍了近代上海的社会生活现状、租界商业空间的拓展、远东国际性大都市的雏形、石库门与里弄居民、晚清公共租界的公共娱乐区、外滩与公园、近代戏剧与都市居民、清末女界与都市时尚女装、袖珍国际都会的侨民社区等。① 张雪伟考察了上海城市居住空间、休闲娱乐空间和消费空间这三类日常生活空间的形成过程，以及与城市空间形态之间的互动关系；从政治、经济和社会角度对上海城市日常生活空间的变迁进行了分析。② 张笑川《近代上海闸北居民社会生活》一书，对20世纪前半叶上海闸北城区的独特社会风貌和演变轨迹作了考察，认为闸北的崛起是上海城市中心北移和工业化发展的结果，其兴起之速、衰落之骤，与其作为上海城市发展中多种矛盾聚集地的特点密切关联。③

上海是近代报刊最早兴起并一直兴旺的城市，有通过报刊来透视上海城市生活的研究。杨朕宇《〈新闻报〉广告与近代上海休闲生活（1927—1937）》一书，选取当时发行量最大、刊登广告最多的《新闻报》为样本，探讨广告所反映的上海市民的休闲生活，以及引领的流行时尚，分析报刊广告对市民生活的影响，以及与市民生活的互动关系。④ 胡俊修指出，1927—1937年的《申报》广告包罗万象，见证了上海社会转型关键时期的市民生活，同时也在某种程度上，通过文字图片话语引导人们生活样式的改变。在大都市的商业氛围与货币原则熏陶下，上海市民逐渐养成理性精神，追求个人合理主义与社会合理主义，基于货币原则的理性精神使上海人自身也成为现实目标的追随者，精神风貌下沉。该文指出，构成上海市民日常生活的时间与空间、理性与感性、传统与现代三个维度出现失衡，从而导致身处其中的上海市民的生活处于震荡与失衡状态。⑤ 孔令姗

① 罗苏文：《近代上海都市社会与生活》，中华书局2006年版。
② 张雪伟：《日常生活空间研究——上海城市日常生活空间的形成》，博士学位论文，同济大学，2007年。
③ 张笑川：《近代上海闸北居民社会生活》，上海辞书出版社2009年版。
④ 杨朕宇：《〈新闻报〉广告与近代上海休闲生活（1927—1937）》，复旦大学出版社2011年版。
⑤ 胡俊修：《近世上海市民社会生活的解读与建构——以1927—1937年〈申报〉广告为主体》，硕士学位论文，华中师范大学，2004年；胡俊修：《嬗变：由传统向准现代——从20世纪30年代〈申报〉广告看近代上海社会生活变迁》，《周口师范学院学报》2002年第6期。

通过对《图画日报》的梳理，考察晚清上海妇女社会生活，以及番菜馆、戏院、茶馆、公园等休闲生活，探讨了社会生活、风尚及国民价值观念的变化。①

上海还是西洋生活器物引进的前沿城市，一些生活器具也较早进入人们的生活。葛涛、石冬旭《具像的历史：照相与清末民初上海社会生活》一书，考察了清末民初照相在上海引入传播及其对社会生活的影响，分析了照相在社会生活中的娱乐功能、纪念意义、身份确认功能及照片背后的政治角力。② 葛涛《唱片与近代上海社会生活》一书，考察了唱片在近代城市社会生活中发挥的独特作用、广播唱片所拥有的巨大社会影响力、唱片在近代爱国主义运动中的遭际、民国时期唱片审查制度的兴衰，对近代中国规模最大、声誉最为卓著的唱片公司——上海百代公司进行了深入的个案分析。③

关于近代通商城市生活史研究，除上述有关上海的研究之外，还有关于天津、武汉、广州等城市生活史研究的成果，这些成果对通商城市这一中国新型城市近代化过程与市民生活的互动作了研究，主要探索这些新型通商城市西风东渐给市民生活带来的变化，城市近代化变迁的状态及特性。

天津是北方最大的通商城市，较早出版的周俊旗《民国天津社会生活史》一书，以天津工商业、城市设施、交通、邮电、新闻报刊、衣食住行、文化生活与社会风情等方面的发展变化为主干，系统地研究了民国时期天津的社会生活。④ 赵天鹭《宗教信仰与近代天津社会生活研究》⑤ 一书，考察了宗教信仰在近代天津社会生活中的表现形式、影响及其作用。林小玲考察了《北洋画报》广告视野中的天津生活与西方文化，指出天津

① 孔令姗：《晚清上海城市社会生活研究——以〈图画日报〉为中心》，硕士学位论文，安徽财经大学，2014年。
② 葛涛、石冬旭：《具像的历史：照相与清末民初上海社会生活》，上海辞书出版社2011年版。
③ 葛涛：《唱片与近代上海社会生活》，上海辞书出版社2009年版。
④ 周俊旗主编：《民国天津社会生活史》，天津社会科学院出版社2002年版。
⑤ 赵天鹭：《宗教信仰与近代天津社会生活研究》，宗教文化出版社2018年版。

城市生活不管是生活方式，还是消费方式，抑或是娱乐方式，都在广告的影响下从传统的单一、保守发展为近代的多样化、时尚化。《北洋画报》广告在传播西方文明、推动近代天津社会变迁中起着重要的作用；同时，广告对西洋物质消费的推崇，在一定程度上阻碍了中国本土民族企业的发展，也助长了社会的奢靡之风。①

　　还有关于广州、汉口、青岛等早期通商城市生活的研究。蒋建国《广州消费文化与社会变迁（1800—1911）》一书认为，广州在清代一直作为通商口岸，在近80年的对外垄断贸易中，成为著名的国际性商贸城市。广州的酒楼、茶馆、妓院、戏院、烟馆和赌馆等场所在"消费革命"中不断发展，岭南地域风格往往与西方消费品和消费方式掺杂在一起，使晚清广州城市消费文化区别于中国内地一般封建城市的沉闷特征，而具有资本主义初期消费社会的诸多迹象，如开放性、世俗性、享乐性、时尚性和实用性等特征。② 龙其林对近代中英文报刊史料中反映的广州城市生活作了考察。③

　　任晓飞考察了民国时期汉口不同类型娱乐空间的时空变迁，探讨了汉口市民的公共娱乐生活与文化形象，描绘了基层单位日常娱乐生活中的全景画面，并通过挖掘在公共娱乐空间中所发生的形形色色的大小事件，建构了娱乐空间和大众文化的历史叙事与微观考察。其认为整个民国时期，在经历了改良、革命、战争与种种社会乱象的洗礼之后，汉口的公共娱乐空间和市民的娱乐生活，或多或少因精英的改良和政府的控制发生了变化，然而，大众文化仍显示出了其坚韧和旺盛的生命力。④ 胡俊修、肖琛考察了近代武汉农村移民底层的生活状态，分析了他们与城市商业生活之

---

① 林小玲：《西洋化生活与近代天津社会变迁——基于〈北洋画报〉广告的研究》，硕士学位论文，暨南大学，2014年。

② 蒋建国：《广州消费文化与社会变迁（1800—1911）》，广东人民出版社2006年版。

③ 龙其林：《19世纪中叶的广州城市与社会生活——基于〈广州大典〉和近代传教士中英文报刊的对照性解读》，《湖南工业大学学报》（社会科学版）2018年第4期；龙其林：《近代岭南报刊广州城市史料与城市生活研究》，《阴山学刊》2018年第6期。

① 任晓飞：《都市生活与文化记忆——近代汉口的公共娱乐空间与大众文化（1912—1949）》，博士学位论文，华中师范大学，2012年。

间的差别关系。① 马树华对 1898—1937 年青岛文化空间与城市生活作了考察，选取青岛三个不同街区，探讨了不同文化空间的形成与变化及其对社会生活、城市风格的形塑作用，力图从多个层面来论证文化空间作为一种生产力量，是在什么条件下实现，对城市生活有何影响，以及怎样在时空交迭下影响城市变迁的。②

　　除了这些对"洋"化色彩较浓的通商城市生活的研究之外，还有对"内生"色彩较重的内地城市生活研究，凸显了这类"内生性"城市与"洋派"城市的不同特性。如袁熹《近代北京的市民生活》《北京近百年生活变迁（1840—1949）》二书，对近代北京经济生活、物质生活、文化精神生活的变迁作了梳理，显示与上海等通商型城市不同的生活风貌及变迁轨迹。③ 杜丽红《制度与日常生活：近代北京的公共卫生》一书，以国家与社会互动的视角，既从国家和社会的角度阐述制度变迁的过程，也从日常生活的角度分析制度在社会中的实际运作，对近代北京公共卫生制度作了考察。④

　　有对杭州、太原、沈阳、昆明等内地城市的研究。何王芳《民国杭州社会生活》一书，讨论了辛亥革命后杭州的社会生活，分别从衣食住行与日常生活、多元情趣与城市休闲以及现代娱乐等三个方面勾勒出一个休闲城市的兴起，考察了民国时期杭州风俗仪礼的演进与更易，民间信仰的传承与变动，并指出了一些休闲失范行为。⑤ 李欢对民国时期太原居民的职业结构进行了分析，并根据市民消费水平，计算了恩格尔系数，以考察市民生活水平；根据职业分类和总消费量，计算了生活费差异系数，以考察贫富差距。从指标系数来看，当时市民生活水平多处于富裕阶层，贫富差距较大。然而分析具体的居民消费结构时，却发现居民消费多以生存性消

---

　　①　胡俊修、肖琛：《"东方芝加哥"中的下里巴人——近代武汉农村移民的底层生活》，《城市史研究》2017 年 4 月。

　　②　马树华：《"中心"与"边缘"：青岛的文化空间与城市生活（1898—1937）》，硕士学位论文，华中师范大学，2011 年。

　　③　袁熹：《近代北京的市民生活》，北京出版社 2000 年版；袁熹：《北京近百年生活变迁（1840—1949）》，同心出版社 2007 年版。

　　④　杜丽红：《制度与日常生活：近代北京的公共卫生》，中国社会科学出版社 2015 年版。

　　⑤　何王芳：《民国杭州社会生活》，杭州出版社 2011 年版。

费为主，与指标上计算出的富裕水平相矛盾。从太原原始资本积累阶段的特征入手，发现原始资本积累阶段的发展模式，对人民生活水平的提高具有一种反作用力，这种反作用力抵消了一部分生活从经济发展中的获益。资本积累的另一个负面影响是资本快速并大量地集中到少数人和少数行业中，使收入差距拉大，为社会稳定埋下了隐患。文章运用了数理统计的方法，对生活费进行了计算并绘图，以说明指标性问题，对中部城市生活，从描述性研究转向数理统计研究，具有特色。[①] 白云珊考察了1905—1931年沈阳城市居民社会生活方式的变迁。[②] 赵婷婷考察了抗战时期昆明市中下层市民的经济生活状况。[③]

有对广西、东北等区域城市生活进行研究。李琼秀对新桂系时期广西城市居民生活水平作了考察，指出抗日战争爆发以后，广西成为西南大后方的重要阵地，生产的破坏、军需物资的增加，大量人口的流入，使广西各大城市都发生了重大变化。抗战结束后，紧接着国共内战爆发，新桂系当局为了抑制预算赤字，弥补财政亏空，大量发行纸币，这使得通货膨胀更加严重，原本不断上涨的物价，更是一路飙升。新桂系时期的城市居民生活，总体生活水平低下，无论是战前还是战后，与全国其他城市同期相比，广西城市居民的生活水平都是落后的；战前城市各阶层居民的生活都基本可以维持，但是抗战爆发后，城市居民的生活普遍在急剧下降。新桂系时期城市居民生活水平的这些特点，与历史地理因素、新桂系的统治政策、战争因素、西方列强的经济侵略和资本主义世界经济危机有关。[④] 郎元智考察了近代东北城市生活中精英文化与大众文化的冲突与融合，指出

---

①  李欢：《民国太原城市变迁下的市民生活研究》，硕士学位论文，山西大学，2015年；李欢：《太原城市近代化过程中的市民生活水平研究》，《中国经济史研究》2018年第2期。

②  白云珊：《近代沈阳城市居民社会生活方式变迁研究（1905—1931）》，硕士学位论文，东北师范大学，2017年。

③  赵婷婷：《抗战时期昆明市中下层市民经济生活考察》，硕士学位论文，云南师范大学，2017年。

④  李琼秀：《新桂系时期广西四大城市居民生活水平研究》，硕士学位论文，广西师范大学，2012年。

了其地域性城市生活的特点。①

还有对城市文化生活变迁的考察。石桂芳对民国北京政府时期北京的公园与市民生活变化的关系作了比较深入的探讨。② 郭清香考察了茶馆文化与中国近代公共伦理生活的关系。③ 张艳讨论了西洋舞传入中国及对近代社会生活变迁的影响。④ 汤锐以天津为个案，考察了休闲体育在近代城市民众日常生活中的形态与作用。⑤

纵观近代城市生活史研究，已经取得了较多成果，且有日见发展的趋势。研究视角上近年也出现新趋向，如有些学者不再仅限于"平面化"地描述市民生活状态，而是借鉴"公共领域"理论，对与近代化"公共性"相契合的城市"公共空间"与市民"公共生活"的关系进行分析性研究，形成城市生活史研究的一个突出特色。这方面的研究评述可参看本书第六章和第十章相关内容。

但城市生活史研究也存在着不平衡的缺陷，上海城市生活研究成果集中，呈现一枝独秀状态，其他一些大城市生活有少量研究成果，虽然已经有对边远城市生活的研究，但仅属个案，特别是不同类型、不同地域城市生活的比较研究，是尚待开掘的领域。

# 六　农村与区域生活

中国近代80%以上人口居住在乡村，乡村农民的生活状况可说是代表了中国人主体和基础生活水平。虽然关于近代农村农民生活的资料难于收

---

① 郎元智：《近代东北城市生活中的精英文化与大众文化的冲突与融合》，《城市学刊》2015年7月。

② 石桂芳：《民国北京政府时期北京公园与市民生活研究》，博士学位论文，吉林大学，2016年。

③ 郭清香：《从晚清民国茶馆看中国近代公共伦理生活》，《伦理学研究》2018年第5期。

④ 张艳：《西舞东传与中国近代社会生活变迁》，《山西师大学报》（社会科学版）2017年第6期。

⑤ 汤锐：《各取所需：近代休闲体育视野下的城市民众日常生活——以天津为中心》，《城市史研究》2017年4月。

集，但还是有研究者不避艰难而尝试作这方面的研究。

张东刚对 20 世纪上半期中国农家收入水平和消费水平作了总体考察。① 王玉茹等分析了 20 世纪二三十年代中国农民的消费结构，着重于农民生活消费的分析，同时涉及消费的来源、消费的营养结构、消费与收入的关系、不同耕种权的农民的消费差异等问题，力求揭示这一时期中国农民消费结构的全貌。② 韩文艳主要利用民国时期农村的经济调查资料，对农村生活水平作了评估与分析，研究了农村农民的生活状况。③

由于中国国土辽阔，东西南北各地区乡村和农民生存生活状况差异很大，而人们在以自然、行政、经济及文化等因素相区隔的区域内形成区域生活共同体，往往具有一些相近的生活方式及特性，对本区域的社会、政治和经济具有一定影响，也具有一定的历史延续性。因此随着乡村研究走向深入，研究者更多集中于对某一特定区域的乡村农民生活状况作更细致的考察，这方面研究成果日益增多。

有主要对某一区域乡村农民生活状况所作的考察与研究。

由于民国时期社会学家在华北一些农村做过比较深入的社会调查，并留存下来一批宝贵的调查资料，今天一些学者以此为基础进一步对华北农村生活状况进行研究，作出了一批研究成果，形成一个研究比较集中的领域。王印焕认为，20 世纪二三十年代的华北农村，土地分配不均衡对农民的生活有着重大的影响。无论是生产还是生活，缺乏土地的农户都处于不利的一面。他们不得不因土地的不足而忍受着人力物力的浪费，入不敷出的局面迫使他们虽然节衣缩食、粜细籴粗却还是经常面临举债度日的困境，衣食住宅等生活水平的差异更是土地不足带给他们的长期苦痛。④ 李金铮通过对 20 世纪上半期冀中定县农家生活的量化分析，指出农家收入

---

① 张东刚：《20 世纪上半期中国农家收入水平和消费水平的总体考察》，《中国农史》2000 年第 4 期。

② 王玉茹、李进霞：《20 世纪二三十年代中国农民的消费结构分析》，《中国经济史研究》2007 年第 3 期。

③ 韩文艳：《民国时期农村生活水平评估》，硕士学位论文，复旦大学，2013 年。

④ 王印焕：《略论 20 世纪二三十年代华北农村土地问题对农民生活的影响》，《北京科技大学学报》（社会科学版）2000 年第 3 期。

有所增加，但因占有或耕种土地面积的不同，又有一定的阶层之别，只是这种差别不是特别悬殊。农家收支水平也有些微改善，但入不敷出的农户仍占一定比例。农家生活几都属于绝对贫困型。食品消费结构中食粮占绝对优势，且以杂粮为主，肉蛋、调味品极为少见，显属低级生存性消费。农民的穿着也非常糟糕，居住以土房居多，卫生条件极其低劣。[①] 侯建新主要根据陈翰笙等老一辈学者关于河北清苑 11 村的第一手调查资料，从穿衣、饮食、住房等日常消费以及灾荒年状况几方面，对民国时期特别是三四十年代冀中地区农民的日常生活及其水准作了实证性分析。[②] 张帅利用河北地方志和民国期间的调查资料，以 20 世纪 30 年代为重点对河北农民消费状况和生活水平进行研究，认为按照消费的目的划分，河北农民的生存资料消费占了绝大部分，消费水平属于绝对贫困型。近代以来河北农民的生活虽然有了些细微的改进，但远不足撼动其结构性的绝对贫困状态，河北地区的农业经济仍然是典型的"糊口型经济"。[③] 彭月娟对 20 世纪二三十年代河北定县（今定州市）和江苏江宁（今南京市江宁区）农民生活水平作了比较研究，两地作为华北和江南两大经济区的典型地区，农业发展条件和农民生活水平差别显著。两地政府和组织针对发展农村经济都进行了努力，但改良效果并不如预期，有些改良甚至损害了农民的利益。[④] 周俊旗对近代环渤海地区社会生活变迁作了考察。[⑤] 夏文华通过对 20 世纪 30 年代山西"新生活运动"的考察，探讨了山西民众日常生活中公共卫生状况的变化。[⑥]

---

[①] 李金铮：《收入增长与结构性贫困：近代冀中定县农家生活的量化分析》，《近代史研究》2010 年第 4 期。

[②] 侯建新：《民国年间冀中农民生活及消费水平研究》，《天津师范大学学报》（社会科学版）2000 年第 3 期。

[③] 张帅：《近代以来河北农民消费和生活水平研究——以 20 世纪 30 年代为中心》，硕士学位论文，广西师范大学，2012 年。

[④] 彭月娟：《二十世纪二三十年代定县和江宁农民生活水平之比较研究——兼论民国时期华北、江南农民生活水平》，硕士学位论文，山东大学，2013 年。

[⑤] 周俊旗：《论近代环渤海地区社会生活的嬗变》，《历史档案》2000 年第 3 期。

[⑥] 夏文华：《公共卫生与近代山西民众日常生活——基于 1930 年代山西"新生活运动"的考察》，《山西师大学报》（社会科学版）2017 年第 6 期。

陈国庆、安树彬主编的《近代陕西乡村生活变迁与慈善事业》一书，运用跨学科、多视角综合考量近代陕西乡村社会变迁状况，剖析近代陕西在外国资本主义侵略和商品经济的冲击下，传统农村经济如何转型从而推动近代陕西乡村社会的转型；从社会学的视角对近代陕西乡村宗族、家族、家庭的变迁和基层政权的变迁进行简要分析；并对不同时期教育状况，以及慈善事业的状况及变迁作了考察。①

还有关于长江流域农村生活的研究。李德英主编的《近代长江上游农民生活状况研究：以成都平原为中心的考察》一书，从水利管理与地方秩序、社仓经首与村社管理、邻里关系与纠纷处理、地权结构与佃农比例、家庭收入与消费结构、农民负担与负债水平、乡村集镇与农民生活等多方面，系统地研究了近代四川乡村农民生活状况及其变迁。② 何一民对近代四川农民的经济生活作了研究。③ 李雪锋考察了20世纪上半期上海城郊农家生活状况，探讨农家生活状况与土地占有制度、土地租佃制度的关系。④

也有对某一区域包括乡镇居民生活作总体考察的研究成果。

江南地区是宋代以后经济文化发达区域，也是城镇和乡村之间流动性大而联系紧密的一个区域，在中国近代社会变动中也居于重要地位，因此江南区域生活状况在近代的变迁受到研究者关注。黄敬斌《民生与家计：清初至民国时期江南居民的消费》一书，运用大量调查数据，对清初至民国江南居民消费生活的变迁，从衣食住行用、社交、信仰、教育等多方面作了实证性考察，指出江南地区的经济生活相对富裕，并非"糊口经济"，文献记载的奢侈风气也没有阻碍经济与社会发展，对于奢侈消费与社会生产力发展之间的关系提供了新思路。⑤ 宋立中《闲雅与浮华：明清江南日常生活与消费文化》一书，考察了明至清末江南日常生活中的消费文化，

① 陈国庆、安树彬主编：《近代陕西乡村生活变迁与慈善事业》，西北大学出版社2014年版。

② 李德英主编：《近代长江上游农民生活状况研究：以成都平原为中心的考察》，四川大学出版社2015年版。

③ 何一民：《晚清四川农民经济生活研究》，《中国经济史研究》1996年第1期。

④ 李雪锋：《20世纪上半期沪郊农家生活状况的制度因素分析》，硕士学位论文，华东师范大学，2006年。

⑤ 黄敬斌：《民生与家计：清初至民国时期江南居民的消费》，复旦大学出版社2009年版。

如婚姻礼俗在清末的演变，消费时尚与经济关系，晚清上海的江南旅馆及娱乐业状况，认为江南消费文化与商品经济有显著的互动关系，但江南日常消费多局限在衣食娱乐等纯消费领域，奢侈性消费并未能对生产进步起到明显推动作用。① 小田通过一系列个案研究对江南日常生活作了实证考察，以产品和职业等论题考察农家生计，以休闲和俗例等论题展示江南乡土生活。② 朱琳《昆曲与江南社会生活》一书指出，在江南地区盛行长达两百多年的昆曲，近代以后活动中心循着大批江浙移民的足迹而转移到了上海。在上海的"大染缸"中，昆曲表演内容和形式出现了异于往昔的新现象，虽然反映出昆曲为适应、融入近代社会生活而作出的自我调整，但未能从根本上扭转衰势。昆曲在近代急骤衰落，主要原因是在社会转型的背景下，昆曲社会生态环境受到破坏甚至遭到摧毁，江南有能力享受昆曲的人群锐减，知识分子、市民、农民等群体因社会生活的变动而冷落、疏远昆曲。③ 郝佩林考察了苏州评弹在近代江南乡镇生活中的变迁状况及其影响。④ 李学如讨论了近代苏南宗族祠产对族人生活的救助功能。⑤

安徽徽州也是一个具有深厚历史文化底蕴的区域，王振忠通过解读晚清新政时期徽州知府刘汝骥的《陶甓公牍》等资料，从社会文化史的角度，透视晚清徽州的民众生活、民俗文化及社会变迁。⑥ 有学者对徽州这一传统深厚地域的民众生活方式在近代的演变作了考察。⑦ 郭学勤也通过解读《陶甓公牍》等资料，考察晚清徽州民众的生活方式较鸦片战争前发生的深刻变化：崇洋的风气；实用价值的取向；西方文化的初步认可；拜金主义的加剧以及鸦片的泛滥。这些变化反映了战乱和外国资本主义的介入对晚清徽州民

---

① 宋立中：《闲雅与浮华：明清江南日常生活与消费文化》，中国社会科学出版社2010年版。

② 小田：《江南近代民间生活》，苏州大学出版社2014年版。

③ 朱琳：《昆曲与江南社会生活》，广西师范大学出版社2007年版。

④ 郝佩林：《苏州评弹与近代江南乡镇生活》，博士学位论文，苏州大学，2018年。

⑤ 李学如：《近代苏南宗族祠产与生活救助》，《福建江夏学院学报》2018年第2期。

⑥ 王振忠：《晚清徽州民众生活及社会变迁——〈陶甓公牍〉之民俗文化解读》，《徽学》2000年刊。

⑦ 郭学勤：《晚清徽州民众生活方式追索：以〈陶甓公牍〉为例》，《历史教学》2012年第11期。

众生活方式产生的深刻影响，也给晚清徽州烙上了深深的时代印记。①

　　蒋枝偶考察了民国时期云南民众衣食住消费、娱乐、教育、医疗、婚丧嫁娶乃至迷信和三毒（鸦片烟、赌博、娼妓）等各种消费支出状况，对云南民众的消费结构和消费水平进行了测算，认为云南人口大多数普通民众的消费状况是消费水平较低、消费结构不合理、食物支出占据消费总支出的绝大部分。在两头还生存着由大官僚、军阀、地主、富商等组成的社会上层，是高消费模式，表现为消费过量，奢侈挥霍，追求各方面的享受；另一头是由乡村少地无地农民或城镇贫民组成的社会底层，其消费严重不足，维持最低的消费都很困难，时刻在与生存做斗争。消费方式呈现出一种中西杂糅、新旧并存发展的多元态势。云南社会动荡与变迁，深刻影响了消费生活的变迁。②成珊娜考察了近代南疆维吾尔族社会的政治生活、经济生活、文化生活、婚姻家庭的变迁，认为近代南疆维吾尔族社会的各个阶层，基本生活在传统的社会结构中；其社会结构相对稳定，社会各阶层的流动性不大，缺乏社会革新的推动力。西方社会的物质文明只是对社会上层的日常生活产生了或多或少的影响，并未触及广大维吾尔族百姓传统的生产与生活方式。③

　　黄正林考察了抗日战争时期的陕甘宁边区生活，认为由于物质匮乏、非生产人员比例过高和国民党政府的经济封锁，使陕甘宁边区的物质生活十分困难，影响到农民以及党政军学的吃饭、穿衣。尽管边区的物质生活困难，但娱乐生活十分丰富，经常举办各种晚会、舞会和体育活动等，丰富了人们的业余生活。抗日战争时期，不论是边区的物质生活，还是娱乐生活都有着强烈的时代特征，成为一种时代精神的象征。④

　　关于近代农村与区域生活的研究，虽然近年日益受到较多关注，也陆续出现研究成果，但由于生活内容琐碎庞杂，难于计量，生活变迁比较缓

---

① 郭学勤：《晚清徽州民众生活方式追索：以〈陶甓公牍〉为例》，《历史教学》2012 年第 11 期。

② 蒋枝偶：《云南民众消费问题研究（1911—1949）》，博士学位论文，云南大学，2012 年。

③ 成珊娜：《近代南疆维吾尔族社会生活研究（1884—1949）》，博士学位论文，陕西师范大学，2010 年。

④ 黄正林：《抗日战争时期陕甘宁边区的社会生活》，《中共党史研究》2008 年第 6 期。

慢也难以凸显特点，加之资料缺乏，因而研究难度较大。现有研究成果也多属计量式或描述式，尚缺乏对近代农村与区域生活变迁的理论分析。

# 七　社会群体生活

社会中的人们因不同的经济、社会资源占有而分为不同的群体（阶级、阶层），一个社会群体的人们生活形式和内容往往有一定的共同性，不同的社会群体的经济能力、社会身份和文化偏好等不同，其生活形态和内容也有一定的差异，这种差异又往往反映了这一社会群体的一些社会文化特性，因此社会群体生活史也是比较受关注的一个研究领域。比较引人关注的是文人群体、女性群体、下层群体等群体生活状况。

## （一）文人生活

### 1. 旧式文人士绅

文人士绅是近代社会中的文化及社会精英阶层，他们的生活状况往往会影响到他们的观念及对社会的认知，并通过他们的记述、发言及行动对社会产生影响，因此受到学者关注。

旧式文人士绅在近代社会变迁过程中生活命运发生了怎样的改变？他们与时代变革有怎样的互动关系？这方面有一些探索研究。

李细珠对鸦片战争后浙江海宁乡村士绅管庭芬的日记作了解读，认为作为一个普通的乡村士绅的管庭芬在"近代"边缘的生活世界具有相当普遍的代表性，或许正是因为有千千万万像管庭芬这样拒绝转型的普通士人与民众，故而使转型的道路显得颇为艰难曲折，甚至因为被迫转型而变得扭曲畸形。至于这究竟是中国传统社会的阻力还是生命力，却非常值得引人深思。职是之故，所谓"近代"与"近代化"的意义或许当予以重估。[1] 蒋纯焦以晚清乡村塾师王锡彤为个案，从其身世与学业、职业活动、

---

[1] 李细珠：《士绅在"近代"边缘的生活世界——嘉道咸同时期管庭芬日记解读》，《社会科学研究》2016 年第 3 期。

经济生活、身份变动等方面,来具体剖析晚清底层士子的生活与教育,探讨近代教育界传统士子的个人命运与时代发展的相互关系。① 张博选取清代前期、中期、末期三个文人的日记,考察清代不同时期士人的日常生活状态。作者认为他们都崇尚理学、固守旧道德,在礼仪、秩序等多方面表现执着,以此区别于普通的民众。他们对学问的态度,都坚持理学,排斥佛教、道教以及带有神秘思想的异端邪说。但从他们生活中的行为来看,他们无法摆脱自明末以来形成的三教合一潮流,他们也无法忽视宗教世俗化的力量。此类群体借助摆脱体力劳动,对于文化产品的欣赏与消费、外在穿着、处事方式等来彰显自己的特殊身份。从他们日记中所反映的个人生活来看,不同时期并未有明显的差异。②

行龙以晚清山西士绅刘大鹏的《退想斋日记》为样本,将刘大鹏置身于所处的时代,叙述其五次科考、舌耕二十年、亦农亦商的一生。文章尝试打破"问题意识"的常规,通过历史叙事的方式,勾画清末内地乡绅生活及心态变迁的轨迹。③ 王颖也以刘大鹏《退想斋日记》为依据,探讨其日常生活空间和关注的视野。作者指出,作为一名乡村绅士,他的生活空间主要在其所在县域周围,但是面对社会变革,他关心整个国家和社会的命运。④ 崔幼玲也据这一资料考察了乡绅刘大鹏在人生不同阶段对社会环境变化的观察及适应这些变化所作的个人人生的适应性调整。⑤

### 2. 新式职业文人

近代以后首先从通商城市开始出现一批由旧入新或新式文人,他们的生活状况已经与传统文人有所不同。清末废科举、学制改革后,受新式教育成长起来的新知识阶层开始形成,他们基于自身生活而形成的文化观念和行为方式,也对中国社会近代化变革发挥了重要影响,因此受到较多关

---

① 蒋纯焦:《晚清士子的生活与教育——以塾师王锡彤为例》,《华东师范大学学报》(教育科学版)2006 年第 2 期。

② 张博:《清代士人的生活世界——关于三位士人日常生活的研究》,博士学位论文,南开大学,2014 年。

③ 行龙:《怀才不遇:内地乡绅刘大鹏的生活轨迹》,《清史研究》2005 年第 2 期。

④ 王颖:《从〈退想斋日记〉管窥晚清北方绅士的生活》,《郑州航空工业管理学院学报》(社会科学版)2010 年第 4 期。

⑤ 崔幼玲:《近代山西乡绅刘大鹏的人生适变研究》,硕士学位论文,宁夏大学,2017 年。

注，出现较多研究成果。

有对新文化人的生活状况进行综合性研究。知识阶层由于具有一定的专业知识、文化技能，能够得到待遇相对比较好的职业，得到相对较好的收入，并具有一定的社会地位，属于中等阶层，生活水平一般高于下层劳动阶层，有研究指出，20 世纪二三十年代教师、公务员家庭生活水平要高出普通工人的十三四倍。[①] 刘克敌透过 20 世纪一些知识分子的私人日记、书信和回忆录等，揭示他们在历史变换中的真实心理状况，研究其人际交往、经济生活、师承关系、思想轨迹等，展现他们的痛苦与欢乐、喜悦与悲伤。借由对文人日常生活的个案解读，为读者提供了一个理解 20 世纪中国文化史的全新视角。[②] 王鸣剑对现代作家婚恋生活对其创作的影响作了考察，分别探讨了鲁迅、胡适、郭沫若、郁达夫、田汉、徐志摩、茅盾、庐隐、石评梅、丁玲、戴望舒、萧红、张爱玲等作家的婚恋生活与创作的关系。[③] 冉云飞通过吴虞日记梳理了他的生活状况，认为吴虞是个不合时宜的人，是个真正的孤独者，不是因为他高深，而是因为他与人群总处在游离状态之中。他与时代并不合拍，与父亲不共戴天，和家人冷漠客套，与朋友几乎无真交心者，日记里记下了许多朋友阴暗的生活。[④] 王毅讨论了近代一些著名学者的读书生活。[⑤]

上海是新式文化事业最早涌现的城市，也是新式文人最早的孕育地和活动地，对上海新式文人生活的研究成果也较多。叶中强考察了 1843—1945 年百余年间上海文人的生活空间、稿酬制度与文人职业化、文人职业生活、文人的社会交往与结社、文学生产与流派，还对王韬、包天笑、胡适、鲁迅、沈从文、张爱玲等典型文人的经济生活和文学生活作个案分析，多侧面地展示了近代上海文人群体与个人的生活状态，揭示了近代文

---

① 慈鸿飞：《二三十年代教师、公务员工资及生活状况考》，《近代史研究》1994 年第 3 期。

② 刘克敌：《困窘的潇洒：民国文人的日常生活》，广西师范大学出版社 2013 年版。

③ 王鸣剑：《无希望的爱恋是温柔的：中国现代作家婚恋生活对其创作的影响》，中国长安出版社 2003 年版。

④ 冉云飞：《吴虞和他生活的民国时代》，山东人民出版社 2009 年版。

⑤ 王毅：《立学以读书为本——近代著名学者的读书生活》，《中国党政干部论坛》2018 年第 6 期。

人与上海的特殊关系。① 邹秀娥从晚清上海的环境及新型文化人在上海的
会聚、新型文化人的社会生活、新型文化人的文化心态三个方面，考察了
晚清时期上海新型文化人的谋生方式、消费方式、社会交往、休闲娱乐等
发生了怎样的变化。该文指出上海特殊的社会文化环境催生出新型文化人
的边际性格，他们生活在中西两个不同世界，但在这两个世界里，他们或
多或少都是个外来者，矛盾性是新型文化人最突出和普遍的心态。他们的
价值文化心态、政治文化心态、人生文化心态都发生了重大变化。他们的
行为和心态受社会氛围的影响，同时又反过来影响了社会风气。② 胡悦晗
对 1927—1937 年上海知识分子日常生活作了考察，认为他们已经开始以
一个特定阶层的整体面貌呈现。他们主要供职于出版业与教育业，职业收
入在近代上海城市居民收入中位居中等水平，但个人收入则存在巨大差
异。他们的日常交往主要在作为私人空间的家庭以及作为城市公共空间的
茶社、酒楼与咖啡馆等场所展开，交往方式主要有书信往来、沙龙聚餐、
礼物馈赠等多种类型。知名作家及地方上流知识精英阶层拥有复杂的关系
网络，其交往对象往往涉及不同阶层、不同职业的人，他们建构的社会关
系网络呈现松散与不稳定的开放状。旧派文人群体及新派作家群体的交往
对象多固定在同一阶层、相近职业之人，由此形成较为同质化与单一化的
亚群体。这一时期上海知识分子一方面其整体特征日益凸显，与其他不同
社会群体或阶层的区别逐渐拉大；另一方面，这个群体内部的差异与分化
也日益明显，同时还伴随着一定程度的社会流动，这使得上海知识分子尽
管较易萌生阶级与阶层意识，但却不易就知识阶层的属性、特征等关键问
题达成共识。③ 刘克敌等还汇集民国时期杭州知识界的日常生活及学术状
况，并对此进行研究分析，总结出这一人群的生活特色。④

---

　　① 叶中强：《上海社会与文人生活（1843—1945）》，上海辞书出版社 2010 年版；叶中强：
《晚清民初上海文人的经济生活与身份转型：以王韬、包天笑为例》，《上海财经大学学报》2007
年第 6 期。

　　② 邹秀娥：《晚清上海新型文化人的社会生活与文化心态》，硕士学位论文，山东大学，
2006 年。

　　③ 胡悦晗：《日常生活与阶层的形成——以民国时期上海知识分子为例（1927—1937）》，博
士学位论文，华东师范大学，2012 年。

　　④ 刘克敌、苏翔：《民国杭州文人日常生活》，杭州出版社 2011 年版。

　　有学者对特定文人职业群体的生活状况进行研究。王敏《上海报人社会生活：1872—1949》一书，对近代上海报人生活作了考察，对上海报人群体的来源、规模，有代表性的报人的生平及其对报业发展的贡献作了全面的介绍；对上海报人社会生活空间、工作与收入、日常生活、社会交往及感情生活等作了考察，真实再现了近代上海报人群体的生活状况及变迁。[①] 江文君《近代上海职员生活史》一书，从近代上海职员阶层的形成、生活状况的定量分析、女职员的生存状态、职员阶层的教育、职业状况、家庭生活、社会组织等方面，对近代上海职员生活变迁作了考察，是对这一近代新阶层生活史的开拓性研究。[②] 袁哲《良性互动：法学留学生与近代城市生活（清末—1937）》[③] 一书，以归国法学留学生群体在近代上海的职业活动为线索，从近代上海城市社会的法律思潮、教育、社会构成以及城市运作模式层面展开研究。通过法学留学生在近代上海的一系列活动，从不同面向展现了上海城市社会生活的近代化变迁。这个变迁的过程揭示出近代化并不是单纯地吸收和引进外来文化，而是一个外来文化本土化，本土文化转型与外来文化融合的过程，在这个融合的过程中，近代化的实践和近代化目标的设定实际上是一个同步的过程。何小莲对近代上海医生的生活状况作了考察，指出医生职业在由传统向现代的过渡中，医生资质参差，加之医政缺位、医派医权纷争，医疗市场畸形繁荣。医生职业中西竞争并存，西医显示着资产者形象，中医处"变"趋新，提示着社会风尚的改变。由仁术与利益追求的矛盾到新型医患关系的出现，医生的信仰、情趣、交游和消遣等生活方式都发生着改变。[④] 魏文享对近代会计师的职业、收入与生活状况作了考察。[⑤]

　　① 王敏：《上海报人社会生活：1872—1949》，上海辞书出版社 2008 年版；张敏：《晚清新型文化人生活研究：以王韬为例》，《史林》2000 年第 2 期。
　　② 江文君：《近代上海职员生活史》，上海辞书出版社 2011 年版。
　　③ 袁哲：《良性互动：法学留学生与近代城市生活（清末—1937）》，上海人民出版社 2016 年版。
　　④ 何小莲：《近代上海医生生活》，上海辞书出版社 2017 年版。
　　⑤ 魏文享：《"自由职业者"的社会生存：近代会计师的职业、收入与生活》，《中国近代社会经济史研究》2016 年第 2 期。

### 3. 教师与学生群体

自清末实行学制改革，兴办新式学校，教师与学生成为一个特殊群体，在社会生活中扮演着重要角色，他们的生活状态引起一些关注。

乡村教师人数众多，是承担基础教育的底层。高盼望考察民国时期乡村教师群体的生活状况，以该群体的学校教学、社会交往、社会活动为主线，并辅之以刘大鹏、黄卓甫等乡村教师的个人生活史进行研究，提供微观的、生动的、形象的教师生活图景。他认为乡村教师所面对的是一个有着良好组织、运行规律、聚落稳定的传统关系社会，与此同时，西潮汹涌，新潮乍起，处于"穷乡僻壤"的乡村教育也开始受到冲击，给乡村教师带来更多的挑战和机遇。普通生活之外，乡村教师肩负着传统中国的文明传承与近代西方的文化启蒙重任，也承载着教育进步、民族复兴的梦想。但乡村教师所得待遇相对微薄，在战乱年代和通货膨胀之下，他们甚至轮流到学生家里吃饭，以抵销工资。乡村教师面临上层国家意志与下层乡村生活惯性的双重压力，多数时候还要面对塾师的挑战和学生发展程度参差不齐的困扰。新式教师与旧塾师及乡民的相互关系，主要是教师对士绅的依附和反叛；教师与塾师的博弈与合作；教师对乡民的妥协和改造。①

建在城市里的大学是高端精英教育，大学教师也是知识阶层的上层精英群体。他们在钻研学问、从事著述与教学的高尚职业活动的背后，其日常生活状况怎样？与他们的职业活动有何关系？李艳莉《崇高与平凡：近代中国大学教师生活史研究（1912—1937）》②一书，考察了1912—1937年大学教师的日常生活，从大学教师的日常文化生活、日常经济生活、日常消费生活、日常交往生活以及爱情、婚姻、家庭生活诸方面进行了研究，指出近代大学教师日常生活深受时代影响而兼具中西古今特色，作为主体的人，他们的日常生活也推动了社会变迁。李晓丹对民国时期大学导师制下的师生日常生活作了考察。③

---

① 高盼望：《民国时期乡村教师的生活研究》，博士学位论文，山东师范大学，2015年。
② 李艳莉：《崇高与平凡：近代中国大学教师生活史研究（1912—1937）》，福建教育出版社2017年版。
③ 李晓丹：《民国大学导师制下的师生日常生活研究》，硕士学位论文，沈阳师范大学，2018年。

还有对特定城市或地区教师群体生活状况的研究。张明武《经济独立与生活变迁：民国时期武汉教师薪俸及其生活状况研究》一书，通过梳理民国武汉教师薪俸发展的进程、特点和影响，以探寻近代教师薪俸制度的近代化走向。① 李燕对近代教育比较发达的苏南地区女教育家的教育生活作了考察，从中探讨她们的时代与地域特性。②

学生是社会的后备人才，在中国近代是一个颇受社会注目且十分活跃的群体，他们是在怎样的学习生活状态下成长起来，由此形成了怎样的文化素质和社会特性？刘训华《困厄的美丽：大转局中的近代学生生活（1901—1949）》一书，以 1901—1949 年的近代学生生活作为研究对象，借助学生的口述与回忆资料，展示了近代大转局时期学生生活的生动图景，分析了近代学生在社会变革中的参与作用，考察了近代学生群体的学校生活、政治生活、精神生活与时代观感。③ 施扣柱《青春飞扬：近代上海学生生活》一书，考察了近代百余年间上海城市以高、中等学校为主体的新式学堂学生群体的生活状况及其变迁，包括课业、考试、图书馆与实验的学业生活，从强迫到比较自觉的体育生活，丰富多样的衣食住宿等日常生活，以及非富家子弟和外来子弟等不同群体的生活等，从多个侧面展示了近代上海学生群体的生活面貌。④ 王红雨《读书之外：近代学生课余生活管理研究》⑤ 一书，借鉴日常生活批判理念和拟剧理论，将近代学生的课余生活视为一场由国家、学校、社会与学生共同参与的精彩演出，分别探讨了在近代国家教育宗旨映射下，作为"演出布景"存在的学生时间管理、作为"形象塑造"存在的女学生服饰管理等，探讨了这些课余生活管理对学生素质和品行形成的影响。刘训华对近代学生的考试生活作了考察。⑥ 学校生活对学生会产生潜移默化的影响。关心以民国时期学校音乐

---

① 张明武：《经济独立与生活变迁：民国时期武汉教师薪俸及其生活状况研究》，华中科技大学出版社 2012 年版。

② 李燕：《近代苏南女教育家教育生活史研究》，硕士学位论文，江南大学，2017 年。

③ 刘训华：《困厄的美丽：大转局中的近代学生生活（1901—1949）》，华中科技大学出版社 2014 年版。

④ 施扣柱：《青春飞扬：近代上海学生生活》，上海辞书出版社 2009 年版。

⑤ 王红雨：《读书之外：近代学生课余生活管理研究》，中国社会科学出版社 2018 年版。

⑥ 刘训华：《近代学生的考试生活与历史镜像》，《山东高等教育》2016 年第 1 期。

会活动的发展演变及其与社会生活的互动和影响为中心，讨论音乐会与社会生活变迁问题。其认为人们通过音乐会活动，传播着新的社会文化意识，音乐会作为一种文化载体，影响着城市居民的生活，发挥着中国民族音乐的传承、发展与中外音乐文化交流的重要作用，在中国社会的近代化进程中，显示出其推进文明与进步的积极作用。①

近代社会政治动荡，战乱频仍，学生生活也受到影响，对他们的思想观念和人格素质也产生影响。何广平通过对抗战时期迁往成都的燕大学生物质生活、学习生活、课余生活及政治生活四个方面的考察，展现抗战时期大学生的生活状态及精神面貌，进而探讨燕大学生生活体现出抗战时期中国高校学生生活的特征。② 翁梓轩对 1931—1937 年处于民族危机下的徐汇中学校园生活作了考察。③

### (二) 妇女生活

妇女是近代身份地位变化较大的社会群体，妇女生活是反映近代社会变动的重要方面，因此受到学者关注，研究成果也比较多，在本书前面第五章中已经有所论述，本节将主要从女性日常生活方面稍作补充。

关于近代女性生活史综合研究较早的研究成果有郑永福、吕美颐《近代中国妇女生活》④，该书摆脱了以往妇女运动史的政治史框架，对近代妇女生活状况进行了开拓性研究。后又有王晓丹《历史镜像：社会变迁与近代中国女性生活》一书，从女性的视角出发，概括地叙述了中国近代女性生活的一系列变迁，包括女性社会角色变迁、女性教育、女性美的演变、婚姻生活、职业生涯、政治参与和女性消闲娱乐生活等。⑤ 随着研究的深化，更多的研究则是围绕某个专题进行比较深入细致的探讨。蔡虹对晚清

---

① 关心：《民国音乐会与社会生活变迁：1912—1945——以学校音乐会活动为中心》，博士学位论文，南开大学，2014 年。

② 何广平：《成都时期燕京大学的学生生活》，《攀枝花学院学报》2014 年第 2 期。

③ 翁梓轩：《民族危机下的徐汇中学校园生活考察（1931—1937）》，硕士学位论文，杭州师范大学，2017 年。

④ 郑永福、吕美颐：《近代中国妇女生活》，河南人民出版社 1993 年版。

⑤ 王晓丹：《历史镜像：社会变迁与近代中国女性生活》，云南大学出版社 2011 年版。

《申报》有关女性的寻人广告作了梳理，研究妇女的走失问题，揭示晚清各阶层妇女的社会地位及生活状况。① 邵自玲对民国城市女性在公共空间的活动即社交生活作了考察，由此探讨城市女性意识的历史演进过程，认识中国妇女解放的心路历程。② 康民强以民国女子日常生活为切入点探讨女性意识，从衣食居行、婚姻家庭、休闲娱乐等方面对女性意识进行研究，解析了女性意识觉醒的影响，分析了女性意识觉醒的历史局限性，探讨了女性意识与妇女解放的关系。其认为妇女解放是中国革命的重要内容，在伟大的革命征程中，打碎的常常是外在的封建枷锁，而妇女深层的锁链是根深蒂固的思想羁绊。妇女解放从本质上说是主客体之间的辩证互动，归根结底是妇女自身的事情。③ 程郁等对十九位解放前后在上海有过工作经历的职业女性进行了访谈，记录下她们的个人职业生涯与婚姻家庭生活及其在上海解放前后两个时代所发生的变化，为近代妇女生活史提供了生动鲜活的辅助性史料。④ 此外还有对民国军阀、政要夫人群体生活的梳理。⑤

有对特定女性群体的生活作研究，武圣圣对近代安徽农村女子生活发生的变化作了考察。⑥ 经先静对 1937—1945 年抗战时期上海女工的日常生活作了比较全面的考察，探讨了战争对她们日常生活多个方面造成的影响。⑦

身体史是近年出现的新视角，近代女性身体研究也开始出现成果。曾

---

① 蔡虹：《晚清各阶层妇女的社会地位及生活状况：以〈申报〉寻人广告为例的考察》，《山东省农业管理干部学院学报》2006 年第 6 期。

② 邵自玲：《民国女子社交生活与女性意识研究——以都市女性为主体》，硕士学位论文，广西师范大学，2006 年。

③ 康民强：《民国女子日常生活与女性意识研究——以都市女性为主体》，硕士学位论文，广西师范大学，2008 年。

④ 程郁、朱易安：《上海职业妇女口述史：1949 年以前就业的群体》，广西师范大学出版社2013 年版。

⑤ 陈宁骏：《民国政要及其夫人们：鲜为人知的政界要人家庭生活》，东南大学出版社2014年版；蒋丰：《民国军阀的后宫生活》，民主与建设出版社2015 年版。

⑥ 武圣圣：《近代安徽农村女子生活变化简析》，《天中学刊》2018 年第 4 期。

⑦ 经先静：《战争时期上海女工的日常生活（1937—1945）》，博士学位论文，华东师范大学，2017 年。

繁花指出，晚清时期时人为了救亡图存，希望培养强健的下一代国民，担负孕育下一代国民重任的女性，被赋予"国民之母"的桂冠，文人利用报刊为阵地，使用近代卫生医疗知识及手段，对女性足部、修饰、月经、乳房、生育等以往很少公开谈论的问题在报刊上进行公开讨论宣传，对女性身体健康进行了较为全面的打造。在媒体宣传的卫生观念影响下，晚清女性也由单纯的注重健康，转向通过锻炼来获得更健康的体魄。再加上当时强调"母健而后儿肥"的说教，女性与强国强种紧密地联系起来。昔日社会所倡导的瘦弱女性形体观，变为对强健体魄的追求，女子体操及简易健身法开始得到推行，女性的活动空间被进一步拓展。① 范子谦从身体史的角度看延安时期妇女解放，探究延安时期中国共产党对妇女身体与形象进行的塑造，总结妇女身体与形象的特点，分析这一塑造成果对妇女本身的深远影响，并反思这一塑造过程对中国共产党创建独具中国特色妇女解放模式即延安模式的先行作用。该文通过检视延安时期中共对妇女形象的建构过程和其背后隐含的政党权力、政治意图，透视妇女身体经历的规训历程，认为这是一个让妇女身体历经阶级化、政治化和使命化、工具化的过程。②

儿童生活与女性相关，刘媛主要利用上海市档案馆馆藏档案，国民政府、上海市政府和其他社团的各种统计、年鉴、报刊及儿童书籍和图像资料，以实证分析的方法对20世纪20—30年代上海儿童的日常生活进行了专题研究，通过再现上海城市为儿童构建的物质精神生活环境，传达社会转型期上海城市的现代化与人的现代化之互动关系。该文指出，1927—1937年上海儿童日常生活是现代化和传统社会交相渗透的结果，生活方式在传统中趋新和超越；而上海社会转型与儿童日常生活现代化又具有全方位的、渗透式的、彼此互动的特点。③ 王星慧对山西抗日根

---

① 曾繁花：《晚清女性身体问题研究——基于若干报刊的考察》，博士学位论文，暨南大学，2011年。

② 范子谦：《论延安时期中国共产党对陕甘宁边区妇女身体与形象的塑造》，硕士学位论文，山东师范大学，2015年。

③ 刘媛：《上海儿童日常生活中的历史（1927—1937）》，博士学位论文，华东师范大学，2010年。

据地的儿童生活状况及其特点作了考察，探讨这一特殊环境对儿童生活造成的影响。[①]

　　女性是家庭生活的中心，有对近代家庭生活的研究，其中多涉及女性在家庭生活中的角色与地位等问题。此外关于近代女性婚姻、家庭、缠足等生活方面一直受到学者关注，有一些研究成果，请参看本书相关章节，在此不再赘述。江文君考察了民国时期上海的小家庭生活状况。[②] 郎元智对近代东北地区家庭生活中的陋俗及其成因作了分析。[③] 李桂梅讨论了近代家庭道德生活的现代转向问题。[④]

### （三）工人及下层民众生活

　　近代城市发展，人口增多，下层民众数量也增多，除了工矿企业产业工人之外，更多数量是小工、车夫、苦力、伙计、商贩、仆佣、游民、乞丐、妓女等下层民众，形成日益庞大的城市下层群体，他们的生活状况既反映了一定的社会生活水平和差异，也对社会稳定和发展产生影响，因此受到关注。

　　近代工矿企业是中国近代新经济力量，产业工人是新兴起的近代劳动大军，也被中共作为革命运动的先进力量，工人群体的生活状况影响到他们的观念与行动，对社会变革具有重要意义，因此受到研究者关注。

　　上海是近代企业和工人群体发展最早、最快的城市，对上海工人生活的研究成果也比较集中。宋钻友等《上海工人生活研究：1843—1949》一书，分别对近代上海男工、女工和童工的谋职失业、规模分布、劳动条件、收入支出、日常生活、工会团体等作了考察，展示了近代百余年间上海工人生活状况及变迁过程，分析了工人苦难生活是工潮迭起的基本原因，认为工人处于城市的边缘，与城市文明虽有一定联系，但是是有限

---

① 王星慧：《山西抗日根据地儿童生活探究》，博士学位论文，山西大学，2016 年。
② 江文君：《万家灯火：近代上海的小家庭（1912—1949）》，《史林》2018 年第 4 期。
③ 郎元智：《近代东北地区家庭生活中的陋俗及其成因浅析》，《文化创新比较研究》2017 年第 2 期。
④ 李桂梅：《论近代家庭道德生活的现代转向》，《湖南师范大学社会科学学报》2017 年第 2 期。

的，工人生活构成了上海城市生活的一个特点。① 匡丹丹对 1927—1937 年
上海工人的收入与生活状况作了考察，指出这一时期虽然中国受到了世界
经济危机的影响，但上海工人的实际工资变化总趋势是上升的，此外还具
有一定的福利收入，上海工厂提供的福利在全国居于领先水平，种类繁
多，个别单项甚至达到较高水平。从生活费分配结构来看，上海工人的生
活水平比全国各地区的工人和农民高，并超过同期的印度工人，与 1920
年的英国相当。日常生活上，上海工人的食物结构尚属优质，热量和营养
基本能达标，不过某些细类还是相差国际标准甚远。工人住房非常拥挤，
但住宅的设施与其他地区比较尚属较好。上海工人杂费支出总额大，种类
多样，说明其生活比较丰富，但分配不甚合理。工人的娱乐方式多样，活
动范围广，但倾向于廉价消费，支出额不多。女工的经济自立和对家庭的
贡献提升了女工为女、为妻的地位，其自我意识也不断提升，对男女双方
来说，都提高了婚姻的成本，造成晚婚和对传统婚恋与生育观念的改变。
上海工人家庭的生育率在中国五大城市中最低，儿童普遍存在无人照料的
情况。社会生活方面，上海工人的社会生活交际面窄，以亲朋和相好同事
为主。寻找社会支持和拓展社会网络主要靠同乡和帮会，对工会的参与热
情反而不高，罢工行为也多非主动。民族运动中，工人的参与需依赖工人
中存在的正式、非正式组织，主要通过集体来体现。② 张伟对上海等近代
中国几个发展程度不同城市的工人及其家庭的收入作了分析，认为虽然近
代外国资本对中国的压迫和剥削给中国造成了重大损害，但客观上也促进
了近代工业的初步发展，与此相应的城市工人和工人家庭的收入有所
提高。③

　　除了上海之外，还有一些关于其他城市工人生活的研究。陈柳青考察
了 1930—1956 年天津工人的经济收入与生活状况，指出 1930—1937 年抗
战爆发前，天津工人生活状况在向一个良性方向发展，后来在抗战中这一

---

① 宋钻友、张秀莉、张生：《上海工人生活研究：1843—1949》，上海辞书出版社 2011 年
版。

② 匡丹丹：《上海工人的收入与生活状况（1927—1937）》，硕士学位论文，华中师范大学，
2008 年。

③ 张伟：《近代不同城市工人家庭收入分析》，《西南交通大学学报》2000 年第 4 期。

历史进程被打断，并因战争的破坏愈加恶化；抗战胜利后，广大工人盼望新生活，但在解放战争时期，由于国统区严重的经济危机，工人生活状况每况愈下；1949 年后，国家重视提高工人工资收入与其他待遇，因此，1949 年后工人薪金收入有所发展，但这时工人工资管理体系混乱、工人工资差距较大，而且这种提高与发展仍旧是低水平的。① 张晶根据统计资料考察抗战期间陪都重庆工人群体的收入与生活状况，指出战时重庆工人数量较多，在后方乃至全国都占较高的比重，男女工人比例结构失衡，并出现大量童工。工人各行业间收入有很大差距，战争形势的加剧使得各种生活物资紧缺，物价飞涨，货币贬值，而工人工资反而下降，在工人家庭的各类生活消费数据中，食物支出占比超过十分之七，工人家庭生活处于较低水平，连温饱问题也不能完全解决。② 鲁丹考察了民国时期淮南煤矿工人的生产与生活状况。③

人力车夫是近代城市一个人数较多的下层劳动群体，张致森考察了 20 世纪 30—40 年代成都市人力车夫的生存状况，分析他们的来源构成、工作方式、生活方式、婚姻家庭状况等，认为成都人力车夫工作辛苦，生活艰难，处于社会的最底层。他们的生存状态反映出当时中国社会大众生存艰难，面临着严重的生存压力，折射出这一时期中国社会及城市发展的畸形。④ 汤蕾通过对汉口地区 1945—1949 年人力车夫生活状况的考察，指出近代汉口的人力车夫大多是来自周边农村缺少文化和技能的农民，他们从事着最辛苦的劳动，过着最贫苦的生活，且备受恶势力的欺凌。当地政府、人力车业职业工会和人力车商及其同业公会充当了不同的管理者，共同构筑了一个多重的权力网络。尽管三者的管理也时而危害到人力车夫的生存，但三方力量的相互制衡却无形中降低了对车夫伤害的程度，使其权

---

① 陈柳青：《天津工人经济收入与生活状况考察（1930—1956）》，硕士学位论文，天津大学，2009 年。

② 张晶：《抗战时期重庆工人收入与生活状况研究》，硕士学位论文，重庆师范大学 2011 年。

③ 鲁丹：《民国时期淮南煤矿工人生产与生活状况研究》，硕士学位论文，山东大学，2017 年。

④ 张致森：《二十世纪三十一四十年代成都市人力车夫研究》，硕士学位论文，四川大学，2007 年。

益得以有一定的张扬。在多重权力的控制下，人力车夫形成了自己的生存之道。一方面，相同的身份和际遇使其在争取权益的行动中异常团结，表现出很强的斗争性；另一方面，他们"软硬"兼施，在斗争中"合法"方案与野蛮手段的共同采用提高了他们的斗争威力。这一社会上的弱势群体屡屡改变政府的决策，显示出不可忽视的力量。①

　　还有对城市下层群体生活状况的综合研究。于景莲考察了民国时期山东城市下层社会的物质生活状况，认为这时期山东城市社会下层主要有四个群体：由现代产业工人、店员、手工业工人并包括学徒在内的工人店员群体；小手工业者、小商贩、手艺人等为主的自谋生计者群体；马车夫、人力车夫以及建筑、运输、装卸、清洁等行业季节工、临时工等组成的苦力群体；乞丐、娼妓、戏子、算命、兵痞流氓等组成的游民群体。他们大多数未受过教育、缺乏熟练技术，只能靠出卖劳动力和其他低等的谋生手段维持生存。他们处在城市社会的最底层，具有经济状况的贫困性、生活质量的低层次性以及承受力的脆弱性等特点。他们生活状况困顿从一个侧面反映了该时期社会发展与转型的特点：在半殖民地半封建的社会条件下，中国工业化、城市化发展的整体低水平、不平衡，农村经济的凋敝，生产力总体水平低下，经济增长缓慢，与此相联系的劳动保护和社会保障方面的体制和措施不完善也是导致其生活困顿的主要原因。② 高杨阳考察了疾病对近代城市底层社会群体生活的影响。③

## （四）其他社会群体生活

　　除了上述对文人、妇女、工人及下层民众群体生活状况研究比较集中之外，还有一些对其他社会群体的研究。王雁考察了晚清中下层京官的日

---

　　① 汤蕾：《多重权力网络下的近代中国人力车夫——以 1945—1949 年的汉口人力车夫为中心》，硕士学位论文，华中师范大学，2006 年。

　　② 于景莲：《民国时期山东城市下层社会物质生活状况研究（1912—1937）》，博士学位论文，山东大学，2011 年。

　　③ 高杨阳：《论疾病与近代城市底层社会群体生活》，《文化创新与比较研究》2018 年第 12 期。

常生活状况，探讨了对北京官场风气的影响。① 上海城市生活史的细化研究涉及一些在上海较早发展起来的社会职业群体。马学强、张秀莉《出入于中西之间：近代上海买办社会生活》一书，指出近代上海是两种文明会合地，其特征是不中不西，亦中亦西，是一种"混合文化"，而这种"混合文化"的典型代表阶层就是买办。该书围绕近代上海买办的收入来源、财富积累、消费能力，继而与家庭生活、物质生活、消遣生活、团体活动乃至文化教育、宗教信仰等相联系，以此考察买办丰富而复杂的生活世界。②

上海通商以后，便成了一个华洋混居之地，外国侨民形成特殊的市民群体，具有不同国家民族特色的文化和生活，对上海城市生活产生了重要影响。汪之战《近代上海俄国侨民生活》一书，从物质生活、宗教信仰、民俗民风、社会团体、文化生活、经济生活、职业状况等方面全方位描述了 20 世纪前半期俄国侨民在上海的生活状况。③ 陈祖恩《上海日侨社会生活史：1868—1945》一书，考察上海日侨社会的形成、发展及日侨最后被遣返的历史过程，剖析日侨社会的内部构成和具体生活实态，重现其在经济、文化、社会生活诸多侧面的主要场景。④ 王健《上海犹太人社会生活史》一书，考察了上海犹太人，特别是在第二次世界大战期间来沪避难的大批犹太人的生活状况，展示了他们的职业构成、社团组织、教育、宗教、社交、社区生活等多方面的生活实态。⑤

晚清以后出国的华侨日益增多，他们往往与原生地保持着比较密切的关系，对中国社会变革也产生一定影响。钟敏丽以粤东梅县张家围张楚贤家族侨批为中心，对民国时期梅州华侨家族跨域生活作了研究。⑥ 龙剑平、朱小宁考察了近代海南华侨返回家乡引入了新生活方式，对当地人们的生

① 王雁：《晚清中下层京官的日常生活》，博士学位论文，华东师范大学，2017 年。
② 马学强、张秀莉：《出入于中西之间：近代上海买办社会生活》，上海辞书出版社 2009 年版。
③ 汪之战：《近代上海俄国侨民生活》，上海辞书出版社 2008 年版。
④ 陈祖恩：《上海日侨社会生活史：1868—1945》，上海辞书出版社 2009 年版。
⑤ 王健：《上海犹太人社会生活史》，上海辞书出版社 2008 年版。
⑥ 钟敏丽：《民国时期梅州华侨家族跨域生活研究——以粤东梅县张家围张楚贤家族侨批为中心》，硕士学位论文，南昌大学，2017 年。

活产生了影响。① 还有对近代一些特殊社会群体的生活所作的研究。李华丽对近代中西养济院老人生活状态进行了比较研究。② 孙春蕾对1897—1943年青岛监狱犯人的日常生活作了考察。③

关于社会群体生活,值得关注的还有90年代出现的对近代社会变动引起的人际交往关系所作的研究,如邓河《浅论中国近代社会的人际交往关系》④,还有忻平《上海人人格特征刍议——兼论20—30年代上海人多重复合的人际关系》一文,认为近代以来,上海人一直是中国一个独特的群落,其特有的生活秩序、处事规范、价值观念与人际关系形成了上海人独特的社会人格,及至20世纪20—30年代发展得十分典型。⑤ 这一论题的探索开辟了一个新的研究领域,但此后缺乏跟进的系列研究,因此属于尚待继续深入开掘的研究方向。

# 八　生活史研究特色与不足

综上所述,中国近代生活史研究经过近三十年的开拓、探索与持续发展,已经形成了中国近代社会史的重要分支,一个比较成熟的独立研究领域,近年甚至成为研究热点,在此过程中形成了一些学科特色。

首先,中国近代生活史作为中国生活史的一个断代史,与古代生活史有一个重要区别是,古代生活史由于距今年代较远,留存下来的资料有限,且变动比较缓慢,因此研究成果比较注重物质生活、精神生活和人际关系等实态原貌的梳理及生活结构的横向静态建构。而近代中国百余年处于剧烈变动和社会急剧转型时期,因而研究者更多关注社会变动与生活变

---

① 龙剑平、朱小宁:《近代返琼华侨引入的新生活方式》,《黑河学刊》2016年第6期。

② 李华丽:《近代中西养济院老人生活状态的比较研究》,《东岳论丛》2018年第3期。

③ 孙春蕾:《近代青岛监狱犯人日常生活史问题研究(1897—1943年)》,硕士学位论文,青岛大学,2018年。

④ 邓河:《浅论中国近代社会的人际交往关系》,《山西大学学报》1995年第3期。

⑤ 忻平:《上海人人格特征刍议——兼论20—30年代上海人多重复合的人际关系》,《华东师范大学学报》1996年第3期。

化二者之间的互动，注重研究在近代社会剧烈变动中社会生活发生的变迁，即更为重视纵向的变化。

其次，正是由于近代生活与社会变动之间具有密切关联，因而近代生活史研究具有较强的政治意涵、社会视野、文化关怀和理论关切，研究者需更多注意生活与政治、经济、社会、文化等诸因素的相互关联和互动关系。这既增加了近代生活史研究的难度，从而对研究者的知识结构和理论素养提出了更高要求，同时也增强了进行近代生活史研究的意义与价值。从一定意义上说，进行近代生活史研究，应当以探索中国近代化社会转型的民众社会生活基础和深层文化机制为目标，为当今社会转型提出理论方面的创新成果。

最后，近代生活史研究领域不断开拓，论题不断细化，方法多样化，问题不断出新，是近代社会史领域创新和变化比较显著的一个分支，既是近代社会史研究日益深入的反映，也是一个有较大创新空间的研究领域。

关于近代生活史研究虽然成果已经相当丰硕，领域日见宽广，论题日趋细化深入，也深化了对近代中国社会生活与社会政治变迁关系的理解，但仍然存在一些欠缺与有待改进的问题。

其一，最突出的缺陷就是理论分析与理论创新不足，有不少成果还停留在对生活现象的表层叙述，"碎片化"的现象仍未得到改观。虽然近年一些研究已经注意从生活与社会的多面联系和互动角度进行探索，也取得了可喜的成果，但还少有成果由这些联系与互动的考察中，探索近代生活变迁与社会变动的互动机制，并由此得出一些从生活视角解释中国近代社会变迁的新理论。对于复兴仅三十余年的社会史研究而言，"碎片化"是正常的应有的阶段性现象。但现在已经到了超越"碎片化"研究的新阶段，众多学者未意识到这个阶段的到来，仍旧局限于对研究对象的就事论事。为了避免"碎片化"，一些学者套用"近代化"理论的话语与分析方法，但在实际运用中却没有将地方的小历史与国家近代化的大历史有机结合起来，并未显示出整体的历史视野。也因为受到视野的限制，一些学者对近代社会生活一些新变化的判断似不够全面，仅关注其积极的、进步的一面，不分析其中的负面与黑暗面。一些研究就事论事，自说自话，缺少对同类研究的关注与对话。这是学界研究意识的"碎片化"。由研究视角创新，到研究方法创新，还需上升到理论创新，才能使近代生活史研究对中国近代社会变迁具有更强的理论解释力，这应是近代生活史研究者今后有待努力的一个方向。

其二，生活史研究的另一个不足是研究中往往缺少作为主体和立体面的"人"。在不少近代生活研究著述中，往往看到面目模糊、被动、面貌化一的群体，很少看到活生生的有血有肉有精神世界的个人，特别是具有主体性和多面性的人，更缺乏对人们生活与观念及社会行动之间互动联系的深入分析。这样的人是片面的人，是从社会丰富联系中割裂出来因而缺乏生命力、主体性和行动力的人，很难反映近代社会变迁中人们实际完整的生活和精神面貌。当然，有关近代社会生活的资料零散、琐碎，很难从现有的文本资料中挖掘、排比出鲜活生动的人的真实面貌，这就要求研究者加强对民间资料的收集与梳理，且不局限于对文本资料的梳理，还需进而深入体贴民众的生活感受，探索其内在的感情与观念。

近代生活史因距今较近，相关史料丰富浩繁，又值当今数据化发展因而更便于利用，这是近代生活史研究的优势。可以预期的是，随着越来越多的研究者，特别是年青一代研究者关注并进入近代生活史研究领域，这方面的研究势将迎来更为兴旺的局面，也一定会从中涌现更多更有价值、更具理论创新的优秀研究成果。

第 十 章

# 近代社会风俗研究

风俗，是社会生活中自发形成的具有区域性特征的风尚和习俗，也是塑造地方民众生活方式的重要因素。在中国社会中，风俗发挥着教化民众、维系地方社会秩序的功能。近代随着社会变动与西方文化传入，中国风俗发生了较大变化，也产生了诸种政治与文化问题。因此，研究风俗，可以从一个侧面揭示近代中国社会变迁的特征、机制与影响。严昌洪在《关于社会风俗史的研究》一文中系统阐释了社会风俗史研究的重要意义，指出其兼具历史学与民俗学的特征。①

在传统社会中，王朝国家以礼为尊，以俗为卑，推行"以礼化俗""化俗入礼"的文教方略。因此，古代中国的正统史书重礼而轻俗，设礼书或礼志，而少有风俗志，仅在列传等内容中捎带写到地方风俗。不过，各地方志通常专为本地风物或风俗设立专卷。另外，在一些地理风土类书籍及笔记文集中也有风俗方面的记载。但这些文献记载都比较分散，尚未有风俗通史性的记录，更谈不到系统研究了。

自 20 世纪初，学界开始从近代历史学的角度审视中国风俗。在西学的影响下，商务印书馆于 1911 年出版了张亮采著的《中国风俗史》一书，这标志着我国的风俗研究已进入了学科化的新时期。该书分为四编：浑朴时代（远古至周中叶）、驳杂时代（春秋时代至两汉）、浮靡时代（魏晋至唐）、由浮靡而趋淳朴时代（宋至明）。20 世纪 20 年代胡朴安编成的

---

① 近代婚姻礼俗研究部分请参见本书关于近代中国婚姻研究回顾的部分。严昌洪：《关于社会风俗史的研究》，《江汉论坛》1984 年第 2 期。

《中华全国风俗志》是第一部系统记录全国各地风俗的志书。1933年出版的赵杏根编《中国节日风俗全书》第一次系统记录了中国各地的节日。1938年商务印书馆出版的尚秉和著《历代社会风俗事物考》一书对各种节日风俗进行了历史考证。民国时期邓子琴所著《中国风俗史》虽然迟至1988年问世，但该书的研究时段上至远古，下至民国，是第一部真正的通史性风俗史著作。可惜其第一编已佚。邓子琴还著有《中国礼俗学纲要》一书，由中国文化社于1947年印行，该书深入讨论了风俗、民俗与礼俗的区别和联系，颇有创见。柳诒徵先生的《中国礼俗史发凡》一文中认为古代中国以礼为立国根本，应注意礼与俗的关系。[①] 周作人也曾注意到，"欲了解中国须得研究礼俗"[②]。民国时期的风俗史研究与顾颉刚、钟敬文等人的民俗学研究，费孝通、李景汉等人的社会学研究互相映衬，相得益彰。民国时期的学界对风俗史进行了富有深度与广度的讨论，值得今人借鉴。

　　这里我们只讨论1986年至2018年历史学角度下的近代中国风俗史研究，不涉及民俗学界对近代中国民俗的研究成果。[③] 依照实际研究的情况，个别专题的学术史考察时段回溯至1982年。

# 一　研究历程

　　近代中国社会风俗在西方文明的影响下出现了前所未有的巨变，颇为

---

① 柳诒徵：《中国礼俗史发凡》，《柳诒徵说文化》，上海古籍出版社1999年版。

② 周作人：《周作人回忆录》，湖南人民出版社1982年版，第662页。

③ 有学者对20世纪80年代至2005年间的近代中国社会风俗史研究进行了回顾与检讨。相关的主要文章如下：王印焕：《近年来中国近代社会史研究概述》，《近代史研究》1999年第4期；闵杰：《20世纪80年代以来的中国近代社会史研究》，《近代史研究》2004年第2期；闵杰：《20世纪90年代以来中国近代社会史研究述评》，《教学与研究》2006年第3期；方艳华：《20世纪90年代以来的近代社会风俗史研究述评》，《郧阳师范高等专科学校学报》2004年第5期；左玉河：《1998年以来中国近代社会文化史研究述评》，中国文物网（http://www.wenwuchina.com/article/20183/302770.html）；左玉河、李文平：《近年来中国近代社会文化史研究述评》，《教学与研究》2005年第3期；盛美真、李维昌：《近20年来中国近代社会风尚研究述评》，《思想战线》2010年第3期。

引人注目。随着社会史研究的复兴，学界积极从风俗史的角度探寻社会变迁的丰富面相与复杂机制。

### （一）1986—1995 年的总体研究

近代中国风俗史是社会史研究复兴后较早收获成果的领域。大致而言，1986—1995 年是风俗史研究的初兴阶段，相关研究主要围绕两条主线展开：一是近代政治演进影响风俗的变迁；二是西方新观念和新习俗渐次引入，引发传统风俗的变动。

近代社会风俗研究的早期成果并不多见。胡绳武、程为坤合撰的《民初社会风尚的演变》一文较具代表性。1991 年出版的严昌洪著《西俗东渐记——中国近代社会风俗的演变》一书，对近代风俗变迁作了综合性研究，并着重论述了西方文明对中国风俗变迁的影响。其书主要观点如下所述。第一，社会风俗是一种文化，尤其是社会风俗是一种行为文化，也是一种民族特征。社会风俗的传承是在变异中实现的。第二，西俗东渐的渠道包括洋货带入、传教灌输、租界展示、出洋考察与大众传播。西俗东渐以后，由于中西风俗的差异，与中国传统风俗发生了尖锐的冲突。产生这种差异和冲突的主要原因，一是民族传统的不同，一是社会形态的殊异。在中西风俗的接触中，传统风俗得到扬弃，西方习尚被有选择性地容纳，中西风俗逐步由冲突走向融合。第三，中国近代社会风俗的演变呈现出一种复杂的局面，冲突中有融合，融合中又时有冲突，这一过程具有如下特点：（1）谨慎吸收外来习尚，使民族性习俗向综合性多元化演变；（2）以新习俗改造、取代旧习俗；（3）在某些方面，把新事物变得合乎自己，或者把旧习尚改头换面保存下来；（4）中西合璧，新旧杂糅。总体看来，虽然西方少数不良习俗的传入毒化了中国社会的空气，但传来的多数习俗风尚是健康而文明的，将自由、平等、博爱等资产阶级进步观念生动具体地呈现在人们面前。这在解放中国人的思想，鼓舞先进分子继而冲破封建主义习俗的桎梏方面发挥了积极作用。① 作为中华人民共和国成立以来第一部研

---

① 严昌洪：《西俗东渐记——中国近代社会风俗的演变》，湖南出版社 1991 年版，第 263—267 页。

究近代中国风俗变迁的专著，其中不少看法富有新意，代表了当时同类研究的最高水准。

严昌洪著《中国近代社会风俗史》一书于 1992 年问世，标志着学界系统研究近代中国社会风俗史的开端，在学界引起较大影响。该书系统阐述了鸦片战争以来的中国社会风俗演变的轨迹，讨论古代风俗与传统文化的关系、中西风俗的冲突与融合、经济政治变革与风俗习惯变迁等重要问题。该书主要内容如下所述。其一，近代风俗演变的时代特点：（1）从传统到现代的过渡特征。一方面，古老的传统习俗仍顽固地要保住地盘；另一方面，新的社会习尚在艰难地夺取阵地，守旧势力与革新势力激烈斗争的结果，是旧俗与新风的并存与杂糅。（2）中西合璧的兼容性。民族性习俗向综合性多元化习尚演变，甚至出现了民族性习俗与西方习尚并存的局面，有的则成为复合习俗，体现了中西合璧的兼容性。（3）习俗变革的不平衡性。近代社会风俗的变化在广袤的中国大地上，毕竟属于局部的，表现了习俗变革的不平衡性。其二，近代社会风俗演变的历史作用：（1）近代文明对传统风俗的冲击，民主风尚对封建习俗均否定，有利于人们思想的解放。在解放人们的思想、推进政治变革的进程方面，无疑起了一定作用。（2）生活习尚的近代化，促进了经济的繁荣，一些封建陋俗的破除，有利于生产力的发展。（3）在西俗东渐潮流中，对西方近代习尚的接纳，不仅丰富了中国文化，而且为改造中国传统文化提供了借鉴。（4）中国近代社会风俗演变，不仅改变了中国人的观念形态和生活模式，而且改善了中国人的形象。其三，近代社会风俗演变的启迪：（1）社会风俗的演变与经济、政治的变革是相互促进的。因此，我们在致力于经济、政治改革的时候，不能忽视转移社会风俗以适应经济、政治的变革，同时，要实现社会风俗的改良，还必须以经济的现代化、政治的民主化和文化科学教育的普及为前提。（2）外来刺激所引起的社会习尚中的趋新、趋洋取向，是正常现象，可因势利导，把它变成实现经济、政治、文化教育改革的推动力。（3）对于阻碍社会进步的腐朽落后习俗，不论是来自外洋的还是土生土长的，都应该引导人民逐渐加以抛弃。[①] 该书在研究方法上

---

① 严昌洪：《中国近代社会风俗史》，浙江人民出版社 1992 年版。

以实证性研究为主，同时借用了社会学的方法，侧重于分析近代民俗的结构、元素、功能与特征。该书的研究视野与叙事方式具有拓荒性与原创性，深刻影响了后学者的相关研究，至今仍是人们研究这一问题不可绕过的学术著作。

近代中国社会风俗成为学界观察近代中国政治变迁与文明进步的一个重要窗口。胡绳武、程为坤撰文分析了民初社会风尚的变迁，认为剪辫易服、迫令放足、破除神权、反对迷信、改革旧的婚丧礼俗等体现人们在辛亥鼎革后追新慕异、去土存洋的特点，反映中国资产阶级革除陈规陋习、为社会前进开辟道路的美好愿望。① 梁景和对学界全面近代风俗变迁的看法持不同意见，他细致分析了清末社会习俗变化的历史局限，认为 20 世纪初社会习俗的变化只局限于某些方面，程度也是极其有限，并不是旧习俗的全面变化，更不是旧习俗的全盘根除，"完全不是想象中的那样全面和彻底"②。同时，他也指出，当时主张变革旧俗的先进分子能在顽固势力的反对和保守观念的束缚中顽强抗争，促进了社会习俗的一些变革，并显示一种不可泯灭的勃发势态，为以后旧习俗的彻底变革奠定了思想、理论和实践的基础，这本身就是难能可贵的。③ 胡维革认为民初风俗改革中出现了一些畸变现象，如崇洋、崇奢、重商轻农。④ 也有学者提出，清末民初的社会习俗发生了巨大变化，具体表现在生活习俗、兴女学、变婚姻三个方面，其特点是崇洋之风渐盛，等级观念受到冲击，一些久行不变的陋俗被革除。⑤ 这一看法似未注意到此前梁景和的相关论述。

另外，李少兵撰文讨论了民国风俗西化的几个问题。⑥ 其认为，民国时期中俗西化的现象比较普遍，其特征主要表现在以下四个方面：（1）中国传统的士、农、工、商的价值评定秩序已被打乱，重商思潮深入人心；（2）具有丰富性和多样性；（3）中俗西化是有"度"和"量"的限制；

---

①　胡绳武、程为坤：《民初社会风尚的演变》，《近代史研究》1986 年第 4 期。
②　梁景和：《清末社会习俗变化的历史局限》，《史学月刊》1989 年第 2 期。
③　同上。
④　胡维革：《对民初社会风尚变化的考察与反思》，《学习与探索》1990 年第 4 期。
⑤　林吉玲：《清末民初社会习俗的变异》，《东方论坛》1995 年增刊。
⑥　李少兵：《民国风俗西化的几个问题》，《史学月刊》1994 年第 4 期。

（4）西式风俗在城市显于农村，在沿海显于内地。民国时期的文化思想界对风俗西化的问题颇为重视，有两种代表性观点，即充分的肯定和有保留的肯定。他还诠释说，民国时期风俗的西化使中国人一度把握住了国家发展、进步、走向富足繁荣的重要命脉，一度树立起自由、民主、自主自立等现代观念，也曾使社会面貌为之一新，逐步趋向现代与文明，更使一部分中国人在思想、行动两方面都真正跨入了现代新人的行列。该文试图从文明的角度深入理解和把握民国风俗西化的意蕴，颇具代表性。

1986 年到 1995 年，是大陆学界研究近代中国社会风俗的起步阶段，收获了诸多具有开创性的学术成果。学者们将风俗视为社会史研究的重要内容，在具体探讨中侧重于文本分析，试图从宏观上呈现某时段、某地域风俗变迁的结构、阶段、特征、原因与意义。其中，严昌洪探究近代中国风俗史的成就显著，填补了相关学术研究领域的某些空白。其部分看法代表了当时大陆学界讨论近代中国风俗变迁的最高水准。梁景和等学者注意到近代中国风俗变迁中的某些消极的内容，从而修正了学界对近代社会风俗变迁之积极意义的过高评价，使该问题的探讨更为客观、中肯。这一阶段的相关研究无疑有力拓宽了社会史的研究视野，也提升了社会史研究的热度。

### （二）1996—2005 年的总体研究

学界在既有研究基础上不断拓宽视野，继续讨论近代中国社会风俗变迁的整体状况。

从整体上把握近代中国风俗变迁的特征与规律，是当时学界较为关注的问题。焦润明论述了近代民俗变迁的脉络及其规律，并从近代民俗象征符号的多元性、近代性、民俗性等角度探讨了其在社会转型上的符号意义。他认为，民俗变迁是近代社会变迁的重要组成部分，在中国近代社会转型大背景下展开，涉及社会各个角落、各个层面，大致可以从礼仪、消费、服饰、饮食、居住、出行、节日、婚丧等八个方面梳理其脉络。其规律性在于，它是在中西文化冲突与融合的大背景下既冲突又融合、既排斥又接受的环境下逐渐演变的，具有移植性、变异性、传承性。就近代民俗的象征符号而言，多样性与融合性、近代性与古代传承性、世界共同性与民族性，构成了转型时期民俗象征符号体系的时代特征。① 肖守库、任雅洁较为系统地概括了近代中国社会习俗嬗变的特点。他们认为，社会的变异性为嬗变之根源，政治的导向性是嬗变之趋向，商业的趋利性为嬗变之催化，思想的革新性成为嬗变之前奏，传教士的引导性直接诱发了嬗变；另外，近代的社会习俗嬗变与古代的社会习俗嬗变相比具有急剧性；与当时的政治变革相比，习俗变迁具有滞后性；从传播和发展角度来说，习俗变迁具有不平衡性，在西学东渐的过程中附庸于西学。② 徐杰舜、周耀明《汉族风俗文化史纲》一书在重新厘定"风俗"概念的基础上，考察了近代中国汉族社会风俗变迁的特征。③ 他们提出，风俗是在一定社会中被普遍公认、积久成习的生活方式，可区分为生产、生活、礼仪、岁时、信仰、社会六大部类。以此为基础，他们通盘考察了汉族风俗文化由古而今的变迁历程，概括出近代汉族风俗变迁的内容与特征。具体而言，清后期风俗变迁包括工业初兴的生产风俗，变革激烈的生活风俗，新风初露的礼仪风俗，趋向人本的岁时风俗，日渐式微的信仰风俗，帮党林立的社会风俗。这一时段汉族风俗变迁的特征是承前启后、融会、非衡、西化。民国时期汉族风俗变迁包括工商渐重的生产风俗，日新月异的生活风俗，中西合璧的礼仪风俗，承旧启新的岁时风俗，迷信趋衰的信仰风俗，提倡平等的社会风俗。这一时段汉族风俗变化的特征是洋化、尚奢、重商、非衡。

　　有学者专论了晚清社会风尚与民国社会风俗演变的特征。孙燕京考察了晚清的社会风尚及其变迁。其在《晚清社会风尚研究》④ 一书中从文化史与社会史相结合的角度，考察了晚期社会风尚从"淳厚"到"浇漓"、从"扬气"到"洋气"再到"新气"的变化过程与趋势，深入分析了社会风尚的地域差异和社会群体差异，进而分析晚清社会风尚的影

　　① 焦润明：《中国近代民俗变迁及其赋予社会转型的符号意义》，《江苏社会科学》2001 年第 5 期。

　　② 肖守库、任雅洁：《浅析中国近代社会习俗嬗变的成因及特点》，《张家口师专学报》2003 年第 2 期。

　　③ 徐杰舜、周耀明：《汉族风俗文化史纲》，广西人民出版社 2001 年版。

　　④ 孙燕京：《晚清社会风尚研究》，中国人民大学出版社 2002 年版。

响和基本特征①,并论述风尚变化与社会变迁的互动关系。她在《晚清社会风尚及其变化》一文中进一步重申了前述著作中的看法。其一,晚清社会风尚出现变迁的原因有二:一是历代中晚期因商品经济发展、人们僭礼逾制现象的继续;二是近代以来西方文化影响的结果。其二,晚清社会风尚的变化新旧杂陈,带有明显的阶段性、不平衡性以及地域和社会群体的差异性。其三,这一变化只是近代中国社会风尚变化的一个起点,并没有因改朝换代而终结,相反,它随着民国以后社会变迁的进程不断延续、趋新。② 万建中指出,民国时期国外的生活习惯和观念大量涌入,与中国本土的风俗互相碰撞、交融,形成富有现代意味的风俗事物。这些风俗事物又与乡村的风俗形成对照,从而使民国时期的风俗呈现出显明的时代特征,即"洋"化倾向、崇尚奢华、重商拜金、不平衡性。③ 董国礼运用社会学和文化人类学的相关理论,对民初的风俗演变进行了深层分析。他认为民初的社会风俗变迁是法律和制度强力推动的结果,政府的命令对民俗的演变起了决定性作用,其变迁动力首先来自高层的意识形态。④

一些学者从现代化的角度观察近代中国社会风俗的变迁。王守恩从清末民初社会风俗的变化透视早期现代化对人们心态层面的影响。他认为,清末民初社会风俗的移易使社会心理发生了以下几方面的转折:由守旧到趋新,从安土重迁到离土离乡,从贱商到重商,大家庭观念的衰微。这些习俗的变迁表现出删繁就简、弃旧从新、封建性减弱、民主化

---

① 按:孙燕京对晚清社会风尚的特征作了如下总结:(1)呈现一种多元的、多种性质并存的状态,既有封建的旧风尚,又有资本主义新风尚;既有大量的传统社会保留下来的带有各个时代共同性质的社会风气,又有腐朽落后的不良风气,还有不断成长着的文明进步的时代风尚。(2)呈现一种实用主义、"功利"的色彩,包括"避虚求实"和"急功近利"双重含义。(3)地域空间差异和社会群体差异相当明显。(4)伴随着社会变革和社会革命,旧风尚的破坏大于新风尚的建设。见孙燕京《晚清社会风尚研究》,第317—329页。不过,为该书作序的龚书铎先生认为:"这些特点的概括未必很准确,但它有益于推动这一问题的深入研究。"见孙燕京《晚清社会风尚研究》龚书铎序。

② 孙燕京:《晚清社会风尚及其变化》,《中州学刊》2004年第6期。

③ 万建中:《民国风俗演进的时代特征》,《史学集刊》2001年第1期。

④ 董国礼:《民国初年民风俗演变的社会学阐释》,《民俗研究》2000年第2期。

倾向增强等特点。其实质是社会风俗现代化的开端，对整个心态层面的现代化发挥了积极作用。① 赵刚印考察了辛亥革命时期的风俗变迁与人的现代化的关系。他认为，封建社会长期积淀下来的各种恶风陋俗代表了历史沉积中的丑陋一面，表现为一种无意识的顽固力量，顽强地支配着人们的观念和行为，阻碍着人的现代化。辛亥革命的移风易俗变革使觉醒的中国人开始摆脱封建束缚对人性的压抑，意味着中国人的现代化发展有了一个合乎理性的新起点，初步具备了现代人的基本特征。虽然资产阶级革命派的一系列移风易俗的变革使中国人的外在形象与内在心理均发生巨变，但他们所希冀的现代性并没有成为居支配地位的人格特征，中国人并没有完成由传统到现代的彻底转换，这是由多种因素造成的。②

### （三）2006—2018 年的总体研究

近十余年来，随着近代社会史及风俗史研究的积累，关于近代风俗与社会变动的研究开始超越宏观研究和单纯风俗变迁研究的初级阶段。虽然有万建中等著《中国民俗史》（民国卷）③ 与陈高华、徐吉军著《中国风俗通史》（民国卷）④ 一类的通史性著作，但很少有学者再从整体上讨论近代风俗变迁的历程与特征，研究论题更趋于具体化、细化、专题化、综合化，反映了习俗风尚史研究开始向纵深拓展的趋向。

特别值得注意的是，李长莉著《中国人的生活方式：从传统到近代》⑤ 一书主要从"社会文化史"的研究视角，对晚清至民国初期的社会生态变动过程中，中国人的生活方式，包括生活空间、生活日用、衣食住行以及休闲娱乐等方面的演变的考察。生活方式与社会风俗的关系十分密切，社

①　王守恩：《从清末民初社会习俗的移易看中国早期现代化对人们心态层面的影响》，《学术论丛》1998 年第 1 期。

②　赵刚印：《辛亥革命时期的移风易俗变革与人的现代化》，《贵州社会科学》1999 年第 2 期。

③　万建中等：《中国民俗史》（民国卷），人民出版社 2008 年版。

④　陈高华、徐吉军：《中国风俗通史》（民国卷），上海文艺出版社 2012 年版。

⑤　李长莉：《中国人的生活方式：从传统到近代》，四川人民出版社 2008 年版。

会风俗可以说是某种模式化的生活方式，是社会全部生活方式中的重要组成部分。作者从民众立场出发，在横向方面，力求回到历史现场，还原生活实态，体察当时人所处的现实情景，体味当时人如何依据自己的现实需求而言行活动及判断选择；在纵向方面，即在社会文化近代转型的动态变迁过程中，考察分析生活方式演变的意义与价值，揭示生活方式、社会生态与文化观念的互动场景，凸显市场化、社会化、大众化的"公共生活领域"形成的社会文化效应。① 因此，从生活方式的角度理解近代社会风俗的变迁，或可更深刻地理解其背后的深层结构问题。

2015 年问世的李长莉等著《中国近代社会生活史》② 一书较为系统地叙述了近代中国一百一十年间吃穿住行、婚丧祭祀、休闲娱乐、民间信仰等社会风俗的变迁历程。该书的历史叙事采用了社会文化史的视角，以民间社会为重心，既注重分析民众在社会风俗上所持文化观念背后的社会经济因素，也注重透视民众接受或抵触西方生活新事物背后的文化观念问题。通过上海租界的新年习俗、铁路修筑与"风水"观念等问题的辨析，该书不但指出中国近代社会风俗在西潮和新潮影响下的获益与改善，而且还揭示出其变迁过程蕴含的文明冲突与利益矛盾。

纵观近三十余年来中国近代风俗史研究，早期研究成果主要是以政治社会变动为主轴考察社会风俗的演变轨迹。20 世纪 90 年代以后的研究成果逐渐摆脱"革命史"叙事的影响。进入 21 世纪以后，相关研究逐渐突破"现代化"的研究框架及以政治变迁为中心的"宏大叙事"特征，呈现研究领域不断扩大、论题更加多样、分支更加细化、个案研究和微观研究日益兴盛的发展趋势，以社会史与文化史相结合的角度研究成果形成一些引人注目的特点。③

---

① 李长莉：《中国人的生活方式：从传统到近代》，四川人民出版社 2008 年版，第 12—13 页。

② 李长莉、闵杰、罗检秋、左玉河、马勇：《中国近代社会生活史》，中国社会科学出版社 2015 年版。

③ 关于 20 世纪 80 年代至 21 世纪初的近代社会风俗史研究成果，闵杰《20 世纪 80 年代以来的中国近代社会史研究》（《近代史研究》2004 年第 2 期）一文中曾做过综述评论。

## 二 城乡与区域风俗

20 世纪 90 年代以来，区域社会风俗史研究呈异军突起之势。

### （一）1995 年之前关注北京、武汉等大城市和发达地区

严昌洪分析了武汉社会风俗在城市近代化进程中的演变。其认为，晚清时期武汉社会风俗出现了如下变化：（1）生活方式出现趋新、趋洋取向；（2）建筑多仿西式，兴办各种公用事业和使用新式交通工具；（3）妇女开始走上社会，妇女问题初步受到重视；（4）恶风陋习受到批判而开始变易。促成这些变化的原因在于近代物质文明的冲击、近代文化教育事业的促进与社会改革运动的推动。民国时期武汉社会风俗在革命运动与新文化运动的推动下发生了比清末要迅速得多、深刻得多的变化：（1）封建习俗因君权的被打倒而衰微；（2）带有科学、民主色彩的近代习尚渐渐深入人心；（3）妇女地位的提高，表明束缚妇女的封建礼教被进一步冲破；（4）上层社会生活形态进一步洋化。他还注意到清末民国时期武汉的传统习俗与新的社会风尚的并存与杂糅，并认为这种过渡特征说明武汉风俗在近代的变革是不彻底的。[1] 习五一考察了民国时期北京庙会风俗的演变，认为传统的北京各种庙会在清朝帝制崩溃后一度变得门庭冷落。20 世纪二三十年代，北京坛庙的庙会大多转变为世俗文化活跃之地，其世俗性和商业性都已远远超过宗教性，为丰富多彩的民间游艺提供了广阔的天然舞台。[2]

1986 年到 1995 年，学界对近代乡村社会风俗的研究十分薄弱。徐永志考察了江西、湖南、浙江、福建、广西等地的溺女习俗，指出晚清民国时期是中国历史上溺女的全盛时期，遍及贫富两大阶级。他认为，造成这种现象的根本原因，一则在于人口过剩及重男轻女思想的影响，二则在于

---

[1] 严昌洪：《近代武汉社会风俗的嬗变》，《江汉论坛》1990 年第 5 期。

[2] 习五一：《民国时期北京社会风俗的变迁》，《北京社会科学》1993 年第 1 期。

"厚嫁之俗"的经济原因。其后果是导致全国男女性比例严重失衡，助长了民间各种收养婚姻陋俗的流行，影响家庭与社会的稳定。①

### (二) 1996 年至 2005 年既关注城市，也关注乡村

学者对近代城市风俗变迁的讨论，以上海为最。李长莉著《晚清上海社会的变迁——生活与伦理的近代化》② 一书以"社会文化史"为视角，从"西器流行与近代工商观念""尊卑失序之风与社会平等观念""享乐崇奢之风与消闲消费商业化观念""妇女走上社会之风与男女平等观念""台基、娼居之风与自主择偶观念"等五个方面，较为细致地勾勒出晚清上海普通民众的日常生活与生活方式的变迁图景。该书的新意有三点。其一，采用"自下而上"的视角，以普通民众的立场观察晚清社会的变迁。作者敏锐地注意到普通民众的生活仍是未引起学界重视的中国近代史研究领域。她指出，学界或是从社会结构、群体阶层、社会运作等层面勾画出中国社会的近代化变迁，或是从中西文化接触的深层对思想和学术领域的近代变迁进行清理和剖析，都使我们对于中国近代化的认识得到了空前的扩展和加深。然而，从社会史的研究成果中却看不到有生气、有活动、有感情、有思想的活生生的人；在思想学术史的分析中，只能看到有限的少数精英人物的思想活动，同样看不到普通民众的身影和精神世界。③ 因此，作者自觉以晚清上海社会生活为窗口，立足于普通民众的立场，自下而上地观察、透视中国社会"近代化"的图景，由此呈现晚清上海社会变迁的另一种面相。其二，从民众日常生活看社会伦理观念的变迁，抓住了近代中国社会转型的根本性问题。秦汉以来的传统中国社会是礼俗社会，是以儒家伦理观念为主导的等级社会。或者说，民众日常生活中的伦理观念是其日常生活方式的灵魂，支配民众对身外世界的整体认识、行为规范与价值观念。作者讨论社会生活中的伦理观念问题，无疑触及了社会的深层结构。这样的讨论从可见的社会生活与不可见的文化观念的双重道路上走进

---

① 徐永志：《近代溺女之风盛行探析》，《近代史研究》1992 年第 5 期。
② 李长莉：《晚清上海社会的变迁——生活与伦理的近代化》，天津人民出版社 2002 年版。
③ 同上书，第 3 页。

"历史的深处"。由此可以说，一部好的城市风俗史应该是一部城市民众的心灵史。其三，对民间生活伦理做了更准确的定位。在作者看来，"民间生活伦理"是存在于民众实际生活中，人们主要根据生存方式和实际需要，由生活实际经验中得来并实际应用于生活的活的伦理。① "民间生活伦理"与统治阶层倡导、居于社会正统地位的"教化伦理"之间既有联系又有区别。这一看法在一定程度上修正了日本学者沟口雄三主张的儒家"民间伦理"包含"教化伦理"的观点，更符合传统中国社会礼与俗相辅相成、相对相冲的实际情况。

除探讨晚清上海社会与伦理的变迁，学界还较为集中地讨论了近代北京、南京、广州、汉口等大城市的风俗变迁。孙燕京认为晚清时期北京的社会风尚与全国一样呈现新旧杂陈的特点，变迁速度较之东南沿海地区略显滞后。整体而言，不变的东西多于变的东西，而且变化的部分也有限度，趋新风尚局限于官吏和新知识阶层。②

罗玲论述了民国时期南京的社会风尚，认为民初南京特殊的历史文化环境使其风俗变迁具有中西兼容和崇洋性特点。总体来看，南京的社会风尚以崇尚文明为主，但它始终受到政府行为的制约。③ 刘圣宜探讨了清末民初广州风俗习惯的变化以及民众心理和社会意识的发展历程。他认为，该地风习民情演变主要有三个特征：一是西风东渐对民众生活的影响；二是政治变革对人际关系的影响；三是商业发展和社会动荡对传统道德习俗的冲击。这一演变具有趋善和趋恶并存、文明进步和野蛮落后同在的双面性，反映中国近代社会复杂多样的发展态势。其鲜明主线是挣脱封建思想意识的束缚，释放人性欲望，追求平等自由。④ 刘庆平、肖放认为，清末民初汉口民俗的变迁具有如下特征：民俗生活的多样性，民俗心理的二重性（趋时心理与守旧心理），民俗信仰的多元性。当时汉口民俗变迁的意义在于：（1）有利于人民的思想解放；（2）有效吸纳了西方近代文明，

---

① 李长莉：《晚清上海社会的变迁——生活与伦理的近代化》，天津人民出版社 2002 年版，第 10 页。

② 孙燕京：《略论晚清北京社会风尚的变化及其特点》，《北京社会科学》2003 年第 4 期。

③ 罗玲：《民国时期南京的社会风尚》，《民国档案》1997 年第 3 期。

④ 刘圣宜：《近代广州风习民情演变的若干态势》，《华南师范大学学报》2001 年第 1 期。

整合了中国传统优秀文化；（3）移风易俗，消除迷信，推动了汉口居民素质的近代化；（4）重商、重利思潮的兴起和认同，促进了汉口经济的近代化。[1] 李丹注意到，清末民初，德国在青岛殖民统治期间深刻影响了该地社会风俗。其在胶澳区域内实行"华洋分治"，对华人的管制涉及社会生活的各个方面，而华人在学习适应新生活环境的同时也尝试进行反抗，保留一些民俗传统，并获得一定的参与政治管理的机会。由此形成了德华生活方式合流的独特城市面貌。[2]

近代区域社会风俗变迁仍受到学界的关注。孙宏年从革除龙旗、改元改历、剪除发辫、改易服制、妇女解放、革新礼仪与禁赌禁烟等方面考察了民初江苏社会风尚的变迁，认为这一变迁虽有其局限和不足，但有助于自由平等、民主共和等近代观念更加深入人心。[3] 肖军、赵可依据四川近代地方志资料，从生活习俗角度透视了近代四川社会生活的变化趋势及特征。他们认为，近代四川的生活习俗无论在衣食住行、文化娱乐等方面都发生着明显的变化，构成了近代四川社会由封闭走向开放的一个重要层面。其演变呈现出受外来影响较大、城乡变化不平衡、新旧中西杂糅混合等趋势和特征。[4] 牛敬忠概述了民国初年绥远地区汉族的民俗事象及其变革，认为这一时期绥远地区汉族的民俗具有如下特点：（1）物质生活和精神生活的极度贫乏；（2）民俗事象呈现传承下的发展及发展的不平衡性；（3）具有鲜明的移民社会特征。他还论称，辛亥革命对绥远地区民俗的影响是缓慢的、渐进的，这是辛亥革命局限性的反映；民俗自身的发展规律也是一个不可忽视的因素。[5]

近代乡村社会风俗的变迁滞后于城市，存在多种制约因素。焦静宜分析了民初华北农村社会习俗变化中的逆向势力，认为这些逆向势力主要有

---

① 刘庆平、肖放：《转型期的汉口民俗——清末民初汉口民俗研究》，《江汉论坛》1998 年第 7 期。

② 李丹：《德国殖民统治下青岛社会风气与民俗的变迁（1897—1914）》，《民俗研究》2017 年第 6 期。

③ 孙宏年：《试论民初江苏社会风尚的变迁》，《江海学刊》1999 年第 4 期。

④ 肖军、赵可：《近代四川生活习俗的演变趋势及特征》，《成都大学学报》2002 年第 2 期。

⑤ 牛敬忠：《民国初年绥远地区汉族民俗概览》，《内蒙古大学学报》1996 年第 6 期。

三种：守旧观念、习惯势力、落后的生产力和低下的生活水平以及新生的腐化现象，而这些逆向势力的存在是因为辛亥革命前中国社会习俗的原始性、阶级性和封建性。辛亥革命后的乡村社会客观环境没有形成移风易俗的有利条件，当时中国大多数人的素质缺陷影响了兴革习俗的深度。[①]

中共领导的革命根据地风俗变迁进入了学界的视野。李金铮提出，加强抗日根据地的社会生活的研究，可以丰富中国社会史研究的内容，具有重要的学术价值和强烈的现实意义。[②] 20 世纪 90 年代，有学者开始探讨这一问题。钟仲比较了苏区的移风易俗斗争和南昌的新生活运动。[③] 他认为，中央苏区的移风易俗运动没有一个总的题目或总的口号，但它始终渗透到党的各项政策之中；移风易俗开展的斗争有很多内容，主要包括妇女解放运动、防疫卫生运动、禁烟禁赌、清匪肃资、破除迷信、倡俭戒奢等方面。他还分析了中央苏区的移风易俗斗争取得的成效：（1）它在思想领域里带来了一次大的突破，使工农大众的精神世界得到一次解放和升华，对地方观念、宗族观念、家庭观念、大男子主义、天命论、宿命论等是一次冲击；（2）婚姻制度的本质改革，妇女权利之保障的普遍实行，使苏区的妇女在很大程度上摆脱了封建礼教的束缚，从而提高了妇女的社会地位，激发了她们参加革命与国家管理的意识；（3）这次移风易俗倡导、普及了一定程度的社会文明，使中央苏区的社会环境和人们的精神面貌有了明显的改观。同时，他还指出新生活运动的局限：其一，蒋介石的新生活运动妄图用"礼义廉耻"固有道德来奴化人民，具有虚伪性；其二，新生活运动配合国民党的政治、军事政策，是国民党中央控制地方，加强地方统治与反共反人民的辅助手段，有反动性。此外，魏宏运撰文考察了抗战时期太行山的春节文化风貌，认为战争文化环境下的春节文化改变了农民古老的生活秩序，激发了人们的政治爱憎感情，引导人民走理想之路。[④]

这一时期学界对于近代地方社会风俗变迁的研究侧重于梳理其基本的

---

① 焦静宜：《浅析民初华北农村社会习俗变化中的逆向势力》，《南开学报》1996 年第 1 期。

② 李金铮：《抗日根据地社会史研究的构想》，《抗日战争研究》1996 年第 1 期。

③ 钟仲：《苏区的移风易俗斗争和南昌的新生活运动比较研究》，《吉首大学学报》1998 年第 4 期。

④ 魏宏运：《抗日战争时期太行山的春节文化风貌》，《广东社会科学》2001 年第 3 期。

史实图景，简单概括特征、分析原因。这种研究较为模糊，未能抓住风俗变迁的微妙之处。有学者批评说："这些研究的缺欠在于，平铺直叙较多，深入分析偏少，观点雷同之文时时可见。例如，关于清末民初的风俗变易，绝大多数作者都围绕剪易服、改元、放足、废除跪拜等内容做文章。这是当时的实情，但读来未免有千篇一律之憾。又如各地风俗的变革，也是大同小异，罕见地区特点。"①

### （三）2006 年以来，研究日趋深化、细化，地域日趋扩展

乡村风俗变迁受到更多学者关注，出现了有分量的个案化的研究成果。卫才华对近代山西霍州、襄汾、安泽、长治、永济、临猗等地的六十六个移民村进行了深入的调查访谈，尝试从微观民俗细节入手，观察社会变迁中民俗记忆生成的文化感受，寻检山西移入民融入地方社会的复杂进程。其重点关注民俗变迁与山西移入民之精神世界的互构关系、移入民地方化的社会模式，以及移入民民俗和社会适应的关系，并在此基础上探讨北方村落发展转变的类型学意义，以更深入地理解中国乡村社会的发展逻辑。该研究从社会史角度探讨近代中国区域社会的民俗，较具代表性。② 丁俊辉以刘大鹏《退想斋日记》为主要史料，考察了清末民国时期山西晋中地区的移风易俗。他认为，当时晋中地区风俗变迁的要点如下所述：（1）思想层面。此时期对于西学的追捧成为一种风尚。（2）器物层面。铁路、电报、工厂、电灯等新事物大量涌入近代山西社会，这些新鲜器物给民众生活带来较大的改变，新风俗在此期间逐渐形成。（3）制度层面。中央执政政府出台了开设新式学堂、破除迷信等一系列新政，对于整个移风易俗起着主导作用。新式学堂的教化在新风俗形成过程中的作用不容忽视。③

研究视野向一些边远区域扩展。段妍认为，民初东北区域的社会风气变迁主要表现在生活上"崇洋重奢"之风的盛行，价值观念上趋新之风的

---

① 闵杰：《20 世纪 90 年代以来中国近代社会史研究述评》，《教学与研究》2006 年第 3 期。
② 卫才华：《社会变迁的民俗记忆：以近代山西移入民村落为中心的考察》，中国社会科学出版社 2013 年版。
③ 丁俊辉：《清末民国时期山西晋中地区的移风易俗——以刘大鹏〈退想斋日记〉为主要史料的研究》，《沧桑》2010 年第 8 期。

产生以及日趋开放的城市文化心态。她指出，在多元文化熏陶下，民众逐渐形成宽容开放的近代意识和勇敢坚强、奋发进取、开放接纳的城市文化心态，在一定程度上提高了东北地区人口的总体素质，有利于区域新型文化的构建。① 盛美真将近代云南社会风尚的变迁置于近代中国社会经济演进的背景中，围绕"怎样变""为什么变"的内在逻辑，探讨了近代云南社会风尚变化趋势及其规律。其系统考察了近代云南社会风尚变化的脉络、节奏、表现、动力与环境等，揭示了该地独特的边疆民族的典型特征，肯定风尚变迁对云南区域近代化的积极意义。其认为，在近代云南社会风尚变化的动力系统中，交通条件改善是重要前提，政府发挥了主导作用，官方制度是维系风尚的重要动力及变迁机制的关键部分。②

还有学者关注地方风俗与地方政治力量的互动关系。朱文广认为，清代乡村社会以村社为主体，通过"自治"的方式展开禁赌活动，这种努力在 1884 年以后因官方政策的变化走入低谷，民国之后重新萌芽。③ 何孔蛟考察了抗战时期新桂系主皖时以行政手段强制改良社会风俗，但却未能达到预期效果。④

学界对中共革命根据地风俗的讨论有了新进展。柳春旭等人梳理了中国共产党对根据地与解放区少数民族礼俗制定的相关政策。⑤ 简华春探讨了右江农民运动对右江革命根据地嫁娶习俗变迁的积极影响。⑥ 张加华对两次革命对中国社会风俗的影响进行了比较研究，认为新民主主义革命为其彻底地摧毁旧风俗赖以存在的经济基础而收效甚多。⑦ 杜俊华探讨了土

---

① 段妍：《民初东北区域社会风气的演变论析》，《东北师大学报》（哲学社会科学版）2009年第 4 期。

② 盛美真：《近代云南社会风尚变迁研究》，中国社会科学出版社 2011 年版。

③ 朱文广：《清代禁赌活动中的乡村自治》，《华南农业大学学报》（社会科学版）2014 年第4 期。

④ 何孔蛟：《抗战时期新桂系主皖与社会风俗改良》，《绵阳师范学院学报》2014 年第 4 期。

⑤ 柳春旭、金炳镐：《中国共产党民族团结习惯政策的形成和发展》，《黑龙江民族丛刊》2002 年第 3 期。

⑥ 简华春：《右江农民运动对右江革命根据地嫁娶习俗变迁的积极影响》，《百色学院学报》2008 年第 5 期。

⑦ 张加华：《两次革命对中国社会风俗影响之比较研究》，《淮阴工学院学报》2001 年第 2期。

地革命时期苏区的社会风俗变革的特征与意义，认为土地革命时期，中共领导的革命运动推动了苏区的社会风俗变革，这对改变苏区民众的落后风俗，培养进步、科学的文明风俗和习惯，巩固新生的工农政权，做出了显著贡献。[1] 严昌洪简述了延安时期边区政府教育农民与改革社会陋俗的情况，但未涉及新式婚礼与丧礼。[2]

学界对近代城市风俗变化的探讨更为深入。王晓静通过"竹枝词"分析了晚清上海地区风俗文化的宽容性与开放性，认为这些特性在某种程度上影响着近代上海地区社会经济、文化发展的走向和风格。[3] 周东华解读了近代上海地区的游戏风俗与通俗小说的游戏观，认为游戏在近代上海社会风气变化中呈现新的特征，而通俗小说既有对游戏之俗传统的继承，又呈现风俗变异时期新的时代性与地域性特征。[4] 还有学者系统考察了近代广州的风尚习俗，一方面尝试重建相关的生活画面，另一方面又分析了社会文化变迁与习俗变化的关联。通过探讨民俗对城市居民生活的控制和调适，观察民俗传承的规律与民俗对城市发展的作用，以期为当代城市发展和移风易俗提供历史借鉴。[5] 艾萍注意到，南京临时政府时期的上海政府在执行移风易俗的命令中犯有急功冒进的错误，造成了当地社会风俗变革的不彻底性。[6]

## 三　政治运动与风俗

近代中国社会风俗的变迁是多种合力的结果，其中政治运动的影响颇为显著。

---

[1]　杜俊华：《论土地革命时期苏区的社会风俗变革》，《兰州学刊》2007年第6期。
[2]　严昌洪：《中国近代社会风俗史》，浙江人民出版社1992年版，第320—324页。
[3]　王晓静：《〈竹枝词〉里的沪地早期民俗风情》，《江南大学学报》（人文社会科学版）2009年第6期。
[4]　周东华：《近代上海地区游戏风俗与通俗小说的游戏观》，《苏州大学学报》（哲学社会科学版）2008年第5期。
[5]　杨秋：《变革时期的生活：近代广州风尚习俗研究》，暨南大学出版社2013年版。
[6]　艾萍：《南京临时政府时期的风俗变革——以上海为个案》，《北方论丛》2008年第5期。

### （一）晚清政治运动与风俗变迁

太平天国运动与风俗变迁有着千丝万缕的联系。严昌洪考察了太平天国的礼俗改革，其内容包括禁止剃发蓄辫、变更服饰、改革礼仪、革新婚丧礼俗、提高妇女地位。在他看来，这些改革体现了农民造反者对清贵族民族压迫政策的反抗和对现存封建统治秩序的反叛，也呈现种种复杂性与不平衡性。他还指出，"太平天国在风俗习惯上表现出一种不同于清王朝统治下的社会风貌，建立了一套反叛现实封建秩序的独特的礼俗，体现了太平天国高出于以往历代农民起义的历史特点，给这场农民战争涂抹上社会改造运动的色彩"①。不过，他未论及太平天国礼俗改革存在的消极面与副作用。夏春涛认为，为确立独尊上帝的局面，太平天国曾经采取强硬手段查禁各种恶习陋俗，大力倡导移风易俗。由于这种暴力手段过于激进，也未善始善终，诸如严禁偶像崇拜、取消旧岁时、婚丧习俗等举措并未收到该政权预期的效果。他因而论称，移风易俗必须经过一个循序渐进的过程，简单粗暴的手段反而使民间反响寥落。②

清末政治运动明显影响了社会风俗。张鸣从大传统与小传统的关系角度论述了近代华北农村义和团运动中的巫觋风气活跃的动力。他指出，晚清时期的巫术是一种泛化的民俗行为，处于文化边缘和非正统地位的小传统，遭到士绅们的否定和轻蔑。但在鸦片战争后，由于大传统的意识形态在西学东渐中节节败退，来自民间义和团运动中的巫术在重大事件中以应急的角色登上政治舞台，显得格外活跃。③此外，严昌洪从服饰装束、习拳练棒与降神附体活动、杂乱且有迷信色彩的信仰、别具风格的语言等四个方面考察了义和团运动中的民俗问题。④徐永志撰文分析了维新派倡导移风易俗的主张、实践活动以及移风易俗兴起的原因，着重探讨了维新派

---

① 严昌洪：《太平天国礼俗改革述评》，王庆成主编：《太平天国研究论文集》，武汉大学出版社1994年版，第151页。
② 夏春涛：《太平天国时期社会风习的嬗变》，《文史知识》2001年第5期。
③ 张鸣：《华北农村的巫觋风习与义和团运动》，《清史研究》1998年第4期。
④ 严昌洪：《义和团运动与民间风俗》，《史学月刊》1993年第1期。

倡导的兴女学、解放妇女以及反对重男轻女的种种封建礼俗问题。①

### (二) 民国初建与风俗改革

民国初年革命领袖与政治推行的社会改造运动深刻影响了社会风俗。温乐群分析了孙中山改造旧风俗、建设新风俗思想的时代性和进步性,认为孙中山在破除封建神权思想,批判迷信落后风俗并严禁恶习陋俗的同时,还积极主张保持和发扬中华民族的优良的风俗习惯,提倡在学习西方近代文明基础上加以改造,建立适合中国国情的新风俗。② 严昌洪也注意到孙中山在社会风俗改良运动中提倡中西结合、建设现代文明的时代精神。他还认为,孙中山在自己的生活中是一位移风易俗的模范,没有不良嗜好。③ 另外,严昌洪还注意到,晚清的恶风陋俗不仅束缚人们的思想,抵制社会变革,而且阻碍了生产力的发展。刚刚成立的南京临时政府和各省军政府采取多种具体措施移风易俗,主要是宣传、立会、带头与立法。革命派把移风易俗作为铸造"国魂"的手段之一,为民族主义革命纲领服务。虽然资产阶级革命派在移风易俗方面存在不少局限性,但为当时的思想解放潮流推波助澜,为武昌首义的胜利鸣锣开道,为解放生产力,进一步在中国发展资本主义也开拓了道路,其重大意义却是不可低估的。④ 林平汉分析了辛亥革命对福建封建习俗变革的促进作用,认为福建的革命民主派冲破封建主义的网罗,敢于向封建礼教开火,为革除封建陋习和传播民主思想,开拓了前进的道路,成为后来五四运动反对封建礼教,争取民主和科学的先声。由于时代和阶级的局限,中国民族资产阶级所具有的软弱性和妥协性,福建的社会风俗革新并不彻底,"有的人甚至对封建礼教依然眷恋"。⑤

民初政府推行的剪辫易服,是具有政治革命含义的风俗变革运动。邱

① 徐永志:《戊戌维新派与移风易俗》,《中州学刊》1990 年第 6 期。
② 温乐群:《孙中山改造旧风俗建设新风俗思想初探》,《历史教学》1992 年第 9 期。
③ 严昌洪:《孙中山与近代社会风俗改良运动》,《中山大学学报论丛》1995 年第 5 期。
④ 严昌洪:《辛亥革命与移风易俗》,《华中师院学报》1982 年第 6 期。
⑤ 林平汉:《辛亥革命对福建封建习俗变革的促进作用》,《福建师范大学学报》(哲学社会科学版) 1989 年第 3 期。

巍从现代化的视角撰文考察了辛亥革命后的"剪辫易服"潮,观察到人们对待剪辫子的三种态度,即主动、被动与反动。他分析称,辛亥革命掀起的剪辫易服的浪潮使社会风尚发生了普遍的转移,而社会风尚的转移又促进着人们观念的变革。当然,文化观念的变革不是通过一次运动和革命就能解决所有的问题。对于广大内地和社会中下层的风俗变革而言,教育宣传与政府强制推行的移风易俗运动都比不上经济的发展更为切实有效。剪辫易服浪潮是由革命开启的一场社会革命,"实现了社会风俗由传统而现代,由农业文明而工业文明的突破"。① 另外,程为坤考察了民初国内涌现出的一批形形色色的移风易俗团体,认为他们从一个侧面反映辛亥革命时期社会改革与进步的历史潮流,体现了这场革命对于涤荡旧的观念和习俗、倡导新的思想风尚所起的积极作用。②

改造传统节日,也是民初政治提倡新社会风俗的重要内容。忻平、张坤考察了民国政府废止"春节"的政策因民众反对而以失败告终的历程。他们注意到,民国官方使用的阳历与民间沿用的阴历形成了新旧两个新年并存的局面;社会上围绕过哪个新年、春节存废等问题产生了广泛争论,这在客观上传播了现代文明的要素,推动了传统节日习俗的现代转型;废除春节政策的失败,表明官方对习俗的改造应尊重生活的逻辑,采用渐进的方法,尤其要处理好习俗变迁与政治变革之间的关系。③ 此论在一定程度上呼应了左玉河《评民初历法上的"二元社会"》一文。左文认为,"政府推行的像移风易俗这类触及民众日常生活习惯的举动,如果不能妥善处理社会上层与社会下层民众习惯势力既对峙、冲突,又妥协、调适的互动关系,是很难取得实质性成效的"。④ 何孔蛟注意到,抗战时期新桂系主皖时以行政手段强制改良社会风俗,但未能达到预期效果。⑤ 朱文广认为,清代乡村社会以村社为主体,通过"自治"的方式展开禁赌活动,这

① 邱巍:《辛亥革命后的"剪辫易服"潮》,《史林》2000年第2期。
② 程为坤:《民国初年的移风易俗团体》,《益阳师专学报》1989年第2期。
③ 忻平、张坤:《政俗关系视野下的民国"新年"之争——以〈申报〉为中心》,《江苏社会科学》2014年第2期。
④ 左玉河:《评民初历法上的"二元社会"》,《近代史研究》2002年第3期。
⑤ 何孔蛟:《抗战时期新桂系主皖与社会风俗改良》,《绵阳师范学院学报》2014年第4期。

种努力在 1884 年以后因官方政策的变化走入低谷，民国建立之后又重新
萌芽。①

### （三）　五四运动与风俗变迁

五四运动有力推动了社会风俗的革新。严昌洪分析了五四运动对近代
社会风俗变迁产生的深刻影响。他认为，在五四运动对旧风俗的批判与对
新生活的倡导中，一批以改造中国为己任的知识分子与青年学生将目光下
移，用各种方式向民众宣传移风易俗的道理，促进了社会风俗的转移。由
此发动的移风易俗思潮虽存在绝对化的思维方法、过激的言行与脱离实际
的主张等不足，对后来群众性移风易俗活动产生了消极影响，但其对旧道
德、旧礼俗不妥协的彻底清算态度和革命精神在中国社会风俗演变史上留
下了浓浓的一笔。②

### （四）　近代政治影响社会风俗的新视野

近代政治改造社会风俗的背后是权力问题。姚霏以近代女子剪发为研
究对象，从身体器官、社会性别和政治文化的角度对晚清到民国时期的女
子剪发所表现的社会属性和政治意味进行分析，认为近代女子剪发运动曾
不同程度地与国权、女权、政权发生联系。③ 王雅娟从服饰、辫发与缠足
三个维度探讨了近代以来"身体"与国家命运之间的关联，认为近代身体
的国家化和政治化几乎同步进行；权力规训下的身体改造成为社会变革的
必要步骤；近代中国政治权力转移、时代话语与身体变革的历史紧紧交织
在一起。④

---

① 朱文广：《清代禁赌活动中的乡村自治》，《华南农业大学学报》（社会科学版）2014 年第
4 期。
② 严昌洪：《五四运动与社会风俗变迁》，《华中师范大学学报》（人文社会科学版）1999 年
第 3 期。
③ 姚霏：《近代中国女子剪发运动初探（1903—1927）——以"身体"为视角的分析》，
《史林》2009 年第 2 期。
④ 王雅娟：《权力话语下的身体规训与社会变革：以近代服饰、辫发和缠足为中心的历史考
察》，中国社会科学出版社 2017 年版。

# 四　陋俗与移风易俗

社会风俗中既有良风美俗，也有恶风陋俗。近代中国社会风俗中的陋俗与陋俗文化引起了学界的关注，以梁景和著《近代中国陋俗文化嬗变研究》① 一书最具代表性。该书是改革开放以来第一部系统、全面研究近代中国陋俗文化的学术著作，具有重要学术价值和理论意义。其学术贡献有三个方面。

其一，该书首次运用"社会文化史"视角观察近代中国的陋俗问题。研究社会现象背后的文化观念，是社会文化史研究的基本路径。该书遵循此路径，首先厘清了文化中的"精华"和"糟粕"两个概念，然后将"陋俗文化"界定为特定时期内体现于风俗惯制上的并为传统人伦文化所认同的文化糟粕。这一概念包括两个层面：一是陋俗所反映的传统人伦文化观念中的糟粕；二是传统人伦文化观念糟粕所铸成的陋俗。该书还指出，陋俗文化与传统人伦文化不同，传统人伦文化不必具备陋俗现象，但陋俗文化却必须涵盖陋俗现象；陋俗文化又与陋俗不同，陋俗不必非得被传统人伦文化认同，但陋俗文化都必须被其认同。这就是陋俗、陋俗文化与传统人伦文化的异同点。

其二，该书根据"陋俗文化"概念，从婚姻、家庭、女性与性伦等四个层面考察了近代中国陋俗文化嬗变的内在逻辑与深层机制，其中对近代"性伦"文化的讨论在学界具有开拓意义。此前，学界讨论近代中国风俗史，从未曾涉及这一领域。"性伦"文化不同于性文化，侧重于社会风俗中的两性伦理观念。该书指出，近代中国性伦文化的进步主要表现为主张

---

① 梁景和：《近代中国陋俗文化嬗变研究》，首都师范大学出版社1998年版。按：梁景和在《首都师范大学学报》（社会科学版，2000年第6期，2001年第1、2期）上相继发表了《近代中国陋俗文化嬗变论纲》上、中、下三篇文章，其核心意旨与《近代中国陋俗文化嬗变研究》一书一致，不再赘言。另，梁景时也曾撰文讨论近代中国陋俗文化更迭在人的精神发展里程中的定位问题（《近代中国陋俗文化更迭在人的精神发展里程中的定位》，《吉林大学社会科学学报》1999年第1期），其核心看法与《近代中国陋俗文化嬗变研究》一书一致，不再赘言。

男女公开社交，批判传统的贞洁观念，在学校与家庭中进行性教育。这一研究发前人之未发，言前人之未言，具有显著的原创性学术价值，有力拓宽了近代中国社会文化史的研究视野。

其三，该书将近代中国陋俗文化的演变置于人类精神进化的历史长河中进行考察，尝试性建构"人类精神进化"的诠释体系。该书在"结论卷"中提出，人的自身觉悟即精神进化或精神解放，反映在三个层次上：（1）人类相对摆脱自然（神）的束缚，看重和强调人类本身的价值，确立人类的优越和中心地位，而获得人类整体的相对自由；（2）个人相对摆脱传统人伦文化的束缚，看重和强调个体价值，确立个体的人身地位，从而获得个体间的相对平等和自由；（3）个人相对摆脱自身束缚，注重个体异化，在不断否定自己的过程中，使自身的灵与肉相对分离，个体获得精神异化的相对自由。① 在此基础上，该书指出，近代中国陋俗文化的演变并非特定时期内孤立的文化现象，它既是人类精神进化过程中一个阶段性的主旨，又是再次实现人的自身觉悟和精神解放的重要途径。但这个过程本身是迂回曲折的，迂回曲折的程度与变革陋俗的速度成反比。② 该书以开阔的历史视野，将近代中国陋俗文化嬗变的小脉络与人类精神进化的大脉络结合在一起的研究理路，突破了过去社会史研究就事论事的"碎片化"局限，使研究自身具备了应有的广度与深度。

徐凤文、王昆江著《中国陋俗》③ 一书涉及缠足、童养、守寡、纳妾、婢女等女性陋俗，冥婚、童养、闹洞房等鄙陋婚俗，溺婴、迷信、厚葬等传统家庭陋俗，娼妓、太监、盗匪、烟毒、酷刑等社会病态。该书为通俗读物，对于近代社会陋俗的研究具有一定的参考价值。其中"纳妾"是否为陋俗，还有待商榷。

缠足在清末民国时期被视为一种损害国民身心健康的典型陋俗，成为"移风易俗"的主要对象。王冬芳简要梳理了太平天国、戊戌变法及临时政府时期的剪辫、禁缠足政策及其实施过程，并分析这一政策遇到的重重

① 梁景和：《近代中国陋俗文化嬗变研究》，首都师范大学出版社1998年版，第257页。
② 同上书，第267、271页。
③ 徐凤文、王昆江：《中国陋俗》，天津人民出版社2001年版。

阻力及其根源。其认为，"促成缠足和保持千年不变的缠足风俗的重要原因，是封建思想观念。这种观念作用于统治者及社会各阶层人们的思想中，形成了对放足运动的不同程度与不同方式的阻力"①。在其看来，"不缠足思潮与运动，是中国近代政治斗争的直接产物，是民族危机在社会生活领域的折射，是中国妇女解放运动的第一步和重要内容。缠足的衰亡，是中国近代各阶级、阶层相继努力，形成一种作用力方向的合力作用的结果"②。此外，傅琼、李浩则认为来华传教士对禁缠足运动的推动作用也不容忽视。③

杨兴梅利用大量档案资料，考察了南京国民政府禁止妇女缠足的运动及其成效。她指出，南京国民政府继续实施清末以来的禁止妇女缠足政策，经过十年的提倡与实施，取得了一定成效；但从执行禁缠足政策较好的云南、山西两省来看，妇女缠足者仍有相当比例；其原因在于各级政府向百姓宣传禁缠足政策的广度、深度与针对性不够，而且政府人员执行的禁罚方式也经常违反民间社会的文化传统。④ 杨兴梅还从民众审美的角度考察了缠足与反缠足两种观念的竞争。她注意到，清末以读书人为主体的社会精英阶层不断宣传天足美、小脚丑的观念，但普通民众仍固守"小脚美"的观念，其中多数不能受教育的女性很难享受到伴随"新世界"而来的社会待遇，因而仍将缠足视为保障她们婚姻成功的一个基本条件。在此情势下，直到20世纪30年代，欣赏小脚美的观念依然流行于民间。随着生活观念的更新，小脚丑的观念逐渐被民众认可，才最终导致缠足陋俗的近于消灭。⑤

刘晓丽、秦艳借助口述史的访谈资料，考察了民国山西省碛口镇女性缠足与生产劳动的关系。他们发现，20世纪20年代以后，碛口镇女性缠足由于新思想的传播及各项禁止缠足法令法规的颁布而明显减少，但放足

---

① 王冬芳：《迈向近代：剪辫与放足》，辽海出版社1997年版，第221页。

② 同上书，第226页。

③ 傅琼、李浩：《来华传教士与近代中国的戒缠足思潮》，《南方文物》2003年第1期。

④ 杨兴梅：《南京国民政府禁止妇女缠足的努力及其成效》，《历史研究》1998年第3期。

⑤ 杨兴梅：《观念与社会：女子小脚的美丑与近代中国的两个世界》，《近代史研究》2000年第4期。

并非一帆风顺。缠足陋俗的确影响了妇女参与农业劳动，使之局限于家庭手工业、家务、生育等领域活动，这在客观上"具有强化男性对女性奴役和家庭生产自给的作用"①。由于口述史资料不够可靠等因素，女性缠足意在"强化男性对女性奴役"的结论有待进一步斟酌。还有学者认为，中共根据地的反缠足运动与南京国民政府推行的反缠足运动不同，主要是由根据地政权和妇女组织推动，二者在不同时期与地区的关系并不相同，所起作用也有差异。② 杨兴梅注意到，近代反缠足运动兴起后，反缠足者一面呼吁缠足与贵贱无关，试图割裂长期存在的缠足与贵贱等级的联系；一面却又主张对放足者采取佩会章等优荣举措，将体面的主动不缠足者与低贱的无力缠足者区分开来，从而造成反缠足运动内在的矛盾与紧张。此外，这场运动将娼妓等群体排除在外，从而剥夺了她们向"进步"方面转化的可能性。③

除讨论剪辫、禁缠足等问题外，还有学者对近代溺女、械斗、乡里首人的污名化等陋俗进行了讨论。杨剑利认为，溺女习俗是封建社会的一项陋俗，此项习俗盛行于近代华北地区有其深刻的社会原因，主要是性别歧视、贫穷、婚嫁费用过高、避免家庭麻烦。这一陋俗造成了一系列社会问题：（1）造成人口性别比例严重失衡，引发一系列的恶劣婚；（2）影响正常的社会风气，刺激了娼妓业的发展；（3）使社会犯罪率增高，影响正常的社会生产秩序。④ 民国时期豫西地区"械斗""打孽""蹚将"等形式的社会冲突不断，在当地逐渐形成一种暴力性的社会习俗。这一暴力性习俗的形成既与豫西社会特殊的自然条件相关，更是该地社会秩序失衡、社会结构畸变造成的恶果，而闭塞的社会风气、落后的文化教育又进一步推动了这些暴力行为的增长。在日益衰败的社会和桀骜不驯的民性相互激荡

---

① 刘晓丽、秦艳：《民国时期女性缠足与生产劳动——对山西省碛口镇女性的考察》，《山西师大学报》（社会科学版）2011 年第 5 期。
② 杨兴梅：《政权与妇女组织配合下的中共根据地反缠足运动（1928—1949）》，《社会科学研究》2012 年第 5 期。
③ 杨兴梅：《贵贱有别：晚清反缠足运动的内在紧张》，《社会科学战线》2013 年第 2 期。
④ 杨剑利：《近代华北地区的溺女习俗》，《北京理工大学学报》（社会科学版）2003 年第 4 期。

下，民国豫西成为"械斗"等暴力角色主宰的"土匪王国"。① 孙明借助清末巴县档案，认为所谓乡里首人（负责乡里公事的士绅）"刁劣"的道德判断与话语表述是其对立面在日常乡里公事中打击首人、维护私利的"身份化"的控诉手段。官绅乡民共同参与了将乡里首人身份污名化的过程，视其为"劣绅"与"痞棍"的复合体，而首人应对策略不力，终究无法扭转自身被"刁劣化"的形象。这一风俗败坏的现象，并非诉讼过程中一般意义上的"虚构"和污名化问题，而是王朝末世的地方社会对乡里首人群体的形象塑造与政治歧视问题。②

# 五　社会风俗变迁的其他问题

在考察近代社会风俗变迁的整体状况以及政治与风俗变迁等专题外，学界还讨论了服饰、丧葬习俗变迁等专题。

## （一）服饰习俗

在近代社会风俗的变迁中，女性服饰的西化尤为引人注目。吕美颐在《中国近代女子服饰的变迁》一文中指出，鸦片战争以来，女子服饰式样逐渐发生变化，尤其在清末出现了崇尚男装、青睐西式服装的趋向。民国初年，女子服饰呈现多样性特点，经过改良的旗袍在 20 世纪二三十年代尤为流行。近代女子服饰变迁的总趋向是追求适体与方便，并与社会近代化的潮流相适应。③ 金炳亮分析了民国时期女子服饰的改革问题。他指出，民国初期政府所实施的服饰改革仅限于男性，引起了女权领袖的不满，她们也提出了更新女子服饰、简化女子装饰的问题。女权领袖所热衷的是服饰的随意性、多样性和奇异性。从总体来看，民初女子服饰的变革既具开

<hr>

① 刘振华、刘平：《民国时期豫西的社会暴力习俗探究》，《郑州大学学报》（哲学社会科学版）2016 年第 5 期。

② 孙明：《乡里首人的"刁劣"污名与风俗之坏——以清末巴县档案中的案例为重点》，《中国社会经济史研究》2018 年第 2 期。

③ 吕美颐：《中国近代女子服饰的变迁》，《史学月刊》1994 年第 6 期。

创性，又有很大的盲目性。① 郑永福、吕美颐认为，民国时期的女性服饰以中西交融、满汉交融为特色，充分展示了人性化、个性化和近代化的时代特征。影响民国时期女性服饰变化的因素如下：君主专制制度的崩溃，社会制度的变迁，审美观念的变化，时装表演与选美活动的开展，大众传媒的推波助澜以及近代服装服饰产业的产生与发展。②

近代一些少数民族的民俗也发生了显著变化。方素梅考察了清朝及民国壮族婚丧礼仪等风俗的演变，认为其具有如下特点：（1）演变比较和缓，以传承为主，以转借、扬弃为辅，创新不多；（2）吸收一定数量的汉族风俗并稍加变革，使之符合本地社会发展的需要；（3）原先存在的地区差别和发展不平衡的幅度有所扩大；（4）物质风俗和行为风俗比观念风俗变化大，其中功能性选择引起的变革占有一定比重；（5）官方的强迫性变迁起到一定作用，但是它带来的负面作用也很大，极大损害了壮族的自尊心，扰乱和破坏了壮族精神文化的原有结构和正常运作，导致文化冲突。方文分析说，近代壮族社会风俗变迁的原因在于壮族地区和全国政治局势的影响、壮族社会经济结构变化的影响和汉文化影响的加强。此外，其还指出，清朝及民国壮族社会风俗的变迁固然有助于壮族人民解放思想，提高文化水准，促进了壮族与中华文化一体化的进程，但也减弱了壮族自身的文化特色，使原本存在的壮族内部的差别更加扩大，影响了壮族社会的整体发展。③

城市居民服饰的变革更为显著。张敏认为，从追求高档和标新立异到破除服饰等级限制、废缠足、易服色，上海服饰习俗的变更始终应和着社会变迁的节奏，折射着社会变迁的不同侧面。服饰的急剧变化也反映出清末上海的社会心理发生了巨大变化，正迅速倾向于学习西方、变革社会，进而为更大规模的社会变革如辛亥革命成功、民国肇建和大规模移风易俗

① 金炳亮：《民初女子服饰改革述论》，《史学月刊》1994 年第 6 期。

② 郑永福、吕美颐：《论民国时期影响女性服饰演变的诸因素》，《中州学刊》2007 年第 5期。

③ 方素梅：《清及民国壮族社会风俗变迁述论》，《中南民族学院学报》（哲学社会科学版）1995 年第 2 期。

社会运动的顺利进行奠定了基础。[①] 李跃乾从现代化的角度考察了辛亥革命前后的服饰改革问题。他认为，此时期人们在选择衣式、发型时，不再视身份贵贱，而以简便实用或美观新奇为尚，这是中华服饰从传统向现代化演进的开始。[②] 秦永洲也认为，近代山东服饰的变迁是政治变革、西俗东渐和文明开化的产物，是近代化的一个重要方面，主要表现为：以新潮服饰为先导的多元化服饰结构的形成；服饰上华夷大防的消失；服饰新潮的领导者由个体名人、妓女转变为具有高层文化素养的学界群体。近代山东服饰的变迁带有显著的传统文化情结与政治象征意义，在变化的深度与广度上都比较有限，这体现了山东人重礼义名节、自强自信、保守内敛的个性。[③]

## （二）丧葬习俗

2006 年以来，学界侧重于讨论近代地方社会的丧葬习俗。邓红、陈善本认为，民国时期皖北农村丧葬礼俗有自己的特征，其愚昧性、腐朽性和落后性仍是在移风易俗中提倡科学、更新观念的根本障碍，其中的陋俗也是移风易俗所要革除的主要对象。[④] 刘荣军、袁胜昔分析了民国时期湖南丧葬礼俗的近代化：一方面，戴黑纱、登讣告、设吊唁处、开追悼会、送花圈等仪式与礼节体现出现代丧葬意识；另一方面，火葬、设立公墓已经适应近代社会流动和城市化管理的丧葬理念。但与沿海相比，民国时期湖南的丧葬礼俗近代化的步伐还是迈得比较缓慢，更多表现在对旧式丧礼的改良上。[⑤] 此外，李春雷分析了民国时期山东地区的宗教信仰与丧葬习俗变迁的关系。[⑥]

---

① 张敏：《试论晚清上海服饰风尚与社会变迁》，《史林》1999 年第 1 期。

② 李跃乾：《论辛亥革命前后的服饰改革》，《淮阴师范学院学报》1999 年第 2 期。

③ 秦永洲：《近代山东服饰变迁述论》，《文史哲》2002 年第 3 期。

④ 邓红、陈善本：《民国时期皖北农村丧葬礼俗述论》，《河北大学学报》（哲学社会科学版）2006 年第 4 期。

⑤ 刘荣军、袁胜昔：《民国时期湖南丧葬礼俗的演变》，《长沙民政职业技术学院学报》2009 年第 2 期。

⑥ 李春雷：《民国时期山东地区宗教信仰与丧葬习俗变迁浅析》，《齐鲁师范学院学报》2011 年第 3 期。

民国政府与社会团体在丧葬礼俗改革上发挥了重要作用。严昌洪认为，中国传统丧葬礼俗崇尚厚葬，带有浓厚的封建等级性与迷信色彩。民国历届政府和民间团体对丧葬礼俗的改革做了一定的努力，其突出之点是借用了西方的追悼会形式，在国丧礼仪中加入西方丧礼的臂缠黑纱和下半旗的致哀方式。同时，政府通过取缔停柩、设立公墓等举措，积极革除传统丧葬礼俗中的严重弊端。尽管这些举措未能完全奏效，但其中一些办法、规则、公约等在各地丧葬礼俗中却部分地得以实施并固定下来，沿袭至今。① 王青考察了从民国成立到全面抗战前的山东丧葬习俗的变化，并将这种变化归功于革命运动的推进、经济发展的驱动以及文化教育的作用。其还指出，这种变化在一定意义上促进了社会进步，但远远落后于一些发达省份的丧葬习俗改革的幅度。② 李彬彬注意到，上海租界公墓制度的引入为华界墓制改革提供了重要范式，也引起了民众丧葬观念的发生变化，他们开始认同并仿效西式公墓制。③ 王日根注意到，民国初年的福建流行亡者久停不葬的习俗，既违背礼俗，又严重污染环境。晋江旅菲华侨商人黄秀烺倡导恢复古代葬礼，引起众多官绅呼应，并产生良好的社会反响。④

民国时期丧葬习俗的守旧或革新关联到当事人的政治文化观念。丁芮分析了北平沦陷时期董毅在日记中所言其父去世后丧礼的整个过程及生活场景，其因经济能力不足而被迫简化，但仍遵循传统丧葬礼俗的基本程序；像董家这样的沦陷区民众保持传统的风俗习惯，既是出于对民族文化的认同，也是自觉抵制日本殖民者文化同化的爱国行为。⑤ 沈宏格注意到，民国时期的丧葬礼俗变革不只是表现形式的变化，更主要的是动摇了丧葬礼俗的伦理精神，即由原来维护"亲亲、尊尊"的等级制度过渡到体现民

① 严昌洪：《民国时期丧葬礼俗的改革与演变》，《近代史研究》1998 年第 5 期。
② 王青：《民国后抗战前山东婚丧礼俗的嬗变》，《山东师范大学学报》（人文社会科学版）1999 年第 6 期。
③ 李彬彬：《移风易俗：近代上海华人公墓的缘起》，《兰州学刊》2013 年第 10 期。
④ 王日根：《民国初年福建晋江商人恢复族葬及其意义——黄秀烺古檗山庄的个案分析》，《中国社会经济史研究》2016 年第 1 期。
⑤ 丁芮：《大主题下的小生活：沦陷时期北平丧俗实例考察——以董毅〈北平日记〉为中心》，《兰州学刊》2016 年第 10 期。

主科学精神。他还认为，这种丧葬礼俗的变化是一种制度革命，还是一种身体革命，体现了民主科学文化理念和民主共和政治观念的传播。[①]

### （三）历法节日文化更新

近年来，近代节日文化研究出现热点。清末民初，由帝制变为共和，政治制度发生巨大变化，国家礼制也随之革故鼎新，旧礼制多废除，而新礼制肇建，陆续出现了一系列新设的节日庆典，作为新政权及新体制的文化象征和符号。伴随着近年来"文化建构"理论在史学研究中产生影响，一些研究者或从国家礼制演变角度，或从新政权的文化建构角度，对民国以后北洋政府、国民党政权及中共政权等相继设立的一些新节日庆典展开研究，出现了一批研究成果。

制定历法是国家礼制的重要内容，历来受到各朝当权者的重视，视为统治天下、控制万民生活的象征。民国建制后，也把历法改革作为新政权的一项重要举措，一些学者对民国初期的历法改革及社会影响作了研究。朱文哲讨论了近代中国纪年中的"耶稣"与"公元"纪年的变迁，指出南京国民政府建立之后，重审"废止旧历，普用国历"，消解"耶稣纪年"的宗教色彩和"西方"局限，重构其"普遍性"则成为时人的重要考虑。民族主义和世界主义，政府政治权威的建构与民众习俗的改造，时间计量方式的科学性和实用性等因素影响了纪年变革，最终促使"耶稣纪年"蜕变为"公元纪年"，并确立了主导地位。[②] 湛晓白撰文以陈果夫所著《中华民国生活历》为中心，讨论了民国岁时节令中的政治与民俗。她指出，1927 年之后，南京国民政府为彻底结束阴阳历并行的二元格局，强制推行国历。国历运动手段过激，对旧历作为民俗的价值和惯性作用均估计不足。1945 年国民党政要陈果夫编制出版的《中华民国生活历》一书则对国历运动的失衡进行了有意识的纠偏补弊。透过这本日历，反映了陈氏重

---

① 沈宏格：《社会变迁视角下的民国丧葬礼俗变革》，《江西社会科学》2015 年第 10 期。
② 朱文哲：《从"耶稣"到"公元"：近代中国纪年公理之变迁》，《民俗研究》2012 年第 3 期。

建基层宗法社会及其礼制的政治理念。①

　　国民政府出于政治文化建构的需要，陆续设立了一些新纪念日或纪念形式，以期发挥强化历史记忆，宣传、教化民众的作用。在这方面也出现了一批研究成果。如赖德霖《民国礼制建筑与中山纪念》② 一书，对民国礼制建筑与孙中山纪念的政治文化意涵作了深入考察，认为民国新的礼制建筑和纪念物体现了崇奉方式和对纪念物识别性要求的改变，如从封闭空间转向公共空间；从碑刻文字的指示，到纪念碑造型的象征和纪念像的形象表现；从地点与时间都是固定的祭祀转向公共空间中"非专注"的接受；从祭祀者对被祭祀对象的崇奉到纪念者接受被纪念者的激励或教导。该书认为中山纪念堂作为一个宣讲空间，是国民党将符号化的孙中山作为一种政党的意识形态改造国民的物质体现；作为一个纪念物，表达了中国的民族主义者将东西方文化相结合的期盼。一些文章探讨了"六六"教师节、国庆纪念日、对五四运动的纪念、对"九一八"的纪念。张艳认为，1927—1930 年南京国民政府对五四运动进行纪念充满矛盾：它需要五四的爱国主义、民族主义等的思想资源来号召青年，增强自身凝聚力，却又害怕学生被动员起来后扰乱其统治秩序，甚至被共产党利用；它看到了五四新文化运动在民众思想革新方面的价值，同时也注意到其自由、民主的价值取向以及否定传统的态度对重建政治、文化秩序的潜在威胁。五四"缺点"的被发掘，成为南京政府由新生政权向稳固政权转化后逐步限制，乃至取消五四纪念活动的主因。③ 罗检秋分析了清末民初宗教迷信话语的形成，认为近代国家权力对民间信仰的干预不断深入，宗教和迷信的畛域逐渐清晰。民国政府将以前的"淫祀"及部分"正祀"纳入"迷信"范畴，而曾经处于边缘的外来信仰上升为宗教正统，从而使信仰世界转变为新的"文化网络"，实现了权力秩序的重建。近代宗教与迷信的分野，主要是由权力来界定和完成的，与其说宗教迷信话语起源于启蒙思潮，毋宁说是国家意识形态和权力渗透的结

---

　　① 湛晓白：《民国岁时节令中的政治与民俗——以陈果夫所著〈中华民国生活历〉为中心》，《民俗研究》2012 年第 3 期。

　　② 赖德霖：《民国礼制建筑与中山纪念》，中国建筑工业出版社 2012 年版。

　　③ 张艳：《南京国民政府初期的"五四"纪念》，《史学月刊》2013 年第 6 期。

果，反映出清末民初政权参与、控制民众社会的强化路径。① 郭辉撰文分析了抗战时期民族扫墓节与民族精神的建构，指出为应对民族危机，国民政府制定民族扫墓节，既继承了清明节某些传统，也融合了中国古代传统其他元素。民族扫墓节的国家典礼包括祭祀黄陵、周陵、茂陵、昭陵等先圣先贤陵墓，此后还加入明太祖孝陵。抗日战争时期民族扫墓仪式的举行被赋予了深刻内涵，即凝聚民族精神，提高民族自信力，为争取抗战的胜利提供了精神动力，但实际效果有限。②

还有学者关注中共领导下的苏区、革命根据地、解放区的红色节庆与礼俗。樊宾撰文分析了苏区的节庆文化及其特点，认为苏区节庆在传输革命理论、动员组织群众、显示群体力量、改造社会习俗、充实群众生活，建立以阶级关系为基础的情感模式，树立中国共产党在革命运动中的领导权威等方面，发挥着重要的推进作用。③ 李俊领考察了中共根据地与解放区的红色礼俗。中共政权创造了具有革命含义的红色礼俗，以简洁为本色、以革命为指向，深刻改变了根据地和解放区的社会日常生活，尤其在延安时期增加了以毛泽东权威为核心的个人崇拜特色。在根据地和解放区，不断传播的红色礼俗逐渐取代了传统礼教，重新塑造了民众的行为与观念，发挥了重要的社会动员与政治整合作用。红色礼俗并没有完全打破男尊女卑的传统观念，而是逐渐成为一种新的威权化的文化符号。④

中共对革命根据地的过年习俗的改造，引起学界的更多关注。杨焕鹏认为，过年期间是中共在根据地推展各项工作的重要时期，也是其对传统民俗进行革命化改造的一个重要节点。中共将民俗同政治紧密结合起来，通过过年"民俗"宣传抗战与革命，以强化战时对乡村民众的战争动员。过年期间根据地的宣传内容依照各项工作的推行程度而改变，也随着抗战形势的变化进行相应调整。这种以革命改造民俗的模式影响

① 罗检秋：《清末民初宗教迷信话语的形成》，《河北学刊》2013 年第 5 期。
② 郭辉：《抗战时期民族扫墓节与民族精神的建构》，《史学月刊》2012 年第 4 期。
③ 樊宾：《论苏区的节庆文化及其特点》，《江西社会科学》2012 年第 1 期。
④ 李俊领：《民国时期中共根据地与解放区的红色礼俗》，《阜阳师范学院学报》2011 年第 6 期。

深远，渗透到民众的日常生活与精神世界中。① 李军全考察了1937—
1949年中共将华北根据地、解放区乡村社会中的春节习俗进行革命化改
造的过程，认为春节习俗的革命化不仅是中共革命动员有效性的表现，
实际也是中共政治文化改造乡村民俗文化的结果。虽然当时中共对春节
习俗的革命化寄予了厚望，但这种改造对群众产生的实际影响究竟有多
深，是需要进一步追问的问题。② 韩晓莉认为，抗日战争及解放战争时
期，中共领导的华北各根据地政府通过新年团拜、军民联欢等方式，展
现政府和军队的亲民形象，同时改变着民众对"官"的传统认知，使他
们对公历新年这个官方节日做出了积极回应。华北根据地公历新年从冷
清到热烈的变化，体现中共利用现代节日符号开展社会动员的努力，也
反映出根据地官民之间日益亲密的互动关系的形成。③ 还有学者讨论了
华北抗日根据地的春节娱乐。其认为抗日战争爆发后，中共开始利用具
有深厚民众基础的春节娱乐开展政治宣教工作；为使其符合自身意识形
态的要求，中共进行了一系列的政治技术运作，使以娱乐为主的春节娱
乐呈现出政治教化的意义来。在这个过程中，中共建构政治话语的具体
途径不是抛弃或打击乡村旧有的文化形态，而是借助或利用，最终确立
在乡村文化中的霸权地位。④

　　近年出现的上述有关国家礼制、节日、纪念日等研究成果，与以往以
概括和描述为主要方法的节庆风俗史研究不同，而是多基于文化建构理
论，从国家与社会、国家礼制与宣传教化民众的关系这一新视角展开研
究，反映了节庆风俗史研究的深化，以及理论分析水平的提高，这是一个
值得重视的新学术发展趋向。

---

① 杨焕鹏：《形塑革命节日：胶东抗日根据地过"年"革命叙事》，《中国农史》2017年第1期。
② 李军全：《过年：华北根据地的民俗改造（1937—1949）》，中国社会科学出版社2018年版。
③ 韩晓莉：《从冷清到热烈——从华北根据地公历新年的变化看中共的社会动员》，《史学月刊》2017年第6期。
④ 薛云、李军全：《论华北抗日根据地的春节娱乐：1937—1949》，《抗日战争研究》2012年第1期。

## 六 风俗史研究阶段性特征与不足

回望改革开放以来大陆学界对近代中国风俗变迁的研究，可以看到其具有较为明显的阶段性特征，大致以 1986 年至 1995 年、1996 年至 2005 年、2006 年至 2018 年为三个基本的阶段。

第一，1986 年到 1995 年这一阶段大陆学界在近代中国社会风俗研究上还存在着一些当时不易克服的局限。其一，社会史领域内的近代中国社会风俗研究并没有真正体现出社会史研究的独立性，甚至在某种程度上成为政治史研究的延伸领域。换句话说，一些研究成果有意以社会风俗为切入点，旨在观察近代中国政治的嬗变。其二，研究者大多在研究立场上尚未摆脱政治史的影响，甚至在话语表述上还带有明显的意识形态的痕迹。有学者对太平天国礼俗改良多有肯定，有意无意回避了其中压迫、歧视女性，甚至违背人性的内容。这是那个时代学术为政治服务的风气使然，无可厚非。其三，在历史叙事上借鉴了社会学的一些做法。一些论文的架构基本遵循列举内容、概括特征、分析原因与评价意义的模式，给人千篇一律之感。这种论述方式侧重于定性分析与归纳概括，缺乏故事情节，基本放弃了传统的以人物为中心的史学叙事。从中听不到底层民众的心声，也看不到民众个体的经验。简而言之，只见风俗不见人。其四，学者注重近代中国社会风俗变迁的实证性研究，忽略了相关的理论问题。无论是宏观考察，还是局部研究，得出的结论颇为相似。究其原因，是研究者缺少建立社会史的独立的解释体系的意识。没有理论上的突破，也就不会有社会风俗史研究的深入。

第二，1996 年至 2005 年的近代中国社会风俗史研究，比过去开拓了更宽广的研究领域，收获了更丰富的研究成果。具有拓荒意义的研究，当推学者们对近代中国陋俗与陋俗文化批判的讨论。尤其是梁景和自觉运用"社会文化史"的视角，透视近代中国陋俗文化嬗变的轨迹与机制，其研究视野与理论探索显示出社会史研究的新动向与新活力。此外，学者研究革命根据地风俗的选题较为新颖，但研究理路没有摆脱革命史的话语模式与分析框架。

这一时期相关研究的不足也是显而易见。学界对近代中国风俗变迁的总论较过去的相关研究更为精致，但并没有实质性的突破。对近代地方风俗变迁的研究，很像是缩小版的全国风俗变迁研究，缺乏地方的个性特色。对近代婚俗的研究虽较为集中，但仍未突破"只见风俗不见人"的瓶颈。

之所以存在上述不足，似可从以下方面进行思考。其一，单纯依靠纯文字的历史文本的局限。这一时期的学者讨论社会风俗，几乎完全依靠对纯文字的历史文本的分析与归纳，而这些文本资料庞杂而琐碎，主题分散，很难据此拼接出近代中国风俗变迁的完整而丰富的图景。因此，研究者要真正了解风俗对民众生活的影响，除了依靠纯文字的历史文本外，还应该借鉴人类学、社会学、民俗学的田野调查方法，走进历史现场，寻找更为丰富的历史文本，比如碑刻、族谱、口述资料等。当然，对口述史料也不可完全相信，应警惕其中的某些概念化的苦难述说实际是一种不自觉的被诱导、被重新塑造的历史记忆。

其二，研究者就风俗论风俗，在相当程度上忽视了对近代中国社会的整体把握与深入了解。由于相关研究的不足，学界对近代中国社会的丰富内容还缺少足够的认识与了解，甚至对包括民间信仰在内的社会风俗存在着种种误解。无论是对近代中国风俗变迁的整体论述，还是对其局部或专题分析，都是一种粗线条的轮廓性的叙述与概括，缺少细部刻画与微观分析，以至于留给人的印象模糊不清。比如童养媳问题，不少学者认为这是对女性进行性别压迫的封建陋俗。事实上，童养媳的问题要区别看待，不做定量的统计分析，仅依靠部分资料就做定性判断，这种结论的可靠性就比较弱。

其三，近代中国风俗史研究的社会科学化倾向愈加严重。这一时期的相关研究很像是历史版的社会学对风俗的研究，侧重于框架性的概括、归纳、分析与总结。没有以人为主角的历史叙事，也没有触及近代中国风俗中的人的呼吸与感受。原本有血有肉、有精气神的活的风俗文化，被简化为毫无生气的风俗标本。换句话说，一些研究者在近代中国社会风俗史研究中缺少足够的人文学科意识。

另外，研究者的格局与视野有待开阔。刘锡诚认为中国风俗史研究长期处于沉寂状态的原因有二：一是"写文化史的人在学理上没有认识到风俗的发生和嬗变是如何影响着一个民族的文化的发展和进程，故而忽视对风俗及其变迁的研究"；二是"写文化史的人因眼界狭窄，缺乏风俗学和风俗史的学养，只好避而远之"。① 这一看法也提醒学界，探讨近代中国社会风俗史应扩大格局与视野。

第三，2006 年至 2018 年，相关研究无论是在学术视野上，还是在研究水准上，都不断有新发展。比如，在史料上，有学者利用了刘大鹏的《退想斋日记》。在研究视角上，王歌雅从近代法律制度的角度深入考察了婚俗变迁的动力与机制，将近代婚俗研究明显推进了一步。在研究视野上，学界对游戏习俗、人生礼仪等方面的讨论多是前人鲜有涉及的新问题，尤其是卫才华对近代山西移入民村落之民俗记忆的探讨有力拓展了近代中国社会风俗史研究的深度与广度。

诚然，这一时期相关研究的局限也应引起注意。过去研究存在的"碎片化""不平衡""只见风俗不见人"等问题仍旧存在。

其一，忽略了中国传统社会礼俗不分家的基本史实。礼是国家制度化的生活方式，俗是非制度化的民间生活习惯。近代中国的礼与俗之间存在着种种矛盾与冲突。学界讨论社会风俗史，几乎都将"风俗"等同于"民俗"，很少区分二者的差别，也很少注意礼与俗的复杂关联。实际上，"风"多属于文化精英的生活方式，"俗"主要指社会底层草根的生活方式。学界对近代民俗变迁关注较多，对近代风尚讨论较少，比如对近代流行歌曲与音乐的讨论就十分罕见。学界对近代礼与俗的关系缺少深入而全面的讨论，单纯就民俗化的风俗谈风俗，很难触及风俗背后的深层次问题。柳诒徵认为中国"礼俗之界，全难划分"②，这是说礼俗的密切关联，并不意味着今天的学术研究可以忽略礼俗的区别。进而言之，讨论近代中国风俗史，更应该注意近代中国礼仪制度史的研究。刘志琴针对礼俗不分家的历史关联指出："礼俗文化作为制度和意识形态已经成为历史的陈迹，

① 徐杰舜、周耀明：《汉族风俗文化史纲》，广西人民出版社 2001 年版，刘锡诚序。

② 柳诒徵：《中国礼俗史发凡》，《柳诒徵说文化》，上海古籍出版社 1999 年版，第 261 页。

但它沉潜在民族心理中的思想影响仍在发生作用。对礼俗文化的研究，提供了将中国人生活方式的外在形式与内在观念形态结合起来考察的新思路，从物质生活到精神生活，全面认识民族文化和思维方式，增强文化自觉，促进文化转型。"①

2015 年 5 月在山东大学举办的"礼俗互动：近现代中国社会研究"国际学术研讨会，就民间自治、民间信仰、礼俗社会、社会变迁下的礼俗互动等四个专题展开研讨。② 这表明学界更多注重从礼俗互动的角度理解和把握近代中国社会的嬗变历程及其特质。

其二，问题意识不够凸显。随着近代中国社会史研究的热度不断增加，相关的研究著作在数量上也不断攀升，但其中相当一部分缺少明确的问题意识，尚未达到应有的研究深度。上文中提到的学者对近代地方社会风俗变迁的研究即是典型案例，读者不知道这些研究要解决什么学术问题。有学者对当前包括风俗史在内的中国社会史研究批评说，"即使是中国社会史实践中的佼佼者，也不过是东施效颦地学步西方人类学取经的历史书写模式，'以地方性知识去追寻地方性历史'而已"，他们过于关注个体人生命的外在性内容，如社会、民族、国家等，而漠视了个体人生命的内容，如人的心智世界、情感世界等。③ 其建议从本体论上给予个人的生命存在人文主义关怀，根本性地促成当代中国历史学的转向。

其三，社会科学化的倾向越来越严重。中国近代社会风俗史研究的风头至少在表面上越来越强劲，但其社会科学化的问题也越来越严重。基于后现代主义思潮的新文化史传入大陆之后，社会史研究不可避免地受其影响，结果是一方面继续用社会科学化的教条裁剪或重构历史，另一方面注重琐碎的生活细节的铺陈与排列，放弃了宏大叙事的追求。这种情况可以看成是对近代中国从西方引进的新史学过于强调理性分析与历史使命感的

---

① 刘志琴：《礼俗文化的再研究——回应文化研究的新思潮》，《史学理论研究》2005 年第 1 期。

② 张兴宇：《礼俗传统与当代社会治理——"礼俗互动：近现代中国社会研究"国际学术研讨会述评》，《民族艺术》2015 年第 4 期。

③ 周祥森：《转向人的内在生命存在——提高中国世界史学科研究水平的本体论前提》，《史学月刊》2012 年第 2 期。

一种冲调。① 但实际上，这既没有揭示出近代中国风俗变迁背后的复杂问题，又没能做到讲一个好的历史故事。

其四，研究者自说自话，缺少对话和交流。上文中提到的近代东北地区社会婚俗研究的若干论文在选题上明显重复，而且在写作中缺少学术史回顾，明显是忽略或回避已有的研究成果。讨论近代地方社会风俗变迁的学者很少关注其他学者的同类研究和对社会风俗的上下左右各方面的研究，尤其是缺少对近代中国政治史与文化史最新研究成果的关注。因此，在诠释近代政治力量对风俗变迁的影响上千篇一律，缺少应有的具体分析。讨论近代中国风俗变迁，需要打破地方与专题的区隔，形成跨区域的对话；需要超越风俗史研究的学科藩篱，积极了解民俗学界的相关研究，形成跨学科的对话。

---

① 马勇：《新文化史在中国：过去、现在与未来》，《史学理论研究》2013 年第 1 期。

# 第十一章

# 近代大众休闲娱乐研究

20 世纪 80 年代末，近代中国大众娱乐休闲开始进入历史学界的研究视野，迄今为止不过三十余年。此期间大陆学界相关研究主要集中在近代上海城市娱乐、娱乐休闲与公共空间、娱乐与政治、娱乐群体与人物、其他地方娱乐等专题。

## 一 上海城市休闲与娱乐

随着近代上海城市史研究的热度不断攀升，其中的城市休闲娱乐引起越来越多的关注。

### （一）起步阶段（1986—1995 年）

1986 年到 1995 年，相关讨论开始起步。这一时期中，学界探讨近代中国大众娱乐休闲的文章屈指可数，较为突出的是陈鸣探讨近代上海娱乐的两篇文章。他认为，自开埠以后，上海文化娱乐活动在国内、国外两方面力量的冲击下发生了历史性的突变。国内方面，中国各地方戏剧和曲艺流入上海，促发和推进了上海土著娱乐性文艺样式的产生和成长。这既表现为文艺形式上的确立，成为艺坛上某一剧种或曲种，同时也在组织机构上完备起来，改变过去那种流浪艺人的形象。南腔北调的会合、交流和互补，使上海文化娱乐出现空前规模的国内市场。国外方面，资本主义文化娱乐输入上海，刺激和启发了上海人的文化观念和日常审美心理，同时也给上海文化娱乐带来了物质上的巨大变更。①

陈鸣还从消费结构和消费指向两方面探讨了近代上海城市的文化娱乐消费，认为在近代上海，每个消费者可以根据自己的兴趣和爱好自由地选择消费对象，但经济收入、文化传统、民族性格、阶级地位等客观因素决定、制约和影响着每一个文化消费者的主观选择。②

上述两文从一个新角度揭示了近代上海生活史的面相，具有显著的拓荒意义。当然，其明显受社会学方法的影响，在叙事表达与解释框架上侧重于整体上的分类与概括。事实上，清末民国上海的娱乐更多是一种摆脱礼教后的狂野与模仿西方的时髦，"人们的情欲世界则少了名士佳人恋曲的清雅气，更多的是被肤浅的欲望所驱使的短暂的逸乐……急剧繁荣的休闲文化创造了新的社交礼仪和摩登的外表"。③ 无疑，近代上海娱乐还是一片值得深入开垦的学术荒地，其中的政治权力、经济利益、生活方式、文化观念等问题尚未呈现出来。

## （二）拓展阶段（1996—2006 年）

1996 年至 2006 年，相关讨论逐步拓宽视野，主要涉及近代上海的文化娱乐与公共空间。其一，近代上海的文化娱乐。海外学者李欧梵以特殊的敏锐目光，回应世纪之交人们对老上海的怀旧情怀，于 2001 年推出了文化评论作品《上海摩登：一种新都市文化在中国（1930—1945）》④。他说："我写《上海摩登》时有一个很自觉的选择。当时整个中国根本不把都市文化放在眼里，我的立意是重新恢复上海的都市文化。"⑤ 在该书中，

---

① 陈鸣：《上海近代文化娱乐市场的发生及时空特征》，《上海大学学报》（社会科学版）1989 年第 3 期。

② 陈鸣：《近代上海城市的文化娱乐消费》，《上海大学学报》（社会科学版）1991 年第 4 期。

③ 参见曾佩琳《完美图像——晚清小说中的摄影、欲望与都市现代性》，李孝悌编《中国的城市生活》，新星出版社 2006 年版。

① ［美］李欧梵：《上海摩登：一种新都市文化在中国（1930—1945）》，毛尖译，北京大学出版社 2001 年版。

⑤ 江迅：《上海摩登没有失真》，《亚洲周刊》2002 年 10 月 28 日至 11 月 3 日，转引自朱崇科《重构与想象：上海的现代性——评李欧梵〈上海摩登：一种新都市文化在中国（1930—1945）〉》，《浙江学刊》2003 年第 1 期。

李欧梵自觉把"文化研究"和"新文化史"的方法论引入"上海研究"之中，以民国上海的文学与作家群体为切入点，诠释当时上海的"现代性"。他试图考察的一个重要问题是，在大的历史背景中，上海的文化是依靠什么制度被生产出来的。为回答此问题，他尤其注重上海都市文化的"硬件"，比如外滩建筑、百货大楼、咖啡等，对这些典型的上海风物进行了细致描述和评说。比如，他细腻地讲述了一个上海舞女对日常开支的精打细算，因为她们体现了对某种传统的反叛，她们诚然可以被"现代化"为都市物质文化的载体或客体，但同时更张扬了自己的"主体性"；她们对男人投射自己的欲望，甚至游刃有余地戏耍男人。① 当然，《上海摩登》并非纯粹的历史研究著作，但其借用"新文化史"方法的某些叙述令人耳目一新，将读者带入了当时上海的生活场景中。

继《上海摩登》一书之后，高福进著《"洋娱乐"的流入：近代上海的文化娱乐业》② 一书于 2003 年出版。该书是第一本以 20 世纪上半叶上海娱乐业为研究对象的专著。全书共分八章：第一章"西洋娱乐的传入"，第二章"老上海都市娱乐文化探源"，第三章"西人文化影响下的老上海：五花八门的娱乐生活"，第四章"室内娱乐：男女同舞同乐时代的来临"，第五章"'洋娱乐'，洋人乐：从跑马场到大世界"，第六章"娱乐业的糟粕：'卖笑业者'生活面面观"，第七章"竞技的气氛与赌博的目的：体育娱乐——从演武厅到体育场"，第八章"公共娱乐观念和意识：'公家花园'和俱乐部"。该书解读了这一时期文化娱乐市场的特征，西方娱乐的流入对上海社会以及近代上海娱乐生活的影响。他认为，早期上海的娱乐业被洋人控制，而且充满了歧视华人的色彩。他还进一步分析了近代上海娱乐业的特征：（1）具有明显的殖民主义的时代性；（2）娱乐市场经营与消费的单一性；（3）市场竞争激烈，一些娱乐场所经营不久就倒闭了；（4）近代上海娱乐业运用了西方的先进技术。③

2002 年出版的李长莉著《晚清上海社会的变迁——生活与伦理的近代

---

① 朱崇科：《重构与想象：上海的现代性——评李欧梵〈上海摩登：一种新都市文化在中国（1930—1945）〉》，《浙江学刊》2003 年第 1 期。

② 高福进：《"洋娱乐"的流入：近代上海的文化娱乐业》，上海人民出版社 2003 年版。

③ 同上书，引言，第 9—10 页。

化》一书设立专章，从社会文化史的角度深入考察了晚清上海的休闲娱乐。作者细致叙述了上海开埠后茶馆、妓馆等传统娱乐的兴盛，赛马、幻灯、杂技等西式娱乐的传入与流行，消闲方式变化与享乐之风。作者分析说，晚清上海的社交性消闲娱乐方式与传统方式相比，感情色彩淡化，带有更多的功利性，显示了更多的商业化色彩。① 在作者看来，这一时期上海娱乐业兴盛的原因如下：其一，上海开埠后商业迅速发展，这里成了中外四方商贾的会聚之地；其二，商业经营活动及城市谋生方式较之传统的农业更具灵活性、活动性和自由度，人们因而拥有较多的闲暇时间；其三，城市居民大多有现钱收入，可以自由方便地进行消费；其四，商业活动和城市生活使人们相互交往的范围和频度增强，需要有进行这些活动的公共消闲娱乐场所；其五，上海租界特殊的城市管理体制为娱乐业提供了较大的自由发展空间。② 作者细致分析了晚清上海休闲娱乐变迁背后的及时享乐、适度享乐、合理休闲等文化观念，并指出其反映了上海商人与市民阶层在城市商业化潮流中形成的享乐观与功利观。

　　该书的一大特色是尝试运用社会史和文化史相结合的方法，把原分属社会史领域的人们生活方式的变化，与原分属思想文化史领域的社会伦理观念的变化结合起来进行考察，以社会史的方法来解读文化观念的变迁。③ 遵循这样的研究理路，作者将其采用的社会文化史视角具体化为"生活方式与社会伦理"视角，而这一视角下的研究令人耳目一新。

　　2003 年以后，越来越多的学者开始关注近代上海的娱乐休闲。由此到2005 年，学界的相关探讨主要集中于如下两方面。

　　其一，从文本看近代上海的娱乐。郑祖安挖掘、利用 1941 年一位上海青年的日记，从一个侧面展示民国上海电影与戏剧，还公开了其中有关休闲娱乐的部分日记内容。④ 姚小鸥、陈波在《〈申报〉的戏曲广告与早期海派京剧》一文中考察了《申报》与上海海派京剧的关系。该文认为

---

　　① 李长莉：《晚清上海社会的变迁——生活与伦理的近代化》，天津人民出版社 2002 年版，第 255 页。

　　② 同上书，第 249—250 页。

　　③ 同上书，第 8 页。

　　④ 郑祖安：《1941 年：一位上海青年的闲暇娱乐生活》，《档案与史学》2003 年第 5 期。

《申报》的戏曲广告在很大程度上促进了京剧在上海的发展，二者的良性互动体现了近代传媒与新兴艺术之间的密切关系。[1] 他们在另一篇文章中讨论了剧场之间的良性互动关系，认为剧场的发展是上海戏剧特别是海派京剧发展的重要环节，其建设和发展与《申报》有着密切的关系，体现了社会文化传媒对于戏剧艺术发展的重要作用。[2]

其二，近代上海娱乐的公共空间。楼嘉军提出，20 世纪初期的上海娱乐形态展开从传统转向现代的进程，以戏院、游乐场、电影院和舞厅为代表的近代四大城市娱乐形态先后完成了活动空间和活动形式的变革，娱乐从追求物质层面的舒适发展到追求精神层面的享受。[3] 他概括出近代上海城市娱乐形态在转型时期的特点：第一，民族资本成为推进上海近代城市娱乐业蓬勃发展的重要力量；第二，形成了商娱合成的市场经营新模式；第三，城市娱乐业在空间布局上出现新的动向；第四，国际环境变化对娱乐业发展的影响；第五，经济快速发展又使得上海城市的消费阶层划分变得日益清晰，形成了富裕的上层群体、日益扩大的中等收入群体和庞大的下层消费群体。他进而提出，20 世纪初期是上海城市娱乐业发展的历史性转折期，其包含两层含义：一是从城市娱乐的物质层面上讲，这一时期的娱乐场所建设基本完成由传统向近代的转变；二是从娱乐活动样式上看，几乎所有的近代城市娱乐活动门类在这一时期都已基本成形，或已经有了初步的发展。姜进以越剧为切入点，分析了民国时期上海各种娱乐场所的不同观众群体以及观众间的性别和阶级分层。[4] 李菲提出，近代戏剧与电影处于相互制衡又彼此借鉴的状态，传统戏剧并没有因为电影的传入而退出历史舞台，而是同电影一起构成了近代上海丰富多彩的娱乐文化市场。[5]

---

① 姚小鸥、陈波：《〈申报〉的戏曲广告与早期海派京剧》，《现代传播》2004 年第 1 期。

② 姚小鸥、陈波：《〈申报〉与上海剧场》，《郑州大学学报》（哲学社会科学版）2004 年第 2 期。

③ 楼嘉军：《20 世纪初上海城市娱乐形态转型述评》，《探索与争鸣》2005 年第 8 期。

④ 姜进：《涌动与重构：从越剧观众看都市文化中的性别和阶层》，华东师范大学、中国社会科学院近代史研究所、《历史研究》杂志社编：《现代中国都市大众文化与社会变迁国际研讨会论文集》，2005 年印。

⑤ 李菲：《论近代上海新式剧场的沿革及其影响》，《上海师范大学学报》（哲学社会科学版）2002 年第 5 期。

许敏在《晚清上海的戏园与娱乐生活》一文中介绍了上海地区营业性戏园的分布、投资主体、兴起缘由、经营方略等，列举了围绕戏园展开的一系列社会娱乐生活，认为晚清上海戏园是典型的娱乐社交场所。①

**（三）深入阶段（2006 年至今）**

2006 年至今，相关讨论大为深入，主要涉及近代上海的娱乐与休闲特色、公共空间与戏剧等专题。这一时期学界探讨近代上海娱乐的兴趣越来越浓，研究视野更为开阔，研究角度更为新颖。

其一，从文本解读中观察近代上海娱乐的特色。

《申报》是承载近代上海娱乐信息的重要文本。黄益军、魏向东以《申报》为切入点，分析了晚清上海的娱乐生活及其特征，将之归结为俗尚奢靡、追新慕异、中西杂糅三个方面，并分析其形成的原因和影响，从社会生活层面揭示了近代上海城市化的历程。② 关心同样以《申报》为分析文本，考察了近代西方音乐在上海演出的情况。③ 其认为，上海商业性音乐演出构成了近代向中国传播西方音乐文化的一个重要途径；西乐商业演出活动及清末洋人的音乐生活态度对当时上海人的娱乐生活产生了一定影响，催生了城市娱乐意识与娱乐方式的多元文化。王晓静以"竹枝词"为文本，解读了其中有关早期上海的民间娱乐、民间信仰等传统文化心态，试图进一步了解上海早期民俗风情的真实形态。其指出，早期上海地区的日常娱乐以就地取材、精于图利为本，包含娱乐在内的近代上海地区风俗文化表现出的宽容性与开放性在某种程度上影响着该地区社会经济、文化发展的走向和风格。④

---

① 许敏：《晚清上海的戏园与娱乐生活》，《史林》1998 年第 3 期。

② 黄益军、魏向东：《从〈申报〉看晚清上海人的娱乐生活及其特征（1872—1911）》，《苏州大学学报》（哲学社会科学版）2006 年第 4 期。

③ 关心：《从早期〈申报〉看西乐在沪商业演出》，《河南师范大学学报》（哲学社会科学版）2013 年第 3 期。

④ 王晓静：《"竹枝词"里的沪地早期民俗风情》，《江南大学学报》（人文社会科学版）2009 年第 6 期。

634 当代中国近代社会史研究（1949—2019）

洪煜考察了近代上海小报的娱乐式的新闻舆论公共批评。[①] 其认为，晚清以来流行于上海的小报在近代上海报刊史上占有重要的地位，在建构市民文化公共空间方面开辟了新领域。它们以颇具特色的嬉笑怒骂的游戏文章方式开启了新的市民文化公共空间，发挥了大众传播媒介的新闻舆论公共批评功能。其分析称：从表面上看，近代上海小报所刊登的多为低级趣味的世俗、消遣和娱乐文字，比如插科打诨、冷嘲热讽之类，实质上它是对晚清以来政府的一种民间化的社会批判模式。这种边缘式的批判模式一方面营造了市民大众文化的公共空间，同时也反映了市民大众文化对于政治权威和社会主流文化的反抗和消解。另外，其还指出，近代上海小报营造的公共文化空间与"西方所谓的公共领域是有一定性质差异的"。在其看来，哈贝马斯所谓的"公共领域"是私人聚在一起，讨论公共事务，形成意志，达成共识，对国家政策产生影响的社会空间；小报所营造的文化空间有一定的现实批判性，更反映出其文化消费的特征，但没有形成一种共识和意志，因而很难产生一种像西方公共领域所产生的政治功能。尽管如此，上海市民可以从这类嬉笑怒骂的文字中得到快感，对于市民国家民族意识的提升有一定的促进作用，在一定社会文化层次上起到了转移社会风气的作用。

其二，深入讨论近代上海娱乐的公共空间。

戏园、影院、公园等娱乐场所无疑是近代上海典型的公共空间。方平撰文考察了戏园与清末上海公共空间的拓展问题。[②] 方文认为，原本通过戏曲表演为社会公众提供休闲娱乐服务的上海戏园，在 20 世纪初兴起的戏曲改良运动的推动下，被演绎成为一种具有文化启蒙功能的公共空间。其分析说，由于当时戏曲被赋予开启民智、改良社会的重任，愈加凸显社会批判性，以新舞台的建立为标志，伴随着戏园建筑样式、空间结构、表演方式的变革以及表演剧目的推陈出新，上海戏园的整体氛围、社会功能和空间属性都发生了变化，逐渐从一般意义上的娱乐场所转变为批判性的

---

①　洪煜：《从小报看近代上海的新闻舆论公共批评》，《上海师范大学学报》（哲学社会科学版）2010 年第 4 期。
①　洪煜：《从小报看近代上海的新闻舆论公共批评》，《上海师范大学学报》（哲学社会科学版）2010 年第 4 期。

②　方平：《戏园与清末上海公共空间的拓展》，《华东师范大学学报》（哲学社会科学版）2006 年第 6 期。

公共空间。是在貌似不经意的戏曲娱乐中，将观众的目光由狭隘的私人小天地引向现实社会政治生活，由自足自乐的个体性的娱乐消费引向集体性、大众化、社会化的文化、政治批判，并最终汇入资产阶级民主革命的洪流之中。

在近代上海，电影院像戏园一样被赋予了政治功能。姚霏、苏智良、卢荣艳考察了大光明电影院与近代上海社会文化的关联。[1] 他们认为，上海大光明电影院以西式建筑、现代装饰、好莱坞电影等元素迎合并引领了民众对西方娱乐方式和西方文化的推崇，成为近代上海摩登生活的空间符号。同时，大光明通过对好莱坞文化的传播带动起上海社会对好莱坞元素的消费和再生产，从而为近代上海增加了"好莱坞"这一文化维度。大光明在娱乐文化功能之外，同样被寄予"辅助社会教育"的期待，意识形态不可避免地渗透进日常生活的摩登空间里，表现出政治意识、社会观念和影院空间互动的特质。大光明电影院成为超越电影放映场所的多元空间，是崇尚摩登生活方式者的汇集地，是好莱坞文化传播、消费和再生产的源头，也是社会生态和日常生活相互作用、相互呈现的舞台。

熊月之在《近代上海公园与社会生活》一文中系统考察了上海租界的公园与公用私园。熊文认为，这些园地是上海居民重要的休闲娱乐场所，也是重要的社交场所，是展示上海城市异国情调的地方，相当部分还承担着城市广场功能，对上海市民带来相当复杂的影响。[2] 其还指出，外滩公园、顾家宅公园等凸显西洋色彩且长期禁止华人入内，因而成为民族歧视的标志；由于公园门票价格较高，上海相当多居民无力入园游览；民国时期租界公园增多，华人公用私园衰落，是城市人口增多、密度增大、地价上涨的结果，也显示了上海公共休闲空间的复杂性。

胡悦晗运用"集体空间"的概念，透过茶社、酒楼与咖啡馆这三个主要的城市休闲消费场所，考察了民国时期上海知识群体如何通过休闲生活获得身份认同、建构社会关系网络的过程。其认为，这些城市休闲消费场

① 姚霏、苏智良、卢荣艳：《大光明电影院与近代上海社会文化》，《历史研究》2013年第1期。

② 熊月之：《近代上海公园与社会生活》，《社会科学》2013年第5期。

所具有的"非日常性"餐饮消费功能被淡化，而作为构建社会关系网络空间的场所的功能逐渐凸显。上海知识群体通过不同的方式占据、争夺、表述城市公共空间，使之兼具公共性与私密性的二重特点，并建构起自身的社会关系网络，获得群体身份认同感。[①] 马军考察了上海百年来舞厅娱乐业的发展，并从市政管理角度切入，分析舞厅与市政当局之间的历史关系，较为全面、立体、多维地反映了舞厅业在近现代上海史中的地位、作用和影响。[②] 葛涛以近代上海唱片业的发展历程为主线，探讨唱片与近代上海社会之间的互动关系，揭示唱片在近代城市社会生活中发挥的独特作用、广播唱片所拥有的巨大社会影响力、唱片在近代爱国主义运动中的遭际、民国时期唱片审查制度的兴衰。[③]

　　还有学者注意到近代上海城隍庙中的信仰、娱乐与商业等多元一体的景象。苏智良、姚霏认为，从晚清到民国，城隍信仰与近代化过程中的城隍庙社区的互动，在信仰、仪式等方面表现出一种空间性的整合，使城隍庙社区成为具有传统气质的以信仰为内核、融文化、商业、娱乐为一体的公共活动空间。[④] 叶中强分析了近代上海市民文化消费空间的形成及其社会功能，认为近代上海市民文化消费空间从四马路向大马路的拓展，不仅演示了城市社会生活方式的近现代化过程，亦表明了资本主义经营的一种空间策略，即它在生产实体性消费空间的同时，也在生产相应的文化心理空间。近代上海市民文化消费空间，在为市民提供必要的休闲娱乐场所之外，还承载着开展社会交往、传递近现代意识、融通中西文化、解构政治性"公共领域"的重要功能。上海市民文化消费空间构成了上海这座城市的物质形貌和文化底色。[⑤]

　　其三，重点考察近代上海的戏剧。

---

① 胡悦晗：《茶社、酒楼与咖啡馆：民国时期上海知识群体的休闲生活（1927—1937）》，《衡阳师范学院学报》2015 年第 2 期。

② 马军：《舞厅·市政：上海百年娱乐生活的一页》，上海辞书出版社 2010 年版。

③ 葛涛：《唱片与近代上海社会生活》，上海辞书出版社 2009 年版。

④ 苏智良、姚霏：《庙、信仰与社区——从城隍信仰看近代上海城隍庙社区》，《社会科学》2007 年第 1 期。

⑤ 叶中强：《近代上海市民文化消费空间的形成及其社会功能》，《上海财经大学学报》（哲学社会科学版）2006 年第 4 期。

近代上海戏剧独有特色，在上海社会生活中具有重要地位和影响。徐剑雄分析了 1911—1949 年的上海京剧的票友与票房。其认为，20 世纪 20 年代到 40 年代，上海始终存在着 100 多个票房，这是来自中产阶层的京剧票友的娱乐之所，玩票成为象征他们社会地位的时尚娱乐。票友经常参与社会义演，促进了上海京剧艺术的发展。票房也是票友联谊、交流信息以及研讨剧艺的空间，其中部分票房成为黑社会势力扩张的工具，并利用票房、票友义演来扩大社会影响。① 魏兵兵提出，民国前期上海新兴的城市精英热衷于参与京剧娱乐活动，尤其追捧来自北京的"京角"，借此形塑自身在地方社会中的领导地位，扩展社交联谊渠道，强化了阶层认同，并赢得社会声誉。这不仅反映了新兴精英群体的文化心理倾向，而且折射出近代中国社会转型过程中"传统"与"现代"交织互渗的复杂面相。②

与京剧受到广泛欢迎不同，弹词在清末上海逐渐销声匿迹。宋立中从社会史、文化史的角度，撰文梳理晚清上海女弹词风行的历史成因、演变趋势、职业生涯及其历史命运。③ 他认为，由于西方文明对传统娱乐的冲击，弹词女艺人群体为适应商业化、市场化的需求，在演出场所、空间、方式及其流变都表现出庸俗化、色情化的特征，从而与江南其他城市的弹词演出走了一条很不相同的道路产生了分流。由于不能适应新的娱乐形式，清末弹词女艺人还是在上海城市社会的近代转型中消失了。

近代上海戏剧是一种娱乐，也是一种大众文化。英国文化研究奠基人之一雷蒙德·威廉斯把"大众文化"理解为一种生活方式，认为文化用来指"使一种特定的生活方式显得与众不同的符号的创造和使用"。④ 江凌认为上海戏剧是大众的一种"生活方式"，分析了近代上海戏剧文化中的冲

---

① 徐剑雄：《近代上海的京剧票友、票房（1911—1949）》，《史林》2006 年第 4 期。

② 魏兵兵：《娱乐政治：京剧与民国前期上海精英阶层的形塑》，《近代史研究》2018 年第 5 期。

③ 宋立中：《晚清上海弹词女艺人的职业生涯与历史命运》，《四川大学学报》（哲学社会科学版）2010 年第 1 期。

④ ［英］阿雷恩·鲍尔德温等：《文化研究导论》，陶东风等译，高等教育出版社 2004 年版，第 4 页。

突与融合的基本特质及其社会作用。① 其认为，上海的独特之处便在于快速接受外来文化的能力，这种接受并非单一的接受，而是与本土文化融合后再创造的接受。基于这种创新精神，"海派文化"与徒有外壳的"洋葱文化"迥然不同，形成近代上海的城市文化品格，即近代上海娱乐文化更强调"一种特定生活方式的符号的创造和使用"。近代上海文化娱乐市场的公共性与商品性迫使公权从文化娱乐市场上退缩，使得戏剧文化娱乐的私人性日益显现，娱乐休闲成为人们的私人生活方式。

## 二 其他地方的娱乐休闲

相对于大陆学界在近代上海娱乐研究上的丰富成果，对这一时期其他娱乐的研究也比过去有了更多的收获。

其一，近代化视角下的地方社会娱乐。为透视娱乐历史背后的深处问题，一些学者在讨论近代中国娱乐问题时运用了近代化的视角，或者以娱乐为窗口透视中国的近代化。曹蓉撰文考察了民国时期西宁的娱乐活动，试图从中观察西宁近代化的某些面相。② 曹文认为，民国时期西宁兴起了看电影、看话剧、逛公园、听广播，还有少数上层人士享有的网球、高尔夫等休闲运动。这些新式的娱乐活动不仅愉悦人们的身心，也推动了西宁民众思想观念的更新与社会风气的开化，给西宁的近代化注入了新的生机与活力。但由于西宁的近代商业发展还不完善，城市规模小，城市人口少，在一定程度上导致了西宁近代化娱乐程度不高、规模小、种类少等局限。骆曦撰文分析了民国时期电影娱乐在泉州现代化进程中所起的作用及其在中国整体现代化进程中所具的意义。③ 骆文认为，在民国时期，泉州在政治、经济、社会现代化方面发展缓慢的情势下，电影放映的传播和发

---

① 江凌:《冲突与融合：近代上海戏剧文化的基本特质及其社会作用》,《社会科学》2013年第11期。

② 曹蓉:《从民国时期西宁的娱乐活动看西宁的近代化》,《黑龙江史志》2013年第21期。

③ 骆曦:《地方现代化的触角——论民国时期泉州的电影娱乐》,《东南传播》2010年第6期。

展推动泉州娱乐生活方式的现代化，并进而推动人们心理价值观念的现代化转变。许多与泉州相似的城市也正是首先通过这种方式来开启现代化进程。

近代北京娱乐的近代化也是学者关注的问题。王炜在《近代北京公园开放与公共空间的拓展》一文中认为，民国初期皇家园林、坛庙相继对公众开放，完成了从御花园到公园的角色转换。近代北京公众休闲空间公园的出现改变了北京传统的城市空间结构，是北京城市生活走向近代化的重要标识之一。① 周烁撰文论述了外国电影对近代北京社会的影响。周文认为，19 世纪末进入北京的电影很快成为当地文化娱乐生活中的重要部分，而外国电影也一直在近代北京的电影放映市场上占据控制位置，深刻影响了市民的消费方式和娱乐方式，使市民受到了西方自由、开放、追求个性解放等思想的洗礼。这在一定程度上改变了市民的价值观，推动了北京市民和社会的现代化。②

近代化对城市娱乐产生了深刻而复杂的影响。余文情注意到话剧在民国成都的大起大落的特殊命运。其所撰《新旧之变：民国时期成都话剧的兴起与市民的娱乐生活》③ 一文认为，话剧是民国初年传入成都的新式娱乐之一，在成都的发展经历了初兴、繁荣、沉寂几个阶段。与之相应，成都市民对话剧态度由隔膜排斥转向热情追捧。然而，由于近代中国的激进化趋势，社会精英眼中的成都话剧却在短短的数十年中由代表西方先进文明、应大力提倡的新式娱乐，转换为令人醉生梦死、应严行禁止的旧式娱乐。这一现象从一个侧面展现民国社会走向现代化的曲折进程。胡俊修、阮晓莹注意到，近代城市的娱乐表面上热闹喧嚣，具有近代化的新外表、新观念，但其中却积聚了多种冲突和矛盾。她们分析了 1919—1949 年汉口民众乐园的复杂冲突，认为充满社会冲突的近代城市大众文娱中心是社会失范的一个缩影，具有三种面相：一是城市病的蔓延地，鸦、雀、鸨的

---

① 王炜：《近代北京公园开放与公共空间的拓展》，《北京社会科学》2008 年第 2 期。

② 周烁：《论外国电影对近代北京社会的影响》，《首都师范大学学报》（社会科学版）2006 年增刊。

③ 余文情：《新旧之变：民国时期成都话剧的兴起与市民的娱乐生活》，《西南科技大学学报》（哲学社会科学版）2012 年第 1 期。

"三鸟"之害与偷、抢、杀的社会乱象浸淫其间;二是社会冲突的爆发场,贫富悬殊加深了平民的相对剥夺感,武人当道助长了军警的嚣张气焰;三是市民风貌的观察口,作为良好风范与作为社会美德的市民认同在此皆严重缺失。①

其二,近代城市娱乐的简略梳理。马树华认为,民国时期的青岛,海水浴场、影戏院、跳舞厅等大众娱乐场所以及观象台、水族馆等海洋科学活动空间,得到了充分拓展,渐渐渗透到城市的日常生活中,构筑起了一个多元、宽松有序、充满生机的文化空间。这种文化空间一方面维持着城市精神生活的平衡和多元的生活形态,一方面创造着城市的季节性、摩登性和海洋性风格,并带来了一种鲜明的注重个人体验的生活方式和城市特质。② 胡俊修、钟爱平梳理了近代汉口大众文化娱乐空间的聚散与城市发展的关系。③ 他们认为,在城市发展变迁的潮汐里,近代汉口大众文化娱乐空间亦一波三折,历经了由聚而散、散而再聚的演变轨迹。大众文化娱乐中心与城市发展呈现出互为表里、相生相促的联动效应,凸显出文化空间对于城市有机体的不可或缺的价值。在此基础上,他们告诫说,若打着城市化的旗号,一味强化城市的经济功能,忽视文化娱乐空间的构设,必将违背城市作为一种满足人类本能之生活方式的本质。马双讨论了近代济南大众文化娱乐空间的迁徙与城市发展的关系。其认为,在济南城市近代化进程中,原有的以大明湖、趵突泉为中心的区域内娱乐空间的中心优势逐渐淡化,随之而来的便是新兴大众文化娱乐空间的诞生和发展,并逐渐确立起中心化的地位。这对济南城市发展起到了巨大的推动作用。④

近代慈善义演开始进入学者的视野。岳鹏星、郭常英提出,晚清时期的慈善义演逐渐风行于都市空间之中,构成一定的社群网络,也促进了不同社群的身份认同,其中既有国族层面的认同,也有不同社会群体的认

---

① 胡俊修、阮晓莹:《近代城市大众文化娱乐空间里的社会冲突——以汉口民众乐园(1919—1949)为中心》,《湖北社会科学》2013年第2期。

② 马树华:《民国时期青岛的文化空间与日常生活》,《东方论坛》2009年第4期。

③ 胡俊修、钟爱平:《近代汉口大众文化娱乐空间的聚散与城市发展》,《武汉大学学报》(人文科学版)2012年第4期。

④ 马双:《近代济南大众文化娱乐空间的迁徙与城市发展》,《东岳论丛》2015年第2期。

同，诸如新式知识人对于新国民的启蒙塑造、新女性的形象塑造等。① 郭常英认为，晚清灾荒救助背景下兴起的慈善义演活动，不仅助推城市中休闲娱乐业的兴旺，也促进了城市的产业文化。慈善义演以娱乐形式为载体，相关文献对于文化产业、社会文化、经济学、艺术学等多学科交叉研究同样具有重要意义与价值。②

还有学者探讨了近代中国地方文化娱乐的特征。段妍、杨晓慧在《近代社会转型期东北市民阶层精神生活风俗的变迁》一文中认为，民国东北市民阶层精神生活风俗的变迁具有三个特性，即新旧相杂、缓慢交替、传承与变异共存。③ 郭立珍借助英敛之的日记，透视了天津开埠后的居民娱乐消费模式的巨变，进而分析了近代天津娱乐消费模式发生变动的原因，传统娱乐产业的近代转型以及西式娱乐产业的兴起与发展等产生的影响。④

其三，近代博览会、庙会中的娱乐。近代城市的博览会虽非以娱乐为目的，但和娱乐密切相关。马敏认为，近代中国举办的博览会充分借鉴了西方博览会的做法，加入了大量的娱乐活动，寓乐于会，寓教于乐。大众娱乐活动不仅丰富了博览会的内涵，增强了博览会对大众的吸引力，而且使博览会本身成为研究近代城市大众文化时不容忽视的重要内容之一。从近代大众文化的发展过程看，博览会所具备的"游戏"特质，使之与世俗文化密切结合，成为近代城市大众文化的传播地和孵化器，在大众文化的近代转型中起到了极其重要的催生作用。⑤

近代乡村中的庙会是民间娱乐的重要内容。谢永栋、何建国以山西平鲁大河堡村为中心，考察了近代华北庙会与乡村民众的社会交往问题，其中提到近代华北庙会是一个汇集宗教、祭祀、娱乐、游乐、艺术、社交、经贸等活动于一体的民俗事象，为乡村民众提供了一个具有休闲娱乐性的

① 岳鹏星、郭常英：《晚清都市空间中的慈善、娱乐和社群认同——以慈善义演为视点》，《广东社会科学》2017年第5期。

② 郭常英：《慈善义演：晚清以来社会史研究的新视角》，《清史研究》2018年第4期。

③ 段妍、杨晓慧：《近代社会转型期东北市民阶层精神生活风俗的变迁》，《社会科学战线》2012年第10期。

④ 郭立珍：《近代天津娱乐消费模式变动及影响探究——基于英敛之日记考察》，《历史教学》2012年第16期。

⑤ 马敏：《寓乐于会：近代博览会与大众娱乐》，《史学月刊》2010年第1期。

社会交往的公共空间。① 刘扬提到，近代东北寺庙不仅是普通大众最重要且平等使用的公共空间、宗教信仰空间、商业活动空间，还是十分重要的日常生活娱乐空间。②

从区域上看，学界的相关研究主要集中于近代城市的娱乐休闲，尤其集中探讨近代上海的娱乐，对北京、天津、南京、汉口等大城市的娱乐稍有关注，而对保定、扬州等小城市的娱乐情况则鲜有论及。倒是在海外任教的学者王笛密切关注了西部城市成都的茶馆。他在《二十世纪初的茶馆与中国城市社会生活——以成都为例》③ 一文中认为，20 世纪初的成都茶馆是市民日常生活的重要舞台和娱乐消闲的场所，也是从事商业以及社会政治活动的空间，具有极为旺盛的生命力。有学者着重分析了这种不平衡性。④ 此外，学界对乡村社会的娱乐、休闲尚属无人问津的领域。面对民俗学界早已探讨的乡村庙会娱乐，史学界却视而不见。从民族上看，相关研究侧重于汉族的娱乐，而对少数民族的娱乐缺少应有的关注。从年龄结构上看，相关研究侧重于成年人的娱乐，很少涉及儿童、老年人的娱乐。此外，学界很少关注娱乐中的休闲，而休闲是生活中一种十分重要的状态。

# 三　城市娱乐与政治活动

近代城市中的娱乐受到政治的干扰，甚至被渗透进的政治力量控制。自 20 世纪 90 年代中期开始，学界开始注意从近代城市娱乐中透视政治嬗变的某些侧面。

---

① 谢永栋、何建国：《近代华北庙会与乡村民众的社会交往——以山西平鲁大河堡村为中心的考察》，《兰州学刊》2010 年第 3 期。

② 刘扬：《近代东北民众日常生活与寺庙文化》，《文化学刊》2009 年第 5 期。

③ 王笛：《二十世纪初的茶馆与中国城市社会生活——以成都为例》，《历史研究》2001 年第 5 期。

④ 苏全有、张超：《对近代中国娱乐史研究的回顾与反思》，《河南理工大学学报》（社会科学版）2011 年第 3 期。

　　1996 年到 2005 年，学界从跳舞、电影等娱乐活动中观察当时政治对日常生活的渗透。左玉河论述了政府或出于教化目的，或迫于社会舆论，对城市中以跳舞为代表的近代西方娱乐形式进行管理和干预。① 傅才武以汉口为例，探讨了民国时期地方政府与国民党党部对文化娱乐业的管理及对娱乐场所的改造、管理和利用，梳理了其由"以禁为管"的封堵型管理模式向以"内容审查"为核心的许可证管理模式的转变历程。② 汪朝光论述了上海市电影检查委员会的成立及其运作，电影检查的重点、方针与运作方法，揭示出政府通过检查制度一步步控制电影业的发展，实现国家权力对电影娱乐业渗透与控制的过程。③ 熊月之叙述了 19 世纪 80 年代到辛亥革命前后，以张园、徐园、愚园等为代表的私家园林所举行的大量娱乐、社会、政治活动，论述了私园开放过程中政治势力的介入。④ 陈蕴茜解读公园问题折射出的中西文化融合、殖民主义与民族主义冲突的发展轨迹。其认为，由近代西方殖民势力引入中国的公园原本作为人们日常生活中的休闲娱乐空间，但伴随着殖民主义的渗透而逐渐成为政治空间。在初期因禁止华人入园而引发公园运动，形成了中国人"华人与狗不得入内"的深刻民族集体记忆，而且公园中的殖民主义纪念建筑进一步刺激着中国人的民族主义情绪。因此，中国人自己在建造公园时更突出民族特色并强调教育功能，从公园名称、空间布局和建筑到公园功能都体现出民族主义精神。中国公园成为兼具娱乐、教育与政治性质的特殊空间，尤其随着国民党势力的增强，公园俨然成为国民党宣传民族主义与国家认同的重要政治空间。中山公园的普遍设立及其在抗战中集合民意、鼓舞民众的作用显现出中国公园建设过程中民族主义精神的张扬。⑤

---

　　① 左玉河：《跳舞与礼教：1927 年天津禁舞风波》，《河北学刊》2005 年第 5 期。
　　② 傅才武：《民国地方政府管理近代文化娱乐业的探索——以汉口为中心》，《华中师范大学学报》（人文社会科学版）2005 年第 3 期。
　　③ 汪朝光：《民国电影检查制度之滥觞》，《近代史研究》2001 年第 3 期；汪朝光：《检查、控制与导向——上海市电影检查委员会研究》，《近代史研究》2004 年第 6 期。
　　④ 熊月之：《张园：晚清上海一个公共空间研究》，《档案与史学》1996 年第 6 期；熊月之：《晚清上海私园开放与公共空间的拓展》，《学术月刊》1998 年第 8 期。
　　⑤ 陈蕴茜：《日常生活中殖民主义与民族主义的冲突——以中国近代公园为中心的考察》，《南京大学学报》（哲学人文社科版）2005 年第 5 期。

在民国上海等大都市中，政府对娱乐业进行渗透与管控，但在西北地区，政府主导了地方民众文化娱乐的改善。李云峰、刘俊凤梳理了抗战时期国民政府开发、建设西北地区，改善当地社会经济与文化的过程，提到西北地区民众在文化休闲、婚姻家庭等方面的变化，并指出这种变迁既带有计划变迁、战时变迁等特点，也颇具近代中国社会整体转型的时代进步性和复杂性。他们认为，话剧出现并活跃在抗战时期的西北；电影这一新式的文化娱乐方式促进了社会风气的开化，加深了西北人民对外界的认识，也推动着西北人民思想观念的更新和传统生活方式向现代生活方式的转型。①

2006 年到 2018 年，近代中国娱乐中的政治问题仍是学界颇感兴趣的领域。近年来的相关研究主要集中于两个问题，即精英文化改造草根文化，政治力量征用大众娱乐场所。

近代知识精英常以俯视的姿态看到民众娱乐，试图将娱乐作为改造民众的工具。陈蕴茜、齐旭以江苏南通更俗剧场为中心，分析了近代城市空间重组中的精英文化与大众文化的互动关联。② 他们认为，民国初年张謇与欧阳予倩等建设、运营的"更俗剧场"既是当时成为国内设备最先进的新式剧场，也是以张謇等为代表的精英文化对大众文化进行引导和规训的空间。由于精英们低估了大众文化强大的生命力，亦未寻找现代文明戏与传统戏曲间的有效结合，更俗剧场最终以剧场"更名"而非"更俗"结束其命运。他们分析称，精英往往以高蹈的批判态度看待大众文化，忽略了大众文化应有的地位与民众对改良戏剧的接受能力，而采取直接导入现代戏剧的做法，必然导致失败。因此，在空间重组中既要注意到空间的社会功能与文化塑造功能，但同时也要注意其有限性，在理解并准确定位大众文化的基础上，进行合理引导。改变精英文化与大众文化属于启蒙与被启蒙关系的定位，精英文化才能真正提升大众文化，同时保留地方性文化。黄文记通过民国时期知识分子对河南梆子改

---

① 李云峰、刘俊凤：《抗日时期西北地区社会生活的变迁》，《西北大学学报》（哲学社会科学版）2004 年第 5 期。

② 陈蕴茜、齐旭：《近代城市空间重组中的精英文化与大众文化——以江苏南通更俗剧场为中心的考察》，《江苏社会科学》2008 年第 6 期。

良的案例考察了当时知识精英与大众文化的关系。① 他认为，近代知识分子希图通过对戏曲的改良，达到启蒙社会的目的，于是发起了一场戏曲改良运动，河南梆子改良是其中的一个典型案例。在梆戏改良过程中，女演员的精湛表演使其社会地位大大提高，戏剧家王镇南先生新编爱国佳剧《打土地》有力激发了当地民众的爱国情绪与抗敌精神，轰动了河南戏剧界。

　　民国时期的政治力量常借助、渗透公共娱乐空间，彰显自身的正当性。胡俊修、钟爱平以北伐战争时期的汉口民众乐园为例，揭示了娱乐与政治的关系。他们认为，娱乐空间本身是文化与社会关系的载体和场域，具有规训民众、改造大众文化的功能。北伐战争时期的汉口民众乐园被建构成各种政治力量表演的大舞台，呈现出明显的动员民众的功效与意识形态性宣传的工具性。② 陈蕴茜、刘炜以民国时期南京废娼运动为中心，梳理了南京国民政府对秦淮娱乐空间的改造历程，并从中观察国家塑造自己和推行权力的路径，国家与大众文化之间的复杂关系。③ 他们观察到，20世纪 20 年代末至 30 年代中期，南京国民政府在首都废娼运动中，对秦淮河进行了自然与社会环境的双重整治，力图通过革命手段、国家权力渗透，重构具有丰富历史底蕴与文化特质的秦淮空间，但秦淮空间以其特有的文化力量对抗着国家权力的进入，最终导致该运动以政府的妥协而告终。在此基础上，他们认为，国家权力在公共娱乐空间中并不是畅通无碍的，因为公共娱乐空间有其自己的文化特质；如果不顾及这些而一味推行国家意志，那么后果往往是与国家意志相违背，甚至造成文化的断裂与衰变。郑琼现、刘鸢凌认为，近代上海公园的相对独立性，使其成为人们通过集会表达对清末皇权质疑及对民初政府专断权力约束之观念的公共场合。"但是，公园在表现出权力限制有效性的同时，也伴随着对权力限制

---

　　① 黄文记：《"知识精英"与"大众文化"：关于民国时期知识分子对河南梆子改良的考察》《历史教学》2011 年第 20 期。

　　② 胡俊修、钟爱平：《近代中国都市文化娱乐空间的政治演出——以北伐战争时期的汉口民众乐园为例》，《江汉论坛》2013 年第 2 期。

　　③ 陈蕴茜、刘炜：《秦淮空间重构中的国家权力与大众文化——以民国时期南京废娼运动为中心的考察》，《史林》2006 年第 6 期。

的有限性。"①

李长莉考察了清末民初城市的"公共休闲"与"公共时间"。她首先分析了清末民初城市公共休闲商业的兴起、商业化夜生活的兴旺、星期休息制度的实行、作息定时习惯的形成等方面,继而指出城市市民日常化、大众化的"公共休闲"和"公共时间"已经在大中城市成为引导市民休闲生活的主导趋向。这是城市近代工商业发展基础上市民生活城市化、社会化、公共化的自然要求和必然结果,是市民生活公共领域的重要组成部分,为这一时期民间社团、学会活动及公众集会、演说、演出等公共活动提供了条件,创造了这一时期群众性的政治活动和文化活动剧烈频繁的壮观局面,也使人们思想交流和互动空前频繁,形成日益趋同的思想变革节奏和价值取向,成为清末民初政治鼎革的社会文化基础。这正是近代公民社会公共领域所形成的社会文化效应。② 在此基础上,她提出"公共生活领域"的概念,认为"公共生活领域"是市场化、公共化、大众化的生活领域,相对于传统的以地域性、自足性的家庭村社式的分散型生活领域。正是这种"公共生活领域"的形成与扩展,使人们的生活状态和相互关系发生了极大改变,成为现代公民社会的生活基础。"公共生活领域"的形式,使人们作为相对独立自由的个人,共享一定的跨时空的公共空间,享有共同的生活和休闲方式,参与一定的公共生活并相互交流,形成相近的生活意愿和公共意志,并可以通过一定的途径予以公开表达,从而对公共生活的管理产生影响。因此,一个传统社会向现代社会转型过程中,人们的日常生活形态和生活方式,是否形成了市场化、社会化、大众化的"公共生活领域",其成长状况及程度如何,是反映这个社会生活方式近代化转变及公民社会发展程度的一个标示。③ 其不同于德国社会学家哈贝马斯提出的"公共领域"与"市民社会",但借鉴其部分概念的元素,侧重于人们的生活方式与现代化关系的视角。可以说,"公共生活领域"是作者在扎实的实证研究基础上提出的具有较强解释力的社会文化史研究的新

---

① 郑琼现、刘聱凌:《公园的限权功能——以近代上海公园与国家权力的博弈为例》,《社会科学战线》2013 年第 11 期。

② 李长莉:《清末民初城市的"公共休闲"与"公共时间"》,《史学月刊》2007 年第 11 期。

③ 李长莉:《中国人的生活方式:从传统到近代》,四川人民出版社 2008 年版,第 4 页。

概念。

傅才武纵论了 1900—1949 年的中国公共文化领域与政治权力的复杂而微妙的互动关联。[①] 他认为，近代中国公共文化领域随着新式学校、报刊、出版业、博物馆系统以及各种公共文化娱乐场所和社会组织的涌现而逐步成形，同时也逐步改变了中国社会动员的方式，迫使国家由传统的"自上而下"的强制动员方式向"上下结合"的协商动员方式的转变。一方面，在民族危亡的特殊时期，近代各政治精英集团为实现政治目标，极力将"民族国家"理念渗透进公共文化领域，以期获得广泛的社会认同，实现民众与国家的共谋与协同。另一方面，"民族国家"理念对社会的掌握使公共领域失去了社会批判功能。"民族国家"观念成为社会各个阶层的共享理念，借此完成了对基层社会的观念同化，也成为精英集团在民族国家旗帜下整合社会的思想资源。由此，公共文化领域逐渐沦为政治精英集团的政治表达阵地。

近代中国从西方引入的星期休息制与城市休闲、娱乐密切相关。湛晓白分析说，星期休息制在近代中国普及的历史过程，并不完全是民间习染和被动顺应的结果，而是凝聚着国人多方面的理性认知和主动抉择。此种理性认知的背后是近代中国保守与求新、民族主义和世界化、内地和大都市不同立场之间的对抗。[②]

韩晓莉在《被改造的民间戏曲：以 20 世纪山西秧歌小戏为中心的社会史考察》一书中以山西秧歌小戏为例，以"自下而上"的整体史观为立场，考察了 20 世纪山西民间戏曲被中共政权改造的民众广泛参与的复杂进程。一方面，作者重新找回了那些在传统历史叙述中被忽略或遗忘的普通民众，并重现了他们的生动、鲜活的面貌，以实践学界对近代中国乡村社会生活的关注。另一方面，透过对 20 世纪山西秧歌小戏被改造过程的考察，从民众的角度和立场来重新审视政治、经济与社会体制。作者敏锐地注意到：20 世纪以山西秧歌小戏为代表的乡村演剧活动所经历的变化并

① 傅才武：《1900—1949 年的中国公共文化领域》，《华中师范大学学报》（人文社会科学版）2011 年第 6 期。

② 湛晓白：《从礼拜到星期：城市日常休闲、民族主义与现代性》，《史林》2017 年第 2 期。

不是一个简单的文化变迁过程,而是有着深刻的政治、经济和民间信仰的内涵;民间文化与乡村社会的互动成为政治力量介入前秧歌小戏在乡村社会的最主要特点;随着政治力量的逐渐深入,秧歌小戏对于国家和乡村社会的意义都发生了新的变化,而这种新变化的背后是国家权力对乡村社会控制的加强和乡村社会的应对。[①] 这种研究突破了现有的"就戏言戏"的框架,换个角度看乡村社会的变迁,换个角度看国家体制的变革,在一定程度上打破了社会史与政治史分片治学的藩篱以及由此形成的学术隔膜。在实际研究中,作者借鉴了人类学的文化理论与民俗学的调查方法,富有成效地打捞了那些沉淀在当事人记忆河流中的历史信息碎片。该书确为一部富有学术"含金量"的社会史研究著作。

# 四　休闲娱乐的其他问题

## (一)近代娱乐休闲变迁的整体进程

学界对近代中国不同地方娱乐、休闲的研究已取得较为丰富的成果。扶小兰观察到,近代西方文化娱乐生活方式传入中国城,逐渐被市民认同、接受和仿行,并顺应中国文化加以改易和创新;与此同时,传统文化娱乐生活方式抑或逐渐衰微、消亡,抑或增添了新内容而发生变异。其认为,近代中国城市文化娱乐生活方式由此日益走向西化、多样化和现代化的变迁过程,并呈现中西杂糅、新旧并举、多元复杂、不平衡及城乡相互渗透交融等特点,鲜明地折射出近代社会变迁的历程和实践轨迹。[②] 陈静评述了民国都市女性休闲方式及其特点,认为民国时期女性受教育程度的大幅度普及,都市女性率先挣脱传统观念的束缚与禁锢,走出家门,参与以运动、社交、娱乐、消费与游学为主题的各种休闲活动,呈现一幅女性自主、平等、独立、个性的多彩画卷。但由于时代局限,民国都市女性的

---

①　韩晓莉:《被改造的民间戏曲:以20世纪山西秧歌小戏为中心的社会史考察》,北京大学出版社2012年版,绪论,第10页。

②　扶小兰:《论近代中国城市文化娱乐生活方式之变迁》,《西南交通大学学报》(社会科学版)2007年第5期。

休闲方式较之以往又具有许多独特之处,是一个较为复杂的综合体;都市女性参与休闲活动并非一帆风顺,承受着来自社会各方面的巨大压力。[①]

包括娱乐、休闲在内的大众文化,在近代发生了前所未有的巨大变化。何一民、庄灵君撰文宏观概论了近代中国城市大众文化。[②] 该文认为,大众文化是近代以来通俗文化、传播文化、消费文化、商业文化的复合体,是"大众社会"的必然产物。自鸦片战争以降,中国开始了工业化、城市化历程,中国的大众文化于此时初现端倪,但仅限于在少数开埠城市中发展。此一时期的大众文化已经初具如下特征:(1)大众文化的商业性、娱乐性、媚俗性;(2)大众文化的雅俗共存性;(3)从传统城市文人文化向现代城市大众文化转型的过渡性;(4)乡村文化城市化与城市文化大众化;(5)近代中国城市大众文化产品的输入化;(6)城市大众文化的繁荣与近代市民文学的兴起。该文认为,近代中国城市大众文化繁荣了市民的物质、文化生活,开拓了市民的眼界,改变了市民的思想观念,促使广大市民广泛参与到社会生活当中来,使社会各个阶层开始相互了解,开始了较为广泛的相互接触,在某种程度上甚至可以视为是与世界"接轨"。此外,该文还提出近代中国城市大众文化存在的缺陷:其一,由于当时中国社会的半封建、半殖民地化的性质致使近代中国的大众文化不可避免地带有病态感;其二,受商业利润的驱使,一些大众文化产品一味地迎合大众,追求利润,从而失去了应有的文学和审美价值。在作者看来,这些缺陷源于当时中国的社会性质以及近代城市市民素质相对不高等因素。

### (二) 新旧公共娱乐空间

公园是近代中国城市中的重要娱乐休闲场所。陈晶晶认为,近代广州公园的出现不仅使广州市民有了休息娱乐的场所,而且为他们进行各种社会活动提供了空间。广州市民逐步接受公园的存在,有些市民甚至还参与

---

[①] 陈静:《民国都市女性休闲方式及特点分析》,《洛阳师范学院学报》2011 年第 3 期。

[②] 何一民、庄灵君:《城市化与大众化:近代中国城市大众文化的兴起》,《湘潭大学学报》(哲学社会科学版) 2008 年第 1 期。

了其中的建设。近代广州市民在公园的活动对于公共场所活动规范的形成具有重要意义。① 罗苏文探讨了晚清上海租界最初的公共娱乐区的建设，娱乐区与市民的娱乐消费理念的转变以及消费方式的培养。②

陈蕴茜观察到，现代意义上的公园由西方传入上海租界后逐步向全国扩展，并出现本土化；民国时期，公园逐渐成为人们旅游娱乐休闲的主要场所。③ 她认为，近代公园的发展反映出中国社会在走向现代化进程中社会生活深隐层次的变化，"这种变化是中西文化交融的结果，是农业社会向工业社会转型过程中人们休闲生活方式生成的表征，也是封建帝国向民族国家转型过程中政府调试与民众关系、为民众提供公共活动空间的产物"④。她还指出，近代城市公园促进了中国文化与世界文化的交会融合，但中西地位与文化差序格局又使旅游娱乐空间的发展受到抑制，人们旅游的精神空间相对萎缩。

茶馆是历史悠久的公共休闲场所。潮龙起考察了近代帮会的茶馆与茶文化。⑤ 其认为，茶馆在帮会的往来交接、信息传达、组织传播及日常娱乐中具有重要作用；帮会中逐渐形成包括独特的手势、隐语、茶诗、茶碗阵等在内的茶文化；帮会具有落后的封建性及较强的互济互助性。

学界对近代公共娱乐空间的探讨，明显受到社会科学的影响。无论是分析城市公园，还是分析城市茶馆，学者们几乎清一色地借鉴社会学的理论方法，考察公共娱乐空间的源流、结构、功能、特征，然后是一二三四、甲乙丙丁式地列举。稍深入的探讨则注重身份、阶层、性别角度的考察。这些研究的重要性毋庸置疑，但研究者对不同城市公园的考察几乎得出了相同的结论。这样的研究不过是只换城市不换结论的简单重复，社会史的研究意识较为薄弱。

---

① 陈晶晶：《近代广州城市活动的公共场所——公园》，《中山大学学报论丛》2000 年第 3 期。

② 罗苏文：《晚清上海租界公共娱乐区的兴起（1860—1872）》，上海市档案馆编、马长林主编：《租界里的上海》，上海社会科学院出版社 2003 年版。

③ 陈蕴茜：《论清末民国旅游娱乐空间的变化——以公园为中心的考察》，《史林》2004 年第 5 期。

④ 同上。

⑤ 潮龙起：《近代帮会的茶馆与茶文化》，《江苏社会科学》2003 年第 3 期。

在历史书写上，一些研究者过于依赖社会科学的方法，丢失了史学传统的叙事方式。这种历史书写更像是一篇以公共娱乐为对象的社会调查报告，缺少有情节的故事和有血有肉的人物，遑论历史叙事的美感。讲故事，是历史学者的基本技艺与看家本领，但其在已有的近代中国娱乐休闲研究中似成稀有之物。在一些研究者的笔下，城市娱乐中的民众作为一个模糊的整体存在，缺少个体人物的感受、体验与观念。在文章的构架与分析中，娱乐的公共空间或其中的权力冲突成为主角，而作为娱乐主体的人却成为配角。"历史的本质固然在于求真，但形式上的美也十分重要，若不工于文，则无法引领人们去寻真，结果'真'亦无可得。"① 历史文章的求真与求美，不可偏废。"史学之真与美苟能璧合，其效用应不止于史家孤芳自赏，或供读史者遥想古人古事，历史知识必有其用。"②

### (三) 电影与戏剧

姜玢分析了民国上海电影院的分布、分级及社会阶级倾向等状况，提出"电影院的勃兴，标志着娱乐场所的现代性更替"。③ 另外，其还探讨了好莱坞电影对上海电影文化和上海人娱乐心理的影响，揭示上海的现代性被建构的过程。④ 李道新梳理了民国时期作为大众文化重要组成部分的戏曲演出和电影放映。⑤ 李微在《近代上海电影院与城市公共空间（1908—1937）》一文中分析了近代上海电影院与观众的互动关系，认为"观众们去电影院不仅能获得以前在传统娱乐场所所得不到的感觉，去看电影这一行为本身也能彰显出自己思想和行为上的摩登。电影院为了迎合观众，获得更好的商业利益，也在影院建筑、设备、票价等上面大做文章，而对于吸引观众前来的一个重要法宝——影片，它的质量、内容是否迎合观众口

① 马敏：《追寻已逝的街头记忆——评王笛著〈街头文化：成都公共空间、下层民众与地方政治，1870—1930〉》，《历史研究》2007 年第 5 期。
② 汪荣祖：《史学九章》，生活·读书·新知三联书店 2006 年版，第 185 页。
③ 姜玢：《20 世纪 30 年代上海申影院与社会文化》，《学术月刊》2002 年第 11 期。
④ 姜玢：《凝视现代性：三四十年代上海电影文化与好莱坞因素》，《史林》2002 年第 3 期。
⑤ 李道新：《民国都市的戏曲演出与电影放映》，华东师范大学、中国社会科学院近代史研究所、《历史研究》杂志社编：《现代中国都市大众文化与社会变迁国际研讨会论文集》，2005 年印。

味，也是电影院最关注的事情之一"①。上海电影院对市民的文化生活也产生了特殊的影响，反映出近代上海独特的城市文化特征。

### （四）娱乐方式与审美观念

近代中国城市的娱乐发生了前所未有的变化，但如何界定娱乐方式、娱乐场所及相关概念，至今仍是众说纷纭。扶小兰认为，"夜总会、舞厅、赛马场、弹子房、综合性娱乐厅"，还有球房、俱乐部、围棋社、高尔夫球场、音乐店、游艺园、照相馆等，都应当算作娱乐场所；"阅读书籍报刊，进公共图书馆，收听广播"等都是城市市民的文化娱乐方式。② 罗苏文提出，"在1864年被列为公共娱乐场所的有鸦片馆、茶馆、妓院、戏园、酒店等"。③ 杨少雄等人认为，国民政府时期，武术成为新教育和体育的组成部分，武术娱乐方面的意义明显扩大和增强。④ 学界对娱乐的不同认识，在一定程度上影响了相关讨论的深入。

娱乐方式与人们的审美情趣密切相关。肖军、赵可分析了近代四川的生活习俗中文化娱乐等方面发生的明显变化。⑤ 陈永祥等考察了清末民初上海女演员的兴起，"男女合演"的争论过程及其影响，较全面地梳理了女演员在晚清传统剧场和民初现代剧场的境遇，揭示了清末民初上海社会习俗与社会观念的变化。⑥

---

① 李微：《近代上海电影院与城市公共空间（1908—1937）》，《档案与史学》2004年第3期。

② 扶小兰：《近代城市文化娱乐生活方式与社会心理之变迁》，《中国现代社会心理和社会思潮学术研讨会论文集》，非正式出版2004年印。

③ 罗苏文：《晚清上海租界的公共娱乐区（一八六〇—一八七二）》，《档案与史学》2002年第1期。

④ 杨少雄、苏肖晴、杨啸原：《试析中华武术在近代中国社会变迁中的嬗变成因》，《沈阳体育学院学报》1999年第1期。

⑤ 肖军、赵可：《近代四川生活习俗的演变趋势及特征》，《成都大学学报》（社会科学版）2002年第2期。

⑥ 陈永祥、罗素敏：《女演员的兴起与清末民初上海社会观念的变化》，《民国档案》2005年第1期；陈永祥：《从"男女合演"的论争看清末民初上海社会观念的变迁》，《广东社会科学》2005年第6期。

### （五）娱乐人物与群体

近数年来，学界更为注重从人物与群体的角度讨论近代中国的文化娱乐。其一，对近代女艺人的关注。李淑蘋、王晓娜讨论了瞽姬与清末民初广州城市娱乐的关系。该文认为，作为弹唱女艺人的瞽姬是清末民初广州特有的社会文化现象，她们在丰富广州市民的文化娱乐生活，拓展市民的文化娱乐空间，推动粤曲的发展与普及等方面起到了重要作用。① 周巍讨论了晚清民国时期女弹词与晚清以来江南消费文化的关系，认为男女两性关系在近代女弹词的职业实践中得以重塑，具有江南地方特色的消费文化得以彰显。在消费过程中，时人对女弹词进行品评，主要围绕"色与艺"展开。晚清文人对妓女弹词的品评，多关注妓女的身份特征。民国报人则通过报刊重构女弹词的形象，以满足不同读者的娱乐需要。女弹词与听客的亲密互动，把普通的生产消费关系重新定义为性别关系，招致政府、传统行会组织的取缔与规范。不过，从取缔到规范的转变，也预示着时代背景的变迁和女性社会地位的提高。女弹词作为江南消费文化的象征符号，经历了晚清时期的"访"到民国时期的"捧"的改变，意味着听客的社会地位、身份、角色与消费观念也发生了变迁。②

其二，对底层群体娱乐的讨论。胡俊修、索宇认为，在城市中谋生的流动摊贩们身怀生存绝技，表演街头艺术，丰富了大众娱乐，带给城市无限的生机与活力。同时，这种街头娱乐表演丰富了民间文化，成为与精英文化并立的另一种文化形式"草根文化"。③ 刘秋阳、孙明阳撰文讨论了近代城市苦力的娱乐状况。④ 他们认为，近代城市苦力缺乏基本的经济、时间条件，因而缺乏常规的有益身心的普通娱乐，其娱乐活动

---

① 李淑蘋、王晓娜：《瞽姬与清末民初广州城市文化娱乐生活》，《历史教学》2010 年第 1 期。

② 周巍：《女弹词职业实践与晚清以来江南的消费文化》，《常熟理工学院学报》（哲学社会科学版）2010 年第 5 期。

③ 胡俊修、索宇：《流动摊贩与中国近代城市大众文化》，《甘肃社会科学》2012 年第 6 期。

④ 刘秋阳、孙明阳：《略论近代城市苦力的娱乐状况》，《甘肃社会科学》2012 年第 4 期。

表现在种类单一、形式枯燥、场所简陋、不正当娱乐俱极盛行等特征。以赌博、嫖妓、吸烟等为主的不正当娱乐，不仅使苦力自身愈加贫困，也对其身心健康乃至社会产生了消极影响。他们还分析了造成苦力娱乐问题的因素：一是不劳而获心理作怪；二是精神空虚；三是社会管理缺失。池子华注意到，民国时期的打工妹以长三角地区最为集中，其用于精神生活方面的支出不仅偏少而且消费结构极不合理。在时间和金钱的双重制约下，打工妹排遣"痛苦"的娱乐生活过于单调和乏味，从而直接影响其生活质量。①

其三，从娱乐中透视女性群体的心理。贾钦涵在《玩物丧志：麻将与近代中国女性的娱乐》一文中分析了麻将游戏中女性的心理与社会境遇，认为晚清民国时期的麻将游戏不仅是新女性摆脱家庭束缚的象征，还是男权社会重新套牢束缚妇女的工具，更为一个个对现实心灰意冷、无力舒展自己生命欲望的女人们提供了精神的避难所。其解释说，近代中国社会在一步步粉碎束缚传统妇女枷锁的同时，未能有效地建立起接受、容纳"新女性"的社会空间，这必然导致女性群体在新旧社会、家庭身份认同上产生种种迷惑和错位。在整个社会压抑的生存环境中，女性"丧志"后集体沉沦在"玩物"之中。②

其四，对知识分子群体娱乐的透视。胡悦晗分析了1927—1937年的上海知识群体在日常生活中时常涉足舞厅、弹子房及回力球场等新型娱乐场所的活动。他认为，知识群体对于舞厅、回力球场之类的娱乐场抱持一种矛盾的态度：一则他们肯定蕴含享乐主义取向的都市娱乐生活；二则他们欲借助对这些活动的规范、意义及危害的强调，标榜其自身"禁欲主义"式的独特趣味，从而既确立了其对于自身娱乐品味的优越感，也建构了自身群体的身份认同感。③

① 池子华：《民国时期"打工妹"群体的精神生活——以长三角地区为中心的考察》，《史学集刊》2017年第2期。

② 贾钦涵：《玩物丧志：麻将与近代中国女性的娱乐》，《学术月刊》2011年第1期。

③ 胡悦晗：《舞厅、弹子房与回力球场：民国时期上海知识群体的娱乐生活（1927—1937）》，《聊城大学学报》（社会科学版）2014年第2期。

# 五　休闲娱乐研究的不足

学界对近代中国娱乐休闲的研究取得了较为丰富的成果。无论是微观研究，还是宏观考察，都增进了人们对近代中国娱乐休闲的认识，也深化了对近代中国社会与政治变迁的理解。但其存在的不足也是显而易见的。

其一，"碎片化"的现象仍未得到改观。对于复兴仅三十余年的社会史研究而言，"碎片化"是正常的应有的阶段性现象。但现在已经到了超越"碎片化"研究的新阶段，不少研究者尚未意识到这个阶段的到来，仍局限于就事论事。为避免碎片化，一些学者套用"近代化"理论的话语与分析方法，但在实际运用中却没有将地方的小历史与国家近代化的大历史有机结合起来，也未显示出开阔的观察视野。因为视野狭窄的限制，一些研究者对近代中国文化娱乐的判断似不够全面，仅关注其积极的、进步的一面，而未涉及其暴力、贪婪的黑暗面。像胡俊修、阮晓莹注意到民国汉口民众乐园的多重社会冲突，令人耳目一新。就事论事，自说自话，缺少对同类研究的关注与对话。这是学界研究意识的"碎片化"。

学界对于近代中国娱乐与政治关联的探讨，与其说是社会史研究，不如说是以社会生活为切入点的政治史研究。这种研究固然拓宽了政治史研究的视野，但并未使社会史研究的"碎片化"得以改观。

其二，一些学者并未认真思考社会史的理论、方法与视角。从近年来的相关研究看，一些研究者讨论作为近代中国社会史内容的娱乐休闲，缺少运用社会史理论、方法与视角的敏感度和自觉意识。从研究理论看，社会史学界在努力建构自己对历史的解释体系，比如常建华对"日常生活"理论的思考[1]，但未见研究近代中国娱乐的学者从日常生活的理论上思考问题。从研究方法看，社会史研究早已积极借鉴人类学、民俗学的田野调查方法，搜集口述历史资料，但目前一些研究者不曾走进田野、走进历史

---

[1]　常建华：《从社会生活到日常生活——中国社会史研究再出发》，《人民日报》2011 年 3 月 31 日。

现场，仅仅分析纯文字的文本史料，甚至不去关注大量有关近代中国娱乐的历史照片与实物。应注意的是，没有田野调查也就很难实现近代中国社会史研究的精深化。即使研究近代中国城市中的娱乐休闲也是如此。从研究视角看，社会史研究比较注重自下而上的观察视角，但迄今为止，仍较少看到研究者站在社会底层民众的立场上观察社会的变迁。在众多论文的叙述中，民众还是一群失语的群体，只能初步分析他们的心灵与眼光。

其三，缺少作为主角的个人。从近年来学界对近代中国娱乐休闲的研究中，只能看到一个模糊的阶层或群体，很少看到活生生的有血有肉有精气神的个人。可以看到娱乐者理性的一面，却看不到其感性、非理性的一面。这样的人是片面的人，这样叙述的历史是被裁剪过的不完整的历史。当然，有关近代大众娱乐休闲的资料零散、琐碎，很难从现有的文本资料中挖掘、排比出有情节的娱乐故事，勾勒出有理性亦有感性的普通个人。这就要求研究者进行口述历史的访谈，甚至要打破娱乐研究的壁垒，借助民间信仰等渠道细致观察民众的心灵世界，进而深入理解民众的娱乐休闲感受及其文化观念。

# 第十二章

# 近代中国宗教与民间信仰研究

宗教与民间信仰①是近代中国社会生活的重要组成部分，在社会各阶层的日常生活中具有普遍、复杂而又细微的影响，而且这种影响又因为区域、民族、阶层、文化传统与生活环境等因素的不同而表现出显著的差异性。

民国时期学界对近代中国宗教、民间宗教与民间信仰进行了富有开创性的研究。蒋维乔《中国佛教史》论及近代中国佛教的发展，傅勤家《中国道教史》论及清代道教，王治心《中国宗教思想史大纲》论及近代在华基督教、民国时期的秘密宗教、宗教与科学以及宗教发展的新趋势等问题。李世瑜与辅仁大学的比利时籍教授贺登崧合著了《万全县的庙宇与历史》《宣化县的庙宇》两部书和多篇论文。李世瑜于1948年完成硕士学位论文《现在华北秘密宗教》。这是民国以来第一次全面考察与研究一贯道、皈一道、黄天道和一心天道龙华圣教四大秘密宗教的重要专著。他在研究中自觉运用的"社会历史学"方法，对后辈在近代中国民间宗教与民间信仰的跨学科研究颇有启发意义。上述研究成果从脉络梳理、史料搜集与研究方法等方面为后世相关讨论奠定了良好的基础。

自1986年中国社会史研究重新开启以降的近三十年中，社会史意义上的近代中国宗教与民间信仰研究也逐渐兴起。不过，相对于人口、妇女、宗族、宗荒、慈善、传媒与医疗等领域的探讨，学界对陈丁基督教之

---

① 本书所说的"宗教与民间信仰"指佛教、道教、基督教、伊斯兰教、民间宗教与民间信仰，其中基督教为天主教、东正教与新教的统称。

外的近代中国宗教与民间信仰的研究较为滞后，至今仍处于薄弱地带。已有的近代中国社会史研究综述对该领域的研究状况稍带提及，未做专题性梳理，比如蔡少卿、李良玉《50 年来的中国近代社会史研究》一文简略提及近代中国民间宗教，闵杰《20 世纪 80 年代以来的中国近代社会史研究》一文涉及学界讨论庙会、迎神赛会与巫术的三篇论文。诚然，已有学者对近三十年来的宗教史、文化史与民俗学研究意义上的近代中国宗教与民间信仰研究做了相应的梳理。① 在参考学界已有的相关学术史成果的基础上，本书主要回顾与分析 1986 年以来的社会史意义上的佛教、道教、基督教、伊斯兰教、民间宗教与民间信仰研究，也就是说主要讨论这一时期学界以社会史为视角或范式对宗教与民间信仰的社会角色、社会活动及其背后观念的研究成果。

# 一　基督教

随着社会史研究的复兴，学界对近代中国基督教的研究开拓出新局面。从 1986 年到 2018 年，相关研究大致以 1996 年、2005 年为界标，分为三个阶段。

## （一）1986—1995 年研究概况
这一阶段的相关研究成果主要探讨了如下四个专题。
### 1. 对基督教在华社会事业的整体评价
近代中国基督教的问题十分复杂，涉及中外、官民、利益集团与文化

---

① 蔡少卿、李良玉：《50 年来的中国近代社会史研究》，《近代史研究》1999 年第 5 期；赵世瑜、邓庆平：《二十世纪中国社会史研究的回顾与思考》，《历史研究》2001 年第 6 期；左玉河：《20 年来的中国近代文化史研究》，《中国文化现代化道路的探索》，吉林大学出版社 2006 年版；闵杰：《20 世纪 80 年代以来的中国近代社会史研究》，《近代史研究》2004 年第 2 期；陶飞亚：《1949 年以来国内中国基督教史研究述评》，陶飞亚：《边缘的历史：基督教与近代中国》，上海古籍出版社 2005 年版，第 303—318 页；陶飞亚、杨卫华：《改革开放以来的中国基督教史研究》，《史学月刊》2010 年第 10 期；邵雍：《新世纪以来中国近代秘密社会史研究的新进展》，《史学集刊》2012 年第 5 期。

冲突等多个方面。从 1949 年到 1979 年，除了近代中国的教案之外，在华基督教是学术研究的禁区。20 世纪 80 年代初，学界开始从教案研究延伸到探讨基督教的文化、教育事业等社会活动。此时，由于意识形态的影响，学者们通常侧重于为基督教在华的角色、活动效能进行政治定位。以 1980 年刊发的廉立之、王守中《帝国主义利用基督教（新教）对近代山东的侵略》①一文为例，作者将基督教会在山东举办的教育事业视为"帝国主义进行精神侵略的一条主要途径"。他们认为，尽管"教会办学，把西方的科学文化介绍到中国，在中国培养了一批具有一定科学文化的知识分子，这在客观上对中国的进步与发展是有益的"，但是，教会办学的首要目的乃在于发展和巩固教会，"造就为帝国主义服务的有效代理人"。他们的结论是"帝国主义的文化侵略与其武装侵略一样，到后来搬起石头砸了自己的脚，自食其恶果"。

在社会史复兴之后，学界对近代中国基督教的探讨走出了政治批判的单一套路，对基督教在华社会事业的评价趋于多元化。

研究范式的多元化及基督教外围探讨的突破性进展始于 1989 年首届教会大学史会议。在这次会议上，章开沅先生直言："过去人们曾经将中国教会大学单纯看作是帝国主义文化侵略的工具，殊不知它也是近代中西文化交流的产物，它的发展变化是近代中西文化交流史的重要组成部分。"②这意味着研究基督教，不仅可以从革命史的范式去讨论，还可以从文化史的角度呈现其具有积极意义的一面。可以说，章先生所言研究基督教的文化史的角度与社会史的角度有相通之处。

学界对于章先生研究基督教的主张，似未及时响应。曹立前认为基督教传教士在近代中国的文化活动，作为西方殖民者对华政治、经济、军事侵略的辅助手段，在加剧中国社会半殖民地化的过程中，起了推波助澜的作用。但传教士的文化活动是传播西方科学文化，酝酿和促进近代中国新闻、出版、教育等多项事业以及资产阶级先进思想产生和发展的因素之

① 廉立之、王守中：《帝国主义利用基督教（新教）对近代山东的侵略》，《齐鲁学刊》1980 年第 2 期。

② 章开沅：《〈中西文化与教会大学〉序言》，章开沅、林蔚主编：《中西文化与教会大学》，湖北教育出版社 1991 年版。

一，具有推动中国近代化运动和促进中国社会新陈代谢的不自觉的工具的历史作用。① 他试图从政治史的角度对基督教在华的文化事业做整体性的把握，判定基督教在华文化活动是"文化侵略"工具。

廖运兰从地方社会层面上判断基督教在近代湖南所做社会事业的性质。其认为，近代湖南基督教（新教）的特点是"在兴办学校、举办医疗卫生事业、吸引留学生，以及加强与中国士绅的联系等方面，做得比天主教更为积极，也更有成效"，但其本土化的目的不过是"借以调和民教矛盾，缓解中国人民的反帝仇教情绪"，尤其相当一批外国教会组织和基层神职人员"为帝国主义侵略服务的本质并没有变"②。显然，"文化侵略"论仍深刻影响着学者对基督教在华社会事业的整体判断。

不同于上述曹、廖的二分法立场，李乐曾从文化传播的角度，区别德国基督教不同派别在华的社会事业。其对比了德国在华天主教与新教的作用，认为德国基督教（新教）传教团与有政府背景的天主教传教团相比，在德国对华政策中的政治作用明显较小，而在德国及基督教文化在中国传播方面的影响比前者大。③ 李乐曾的探讨在方法上已具有社会史的意味，主要从社会维度上看待基督教对中国的影响。这可以说是响应了章开沅先生从文化史角度研究基督教的主张。

### 2. 基督教在华的文教、医疗与慈善事业

20世纪80年代中期，学界开始研究基督教在华社会事业的文教、医疗与慈善等具体事项。徐以骅提出应该重新研究和评价基督教在华的教育问题。④

从1986年到1995年，学界对基督教外围事业如教育等世俗活动的研究越来越多，但侧重于宏观考察多，缺少细致研究。

相对于1986年到1995年学界对基督教在华教育事业的研究，近代中

① 曹立前：《基督教传教士在近代中国的文化活动及其影响》，《山东师大学报》（社会科学版）1989年第2期。

② 廖运兰：《近代基督教在湖南述略》，《邵阳师专学报》1994年第3期。

③ 李乐曾：《近代德国基督教（新教）传教团在中国活动概论》，《同济大学学报》（人文社会科学版）1994年增刊。

④ 徐以骅：《基督教在华高等教育初探》，《复旦学报》（社会科学版）1986年第5期。

国基督教医疗史的研究还比较薄弱。相关论文涉及宏观探讨、个案或区域研究、医学教育、人物研究等多个方面，其中重要的有赵璞珊和高晞关于合信和德贞的研究较为深入。基督教在华社会事业的第三大宗是慈善事业，这一时段的相关研究支离破碎，缺乏系统的梳理。

需要提及的是，自 1990 年开始，学界对基督教会在华社会事业的整体评价从帝国主义的文化侵略论逐渐转向现代代理论。可以说，这是从革命史范式向现代化范式的变迁。章开沅率先将现代化理论用于近代中国基督教的研究，注意到传教士在近代中国教育、医疗、科技及政治等领域的转型中担任了不可忽视的角色，其传播西方文化与中国现代化进程息息相关。

### 3. 基督教与地方社会

由于中国幅员广阔、区域差异大，基督教对近代中国社会的影响难以一概而论。从 20 世纪 90 年代起，学界开始以区域社会的眼光审视基督教在华的影响。其代表之作有三。

一是陈支平、李少明著《基督教与福建民间社会》。其中"教徒信仰意识与民风乡俗的糅合"和"教徒与乡族社会的关系"两章，借鉴了历史人类学的方法，利用民间调查资料，生动展示了基督教信仰在中国乡土社会的变异，颇为精彩。

二是张坦著《"窄门"前的石门坎：基督教文化与川滇黔边苗族社会》。该书从微观个案的角度出发试图解决三个问题：（1）为什么儒家文化两千年未能对苗族实现"教化"，而基督教文化却能在二十年中就造成整个族群的"皈依"；（2）传教士并没有带来多少经济上的投资，却在短时期内奇迹般创造出"海外天国"；（3）"锡安圣地"石门坎数十年后竟销声匿迹，而在同一时期、同一地区、同一族群中传播的基督教另一宗派却得以十倍发展。作者借助历史人类学的方法，进行了田野考察，其涉及的研究意义与范围超出了个案本身。

三是陶飞亚、刘天路著《基督教与近代山东社会》。该书被学界认为是"从社会史的角度深化近代基督教研究"的新成果，比较全面地分析了教会活动和山东社会的关系。在方法上，该书不同于此前基督教研究中实际存在的"传教士中心观"，而是着眼于中国基督教自身的发生与发展，正如作者在前言中所说，该书"不囿于史学界传统的

'反教会斗争'的思路，而是着重于在中国社会历史进程中对基督教会本身进行具体的考察"。以此为宗旨，作者在对教会所从事的教育医疗事业、教会与地方政府的关系以及山东反教会斗争等诸多问题的处理上，运用丰富翔实的资料，力求在中外关系、社会状况、经济发展水平、文化教育背景等多种因素的相互关系中进行冷静的透视。公羽认为，该书"无疑是我国教会史研究的一个良好开端，其不仅为其他地区的教会史研究提供了一个可供参考借鉴的范式，而且也为教会史的宏观研究提供了可资利用的区域性成果"①。

区域社会视野下的近代基督教研究有力拓宽了该领域的研究视野，也在一定程度上为基督教影响近代中国的整体性考量奠定了基础。

### 4. 教案与社会矛盾、文化冲突②

教案是近代中国官绅民发动的反对在华基督教而出现交涉的案件。从1844 年浙江定海教案开始到 1900 年义和团运动时止，共发生大小教案1333 起，其中较大教案 400 余起。这些教案深刻反映了当时中国的社会矛盾与文化冲突。四川省社会科学联合会、四川省近代教案史研究会合编的《近代中国教案研究》③ 一书是大陆学界第一部关于教案研究的专题论文集，共收录 38 篇相关论文，涉及教案问题的各个方面：性质、历史作用和经验教训、教案与会党、义和团运动、辛亥革命及官绅的关系，各地重大教案始末，基督教和传教问题以及研究方法的探讨等。贵州人民出版社推出的《教案与近代中国：近代中国教案学术讨论会文集》④ 一书除了继

---

① 公羽：《教会史研究的新突破——评〈基督教会与近代山东社会〉》，《东岳论丛》1995 年第 6 期。

② 按学界已有关于近代中国教案研究综述的文章，如吴金钟：《近代中国教案史研究综述》，四川省社会科学联合会、四川省近代教案史研究会合编：《近代中国教案研究》，四川社会科学院出版社 1987 年版，第 497—516 页。苏全有、张超：《对近代中国教案史研究的回顾与反思》，《湖南工程学院学报》2013 年第 2 期。本部分写作受其启发，在内容梳理上侧重于社会史研究意义上的教案研究，而略于政治史与文化史研究意义上的相关讨论。

③ 四川省社会科学联合会、四川省近代教案史研究会合编：《近代中国教案研究》，四川社会科学院出版社 1987 年版。

④ 冯祖贻等主编：《教案与近代中国：近代中国教案学术讨论会文集》，贵州人民出版社1990 年版。

续探讨近代中国教案的起因、反洋教斗争和爱国主义、反洋教斗争发展阶段等问题外，还富有拓荒性地讨论了近代边疆少数民族地区的教会活动。

多角度讨论教案中民众的心理与意识，或从民众的立场观察教案，均为社会史意义上的教案研究。程歗较早分析了近代教案中民众的民族意识。他认为，中国近代民众与西方文明形成了三种冲突，即侵略与反侵略的冲突、两种文化心理的冲突、新学与迷信的冲突。中国民众以尊王卫道的陈旧观念为思想武器对抗基督教，这是不成熟的时代产生不成熟的民族自救意识的结果。由此可知，"近代世界上的任何一个民族，只有使自己的生存方式与飞跃发展的世界同步，才能永葆共同体内经久不衰的活力"。[1] 他还揭示了近代教案中的多重矛盾及其根源，认为教案体现了基督主义和伦理主义这两种文化心理的剧烈撞击。在近代中国的文化心理结构中，一层是在封建士大夫和一般民众中普遍存在的传统的华夏意识，其在反洋教运动中表现为强烈的民族自尊和抗强精神。另一层结构是萌动在少数先进知识分子群中的民族觉醒意识，他们把教士的知识看成了解西方的窗口。这种文化心理结构制约着反洋教运动的认识水平和抗变能力，使具有爱国主义性质的教案中的群众运动必然以自发的情绪的斗争形态表现出来。[2] 在此基础上，程歗与张鸣从文化心理的角度解读了晚清乡村社会的"洋教观"。其将"乡村社会的洋教观"定义为"晚清乡村民众对基督教及其在华教会的信仰、伦理、组织与活动所持的基本观点和态度"，并认为基督教在乡村民众的视野中完全是负面的形象，其来华目的是觊觎中国疆土，欺凌中华黎民；其行为可以用淫、恶、邪来概括；其人格是"非人也"。[3] 这种极度的猜忌、恶感与敌视有如下含义：一是遭受侵略和奴役的人们对侵略者的抗争和呐喊；二是种族中心主义因素；三是文化中心主义因素；四是文化本土运动的一种意识表征。这种洋教观形成的原因在于民众同仇敌忾心理引起的情绪化的认识扭曲，不同的文化习俗及观念差异，当时乡村民众对基督教的陌生与隔膜。他们评判称，乡村民众的洋教观在

---

[1]　程歗：《民族意识与近代教案》，《开放时代》1988 年第 10 期。
[2]　程啸：《论近代教案中的多层矛盾》，《历史教学》1988 年第 7 期。
[3]　程歗、张鸣：《晚清乡村社会的洋教观——对教案的一种文化心理解释》，《历史研究》1995 年第 5 期。

形式上和内容上并不雅驯，有失客观，但它在当时却是乡村民族主义觉醒的一种表征，是中国人民反抗外来侵略斗争中一种初始的表现形式。上述学者从社会史研究的角度对教案中民众心理与意识的分析确有道理，在一定程度上丰富了政治史视角下的教案研究。若再考虑到入教民众的心理与观念，再结合教案之外的在华基督教与中国民众的互动场景，或可更全面地把握中国民众与在华基督教的多层次的复杂关系。

廖一中、李运华撰文整体考察了近代中国的教案，认为教案发生的主要原因是教会的侵略性与中西文化的冲突。其具有如下特点：一是教案是官、绅、民联合发动的，而官员又是镇压教案者；二是教案商潮与外国侵华联系紧密；三是教案此起彼伏，时间长，次数多；四是教案发生在天主教和新教之间的差异。中国官绅民的不懈斗争在一定程度上遏制了对教会和列强利用宗教进行侵略方面的作用，但教案和义和团运动在组织方式、目的方面的落后与盲目排外性则是不可取的。[①] 该文是对近代中国教案宏观讨论的较为典型的文章，侧重于归纳其原因与特征以及对其政治得失的整体性评判。

相对于近代中国基督教社会事业研究的蒸蒸日上，学界在 1986 年到 1995 年对佛教、道教、伊斯兰教、民间宗教与民间信仰之社会事业的探讨，以及社会史意义上的宗教与民间信仰研究十分稀少。较有代表性的著作是华东师范大学出版社 1994 年出版的邓子美著《传统佛教与中国近代化——百年文化冲撞与交流》。作者在书中考察了传统佛教在近代中国社会变迁中的命运，初步讨论了其慈善事业与社会功用。其总结了近代中国佛教慈善事业的三个特色：一是建立慈善组织与机构；二是举办的赈灾活动规模空前；三是慈善与弘法结合，关注被社会遗忘的角落。[②] 对于佛教在近代中国的社会功用，作者揭示说："佛教的影响在清末民初各社会阶层中空前扩展的共同原因为转型社会的文化断裂需要宗教暂时填补，乱世中渴望甘露的人心需要宗教安抚。佛教传统的慈善弘法活

---

① 廖一中、李运华：《论近代教案》，《贵州社会科学》1993 年第 1 期。

② 邓子美：《传统佛教与中国近代化——百年文化冲撞与交流》，华东师范大学出版社 1994 年版，第 117 页。

动与在此基础上获初步发展的新兴慈善教育文化事业虽然好似顺理成章，别无惊人之处，却正如春风潜入夜，润物细无声的春雨滋润着人们心田。"① 诚然，作者主要是讨论佛教在近代中国的处境及其自身的转型，力图对其进行整体的把握，在部分专题的论析上不免过于概括，缺少细致的个案研究，但其在研究方法上，有意将佛教置于近代中国社会变迁的大背景下进行考察。这种方法正是社会史所强调的在社会变迁中研究历史现象的路数。

从 1986 年到 1995 年的十年间，近代中国宗教与民间信仰的研究颇不平衡。学者们对基督教在华社会事业的探讨异军突起，无论是宏观的论述，还是区域社会的个案研究，都收获颇丰。在研究方法上，学者们从"文化侵略论"转向多元化的分析模式，其中"现代化"模式与社会史的观察视野在注重"社会变迁"的层面上是基本一致的。陶飞亚、刘天路明确以社会史的角度讨论基督教对近代山东社会的影响，堪为整个近代中国宗教与民间信仰研究的典范之作。遗憾的是，学界在佛教、道教、伊斯兰教、民间宗教与民间信仰的社会事业研究上少人问津，更缺少社会史的研究视野。

### （二）1996—2005 年研究概况

大致从 1996 年开始，近代中国基督教研究逐渐走向深入。由此到 2005 年，学界在该领域的实证研究与理论诠释上都有丰硕的收获。

学界对基督教外围事业的研究继续深入，比过去更为自觉地运用"社会史"的视角。顾卫民《基督教与近代中国社会》② 一书，以丰富的史料与开阔的视野，在回溯唐元明清在华基督教历史的基础上，宏观透视了基督教对近代中国政治、文化、社会的渗透及其在近代中国的境遇，同时还考察了在华基督教为适应中国社会环境而发生的改变。可以说，该书既是在近代中国社会变迁中探讨在华基督教的命运，又通过在华基督教的命运

---

① 邓子美：《传统佛教与中国近代化——百年文化冲撞与交流》，华东师范大学出版社 1994 年版，第 123 页。

② 顾卫民：《基督教与近代中国社会》，上海人民出版社 1996 年版。

反观近代中国社会的变迁。在研究视角上，作者明确表示是"从社会史的角度阐述教会历史"①，自觉地超越了基督教史研究的政治史视角的局限。他深信："20世纪上半期中国的基督教会，无论在思想上或组织上，都出现了摆脱教权的羁绊、培植本地的教牧人员，减杀西方差会的影响和建立本地化神学的倾向。这是基督教与中国社会之间互相沟通和理解的重大试验，从社会史的角度研究教会史，尤其不能不深加关注。"② 其对历史的真实抱有一种敬意，努力呈现近代中国基督教的细节，尤其是细节中的矛盾与曲折。③ 有学者对该书评论称："综观全书，不论在资料、内容以至文笔方面，均当属上乘。据个人所见，迄今仍为在所有相类之著述中，允推最好的一本……秉持自己的理性和充分的史料，去作叙述、分析和判断。所以此书确为一本好书，不论参考价值和可读性都很高。"④ 可以说，该书是从社会史的角度研究近代在华基督教的富有创见的典范著作。

在整体研究之外，学界对近代中国基督教社会事业的个案研究更为丰富，主要包括教育、慈善与医疗。

第一，近代基督教在华的女子教育事业。朱冬梅《西方基督教与近代山东女子教育》一文立足于山东区域社会，考察了近代基督教对山东女子教育的影响。其认为基督教兴办的女校在传播基督教方面的贡献是有限的，但对山东妇女的新式教育、知识妇女人才的培养具有重要意义，尤其是为近代山东省的民办女学和官办女学提供了师资力量、教学方法和管理经验。⑤ 其指出，近代山东的基督教女校从不被接受到逐渐生根发芽的原因有二：一是"社会风气的逐渐开化"；二是"科学知识社会需求的不断扩大"。这两点只是基督教女校的社会环境因素，但其忽略了当时中外条约的支持与官方的政治影响。要说明的是，在一篇数千字的文章中要解决

---

① 顾卫民：《基督教与近代中国社会》，上海人民出版社1996年版，自序，第2页。
② 同上书，自序，第4页。
③ 同上书，序。
④ 吕实强：《评顾卫民著〈基督教与近代中国社会〉》，《中国现代史书评选辑》，"国史馆"1999年版，第30页。
⑤ 朱冬梅：《西方基督教与近代山东女子教育》，《中华女子学院山东分院学报》2001年第4期。

"西方基督教与近代山东女子教育"的问题，难免力不从心，缺少研究的应有深度，结果流于粗浅的叙述与分析。

第二，近代基督教在华的慈善事业。谭绿英考察了1921—1940年的成都中西组合慈善会。该组织作为民国时期基督教在华的慈善事业部分，是当时成都唯一一家与基督教新教有关的慈善机构，由"博爱团""互助团"合组而成，以"博爱""互助"为宗旨，教会人士为其创办主体。其组织分评议、董事两部，其成员具有较高的社会地位和文化素质，常年经费主要依靠募捐收入。该会办理孤儿、养老两院约20年，在内地的基督教慈善事业中具有一定代表性。① 盛懿《近代上海基督教慈善活动刍议》一文考察了近代上海基督教的慈善活动，该文认为在华基督教兴办慈善活动的动机是来华传教士要通过大量的社会慈善活动来改变基督教教会、传教士及其信徒在人们心目中的形象，进而赢得人们对基督教的认可与接受。② 也就是说，慈善事业只是基督教实现在华传播的一种手段或工具。

第三，近代基督教在华的医疗事业。陈建明《近代基督教在华医疗事业》一文概论了近代教会团体及传教士在华的医疗活动与基督教慈善精神、传教活动以及社会改良的关系。其认为治病救人效法了耶稣基督生前的济世善举，既是一种有效的传教手段，也是一项有利民生的慈善事业。教会举办医疗的主要目的本是以治病施药为手段，吸引中国百姓信仰基督教，但在客观上却缓解了乡村和边疆地区缺医少药的状况，推动了西方近代先进的医疗技术在中国的传播和发展，培养了人们的公共卫生意识，促进了中国社会风俗的改良。③ 肖俊、李浩在近代九江基督教的发展及其对教育医疗事业的影响时，认为基督教为实现在华传教，"利用办学、办医院等方式"，这在客观上促进了当地教育医疗事业的发展，促进了当地的

① 谭绿英：《民国时期基督教在华慈善事业——以成都中西组合慈善会为例（1921—1940）》，《宗教学研究》2003年第1期。
② 盛懿：《近代上海基督教慈善活动刍议》，《上海交通大学学报》（社会科学版）1999年第2期。
③ 陈建明：《近代基督教在华医疗事业》，《宗教学研究》2000年第2期。

近代化。① 李传斌探讨了 1835—1937 年教会医疗事业的发展、变迁、社会影响及其在中国现代化进程中的作用。其认为，基督教会的医疗事业具有浓厚的宗教性与世俗性，它在对中国社会产生积极影响的同时，又充当了侵略的工具。在近代中国民族主义运动的影响下，在华基督教积极进行自我调适，相关的教会医疗事业随之出现了合作化、本土化、世俗化的发展趋向，在中国的现代化中扮演了重要角色。② 此外，谢铭简单梳理了论近代广西基督教的医疗事业，认为"这些医疗事业的创办客观上对广西社会产生了积极的影响，具有一定的进步作用"，但其目的是"为了排除宗教侵略的障碍"。③ 严格说来，上述对近代基督教在华医疗事业的研究缺少扎实的实证研究和显著的问题意识，得出的结论不仅流于简单的缺少历史智慧的评判，而且惊人的雷同。换言之，这属于应当避免的缺少创新性的重复性研究。

第四，近代基督教在华的教案与风俗冲突问题。1996 年到 2005 年这十年间，学界对近代教案的研究不乏新意。赵树贵撰文讨论了会党与近代教案的关系。其将中国近代教案分为两个阶段：中法战争（1885 年）前为第一阶段，称为前期教案；中法战争后为第二阶段，称为后期教案。该文认为，前期教案的推动者和倡导者是清政府的一些官吏、地方绅士，会党是积极参与者，并通过烧、杀、抢、打、砸等过激行为，企图把斗争引向盲目排外的歧途；后期教案的发动者和组织者是会党，通过广泛发动城乡民众，把斗争深化为反帝反封建，使近代教案赋予新的含义，到质的转变和新的高度。当然，后期教案中会党也有哄抢财物甚至变节的行为。④ 张钟鑫较为细致地考察了近代泉州的民教冲突。其注意到，自基督教传入安海及至遍布泉州，民教双方就冲突不断。民众之所以仇教反教，在前人

---

① 肖俊、李浩：《近代九江基督教的发展及其对教育医疗事业的影响》，《南方文物》2005 年第 4 期。
② 李传斌：《基督教在华医疗事业与近代中国社会（1835—1937）》，博士学位论文，苏州大学，2001 年。
③ 谢铭：《论近代广西基督教的医疗事业》，《河池师专学报》（社会科学版）1999 年第 1 期。
④ 赵树贵：《会党与近代教案探讨》，《江西社会科学》1998 年第 5 期。

已经揭示的三点原因（教道从外洋传入；禁绝迷信，凡迎神赛会演剧诸费不供；废除祭祀）外，还有教会干预诉讼的刺激。在泉州基督教传播的过程中，基督教与天主教的信徒们展开大规模的械斗，列强、官府、士绅先后卷入其中，士绅们又扮演了既推波助澜又收拾残局的角色。① 王守中认为近代山东教案发生的深层原因是"东西部地区经济文化的差异以及天主教传教士的思想作风和传教方针的不同"②。

此外，还有学者从社会舆论与传媒的角度更为深入地讨论教案。苏萍在《谣言与近代教案》一书中深入考察了近代教案中谣言的制造者、传播者、利用者与信奉者，揭示了谣言两大主题的社会背景"采生折割"与"诱奸妇女"，并分析了两个典型个案，认为教案中的谣言反映了近代中国男权的失落、亡种的忧虑以及社会的颓废，但它也是一种形成社会凝聚力、共同对抗外族威胁的强有力的手段。③ 邵建讨论了近代上海反教会谣言的消解，认为在报刊对谣言的评论以及官府参与判定导致谣言的消解中，传教士造成的心理危机与社会危机通过现代传媒暂时得以化解，但造成了士大夫与官府的隐性对立。这反映出近代教案的独特性与复杂性以及民众盲从心理的巨大力量。④

学者们更细致地展示了近代在华基督教与社会秩序、文化习俗冲突的多重面相。温钦虎将在华基督教与中国传统风俗的冲突归为四类，即祭祀祖先、迎神赛会、阴阳风水与男女之别，并认为二者的冲突是基督教和中国传统思想冲突的继续，而且是在更广泛层面上的冲突。⑤ 这种分类稍显粗疏，比如祭祀孔子的传统礼仪也遭到了在华基督教的强烈反对，而且更深切地反映了二者在思想层面的矛盾，但在该文中却不容易归入其所列举的四类冲突。

---

① 张钟鑫：《近代泉州民教冲突及教案初探》，《海交史研究》2004 年第 2 期。
② 王守中：《山东教案与义和团散论》，《山东师范大学学报》（人文社会版）2002 年第 3 期。
③ 苏萍：《谣言与近代教案》，上海远东出版社 2001 年版。
④ 邵建：《近代上海反教谣言的消解》，《社会科学》2005 年第 10 期。
⑤ 温钦虎：《从近代教案看基督教和中国社会习俗的冲突》，《甘肃社会科学》2000 年第 3 期。

除此宏观概说近代基督教在华的社会文化冲突问题外，还有学者从具体问题出发分析二者的关联。李颖以福建省为中心考察了基督教在近代中国反缠足运动中的角色与作用。其认为，厦门天足会的成立开中国近代天足运动风气之先，取得了相当成效，但最终归于失败，其原因是传教士在天足宣传上的泛宗教化倾向，尚未真正从深层次上触及妇女本身作为个人的内心感知和客观需要。①

从外部研究基督教，已然成为学界的一大风气。诚然，从外部进行的研究能够推动从内部进行的研究，反之亦然。麦格拉思说："如果你从外部看基督教，常常不容易理解和欣赏基督教的内在动力。有时候这就像从外面观看一个明亮的房间，你可以看到里面的人在走动、交谈，可是你却不能知道他们究竟在说些什么、做些什么。"② 因此，"从外部进行的研究是有这样的缺陷，但只要有从内部进行研究的学者告诉站在外面的人他们在说些什么、做些什么，这样的缺陷就可在一定程度上得到弥补"③。在研究已取得较多成果的领域又出现了新的进展。比如，基督教教育研究进一步深化，并由高等教育逐渐向中初等及特殊教育方面延伸。再如，区域研究逐渐由沿海区域向内陆扩展，个案探讨越来越多，教案研究在视角及方法的转变中获得不少突破。

自 2002 年开始，学界从"外围"转向对基督教本身的全面探讨。陶飞亚、杨卫华认为，以 2004 年香港中文大学出版的论文集《东亚基督教再诠释》为标志，中国基督教史研究在自觉与不自觉中开始了新的转向——改变以往在基督教外围徘徊的状态，逐渐转移到对基督教本身的研究上来，使基督教相关研究渐趋完整，研究对象更趋多元化。④ 基督教内的各个门类——医疗、文字、青年会、妇女、乡村建设、宗派个案、基督教政策、神学等研究逐渐提到日程，个别领域有了较重要的作品出版。传教士的研究从宏观讨论转向更深入的个案探讨，如对马礼逊、司徒雷登等

---

① 李颖：《基督教与近代中国的反缠足运动——以福建为中心》，《东方论坛》2004 年第 4 期。
② ［英］麦格拉思：《基督教概论》，马树林、孙毅译，北京大学出版社 2003 年版，第 2 页。
③ 同上。
④ 陶飞亚、杨卫华：《改革开放以来的中国基督教史研究》，《史学月刊》2010 年第 10 期。

人的研究。此外，以本土化为视角对本土教会及人物的探讨逐渐增多。①

### （三）2006—2018 年研究概况

这一时期内，学界从区域社会的角度深化了对近代中国基督教外围事业与基督教之社会角色的研究。

#### 1. 近代中国基督教外围事业

其一，基督教在华的医疗事业是最为显著的热点。杜志章分析了近代基督教在华医药事业迅速发展的多种原因，其内容如下：（1）"医务传教"的传统得以弘扬；（2）西方资本主义势力的发展及其对外扩张为基督教在华医药事业的发展创造了条件；（3）鸦片战争及系列中外不平等条约的签订，为基督教在华医药事业的发展提供了强有力的后盾；（4）16—19世纪西方医学的发展，相对于中国传统医学而言，已具备了明显的优势；（5）非传教士西人在中国的医药活动给传教士医药事业提供了典范；（6）当时中国的战乱、瘟疫等灾难频繁，也是基督教在中国医药事业迅速发展的重要前提。② 严格而言，这种对近代基督教在华医药事业迅速发展原因的简单概括缺乏学术价值。

基督教与西医在华传播具有十分密切的关联，二者在文化观念上深刻冲击了中国固有的传统。何小莲《西医东渐与文化调适》一书系统解剖了西医传入中国的历史背景、过程，对中国近代公共卫生事业和教育制度的影响，对中国社会制度、思想文化乃至政治生活的影响等，以及中国社会在接纳西学时如何调整固有文化传统的问题。该书认为，中医和西医是在不同历史条件下发展起来的两大医疗体系，而且各自顽强地保持着发源地的民族文化特质。中医吸收了中国传统文化的营养，与中国的文化观念融为一体，其有效性为两千多年的中医学实践所证明。自 18 世纪以来，传教医师在中国的每一个地方都成为现代医学的先驱，其中大多数行医者都带有现代色彩，崇尚科学知识和人道主义。该书分析称，西医融技术与科学为一体，集真与善于一身，通过某些超越中医的特殊效验，向中国人传

---

① 陶飞亚、杨卫华：《改革开放以来的中国基督教史研究》，《史学月刊》2010 年第 10 期。

② 杜志章：《近代基督教在华医药事业迅速发展原因之分析》，《江汉论坛》2008 年第 8 期。

递了科学的技艺与观念，基督济世救人的慈悲心怀，有效地将治病与攻心合为一体，充分展示了西医的威力和魅力。虽然西医初入中国时引起了文化观念与政治权力上的冲突，但不过四五十年就受到中国朝野的普遍欢迎，知识界因而自觉调适了固有的文化观念。作者视野较开阔，颇具问题意识，抓住了近代中西文化交流中的某些独特而又微妙的关键问题。

其二，教育事业是与医疗事业同等重要的基督教外围部分。赵晓阳考察了民国时期上海基督女青年会女工夜校，认为基督教女青年会促进了基督教会对劳工问题尤其对女工和童工问题的关注，引发了基督教会一系列的思考和行动；其在推动妇女的社会和政治觉醒、女性自我意识觉醒上扮演了重要角色。[①] 刘安荣以铭贤学校为例，简单梳理了近代山西基督教学校的学制及课程设置、教材使用、教学管理、师资配置、教学方法等方面，进而分析了教会学校在山西教育事业现代化建设进程中所起的作用。[②] 姜德福、张玲玲概论了基督教对辽宁近代教育发展的影响，认为基督教会在辽宁建立起较为完备的教育体系，对近代辽宁教育事业的发展产生了深远的影响，对辽宁教育事业的进步和辽宁社会的现代化具有一定的积极作用。[③]

学界对近代中国基督教的研究形成了"文化侵略"范式、现代化范式、普遍主义范式和全球地域化范式等比较成熟的范式，但这些范式之间存在着种种不能互容的内在冲突。周东华《民国浙江基督教教育研究》[④]一书在细致考量了这些范式的基础上，独辟蹊径，以"身份建构"与"本色之路"为新视角，考察了基督教会与民国浙江教育现代化的个案，重点论述了浙江基督教教育如何从晚清体制外的"外国人"转变为中国"国民"；如何从教会机关变为为中国社会服务的教育机构；如何从教会控制转变为受政府节制；如何从帝国主义文化侵略中国的文化工具转变为中国

---

① 赵晓阳：《20 世纪上半叶中国妇女的启蒙与觉醒：以上海基督教女青年会女工夜校为对象》，《中华女子学院学报》2010 年第 3 期。

② 刘安荣：《基督教与近代山西教育事业现代化》，《山西农业大学学报》（社会科学版）2006 年第 1 期。

③ 姜德福、张玲玲：《浅析基督教对辽宁近代教育发展的影响》，《理论界》2012 年第 2 期。

④ 周东华：《民国浙江基督教教育研究》，中国社会科学出版社 2011 年版。

教育现代化的有力促进者等问题。章博《近代中国社会变迁与基督教大学的发展》一书，以华中大学为中心，将基督教大学置于近代中国社会变迁的大环境中进行了考察，分析了基督教大学与西方教会和中国政府的关系，研究了 20 世纪 20 年代至 40 年代在中国化、世俗化、国立化潮流中的华中大学的应对之策和自存之道。①

张龙平分析了中国教育会与清末教育改革的关系，指出 1890 年基督教传教士成立的中国教育会对西方公共考试制度加以引介，提出了对中国教育体制改革的种种设想，并和清政府进行了基督教教育地位的交涉，透视了其对中国新式教育的影响。② 杜敦科考察了南京国民政府时期的基督教大学立案问题，包括重组校董会、任命华人校长、调整学院设置和改革宗教教育、实行党化教育等方面，加速了基督教大学的中国化和世俗化。③

陈锦航运用后社会史思路，重新解读了燕京大学基督教在华实践，认为基督教在中国完成了俗世化的转变，使得基督教与中国社会直接相联系，而这一转变导致了基督教失去了不受社会变革影响的独立的宗教空间，在日后必然直接承担社会的变迁带来的影响。④ 李新华考察了清末民国时期天主教传教士主要在新疆北疆地区进行宣教和创办学校的活动。⑤ 沈颖注意到，近代传教士在山东逐渐建立起“小学—中学—大学”完整的教会教育体系；20 世纪 30 年代，由于民国政府“收回教育主权运动”的影响，这一教育体系呈现出新的变化和特色。⑥

另外，王皓分析了晚清民国时期耶稣会在华的学术活动及其特点。其

---

① 章博：《近代中国社会变迁与基督教大学的发展》，华中师范大学出版社 2010 年版。

② 张龙平：《中心与边缘的徘徊：中国教育会与清末教育改革》，《河南大学学报》2011 年第 3 期。

③ 杜敦科：《南京国民政府时期基督教大学立案探析》，《历史教学》（高校版）2011 年第 8 期。

④ 陈锦航：《基督教在近代中国俗世化的尝试及其后果——基于 20 世纪 20 年代燕京大学基督教在华实践的历史》，《世界宗教文化》2015 年第 4 期。

⑤ 李新华：《近代以来基督教在新疆的教育活动研究》，《暨南学报》（哲学社会科学版）2015 年第 5 期。

⑥ 沈颖：《教会学校在山东的发展——从登州蒙养学堂到潍县广文中学》，《齐鲁师范学院学报》2015 年第 5 期。

认为，晚清来华的耶稣会继续以学术传教，其与欧洲学界积极合作，并尽可能地遵从主流学界制定的学术规范。不过，由于宗教的保守性，耶稣会的学术活动经常在理性和信仰之间左右支绌。①

其三，基督教在华的社会救济活动。刘青瑜考察了抗日战争时期内蒙古的天主教传教士及其领导下的天主教会积极为抗战服务的诸多贡献。②任轶分析了20世纪30年代法租界当局与天主教会在上海难民救助中的角色与立场，认为二者的救援工作虽然出于维护自身利益，但在客观上对难民起到相当程度的保护作用。③ 王淼梳理了抗战初期中国基督教会的爱国救亡活动。④

其四，农村建设是后起的近代在华基督教的重要的外围事业。近年来，学界开始注意基督教对近代中国乡村建设的影响。刘家峰在《中国基督教乡村建设运动研究（1907—1950）》一书较为系统地梳理了该问题的来龙去脉。该书共分六章：第一章介绍了美国社会福音神学的产生以及它对中国的影响，还有世界农业传教运动的兴起；第二章以农业传教士较为集中的金陵大学农学院为重点，阐释了农业传教在20世纪20年代何以成为基督教的一项重要事业，成为中国农村改造的先驱；第三章梳理了基督教乡村建设理念（乡村牧区）的来源、形成及发展变化的过程；第四章概述中国基督教乡村建设实践的基本情况，并对前人研究中关于"乡村建设路线"分歧的说法进行辨析；第五章以华北的樊家庄、华东的淳化镇以及江西的黎川乡村建设实验区为个案，探讨了基督教乡村建设的过程与成效；第六章对比了战时和战后变动时代的基督教乡村建设。最后一章进一步阐释了对基督教乡村建设运动的意义、神圣与世俗之间的紧张等问题。⑤该书认为基督教乡建派致力于建立一个整体性的全新社会，不仅在经济生

---

① 王皓：《晚清民国时期耶稣会在华的学术活动及其特点》，《经济社会史评论》2018年第2期。

② 刘青瑜：《抗日战争时期内蒙古天主教传教士对抗战的贡献》，《阴山学刊》2015年第4期。

③ 任轶：《浅析两次淞沪抗战时期法租界当局与天主教会对难民的救助》，《民国档案》2015年第1期。

④ 王淼：《论抗战初期中国基督教会的爱国救亡活动》，《长春大学学报》2015年第3期。

⑤ 刘家峰：《中国基督教乡村建设运动研究（1907—1950）》，天津人民出版社2008年版。

活上和文化生活上要有促进和创新，更重要的是对世俗生活进行了基督教意义的再诠释，使田间劳作、认字上课等世俗活动具有象征、追想或灵修的意义。由此建立真正彻底基督教化的社会，将乡民塑造为彻底基督教化的新人。在分析基督教乡建派的乡村建设实践及其失败时，该书存在如下三点不足：一是使用的一手资料以基督教各乡村教会的工作报告为主，不免将研究的范围局限于基督教乡建派本身；二是没有联系当时世俗的乡村建设潮流，忽略了当时同类的乡村建设运动实践；三是没有挖掘基督教乡村建设派与同期的基要派在神学理解上的区别。作者因而可能没有理解基督教乡村建设活动的实质，而其将基督教的农业传教归结为"把神圣价值与世俗价值统一在'基督化社会'的理念之中"的结论也未必确切。①

秦武杰以华北基督教工业改进社为例，分析了基督教对中国近代乡村工业的多层次关心。其认为，华北基督教工业改进社作为"华北基督教农村事业促进会"事工的一部分，是基督教乡村建设运动实践中的一个重要组成部分。该社虽因战乱而存世时间较短，影响也相对有限，但是作为基督教致力于改进乡村工业而成立的唯一一个比较具有实践性的机构，在乡村建设中发挥了很特别的作用，有效促进了乡村手工业的改良以及近代工业在农村的传播与发展。②

**2. 近代在华基督教的社会角色**

近数年来，学界在审视在华基督教的角色与观念时不再将其视为西方资本主义列强侵华的工具，而是更为冷静地看待其在近代中国的角色与处境。孙江通过 19 世纪后半叶在华发生的教案，重新解释了基督教与晚清社会的关系。他认为，19 世纪后半叶中国基督徒和非信徒之间的对立主要反映在三个方面：一是基督教信仰和中国传统信仰之间的对立；二是围绕祖先崇拜和丧葬等日常问题发生的对立；三是民间秘密宗教与基督教会之间的对立。但是，这些对立并不是绝对的，当宗教感情的龃龉和日常生活的矛盾消解后，被称为"洋教"的基督教已然成为中国混合宗教大家庭中

---

① 《〈中国基督教乡村建设运动研究〉的评论》，豆瓣读书网，https://book.douban.com/subject/3222804/reviews.

② 秦武杰：《基督教与近代中国乡村工业——以华北基督教工业改进社为对象》，《今日南国》（理论创新版）2009 年第 2 期。

的一员。他还注意到，作为他者的"洋教"身份仿佛符咒一样左右着基督教在晚清中国的命运，而义和团运动的狂风暴雨为之提供了一个特殊机缘，基督教会由此才清楚地认识到有必要推进"洋教"——基督教的"脱他者化"，使自己成为融入地方日常生活的本地宗教。①

　　学界探讨基督教与近代中国地方社会的关系通常采用"自上而下"的视角，从外围理解基督教的角色，缺乏真正的本土经验与内部眼光。胡卫清对近代广东潮汕地区基督教的探讨有力地克服了这一缺陷。其在《苦难与信仰：近代潮汕基督徒的宗教经验》②一书中，从多方面细致研究了基督教在潮汕地区的传播与变迁过程，尤其着眼于基督徒的个体经验，从个人、地区的角度切入，把教会进入中国后的发展、本土化策略以及实施中的曲折表现得颇为充分。该书在结论中有如下认识：一是基督教进入潮汕地区对当地原有的社会秩序形成了巨大的挑战，但也为当地的跨村际的交流提供了一个独特的网络与平台；二是潮汕地区的基督教内部充满了争斗；三是潮汕地区的基督教内部的性别问题十分明显，但女性信众因为基督神圣名义下的性别分工而悄然消解了自身被边缘化的问题；四是入教的信徒以家庭为单位，他们通常在经历了特殊的生命遭遇后而接受基督教的安慰与关怀，这意味着他们对自身的道德品质与精神世界具有较高的要求。此外，作者提示说，基督教自身的历史书写一直受到其"差传"话语的影响，应该自觉从整体的相关史实出发，揭示近代在华基督教的真实景象。

　　胡卫清的研究可以与美国学者李榭熙的《圣经与枪炮——基督教与潮州社会（1860—1900）》③一书相媲美。后者是近年海外研究基督教在华传播历史的力作之一。作者从乡村社会的视角，对基督教在华南潮州地区的传播情况进行了细致入微的考察，对基督教是如何向中国内地渗透的、

---

① 孙江：《作为他者的"洋教"——关于基督教与晚清社会关系的新阐释》，《江海学刊》2008 年第 1 期。

② 胡卫清：《苦难与信仰：近代潮汕基督徒的宗教经验》，生活·读书·新知三联书店 2013 年版。

③ ［美］李榭熙：《圣经与枪炮——基督教与潮州社会（1860—1900）》，雷春芳译，社会科学文献出版社 2010 年版。

中国的乡村居民对基督教这个新生事物有什么反应、基督教对中国乡村社会产生了怎样的影响等一系列重要问题进行了深入探讨。按照作者的理解，近代基督教向内地的传播过程中，其中心在乡村而不在城市，但是乡村基督教的繁荣是一种近乎畸形的发展，因为基督教取得成功仅仅是因为地方政治势力在争权夺利的过程中把基督教作为了加强自己权势的新的政治资本。

学界更深入地从社会舆论与传媒的角度讨论教案。黄顺力、段颖惠认为，清末报刊传媒的发展使国人对西方传教的认识已较过往大为理性和深入，由此可以更好地理解义和团运动后教案数量呈下降趋势的思想根源。报刊传媒发挥的"能动性的倍增器"的作用更使盲目反教所导致的危机和对国家自强的阻碍被更多的社会民众所了解。① 不过，杨雄威注意到一个报纸信息混杂造成人们难以了解教案真相的反例。他在《南昌教案与上海中西报战》一文中论称，1906年的南昌教案引发了中法两国长达三个月的交涉，也引起中外舆论界广泛关注，上海中西报界的报道尤为密集。围绕南昌县令江召棠的死因，上海报纸大体以中西为畛域，形成两种截然相反的解释。中方报纸认为是法国教士诱杀中国县令，西报则认为是中国县令自杀以诬赖教士。这是近代中西报界报道中西冲突问题的一个典型案例，折射出媒体、官方、民间与基督教之间的复杂关联。②

此外，饶玲一以清末上海的民间团体——尚贤堂演说会作为个案研究，力图多层面地探讨由传教士、绅商等主导的民间舆论在清末新政中所持的立场和扮演的角色。③

### 3. 基督教与社会改良

李净昉、侯杰注意到，天津基督教青年会将改善社会环境、人文环境作为自己的神圣使命而引人关注。该组织借助天主教媒体《益世报》反复宣传自己的思想、理念，采取多种方式，用新的道德、新的知识、新的生

---

① 黄顺力、段颖惠：《论清末大众传媒视野下的反教思想变迁》，《厦门大学学报》（哲学社会科学版）2009年第6期。

② 杨雄威：《南昌教案与上海中西报战》，《历史研究》2009年第2期。

③ 饶玲一：《论清末新政中的民间舆论——以尚贤堂演说会为中心》，《史林》2015年第3期。

活方式来塑造青年，推动从改造人格到改良社会的历史进程。① 吴艳玲注意到，近代中国基督教所办刊物《女铎》主张温和的女权主义，积极提倡妇女解放及女性权利。② 侯杰、王小蕾认为，清末的不缠足运动既是女性身体解放的关键环节，也是近代中国社会变革的重要组成部分，更是东西方文明交流碰撞的产物，它与基督宗教的关系极为密切。基督宗教反对缠足的主张和实践也给中国的有识之士以深刻的启示，加速了西方文明在近代中国社会的传播进程。③

### 4. 基督教在华传播问题

胡方艳、吴茜厘清了清至民国间伊犁东正教徒的来源、东正教堂的分布以及各派的情况。④ 牟德刚、丁强认为，近代温州基督教的本色化主要表现为：适应本地风俗从直接布道到间接布道；适应温州本土文化以温州模式布道；参与地方公益事务融入温州社会等。⑤ 车红兰梳理了基督教传入东北朝鲜社会的背景及其过程，还分析反日人士组织、利用基督教团体进行抗日革命斗争的基本情况。⑥ 刘安荣著《中国化视野下的山西天主教史研究（1620—1949）》一书在山西区域社会演进的历史脉络中，考察清到1949年之间天主教在山西的本土化进程，揭示相关天主教传教士、国籍神职人员、教徒发挥的作用，教徒的信仰观念、各种仪式与其他生活状况，以及山西地方官教与民教的关系。其认为，庚子国变之前，天主教徒与非教徒之间没有大的利益冲突，尚能和睦相处，但在1900年后发生的诸多事件中，多系天主教徒报复、诬告普通民众。民国时期，天主教在山

① 李净昉、侯杰：《基督宗教媒体、团体与近代中国环境研究——以〈益世报〉和天津基督教青年会为中心》，《汕头大学学报》（人文社会科学版）2015年第4期。

② 吴艳玲：《温和的女权主义——〈女铎〉与近代中国女性自我构建》，《扬州大学学报》（人文社会科学版）2015年第1期。

③ 侯杰、王小蕾：《基督宗教与清末中国不缠足运动——以海洋亚洲为视域》，《郑州大学学报》（哲学社会科学版）2015年第1期。

④ 胡方艳、吴茜：《清至民国间新疆伊犁的东正教》，《宗教学研究》2015年第3期。

⑤ 牟德刚、丁强：《清末民初温州基督教本色化探微》，《温州大学学报》（社会科学版）2015年第2期。

⑥ 车红兰：《基督教在近代东北地区朝鲜族中的传播及影响》，《边疆经济与文化》2015年第9期。

西已较为充分地中国化，成为下层民众主要的信仰之一。① 薛熙明著《十九世纪以来广东基督教的文化扩散与整合》一书在全球化的视域下，梳理了基督教在广东传播的地理基础、文化线索、扩散模式和影响因素等，分析了基督教文化与广东本土文化冲突与融合的进程，通过考察基督教教堂、神学文化景观与基督徒、基督教人才的人口状况，总结基督教文化区的形成、演变、扩张的特征与影响机制。其认为，基督教在广东的空间扩散采取迁移扩散、等级扩散、传染扩散，以及特有的海岛型跳板扩散模式，呈现由口岸到腹地，由沿海到内陆的空间扩散特征；广东基督教文化景观的流变既反映了基督教本土化的进程，又体现了基督教神圣空间与世俗空间的相互渗透；广东基督教文化通过主动嵌入型和被动适应型两种方式不断向外扩展，形成了跨越国界的海外广东基督文化圈，并显现强烈的源地地域性、基督教的再本土化和现代化的特征。② 张德明讨论了1927—1937年华北地区的基督教在非基督教运动之后振兴教会的应对策略及其与中国社会融合的本土化进程。其着重分析了华北基督教在此时期扩大布道的历程，经历世界经济危机后的自养，社会福音思潮影响下的基督教乡村建设，华北民教与政教的关系及基督教抗日救国运动等专题，在一定程度上重建了这十年间基督教在华北活动的史实。③ 黄光域编《基督教传行中国纪年（1807—1949）》一书为介绍近代基督教在华传播历史的编年体工具书，辑录了1807年至1949年在华基督教相关人物和团体机构近19000个，各国来华布道的差会、传教士、所办社会事业机构以及相关教案等内容。④

有学者简要回顾了改革开放以来大陆学者对近代中国基督教的研究状况。王平于2010年发表《三十年来大陆近代中国基督教区域史研究述评》⑤ 一文，梳理了从1981年以来大陆学者对近代中国基督教区域史

---

① 刘安荣：《中国化视野下的山西天主教史研究（1620—1949）》，宗教文化出版社2017年版。
② 薛熙明：《十九世纪以来广东基督教的文化扩散与整合》，民族出版社2018年版。
③ 张德明：《基督教与华北社会研究（1927—1937）》，花木兰文化事业有限公司2018年版。
④ 黄光域：《基督教传行中国纪年（1807—1949）》，广西师范大学出版社2017年版。
⑤ 王平：《三十年来大陆近代中国基督教区域史研究述评》，《许昌学院学报》2010年第4期。

的研究成果。其认为,近代中国区域社会的基督教研究已不再是边缘化的历史专题,逐渐受到学术界的关注,特别是20世纪90年代以来,相关研究涉及区域基督教教育、医疗、出版、慈善等事业。同时,该文也注意到这一时期的大陆近代基督教区域史研究存在着一些不足。一是研究者侧重于讨论基督教外围的历史,大多考察基督教与近代政治、社会文化的关系等问题,很少关注在华基督教本身的历史。二是近代在华基督教史研究在范式和理论上存在各自的局限。无论是文化侵略范式、文化交流范式、现代化范式,还是近年来引入的普遍主义、后殖民主义等理论,都是如此。三是部分已被涉及的专题还需要深入研究。比如学术界对基督教出版的《教务杂志》(*Chinese Recorder*)、《中国丛报》(*Chinese Repository*)等重要期刊报纸杂志缺少讨论。再如,学界对基督教所办事业的区域社会影响与反应还不够清楚。该文建议,从观念史的视角来深化近代基督教区域史,会使中国基督教区域史的内容更加丰富和丰满。这些批评与建议确有启发意义。此外,需要注意的一点是研究者应对基督教本身有必要和完整的了解,以免错会近代中国基督教种种表象背后的当事人的内心世界。

### 5. 近代教案问题

林国妮以贵阳教案与遵义教案为中心,分析清末贵州教案对地方政局的影响。其认为,清末天主教在进入贵州的过程中,教案频发,造成贵州地方政治格局的变动。该地官绅在教案发生、处理的过程中形成了不同的利益集团,而清廷则利用教案加强了对贵州的控制。① 杨卫华注意到学界对1878年中英乌石山案的既有讨论缺乏一个重要维度,即英国传教士和外交官的博弈。其认为,传教士更多是想借此案促使英国政府改变对华传教政策,而外交官则欲将传教纳入既定的限教政策轨道,二者之间因此形成巨大的张力;双方的矛盾既是乌石山案的起因与要素,也是英国在华传教政治的一个缩影。② 王宏超分析了晚清时期民众在反基督宗教活动中出

---

① 林国妮:《试论清末贵州教案对地方政局的影响——以贵阳教案与遵义教案为中心的分析》,《浙江师范大学学报》(社会科学版)2017年第1期。

② 杨卫华:《英国在华传教政治的地方实践:福州乌石山案再研究》,《学术月刊》2017年第12期。

现的"挖眼用于照相"谣言，认为这种谣言在某种意义上反映了当时中国民众对于外来宗教以及与之相关的新技术的恐惧与排拒。[①]

## 二　佛教、道教与伊斯兰教

从 1986 年到 1995 年，学界对近代中国佛教、道教与伊斯兰教的讨论十分少见。

1996 年到 2005 年，学界侧重于讨论近代中国佛教的某些问题。郑永福、吕美颐从信仰传播发展、信徒构成及信徒培养教育等方面进行考察，认为近代佛教远不如基督教对中国女性产生的影响大。其原因在于近代中国佛教没有积极回应基督教在华的传播，缺少新的举措，不重视女教徒团体的建立等因素。比如近代中国佛教界涌现出的一批有名佛学大师中"却鲜有女性"。他们甚至还建议：佛教要想在 21 世纪发挥其应有的作用，应该进行多方位的现代化。[②] 不过，何建明并不赞同他们的看法，他细致考察了清末佛教女众状况，指出杨文会在清末对佛教女众的关切，民初佛门对女众的弘法宣导，民初佛教女众团体的建立，女众佛教文化教育的开展及几位重要女众的历史地位等问题。在此基础上，他认为清末民初作为近代中国佛教女众适应近代中国社会转型与文化发展的重要历史时期，实际上是中国近代佛教女众文化与教育从衰落走向振兴的转折时期，尤其是民初佛教女众的崛起，直接促进了 30 年代以后佛教女众文化与教育的发展。近代中国佛教女众在创办社会事业、弘法宣教、佛教女众教育、组织现代女众团体和佛教学术研究等方面都取得了举世注目的成绩，是 20 世纪中国佛教文化的一个重要组成部分。[③] 随后，何建明相继发表了《近代中国

---

① 王宏超：《巫术、技术与污名：晚清教案中"挖眼用于照相"谣言的形成与传播》，《学术月刊》2017 年第 12 期。

② 郑永福、吕美颐：《佛教与基督教在近代中国女性中影响之比较》，《佛学研究》1996 年刊。

③ 何建明：《略论清末民初的中国佛教女众——兼与郑永福、吕美颐先生商榷》，《佛学研究》1997 年刊。

佛教的女性观》《中国近代的佛教女众教育》等文，指出近代汉传佛教积极调适近代女权思想，开掘佛教的男女平等精神，合理阐释佛典中某些贬责女性的言论，梳理这一时期佛教女众教育的开展与成效。[1] 应当说，学界对于近代佛教的研究仍比较薄弱，以至于在近代佛教女信众的问题容易产生不够全面的看法。如要对比近代佛教与基督教各自影响中国女性的程度，还要进一步探讨。

2006 年至 2018 年史学界对近代中国佛教、道教与伊斯兰教的研究较少，主要讨论了如下问题。

**（一）学界关于近代佛教的研究逐渐深入**

其一，民国时期佛教的慈善事业仍是学界关注的热点。

唐忠毛在《作为民间慈善组织的近代居士佛教——以民国上海佛教居士林为例》[2] 一文中考察了民国上海佛教居士林的慈善事业。其将上海佛教居士林的慈善活动分为四类，即针对社区的传统慈善服务、临时性的灾民赈济、战时救助与慈善教育，还分析了民国时期上海佛教居士林的组织形式、慈善功能、资金运作模式。该文认为，近代居士佛教组织不仅是居士们信仰生活的公共平台，而且还在慈善理念以及社会慈善实践中扮演了一个重要的民间慈善组织的角色。他还考察了上海居士佛教组织转型的历程，认为民国居士佛教组织的转型发展，既有佛教自身的原因，也有源于外部的社会动因。这种转型本身就是中国佛教现代性的一环，从宏观上看，是佛教在中国社会发展与时代转型大背景下的自我选择；而从微观上看，反映了"居士"与"僧侣"地位在整个佛教运转系统中此消彼长的结果。民国独立形态的居士佛教组织的形成与发展，则标志着近代意义上"居士之佛教"的真正形成。居士代替僧侣从事佛事活动，事实上就建立了一种"世俗化"的教团组织。当近代工商业者成为居士主体时，他们不仅比僧侣表现得更加"世俗化"，也比传统士绅居士表现出更多的"理性

---

① 何建明：《近代中国佛教的女性观》，《佛学研究》1998 年刊；何建明：《中国近代的佛教女众教育》，《佛教文化》1999 年第 6 期。

② 唐忠毛：《作为民间慈善组织的近代居士佛教——以民国上海佛教居士林为例》，《上海师范大学学报》（哲学社会科学版）2008 年第 6 期。

化”与“理智化”特征。①

　　夏金华将民国时期上海佛教团体的慈善公益事业与现代寺院慈善活动作了对比研究。其认为，从社会动员能力、专业性、规范性和实际效用等方面来看，民国时期的居士团体显然比现在寺院的慈善活动做得更有水平，更值得后者仿效和学习。此外，其分析了现代寺院慈善活动存在的局限：（1）民间的慈善行为理应由民间机构来做，政府不应该也无必要越俎代庖；（2）佛教界的行善各自为政，缺乏长远规划，从而导致效率低下，资源浪费；（3）放生行为应当遵循自然规律，避免好心办坏事。②

　　其二，“庙产兴学”与民国佛教是值得深入思考的近代佛教史问题。里赞、王有粮以四川省新繁县周氏家族与僧法钲庙产纠纷案为中心，分析了民国时期民间佛教信仰的失落。③ 他们注意到：在 1935—1939 年的新繁县观音院案件中，抗战对国家民族命运的考验使基层政府和社会都将佛教视为社会的边缘力量。加之特殊时期的民生等现实利益需求与僧人戒律废弛的现象纠集在一起，失去政府支持的佛教信仰不断衰落。在此背景下，龙藏寺僧人实际掌控的十多处脚庙便成为各方力量都企图利用的资源，而观音院庙产这一薄弱的环节成为当地有影响力的周氏族人借用法律和军队倾轧佛教的着力点。许效正较为深入地考察了清末民初的庙产兴学政策对佛教和道教的庙宇、财产等带来的强烈冲击及引发的诸多社会矛盾。他认为，清末民初庙产问题产生的根本原因在于政治形势的巨大变化，其直接原因在于清政府和袁世凯政府在寺庙管理政策上的前后矛盾。他还提出，“袁世凯政府在如何处理庙产问题上一直面临着两难选择”，即一方面要“进一步加大征用民间庙产的力度，以推动各项社会改革事业的更快发展”；另一方面“要利用传统的宗教信仰、祀典信仰和民间信仰来加强思

---

　　① 唐忠毛：《民国居士佛教组织转型及其现代性意涵——以上海居士佛教组织为例》，《河北学刊》2015 年第 6 期。

　　② 夏金华：《民国时期上海佛教团体慈善公益事业与现代寺院慈善活动的比较研究》，《南京晓庄学院学报》2009 年第 5 期。

　　③ 里赞、王有粮：《民国时期民间佛教信仰的失落——以新繁县周氏家族与僧法钲庙产纠纷案（1935—1939）为中心》，《宗教学研究》2008 年第 4 期。

想教育，重塑道德权威"。① 这个两难选择的困境明显增加了解决庙产问题的难度。

其三，近代佛教信仰及其活动的变化。王芳认为，近代观音信仰的变迁在外在形态方面有着较鲜明的体现：一是其主观载体既有不同阶层的信众，又有组织化的近代团体；二是宣传方式既有传统的书刊和画像宣传，又有近代报纸和佛化医院的助力宣法；三是其寺庙空间在遭受近代化破坏的同时亦有重建。② 陈斌以 1913 年佛诞纪念会为例，论述了民初历法变革对佛教发展的影响。其认为，民国初年的历法变革在给佛教带来冲击的同时，也为其在近代社会的发展创造了机遇。佛教团体通过推行佛历与变革佛诞庆祝方式，努力将佛教传统融入民初社会，尤其是道阶法师在 1913 年举办的佛诞纪念会是将佛诞庆祝与当时精英阶层开启民智、增加民众国家意识的诉求有效结合起来。③ 此外，还有学者考察了佛教与抗日战争的关系。④

其四，近代中国城市的佛教生活。张蕾蕾较为细致地考察了近代北京佛教僧尼的生活。其认为，近代北京佛教较之过去，出现了近代化的某些迹象，但总体上呈衰退状态。这表现为：（1）寺院建筑与僧尼人口较清时明显减少；（2）寺院组织架构虽有新的发展，但主要延续了明清以来固有的法门宗族格局；（3）僧人修行与宗教生活的社会声誉似乎不良；（4）经济生活保有浓郁的地域特色，并无太多改观；（5）佛教界与政府的交往形式虽有变化，但其对政权的依附心理并无多少改变；（6）北京佛教兴办慈善公益事业、建佛学院、发行报纸杂志等则展现了新的社会风貌。⑤ 付海晏深入讨论

① 许效正：《清末民初庙产问题研究（1895—1916）》，宗教文化出版社 2016 年版，第 345 页。

② 王芳：《论中国近代观音信仰的外在形态》，《世界宗教文化》2015 年第 5 期。

③ 陈斌：《论民初历法变革对佛教发展的影响——以 1913 年佛诞纪念会为例》，《安徽史学》2018 年第 6 期。

④ 陈长松：《巨赞法师与南岳佛教抗日运动》，《法音》2015 年第 9 期；于光、黄夏年：《中国佛教界与抗战运动研究》，《法音》2015 年第 7 期；李湖江：《抗日战争与中国佛教界的社会救济》，《宁德师范学院学报》（哲学社会科学版）2015 年第 2 期。

⑤ 张蕾蕾：《近代北京佛教社会生活史：以馆藏民国档案为中心的考察》，宗教文化出版社 2016 年版，第 163—167 页。

了 1946 年的上海静安寺"汉奸和尚案"。其认为，上海静安寺住持德悟、监院密迦先后被不同人士检举为汉奸的事件背后，既有战后国家对汉奸的惩治，又有剃度派僧人师徒之间的纠葛，还涉及剃度与十方丛林之缠诉，更关系到佛教内部的保守与改革、客僧与主僧等争端。当时各类报刊舆论、复杂的商业利益以及相关社会组织，均或明或暗地参与了这一事件，展示出近代国家、宗教与社会错综复杂的面相。①

其五，近代边疆区域的佛教问题。吴华考察了民国成都高僧大德们的义学思想演变与社会行动，佛教教育与佛教机构的历史脉络、公益慈善活动，汉藏佛教界的交流，社会名流与佛教的关系，并梳理了以太虚大师为代表的高僧对成都佛教界的影响。作者尝试在时间、空间、人物与思想的基础上构筑一个多维立体的民国成都佛教发展版图，展示该地佛教界调整自身以适应中国社会变革的历程，并认为民国成都佛教在 20 世纪中国复兴运动中扮演着重要的角色。② 他还提出，民国时期，能海上师与法尊法师通过翻译与讲经把藏传佛教的经义引入成都，丰富了近代成都佛教的义学内容，并使成都成了汉地著名的藏传佛教密宗道场，由此为近代中国佛教的弘化转变开辟了一条显密融合、服务社会的道路。③ 肖高华讨论了民国时期汉藏佛教界的"显密融会"观。他认为，民国时期藏传佛教界和汉传佛教界的"显密融会"观念虽然存在某些差异，但都具有促进汉藏文化平等交流、完成中国佛教现代化、实现中华民族复兴等共同的基本价值诉求。这些思想在中国佛教文化的发展、汉藏关系的改善、边疆治理能力的提升等方面发挥了一定的积极作用。④ 贾霄锋、马千惠讨论了民国时期川边土司与藏传佛教寺院矛盾的调处机制。其认为，民国时期，川边土司逐渐向地方乡绅转变，一方面依然依靠传统的藏传佛教力量维护其在地方的控制力和影响力；另一方面则与藏传佛教寺院因各种利益关系产生矛盾，

---

① 付海晏：《上海静安寺"汉奸和尚案"研究》，《近代史研究》2017 年第 1 期。
② 吴华：《民国成都佛教研究（1912—1949）》，宗教文化出版社 2016 年版。
③ 吴华：《试探民国成都的藏传佛教高僧及其社会影响》，《青海民族大学学报》2016 年第 1 期。
④ 肖高华：《试论民国时期汉藏佛教界的"显密融会"观》，《华中师范大学学报》（人文社会科学版）2017 年第 4 期。

以至于发生了"大白事件"和"朱倭土司与灵寿寺械斗"事件。国民政府以政治调处结合军事威慑的调处机制，化解双方矛盾，成为二者关系格局的主导力量。①

近年来学界对包括近代中国佛教在内的整个中国佛教的研究都缺少有力度的作品，其中一个重要原因是少了历史学者的参与。20 世纪 70 年代佛教学者张曼涛说，在现代中国佛教研究的过程中，有三支研究的路向值得特别注意，第一支就是唯识，第二支是佛教史，第三支是禅宗。20 世纪 90 年代，黄夏年认为，第一支已经基本僵息，第二支佛教史也正在走向萎缩的状态，有力的证据就是，至今再也见不到像汤用彤、陈寅恪、陈垣、吕澂等先生的传世力作出现。张伟然认为，这种情况到了 2008 年仍未改观，虽然近十几年来"已经涌现了不少大部头的佛教史论著，但平心而论，就研究水准而言，黄夏年的判断仍没有过时"。② 他还特地指出，近年来的很多中国佛教史论著无论在史料解读、史料采择还是史学常识掌握方面，都存在曲解史料、随意采摘的常识性问题。因此，"希望这一领域能有一些历史学家的参与，一来可以使基本史实的梳理逐步精细化，同时还可以从史学角度发现一些新的学术问题"。③

### （二）对道教及其外围事业的研究甚少，但也有新的发现

左芙蓉探讨了民国时期在北京地区的道教社团的活动及其特征。④ 其挖掘、利用原始档案，揭示了北平市道教慈善联合会、北平道教会创建时的人员情况，还概述了北平道教社团的主要活动，即维持道教生存的努力、关于道教有利于国家与社会的论证与为社会服务的贡献。郭峰注意到，全真丛林杭州玉皇山福星观在近代道教整体衰微的背景下逆势而上，

---

① 贾霄锋、马千惠：《民国时期川边土司与藏传佛教寺院矛盾调处机制研究》，《青海民族研究》2016 年第 4 期。

② 张伟然：《历史学家缺席的中国佛教研究》，《华东师范大学学报》（哲学社会科学版）2008 年第 4 期。

③ 同上。

④ 左芙蓉：《民国北京宗教社团：文献、历史与影响（1912—1949）》，宗教文化出版社2011 年版。

名满江南。其分析称，这种现象与历代高道的努力有关，更多的是福星观增强与地方社会互动的结果。① 黄新华注意到，清末民初苏州的散居道士在道教法事之外兼唱昆曲，成为当地昆剧表演的重要力量，为 1949 年后昆曲艺术的恢复发展贡献了重要力量。②

　　民国时期道家与佛教出现了复杂的关联。郭武分析了民国时期"仙学"代表人物陈撄宁与佛教的复杂关系，认为 20 世纪 40 年代陈撄宁减少有关"仙学"的议论并对"仙学独立"有所反思的原因在于：一是"感于"太虚法师的"洪度雅量"；二是可能受其夫人吴彝珠患病离世的影响；三是他对于传统道教的"纠结"情结。③ 民国时期泰山上的道教与佛教具有同庙并存的境况，一些信徒兼信碧霞元君与佛、菩萨。李俊领在《俗化与守旧：近代泰山比丘尼生活方式的变迁》④ 一文中探讨了信奉碧霞元君与佛教的近代泰山比丘尼的生活方式的变迁。该文认为，近代泰山比丘尼的生活不断世俗化，主要表现为一是她们在从妓的过程中寻觅择偶成婚的机会，二是她们着力经营饮食和住宿，尽可能地获取物质利益。这些比丘尼倾力结交地方社会权威，以获得"名望"与安全保障，并不追求虔诚的宗教信仰。其生活方式的半世俗化虽曾遭到礼教支持者的批判，但被地方士绅、民众广泛接受。不过，她们还一直保留着比丘尼与碧霞元君侍者的身份，与香客共同延续祀神求子的传统习俗。近代泰山比丘尼生活方式的"变"与"不变"，只是她们依托社会环境实现自身现实利益最大化的策略调整，其延续过程并没有呈现出由传统向现代的进化趋势。这意味着在"眼光向下"的视野中讨论近代中国社会如何变迁的问题还有不小的空间。

　　付海晏著《北京白云观与近代中国社会》一书对近代北京白云观的演

---

① 郭峰：《近代道教与地方社会互动——以杭州玉皇山福星观为中心》，《华中师范大学学报》（人文社会科学版）2015 年第 4 期。

② 黄新华：《论清末以来道教对昆剧传承的积极作用——以苏州地区为视角》，《苏州科技学院学报》（社会科学版）2015 年第 4 期。

③ 郭武：《陈撄宁与佛教》，《四川大学学报》（哲学社会科学版）2015 年第 5 期。

④ 李俊领：《俗化与守旧：近代泰山比丘尼生活方式的变迁》，《福建论坛》（人文社科版）2012 年第 1 期。

进及其与政治、社会的关系做了较为全面的考察,认为白云观在晚清朝廷政治的运作中扮演了重要角色,甚至对民初政府的宗教政策的制定也有显著的影响力;20世纪30年代白云观的住持危机与40年代的火烧道士案,表明白云观在衰败过程中出现了复杂的内部矛盾,也显示近代国家法律对宗教事务控制与监管不善的恶果是多么严重。[1]

此外,李艳梳理了百年来道教戏剧的研究历程,认为探讨道教及其他民间信仰与关系,梳理其宗教性和世俗性的相互消长是未来道教戏剧研究方向之一。[2]

### (三) 学界开始关注对近代伊斯兰教的内外问题

#### 1. 近代伊斯兰教与在华基督教的接触与冲突

马景注意到,近代来华的基督教传教士安献令因为特殊机缘成为中西方研究伊斯兰教西道堂的第一人,也促进了基督教对中国伊斯兰教的关注。安献令关于西道堂的兴起与发展的论述、狱中采访敏志道教长的详情,一方面为后人提供了一些珍贵的历史细节,另一方面弥补了中文文献的某些不足,纠正了中文文献关于"西道堂勾结白朗,屠杀良民"的记载。[3] 此外,马景还分析了民国穆斯林知识阶层重新阐释和译介伊斯兰教义的文化自觉现象,认为这种文化自觉不仅是要解决教内的问题及伊斯兰教的发展问题,而且还要应对来自基督教等文化势力的误解和挑战,同时希望发挥宗教的社会功能。[4] 邹小娟注意到,面对基督教传播的迅猛势头,清末回族学者马德新和马联元分别于1865年和1899年出版《据理质证》和《辩理明证语录》,做出"正信"之辩。邹小娟分析称,回耶"正信"之辩在神学上反映出"强调顺服"与"强调救赎"的差异,这是两教确认自身身份的根本所在,也是二者对话的起点;考察两教在信仰实践方面的

---

① 付海晏:《北京白云观与近代中国社会》,中国社会科学出版社2018年版,第286页。
② 李艳:《百年道教戏剧研究述评》,《莆田学院学报》2015年第3期。
③ 马景:《安献令与中国伊斯兰教西道堂研究》,《回族研究》2014年第2期。
④ 马景:《民国穆斯林知识阶层的文化自觉——从伊斯兰教汉文译著说起》,《宁夏社会科学》2014年第4期。

政治构建和伦理道德，可窥见文明间对话背后的个性和共性。①

**2. 民国伊斯兰教的内部问题与外部境遇**

单侠提出，民国回族青年对伊斯兰教的信仰呈现出多样化的趋势，甚至出现了以伊斯兰教的实用性来决定是否信教及如何信教现象。为了引导青年信仰伊斯兰教，一些有识之士积极推进伊斯兰教的近代化。② 李世荣考察了民国时期回族及其伊斯兰教遭遇的宗教歧视政策与文化歧视的社会环境。③ 此外，杨荣斌概述了民国时期上海伊斯兰教事业的发展历程。④ 马景注意到，20 世纪 30 年代来华的美国基督教传教士胡籁明在沦陷区、战区和大后方搜集和调查中国穆斯林的抗战情况，为中国穆斯林抗战研究提供了重要素材和视角。⑤

# 三　民间宗教与民间信仰

民间宗教与民间信仰是中国近代社会史研究的重要内容。不过，从 1986 年到 1995 年，相关研究较为少见。大致从 1996 年起，这种现象才逐渐改观。

## （一）民间宗教

### 1. 1996 年到 2005 年从历史角度研究民间宗教的成果丰富⑥

第一，近代中国民间宗教研究。近代中国民间宗教通常被归为近代中

---

① 邹小娟：《浅析清末回耶"正信"之辩的实质及反思》，《回族研究》2014 年第 2 期。

② 单侠：《民国时期回族青年宗教价值观分析》，《宁夏社会科学》2014 年第 6 期。

③ 李世荣：《民国时期回族及其伊斯兰教民族政策研究》，《宁夏师范学院学报》（社会科学版）2014 年第 5 期。

④ 杨荣斌：《民国时期上海伊斯兰教事业建设述略》，《牡丹江大学学报》2014 年第 4 期。

⑤ 马景：《中国穆斯林与抗战——来自基督教传教士胡籁明的观察记载》，《北方民族大学学报》（哲学社会科学版）2015 年第 4 期。

⑥ 按：邵雍在《新世纪以来中国近代秘密社会史研究的新进展》一文中系统回顾了 2000 年至 2012 年大陆学界对中国近代秘密社会的研究状况。笔者撰写本书时从中受益，特此感谢。该文对相关著作已有细致介绍，本书则不再赘言。

国秘密社会的研究内容。21 世纪以来，从整体上研究近代中国秘密社会的主要成果当推谭松林主编的《中国秘密社会丛书》。由秦宝琦和谭松林撰写的第一卷《总论》论述了中国秘密社会的起源、社会功能及历史作用，回答了中国秘密社会两大系统——秘密教门与秘密会党的定位问题。由曹新宇、宋军和鲍齐撰写的第三卷《清代教门》指出，随着民主革命的兴起，晚清秘密教门开始向会道门转化。由欧阳恩良和潮龙起撰写的第四卷《清代会党》认为，辛亥革命时期秘密会党急剧分化，或走上民主革命的道路，或仍然从事打家劫舍或杀人越货的活动，或开始向黑社会转化。由陆仲伟撰写的第五卷《民国会道门》探讨了民国有关会道门的一些基本情况，认为民国年间秘密教门已转化为会道门，几乎没有任何进步和积极意义。由邵雍撰写的第六卷《民国帮会》揭示了帮会向黑社会转化的历程。

近代民间秘密教门的活动与其文化信仰密切相关。刘平《文化与叛乱——以清代秘密社会为视角》① 一书运用历史学、宗教学、民俗学等学科的理论与方法，讨论了清代秘密社会的叛乱与文化信仰的关联，进而考察秘密社会造反的性质。该书从文化角度入手研究秘密社会，多方面揭示了清代秘密社会存在的文化土壤及其文化内涵，分析了其走向叛乱的文化背景、思想依据和社会契机，在此基础上提出了不少新颖的见解。刘平在该书中认为，无论是巫术还是世俗化的宗教及宗教异端思想，都是秘密社会信仰的主要源泉，同时也对秘密社会及其叛乱产生了重大影响。文化能够吸引民众的重要原因是制定内部日常行为准则的依据，是内部组织得以维持和动员、组织民众叛乱的现成武器。在叛乱的过程中，文化又是鼓舞、振奋人心，提高战斗力的工具。他还指出，从秘密社会的信仰及其叛乱过程中所利用的文化因素来看，更多的是文化糟粕，其荒诞不经一目了然，盲目性、落后性、保守性的特征非常明显，不能因为历史上的秘密社会曾经发动过"反封建斗争"而予以一味的肯定。"这使我们对于秘密社会的产生、民众基础、行为性质以及文化特征，有诸多新的认识，为我们认识秘密社会的独特性、神秘性及其生存的顽强

---

① 刘平：《文化与叛乱——以清代秘密社会为视角》，商务印书馆 2002 年版。

性提供了一把金钥匙。"① 蔡少卿先生认为，该书"把中国秘密社会史的研究推进到一个新阶段"②。

研究近代中国地方民间宗教的著作首推路遥著《山东民间秘密教门》③一书。该书既是一部详尽的调研报告，也是一部严密的学术著作。其以大量的调查资料为基础，从历史学与社会学的角度，对一炷香、八卦教及其分支离卦教、九宫道、一贯道、一心天龙华圣教会、红枪会等九个重要教门的历史与概况轮廓做了较为深入的梳理。作者坦言，该书存在三个不足：其一，近代山东民间秘密教门的文书难以完全读懂。这些教门制订的许多灵文、咒语或法语多系不伦不类，佶屈聱牙，难以通俗阐释；其二，书中所列的山东秘密教门只有九个，还有一部分留待他日补充；其三，书中尚未涉及民间秘密教门的生成、依存与社会生态环境、政治、经济、文化、宗教诸因素的关联等重要问题。无疑，该书为进一步探讨近代山东民间宗教奠定了良好的基础。应注意的是，近代山东民间秘密教门中确实存在迷信的成分，但这些迷信的成分是否算是"封建迷信"值得商榷，因为"封建迷信"一词在学理上没有严格的界定与说明。此外，该书对于民国山东泰安、济南地区流行的皈依道尚未梳理清楚，有待于继续挖掘相关的原始档案资料。

梁家贵著《抗日战争时期山东秘密社会研究》④一书考察了全面抗战爆发前山东秘密社会形成的机制与过程，抗战期间山东秘密社会的分布、组织、武装及其与中国共产党、国民党、侵华日军的复杂关系。整体而言，作者仍是基于政治史的研究路数，自上而下看待抗战时期的山东民间宗教，缺少对此时期山东民间宗教密切相连的社会、文化与经济的考察。

梁景之在《清代民间宗教与乡土社会》一书中主要探讨了清代前期民间宗教的多个问题。其介绍说，该书的主题是关于民间宗教的结构性研究，关注的是有清一代民间宗教整体上的结构模式、形态特点及其与乡土

---

① 陈连营、谢贵平：《转换视角　发微探幽——刘平著〈文化与叛乱〉评析》，常建华主编：《中国社会历史评论》，天津古籍出版社 2005 年版，第 390 页。

② 刘平：《文化与叛乱——以清代秘密社会为视角》，商务印书馆 2002 年版，前言。

③ 路遥：《山东民间秘密教门》，当代中国出版社 2000 年版。

④ 梁家贵：《抗日战争时期山东秘密社会研究》，贵州人民出版社 2004 年版。

社会诸方面的关联等问题，试图通过这种共时性的、构造性的研究，勾勒出一幅全景式的清代民间宗教的实态相。从该书的内容看，作者对于清代前期民间宗教的内容知识、生活逻辑、思想体系和文化传统，对于此时期民间宗教的生存特征、地方社会关系和合理利益观念，进行了较为深入的分析。在此基础上，作者对正统宗教与民间宗教的关系提出了新的认识，即在某种意义上，清代的民间宗教正是诸正统宗教下行于民间的一种通俗型、习合型、杂糅型、变体型的宗教形态，二者在本质上并无差异。作者进一步说明，民间宗教要比正统宗教更加贴近下层社会，常常是民众生活特别是精神信仰生活的最为直接的体现。通过细致的考察，作者从现实关怀的角度反思说，民间宗教不是必然走向邪教，反对将民间宗教与社会运动特别是农民运动不加区别地联系在一起的做法。这些看法得到了中国民间宗教研究资深专家马西沙先生的赞同。不足的是，该书对晚清时期的民间宗教基本没有提及，仅在个别地方附加一笔，如第 275 页提到 1910 年东北地区的鼠疫是《鼠疫宝卷》成书的背景。虽有此不足，但为晚清民间宗教的研究提供了良好基础。

晚清民间宗教在地域、派别、传播、组织等方面差异极大，加之资料匮乏，学界对其外部研究的成果仍不多见。黄建江撰文分析了晚清秘密教派与社会变迁的关系。其认为，晚清秘密教派大多数是从青莲教和八卦教派生出来的，由于社会的动荡，出现了向民间秘密结社转变的趋势。其分析称，晚清秘密教派的活动虽然触及一些时代主题，但从本质上看是对近代社会的一种反动，因为这些秘密教派给中国社会带来的破坏以及它们所宣扬的封建迷信和末世论对下层民众的影响严重阻碍了社会的进步，它们的斗争方向与阶级性是模糊的、不鲜明的。[①] 严格说来，这种在民间宗教研究中强调阶级斗争与封建迷信批判的论断有失学术研究的严谨性与全面性。研究民间宗教，不应带有任何预设的偏见，更不应为某些意识形态化的关于民间宗教的论断做注脚。

**2. 2006 年以来的民间宗教研究**

2006 年以来学界对近代中国民间宗教的研究无论在广度还是深度上，

① 黄建江：《晚清秘密教派与社会变迁》，《绥化师专学报》2004 年第 2 期。

较之以往都有了较大进步，出现了不少学术成果。对近代中国民间宗教的整体研究著作首推刘平著《中国秘密宗教史研究》[1] 一书。该书从宏观层面探讨中国秘密宗教的基本内涵，认为"秘密宗教是指具有一定组织形式、反抗精神的民间教派与宗教异端"，构成了中国秘密社会的重要组成部分。由于政府、合法宗教与主流社会的压制，被迫在地下传播的秘密宗教也被官方称为"邪教"。一般而言，秘密宗教是传统小农社会中的一种精神生活与世俗生活相结合的社会组织方式，带有宗教性、边缘性、非法性和暴力性等特点。该书在第二章"中国秘密宗教的演变"的第二节与第三节中论及中国近代的秘密宗教，认为民国时期的民间教派"演变为会道门，并形成自身武装（如大刀会、红枪会），与各种政治势力折冲樽俎，对社会发展产生巨大影响"。尽管 1949 年以后中国政府开始大规模取缔会道门，但会道门旧势力并没有真正消失，"一旦时机合宜，种种名目的民间教派仍然会在我们的生活中掀起一层层波澜"。这一看法具有重要的现实意义。

邵雍编著的《中国近代会道门史》[2] 一书重点探讨了会道门在中国近代各重大历史事件中的表现，论述了各种会道门的组织结构、社会功能以及政府、会道门群体、民众三者之间的互动关系，揭示了近代中国社会的潜在紧张和社会矛盾。此外，该书精心收录了同善社佛堂像、四川教匪图、一心天道龙华圣教会会员的装束图等二十余幅历史图片，发挥文字叙述所无法替代的特殊作用。郑永华、赵志著《近代以来的会道门》一书概论了民国时期多种形式的会道门，说明会道门在不同历史时期、不同具体环境下产生了截然不同的社会功能。该书认为，会道门的产生与发展，是社会多种矛盾交互综合作用的结果，既有极其深刻的阶级根源、思想根源和社会根源，也有其自身的文化根源和悠久的历史传承。[3] 因为侧重了相关史实的介绍，该书似未超越邵雍等人探讨研究近代中国秘密社会的研究水准。

---

[1]　刘平：《中国秘密宗教史研究》，北京大学出版社 2010 年版。

[2]　邵雍：《中国近代会道门史》，合肥工业大学出版社 2010 年版。

[3]　郑永华、赵志：《近代以来的会道门》，社会科学文献出版社 2012 年版。

　　高鹏程著《红卍字会及其社会救助事业研究（1892—1949）》① 一书论述了红卍字会及其社会救助事业的缘起、组织、举措、效能及其处境。作者认为，红卍字会是民国时期具有全国规模的宗教性社会救助团体，以道院信仰为精神支柱，以绅商阶层为主要的社会基础。由于红卍字会的信仰诉求及固守不涉及政治的原则，其社会救助活动只能处于被支配的地位。该书对红卍字会与地方政府的互动关系交代得不够清楚。李光伟、郭大松考辨了民国女道德社暨世界妇女红卍字会的相关史事，从一个侧面观察当时中国社会妇女的动向及其所反映的某些社会思潮走向，乃至中国传统文化的变迁轨迹。②

　　近代中国地方民间宗教的研究更为深入。梁家贵在《民国山东教门史》一书中系统论述了民国时期的山东教门。该书从社会史的角度，对民国时期山东教门进行了较为全面的考察，既叙述了它们的产生、发展和覆灭的历史进程，又阐释了它们的社会政治活动，还较为详细地剖析了它们的组织结构、教理教仪，从而较为完整地再现了不为正常社会所熟知的"教门社会"。作者论称，教门首先是一个社会问题，在社会动荡时容易演变成政治问题。③ 邵雍著《近代江南秘密社会》一书梳理了近代江南的秘密社会的变迁脉络，认为上海是秘密社会聚集的城市，根源在于其发达的商品经济为贫民提供了生存的机遇。江南多种多样的会道门平等相处，其在江南社会的工业化转型中发挥了特殊的作用。该书提出了一个不同于以往学界的认识，即近代江南的秘密社会主要扎根在城市，而非贫苦的乡村。④

　　政党政治深刻影响了民国时期的民间宗教。刘文楠认为，1934 年到1936 年，江西省地方政府在推行新生活运动期间，利用万寿宫朝香的时机举办乡村建设展览会，将新观念接榫于传统习俗和日常生活中，将旧的迷

　　① 高鹏程：《红卍字会及其社会救助事业研究（1892—1949）》，合肥工业大学出版社 2011年版。

　　② 李光伟、郭大松：《民国女道德社暨世界妇女红卍字会史事考》，《民国档案》2009 年第12 期。

　　③ 梁家贵：《民国山东教门史》，人民出版社 2008 年版，第 229—230 页。

　　④ 邵雍：《近代江南秘密社会》，上海人民出版社 2013 年版，第 379—380 页。

信祛魅和理性化，将公民训练与旧风俗相结合，从而起到训育民众的目的。① 魏本权考察了1949年夏在鲁中南区发生的民众敬天祈雨与解放区政府积极实施抗旱的双幕剧。这一对并行的集体活动蕴含着人与自然、敌我矛盾、党群关系、上级指示与下级执行等诸多矛盾，显示出革命初胜时鲁中南区的复杂政治生态与社会心态。政府在有效应对群众祈雨事件，进一步强化了只有依靠共产党才能战胜天灾的政治观念，以此取代敬天祈雨、靠天吃饭的传统观念与行为方式，实现了旧俗与新风的嬗变继替。② 李玉峰以河南省内乡县为例，讨论了1949年前后中共取缔会道门的运动。他发现，1949年前后，中共为应对会道门发起的民变和"匪乱"，通过集训对会道门的中小头目施加压力，使其公开揭露和指责会道门的"黑暗内幕"与大会首的超常法力幻象。这使得会道门组织内部失去互相信任和凝聚力，各级头目丧失发动民间集体活动所需的道德威望与超凡魅力，从而基本消除会道门对中共政权的威胁。③

抗战时期的民间宗教引起学界更多的关注。李常宝运用新发现的档案，揭示抗战时期一贯道在山西的传播模式和发展状况。他分析说，由于国家权力的退出及日伪势力的扶持，山西的一贯道通过亲度亲、友传友的发展方式，形成绵密而富有"亲情"的社会网络，并通过灵活自由的教职升迁，使得战时山西一贯道众达百万之巨；一贯道拼合了儒、释、道三教的相关教义，提出自己的自我救赎方式，对心存焦虑的民众具有很大的诱惑性；抗日边区政府通过理论宣传、新政权建设、社会改造等举措，不但增强社会控制力，有效阻止了一贯道等秘密宗教在抗日根据地内的传播及其负面影响。④ 高鹏程、刘平考察了抗战时期沦陷区的红卍字会，认为该会一方面开展社会救助，另一方面也不乏附逆活动。国民政府虽接受该会

① 刘文楠：《借迷信行教化：西山万寿宫朝香与新生活运动》，《近代史研究》2016年第1期。

② 魏本权：《革命与民俗：1949年夏鲁中南地区的抗旱与祈雨》，《中国农史》2017年第3期。

③ 李玉峰：《1949年前后中共取缔会道门运动考析——以河南省内乡县为例》，《近代史研究》2018年第3期。

④ 李常宝：《抗战时期山西一贯道探微》，《抗日战争研究》2017年第1期。

的社会救助，但敌视其道院信仰，警惕其成员的附逆行为。为此，该会在宗教活动上有所收敛，并自行处理了部分附逆成员。①

此外，朱季康、孔祥德认为，清咸同年间太谷学派的黄崖山寨是研究晚清社会转型期中国民间宗教组织生存与发展的鲜活案例，值得继续深入讨论。② 王笛从微观视角探寻了四川乡村袍哥与地方权力操作的细节，让学界进一步了解这个组织在社会基层的角色和作用，特别是通过一些袍哥成员的个人经历，从最基层来建构袍哥的历史和文化。③

学界对近代中国秘密社会的研究虽取得了不少有深度与厚度的成果，但也存在需要改进的地方。对此，邵雍提出了如下建议。一是指导思想方面，亟须纠正全盘肯定或全盘否定的思维模式，实事求是，具体问题具体分析。二是在研究内容上要兼顾内史与外史，既要宏观研究，又要微观研究；既要定性研究，又要定量研究；既要静态研究，又要动态研究；既有国内研究，又有涉外研究。三是对秘密社会的研究还有待细化。④

## （二）民间信仰

### 1. 1996—2005 年

近代华北民间信仰习俗逐渐进入学界的视野。在华北区域社会中，繁盛农村的象征之一是村内建有像样的庙宇，庙内有人负责打扫清洁，按节日供奉香火。这些庙在民众的日常生活信仰中占有不可替代的位置。江沛《近代华北城乡民间信仰述评——以冀东诸县为例》⑤ 一文通过河北省东部某些地方民间信仰的个案考察，透视了近代华北城乡民间信仰的构成及其变迁的某些特征。他观察到，近代冀东地区的民间信仰主要包括如下内容：堪称中国"国教"的祖先崇拜，山水、动物、异物等灵物信仰，占

---

① 高鹏程、刘平：《抗战时期沦陷区的红卍字会》，《安徽史学》2016 年第 2 期。

② 朱季康、孔祥德：《咸同年间鲁西南地区外来民间宗教组织的群保自救与分析——以太谷学派黄崖山寨为特案的考察》，《宗教学研究》2015 年第 2 期。

③ 王笛：《乡村秘密社会的多种叙事——1940 年代四川袍哥的文本解读》，《四川大学学报》（哲学社会科学版）2015 年第 3 期。

④ 邵雍：《新世纪以来中国近代秘密社会史研究的新进展》，《史学集刊》2012 年第 5 期。

⑤ 江沛：《近代华北城乡民间信仰述评——以冀东诸县为例》，《河北大学学报》（哲学社会科学版）2002 年第 4 期。

卜、赌咒、算卦、堪舆等迷信习俗，西方传来的基督信仰。他还进一步解析了这些信仰习俗的特点。其一，神人合一。冀东人的神灵与现实世界之间并无严格界限，二者具有相似的结构，均由庞大的官僚机构控制。冀东人想象中的神对人及现实中人对神的态度，完全是传统皇权体制下君臣关系的翻版。其二，实用心态。冀东人为神灵赋予了人性，其与神灵的交往原则套用了现实社会中的人际交往规范。其三，多神崇拜。冀东人的信仰具有多神性，其严肃性大大低于一神教。此外，不少冀东人还在家中设有"黄仙""白仙""长仙"等动物的神牌。其四，信仰习俗以家庭为单位。冀东人的宗教崇拜同样以家庭为基本单位，不仅祖先崇拜如此，灵物信仰也是如此。在基督教、天主教的传播中，冀东人除去教堂礼拜外，多在家中祷告，祷告内容基本与家庭成员和现实生活有关。其五，由于近代新式教育兴起，传统的神灵信仰不断式微。之所以不惜笔墨地介绍该文，是因为冀东城乡的信仰习俗在华北诸省具有明显的普遍性，因而可视为近代华北区域社会民间信仰的一个缩影。

要说明的是，研究近代民间信仰的一个困难是资料匮乏。为解决资料问题，江沛对河北省迁安县、遵化县、丰润县刘绍友、高春峰等六位老人进行了访谈。这种做法得益于民俗学、社会学与人类学的田野调查的启示。尽管从被访谈者那里获取了大量的信仰习俗信息，但该文仍缺少叙事史的味道，在研究路数上具有明显的社会科学化的倾向。换言之，这更多的是一篇民俗学的文章，而非历史学的文章。此外，将占卜、赌咒、算卦、堪舆等一概归为"迷信习俗"的做法似可再斟酌。

饶明奇《论清末民初民间信仰的特征》一文概论了清末民初民间信仰的特征，认为此时期的民间信仰依然盛行，"但各种迷信的力量对比发生了明显变化，民间迷信的主体和行业神的敬奉也呈现出与以往不同的历史特征"，即民间信仰主体的职业结构变得更为混乱。其变化的原因在于"资本主义工商业的发展"，诸神的社会化与世俗化，大众的功利性。[①] 该文所论清末民初行业神信仰习俗的变化，并不足以代表此时期全国民间信仰习俗的境况，而文章题目不免显得大而无当。将民间信仰视为"迷信"，

---

① 饶明奇：《论清末民初民间信仰的特征》，《平顶山师专学报》2000 年第 3 期。

并非历史主义与唯物主义的态度。

与前述两文研究近代民间信仰习俗本身的情况不同，吴滔透过清代苏州地区的镇城隍庙与新兴的"解钱粮"习俗，考察了该地区镇庙与村庙的关系、城镇与乡村的关系。① 所谓"解钱粮"的习俗是指市镇四乡的农民在市镇城隍庙或东岳庙的诞辰节庆时，向镇庙缴纳铜钱或纸币，并抬着村庙神像到市镇参拜、朝集，在有些地方也被称作"解皇（黄）钱"或者"解天饷"。其认为，民间信仰中呈现的上下级关系在一定程度上与城乡的等级差别基本吻合，但是不少位于大镇之间的市集甚至村落有时亦扮演着重要的角色。共同的信仰不仅是促使农民形成社会共同性的重要契机，也是集团"归属意识"的外部表现。明清以来具有官方色彩的城隍信仰系统始终存在着类似行政上的上下级关系。与此相适应，"解钱粮"中镇庙与村庙之间的上下级关系更多的是按照市场的层级呈现出来，而非取决于行政区划。从对城隍神这一公共资源的运用上看，国家以此作为神道设教与打击淫祠的象征，而民间以此作为抗议官府不公的工具，常常选择城隍庙及其以下的民间庙宇作为聚众商议与行动的场所。其还注意到，在一些以村落为中心的民间信仰活动中，其组织原则是按照神祇灵力的大小进行分类的，不存在明显的级别。因此，简单地用支配与被支配关系来概括共同信仰的社会组织构成的做法值得商榷。

### 2. 2006—2018 年

其一，西南区域民间信仰。近代中国民间信仰习俗是民俗学界与历史学界共同关注的研究领域。民俗学界侧重关注民间信仰的构成与特性。廖小波、谭清宣从民间祭祀的角度观察清季民初三峡地区民间信仰的特征。其认为，这一时期的三峡地区民间祭祀活动十分普遍，大致可分为祭祖和祭神两种类型，这反映了三峡地区民间信仰的特点，即包容性和实用性、畏惧与依赖心理、俗世性趋势的复杂纠合。② 历史学界更关注民间信仰与

---

① 吴滔：《清代苏州地区的村庙和镇庙：从民间信仰透视城乡关系》，《中国农史》2004 年第 2 期。

② 廖小波、谭清宣：《从清季民初的民间祭祀看三峡地区的民间信仰》，《重庆师范大学学报》（哲学社会科学版）2006 年第 1 期。

社会的关联。罗宗志《信仰治疗：广西盘瑶巫医研究》① 一书运用大量第一手资料，深入探讨了广西瑶族山寨盘瑶巫医形成的历史渊源，分析盘瑶巫医与现代医学医术的异同、矛盾和冲突，论述盘瑶巫医在瑶族社会所处的地位、对瑶族人生产生活的影响，以及在传承瑶族文化中所扮演的角色。在此基础上，罗著指出，在没有找到可以完全替代巫医的医疗手段之前，不能凭借行政命令强行取消巫医，否则会造成巫医信仰者的反对与社会秩序的混乱。邹立波认为，近代康区的城镇空间布局在国家力量的介入下发生较大转变，其主要体现在本土政治力量与国家力量的消长，汉式民间信仰空间被挤占和挪用，以及藏人传统宗教空间的保留。该地区公共生活中的汉藏关系变迁展示了国家与地方社会的互动机制。②

其二，华北区域民间信仰。王守恩著《诸神与众生：清代、民国山西太谷的民间信仰与乡村社会》③ 一书梳理了清代、民国山西太谷民间信仰的内容、特色，进而探讨了民间信仰与当地乡村社会的生态系统、地方自治、村际交际、社会教化等问题。其有意识地从社会史的角度研究民间信仰，提出如下看法。一是民间信仰是社会生态的晴雨表和保护剂。在万物有灵信仰的支配下，民众敬畏自然，把自身与自然、自然与超自然融为一体，产生一种朴素的环境意识，在向自然索取资源的同时为了自身安全而注意保护自然，与自然和谐相处。二是民间信仰是社会整合功能的精神资源，是社会组织的黏合剂，有利于社会结构的稳定和巩固。它提供了一种缩小个人与群体间的差异、促使人与人和睦共处的基础，增进了人们的群体认同与凝聚，实现了传统乡村社会的组织整合。三是民间信仰植根于传统乡村社会生活，不仅是社会精神生活的重要内容，而且渗透进社会生活的各个方面，影响并服务于社会生活，是社会生活的调节器、社会运行的润滑剂。该书还考察了清末民初山西太谷民间信仰遭遇新文化运动与国家现代化建设冲击的命运。以此为基础，作者认为民间信仰存在与现代化相矛盾的一面，但并不构成现代化的障碍；即使从认知的角度上，科学不能

① 罗宗志：《信仰治疗：广西盘瑶巫医研究》，中国社会科学出版社 2012 年版。
② 邹立波：《近代康区公共生活中的汉藏关系》，《青海民族研究》2015 年第 3 期。
③ 王守恩：《诸神与众生：清代、民国山西太谷的民间信仰与乡村社会》，中国社会科学出版社 2009 年版。

完全取代信仰，理性也不能取代非理性。

路云亭首次采用"社会表演"理论，分析了义和团的集体性格，阐释了义和团与红灯照成员的各种社会表演活动，对义和团戏剧性格的生发原因、义和团与巫术的关系等论题做出了富有新意的解读。①

徐天基勾勒了 1696 年至 1937 年北京丫髻山进香的变迁史，旨在用个案形式反思并回应华琛等人开创的"标准化"议题。他发现，两种力量共同塑造了丫髻山进香的过程，一种是权力等级中高位自上而下的推广，一种是低位自下而上的塑造，二者又都"声称正统"。正是在此一"标准化帷幕"之后，各个社会群体间永无止境的动态博弈和话语交融才得以发生，从而共同编织了真实的中国宗教图景。② 李俊领、丁芮讨论了近代北京的四大门信仰，揭示四大门信仰及其代理人与碧霞元君信仰的关系，并提出四大门信仰习俗不是宗教的看法。③ 张青仁认为，北京香会出现了"井"字里外的等级分化及其地域特征的形成是多元文化交融的产物，亦是政治秩序对地方社会渗透的过程。④

李俊领著《天变与日常：近代社会转型中的华北泰山信仰》一书将文献分析与田野调查相结合，在近代中国社会转型的脉络中，初步考察了官方政策与政治举措对民间泰山信仰的影响，泰山信众的社团、观念及时局因应，泰山信仰下的世俗经营与社会失范，泰山神灵谱系的增扩与日常生活经验，华北泰山信仰的多重文化境遇等专题。作者认为，在近代华北社会中，泰山信仰既是清廷实施"神道设教"的政治手段，又是民众应对日常生活困境的文化传统。由于西方文明的刺激，近代中国出现了社会转型与文化焦虑，泰山信仰礼俗自清末以降不断遭到知识界的批判、基督宗教的敌视与政府的强制改造。近代华北泰山信仰的命运，即为华北民众及其

---

① 路云亭：《义和团的社会表演——1887—1902 年间华北地区的戏巫活动》，上海古籍出版社 2014 年版。

② 徐天基：《"标准化"的帷幕之下：北京丫髻山的进香史（1696—1937）》，"中研院"《近代史研究所集刊》第 84 期，2014 年 6 月。

③ 李俊领、丁芮：《近代北京的四大门信仰三题》，《民俗研究》2014 年第 1 期。

④ 张青仁：《"井"字里外各不同：区域社会史视野下北京香会的形成与分化》，《史林》2015 年第 5 期。

日常生活的命运。其在近代社会转型中的变迁与境遇，拷问着知识界的良知，也考验着当政者的智慧。①

其三，华南区域民间信仰。小田讨论了江南乡村女巫的近代境遇，认为这一境遇有两个层面：一是不断遭遇政权的取缔又屡禁不止；二是得到了普通民众的积极崇奉。这种矛盾的境遇源自传统小世界和文明大世界的各自逻辑。他进而指出，厘清两个世界之间的逻辑差异，近代女巫的零乱境遇才会显出清晰的脉络，才能得到合理的解释。② 张帆考察了1934年夏江南区域内的祈雨活动。这场祈雨活动具有多样化的特色，不同宗教信仰的祈雨对象各有侧重，官、民、商与宗教人士参与其间。从中可见民众对祈雨的热心以及官方在灾荒时期对民意的迎合和民心的争取。③

杨正军注意到近代兴起的潮汕民间善堂组织是绅商阶层以民间信仰为依托联合民众进行自救的结果。民国时期，这些善堂组织开始向农村地区辐射并向东南亚华人社会传播，其分布范围更广、组织规模更大、开展的慈善活动也更加丰富多样。

其四，华东区域民间信仰。朱季康著《近代华东民间秘密互助团体太谷学派的生存与信仰研究》一书深入讨论了作为近代民间秘密互助团体"活化石"的太谷学派，通过考察其生存历史及信仰体系，从一个侧面展示了近代儒、释、道三教在民间的蓬勃活力及其变异，增进了我们对于近现代宗教史、学术史、政治史和社会史的理解。④

郁喆隽从历史社会学和市民社会理论的角度切入，研究了民国时期上海地区迎神赛会的情况，并着重分析了城隍庙三巡会、浦东赛会与江湾镇东岳庙赛会等典型案例中的组织、人员、财政状况及其引发的冲突。⑤ 美国学者康豹在其新著 *Religion in China and Its Modern Fate* 中从新的角度讨

---

① 李俊领：《天变与日常：近代社会转型中的华北泰山信仰》，社会科学文献出版社2017年版。

② 小田：《论江南乡村女巫的近代境遇》，《近代史研究》2014年第5期。

③ 张帆：《1934年亢旱中的江南祈雨——以信仰、参与者和方式为中心的考察》，《宁波大学学报》（人文科学版）2015年第6期。

④ 朱季康：《近代华东民间秘密互助团体太谷学派的生存与信仰研究》，人民出版社2014年版。

⑤ 郁喆隽：《神明与市民：民国时期上海地区迎神赛会研究》，上海三联书店2014年版。

论了1898—1948年中国浙江省和上海地区的传统宗教如何蜕变成现代全球文化之一部分的历程,并借此透视宗教与现代政治文化之间的关系。[①]张佳考察了近代上海中国济生会的社会慈善事业和济公扶乩信仰活动,认为近代绅商居士信仰扶乩化与佛教自身现代化的张力在人间化的慈善功用上得到一定程度的消解。他分析称,绅商居士逐渐独立于僧团,以佛教慈悲理念开展人间救助和教化,势必要融摄传统民间信仰,树立自己的宗教权威,进而网罗更多慈善资源;主流僧界为适应社会现代化发展、竭力摆脱"迷信"标签、与民间信仰划清界限的同时,又必须依赖这些绅商居士力行善举来塑造佛教关怀人间的形象。[②]

### (三) 相关理论问题

从20世纪80年代民俗学复兴到1996年,学界对近代中国民间信仰的研究成果并不算少,但理论研究远远滞后于实证研究。遗憾的是,对民间信仰的历史学研究多数是由外国学者在做。这里固然有经费缺乏的原因,但更多的还在于学者缺少本土情怀与历史眼光,不自觉地流露出一种与海外学者相似的偏于把玩和猎奇的心态。从1996年起,学界开始注重讨论近代中国民间宗教与民间信仰的理论问题。

研究近代中国宗教与民间信仰,无论进行实证研究还是理论探索都需要首先了解其在中国社会中的角色与地位。学界容易理解民间宗教与民间信仰在社会日常生活中扮演的角色,但并不完全清楚二者在国家政治中的角色与地位。王学泰在《游民文化与中国社会》[③] 一书中揭示说,在中国的帝国时代,民间宗教、民间信仰以及"游民社会"的非宗法性社会伦理通过统治权力的吸纳、整合、控制等手段,形成了对主流社会文化和统治权力相制衡的支配力。这种支配力与其他诸多因素错综交织在一起,构成了与常规政治准则和国家制度相互抗衡,同时又相互补足的"隐性"权力运作系统和运作方式。[④] 在一定意义上,民间宗教、民间信仰以及"游民

---

① Paul R. Katz, *Religion in China and Its Modern Fate*, Boston: Brandeis University Press, 2014.

② 张佳:《中国济生会所见近代绅商居士之济公信仰》,《宗教学研究》2015年第1期。

③ 王学泰:《游民文化与中国社会》,学苑出版社1999年版。

④ 王毅:《"另一个中国"的三维结构》,《社会科学论坛》2000年第8期。

社会"构成了一个官方史书上看不到的中国面相——常态社会体制之外的"江湖",或者可以称为"另一个中国"①。从该书可以看到,民间社会(尤其是其中的游民)的宗教与信仰不仅是被教化的对象,还是被统治者利用的工具。在皇权需要的时候,"另一中国"的宗教、信仰等文化资源可以经统治权力的修正和整合之后,十分方便地渗入甚至是涌入主流文化形态之中,而当皇权出于自身安全而需要对之加以钳制时,又可以很方便地动用各种强势手段抑制甚至打击民间宗教与民间信仰。由此,我们在探究近代中国的民间宗教与民间信仰时可以更深刻揭示其对于近代中国社会变迁的作用与影响。

**1. 民间宗教研究的跨学科问题**

要深入研究近代中国民间宗教,需要在方法上综合多个学科的长处。李世瑜提出:"民间宗教学是一门多学科交叉的学问,研究这门学问的最好能兼备宗教学、佛道教、历史学、社会人类学、民俗学等方面的素养。除了通过田野工作取得道门内部的资料外,还要广泛阅读明清和民国以来的档案资料,更早的历史文献记载,还要利用前人的研究成果。这些方面必须有机地结合起来,就是说不只'行万里路',还要'读万卷书'。单独使用某一种方法固然也可以得到相当有价值的成就,但总不免会有些不足之处。"② 这是研究民间宗教内部与外部的情况应具备的素养,尤其从历史学的角度研究民间宗教的外部情况,就更需要了解近代中国政治、经济、文化、社会等各领域的状况。

王庆德在《中国民间宗教史研究百年回顾》③ 一文中总结说,在中国民间宗教史研究的百年中,学者在如下四个问题上用力最深,即民间宗教概念的界定、民间宗教体系的划分、民间宗教与明清社会之间的关系以及民间宗教的田野调查。由于学界对民间宗教研究仅仅停留在宗教本身,缺少历史的眼光,难以解决如下疑问:民间宗教中民众的主体性何在呢?民间信仰和民众关心的中心问题又是什么呢?明清民众为什么认可民间权威

---

① 王学泰:《游民文化与中国社会》,学苑出版社 1999 年版,李慎之序。

② 李世瑜:《民间宗教研究之方法论再议——兼评路遥〈山东民间秘密教门〉》,《世界宗教研究》2001 年第 3 期。

③ 王庆德:《中国民间宗教史研究百年回顾》,《文史哲》2001 年第 1 期。

而非国家权威或传统权威呢？要回答这些问题，就需要在研究民间宗教时
转换一个视角。该文以明清民间宗教为例，提出将明清民间宗教的繁盛作
为一种社会变迁中的整体文化现象来考虑。其论称，考察"作为文化体系
的宗教"需要一个"眼光向下的革命"，在研究民间宗教史的过程中，除
了文本的传统，还需借鉴民俗学的成果，并结合人类学田野调查的方式，
力图对过去的民众社会进行"深描"（thick description），"重构变化世界
中普通大众的体验"，从而达到对民间宗教更广更深的分析，而不至于仅
仅停留在民间宗教本身。① 无论是研究民间宗教的内部还是外部，该文的
建议都是富有建设性与前瞻性的。从历史学的角度而言，未来对近代中国
民间宗教外部的研究更需要注重社会史的理论与方法。充分借鉴历史学的
理论与方法，是 21 世纪民间信仰研究突破瓶颈的一条可行之路。

### 2. 民间信仰研究理论的瓶颈与突破

改革开放以来的近代中国民间信仰研究重视表象的挖掘与描述，缺少
解释框架的建构。相关成果大多如数家珍似地开列各种民间节日习俗、风
土习惯、仪式方术等。这些挖掘和梳理民俗表象的工作固然重要，但缺少
对其背后的文化观念与生活需要的考察。这是当前民俗研究遇到的最大
"瓶颈"。人是一种社会存在，是某种社会关系网络的节点，民间信仰作为
社会存在和社会关系网络的重要组成内容，深刻沁入了人的心灵世界与命
运历程。尤其在社会转型期中原有社会秩序出现剧烈变化的情况下，民俗
对于普通民众生活的功能与意义更为凸显。葛兆光从现实关怀的立场上追
问如下问题：一个正处在急剧变化中的社会，人们靠什么保持对秩序的依
赖和对生活的满足？"生存""家庭""幸福"这些看上去不起眼的词语，
其实构成了人们生活的大半内容，也形成了社会观念的基本核心，那么日
益成为人们生活一部分的民间信仰，在支持人们的信心、安全感和满足感
上有什么作用？它又如何建构人们对于"生存""家庭""幸福"的观念？
这些问题无疑对于民俗研究提出了更高的要求。② 

仅仅追问民间信仰对于个人和家庭的意义，并不能从社会现代化的意

---

① 王庆德：《中国民间宗教史研究百年回顾》，《文史哲》2001 年第 1 期。
② 葛兆光：《认识中国民间信仰的真实图景》，《寻根》1996 年第 5 期。

义为民俗进行定位。受马克斯·韦伯关于宗教伦理与现代化的一系列论著的启发，葛兆光进一步追问，民间信仰及其影响下的观念与精神是否有助于现代经济的发展，是否有助于更趋合理的人际关系的形成，是否能够成为一种新的社会保障和心理支持系统？如果答案是肯定的，那么就要证明民间信仰所构成的观念与行为系统有助于认同现代化的社会秩序，也有助于促进经济运作的现代形态的形成。如果答案是否定的，就要证明民间信仰作为一种对抗现代性的力量，它如何与科学、理性以及现代式的社会格格不入。①

　　陶思炎与日本学者铃木岩弓对民间信仰研究的体系提出了令人耳目一新的看法。其认为，民间信仰研究至少应包括三个基本领域，即民间信仰志、民间信仰论、民间信仰史。"民间信仰志"以事象的搜集、研究为主，包括空间性的记录整理、时间性的记录整理、类型与专题的归纳、文献与载体的研究等方面。"民间信仰论"作为民间信仰研究的主要部分，以理论探究为其要旨，包括基本理论、发生论、功能论、应用论、比较论、田野作业论等主要支系。"民间信仰史"作为"宗教民俗学"中历史研究，包括"民间信仰发展史""民间信仰专题史""民间信仰研究史"等方面，涉及事象史和学术史。"民间信仰史"的确立是"民间信仰研究体系的丰富，也是其成熟的标志"。他们进一步论称，民间信仰研究的三大支点不是相互绝缘的独立范畴，而是互联互补的一个整体。具体而言，"民间信仰志"是研究的基础；"民间信仰论"是总体系中的主体，使民间信仰的研究具备了学科的性质，决定了"宗教民俗学"的形成；"民间信仰史"则是对这一研究的总结与深化。② 这一研究体系的建构，显示了学界将宗教学与民俗学结合在一起推进民间信仰研究的努力，也体现了学界建设交叉学科"宗教民俗学"的探索。

　　李俊领认为学界对近代中国民间信仰的研究已经取得了较为丰富的成果，但当前在研究的推进上遇到了"瓶颈"。这主要表现为视野狭窄、成见较多、自说自话等。为突破此"瓶颈"，需要在理论方面讨论如下问题：

---

① 葛兆光：《认识中国民间信仰的真实图景》，《寻根》1996 年第 5 期。

② 陶思炎、〔日〕铃木岩弓：《论民间信仰的研究体系》，《世界宗教研究》1999 年第 1 期。

其一，民间信仰是民俗还是风俗、礼俗；其二，民间信仰是不是"迷信"；其三，民间信仰是不是宗教；其四，如何对民间信仰进行跨学科研究。厘清这些问题，不仅可以更准确地认识与把握民间信仰在近代中国社会中的角色、作用及其变迁，而且可以促进民间信仰研究的跨学科交流与对话。①

我们要注意的是，中国的民俗学研究的理论与方法都是舶来品，并不能充分解释中国传统社会是礼俗社会的本质与特征。中国传统的礼仪与风俗密切联系在一起，形成了以礼化俗、化俗成礼的文化互动机制及其传统，在王朝治理的方略上具有政俗合一的以教化为根本的"礼治"特色。忽略了这一点，就难以深入理解中国文化与社会的精气神，也就无法把握中国传统民俗的社会角色与意义。

此外，风俗比民俗更能概括或诠释大众生活的风格或方式。风俗是指社会上长期形成的风尚、礼节、习惯等的总和，是特定社会文化区域内人们共同遵守的行为模式或规范。风俗中的"风"有两层含义，一是指官方倡导或精英阶层中流行的行为规范或生活风格，二是各地因为自然条件的不同而形成的特殊的行为规范或习惯。风俗中的"俗"是指由各地民间因为区域社会文化的差异而自发形成的行为规范称为"俗"。所谓"百里不同风，千里不同俗"，即强调风俗的区域性差异。从礼治教化的角度上说，上导之为风，下行之为俗，形成习惯，世代传承，是为风俗。其背后的依据是儒家所谓"风行草偃"的道德示范的教化途径。1923 年胡朴安编著《中华全国风俗志》，即考虑到风与俗的组合特征与教化意义。因此，将中国传统社会民间的风尚习俗理解为西方民俗学意义上的民俗，就不免削足适履，食洋不化，遑论以西方民俗学研究中国民间信仰。鉴于学界很少有人注意到中国传统的风俗不同于习俗的民俗，郑振满在对华南社会信仰习俗进行深入研究的基础上提出："在中国社会研究中，应该特别重视王朝的典章制度。只有对历代王朝的典章制度有着细致、深入、系统的理解，才可能在有深厚历史感的基础上理解具体的历史人物、历史事件和历史现象，所谓'基层社会研究'才不至于流于浅薄、低水平重复和欠缺理论深

---

① 李俊领：《近代中国民间信仰研究的理论反思》，《南京社会科学》2015 年第 1 期。

度，也才谈得上对'历史总体'的把握。"① 也就是说，不了解官方制度
体系的运作，单独就民间社会谈民间社会是难以真正认识民间社会的。

简言之，研究近代中国民间信仰不仅需要进行跨学科的理论与方法，
更需要丰富的历史学养和"眼光向下"的视角转换。

### 3. 民间信仰、迷信与宗教的关系

大陆民俗学界受日本学者的影响，开始倾向于用"民俗宗教"概括民
间信仰的活动。周星赞同这种倾向，认为所谓"民俗宗教"，是沿着人们
的日常生活脉络来设计，渗透于日常生活当中，并被应用于生活总体性目
的的各种宗教实践。这种宗教不同于制度型的宗教，也并不是在日常世俗
生活之外另行构成宗教性的世界（以严格的建制为特征，例如，教祖、教
会、教堂、教阶等），而是彻底地融入进人们的生活习俗之中，往往以家
庭、宗族或地域社会之类的生活组织为母体而得以形成和传承。其主张用
"民俗宗教"这一用语来逐渐替代"民间信仰"的用法，除学术探讨的需
要外，还有现实性的考虑。在其看来，中国现行宗教政策的最大悖论就是
把别人"教"给我们的宗教视为"宗教"，而将我们本土草根的宗教视为
不入流的"民间信仰"甚或"迷信"。要改变此种奇怪的现状，学术界首
先就应该从对"民间信仰"的正名做起。②

陈彬、陈德强将"民间信仰"界定为"与制度型宗教相对应的一种宗
教类型，由广大民众（包括城市和农村民众）基于对某种超自然力量（祖
先、神、鬼及风水、阴阳、命运等神秘力量）的信奉而进行的祭祀、崇
拜、占卜、禁咒、灵魂附体等各种形式的仪式活动"③，这种仪式活动可以
发生在家庭、祠堂、登记或未登记的宗教场所内。他们建议，在对"民间
信仰"的研究中，应将"民间信仰"与"民间宗教"区别使用，尽量使
用"民间信仰"这一学术术语而不要采用具有政治意识形态色彩的"封建
迷信"一词，应主要采用"民间信仰"来概括现代社会中的民间仪式活

---

① 郑振满、陈春声主编：《民间信仰与社会空间》，福建人民出版社 2003 年版，导言。
② 周星：《祖先崇拜与民俗宗教——和学界四位朋友对话：心得与点评》，金泽、陈进国主
编：《宗教人类学》（第一辑），民族出版社 2009 年版，第 246—254 页。
③ 陈彬、陈德强：《"民间信仰"的重新界说》，《井冈山大学学报》（社会科学版）2010 年
第 4 期。

动，但又不要否认其中可能存在的巫术遗留或巫术倾向。他们进而论称，应在"民间信仰"这个大概念基础上提炼出更具分析性和指导性的"小"概念。只有经历一个类型学比较研究阶段，才能最终认清中国民间信仰的真实图景。

陈桂炳明确主张将民间信仰与"封建迷信"严格区别开。其认为价值中立的"民间信仰"与贬义色彩浓厚的"封建迷信"这两个词不能画等号，民间信仰中虽也存在着"一般的迷信"，但属于次要部分；民间信仰是一种信仰形态，从严格意义上看，民间信仰不属于宗教，但就广义而言，民间信仰也是一种宗教现象，出于研究工作的现实需要，不妨把民间信仰解释为"准宗教"。①

刘道超对中国民间信仰的理论问题进行了较为深入的思考。其在《筑梦民生：中国民间信仰新思维》一书中建构了民间研究的理论体系。该书认为：第一，中国民间信仰是一种与世俗生活紧密结合的宗教，具有制度化宗教一样的四大要素，即最高信仰对象、教义教理、组织机构、教规教仪；第二，民间信仰的终极价值是帮助民众明确生命之意义，同时为之建构人生的希望并不断地维系和重构这一精神状态，帮助人们追求并实现各种世俗福祉；第三，民间信仰是维系传统社会和谐与发展的重要"黏合剂"。一方面，民间信仰将传统社会的政治、宗族、伦理道德与社会生活等紧密地整合在一起，为之赋予神圣意义；另一方面，又对其加以控制，使社会组成一个和谐有序、充满希望、生动活泼的巨大系统。② 可以说，刘著对民间信仰的系统性认识对学界进一步探索和理解中国民间信仰的特点、本质与规律具有显著的启发意义。但用"民生宗教"概括民间信仰是否确切，还有进一步讨论的余地。2012 年，刘道超在《中国民间信仰之性质、结构与特征理论探析》一文中又进一步讨论了中国民间信仰研究的理论问题。该文认为，中国民间信仰可称为"社祖教"，其社祖教的结构框架包括组织结构系统与功能结构系统，其理论框架暂且称为"筑梦民生"理论。③

---

① 陈桂炳：《关于民间信仰概念的思考》，《福建论坛》（人文社科版）2012 年第 11 期。

② 刘道超：《筑梦民生：中国民间信仰新思维》，人民出版社 2011 年版。

③ 刘道超：《中国民间信仰之性质、结构与特征理论探析》，《广西师范学院学报》（哲学社会科学版）2012 年第 4 期。

民俗学界将"民间信仰"视为宗教，在研究上固然提升了民间信仰的地位，但同时也一定程度上曲解了中国民间信仰的特质，不自觉地扩大了民间信仰的范围，因为这一看法忽略了中国传统社会是"礼俗社会"的文化特征，也忽略了民间信仰仅是民间风俗的一个部分。依照"民俗宗教"的理论，将传统"五礼"中的"祭礼"视为其祭祀仪式，这就割裂了"五礼"的体系、礼俗一体的内在关联，错将祭政合一的神圣性视为宗教性，抹杀了政治信仰与宗教信仰、生活信仰的区别。将"民间信仰"视为民俗宗教的看法，在逻辑上或许没有问题，但确实没有做到"合逻辑"与"合历史"的统一。

## 四　宗教与民间信仰研究的特点与局限

1996 年至 2005 年的近代中国宗教与民间信仰研究具有如下特点。其一，近代中国基督教史研究进展迅速，成果丰富，而且大致在 2002 年从原来单纯的外围研究转向外围研究与内部研究并重的发展方向。其二，相对而言，近代佛教、道教与伊斯兰教的研究明显相对滞后，成果相当少。其三，近代中国民间宗教研究成果较多，学界在研究理论与方法上进行了较为深入的讨论，有学者主张对其进行跨学科的探讨，在研究方法上进行"眼光向下的革命"。这些建议确实具有建设性。其四，历史学界对近代中国民间信仰（不包括民间宗教中的信仰部分）的讨论尚处于起步阶段，无论在实证研究上，还是在理论探索上，建树都比较少。一些带有理论意义的问题需要进一步讨论，比如中国的祖先崇拜是不是"国教"，民间信仰是不是"迷信"或"封建迷信"等。尽管民俗学早在民国时期就已开始关注当时的民间信仰，但在研究理论的本土化问题上迟迟不前。尤其是从西方舶来的民俗学理论在具体研究运用上，虽有异质文化的参照意义，但仍不能深入中国历史文化语境，充分解释近代中国民众的生活经验。

2006 年至 2018 年的相关研究给人以下几点印象。

第一，近代中国宗教与民间信仰的研究存在着严重的不平衡现象。学界对近代在华基督教与佛教的研究表现出越来越高的热度，但对近代中国道教与民间信仰的关注较少。尤其在近代中国民间信仰的研究上，极少有历史学者深入进行田野调查，获得第一手资料，更缺少从历史学的角度解读近代中国民间信仰的体系构成与来龙去脉，遑论理解民间信仰者的心灵世界，从民间信仰者的立场上观察社会变迁。

第二，问题意识不够凸显。随着近代中国社会史研究的热度不断增加，相关的研究著作在数量上也不断攀升，但其中相当一部分缺少明确的问题意识，尚未达到应有的研究深度。上文中提到的学者对近代广州风俗的研究即是典型的一例。

第三，宗教史研究开始注重底层视野。注重社区或村落的微观研究，找到普通人物眼中的宏大叙事，找到普通人物的独特生活经历。将个人经验、地方经验与区域社会、整体社会变迁结合起来，树立"社会全息"的文化观念，以"自下而上"的角度，从部分看整体，从角落看全局。尝试建构解释近代中国社会变迁的"民间视野"理论，或许会让社会史研究更具有深度、广度和厚度。

# 征引文献索引

(按照文献责任者姓氏汉语拼音字母排序)

**【国内部分】**

安介生：《山西移民史》，山西人民出版社 1999 年版。

包庆德：《清代内蒙古地区灾荒研究》，人民出版社 2015 年版。

鲍祖宣：《娼妓问题》，女子书店 1935 年版。

卞修跃：《抗日战争时期中国人口损失问题研究》，华龄出版社 2012 年版。

卜凤贤：《农业灾荒论》，中国农业出版社 2006 年版。

蔡勤禹、张家惠：《青岛慈善史》，中国社会科学出版社 2014 年版。

蔡勤禹：《国家社会与弱势群体：民国时期的社会救济（1927—1949）》，天津人民出版社 2003 年版。

蔡勤禹：《民间组织与灾荒救治：民国华洋义赈会研究》，商务印书馆 2005 年版。

蔡少卿：《中国近代会党史研究》，中华书局 1987 年版。

蔡少卿：《中国秘密社会》，浙江人民出版社 1989 年版。

蔡少卿主编：《民国时期的土匪》，中国人民大学出版社 1993 年版。

曹大臣、朱庆葆：《刺刀下的毒祸：日本侵华期间的鸦片毒化活动》，福建人民出版社 2005 年版。

曹树基、李玉尚：《鼠疫：战争与和平——中国的环境与社会变迁（1230—1960 年）》，山东画报出版社 2006 年版。

曹树基：《中国人口史》第 5 卷（清时期），复旦大学出版社 2001 年版。

曹树基：《中国移民史》第 6 卷（清、民国时期），福建人民出版社 1997

年版。

曹新宇、宋军、鲍齐：《清代教门》第3卷，福建人民出版社2002年版。

曹幸穗：《旧中国苏南农家经济研究》，中央编译出版社1996年版。

曹子西主编：《北京通史》，中国书店出版社1994年版。

岑大利、高永建：《中国古代的乞丐》，商务印书馆1995年版。

常宝：《漂泊的精英：社会史视角下的清末民国内蒙古社会与蒙古族精英》，社会科学文献出版社2012年版。

常建华等编著：《新时期中国社会史研究概述》，天津古籍出版社2009年版。

常建华：《清代的国家与社会研究》，人民出版社2006年版。

常建华：《社会生活的历史学：中国社会史研究新探》，北京师范大学出版社2004年版。

常建华：《宗族志》，上海人民出版社1998年版。

常宗虎：《南通现代化：1895—1938》，中国社会科学出版社1998年版。

陈邦贤：《中国医学史》，商务印书馆1937年版。

陈长蘅：《中国人口论》，商务印书馆1918年版。

陈从周等：《上海近代建筑史稿》，上海三联书店1988年版。

陈达：《我国抗日战争时期市镇工人生活》，中国劳动出版社1993年版。

陈达：《中国劳工问题》，商务印书馆1929年版。

陈东原：《中国妇女生活史》，商务印书馆1928年版。

陈高华、徐吉军：《中国风俗通史》（民国卷），上海文艺出版社2012年版。

陈高傭：《中国历代天灾人祸表》，上海国立暨南大学1939年版。

陈翰笙：《广东农村生产关系和生产力》，中山文化教育馆1934年版。

陈桦、刘宗志：《救灾与济贫：中国封建时代的救助活动（1750—1911）》，中国人民大学出版社2005年版。

陈宁骏：《民国政要及其夫人们：鲜为人知的政界要人家庭生活》，东南大学出版社2014年版。

重庆社会部统计处：《重庆工人家庭生活程度》，社会统计处1945年版。

陈同：《近代社会变迁中的上海律师》，上海辞书出版社2008年版。

陈文彬：《1908—1937年近代化进程中的上海城市公共交通研究》，学林出版社 2008 年版。

《陈旭麓文存》，上海人民出版社 1990 年版。

陈雁：《性别与战争：上海 1932—1945》，社会科学文献出版社 2014 年版。

陈业新：《明至民国时期皖北地区灾害环境与社会应对研究》，上海人民出版社 2008 年版。

陈支平：《福建族谱》，福建人民出版社 1996 年版。

陈支平：《近 500 年来福建的家族社会与文化》，上海三联书店 1991 年版。

陈智超、曾庆瑛编：《陈垣学术文化随笔》，中国青年出版社 2000 年版。

陈祖恩：《上海日侨社会生活史：1868—1945》，上海辞书出版社 2009 年版。

程朝云：《抗日战争时期人口内迁研究》，中国社会科学出版社 2013 年版。

程森：《明清民国时期直豫晋鲁交界地区地域互动关系研究》，中国社会科学出版社 2017 年版。

程维荣：《中国近代宗族制度》，学林出版社 2008 年版。

程歗：《晚清乡土意识》，中国人民大学出版社 1990 年版。

程郁、朱易安：《上海职业妇女口述史：1949 年以前就业的群体》，广西师范大学出版社 2013 年版。

程子良、李清银主编：《开封城市史》，社会科学文献出版社 1993 年版。

池子华、郝如一：《近代江苏红十字运动》，安徽人民出版社 2008 年版。

池子华：《红十字与近代中国》，安徽人民出版社 2004 年版。

池子华：《近代中国流民》，浙江人民出版社 1996 年版。

池子华：《流民问题与社会控制》，合肥工业大学出版社 2013 年版。

池子华：《中国近代流民》，浙江人民出版社 1996 年版。

池子华：《中国流民史：近代卷》，安徽人民出版社 2001 年版。

池子华等：《百年红十字》，安徽人民出版社 2003 年版。

池子华等：《近代河北灾荒研究》，合肥工业大学出版社 2011 年版。

池子华等主编：《〈申报〉上的红十字（1897—1949）》第 1—4 卷，安徽人民出版社 2011 年版。

池子华等主编：《〈大公报〉上的红十字》，合肥工业大学出版社 2012 年版。

从翰香主编:《近代冀鲁豫乡村》,中国社会科学出版社1995年版。

崔波:《清末民初媒介空间演化论》,北京大学出版社2012年版。

戴鞍钢:《港口·城市·腹地:上海与长江流域经济关系的历史考察(1843—1913年)》,复旦大学出版社1998年版。

戴斌武:《抗战时期中国红十字会救护总队研究》,天津古籍出版社2012年版。

戴魏光:《洪门史》,和平出版社1943年版。

邓铁涛主编:《中国防疫史》,广西科学技术出版社2006年版。

邓拓:《中国救荒史》,北京出版社1998年版。

邓伟志:《近代中国家庭的变革》,上海人民出版社1994年版。

邓云特:《中国救荒史》,商务印书馆1937年版。

邓子美:《传统佛教与中国近代化——百年文化冲撞与交流》,华东师范大学出版社1994年版。

丁钢主编:《近世中国经济生活与宗族教育》,上海教育出版社1996年版。

丁长清、慈鸿飞:《中国农业现代化之路——近代中国农业结构、商品经济与农村市场》,商务印书馆2000年版。

董佳:《民国首都南京的营造政治与现代想象(1927—1937)》,江苏人民出版社2014年版。

董晓萍、蓝克利:《不灌而治——山西四社五村水利文献与民俗》,中华书局2003年版。

董玥:《民国北京城:历史与怀旧》,生活·读书·新知三联书店2014年版。

窦季良:《同乡组织之研究》,正中书局1943年版。

杜丽红:《制度与日常生活:近代北京的公共卫生》,中国社会科学出版社2015年版。

杜迈之等编:《自立会史料集》,岳麓书社1983年版。

杜正贞:《近代山区社会的习惯、契约和权利——龙泉司法档案的社会史研究》,中华书局2018年版。

段友文:《黄河中下游家族村落民俗与社会现代化》,中华书局2007年版。

范行准:《中国预防医学思想史》,上海华东医务生活社1953年版。

方诗铭：《上海小刀会起义》，上海人民出版社1965年版。

费成康：《中国租界史》，上海社会科学院出版社1991年版。

费成康主编：《中国的家法族规》，上海社会科学院出版社1998年版。

费孝通等：《皇权与绅权》，观察社1948年版。

丰箫：《权力与制衡：浙江省嘉兴地区乡镇自治研究（1945—1949）》，商务印书馆2014年版。

冯尔康：《18世纪以来中国家族的现代转向》，上海人民出版社2005年版。

冯尔康：《清人社会生活》，天津人民出版社1990年版。

冯尔康等：《中国宗族社会》，浙江人民出版社1994年版。

冯尔康：《清王朝的建立、阶层及其他》，天津人民出版社1994年版。

冯尔康主编：《中国社会史研究概述》，天津教育出版社1988年版。

冯筱才：《北伐前后的商民运动》，台湾商务印书馆2004年版。

冯祖贻等主编：《教案与近代中国：近代中国教案学术讨论会文集》，贵州人民出版社1990年版。

付海晏：《北京白云观与近代中国社会》，中国社会科学出版社2018年版。

傅崇兰主编：《拉萨史》，中国社会科学出版社1994年版。

傅建成：《百年瘟疫：烟毒问题与中国社会》，陕西人民教育出版社2000年版。

傅建成：《社会的缩影——民国时期华北农村家庭研究》，西北大学出版社1994年版。

傅衣凌：《明清社会经济史论文集》，人民出版社1982年版。

高达观：《中国家族社会之演变》，正中书局1944年版。

高鹏程：《红卍字会及其社会救助事业研究（1892—1949）》，合肥工业大学出版社2011年版。

高鹏程：《近代红十字会与红卍字会比较研究》，合肥工业大学出版社2015年版。

戈春源：《中国近代赌博史》，福建人民出版社2005年版。

葛涛：《唱片与近代上海社会生活》，上海辞书出版社2009年版。

谷忠玉：《中国近代女性观的演变与女子学校教育》，安徽教育出版社

2006 年版。

顾功叙等编：《中国地震目录》，科学出版社 1983 年版。

顾卫民：《基督教与近代中国社会》，上海人民出版社 1996 年版。

顾长声：《传教士与近代中国》，上海人民出版社 1980 年版。

关文斌：《文明初曙——近代天津盐商与社会》，天津人民出版社 1999 年版。

关永强：《近代中国的收入分配：一个定量的研究》，人民出版社 2012 年版。

管劲丞：《南通军山农民起义资料》，江苏人民出版社 1956 年版。

郭德宏：《中国近现代农民土地问题研究》，青岛出版社 1993 年版。

郭剑鸣：《晚清绅士与公共危机治理：以知识权力化治理机制为路径》，光明日报出版社 2008 年版。

郭双林、肖梅花：《中华赌博史》，中国社会科学出版社 1995 年版。

郭绪印：《老上海的同乡组织》，文汇出版社 2003 年版。

韩光辉：《北京历史人口地理》，北京大学出版社 1996 年版。

郝锦花：《新旧学制更易与乡村社会变迁》，人民出版社 2009 年版。

郝平：《丁戊奇荒：光绪初年山西灾荒与救济研究》，北京大学出版社 2012 年版。

何炳棣：《中国会馆史论》，学生书局 1966 年版。

何德明：《中国劳工问题》，上海商务印书馆 1938 年版。

何王芳：《民国杭州社会生活》，杭州出版社 2011 年版。

何文平：《变乱中的地方权势：清末民初广东的盗匪问题与社会秩序》，广西师范大学出版社 2011 年版。

何西亚编：《中国盗匪问题之研究》，上海泰东图书局 1925 年版。

何小莲：《西医东渐与文化调适》，上海古籍出版社 2006 年版。

何小莲：《近代上海医生生活》，上海辞书出版社 2017 年版。

何一民：《中国城市史纲》，四川大学出版社 1994 年版。

何一民主编：《近代中国城市发展与社会变迁》，科学出版社 2004 年版。

贺跃夫：《晚清士绅与近代社会变迁——兼与日本士族比较》，广东人民出版社 1994 年版。

赫治清：《天地会起源研究》，社会科学文献出版社 1996 年版。

洪璞：《明代以来太湖南岸乡村的经济与社会变迁：以吴江县为中心》，中华书局 2005 年版。

侯杨方：《中国人口史》第 6 卷，复旦大学出版社 2001 年版。

胡恒：《皇权不下县？清代县辖政区与基层社会治理》，北京师范大学出版社 2015 年版。

胡林阁等：《上海产业与上海职工》，香港远东出版社 1939 年版。

胡卫清：《苦难与信仰：近代潮汕基督徒的宗教经验》，生活·读书·新知三联书店 2013 年版。

胡珠生：《清代洪门史》，辽宁人民出版社 1996 年版。

胡悦晗：《生活的逻辑：城市日常世界中的民国知识人（1927—1937）》，社会科学文献出版社 2018 年版。

黄光域编：《基督教传行中国纪年（1807—1949）》，广西师范大学出版社 2017 年版。

黄海妍：《在城市与乡村之间：清代以来广州合族祠研究》，生活·读书·新知三联书店 2008 年版。

黄鸿山：《中国近代慈善事业研究：以晚清江南为中心》，天津古籍出版社 2011 年版。

黄金麟：《政体与身体》，联经出版事业股份有限公司 2005 年版。

黄敬斌：《民生与家计：清初至民国时期江南居民的消费》，复旦大学出版社 2009 年版。

黄新宪：《中国近现代女子教育》，福建教育出版社 1992 年版。

黄兴涛：《"她"字的文化史：女性新代词的发明与认同研究》，福建教育出版社 2009 年版。

黄兴涛：《文化史的追寻：以近世中国为视域》，中国人民大学出版社 2011 年版。

黄雁鸿：《同善堂与澳门华人社会》，商务印书馆 2012 年版。

黄正林：《陕甘宁边区乡村的经济与社会》，人民出版社 2006 年版。

冀朝鼎：《中国历史上的基本经济区与水利事业的发展》，朱诗鳌译，中国社会科学出版社 1981 年版。

江苏省红十字会编：《江苏红十字运动 88 年》，东南大学出版社 2001
　　年版。

江太新：《中国宗法宗族制和族田义庄》，社会科学文献出版社 2000 年版。

江文君：《近代上海职员生活史》，上海辞书出版社 2011 年版。

姜涛：《人口与历史：中国传统人口结构研究》，人民出版社 1998 年版。

姜涛：《中国近代人口史》，浙江人民出版社 1993 年版。

蒋纯焦：《一个阶层的消失：晚清以降塾师研究》，上海书店出版社 2007
　　年版。

蒋丰：《民国军阀的后宫生活》，民主与建设出版社 2015 年版。

蒋建国：《广州消费文化与社会变迁（1800—1911）》，广东人民出版社
　　2006 年版。

蒋建国：《青楼旧影：旧广州的妓院与妓女》，南方日报社 2006 年版。

蒋秋明、朱庆葆：《中国禁毒历程》，天津教育出版社 1996 年版。

蒋慎吾：《近代中国市政》，中华书局 1937 年版。

焦润明等：《中国东北近代灾荒及救助研究》，北京师范大学出版社 2011
　　年版。

靳环宇：《晚清义赈组织研究》，湖南人民出版社 2008 年版。

康沛竹：《灾荒与晚清政治》，北京大学出版社 2002 年版。

赖德霖：《民国礼制建筑与中山纪念》，中国建筑工业出版社 2012 年版。

赖文、李永宸：《岭南瘟疫史》，广东人民出版社 2004 年版。

乐正：《近代上海人社会心态（1860—1918）》，上海人民出版社 1991
　　年版。

雷冬文：《近代广东会党：关于其在近代广东社会变迁中的作用》，暨南大
　　学出版社 2004 年版。

李柏槐：《现代性制度外衣下的传统组织——民国时期成都工商同业公会
　　研究》，四川大学出版社 2006 年版。

李长莉：《近代中国社会文化变迁录》（第 1 卷），浙江人民出版社 1998
　　年版。

李长莉：《晚清上海社会的变迁——生活与伦理的近代化》，天津人民出版
　　社 2002 年版。

李长莉：《晚清上海：风尚与观念的变迁》，天津人民出版社 2010 年版。

李长莉：《先觉者的悲剧：洋务知识分子研究》，学林出版社 1992 年版。

李长莉：《中国人的生活方式：从传统到近代》，四川人民出版社 2008 年版。

李长莉、闵杰、罗检秋、左玉河、马勇：《中国近代社会生活史》，中国社会科学出版社 2015 年版。

李德滨、石方：《黑龙江移民概要》，黑龙江人民出版社 1987 年版。

李德芳：《民国乡村自治问题研究》，人民出版社 2001 年版。

李恩涵：《战时日本贩毒与"三光作战"研究》，江苏人民出版社 1999 年版。

李恭忠、黄云龙：《发现底层：孙中山与清末会党起义》，中国致公出版社 2011 年版。

李圭：《鸦片事略》（上、下卷），1896 年刊印。

李金铮：《近代中国乡村社会经济探微》，人民出版社 2004 年版。

李军全：《过年：华北根据地的民俗改造（1937—1949）》，中国社会科学出版社 2018 年版。

李俊领：《天变与日常：近代社会转型中的华北泰山信仰》，社会科学文献出版社 2017 年版。

李里峰：《政党革命与乡村社会——抗战时期中国共产党的组织形态研究》，江苏人民出版社 2011 年版。

李平亮：《卷入"大变局"——清末民初南昌的士绅与地方政治》，经济日报出版社 2009 年版。

李庆华：《鲁西地区的灾荒、变乱与地方应对（1855—1937）》，齐鲁书社 2008 年版。

李尚英：《源同流分：民间宗教与结社》，辽宁人民出版社 1997 年版。

李世众：《晚清士绅与地方政治：以温州为中心的考察》，上海人民出版社 2006 年版。

李天纲：《上海：通往世界之桥》（下），上海社会科学院出版社 1989 年版。

李伟中：《20 世纪 30 年代县政建设实验研究》，人民出版社 2009 年版。

李文海、夏明方、黄兴涛主编：《民国时期社会调查丛编》，福建教育出版社 2005 年版。

李文海、夏明方、朱浒主编：《中国荒政书集成》，天津古籍出版社 2010 年版。

李文海、夏明方主编：《天有凶年：清代灾荒与中国社会》，生活·读书·新知三联书店 2007 年版。

李文海等：《近代中国灾荒纪年》，湖南教育出版社 1990 年版。

李文海等：《近代中国灾荒纪年续编》，湖南教育出版社 1993 年版。

李文海等：《灾荒与饥馑：1840—1919》，高等教育出版社 1991 年版。

李文海等：《中国近代十大灾荒》，上海人民出版社 1994 年版。

李文海主编：《民国时期社会调查丛编·社会保障卷》，福建教育出版社 2004 年版。

李文治、章有义等主编：《中国近代农业史资料》，生活·读书·新知三联书店 1957 年版。

李喜所：《近代留学生与中外文化》，天津人民出版社 1992 年版。

李湘敏：《基督教教育与近代中国妇女》，福建教育出版社 1999 年版。

李向军：《清代荒政研究》，中国农业出版社 1995 年版。

李艳莉：《崇高与平凡：近代中国大学教师生活史研究（1912—1937）》，福建教育出版社 2017 年版。

李永芳：《近代中国农会研究》，社会科学文献出版社 2008 年版。

李中清、郭松义主编：《清代皇族人口行为和社会环境》，北京大学出版社 1994 年版。

梁家贵：《抗日战争时期山东秘密社会研究》，贵州人民出版社 2004 年版。

梁家贵：《民国山东教门史》，人民出版社 2008 年版。

梁景和等：《现代中国社会文化嬗变研究（1919—1949）——以婚姻·家庭·妇女·性伦·娱乐为中心》，社会科学文献出版社 2013 年版。

梁景和主编：《中国社会文化史的理论与实践》，社会科学文献出版社 2010 年版。

梁景之：《清代民间宗教与乡土社会》，社会科学文献出版社 2004 年版。

梁其姿：《施善与教化：明清慈善组织》，河北教育出版社 2001 年版。

梁漱溟：《乡村建设大意》，山东邹平乡村书店1936年版。

梁漱溟：《乡村建设理论》，山东邹平乡村书店1937年版。

梁勇：《移民、国家与地方权势——以清代巴县为例》，中华书局2014年版。

林刚：《长江三角洲近代大工业与小农经济》，安徽教育出版社2000年版。

林国平：《林兆恩与三一教》，福建人民出版社1992年版。

林济：《长江中游宗族社会及其变迁：黄州个案研究（明清—1949年）》，中国社会科学出版社1999年版。

林颂河：《塘沽工人调查》，社会调查所1930年版。

刘安荣：《中国化视野下的山西天主教史研究（1620—1949）》，宗教文化出版社2017年版。

刘道超：《筑梦民生：中国民间信仰新思维》，人民出版社2011年版。

刘海岩：《空间与社会：近代天津城市的演变》，天津社会科学院出版社2003年版。

刘景玉、智喜君主编：《鞍山城市史》，社会科学文献出版社1994年版。

刘克敌、苏翔：《民国杭州文人日常生活》，杭州出版社2011年版。

刘克敌：《困窘的潇洒：民国文人的日常生活》，广西师范大学出版社2013年版。

刘莉：《近代东北行旅交通与社会生活》，吉林文史出版社2016年版。

刘明逵、唐玉良：《中国工人运动史》，广东人民出版社1998年版。

刘明逵主编：《中国近代工人阶级和工人运动》，中共中央党校出版社2002年版。

刘平：《文化与叛乱——以清代秘密社会为视角》，商务印书馆2002年版。

刘平：《中国秘密宗教史研究》，北京大学出版社2010年版。

刘荣伦、顾玉潜编：《中国卫生行政史略》，广东科技出版社2007年版。

刘训华：《困厄的美丽：大转局中的近代学生生活（1901—1949）》，华中科技大学出版社2014年版。

刘仰东、夏明方：《灾荒史话》，社会科学文献出版社2000年版。

刘永华主编：《中国社会文化史读本》，北京大学出版社2011年版。

龙伟：《民国医事纠纷研究：1927—1949》，人民出版社2011年版。

陆宝千：《论晚清两广的天地会政权》，"中研院"近代史研究所 1975 年版。

陆仲伟：《民国会道门》第五卷，福建人民出版社 2002 年版。

路遥：《山东民间秘密教门》，当代中国出版社 2000 年版。

路遇：《清代和民国山东移民东北史略》，上海社会科学院出版社 1987 年版。

路云亭：《义和团的社会表演——1887—1902 年间华北地区的戏巫活动》，上海古籍出版社 2014 年版。

罗朝晖：《富农与新富农——20 世纪前半期华北乡村社会变迁的主角》，人民出版社 2010 年版。

罗尔纲：《天地会文献录》，正中书局 1943 年版。

罗尔纲：《太平天国史纲》，商务印书馆 1937 年版。

罗桂林：《现代城市的建构》，江西人民出版社 2017 年版。

罗检秋：《近代中国社会文化变迁录》（第 3 卷），浙江人民出版社 1998 年版。

罗澍伟主编：《近代天津城市史》，中国社会科学出版社 1993 年版。

罗苏文：《近代上海都市社会与生活》，中华书局 2006 年版。

罗苏文：《女性与近代中国社会》，上海人民出版社 1996 年版。

罗苏文：《上海传奇——文明嬗变的侧影（1553—1949）》，上海人民出版社 2004 年版。

罗运炎：《中国鸦片问题》，兴华报社、协和书局 1929 年版。

罗宗志：《信仰治疗：广西盘瑶巫医研究》，中国社会科学出版社 2012 年版。

骆承政编：《中国历史大洪水调查资料汇编》，中国书店出版社 2006 年版。

骆传华：《今日中国劳工问题》，上海青年协会书局 1933 年版。

吕芳上：《从学生运动到运动学生》，"中研院"近代史研究所 1994 年版。

吕顺长：《清末浙江与日本》，上海古籍出版社 2001 年版。

吕思勉：《中国宗族制度小史》，中山书局 1929 年版。

吕永华：《伪满时期的东北烟毒》，吉林人民出版社 2004 年版。

马超俊：《中国劳工问题》，民智书局 1925 年版。

马超俊：《中国劳工运动史》（上册），商务印书馆 1942 年版。

马金生：《发现医病纠纷：民国医讼凸显的社会文化史研究》，社会科学文献出版社 2016 年版。

马军：《1948 年：上海舞潮案——对一起民国女性集体暴力抗议事件的研究》，上海古籍出版社 2005 年版。

马军：《舞厅·市政：上海百年娱乐生活的一页》，上海辞书出版社 2010 年版。

马敏、朱英：《传统与近代的二重变奏——晚清苏州商会个案研究》，巴蜀书社 1993 年版。

马敏：《官商之间：社会巨变中的近代绅商》，天津人民出版社 1995 年版。

马敏：《过渡形态：中国早期资产阶级构成之谜》，中国社会科学出版社 1994 年版。

马敏主编：《中国近代商会通史》，社会科学文献出版社 2015 年版。

马模贞等编著：《中国百年禁毒历程》，经济科学出版社 1997 年版。

马模贞主编：《中国禁毒史资料》，天津人民出版社 1998 年版。

马西沙、韩秉方：《中国民间宗教史》，上海人民出版社 1992 年版。

马西沙：《清代八卦教》，中国人民大学出版社 1989 年版。

马学强、张秀莉：《出入于中西之间：近代上海买办社会生活》，上海辞书出版社 2009 年版。

马允清：《中国卫生制度变迁史》，天津益世报馆 1934 年版。

毛泽东：《毛泽东选集》第 2 卷，人民出版社 1952 年版。

茅海建：《依然如旧的月色》，生活·读书·新知三联书店 2014 年版。

孟昭华：《中国灾荒史记》，中国社会出版社 1999 年版。

闵杰：《近代中国社会文化变迁录》（第 2 卷），浙江人民出版社 1998 年版。

莫代山：《民国时期土家族地区土匪活动与社会控制》，重庆出版社 2014 年版。

欧阳恩良：《形异神同——中国秘密社会两大系统比较研究》，贵州人民出版社 2004 年版。

欧阳恩良：《西南袍哥与辛亥革命》，中国致公出版社 2011 年版。

欧阳恩良、潮龙起：《清代会党》（第 4 卷），福建人民出版社 2002 年版。

潘光旦：《明清两代嘉兴的望族》，商务印书馆 1947 年版。

彭南生：《半工业化：近代中国乡村手工业的发展与社会变迁》，中华书局 2007 年版。

彭善民：《公共卫生与上海都市文明（1898—1949）》，上海人民出版社 2007 年版。

彭先国：《湖南近代秘密社会研究》，岳麓书社 2001 年版。

彭先国：《民国湖南土匪史探》，岳麓书社 2002 年版。

彭泽益：《中国工商行会史料集》，中华书局 1995 年版。

皮明麻主编：《近代武汉城市史》，中国社会科学出版社 1993 年版。

濮文起：《中国民间秘密宗教》，浙江人民出版社 1991 年版。

齐霁：《中国共产党禁毒史》，中共党史出版社 2013 年版。

齐磊、胡金野：《中国禁毒史》，甘肃人民出版社 2003 年版。

钱刚、耿庆国主编：《二十世纪中国重灾百录》，上海人民出版社 1999 年版。

乔素玲：《教育与女性：近代中国女子教育与知识女性觉醒（1840—1921）》，天津古籍出版社 2005 年版。

乔志强主编：《中国近代社会史》，人民出版社 1992 年版。

乔志强等：《近代华北农村社会变迁》，人民出版社 1998 年版。

秦宝琦、孟超：《秘密结社与清代社会》，天津古籍出版社 2008 年版。

秦宝琦：《清末民初秘密社会的蜕变》，中国人民大学出版社 2004 年版。

秦宝琦：《清前期天地会研究》，中国人民大学出版社 1988 年版。

秦宝琦：《晚清秘密社会》，学苑出版社 1994 年版。

秦宝琦：《民国会道门与黑社会》，学苑出版社 2005 年版。

秦和平：《四川鸦片问题与禁烟运动》，四川民族出版社 2001 年版。

秦和平：《云南鸦片问题与禁烟运动：1840—1940》，四川民族出版社 1998 年版。

邱捷：《晚清民国初年广东的士绅与商人》，广西师范大学出版社 2012 年版。

邱志红：《现代律师的生成与境遇：以民国时期北京律师群体为中心的研究》，社会科学文献出版社 2012 年版。

渠桂萍:《华北乡村民众视野中的社会分层及其变动（1900—1949）》,人民出版社 2010 年版。

瞿同祖:《清代地方政府》,范忠信、晏锋译,法律出版社 2003 年版。

曲彦斌:《中国乞丐史》,上海文艺出版社 1990 年版。

全国总工会:《中华全国总工会七十年》,中国工人出版社 1995 年版。

冉云飞:《吴虞和他生活的民国时代》,山东人民出版社 2009 年版。

任吉东:《多元性与一体化:近代华北乡村社会治理》,天津社会科学院出版社 2007 年版。

任云兰:《近代天津的慈善与社会救济》,天津人民出版社 2007 年版。

桑兵:《清末新知识界的社团与活动》,生活·读书·新知三联书店 1995 年版。

桑兵:《晚清学堂学生与社会变迁》,学林出版社 1995 年版。

山东省红十字会编:《山东红十字事业九十年》,山东友谊出版社 2002 年版。

山西大学中国社会史研究中心编:《中国社会史研究的理论与方法》,北京大学出版社 2011 年版。

上海市档案馆编、马长林主编:《租界里的上海》,上海社会科学院出版社 2003 年版。

上海市禁毒工作领导小组办公室、上海市档案馆编:《清末民初的禁烟运动和万国禁烟会》,上海科学技术文献出版社 1996 年版。

上海市社会局:《上海市工人生活程度》,中华书局 1934 年版。

上海市文史馆编:《旧上海的烟赌娼》,百家出版社 1988 年版。

尚季芳:《民国时期甘肃毒品危害与禁毒研究》,人民出版社 2010 年版。

尚小明:《留日学生与清末新政》,江西教育出版社 2003 年版。

邵雍:《近代江南秘密社会》,上海人民出版社 2013 年版。

邵雍:《秘密社会与中国革命》,商务印书馆 2010 年版。

邵雍:《民国绿林史》,福建人民出版社 2001 年版。

邵雍:《中国近代贩毒史》,福建人民出版社 2004 年版。

邵雍:《中国近代会党史》,合肥工业大学出版社 2009 年版。

邵雍:《中国近代会道门史》,合肥工业大学出版社 2010 年版。

邵雍：《中国近代妓女史》，上海人民出版社 2005 年版。

邵雍：《民国帮会》，福建人民出版社 2002 年版。

沈乾芳：《社会变革时期的彝族婚姻形态研究（1368—1949 年）》，民族出版社 2011 年版。

沈玉成主编：《本溪城市史》，社会科学文献出版社 1995 年版。

盛美真：《近代云南社会风尚变迁研究》，中国社会科学出版社 2011 年版。

施扣柱：《青春飞扬：近代上海学生生活》，上海辞书出版社 2009 年版。

史明正：《走向近代化的北京城——城市建设与社会变革》，北京大学出版社 1995 年版。

史志诚主编：《陕甘宁边区禁毒史料》，陕西人民出版社 2008 年版。

舒新城：《近代中国留学史》，中华书局 1927 年版。

水利部黄河水利委员会编：《黄河水利史述要》，水利电力出版社 1982 年版。

四川省社会科学联合会、四川省近代教案史研究会合编：《近代中国教案研究》，四川社会科学院出版社 1987 年版。

宋立中：《闲雅与浮华：明清江南日常生活与消费文化》，中国社会科学出版社 2010 年版。

宋美云：《近代天津商会》，天津人民出版社 2002 年版。

宋钻友、张秀莉、张生：《上海工人生活研究：1843—1949》，上海辞书出版社 2011 年版。

苏萍：《谣言与近代教案》，上海远东出版社 2001 年版。

苏生文：《中国早期的交通近代化研究》，学林出版社 2014 年版。

苏新留：《民国时期河南水旱灾害与乡村社会》，黄河水利出版社 2004 年版。

苏智良、刘效红：《全球禁毒的开端：1909 年上海全国禁烟大会》，上海三联书店 2009 年版。

苏智良、赵长青主编：《禁毒全书》，中国民主法制出版社 1998 年版。

苏智良：《中国毒品史》，上海人民出版社 1997 年版。

苏智良等：《上海禁毒史》，上海三联书店 2009 年版。

孙达人：《中国农民变迁论：试探我国历史发展周期》，中央编译出版社

1996 年版。

孙昉、刘旭华：《海外洪门与辛亥革命·外一种：辛亥革命时期洪门人物
　　传稿》，中国致公出版社 2011 年版。

孙昉：《西北哥老会与辛亥革命》，中国致公出版社 2011 年版。

孙国群：《旧上海娼妓秘史》，河南人民出版社 1988 年版。

孙慧敏：《制度移植：民初上海的中国律师（1912—1937）》，"中研院"
　　近代史研究所 2012 年版。

孙敬敏编：《北京市红十字会的六十五年（1928—1993）》，文津出版社
　　1995 年版。

孙善根：《民国时期宁波慈善事业研究（1912—1936）》，人民出版社 2007
　　年版。

孙石月：《中国近代女子留学史》，中国和平出版社 1995 年版。

孙艳魁：《苦难的人流——抗战时期的难民》，广西师范大学出版社 1994
　　年版。

孙燕京：《晚清社会风尚研究》，中国人民大学出版社 2002 年版。

孙语圣：《1931：救灾社会化》，安徽大学出版社 2008 年版。

谈社英：《中国妇女运动通史》，妇女共鸣社 1936 年版。

谭棣华：《清代珠江三角洲的沙田》，广东人民出版社 1993 年版。

谭松林主编：《中国秘密社会》，福建人民出版社 2002 年版。

唐凯麟主编：《中华民族道德生活史》 "近代卷"，东方出版中心 2015
　　年版。

唐力行：《商人与文化的双重变奏——徽商与宗族社会的历史考察》，华中
　　理工大学出版社 1997 年版。

唐力行：《徽州宗族社会》，安徽人民出版社 2005 年版。

唐力行：《苏州与徽州——16—20 世纪两地互动与社会变迁的比较研究》，
　　商务印书馆 2007 年版。

唐仕春：《北洋时期的基层司法》，社会科学文献出版社 2014 年版。

唐艳香、褚晓琦：《近代上海饭店与菜场》，上海辞书出版社 2008 年版。

唐振常主编：《上海史》，上海人民出版社 1989 年版。

陶孟和：《北平生活费之分析》，商务印书馆 1930 年版。

陶希圣：《婚姻与家族》，商务印书馆 1931 年版。

田正平：《留学生与中国教育近代化》，广东教育出版社 1996 年版。

涂文学：《城市早期现代化的黄金时代：1930 年代汉口的"市政改革"》，中国社会科学出版社 2009 年版。

涂文学：《赌博的历史》，中国文史出版社 2006 年版。

万建中、李少兵等：《中国民俗史》（民国卷），人民出版社 2008 年版。

万琼华：《近代女子教育思潮与女性主体身份建构：以周南女校（1905—1938）为中心的考察》，中国社会科学出版社 2010 年版。

万勇：《近代上海都市之心：近代上海公共租界中区的功能与形态演进》，上海人民出版社 2014 年版。

汪荣祖：《史学九章》，生活·读书·新知三联书店 2006 年版。

汪向荣：《日本教习》，生活·读书·新知三联书店 1988 年版。

汪效驷：《江南乡村社会的近代转型：基于陈翰笙无锡调查的研究》，安徽人民出版社 2009 年版。

汪之战：《近代上海俄国侨民生活》，上海辞书出版社 2008 年版。

汪志国：《近代安徽：自然灾害重压下的乡村》，安徽人民出版社 2008 年版。

王春霞、刘惠新：《近代浙商与慈善公益事业研究（1840—1938）》，中国社会科学出版社 2009 年版。

王雅娟：《权力话语下的身体规训与社会变革：以近代服饰、辫发和缠足为中心的历史考察》，中国社会科学出版社 2017 年版。

王德春：《联合国善后救济总署与中国（1945—1947）》，人民出版社 2004 年版。

王冬芳：《迈向近代：剪辫与放足》，辽海出版社 1997 年版。

王歌雅：《中国近代的婚姻立法与婚俗改革》，法律出版社 2011 年版。

王广义：《近代中国东北乡村社会研究：1840—1931》，光明日报出版社 2010 年版。

王汉忠：《灾害、社会与现代化——以苏北民国时为中心的考察》，社会科学文献出版社 2005 年版。

王宏斌：《禁毒史鉴》，岳麓书社 1997 年版。

王宏斌：《鸦片——日本侵华毒品政策五十年》，河北人民出版社 2005
年版。

王虹波：《1912—1931 年间东北灾荒的社会应对研究》，吉林大学出版社
2015 年版。

王红雨：《读书之外：近代学生课余生活管理研究》，中国社会科学出版社
2018 年版。

王建革：《传统社会末期华北的生态与社会》，生活·读书·新知三联书店
2009 年版。

王建革：《农牧生态与传统蒙古社会》，山东人民出版社 2006 年版。

王建革：《水乡生态与江南社会：9—20 世纪》，北京大学出版社 2013
年版。

王健：《上海犹太人社会生活史》，上海辞书出版社 2008 年版。

王金香：《中国禁毒史》，上海人民出版社 2005 年版。

王娟：《近代北京慈善事业研究》，人民出版社 2010 年版。

王林主编：《山东近代灾荒史》，齐鲁书社 2004 年版。

王玲：《北京与周围城市关系史》，北京燕山出版社 1988 年版。

王龙章：《中国历代灾况与赈救政策》，独立出版社 1942 年版。

王敏：《上海报人社会生活：1872—1949》，上海辞书出版社 2008 年版。

王敏等：《近代上海城市公共空间：1843—1949》，上海辞书出版社 2011
年版。

王鸣剑：《无希望的爱恋是温柔的：中国现代作家婚恋生活对其创作的影
响》，中国长安出版社 2003 年版。

王奇生：《中国留学生的历史轨迹：1872—1949》，湖北教育出版社 1992
年版。

王强主编：《近代日常生活文献丛编》，四川大学出版社 2015 年版。

王清彬等编：《第一次中国劳动年鉴》，北平社会调查部 1928 年版。

王仁远等编著：《自贡城市史》，社会科学文献出版社 1995 年版。

王日根：《明清民间社会的秩序》，岳麓书社 2003 年版。

王日根：《乡土之链——明清会馆与社会变迁》，天津人民出版社 1996
年版。

王申：《中国近代律师制度与律师》，上海社会科学院出版社 1994 年版。

王守恩：《诸神与众生：清代、民国山西太谷的民间信仰与乡村社会》，中国社会科学出版社 2009 年版。

王守中、郭大松：《近代山东城市变迁史》，山东教育出版社 2001 年版。

王书奴：《中国娼妓史》，生活书店 1934 年版。

王卫平、黄鸿山、曾桂林：《中国慈善史纲》，中国劳动社会保障出版社 2011 年版。

王卫平、黄鸿山等：《中国古代传统社会保障与慈善事业——以明清时期为重点的考察》，群言出版社 2004 年版。

王先明：《变动时代的乡绅——乡绅与乡村社会结构变迁（1901—1945）》，人民出版社 2009 年版。

王先明：《近代绅士—— 一个封建阶层的历史命运》，天津人民出版社 1997 年版。

王新宇：《民国时期婚姻法近代化研究》，中国法制出版社 2006 年版。

王煦：《旧都新造：民国时期北平市政建设研究（1928—1937）》，人民出版社 2014 年版。

王学泰：《游民文化与中国社会》，学苑出版社 1999 年版。

王印焕：《1911—1937 年冀鲁豫农民离村问题研究》，中国社会出版社 2004 年版。

王永玺：《中国工会史》，中共党史出版社 1992 年版。

王育民：《中国人口史》，江苏人民出版社 1995 年版。

王跃生：《社会变革与婚姻家庭变动：20 世纪 30—90 年代的冀南农村》，生活·读书·新知三联书店 2006 年版。

王跃生：《十八世纪中国婚姻家庭研究：建立在 1781—1791 年个案基础上的分析》，法律出版社 2000 年版。

王振忠：《近 600 年来自然灾害与福州社会》，福建人民出版社 1996 年版。

王仲鸣：《中国农民问题与农民运动》，上海平凡书局 1929 年版。

王伟：《中国近代留洋法学博士考：1905—1950》，上海人民出版社 2011 年版。

王振德：《地理环境、人口和社会发展的关系》，新知识出版社 1955 年版。

隗瀛涛主编：《近代重庆城市史》，四川大学出版社 1991 年版。

隗瀛涛主编：《中国近代不同类型城市综合研究》，四川大学出版社 1998
　　年版。

魏本权：《农村合作运动与小农经济变迁：以长江中下游地区为中心
　　（1928—1949）》，人民出版社 2012 年版。

魏光奇：《官治与自治——20 世纪上半期的中国县治》，商务印书馆 2004
　　年版。

魏宏运：《二十世纪三四十年代冀东农村社会调查与研究》，天津人民出版
　　社 1996 年版。

魏宏运主编：《二十世纪三四十年代太行山地区社会调查与研究》，人民出
　　版社 2003 年版。

魏建猷主编：《中国会党史论著汇要》，南开大学出版社 1985 年版。

魏文享：《国民党、农民与农会：近代中国农会组织研究（1924—
　　1949）》，中国社会科学出版社 2009 年版。

文芳主编：《娼祸》，中国文史出版社 2004 年版。

闻钧天：《中国保甲制度》，上海商务印书馆 1935 年版。

吴宝璋编：《云南红十字会史》，云南人民出版社 2003 年版。

吴聪萍：《南京 1912：城市现代性的解读》，东南大学出版社 2011 年版。

吴华：《民国成都佛教研究（1912—1949）》，宗教文化出版社 2016 年版。

吴洪成、田谧等：《晚清教师史研究》，河北大学出版社 2012 年版。

吴惠芳：《民初直鲁豫盗匪之研究（1912—1928）》，学生书局 1990 年版。

吴民祥：《浙江近代女子教育史》，杭州出版社 2010 年版。

吴琦：《明清地方力量与地方社会》，中国社会科学出版社 2009 年版。

吴沙：《近代广州警察》，社会科学文献出版社 2014 年版。

吴善中：《晚清哥老会研究》，吉林人民出版社 2003 年版。

吴四伍：《清代仓储的制度困境与救灾实践》，社会科学文献出版社 2018
　　年版。

吴松弟等：《港口—腹地与北方的经济变迁》，浙江大学出版社 2011 年版。

吴泽：《地理环境与社会发展》，棠棣出版社 1950 年版。

武艳敏：《民国时期社会救济研究：以 1927—1937 年河南为中心的考察》，

中国社会科学出版社 2014 年版。

武舟：《中国妓女生活史》，湖南文艺出版社 1990 年版。

夏明方、康沛竹主编：《20 世纪中国灾变图史》，福建教育出版社 2001
　年版。

夏明方：《民国时期自然灾害》，中华书局 2000 年版。

夏蓉：《妇女指导委员会与抗日战争》，人民出版社 2010 年版。

夏晓虹：《晚清女性与近代中国》，北京大学出版社 2004 年版。

夏晓虹：《晚清女子国民常识的建构》，北京大学出版社 2016 年版。

夏晓虹：《晚清文人妇女观》，作家出版社 1995 年版。

向常水：《民国北京政府时期湖南慈善救济事业研究》，人民出版社 2015
　年版。

向仁富：《近代广东妇女权利研究：以 20 世纪 20—30 年代中期的情形为
　例》，知识产权出版社 2013 年版。

肖爱树：《20 世纪中国婚姻制度研究》，知识产权出版社 2005 年版。

肖红松：《近代河北烟毒与治理研究》，人民出版社 2008 年版。

肖红松：《中共政权治理烟毒问题研究：以 1937—1949 年华北乡村为中
　心》，人民出版社 2013 年版。

萧一山：《近代秘密社会史料》，国立北平研究院总办事处 1935 年版。

萧正洪：《环境与技术选择——清代西部地区农业技术地理研究》，中国社
　会科学出版社 1998 年版。

小田：《江南近代民间生活》，苏州大学出版社 2014 年版。

谢本书、李江主编：《近代昆明城市史》，云南大学出版社 1997 年版。

谢兴尧：《太平天国前后广西的反清运动》，生活·读书·新知三联书店
　1950 年版。

忻平：《从上海发现历史——现代化进程中的上海人及其社会生活
　（1927—1937）》，上海人民出版社 1996 年版。

邢必信、吴铎等主编：《第二次中国劳动年鉴》，北平社会调查所 1932
　年版。

行龙、杨念群主编：《区域社会史比较研究》，社会科学文献出版社 2006
　年版。

行龙：《人口问题与近代社会》，人民出版社1992年版。

熊亚平：《铁路与华北乡村社会变迁：1880—1937》，人民出版社2011年版。

熊月之：《异质文化交织下的上海都市生活》，上海辞书出版社2008年版。

熊月之主编：《上海通史》，上海人民出版社1999年版。

徐鼎新、钱小明：《上海总商会史（1902—1929）》，上海社会科学院出版社1991年版。

徐凤文、王昆江：《中国陋俗》，天津人民出版社2001年版。

徐公肃：《上海公共租界史稿》，上海人民出版社1980年版。

徐佳贵：《乡国之际：晚清温州府士人与地方知识转型》，复旦大学出版社2018年版。

徐家力：《中华民国律师制度史》，中国政法大学出版社1998年版。

徐剑雄：《京剧与上海都市社会（1867—1949）》，上海三联书店2012年版。

徐杰舜、周耀明：《汉族风俗文化史纲》，广西人民出版社2001年版。

徐茂明：《江南士绅与江南社会：1368—1911》，商务印书馆2004年版。

徐茂明等：《明清以来苏州文化世族与社会变迁》，中国社会科学出版社2011年版。

徐小群：《民国时期的国家与社会：自由职业团体在上海的兴起（1912—1937）》，新星出版社2007年版。

徐秀丽主编：《中国农村治理的历史与现状：以定县、邹平和江宁为例》，社会科学文献出版社2004年版。

徐有威、〔英〕贝思飞编：《洋票与绑匪——外国人眼中的民国社会》，上海古籍出版社1998年版。

许纪霖等：《近代中国知识分子的公共交往（1895—1949）》，上海人民出版社2008年版。

许顺富：《湖南绅士与晚清政治变迁》，湖南人民出版社2004年版。

薛君度、刘志琴主编：《近代中国社会生活与观念变迁》，中国社会科学出版社2001年版。

薛理勇：《上海妓女史》，海峰出版社1996年版。

薛毅：《中国华洋义赈救灾总会研究》，武汉大学出版社 2008 年版。

许效正：《清末民初庙产问题研究（1895—1916）》，宗教文化出版社 2016 年版。

薛熙明：《十九世纪以来广东基督教的文化扩散与整合》，民族出版社 2018 年版。

严昌洪：《20 世纪中国社会生活变迁史》，人民出版社 2007 年版。

严昌洪：《西俗东渐记——中国近代社会风俗的演变》，湖南出版社 1991 年版。

严昌洪：《中国近代社会风俗史》，浙江人民出版社 1992 年版。

阳信生：《湖南近代绅士阶层研究》，岳麓书社 2010 年版。

杨国安：《国家权力与民间秩序：多元视野下的明清两湖乡村社会史研究》，武汉大学出版社 2012 年版。

杨国安：《明清两湖地区基层组织与乡村社会研究》，武汉大学出版社 2004 年版。

杨国强：《百年嬗蜕：中国近代的士与社会》，上海三联书店 1997 年版。

杨剑利：《女性与近代中国社会》，中国社会出版社 2007 年版。

杨念群、黄兴涛、毛丹主编：《新史学：多学科对话的图景》，中国人民大学出版社 2003 年版。

杨念群：《再造“病人”：中西医冲突下的空间政治（1832—1985）》，中国人民大学出版社 2006 年版。

杨鹏程：《湖南灾荒史》，湖南人民出版社 2008 年版。

杨品优：《科举会社、州县官绅与区域社会：清代民国江西宾兴会的社会史研究》，中国社会科学出版社 2018 年版。

杨西孟：《上海工人生活程度的一个研究》，社会调查所 1930 年版。

杨银权：《清朝陕西地方社会治理视野下的士绅研究》，中国社会科学出版社 2016 年版。

叶显恩：《明清徽州农村社会与佃仆制》，安徽人民出版社 1983 年版。

叶显恩主编：《清代区域社会经济史研究》，中华书局 1992 年版。

叶中强：《上海社会与文人生活（1843—1945）》，上海辞书出版社 2010 年版。

尹玲玲：《明清两湖平原的环境变迁与社会应对》，上海人民出版社 2008
　　年版。

应莉雅：《天津商会组织网络研究（1903—1928）》，厦门大学出版社 2006
　　年版。

游子安：《劝化箴言：清代善书研究》，天津人民出版社 1999 年版。

游子安：《善与人同：明清以来的慈善与教化》，中华书局 2005 年版。

于恩德：《中国禁烟法令变迁史》，中华书局 1934 年版。

余华林：《女性的"重塑"：民国城市妇女婚姻问题研究》，商务印书馆
　　2009 年版。

余新忠：《清代江南的瘟疫与社会：一项医疗社会史的研究》，中国人民大
　　学出版社 2003 年版。

余新忠：《瘟疫下的社会拯救：中国近世重大疫情与社会反应研究》，中国
　　书店出版社 2004 年版。

余新忠：《中国家庭史（明清时期）》，广东人民出版社 2007 年版。

虞和平：《商会与中国早期现代化》，上海人民出版社 1993 年版。

郁喆隽：《神明与市民：民国时期上海地区迎神赛会研究》，上海三联书店
　　2014 年版。

喻松青：《明清白莲教研究》，四川人民出版社 1987 年版。

袁林：《西北灾荒史》，甘肃人民出版社 1994 年版。

袁文伟：《反叛与复仇：民国时期的西北土匪问题》，人民出版社 2011
　　年版。

袁熹：《近代北京的市民生活》，北京出版社 2000 年版。

袁熹：《北京近百年生活变迁（1840—1949）》，同心出版社 2007 年版。

袁哲：《良性互动：法学留学生与近代城市生活（清末—1937）》，上海人
　　民出版社 2016 年版。

苑书义、董丛林：《近代中国小农经济的变迁》，人民出版社 2001 年版。

苑书义等：《艰难的转轨历程——近代华北经济与社会发展研究》，人民出
　　版社 1997 年版。

岳庆平：《家庭变迁》，民主与建设出版社 1997 年版。

曾凡：《人力资本与上海近代化（1843—1949）》，上海人民出版社 2012 年

版。

曾桂林：《民国时期慈善法制研究》，人民出版社 2013 年版。

曾耀荣：《南京国民政府的农业贷款问题研究》，人民出版社 2013 年版。

张超：《民国娼妓盛衰》，社会科学文献出版社 2009 年版。

张大庆：《中国近代疾病社会史（1912—1937）》，山东教育出版社 2006 年版。

张芳霖：《市场环境与制度变迁：以清末至民国南昌商人与商会组织为视角》，人民出版社 2013 年版。

张高臣：《光绪朝灾荒与社会研究》，中国社会科学出版社 2014 年版。

张建民、鲁西奇主编：《历史时期长江中游地区人类活动与环境变迁专题研究》，武汉大学出版社 2011 年版。

张建民：《明清长江流域山区资源开发与环境变迁——以秦岭—大巴山区为中心》，武汉大学出版社 2007 年版。

张剑光：《三千年疫情》，江西高校出版社 1998 年版。

张健：《中国社会历史变迁中的乡村治理研究》，中国农业出版社 2012 年版。

张金起：《八大胡同里的尘缘旧事》，郑州大学出版社 2005 年版。

张利民：《艰难的起步——中国近代城市行政管理机制研究》，天津社会科学院出版社 2008 年版。

张建俅：《中国红十字会初期发展之研究》，中华书局 2007 年版。

张亮采：《中国风俗史》，商务印书馆 1911 年版。

张明武：《经济独立与生活变迁：民国时期武汉教师薪俸及其生活状况研究》，华中科技大学出版社 2012 年版。

张鸣：《乡土心路八十年：中国近代化过程中农民意识的变迁》，上海三联书店 1997 年版。

张念：《性别政治与国家：论中国妇女解放》，商务印书馆 2014 年版。

张佩国：《近代江南乡村地权的历史人类学研究》，上海人民出版社 2002 年版。

张朋园：《湖南现代化的早期进展》，岳麓书社 2002 年版。

张鹏：《都市形态的历史根基：上海公共租界市政发展与都市变迁研究》，

同济大学出版社 2008 年版。

张生:《上海居,大不易:近代上海房荒研究》,上海辞书出版社 2009年版。

张水良:《中国灾荒史(1927—1937)》,厦门大学出版社 1990 年版。

张思:《近代华北村落共同体的变迁——农耕结合习惯的历史人类学考察》,商务印书馆 2005 年版。

张素玲:《革命与限制:中国共产党早期妇女领袖(1921—1927)》,河南大学出版社 2011 年版。

张泰山:《民国时期的传染病与社会——以传染病防治与公共卫生建设为中心》,社会科学文献出版社 2008 年版。

张文灿:《解放的限界:中国共产党的妇女运动(1921—1949)》,中国政法大学出版社 2013 年版。

张笑川:《近代上海闸北居民社会生活》,上海辞书出版社 2009 年版。

张学军:《直隶商会与乡村社会经济(1903—1937)》,人民出版社 2010 年版。

张学军等:《直隶商会与直隶社会变迁》,西南交通大学出版社 2002 年版。

张学君、张莉红:《成都城市史》,成都出版社 1993 年版。

张学强:《乡村变迁与农民记忆:山东老区莒南县土地改革研究(1941—1951)》,社会科学文献出版社 2006 年版。

张研:《清代族田与基层社会结构》,中国人民大学出版社 1991 年版。

张艳丽:《嘉道时期的灾荒与社会》,人民出版社 2008 年版。

张仲礼、熊月之、沈祖炜主编:《长江沿江城市与中国近代化》,上海人民出版社 2002 年版。

张仲礼:《中国绅士的收入》,费成康、王寅通译,上海社会科学院出版社 2001 年版。

张仲礼:《中国绅士——关于其在 19 世纪中国社会中作用的研究》,李荣昌译,上海社会科学院出版社 1991 年版。

张仲礼主编:《东南沿海城市与中国近代化》,上海人民出版社 1996 年版。

张仲民:《出版与文化政治:晚清的"卫生"书籍研究》,上海书店出版社 2009 年版。

张德明：《基督教与华北社会研究（1927—1937）》，花木兰文化事业有限公司 2018 年版。

张蕾蕾：《近代北京佛教社会生活史：以馆藏民国档案为中心的考察》，宗教文化出版社 2016 年版。

章开沅、林蔚主编：《中西文化与教会大学》，湖北教育出版社 1991 年版。

章开沅：《辛亥革命前后史事论丛》，华中师范大学出版社 1990 年版。

章有义：《近代徽州租佃关系案例研究》，中国社会科学出版社 1988 年版。

赵宝爱：《慈善救济事业与近代山东社会变迁》，济南出版社 2005 年版。

赵辉主编：《天津红十字会九十年》，天津人民出版社 2001 年版。

赵清：《袍哥与土匪》，天津人民出版社 1990 年版。

赵清主编：《社会问题的历史考察》，成都出版社 1992 年版。

赵娓妮：《审断与矜恤：以晚清南部县婚姻类案件为中心》，法律出版社 2013 年版。

赵文林、谢淑君：《中国人口史》，人民出版社 1988 年版。

赵秀玲：《中国乡里制度》，社会科学文献出版社 1998 年版。

赵秀丽：《调适与应对：天主教婚姻家庭伦理在华处境研究——以天津〈益世报〉为中心的考察（1915—1937）》，宗教文化出版社 2017 年版。

赵天鹭：《宗教信仰与近代天津社会生活研究》，宗教文化出版社 2018 年版。

郑大华：《民国乡村建设运动》，社会科学文献出版社 2000 年版。

郑起东：《转型期的华北农村社会》，上海书店出版社 2004 年版。

郑全红：《民国时期女子财产继承权变迁研究：传统向现代的嬗变》，法律出版社 2013 年版。

郑全红：《中国家庭史（民国时期）》，广东人民出版社 2007 年版。

郑永福、吕美颐：《近代中国妇女生活》，河南人民出版社 1993 年版。

郑永华、赵志：《近代以来的会道门》，社会科学文献出版社 2012 年版。

郑肇经：《中国水利史》，商务印书馆 1939 年版。

郑振满、陈春声主编：《民间信仰与社会空间》，福建人民出版社 2003 年版。

郑振满：《明清福建家族组织与社会变迁》，湖南教育出版社 1992 年版。

中国红十字会总会编:《中国红十字会历史资料选编（1904—1949）》，南京大学出版社 1993 年版。

中国红十字总会编:《中国红十字会的九十年》，中国友谊出版公司 1994 年版。

钟建安:《近代江西城市发展研究：1840—1949》，巴蜀书社 2011 年版。

钟文典:《近代广西圩镇研究》，广西师范大学出版社 1998 年版。

周德钧:《乞丐的历史》，中国文史出版社 2005 年版。

周俊旗主编:《民国天津社会生活史》，天津社会科学院出版社 2002 年版。

周秋光、曾桂林:《中国慈善简史》，人民出版社 2006 年版。

周秋光、张建俅等:《中华民国红十字会百年会史（1904—2003）》，台北红十字会总会 2004 年版。

周秋光、张少利等:《湖南慈善史》，湖南人民出版社 2010 年版。

周秋光:《红十字会在中国（1904—1927）》，人民出版社 2008 年版。

周秋光:《熊希龄与慈善教育事业》，湖南教育出版社 1991 年版。

周秋光编:《熊希龄先生遗稿》，上海书店出版社 1998 年版。

周秋光等:《中国近代慈善事业研究》，天津古籍出版社 2014 年版。

周荣德:《中国社会的阶层和流动——一个社区中士绅身份的研究》，学林出版社 2000 年版。

周晓虹:《传统与变迁：江浙农民的社会心理及其近代以来的嬗变》，生活·读书·新知三联书店 1998 年版。

周一川:《近代中国女性日本留学史：1872—1945》，社会科学文献出版社 2007 年版。

周勇主编:《重庆——一个内陆城市的崛起》，重庆出版社 1989 年版。

周育民、邵雍:《中国帮会史》，上海人民出版社 1993 年版。

朱德新:《二十世纪三四十年代河南冀东保甲制度研究》，中国社会科学出版社 1994 年版。

朱峰:《基督教与近代中国女子高等教育——金陵女大与华南女大比较研究》，福建教育出版社 2002 年版。

朱国宏:《中国的海外移民——一项国际迁移的历史研究》，复旦大学出版社 1994 年版。

朱汉国、王印焕：《华北农村的社会问题》，北京师范大学出版社 2004
年版。

朱汉国：《梁漱溟乡村建设研究》，山西教育出版社 1996 年版。

朱皓：《卖淫问题》，华通书局 1934 年版。

朱浒：《地方性流动及其超越：晚清义赈与近代中国的新陈代谢》，中国人
民大学出版社 2006 年版。

朱浒：《民胞物与：中国近代义赈（1876—1912）》，人民出版社 2012
年版。

朱季康：《近代华东民间秘密互助团体太谷学派的生存与信仰研究》，人民
出版社 2014 年版。

朱琳：《洪门志》，中华书局 1947 年版。

朱琳：《昆曲与江南社会生活》，广西师范大学出版社 2007 年版。

朱庆葆、蒋秋明、张士杰：《鸦片与近代中国》，江苏教育出版社 1995
年版。

朱英、魏文享：《近代中国自由职业者群体与社会变迁》，北京大学出版社
2009 年版。

朱英：《近代中国商会、行会及商团新论》，中国人民大学出版社 2004
年版。

朱英：《辛亥革命时期新式商人社团研究》，中国人民大学出版社 1991
年版。

朱英：《转型时期的社会与国家——以近代中国商会为主体的历史透视》，
华中师范大学出版社 1997 年版。

朱英主编：《中国近代同业公会与当代行业协会》，中国人民大学出版社
2004 年版。

朱勇：《清代宗族法研究》，湖南教育出版社 1987 年版。

朱玉湘：《中国近代农民问题与农村社会》，山东大学出版社 1997 年版。

邹依仁：《旧上海人口变迁的研究》，上海人民出版社 1980 年版。


【海外部分】

［英］埃里克·霍布斯鲍姆：《匪徒：秩序化生活的异类》，李立玮、谷晓

静译，中国友谊出版公司 2001 年版。

〔法〕安克强：《上海妓女：19—20 世纪中国的卖淫与性》，袁燮铭、夏俊霞译，上海古籍出版社 2004 年版。

〔英〕贝思飞：《民国时期的土匪》，徐有威等译，上海人民出版社 1992 年版。

〔美〕卜凯：《中国农家经济：中国七省十七县二八六六田场之研究》，张履鸾译，商务印书馆 1936 年版。

〔美〕杜赞奇：《文化、权力与国家——1900—1942 年的华北农村》，王福明译，江苏人民出版社 1994 年版。

〔法〕弗朗索瓦·多斯：《碎片化的历史学》，马胜利译，北京大学出版社 2008 年版。

〔英〕弗里德曼：《中国东南的宗族组织》，刘晓春译，上海人民出版社 2000 年版。

〔美〕葛学溥：《华南的乡村生活——广东凤凰村的家族主义社会学研究》，周大鸣译，知识产权出版社 2012 年版。

〔美〕韩起澜：《苏北人在上海 1850—1980》，卢明华译，上海古籍出版社 2004 年版。

〔美〕何炳棣：《明清社会史论》，徐泓译，联经出版事业股份有限公司 2013 年版。

〔美〕何炳棣：《1368—1953 年中国人口研究》，葛剑雄译，上海古籍出版社 1989 年版。

〔美〕贺萧：《危险的愉悦：20 世纪上海的娼妓问题与现代性》，韩敏中等译，江苏人民出版社 2003 年版。

〔美〕黄宗智：《华北的小农经济与社会变迁》，中华书局 1986 年版。

〔美〕黄宗智：《长江三角洲小农家庭与乡村发展》，中华书局 1992 年版。

〔美〕黄宗智主编：《中国研究的范式问题讨论》，社会科学文献出版社 2003 年版。

〔美〕卡尔·A. 魏特夫：《东方专制主义》，徐式谷等译，中国社会科学出版社 1989 年版。

〔美〕柯文：《在中国发现历史：中国中心观在美国的兴起》，林同奇译，中华书局 1989 年版。

［美］李怀印：《华北村治：晚清和民国时期的国家与乡村》，中华书局
　　2008 年版。

［美］李欧梵：《上海摩登：一种新都市文化在中国（1930—1945）》，毛
　　尖译，北京大学出版社 2001 年版。

［美］李榭熙：《圣经与枪炮——基督教与潮州社会（1860—1900）》，雷
　　春芳译，社会科学文献出版社 2010 年版。

［美］卢汉超：《霓虹灯外——20 世纪初日常生活中的上海》，段炼等译，
　　上海古籍出版社 2001 年版。

［美］罗威廉：《汉口：一个中国城市的冲突和社区（1796—1895）》，鲁
　　西奇、罗杜芳译，中国人民大学出版社 2008 年版。

［美］罗威廉：《汉口：一个中国城市的商业和社会（1796—1889）》，江
　　溶、鲁西奇译，中国人民大学出版社 2005 年版。

［美］罗威廉：《红雨：一个中国县域七个世纪的暴力史》，李里峰等译，
　　中国人民大学出版社 2014 年版。

［美］裴宜理：《上海罢工—中国工人政治研究》，刘平译，江苏人民出版
　　社 2001 年版。

［美］施坚雅：《中国封建晚期城市研究——施坚雅模式》，王旭等译，吉
　　林教育出版社 1991 年版。

［美］王笛：《跨出封闭的世界——长江上游区域社会研究，1644—1911》，
　　中华书局 2001 年版。

［美］王笛：《街头文化：成都公共空间、下层民众与地方政治，1870—
　　1930》，李德英、谢继华译，中国人民大学出版社 2006 年版。

［美］王笛：《茶馆：成都的公共生活和微观世界，1900—1950》，社会科
　　学文献出版社 2010 年版。

［美］王笛：《袍哥：1940 年代川西乡村的暴力与秩序》，北京大学出版社
　　2018 年版。

［美］叶凯蒂：《上海·爱：名妓、知识分子与娱乐文化（1850—1910）》，
　　杨可译，生活·读书·新知三联书店 2012 年版。

［德］尤尔根·哈贝马斯：《公共领域的结构转型》，曹卫东等译，学林出

版社 2004 年版。

〔韩〕朴檀：《中日战争与鸦片（1937—1945）——以内蒙古地区为中心》，游娟镮译，"国史馆" 1998 年版。

〔日〕长野郎：《土匪·军队·红枪会》，支那问题研究所 1931 年版。

〔日〕夫马进：《中国善堂善会史研究》，武跃、杨文信、张学锋译，商务印书馆 2005 年版。

〔日〕高纲博文：《近代上海日侨社会史》，陈祖恩译，上海人民出版社 2014 年版。

〔日〕高桥孝助：《饥馑与救济的社会史》，青木书店 2006 年版。

〔日〕江口圭一：《日中鸦片战争》，宋志勇译，天津人民出版社 1995 年版。

〔日〕实藤惠秀：《中国人留学日本史》，谭汝谦、林启彦译，生活·读书·新知三联书店 1983 年版。

〔日〕小浜正子：《近代上海的公共性与国家》，葛涛译，上海古籍出版社 2003 年版。

〔日〕佐藤仁史：《近代中国的乡土意识：清末民初江南的地方精英与地域社会》，北京师范大学出版社 2017 年版。

David Strand, *Rickshaw Beijing：City People and Politics in the 1920s*, California：University of California Press, 1989.

Emily Honig, *Sisters and Strangers*, *Women in the Shanghai Cotton Mills, 1919—1949*, California：Stanford University Press, 1986.

Hsiao Kung-chuan, *Rural China：Imperial Control in the Nineteenth Century*, Seattle：University of Washington Press, 1960.

Ping-ti Ho, *The Ladder of Success in Imperial China*, NewYork：Columbia University Press, 1962.

Paul R. Katz, *Religion in China and Its Modern Fate*, Boston：Brandeis University Press, 2014.

# 后　　记

　　本书初版于 2017 年 10 月，由四位作者合作完成，收录研究成果截至 2015 年。现又在初版基础上增补了 2016—2018 年的研究成果，并对初版一些章节作了调整，对一些内容作了修改。全书结构及内容经合作者共同讨论确定，按章节分工执笔撰写。本书各位作者分别执笔章节如下：

　　前言、第一章、第二章第一节、第三章、第九章由李长莉执笔；

　　第四章第一、二节，第六、七、八章由唐仕春执笔；

　　第四章第三节，第五、十、十一、十二章由李俊领执笔；

　　第二章第二节由吕文浩执笔。

作　者

2019 年 4 月